吴承明全集

第二卷

专著（2）

过渡时期的国家资本主义

中国资本主义工商业的社会主义改造

经济史：历史观与方法论

社会科学文献出版社

SOCIAL SCIENCES ACADEMIC PRESS (CHINA)

目　　录

过渡时期的国家资本主义

编者说明

《过渡时期的国家资本主义》，署名"同明"，人民出版社 1954 年 10 月第 1 版，1956 年 3 月第 2 版。今据人民出版社 1956 年 3 月第 2 版收入全集。

目　录

再版说明

本书是 1954 年夏天写成的。出版以来，曾得到很多读者的关心和爱护，并提出了不少宝贵的意见，在国外也已有了译本。当时写作的目的是为了帮助一般干部学习国家过渡时期的总任务，特别是对资本主义工商业通过国家资本主义的道路来进行社会主义改造的办法，使大家有一个比较全面的、深入的了解。无疑地，我们国家在过渡时期对资本主义工商业进行社会主义改造是我国社会主义革命中一项特殊的历史任务，很多具体工作上的问题是需要在实践中来逐步加以丰富的。

本书前版的内容，自然尚不能满足读者的要求。在本书出版后，我国对资本主义工商业的改造工作已有了很大的发展，原书的分析和介绍已显然不够了。

1954 年 9 月全国人民代表大会通过了中华人民共和国宪法，1955 年 7 月全国人民代表大会通过了发展国民经济的第一个五年计划；对资本主义工商业实行社会主义改造的政策方针和进行的具体步骤、要求与工作部署，都以明确的法律形式在宪法和五年计划中规定下来。1955 年上半年国家贯彻了对私营工商业"统筹兼顾，全面安排，积极改造"的方针，并在国家资本主义经济中积极推进"双重改造"——改造企业并改造人——的工作。同时，在社会主义工业化的发展和全国农业合作化进入高潮的新形势下，这样，就必须把对资本主义工商业实行社会主义改造的工作推进到一个新的发展阶段，即从对资本主义工商业进行加工订货、经销代销和个别公私合营的阶段，推进到在各重要的行业中分别在各地实行全部或大部分公私合营的阶段，也就是从国家资本主义的初、中级形式推进到国家资本主义的高级形式。在国家对改造资本主义工商业的工作进一步加强领导和全面规划的情况下，1955年冬季，北京、天津、上海等地开始对资本主义工商业实行了全行业公私合营的新形式，获得了广大工人群众和私营工商业者的热烈拥护。到了1956年1月，全国各主要大中城市就已经完成了全部私营工商业的公私合营工作，这是改造资本主义工商业的一个巨大的胜利。

本书就是在改造资本主义工商业工作这种迅速发展的情况下，进行了必要的修改和补充。希望读者给予批评和指正。

作　者

1956 年 1 月

第一章

必须对资本主义工商业
进行社会主义改造

一 国家在过渡时期的总任务

毛泽东同志指示我们："从中华人民共和国成立，到社会主义改造基本完成，这是一个过渡时期。在这个过渡时期的总路线和总任务，是要在一个相当长的时期内，逐步实现国家的社会主义工业化，并逐步实现国家对农业、对手工业和对资本主义工商业的社会主义改造。这条总路线是照耀我们各项工作的灯塔，各项工作离开它，就要犯右倾或'左'倾的错误。"

大家都知道，中国共产党所领导的整个革命运动包括新民主主义革命和社会主义革命两个性质不同的阶段。中国革命第一个阶段的任务，是推翻帝国主义、封建主义和官僚资本主义在中国的统治，改变半封建、半殖民地的社会成为工人阶级领导的人民民主专政的新民主主义社会。中国革命第二个阶段的任务，则是要在中国建立社会主义社会。这两个阶段是相连接的。1939年毛泽东同志即指出："中国共产党领导的整个中国革命运动，是包括民主主义革命和社会主义革命两个阶段在内的全部革命运动；这是两个性质不同的革命过程，只有完成了前一个革命过程才有可能去完成后一个革命过程。民主主义革命是社会主义革命的必要准备，社会主义革命是民主主义革命的必然趋势。而一切共产主义者的最后目的，则是在于力争社会主义社会和共产主义社会的最后的完成。"① 我国目前正处在社会主义革命阶段，正处在由新民主主义社会向社会主义社会过渡的时期。

过渡时期的社会经济成分是很复杂的。列宁说："'过渡'这字又是什么意思呢？它在经济上是不是说，在这制度中既有资本主义的，也有社会主义的成份、部份或因素呢？谁都承认，是这样的。"②

在我国新民主主义社会中，有国营经济、合作社经济、农民和手工业者及其他非农业个体劳动者的个体经济、国家资本主义经济、私人资本主义经济等不同的经济形态。区分各种经济性质的基本特征是它的生产资料的所有制，就是说，生产资料是归谁所有。现在我们的社会还是处在过渡时期，一方面已经有了社会主义的生产资料公有制度，另一方面还存在着生产资料私有制度，这也就是说，我国现在既有社会主义经济，也有非社会主义经济。我们现在主要有这样四种所有制：国家所有制，即全民所有制；合作社所有制，即劳动群众集体所有制；个体劳动者所有制；资本家所有制。

国营经济的生产资料是国家所有即全体人民所有的，因此从经济性质上说，它是社会主义经济。国营经济是整个国民经济中的领导力量和国家实现社会主义工业化和社会主义改造的物质基础，国家要保证优先发展国营经济。这就是说，社会主义的国营经济在我国是要大大发展的，我们的国家要用国营经济的力量来领导整个国民经济和改造各种非社会主义经济。

合作社的生产资料，有的是劳动群众集体所有的，如供销合作社、消费合作社、信用合作社、集体农庄和一部分手工业生产合作社，它的性质也是社会主义经济；有的是劳动群众部分集体所有的，如目前一般农业生产合作社和另一部分手工业生产合作社，它的性质是半社会主义的。为什么说是劳动群众部分集体所有呢？因为目前一般参加农业生产合作社的农户是把自己的土地作股入社，农民还保留土地私有权和其他生产资料私有权，有些手工业生产合作社中生产资料也还不是全部归社员集体所有。但这些生产资料是集体使用的，社员集体劳动，计工取酬，并且大部分或部分是按劳分红，所以是半社会主义的。劳动群众部分集体所有制是组织个体农民、个体手工业

① 毛泽东：《中国革命和中国共产党》，《毛泽东选集》第 2 卷，人民出版社，1952，第 622 页。

② 列宁：《论粮食税》，《列宁文选》（两卷集）第 2 卷，人民出版社，1954，第 846 ~ 847 页。

者和其他个体劳动者走向劳动群众集体所有制的过渡形式。

尚未经过合作化的个体农民、个体手工业者和小商小贩的经济性质是个体经济，它的生产资料的所有制是个体劳动者所有制。他们的生产资料是私有的，但他们本身是劳动者，他们不剥削别人的剩余劳动，所以是以自己劳动为基础的私有制。

资本主义工商业的生产资料是资本家所私有的，它的经济性质是资本主义的。资本家占有生产资料，用来剥削劳动者的剩余劳动，并且也借生产资料的占有或控制剥削广大消费者，所以资本家所有制是建筑在剥削基础上的私有制。

国家资本主义是一种由资本主义向社会主义过渡的经济形态，它的经济性质是比较复杂的，一部分国家资本主义企业，在我国条件下也带有若干或很大程度的社会主义性质，例如公私合营企业，它的生产资料是国家和私人共有的，它是半社会主义的经济。另一部分国家资本主义经济如加工、订货、经销等形式的企业，基本上是资本主义性质的；但它们与一般资本主义经济又有所不同，它的生产、交换和分配关系在不同程度上也有所改变。关于国家资本主义的性质，我们在下一章再详细地叙述。

国家在过渡时期社会主义改造的任务，就是要逐步消灭人剥削人的制度，就是要把一切形式的私有制逐步改造成为社会主义所有制（全民所有制和劳动群众集体所有制），使社会主义所有制成为我们国家和社会的唯一的经济基础；这也就是国家在过渡时期总任务的实质。所谓社会主义改造，归根结蒂就是改造所有制的问题。资本主义工商业和个体经济是两种不同的私有制，对它们改造的方式也就不同。对于农民、手工业者和其他非农业个体劳动者以劳动为基础的私有制，是鼓励他们根据自愿之原则，经过互相合作的道路，逐步地改造成为集体所有制；对以剥削为基础的资本家所有制，则要通过国家资本主义的轨道，通过国家的行政管理和工人群众的监督，通过与国营经济的联系和合作，由限制它的剥削而逐步消灭剥削，也就是说，逐步用社会主义的全民所有制去代替资本家所有制。

国家在过渡时期的总任务，是要把中国建成一个繁荣幸福的社会主义社会，使我国由落后的农业国变为先进的工业国。要实现这个任务，一方面要充分地发展社会主义工业，另一方面要把现有的非社会主义工业变为社会主义工业。发展社会主义工业和实行社会主义改造的任务是互相关联而不可分离的。因为在一方面，社会主义工业是对整个国民经济实行社会主义改造的物质基础和领导力量。只有巨大的社会主义工业不断发展，社会主义的成分才能在各个经济部门中增长，才能有力量彻底完成对资本主义工商业的社会主义改造，才能供给农民以各种新式机器和化学肥料，才能用新的技术来改造农业和手工业，才能迅速地扩大生产，积累资金，造就社会主义的建设人才，和培养社会主义的习惯，从而创造保证社会主义完全胜利的经济、政治和文化前提。在另一方面，对农业、手工业和资本主义工商业的社会主义改造，又能促进国家社会主义工业化的发展，供给国家工业化所必需的粮食、原料和人民生活用品。如果不对资本主义工商业和个体农业、手工业进行社会主义改造，而听其自流，那么它们就不但不能很好地有力地支持社会主义工业的发展，而且必然会对社会主义工业化的事业发生种种矛盾，影响着社会主义工业化的顺利进展。这两方面的任务必须紧密地联系在一起，好比一只鸟，发展社会主义工业是鸟的主体，对农业、手工业的改造和对资本主义工商业的改造是它的两只翅膀；要过渡到社会主义去，没有主体当然不行，没有翅膀也是不行的。

二 国家对资本主义工商业利用、限制和改造的政策

国家对资本主义工商业的社会主义改造是逐步进行的，不是在一个早上就把它们都改造过来，而是在一个相当长的时期内逐步完成的。中华人民共和国宪法第十条规定："国家对资本主义工商业采取利用、限制和改造的政策。国家通过国家行政机关的管理、国营经济的领导和工人群众的监督，利用资本主义工商业的有利于国计民生的积极作用，限制它们的不利于国计民生的消极作用，鼓励和指导它们转变为各种不同形式的国家资本主义经济，逐步以全民所有制代替资本家所有制。"

国家在过渡时期，既然要消灭资本主义成分，变现有资本主义工商业为社会主义企业，为什么一定要采取逐步过渡的办法呢？为什么不像苏联一样

对它们采取剥夺的办法，而一定要采取利用、限制和改造的政策呢？这是由于中国社会性质、经济条件和中国民族资产阶级的历史特点所决定的。

在新民主主义革命胜利以前，我国是一个半封建、半殖民地的社会，经济是非常落后的。根据1933年的材料，我国现代工业只占全国国民经济总产值的10%左右。在全国解放那一年，即1949年，现代工业约占工农业生产总值的17%。解放以来，国民经济有了迅速的发展，但到1953年，使用机器的现代工业产值也还只占工农业总值的30%。这就和苏联情况不同。苏联在革命前，工业产值已占到工农业生产总值的42%以上，同时，帝俄时代的工业是高度集中的，单是500人以上的大企业的工人即占全体工人的54%；而中国的私营工业，据1952年的统计，全国16人以上的有动力设备的和30人以上的无动力设备的工厂的职工，只占私营工业职工总数的53%。中国私营工业一般是轻工业多，重工业少，不但规模小，设备分散，而且生产方法也非常落后。

即使在苏联，苏维埃政府在将中等以上的资本主义工商业收归国有之后，也还是采取在一定时期和一定限度内允许资本主义存在，同时加以限制和利用的政策（新经济政策的初期）。列宁认为在当时企图把资本主义的一切发展，"完全加以禁止，完全封闭起来。一个政党要是试行这样的政策，就不仅是愚蠢，而且是自杀"。[①] 斯大林并指出，即使是最发达的资本主义国家，在过渡到社会主义时，没有新经济政策也是不行的，"新经济政策及其市场关系和对这种市场关系的利用，在这种或那种程度上对每一个资本主义国家在无产阶级专政时期都是绝对必要的。"斯大林接着说："我们有些同志否认这个原理。但是否认这个原理是什么意思呢？第一，这就是认为无产阶级一取得政权，在我国城乡之间、工业和小生产之间就立刻有了百分之百现成的分配和供应机构，这些机构提供了不要市场、不要商品流转、不要货币经济而立即建立直接的产品交换的可能。只要把这个问题提出来，就能了解这种想法是多么荒谬。第二，这就是认为无产阶级革命在无产阶级夺取政权后就应当走上剥夺中小资产阶级的道路，肩负起替千百万工人造成的新的失业者安排工作和保证生活资料的非常沉重的担子。只要把这个问题提出

---

① 列宁：《论粮食税》，《列宁文选》（两卷集）第2卷，第860页。

来，就能了解无产阶级专政采取这种政策是多么不明智和愚蠢。新经济政策的好处之一也就在于它使无产阶级专政避免诸如此类的困难。"①

在我国，由于经济还很落后，社会主义工商业还不能很快地代替现有的资本主义工商业，国家还不能很快地培养出足以经营一切企业的干部，资本主义工商业在一定时期内还有有利于国计民生的作用，所以必须在一个相当长的时期内对它采取利用、限制和改造政策。毛泽东同志早在 1947 年即指出："由于中国经济的落后性，广大的小资产阶级与中等资产阶级所代表的资产阶级经济，即使革命在全国胜利以后，在一个长时期内，还是必须允许它们存在；并且按照国民经济的分工，还需要它们中一切有益于国民经济的部分有一个发展；它们在整个国民经济中，还是不可缺少的一部分。"②

在半封建、半殖民地的条件下，旧中国的资产阶级可以区分为官僚资产阶级和民族资产阶级两个部分。官僚资产阶级是直接为帝国主义服务并为他们所豢养的阶级，它和农村中的封建势力互相勾结，垄断着国家经济命脉。这个反动的阶级已在新民主主义革命中被打倒，它们所掌握的企业已被人民政权剥夺了。而民族资产阶级与官僚资产阶级是有区别的。中国的民族资产阶级主要是中等资产阶级，他们在经济上和政治上是软弱的、动摇的。一方面，他们对帝国主义有依赖性，惧怕人民民主革命的斗争。另一方面，他们为了本身的存在和利益，又不满于帝国主义、封建主义和官僚资本主义对他们的限制和压迫，因此，虽然他们基本上依附于帝国主义、封建主义和官僚资本主义，但在中国革命历史上，他们也曾表现过一定的反对帝国主义、封建主义和官僚资本主义的积极性，他们曾经在工人阶级领导下参加了民族民主革命的斗争。1949 年民族资产阶级的代表人物参加了中国人民政治协商会议，并与其他阶级的代表一致拥护共同纲领，承认并拥护工人阶级领导的、以工农联盟为基础的人民民主专政的政权。在中华人民共和国成立之后，他们响应了人民政府各项爱国主义运动的号召，在国家领导下参加了经济恢复的工作。经过"三反""五反"的严重斗争和国家过渡时期总路线的宣传教育，许多资本家认识了大势所趋，表示愿意接受社会主义改造。在这

---

① 斯大林：《论共产国际纲领》，《斯大林全集》第 11 卷，人民出版社，1955，第 128 页。
② 毛泽东：《目前形势和我们的任务》，载解放社编《目前形势和我们的任务》（标准本），新华书店，1949，第 28 页。

些方面，他们和帝俄时代的资产阶级是有所不同的。

旧俄帝国是一个军事封建的帝国主义国家，是侵略别人的，帝俄时代的资产阶级是俄国反动统治阶级的一部分。在俄国十月革命时期，布尔什维克党也曾设想以国家监督和工人监督的办法来使资本主义企业服从无产阶级国家的需要。1917年列宁说："问题的'症结'甚至不在于没收资本家的财产，而是在于对资本家及其各种可能的拥护者实行全民的包罗尽致的工人监督。单用没收办法是作不好什么事情的，因为这种办法没包含有组织和统计正确分配的要素。我们以征收公平的捐税（甚至按'盛加略夫的'税率）来代替没收，这是轻而易举的——不过得要排除任何逃避责任、隐瞒真情、回避法律的可能性。而这种可能性只有工人国家的工人监督才能加以消除。"① 苏维埃政权一成立，列宁即起草并颁布了"工人监督条例"。可是俄国的资产阶级所要求的是根本推翻苏维埃政权，而不是承认工人阶级的领导，他们采取怠工、关厂以至勾结外国帝国主义者发动国内战争来反抗苏维埃政权。于是，无产阶级国家自1917年12月起，就不得不以一系列的法令，宣布没收资本家，首先是大资本家的生产资料，就不得不"用赤卫队攻击资本"。当国内战争胜利结束后，当苏联进入经济恢复时期时，对尚未收归国有的小企业就不再采用这种办法了。列宁说："这是不是说用'赤卫队'攻击资本在任何时候都是适当的，在任何情势之下都是适当的，此外我们再没有别种同资本作斗争的方法呢？如果这样设想，那就是幼稚病……可是我们并不会如此蠢笨，竟用须用'赤卫队'攻击的时代大体已告结束（而且胜利地结束了）的时候，在由无产阶级国家政权利用资产阶级专门家来精耕土壤，使这土壤上绝不能再生长出任何资产阶级来的这种时代已经到临的时候，还将'赤卫队'的攻击手段摆在首要地位。"②

由于我国民族资产阶级在中国工人阶级和中国共产党的领导下，曾经参加过和参加了人民的革命事业，资本主义工商业也是在国营经济领导下的经济成分之一，因此，国家对于资本主义工商业不是采取没收的政策，而是采取利用、限制和改造的政策，并通过国家资本主义的道路，把它们逐步改造

---

① 列宁：《布尔什维克能否保护国家政权？》，苏联外国文书籍出版局，1954，第27～29页。
② 列宁：《苏维埃政权底当前任务》，《列宁文选》（两卷集）第2卷，第379～380页。

成为社会主义企业。

为什么要对资本主义工商业加以利用呢？这是因为资本主义工商业在我国国家过渡时期还是一个不可忽视的力量，它在一定时期内对国计民生还有有利的积极作用。

当然，由于国营经济和合作社经济迅速的发展，资本主义工商业在国民经济中所占的比重已相对地降低，但它还占有一定的地位。资本主义工业（包括工场手工业）的产值 1949 年占工业总产值的 62% 以上，在我国第一个五年计划前夕的 1952 年还占到 40% 左右，在全国大型工业中则占 34% 左右。1952 年全国销售总额中，私营商业占 50% 左右。

过渡时期，资本主义工商业在扩大生产、改进企业管理和生产技术，培养和训练技术工人和技术人员，以及在供应消费者需要和活跃城乡物资交流等方面，对国家还都有一定的作用。全国私营工业的产值，如果以 1949 年为 100，则 1950 年为 106，1951 年为 148，1952 年为 154，1953 年为 192，1954 年为 151。资本主义工业主要是轻工业，在棉纱、布匹、药品、纸张、橡胶制品等的生产上占有相当大的比重。它们生产的增加就有助于使国家资金更多地用于重工业和其他重要建设，国家通过加工、订货等方式并可使资本主义工业负担一定的生产任务。在国家行政机关和国营经济的领导下，许多资本主义工厂进行了民主改革和生产改革，有的并实行了工人参加经营管理的制度，建立了初步的计划生产和报表制度，提高了技术并试制新产品。特别是 1954 年在许多加工、订货的企业中开展了增产节约运动，收到了很大的成绩；如上海市进行增产节约的私营工厂一年中曾陆续降低了 4000 种产品的成本，试制了 800 多种新产品。在若干城市，有不少资本主义工业企业输送了技术人员和技术工人到国营企业中去。商业方面，由于我国人口众多、地域辽阔，国营、合作社营商业还不能在短时期内负担起城乡贸易的全部任务，还需要在国营商业的领导下，有计划地组织和利用资本主义商业的商业网、贸易关系和商业从业人员，使它们更好地为开展城乡物资交流、扩大商品流转服务。同时，资本主义工商业者如果能够很好地接受社会主义改造，就可以在政治上和经济上对过渡时期总任务的要求做出一定的贡献，对巩固工农联盟和巩固人民民主专政发生积极的、有益的作用。此外，资本主义工商业在积累社会资金、维持一部分社会就业方面，也有它一定的作用。

利用资本主义工商业，主要就是利用它的这些积极作用。毛泽东同志在新民主主义革命即将在全国范围内取得基本胜利的时候即指示我们："为了对付帝国主义的压迫，为了使落后的经济地位提高一步，中国必须利用一切于国计民生有利而不是有害的城乡资本主义因素，团结民族资产阶级，共同奋斗。"①

为什么要对资本主义工商业加以限制呢？这是因为资产阶级唯利是图的本质必然对国计民生发生破坏作用，必须限制它才能保证社会主义成分的稳步增长。

资本主义的发展是盲目的，是追求最大限度利润的。资本主义的自由竞争，在资本主义国家就一定会导向资本主义兼并和垄断，导向周期性的经济危机；而在新民主主义的中国，就势必要破坏国家经济计划，对抗国营经济的领导，向工人阶级进攻，如不加以限制，就有使我们国家不能走社会主义道路而重陷于帝国主义殖民地的危险。在1952年的"五反"运动中，就集中地暴露了资产阶级这种猖狂进攻的事实。他们的行贿干部、偷税漏税、盗窃国家资财、偷工减料、盗窃国家经济情报等"五毒"行为，不仅给国家和人民造成了巨大的经济损失，而且破坏了国家的生产建设，破坏了市场和金融、物价的稳定。"五毒"行为是资产阶级唯利是图的本质的表现，不应该仅了解为这只是个别资本家的违法行为；根据"五反"审查的结果，在北京、上海、天津等九大城市的45万多户私营工商业中，有各种不同程度的"五毒"行为的占到76%。即在"五反"运动以后，资本主义工商业"五毒"复发的事情也是经常不断的，特别是在1953年上半年，资本家投机、套购、抢购、抬价等破坏市场管理、对抗国营企业乃至公开打击供销合作社的行为表现得极为突出。此外，如掺杂、使假等欺骗消费者和对农民进行欺骗宣传等行为，更是时常发生的。

中华人民共和国宪法第十条规定："国家禁止资本家的危害公共利益、扰乱社会经济秩序、破坏国家经济计划的一切非法行为。"第十四条又规定："国家禁止任何人利用私有财产破坏公共利益。"

国家在过渡时期，不只要限制资本主义工商业的违法行为，还要限制它

---

① 毛泽东《论人民民主专政》，人民出版社，1951，第18页。

们经营范围和限制它们的剥削。对于有关国家经济命脉和足以操纵国计民生的事业，都应由国家统一经营，对于重要商品的收购与供应和商品流通的主要环节，国家要逐步加强掌握，只有这样，才能保证国家社会主义工业化的顺利进行，才能使资本主义经济规律的作用受到约束，才能逐渐切断农民、手工业者和资本主义工商业的联系，才能保证社会主义经济的日益巩固和发展，并便于对农业、手工业的社会主义改造。对资本主义工商业要限制它的剥削，使它们爱国守法，安于合法经营，获取合法的利润，并对企业的盈余作合理的分配。只有这样，才能逐步改变资本主义工商业唯利是图的情况，才能保证市场和物价的稳定，才能保障工人的生活和福利，并有利于资本主义工商业的改造。

三　资本主义的矛盾和对它们进行改造的必要性

国家为什么还必须对资本主义工商业进行社会主义改造呢？

国家对资本主义工商业的利用、限制和改造的政策是不可分割的。所以必须要对它进行社会主义改造，是因为资本主义本身存在着种种矛盾，如果不对它进行改造，不改变它的生产关系，就不能解决这些矛盾，就不能充分地发挥这一部分社会生产力，以适应国家建设计划的需要和人民的需要，并且它还要妨害社会主义经济的发展，破坏国家的社会主义建设。

首先，我们知道，资本主义经济本身是存在着不可调和的矛盾的。

资本主义的生产是现代化的大规模的商品生产，是许多工人在工厂内进行着有组织的劳动。生产手段集中于大的工厂和作坊，实质上就成为社会的生产手段；生产本身，也从分散的个人行为的系列，变成社会行为的系列；生产品也从个人劳动的产品，转为社会劳动的新产品。所以，资本主义的生产是社会性的。但它们所服从的占有形式，却还和以前个别生产者一样，是私有的；少数不劳动的资本家占有全部生产资料并占有广大工人劳动的生产品。资本家不是为了满足社会需要和适应社会性的劳动需要而去组织生产的，他们是为了最高利润而组织生产的。因此，资本家所有制就和资本主义生产的社会性不相适应而发生矛盾。在资本主义生产方式下，商业资本是从属于产业资本的，是产业资本的商品形态由产业总资本中分离出来的部分；

它的主要职能是实现产业工人劳动的价值和剩余价值。因此，在资本主义商业中也同样包含着资本家所有制和资本主义的生产社会性之间的矛盾。

资本家所有制和资本主义生产社会性之间的矛盾的发展，就使资本主义的生产关系和生产力的发展不能适应；生产力是社会性的，而生产关系是少数资本家占有生产资料的剥削劳动者的关系；因而资本主义生产关系就限制了和束缚了生产力的发展。我们知道，生产关系一定要适合生产力性质这一规律，是经济上的基本的客观规律，要解放生产力，使生产不断增长和不断改善，就必须改变生产关系。斯大林在论述这一问题时说："当时我国的生产力，特别在工业中的生产力，是具有社会性的，但所有制的形式却是私人的，资本主义的。苏维埃政权依据生产关系一定要适合生产力性质这个经济规律，把生产资料公有化了，使之成为全体人民的财产，因而消灭了剥削制度，创造了社会主义的经济形式。"①

有人说，中国经济是落后的，中国的资本主义还是在初期阶段，它的生产关系还没有束缚生产力的发展，所以中国的资本主义还是可以发展的。这种说法显然是不正确的。全国解放后，在我国人民民主专政的政权领导下，有利于国计民生的私人资本主义工商业是有了发展的。这是由于人民推翻了帝国主义、封建主义和官僚资本主义对中国生产力的压制和束缚，私人资本主义经济才获得了发展的机会。但是，我们的国家是必须过渡到社会主义社会去的，是不能允许资本主义自由发展的，我们的国家已经建立起强大的社会主义国营经济和劳动人民的合作经济，社会主义因素，不论在政治上和经济上都已居于领导地位。这就是说，我国新民主主义社会是属于社会主义体系的。社会主义的基本经济规律，是在我国国民经济发展中起着领导作用的规律。这个规律可大致表述为：用在高度技术基础上使社会主义生产不断增长和不断完善的办法，来保证最大限度地满足整个社会经常增长的物质和文化的需要。而资本主义经济则是以追逐利润为目的的，当然不能适合这一要求。同时，在我们国家过渡时期中，正是由于有了社会主义经济的存在和发展，由于社会主义所有制较资本家所有制具有无比的优越性，而使资本主义生产关系不适合新中国生产力发展的情况就更为显著了。这是因为资本主义

---

① 斯大林：《苏联社会主义经济问题》，人民出版社，1953，第 5 页。

生产关系比起半封建、半殖民地的生产关系虽是一个进步，但是却不能与社会主义生产关系相比拟。最明显的事实是：在我国任何一个生产部门中，无论在产量、质量、劳动效率和成本上，私营工业总是赶不上国营工业的标准和要求。私营企业不但设备利用率和劳动生产率低，成本高，资金浪费，扩大再生产的能力很小或者没有，而且由于各种矛盾而陷于瘫痪状态的，也是相当多的。

资本家所有制和资本主义生产的社会性之间的矛盾是资本主义的基本矛盾，它孕育着资本主义生产方式中一切的其他矛盾。例如，由于资本家占有生产资料，而广大的工人则除劳动力外一无所有，资本主义社会就必然日益增长着工人阶级与资产阶级的对抗性的矛盾。正如恩格斯所说："社会化生产与资本主义占有间的矛盾，表现于无产阶级与资产阶级对立之上。"又如，资本家之间的竞争形成了资本主义生产的无政府状态，个别资本家为了打败别的资本家，就加强自己企业内部的生产组织化，而与全社会生产的无政府状态相矛盾。因此"社会化生产与资本家占有二者之间的矛盾，把自己再生产成为个别工厂中生产组织化与全社会生产无政府状态之间的对立"。再有，这种矛盾发展的结果，促使资本的集中和垄断，并使部分资本主义企业转化为资产阶级国有化的形式。"资本家自己也迫不得已部分承认生产力的社会性，生产和交通的大的机体，首先转为股份公司所有，随后又转为托拉斯所有，更后又归（资产阶级的）国家所有。"① 但生产的集中和垄断并没有消灭竞争，这结果就形成了垄断制的各种矛盾。

在新民主主义社会中，资本主义的这些矛盾也都存在。但由于国家性质的改变和社会主义经济领导地位的确立，资本主义经济规律的作用日益受到限制，这些矛盾也就表现成为不同情况。例如，随着国家有计划的经济建设的进展，资本主义生产的无政府状态就不只是与资本主义个别工厂生产的组织化相矛盾，而更重要的是与国家的有计划的经济建设相矛盾了。又如，由于工人阶级成为国家政权的领导阶级，资本主义企业内部的劳资矛盾也或多或少的带有公私矛盾的性质了。这就是说，在过渡时期，在社会主义与资本主义并存的情况下，资本主义的基本矛盾就主要地表现为两种制度的矛盾，

① 恩格斯：《反杜林论》，三联书店，1954，第349、352、368页。

表现为社会主义所有制与资本家所有制之间的矛盾。如果不对资本主义工商业进行社会主义改造，如果不把资本家所有制改造成为社会主义所有制，就不能从根本上解决矛盾。

资本家所有制是生产资料为少数资本家所占有的，而社会主义所有制是生产资料为全体人民或劳动人民集体所有的。资本主义是为了剥削别人的剩余劳动，为了少数资本家获取高额利润而生产的，社会主义则是为了消灭剥削，为了全体人民的物质和文化的需要而生产的。因此，这两种所有制是根本不相同的，它们之间的矛盾是对抗性的矛盾。在同一社会之内，这两种矛盾的经济制度并存，就必然会进行着彼此的斗争。社会主义经济不断地壮大，社会主义制度的优越性日益发挥，资本主义与社会主义之间的斗争就必然会日益尖锐化。如果不对资本主义工商业进行社会主义改造，任凭资本家所有制发展下去，它就会妨碍社会主义所有制的发展，就会破坏国家的经济计划。并且，由于资本主义所有制经常对个体经济发生影响，通过资本主义工商业经常使个体小生产滋长着资本主义因素，如果不对资本主义工商业进行改造，也就会妨碍了对农民和对个体手工业的社会主义改造。我们的国家是要过渡到社会主义社会去的。到了社会主义社会，就必须消灭生产资料的私有制，就必须消灭阶级，消灭人剥削人的制度。

国民经济有计划、按比例地发展是社会主义经济发展的规律，而生产的无政府状态是资本主义经济发展的必然的规律。在资本主义社会中，生产无政府状态就要发展成为资本家之间的斗争，发展成为个别工厂或资本集团对生产和对市场垄断的要求，发展成为垄断集团之间与大小资本之间的斗争。在我国新民主主义社会中，由于国营经济力量的壮大和国家对资本主义工商业领导的加强，资本主义生产的盲目性和它们彼此之间的斗争是逐步受到限制的。但是它们与国营经济是两种完全不同的生产方式，它们与国家经济建设计划之间的矛盾，就会阻碍着国家经济建设顺利地进行。在国家建设的规模不断扩大时，它们与国营经济之间在原料、生产任务、市场以及在品种、规格、成本、价格之间的矛盾也就会日益暴露。如不对资本主义工商业进行改造，它们就会经常地吸取国家有用的原料从事次要的和浪费性的生产，它们的盲目发展就会破坏供产销的平衡，甚至资本主义工商业本身也将陷入困境。例如，在1953年盲目发展的私营工业，特别像文教用品、医疗用品等制造工业，到了 1954 年都成为困难的行业，以致国营工业不得不让出部分生产任务来维持它们的生产。

在资本主义企业内，资本家占有工人的剩余劳动，工人是资本家榨取的对象，劳资之间必然存在着尖锐的矛盾。在资本主义社会里，资本家是企业里的剥削阶级，同时又是社会中的统治阶级。而在我国新民主主义社会中，私营企业的工人，在企业里是被剥削的，但在社会上是主人翁，整个工人阶级是国家的领导阶级。工人阶级与资产阶级的关系，是领导与被领导的关系。阶级矛盾的主导方面，不是资本家而是工人阶级。在这种情况下，一方面劳资矛盾日益带有公私矛盾的性质，一方面也日益增强了它的过渡性质，由于工人阶级的政治觉悟不断提高，由于工人对资本家各种方式的反限制活动的监督日益加强，由于社会主义经济的巨大优越性日益显著，由于资本主义经济的腐朽性日益暴露，因而在资本主义企业内部工人与资本家之间的矛盾也就更加发展了。如果不改变资本主义工商业的生产关系，不对资本主义工商业进行改造，如何根本去解决这些矛盾呢？

四　对资本主义工商业进行社会主义改造的条件

在我国，对资本主义工商业进行社会主义改造不但是十分必要的，而且是可能的。

我国对资本主义工商业进行社会主义改造的条件主要有如下几点：

第一，我国已建立起了工人阶级领导的人民民主专政的国家政权，这个政权的基本任务就是要创造条件，采取步骤，通过和平的道路，建立消灭剥削、消灭贫困的社会主义社会。对资本主义工商业的社会主义改造是采取从上而下的领导和从下而上的支持的方式，这只有在中国共产党和工人阶级领导的政权下才能进行。还在中华人民共和国成立的前夕，毛泽东同志就指示说："这种对于反动阶级的改造工作，只有人民民主专政的国家才能做到。这件工作做好了，中国的主要的剥削阶级——地主阶级和官僚资产阶级即垄断资产阶级，就最后地消灭了。剩下一个民族资产阶级，在现阶段就可以向他们中间的许多人们进行许多适当的教育工作。等到将来实行社会主义即实行私人企业国有化的时候，再进一步对他们进行教育和改造的工作。人民手里有强大的国家机器，不怕民族资产阶级造反。"①

第二，在我国已建立起了强大的社会主义国营经济，它已掌握了国家经济命脉，确立了在整个国民经济中的领导地位。国营工业在我国现代化工业总产值中的比重，已由 1949 年的 33.9% 提高到 1954 年的 59%；同时期合作社营工业和公私合营工业的比重也由 3.4% 提高到 16%。社会主义工业是对国民经济实行社会主义改造的物质基础，有了强大的社会主义工业就可以吸引、改组和代替资本主义工业，就可以支持社会主义商业，改造和代替资本主义商业。

第三，广大人民，首先是资本主义工商业中的工人和职员，是热烈地要求改造资本主义经济的；他们在过去几年来即是、现在仍是监督、教育和改造资本主义工商业的极重要的力量。其次，占全国人口最多的农民是愿意跟着工人阶级走向社会主义的。他们过去受资产阶级剥削，今天，在中国共产党和工人阶级领导下，农民和手工业者正在逐步地切断他们和资本主义工商业的联系，同时，建立在新的经济基础上的工农联盟，随着国家社会主义建设事业的胜利开展，已日趋巩固。加以世界和平民主社会主义阵营力量的壮大，世界和平运动的蓬勃发展，以及新的平行的世界市场的形成和巩固，形成了有利的国际形势。在这种情况下，资本主义工商业就必须服从国家的领导和管理，必须和国营经济建立联系，必须接受改造。尤其是在国家过渡时期总任务大张旗鼓地宣传后，全国人民对社会主义社会向往的热情日益高涨，资本主义工商业者就更认识到了，社会主义确实是大势所趋，人心所向。

第四，我国民族资产阶级是在半封建、半殖民地的社会里生长起来的。一方面他们的力量是比较软弱的，另一方面由于过去他们一贯地受着帝国主义、封建主义和官僚资本主义的统治和压迫，他们对新民主主义革命常常采取中立的态度，他们的一部分代表人物也曾参加过人民民主的革命斗争，而在新民主主义革命胜利以后，他们又承认了工人阶级的领导地位。这就使他们具有了被改造的可能性。同时，又由于社会主义国营经济在提高劳动生产率、供应产品、稳定市场、满足国家和人民需要等方面优越性的表现已日益

---

① 毛泽东：《论人民民主专政》，第 14～15 页。

显著，而资本主义工商业则由于企业内部矛盾重重，已相形见绌，这也就促使资本主义工商业者逐渐认识到必须接受社会主义的改造才有自己的前途。

第五，过去几年来，我们国家对资本主义工商业进行了初步的改造工作，已取得了一定的成绩并获得了相当的经验，掌握了资本主义工商业的特点和基本情况，这就给对它们进行社会主义改造创造了有利的条件。同时，中国的民族资产阶级，在几年来国家对他们利用、限制和改造的政策下，在工人阶级的监督和教育下，在伟大的抗美援朝运动、"五反"运动和一系列的爱国主义运动的影响下，逐渐认识了国家资本主义的优越性。他们中间也已出现了一批进步核心分子。由这些进步核心分子和其他资产阶级代表人物以及国营和合作社企业代表组成的中华全国工商业联合会已于 1953 年 11 月正式成立。与资本主义工商业保持有广泛联系的中国民主建国会也以号召和教育工商界接受社会主义改造作为自己的工作的总方针。这都将对资本主义工商业的社会主义改造起一定的作用。

以上各点，说明了我们国家是具备改造资本主义工商业的条件的。加以目前世界资本主义趋于日暮途穷，而社会主义正如朝日东升，社会主义阵营的力量日益强大，我们国家一定能够采取逐步过渡的办法，完成对资本主义工商业的社会主义改造，建立没有剥削的、繁荣富强的社会主义社会。

第二章

国家资本主义的
性质和特点

一 国家的性质决定国家资本主义的性质

国家资本主义经济不是一种独立的经济形态，它从属于它所存在的国家的性质和社会经济条件。更明确地说，国家的性质决定着国家资本主义的性质。

在工人阶级所领导的政权下的国家资本主义和资产阶级政权下的国家资本主义，这两者是根本不相同的。

在资本主义社会中，由于生产力的发展日益具有社会性，由于资本家之间的竞争日趋于尖锐化，生产资料就日益集中于大的股份公司和托拉斯之手。可是，"没有一国人民，能够长久忍受由托拉斯来指挥的那种生产以及一小伙坐享红利的强盗对于全社会的公然剥削。无论如何，不管有托拉斯或没有托拉斯，资本主义社会的官式代表——国家，总不得不出来管理生产。""但是无论转入股份公司（与托拉斯）手中，或转为国有产业，都没有除去生产力的资本主义性质。关于股份公司（及托拉斯），这是非常显明的。至于现代国家（指资本主义国家——引者），那末它只是资产阶级社会所建立的组织，用来保护资本主义生产方式的共同的外部条件，使其不受工人及个别资本家的侵害。现代国家无论采取何种形式，在本质上总是资本家的机器、资本家的国家、理想的集体的资本家。它愈是把更多的生产力掌握于自己的手中，它就愈是成为实际的集体的资本家，愈是剥削更多的国民。"①

转移到资本主义国家手中的企业主要是邮电、铁路等交通事业和某些军火工业，与属于私人资本家的企业比较起来，往往是微不足道的。到了帝国主义时代，垄断资产阶级操纵了整个国民经济中的各个部门，它就更需要国家政权来完全替它服务，为垄断资本家阶级的利益而集中地掠取最大限度的利润。这时资本主义国家的国家资本主义也就有了进一步的发展，成为国家垄断资本主义。这种国家垄断资本主义，不但更残酷地集体地剥削本国人民，还随着帝国主义的资本输出和对世界市场的分割，更多地集体地掠夺其他国家人民。例如第二次世界大战前希特勒德国就集中了大量的国家资本，英国在工党统治时期实行了银行、铁路、矿山等"国有化"（资本家仍照旧享有获取高额利润和掌握企业管理的权利，只是把他们的股票换成了工党政府发行的债票），以及第二次世界大战后美国以巨额的美"援"来控制落后国家的经济命脉等，这都是国家垄断资本主义的性质。

国家垄断资本主义并没有解决资本主义的种种矛盾，但是它集中了生产资料，扩大了生产的规模。因此，它为社会主义准备了条件。列宁说："帝国主义战争是社会主义革命的前夜。这不只是因为战争所造成的惨痛产生出无产阶级的起义——如果社会主义在经济上尚未成熟，那末任何起义也不会创造出社会主义——而是因为国家垄断资本主义是社会主义最完满的物质准备，是进到社会主义的门阶，是历史梯子上这样的一级，即从这一级到称为社会主义的那一级之间，是没有任何中间级段的。""因为社会主义不过是由国家资本主义垄断制前进的最近一步而已。或者换句话说，社会主义不过是把国家资本主义垄断制转过来服务于全体人民底利益，于是也就不复是资本主义的垄断制了。"②

在这个意义上，列宁提出一九一八年时的德国——那里巨大的生产集中在容克（地主）和资本家的国家之手——"是再明显不过地体现了为实行社会主义的物质条件"，"若是德国无产阶级革命获得了胜利，那它也就会轻而易举地一下子摧破帝国主义底任何蛋壳"③ 而实现社会主义。在这个意

---

① 恩格斯：《反杜林论》，第 357~359 页。
② 列宁：《灾祸临头和防止之法》，《列宁文选》（两卷集）第 2 卷，第 130、129 页。
③ 列宁：《论粮食税》，《列宁文选》（两卷集）第 2 卷，第 850 页。

义上，列宁又指出："国家垄断资本主义在真正革命民主国家中，就会必然是走向社会主义的一个步骤以至一些步骤！"[1]

我国在新民主主义革命获得胜利后，将反动国民党的官僚资本企业很快地转变为社会主义企业，也说明了这个道理。反动国民党的官僚资本，就是旧中国的国家垄断资本主义。毛泽东同志说："这个垄断资本主义，与外国帝国主义、与本国地主阶级及旧式富农，密切地结合着，成为买办的封建的国家垄断资本主义。这就是蒋介石反动政权的经济基础。"[2] 这种买办的封建的国家垄断资本主义与资本主义国家的国家垄断资本主义不同，它不是资本的发展和集中的结果，而是在帝国主义支持下，官僚资产阶级结合封建地主阶级血腥掠夺的结果。它主要是为帝国主义服务的，但也正因如此，它有可能集中了大量的生产资料在自己手中，因而就构成了把它转变成为社会主义经济的物质条件。但这种转变，必须是经过推翻垄断资产阶级政权的革命才能实现，这就说明了，如果没有国家性质、政权性质的改变，它是绝不可能过渡到社会主义的。

由此可知，国家资本主义的性质决定于其所存在的国家的性质，它是为这个国家的政权，为这个国家的统治阶级而服务的。列宁更明确地指出："在政权属于资本的社会里面的国家资本主义和无产阶级国家里面的国家资本主义，这是两个不同的概念。在资本主义国家里面，国家资本主义是表示，它为国家所承认，并受国家监督，以拥护资产阶级，反对无产阶级。在无产阶级国家里面，是同样的作法，但是为着工人阶级底利益，目的在抵抗依然强大的资产阶级，并与之斗争。"[3]

二 苏联在新经济政策初期的国家资本主义

苏联在新经济政策的初期，也实行过国家资本主义。无产阶级专政国家

---

[1] 列宁：《灾祸临头和防止之法》，《列宁文选》（两卷集）第 2 卷，第 128 页。

[2] 毛泽东：《目前形势和我们的任务》，载解放社编《目前形势和我们的任务》（标准本），新华书店，1949，第 27 页。

[3] 列宁：《俄国共产党（布）的策略》，《列宁文集》第 7 册，人民出版社，1954，第 200 页。

政权下的国家资本主义完全是一种新的东西，过去历史上所没有过的东西。列宁说："……记住这一主要的东西，即我们现有的这种国家资本主义，无论在什么理论或什么著作中都是没有解释的，原因很简单，因为这个名词有关的所有一切通常的概念，都是关于资本主义社会中资产阶级政权的。而我们的是已脱去了资本主义轨道，但还没有走上新轨道的社会制度，可是指导这个国家的不是资产阶级，而是无产阶级。"

列宁接着指出：

> 当我们说到"国家"时，这国家就是我们，就是无产阶级，就是工人阶级底先锋队。国家资本主义，这就是我们能够加以限制，我们能够规定它的界限的一种资本主义，这个国家资本主义是与国家关联着的，而这国家就是工人，就是工人底先进部分，就是先锋队，就是我们。

> 须知这完全是历史上空前未有的情况：无产阶级即革命先锋队拥有极充分的政权，同时却有国家资本主义并存着。问题底关键就在于要使我们了解，这便是我们能够容许和应当容许的一种资本主义，是我们能够限制和应当限制的一种资本主义，因为这种资本主义对于广大农民和那作买卖来满足农民需求的私人资本是必要的。[1]

1925年斯大林论苏联的五种经济结构时也指出："第四种经济结构就是国家资本主义，我们容许这种资本主义存在，并且我们可能按照无产阶级国家底要求对它加以监督和限制。"[2]

由此可以知道，无产阶级专政下的国家资本主义，是在工人阶级掌握了一切经济命脉的条件下，允许资本主义存在，并对它加以监督和限制，使它按照工人阶级国家的要求来进行生产经营的资本主义经济。

工人阶级专政的国家——苏联为什么要允许国家资本主义存在呢？

---

[1]　列宁：《俄国共产党（布）第十一次代表大会上中央委员会底政治报告》，《列宁文选》（两卷集）第2卷，第945～946页。

[2]　斯大林：《在联共（布）第十四次代表大会上关于中央委员会政治工作的总结报告》，《论苏联社会主义经济建设》（高级组）第1册，人民出版社，1953，第152页。

列宁每当谈到 1917 年至 1918 年他所提出的国家资本主义政策时，总是着重地指出当时俄国经济成分的复杂性和小商品经济的占优势，而小商品生产，蔓延得非常广泛的小私有者阶层，乃是投机事业的经济基础。无产阶级取得政权，把资本主义大企业没收变成社会主义企业，但并没有消灭资本主义。因为资本主义乃是小商品经济生产和交换的自发产物，只要有大量小生产存在，资本主义就不可避免。因此，列宁指出，如果"企图把在有千百万小生产者存在条件下所必然发生的这种非国营的私人交换、即商业、即资本主义底一切发展，完全加以禁止，完全封闭起来。一个政党要是试行这样的政策，就不仅是愚蠢，而且是自杀"。① 但另一方面，又不能对这种资本主义之不可避免的发展置之不管，任凭其自由发展。所以，"最后一种可能的与唯一合理的政策"，就是"不去企图禁止或封闭资本主义的发展，而力图把这一发展引导到国家资本主义轨道上去"，② 即把它置于工人阶级国家的限制与监督之下。列宁说：

> 全部问题——无论理论上或实践上的问题——就是要找到正当的方法，应该怎样把资本主义之不可避免的（在某种程度内和某种期限内是不可避免的）发展，引导到国家资本主义轨道上去，这必须赖有一些什么条件，怎样保证在不远将来变国家资本主义为社会主义。③

苏联在新经济政策初期所实行的国家资本主义是以租让制为主，即苏维埃国家将一些生产手段、资源和工厂，在一定时期内租让给外国资本家经营，利用外国资本和技术，以期迅速增加生产。列宁说："从经济关系底观点看来，租让是什么呢？那就是国家资本主义。苏维埃政权与资本家订立了一个合同。根据这个合同，资本家获得一定数量物品：原料、矿山、渔猎区、铁砂，或甚至如最近租让草案中之一所规定的特种工厂（以瑞典式球轴承制造厂出租之草案）。社会主义的国家政权把属于它的生产手段：工厂、原料、矿山给予资本家；资本家则以合同当事者的资格，以租借人的资

---

① 列宁：《论粮食税》，《列宁文选》（两卷集）第 2 卷，第 860 页。
② 列宁：《论粮食税》，《列宁文选》（两卷集）第 2 卷，第 860 页。
③ 列宁：《论粮食税》，《列宁文选》（两卷集）第 2 卷，第 860～861 页。

格，用社会主义生产手段从事生产，以其资本赚取利润，而把生产品之一部分交给社会主义国家。"①

实行租让制时，苏维埃政府是要有某些牺牲的，列宁认为这无疑是给世界资本主义的一种"贡款"。但是租让是有严格的条件的，它必须是能促进苏维埃国家由于某种原因在短期内不能自力经营的那些生产部门的发展，必须在生产中采用先进技术；租让合同有一定的期限，承租者要保证一定的生产进度，遵守苏维埃政府的工资标准、劳保法令等等。因此列宁说，对租让合同要"深思熟虑"，要"善于监视该合同的执行"，"这种范围与条件的确定，是取决于力量底对比，取决于斗争，因为租让制也是一种斗争，是阶级斗争另一形式底继续，而决不是用阶级和平来代替阶级斗争。"② 外国资本家曾企图借租让制来恢复他们在帝俄时代的独占地位。1922 年，一些在革命前几乎握有全部乌拉尔铜矿和炼铜业的英国资本家组织了一个"俄亚联营公司"，要求苏维埃政府把有色金属冶炼业租给该公司 99 年，并要求赔偿他们 2150 万卢布。苏维埃政府拒绝了这个要求。到 1925 年英国资本家才相信苏联没有他们也能恢复有色金属冶炼业，于是他们又提出了苏联较能接受的承租条件，苏联允许他们承租某些金属矿。

苏维埃政府在 1920 年 11 月 23 日公布了第一个租让制法令，并成立了中央租让事务委员会来领导这一工作。到了 1925 年共有租让合同 86 个，其中以工业、矿业较多。但租让制并没有广泛实行，合同多半是临时性的，有些企业根本没有开工。外国承租人共投资了 4800 万金卢布，其中有英国资本 2000 万金卢布，这些承租人也没有在企业中采用先进技术。

苏联在新经济政策初期的国家资本主义形式还有租借制，即把企业租与本国的资本家，内容与租让制相仿，但大部分是中小企业，其中又主要是食品业和皮革业。到 1922 年底，共租出 3874 个企业。在新经济政策期间，工业企业租借制是在一定范围内发展并由国家调节的资本主义关系的普通形式。在商业方面，则有与外国资本家和与本国资本家合营的股份公司。到 1925 年共有股份公司 161 个，其中国营的 61 个，合营的 64 个，私营的 34

---

① 列宁：《关于粮食税的演说》，《列宁文集》第 7 册，第 142 页。
② 列宁：《论粮食税》，《列宁文选》（两卷集）第 2 卷，第 864 页。

个，合作社经营的两个。苏维埃股份公司是商业方面国家资本主义的主要形式。此外，列宁还指出利用私商代购代销的国家资本主义形式，"国家把资本家当作商人吸引前来，由他来出卖国家货物与出卖小生产者底产品，付给他一定的代买代卖的利息"。①

苏联当时所施行的租让制，它的性质完全是资本主义的。它是把社会主义财产在一定时期内租给资本家。承租人不是这些生产资料的所有者，但他是这些生产资料的暂时占有者，他占有这些生产资料，并投下一定数量的资本，以赚取资本利润。列宁说："承租人，这就是资本家。他们按资本主义方式经营业务，是为要获得利润，他们与无产阶级政权订立合同，是为要获得高于普通利润的额外利润，或者说，是为要获得用别的方法所不能得到或极难得到的原料。"②

斯大林说："不管国家资本主义具有何种特殊形式，但它按实质说终究是资本主义性的。列宁分析国家资本主义时所指的首先是租让企业。试看看租让企业中是不是存在有两个阶级呢？是的，存在有两个阶级。一个是资本家阶级，即从事剥削和暂时占有生产资料的租佃企业家，另一个是受租佃企业家剥削的无产阶级。至于这里没有社会主义成分，那是单只从如下一件事实中也可以明显看出的。这事实就是谁都不敢跑到租让企业中去进行提高劳动生产率的运动，因为谁都知道，租让企业乃是一种非社会主义性质的企业，乃是一种与社会主义不相干的企业。"③

三　我国国家资本主义的特点

我国国家资本主义的方针是根据列宁、斯大林关于国家资本主义的理论，并和中国具体的历史和现实条件密切结合的。我们国家的性质和苏联是一致的，都是以工人阶级为领导，以工农联盟为基础的国家政权。我国在过渡时期的总任务，就是根据列宁、斯大林关于过渡时期的理论，依照中国的

---

① 列宁：《论粮食税》，《列宁文选》（两卷集）第 2 卷，第 864 页。
② 列宁：《论粮食税》，《列宁文选》（两卷集）第 2 卷，第 861 页。
③ 斯大林：《在联共（布）第十四次代表大会上关于中央委员会政治工作的总结报告》，《论苏联社会主义经济建设》（高级组）第 1 册，第 153 页。

具体情况所制定的。我们对于资本主义工商业也不是采取"禁止和封闭"的办法，而是力图把它引导到国家资本主义轨道上去，也是要它在国家的限制和监督之下，进行生产经营。从这一广泛的意义上说，在工人阶级所领导的国家政权下，资本主义工商业只要爱国守法、服从人民政府的管理、国营经济的领导和工人群众的监督，并从企业利润中只分取合理的部分，那么，它们即已不同于一般的私人资本主义企业，而开始带有国家资本主义的性质了。正如列宁所说："凡是有一般自由贸易与资本主义成分的地方，那里——在某种形式和某种程度上——就有国家资本主义。"①

我国的国家资本主义与苏联新经济政策初期的国家资本主义本质上虽然是相同的，但是在具体形式上，特别是在它与社会主义经济相联系和合作的方式与作用上，是与苏联有所不同的。我国的国家资本主义，是与社会主义经济有比较密切的、一定的形式的联系和合作。我国现有的公私合营、加工、订货、经销、代销等都是体现这种联系和合作，体现公私关系和领导与被领导关系的具体形式。

因此，在我国，在人民民主政权下的国家资本主义，就是在人民政府管理下，用各种方式与社会主义国营经济联系和合作的受工人群众监督的资本主义经济。它实际上是社会主义经济成分和资本主义经济成分在不同程度上的、采用不同方式的（企业内部的或企业外部的）经济上的联盟。

我国的国家资本主义较之苏联新经济政策初期所实行的国家资本主义有某些不同的特点，这主要是由于我国历史的、经济的条件不同，是由于我国对民族资产阶级和对资本主义工商业的政策不同。

第一，苏联对资产阶级是采取剥夺的办法，而我国对于民族资本主义工商业则是采取逐步改造的政策，工人阶级和民族资产阶级之间不但有斗争，还存在着联盟的关系。苏联当时所实行的国家资本主义，如租让制或租借制，是把已经没收了的或其他属于社会主义国家的生产资料，在一定条件下租给资本家使用。而在我国，则是对资本家私人所有的生产资料，通过国家资本主义的轨道，将其改造成为社会主义所有制。苏联的国家资本主义经济，最后也是要把它变为社会主义经济的，但如列宁所说："租让合同中

---

① 列宁:《论粮食税》,《列宁文选》（两卷集）第2卷，第860页。

断，也就是一下子、简单、立刻中断与资本家所作经济联盟或经济'同居'底实际关系。"① 而在我国，则是要逐步地进行改造。并且，在我们对资本主义工商业进行改造的同时，还必须对资产阶级分子，对资本家个人进行改造。为了对资本主义工商业和资产阶级分子逐步进行社会主义改造，就必须在引导它们进入国家资本主义的过程中，加强它们与社会主义经济的联系，以社会主义成分的增长来影响、领导它们，逐步改变它们的生产关系和经营方式，为最后将资本主义工商业改造成为社会主义企业奠立基础。

第二，苏联在当时实行国家资本主义的主要目的，是为了迅速地恢复生产，使国家掌握必要的工业品来与农民进行交换，并以国家资本主义的大生产来反对小私有者的自发势力。列宁对当时的情况说："因为大工业还没有恢复起来，因为社会主义工厂或许只能获得它们所应得的十分之一的东西，而在它们得不到它们所应得的东西的时期内，小经营就是离开社会主义工厂而独立存在的。全国之不可想象的破坏，燃料的缺乏，原料与运输工具的缺乏，在在使小生产离开社会主义而单独存在。因此我问：在这些条件下面的国家资本主义是什么呢？它将是小生产之联合。资本把小生产联合起来，资本从小生产中生长起来。"②

列宁又说："苏维埃政权'培植'像租让制这样的国家资本主义，也就是加强大生产来反对小生产，加强先进生产来反对落后生产，加强机器生产来反对手工生产，增加自己支配的（自己分内的）大工业生产品量，加强有国家调度的经济关系来敌对小资产阶级无政府状态的经济关系。"③ 苏联希望通过国家资本主义的发展，来建立苏维埃政权与农村间的联络。这在当时（1921 年左右）的情况下，当苏维埃工业还处于极端破坏、运输停顿、燃料缺乏的情况下，是十分必要的。但在今天的中国，社会主义国营工业已经有了稳固的基础，而且已占据了领导的地位，国营商业和合作社营商业已迅速地发展起来，社会主义经济已经靠自己的力量直接建立了与农民经济之间的联系。今天我们已不是需要通过国家资本主义来建立人民民主政权与农民的联系的问题，而是要通过国家资本主义来逐步地切断资本主义工商业与

① 列宁：《论粮食税》，《列宁文选》（两卷集）第 2 卷，第 864 页。
② 列宁：《关于粮食税的演说》，《列宁文集》第 7 册，人民出版社，1954，第 141～142 页。
③ 列宁：《论粮食税》，《列宁文选》（两卷集）第 2 卷，第 861～862 页。

农民经济的联系的问题，同时也通过国家资本主义来逐步地切断资本主义工商业与手工业者之间，切断资本主义商业与工业之间的联系。所有这些，都是为了便于对它们进行社会主义改造，也便于对农民、对个体手工业者进行社会主义改造。

第三，苏联当时国家资本主义实际并未发展起来。最大的租让制制造工业投资不过 500 余万卢布（瑞典通用电气公司），最大的租让制矿业投资也只 1800 万卢布（利那金矿），1926～1927 年度租让企业资金只占苏联大工业的 0.5%，工人数目只占苏联大工业工人总数的 0.7%，生产总值只占大工业总产值的 0.4%。① 1925 年时，租让企业只有 5 万工人，租借企业只有 3.5 万工人，而当时苏联的工人总数有 700 多万人。列宁在 1922 年时就说过，租让企业是没有行得通的。但在我国，资本主义工商业还是一个不可忽视的力量，它在国民经济中还占有相当的比重，它拥有数百万职工，对它们进行改造需要一个相当长的时期。因此，国家资本主义在我国是有着重大的意义的。

此外，苏联在当时是唯一的社会主义国家，技术人员和资金都极端缺乏，因此采取租让制来利用外国资本和技术，是有其必要的。在我国，根据当前的国际和国内条件来说，则不需要这类形式。相反，公私合营在我国是一个重要的形式，因为它对于改造资本主义生产关系，和最后改变资本家所有制，是最有效的形式，而在当时的苏联就不需要采用这一形式。

总之，我国国家资本主义的特点，主要的是把它作为对资本主义工商业进行社会主义改造的步骤、方法和必经的途径。因此，在我国的国家资本主义中，必须强调它们与社会主义经济的联系和合作，在企业内部和外部，扩大社会主义因素及其作用，限制资本主义因素及其作用，逐步改变它的生产关系。国家资本主义经济并未取消资本家所有制，并未消灭阶级，也没有消灭剥削。所以国家资本主义不是社会主义，这是很明显的。但是，在不同形式的国家资本主义经济中，资本家所有制已受到了不同程度的限制；资产阶级和工人阶级在生产上的相互的地位，有了不同程度的变化，资本主义剥削受到了某些限制，生产成果的分配已与一般私人资本主义有所不同。这就影

---

① 《苏维埃政权十年总结》，1927 年俄文版，第 285 页。

响到生产关系的变化。因此，我国的国家资本主义经济并不像苏联的租让制那样是"一种与社会主义不相干的企业"，并且，我国一部分国家资本主义企业中还带有若干乃至很大程度的社会主义性质，如我国的公私合营企业是一种半社会主义性质的经济。

关于我国国家资本主义企业中生产关系的改变，将在下一章中详细叙述。

对资本主义工商业进行社会主义改造的历史任务，是我国社会主义革命中的特殊任务，确定对资本主义工商业逐步进行社会主义改造，和确定以国家资本主义为改造的轨道，是中国共产党中央和中国人民伟大的领导者毛泽东同志运用马克思列宁主义思想方法，根据列宁、斯大林关于过渡时期和国家资本主义的理论，结合中国具体情况，创造性地规定的。也就是说，列宁、斯大林关于国家资本主义的理论，在中国具体实践中，已有了新的发展。

四　国家资本主义是对资本主义工商业
利用、限制和改造政策的统一

国家资本主义是国家贯彻过渡时期对资本主义工商业利用、限制和改造政策的重要经济形式，是利用、限制和改造政策的统一。

国家资本主义，不只在逐步改变资本主义的生产关系上，给资本主义工商业最后改造成为社会主义企业奠立基础，并且，由于生产关系和经营方式的不同程度的改变，工人劳动性质和劳动地位的不同程度的改变，首先就使企业的劳动生产率提高，进一步发挥了生产力。当这些企业主要是为国家计划的任务而生产，工人感觉到主要是为人民服务而劳动的时候，生产情况便会发生变化。在这些工厂中，工人积极发挥创造精神，开展增产节约运动，从而使产量增加、质量提高、成本降低的例子，是不胜枚举的。发展这些企业的生产力，不仅是为过渡时期满足人民需要、支持国家社会主义工业化所必需，也是资本主义工商业最后改造为社会主义企业所必需的条件之一。

在发展生产力的作用上，国家资本主义不只是提高了工人的劳动积极性。同时，由于它们与国营经济的联系和合作，由于公私关系和劳资关系的

改善，也就有可能改善企业的经营管理，并鼓励了资本家的经营积极性，教育和改造了资本家和资本家代理人。特别是在国家资本主义的高级形式——公私合营企业中，国家派有专职干部领导，这些企业就可逐步地采取先进的生产经验，建立先进的生产管理和财务管理制度，并有可能争取向同类性质和相近规模的国营企业看齐。这就更有利于提高品质、降低成本，扩大企业积累，其中一部分在国家的统一计划下还可获得改建或扩建。

商业方面，资本主义零售商纳入国家资本主义轨道，成为国营商业的代销店和经销店，就脱离了自由市场商品流转体系，加强了社会主义商品流转体系。它们就可以为满足居民需要、活跃城乡交流而服务，其中一部分并可以直接执行国家的商品供销计划。在私营商业全行业地纳入公私合营形式后，就可以使市场进一步组织化、计划化，全盘调整商业网，为生产和消费服务。

列宁曾指示我们，对资本主义要"作为提高生产力的手段、途径、方法和方式来利用（特别是要把它引导到国家资本主义底轨道上）"。[1] 工人阶级所领导的国家将这部分生产力掌握在自己手中，便可通过各种方式使它为国家的社会主义工业化和人民的需要服务。正如列宁所说："谁是国家资本主义企业的组织者，谁就可以把它变为自己的助手。"[2]

在利用资本主义工商业的积极作用的同时，还必须限制资本主义工商业的消极作用，限制它的破坏性和盲目性。国家资本主义在限制资本主义的消极作用上，也是一种最有效的方式。这是因为在国家资本主义企业中，不但进一步加强了国家管理和工人群众的监督，而且在不同程度上改变了资本主义的生产关系和经营方式与经营作风，从而有力地约束了资本主义经济规律的作用。

国家资本主义使私营工业的生产在不同程度上受国家计划的控制，并在不同程度上改变了它们的经营管理方式。在国家资本主义的高级形式——公私合营企业中，生产和销售已基本上纳入了国家计划，价值规律调节生产的作用已逐步让位给国民经济有计划发展的规律，资本主义生产无政府状态已

---

[1] 列宁：《论粮食税》，《列宁文选》（两卷集）第2卷，第866页。
[2] 列宁：《关于苏维埃当前任务的报告》，《列宁全集》（俄文版）第22卷，第483～484页。

受到极严格的限制。公私合营企业由国家派干部领导管理，改变了过去资本主义的经营管理方式和管理制度，逐步向国营企业看齐。在加工、订货、统购、包销的企业中，国家通过公私合同使它们的生产间接地纳入国家计划。国家控制了产品的销售，并在不同程度上掌握了原料的供应，这就削弱了资本主义工商业之间的联系，缩小了资本主义自由市场；并由于国家对这些企业进一步的监督管理，对它们生产的品种、数量、规格、成本等比较严格的控制，这就给资本主义的盲目性、破坏性以很大的限制。

商业方面经销、代销的企业，主要是在商品流通的主要环节——批发和商品地区间流转的环节——上，由国营经济加以掌握。因而在一定范围内割断了资本主义商业与生产者之间的联系，特别是与农民和手工业者之间的联系，使它的经营服从于国家有计划的商品调拨。这些国家资本主义的另一特点，是严格地规定了私营商业的出售价格，这就限制了商业资本的投机、破坏作用，而有利于稳定市场和为供应人民的需要服务。

无论何种形式的国家资本主义，都在不同程度上限制了资本主义剥削。首先是根据国家的价格政策，通过国家直接管理或公私合同，控制了利润，使这些企业在合法经营下获得合理利润，限制非法的投机的利润。加工、订货中的工缴或货价，经销、代销中的批零差价和代销手续费，都是体现国家价格政策的不同形式。但是，在这些企业中成本还是一个复杂的因素，国家还不能直接规定它的全部成本。其次，随着国家管理和工人群众监督的加强，对国家资本主义企业可以贯彻执行合理的盈余分配原则。这个原则，就是企业盈余应按国家所得税、企业公积金、职工福利奖金、资方的股息红利（包括资本家代理人的酬劳金）四个方面分配，其中资方的股息红利等可占到企业利润的 1/4 左右（在公私合营企业中公股所得也包括在内）。在公私合营企业中，还可以逐步推行"定息"的办法，即按照私股的投资额，每年给以固定的利息。这就进一步限制了资本的剥削，改变了资本主义唯利是图的情况。更可以大大提高工人群众的生产、经营的积极性。

最后，如前所述，资本主义工商业纳入国家资本主义轨道之后，有可能改善经营管理，逐步改变生产关系与经营方式，这就不能不使企业获得很大程度的改造。同时，对资本家个人也必须进行改造，企业的改造和个人的改造是不可分的。当国家资本主义企业改造成为社会主义企业时，资产阶级必然要消灭，但资本家的绝大多数必须逐步改造成为自食其力的劳动者和社会主义企业里的工作人员。国家资本主义的作用之一，即在于它使资本家与资本家代理人获得了贡献经营管理或技术才能的机会，并在与社会主义经济联系和合作中受到教育，使他们有机会学习先进的生产经验和先进的管理制度，学习政治理论，逐渐改变思想意识，最后放弃剥削，改造成为自食其力的劳动者。在公私合营企业中或其他比较发展了的国家资本主义企业中，资产阶级中出现了一批愿意接受改造的先进分子，他们逐渐认识到社会主义经济的优越性而逐渐地成为团结和教育广大私营工商业者的骨干分子。

由此可见，一切形式的国家资本主义经济在生产上和经营上都在不同程度上优于一般私人资本主义经济，而高级形式的国家资本主义经济又优于其他各类形式的国家资本主义经济。这就证明了经过国家资本主义完成对资本主义工商业的社会主义改造，是较健全的方针和办法。

第三章

国家资本主义的形式和发展

一　国家资本主义的高级形式——公私合营

公私合营是我国国家资本主义的主要形式。其他国家资本主义形式基本上都要发展成为公私合营向社会主义过渡。

公私合营企业，就是由国家或者公私合营企业投资，并由国家派干部，同资本家实行合营的企业。公私合营企业的设立，须经人民政府依规定的程序核准。

公私合营企业是国家资本主义的高级形式，是社会主义成分与资本主义成分在企业内部的合作。企业中有公股，也有私股，但它不同于一般私人资本主义性质的合股公司，社会主义成分在企业中居于领导地位，资本主义成分则居于被领导的地位。但公股的领导地位，不取决于它在个别企业中所占比重的大小，而是取决于国家政权的性质，取决于社会主义经济在国民经济中的领导地位，取决于公股代表与工人群众的结合和对资本家及资本家代理人的教育和改造。因此，公私合营企业的经营管理，必须在公方领导之下，由人民政府所派的公方代表同私方自己所推派的代表负责。公方与私方的关系也具体体现着领导与被领导的关系。公私合营企业的生产和销售，应该按照国家的计划或指示来进行，企业的生产制度、财务制度、劳动制度、基本建设、安全卫生等制度，也应遵照政府有关的规定办理。公积金的运用由国家统一调配，企业的扩建、改建都应受国家计划的支配。

在公私合营企业中，私方的合法权益是受到保护的。譬如，对于私营企业实行公私合营时，应当对企业的实有财产进行估价，并对企业的债权债务加以清理，确定公私双方的股份。对于企业财产的估价，是根据公平合理的原则，参酌财产的实际尚可使用的年限和对于企业生产作用的大小协商进行的，这就可以照顾到私方的合法利益。私方代表在公私合营企业中有他一定的职位，很多并担负了行政上或生产上的重要职务，他们是有职有权的，当然，他们也必须守职尽责，不能假公济私。公私合营企业对于企业原有的实职人员，是参酌原来情况，量材使用；对于在企业中有功绩但已丧失工作能力的原有实职人员，并给予适当的照顾。这样，他们就可以有充分贡献其经营管理或技术才能的机会，并在与社会主义成分合作中，在公方领导下，通过生产实践，更直接的受到教育。公私合营企业的盈余分配，过去一般是除了依法缴纳国家的所得税以外，就企业的公积金、企业奖励金、股东股息红利三个方面合理地加以分配。股东的股息红利，加上董事、经理和厂长的酬劳金，共可占到全年盈余总额的 25% 左右，其中私股分得的利润，可听股东自由支配。但在一个行业中大部分业户实行公私合营后，就采取定息的办法，即按私股投资额，每年给以固定的利息。这种定息办法，正在逐步推广。

公私合营企业内部既有社会主义成分，又有资本主义成分，因此，公私矛盾是公私合营企业中的主要矛盾。公私合营企业中的公私关系问题，是由公私双方代表协商处理。协商不能一致时，应当报请政府主管机关来解决。公私合营企业一般设有董事会，由公私双方选派董事组成，董事会可作为公私双方协商议事的机构。

工人在公私合营企业中的地位已有了重大的改变，他们与公方结合在一起是企业中的领导力量。在公私合营企业中应当实行工人代表参加管理的制度，企业的工资、福利、奖励等制度，也应当依据原有基础和生产经营情况，参照国营企业的有关规定，逐步向相当的国营企业看齐。工人与企业行政的关系，已不是劳资关系，在这里，工人和公方代表的立场是一致的。但是，公私合营企业还有私股存在，资本家还剥削工人的剩余劳动，因此，劳资关系仍然部分地存在；不过在这些企业中劳资关系主要的是通过公私关系来表现，也就是说，有关劳资关系的一些问题，可通过公私协商来解决，因而在公私合营企业中也就不需要有劳资协商会议的组织形式了。

私营企业进行公私合营主要应有三方面的条件，即是国家的需要，企业改造的可能和资本家的自愿。首先，公私合营企业必须能适合国家计划的需要，能符合供、产、销平衡的原则；此外，国家还要考虑指派干部和投入相当的资金等问题。其次，企业本身必须具备一定的改造的可能条件，在生产上和经营上有一定的基础，在公私合营之后才能充分地发挥它有利的作用。这些条件很多是可以争取和创造的，特别是通过加工、订货、包销、经销等国家资本主义的中级形式，逐步建立将供、产、销纳入国家计划的条件；通过增产节约运动、民主改革和生产改革运动，使企业在生产上和经营上达到一定的水平。某些较小的私营企业，并可在他们彼此之间，或与某些较大企业之间的协作和依存关系的基础上，依据需要，在人民政府领导之下，采取以大带小、以先进带动落后的办法或其他适当的方式，稳步地进行组合或合并，以创造公私合营的条件。最后，公私合营应该是出于资本家的自愿，即资本家对于合营要有一定的认识和要求。但自愿不等于自流，而是需要我们从各方面向资本家进行工作，进行教育，使资本家提高认识。只有这样，才可以使公私合营的工作更加顺利地进行。

公私合营企业比资本主义企业，以及比其他形式的国家资本主义企业具有显著的优越性，这主要是因为它的生产关系发生了重要的变化：第一，企业由私有变为公私共有，资本家所有制丧失了对生产资料原有的支配地位。所有制的改变和社会主义成分在企业内部领导地位的确立，就使公私合营企业的经营管理，不再采取资本主义方式，不再以追逐利润为目的，而以发展生产、满足人民的需要为指导方针。同时，公私合营企业的生产和扩大再生产是受国家计划支配的。这就是说，社会主义基本经济规律和国民经济有计划发展的规律，将在公私合营企业内直接起作用，排挤着价值规律的作用。第二，公方和工人群众结合在一起，成为公私合营企业的领导力量，企业内部的阶级关系和工人劳动的性质发生了重要的变化。工人的劳动在计划的范围内直接体现为社会劳动，劳资矛盾主要通过公私矛盾来表现，而公私矛盾的主导方面是社会主义，不是资本主义。第三，在产品的分配、价值的分配上，基本上脱离了资本主义的形式，企业利润大部分成为国家工业化资金的积累。剩余价值规律在公私合营企业中已不起主导的作用，只有在盈余分配的时候，资本家对工人的剥削，才在规定的限度内呈现出来。

由于这些重要的变化，就使得在公私合营企业中，劳资矛盾和公私矛盾能够获得更适当、更有效的处理，从而能提高劳动生产率，增加产品的数量，提高产品的质量，降低产品的成本，逐步向相当的国营企业看齐；从而能够更有效地改进生产，积累资金，有计划地扩大再生产，发展社会生产力，支持国家社会主义工业化；从而也就能够培养更多的工人干部和技术管理干部，改造旧职员，并改造资本家和资本家代理人，为最后进入社会主义社会准备了比较完备的条件。

几年来，已有无数的事例证明了公私合营企业在生产经营各方面的优越性。例如天津永利化学公司，如果以 1952 年实行公私合营一年的产值为100，则 1953 年为 139，1954 年为 180。上海钢铁公司，如果以 1950 年合营时的产值为 100，则 1951 年为 263，1952 年为 391，1953 年为 601，1954 年为 871。根据上海 43 家在 1953 年以前实行合营的工厂统计，其劳动生产率 1954 年比 1953 年平均增加了 46%。根据全国 64 家合营历史较久的工厂统计，它们的盈余如果以 1950 年为 100，则 1951 年为 113，1952 年为 228，1953 年为 306。再如，民生轮船公司原是我国最大的私营轮船公司，但在合营前是一个机构臃肿、资金浪费的企业。过去几年来平均每二天出一次水上事故，每五天死亡一人，一年要亏损 500 万元。民生公司在 1952 年 9 月实行公私合营后，运输量由过去最高纪录 1947 年的 38 万吨提高到 1953 年的86 万吨，成本降低了 30%，川江运价降低了 40%，并且在合营后的 4 个月内即盈余 168 万元，1953 年盈余达 449 万元，1954 年达 1000 余万元。唐山华新纺织公司，公私合营后 5 年来的发展比过去 30 年还快，1953 年又完成新建有 2 万锭子的纱厂，482 台布机的纺织厂，和能加工 60 万匹的染厂各一座，并计划在 5 年内再以自筹资金的方式扩建纱锭 5 万枚，布机 2000 台。上海华东钢铁建筑厂在 1953 年 1 月公私合营之前，生产管理混乱异常，单"五反"中清算盗窃国家资材即达 47.6 万多元；但合营以后，由于工人加强监督，发挥了劳动效率，5 个月内为淮河三河闸工程制造器材即节约材料26 吨，节省人工 4662 个，降低成本 9 万多元，各工种提高生产效率 50% ~ 600%。

公私合营工作顺利开展，对资本家的思想教育起了很大的作用。许多过去不愿意合营和对合营有顾虑的资本家纷纷地要求公私合营。不少资本家在公私合营时动机是不纯的，存在着"丢包袱"甚至"合公营私"的错误思想，但合营后在公方的领导下，通过实际事例的教育，就逐步提高了认识。如在1954年春实行合营的上海机器厂资方说，他们最初合营的动机是为了获得国家资金，以后逐渐认识到应接受公方领导，服从国家计划，最后则说："要在企业改造过程中致力于个人改造，无愧做一个新中国爱国企业家"，"愿在工人阶级领导下与工商界先进同人，一同进入幸福的社会主义社会"。上海华通电器开关厂私方代表在董监会上听了厂长的报告后满意地说："我们原来这样破破烂烂的厂能得到今天这样蓬勃发展，充分说明了公私合营改变生产关系的好处，当初合营有丢包袱思想，以后对企业也不够负责，今后一定要负起责任来。"

几年以来，公私合营企业已经有了很大的发展。在解放初期曾有一批公私合营企业出现，但这主要是由于这些企业中原含官僚资本或敌伪财产，这些资本和财产经过清理后成为公股，并经国家派员领导，它们就成为公私合营企业。此后，对资本主义工商业社会主义改造的工作逐步展开，部分资本家对国家资本主义有了认识，陆续就有一些较大的私营工业企业向政府申请公私合营。在公私合营的优越性日益显著后，申请合营的也日益增加。在1954年政府公布"公私合营工业化企业暂行条例"以前，公私合营的工业企业已有一千余家。1954年开始了有计划地扩展公私合营的工作，这一年内实行公私合营的较大工业企业有800多家。同时，进行公私合营的方式，也由过去一家一家地合营发展成为一批一批地合营；合营的范围则由大厂扩展到中小厂，由大城市扩展到中小城市。其中有的是同行业的几家私营工厂实行合并，在条件具备后实行公私合营，也有的是在合并时实行公私合营，有的是同一资本系统的企业合并合营，也有的是私营小厂成批地合并于公私合营的大厂，因而也成为公私合营厂。由于这些新方式的创造和发展，就使一些规模较小的私营工业企业，在一定条件下获得了实行公私合营的机会。

到了1955年，公私合营工作又进入了一个新的阶段。上海在这一年7月和8月批准了两批共270家私营工厂实行合营，天津在4月和7月批准了两批共155家私营工厂实行合营，其中有很多是在合营中进行并厂的。同时发展了若干行业的全业公私合营，首先是上海棉纺、毛纺、麻纺、造纸、搪瓷、卷烟、面粉、碾米等八个行业全行业进行公私合营，天津的造纸业，北京的面粉、电机、制药等九个行业，广州的缝纫机业、油漆业，杭州的丝织业等，都全行业实行了公私合营。此后，全行业（或一个行业的大部分）公私合营就成为改造资本主义企业的主要方式了。这不但加速了改造的进度，也更便于全行业的生产安排和经济改组。在全行业合营中，一般都是根据以大带小、以先进带落后的原则，与行业的改组合并同时进行的。

商业方面，在1955年以前，主要是一些带有加工性或技术性的较大商店和饮食店实行了公私合营。由于私营商店一般规模小、户数多，如果一部分商店实行公私合营，营业额迅速增加，就会影响到其他私商的安排。1955年全行业公私合营的阶段到来后，就避免了这个缺点。首先是北京的棉布业、上海的绒线业实行了全行业公私合营，以后就在各地推广起来。

公私合营工业的产值，如果以1949年为100，则1950年约为148，1951年约为324，1952年约为647，1953年约为917，1954年达2302.7。这种增长主要是由于公私合营企业数量的增加而来，但其中也有很大部分是由于企业合营后生产改进，产量提高所致。公私合营工业产值在全国工业总产值中所占的比重也是逐年增长的，1949年和1950年约占2%，1951年约占3%，1952年约占5%，1953年占5.5%，1954年占12.3%。1955年下半年，公私合营工业的产值即超过了尚未转变为合营部分的资本主义工业的产值。

此外，在交通运输方面，到1954年底，私营轮船业已有136家组织了17家公私合营轮船公司，在沿海和长江的航运吨位中，私营轮船只占1.6%了。私营汽车运输业，至1954年底已有1700余辆汽车纳入了公私合营，其余主要是自车自驾的个体劳动户，大都已实行联营。私营银行和钱庄几乎已全部实行了公私合营，后来合并成为中国人民银行直接领导下的公私合营银行。较大的私营出版社也大都实行了公私合营。

二　国家资本主义工业的其他形式

工业的国家资本主义，除公私合营外，还有中级形式的加工、订货、统购、包销和低级形式的收购等。

加工 加工是由国家单位（或合作社单位）供给一部分或全部原料（或半成品、零件），确定原料与成品的交换比率，委托私营工厂在一定时期内，按照国家所规定的规格、质量、数量进行生产（或装配），加工的全部产品都由国家单位收回，国家单位则按规定付给私营工厂合理的工缴（或称加工费）。工缴一般包括工资及其他费用、加工产品应缴纳的国税和企业的合理利润。

加工通常是原料已由国家控制或计划分配的物资和国营工业需要复制的半成品。

订货 订货是国家单位（或合作社单位），根据所需的产品标准（规格、质量等），确定合理的货价，向私营工厂预先订购一定数量的产品，私营工厂即依合同规定的标准进行生产，并按合同规定的时期交货。订货货价中包括该项产品的合理成本、产品应缴纳的国税及合理利润。必要时，国营单位并可预付给私营工厂一部分货价作为定金，或以配售方式供应一部分原料，或以折价方式供应一部分生产资料。

订货厂的多余产品国家有权优先收购，或由订货厂按照国家收购牌价自行出售。

统购 统购是国家统一收购、销售的简称，是国家根据社会经济的需要，对某些与国计民生关系重大的产品，指定国家商业单位按适当的价格，长期性的统一收购，并统一销售。例如棉纱，即是统购的商品。与统购性质相近的还有专卖，私营工厂生产的专卖品也是由国家统购的，如酒类。对私营工厂来说，统购的产品常常是采用加工的方式，它不同于加工的是，凡是统购或专卖的商品，私营工厂都不能再自行在市场上销售。

包销 包销是国家商业单位规定私营工厂的产品标准（规格、质量等），或在这些产品保持一定的标准的条件下，协议确定价格，在相当时期内，以一个行业、一种产品或一个企业为对象，由国家包下它生产能力的一部或全部。这样包下来的生产能力所生产的产品，即全部卖给国家单位。在具体执行时，生产能力一般是用产品的数量来表现的，而且也时常采取加工订货或近似于加工订货的方式，它与加工订货不同的是，包销部分的生产能力，因生产改进而增加或超额的生产，原则上也应当卖给国家。

包销一般是行之于产销比较平衡的，生产又比较集中的产品。

由于统购和包销时常是采取加工订货或近似于加工订货的方式，通常我们说到加工订货时，也时常将这两种形式都包括在内。

加工订货是社会主义经济与资本主义经济在企业外部的合作。这种合作，一般是表现为各种公私之间的合同形式——加工合同、订货合同、包销合同，统购虽然是国家法令规定，但在具体执行时，也表现为国家单位与私营工厂订立加工合同。公私合同不是普通的买卖合同，而是体现公私关系，体现社会主义经济与资本主义经济之间的领导与被领导的具体形式。国家根据合同指导私营工业的生产，工人根据合同监督资本家。

公私合同中具体地规定了加工订货的条件，公私双方的权利和义务；合同一般应经司法部门公证，一经签订，双方都应当贯彻执行。合同中首先要明确地规定加工订货产品的规格质量，产品的数量和交货时间。按质、按量、按期交货是私营工业应该切实履行的，因为不这样，就会影响到国家生产和销售计划的顺利执行，就会影响到市场供应乃至影响到国家更重要的任务；不这样，就不能发挥加工订货对于利用私营工业发展生产、保证需要的作用，就不能为平衡供、产、销和纳入国家计划轨道准备条件。其次，合同中要明确规定合理的工缴或货价。工缴和货价是国家价格政策的体现，规定得合理与否不但关系国家的利益和消费者的利益，也关系私营工业的利润，并影响到它们的生产定额、成本和费用，对于限制资本主义剥削和改进私营工业的生产起着重大的作用。最后，合同在不同情况下，在不同程度上，对私营工业的经营管理制度、财务制度、工资福利制度等也都发生重要的作用，合同中并可规定生产监督、财务监督的具体办法。

在加工订货等国家资本主义形式中，公私关系集中地表现在生产任务的分配和工缴货价的核定上。

国家是根据"统筹兼顾"的方针，按行按业合理地安排各种经济类型工业的生产任务的，对各种经济类型既要有所不同，又要在一些方面一视同仁。对各种经济类型的生产进行统一安排，不但可以保证国家计划的全面贯彻，防止私营工业的盲目发展，也同时使私营工业获得合理的生产任务，避免竞争，从而有利于对它们进行改造。国营工业和资本主义工业是不同性质、不同所有制的工业，在安排生产时当然有所不同的。但资本主义工业也是国民经济的一个构成部分，它的工人和国营工业的工人都是我国的工人阶级，因此在一些方面是必须一视同仁的。根据这个方针来安排生产，就可以使加工订货逐步加强计划性，使这些企业逐步纳入国家计划的轨道，同时也有利于工人阶级的团结和促使资本家接受社会主义改造。

国家对加工订货的工缴、货价，是根据中等标准、合理利润的原则核定的。这就是：按照不同情况，保证私营工厂按其资本计算，在正常合理经营的情况下，每年获得 10% 左右，20% 左右，到 30% 左右的利润。这个利润是按正常合理经营的中等标准来计算的。某些工厂成本低、质量高，便可以得到比较多的利润。反之，某些工厂成本高、质量低，就只能得到较低的利润。这样，就可以发挥奖励先进、照顾并带动落后、淘汰有害的作用，因而有利于企业进一步的改造。工缴、货价核定后，企业由于提高技术、改进生产、改善经营管理而使成本降低的，也就可以增加它们的利润。经过一定时期后，再根据私营工业生产水平和劳动生产率提高的情况，重新调整工缴、货价，这就会鼓励私营工厂的生产继续改进，以贯彻国家"奖励先进"的方针。

在加工、订货等国家资本主义形式中，国家可以派员驻厂或巡回监督企业的生产，并可以逐步将它们组织到国家设立的专业公司之下，管理它们的生产，并进行对它们的改造。国家银行通过加工、订货等专业贷款可以对企业进行财务监督或现金管理。工商行政机关则通过对加工、订货等合同的管理，监督合同的贯彻执行。不少加工订货的企业逐步实行了以工人参加经营管理的制度，很多企业中组织了增产节约委员会或其他保证完成国家生产任务的组织。这些组织，实际上已负起了领导生产的任务。它们与工会一道，和国家机关在企业外部的监督密切的配合，成为贯彻公私合同，限制资本主义消极作用的重要力量。

加工、订货等国家资本主义形式基本上并未改变私营企业的所有制，企业的生产资料还是，或主要还是为资本家所占有的，工人与资本家的关系还是剥削关系。但是它的生产关系已经有了一定程度的改变。第一，在这些企业中，资本家所有制已受到了不同程度的限制，已是不完全的资本家所有制。这些企业的生产资料虽仍为资本家所占有，但主要是依照合同规定为国家进行生产，特别是在统购和全部为国家加工、订货和包销的工厂中，资本家已不能自行支配使用。在为国家加工的工厂中，它所需的原料（生产资料的一部分），就已不是资本家所有，而是国家即全民所有。加工订货企业的生产不是直接受国家计划支配的，而是通过公私合同间接地受国家计划支配的。就个别企业来说，它的再生产过程还部分地受价值规律的调节；但就整个社会经济来说，加工订货产品生产规模的扩大或缩小、品种规格的改变是受国民经济有计划发展的规律支配的。随着加工订货范围的扩大，国家对私营工厂生产全面安排工作的进展，也就使社会主义经济规律扩大它作用的范围，限制着价值规律的作用。第二，在加工、订货等国家资本主义形式中，工人的地位和劳动的性质也有了一定程度的改变。工人与国家机关的监督和国营经济的领导相结合，逐步建立了工人阶级在企业中生产上的领导地位。这里工人的劳动变为主要的是为国家的需要而生产，只有较小部分是为资本家的利润而生产。这就使工人群众对自己的劳动感觉兴趣，并在此基础上，逐步提高了劳动生产率，在一定程度上发挥了工人劳动的创造性。第三，通过工缴、货价的核定和对企业成本、利润的掌握，限制了资本家的剥削，并将私营工厂利润的一部分转移到社会主义商业中去，从而使产品分配的形式发生一定程度的变化。由于这些企业主要是依靠国家生产任务的收入，也就使对它们的盈余分配可以比较有效地加以掌握，从而限制了剩余价值规律的作用。

加工订货是一般资本主义工业比较容易接受的国家资本主义形式，它并可推行于较小规模的企业。通过这些形式，就可以广泛地把资本主义工业吸引到国家资本主义轨道上来。这不但有利于国家统一安排生产，更好地利用资本主义工业的生产力，还可以使国家扩大对工业品货源的掌握，使资本主义工业的产品纳入社会主义的商品流通体系或产品分配体系，从而逐步切断资本主义工业和资本主义商业之间的联系，割裂了资本主义的体系，使资本主义经济更进一步依赖于社会主义经济。这对于资本主义工业和资本主义商业的社会主义改造，显然是非常有利的。

但是，资本主义工业在转变为中级形式的国家资本主义之后，企业仍为资本家所有，企业基本上还是按资本主义方式管理；因此，公私矛盾、劳资矛盾和其他许多矛盾还不能获得有效的处理。在公私关系上，虽然一部分资本家在政府和国营经济的领导下，能够服从国家的利益，按质、按量、按时完成国家的生产任务；但资本家采取唯利是图的态度，不按质、按量、按时完成生产任务的情况还是普遍而严重的。同时，由于有了国家的加工订货任务，企业的生产和销售有了保障，很多资本家反而不关心经营管理的改善和技术的改进，以致产品质量降低，浪费很大，成本很高。有些在自销时是名牌货的，在国家包销以后，竟因质量降低变成滞销货。还有部分资本家进行偷工减料，以坏顶好，虚报成本等违法活动，有的甚至采取各种方法抗拒加工订货。在劳资关系上，资本主义的腐败的经营管理方式，以及由此产生的工资制度、工时制度的混乱状态（如工资偏高偏低、变相工资和以腐蚀工人阶级为目的的不合理福利，以及同工不同酬等不合理现象），日益成为提高工人劳动热情和生产革新的严重障碍。由于这些现象的存在，也影响了国家对劳动力的统一调配和工人阶级内部的团结。这些矛盾都限制了对资本家和资本家代理人的教育和改造。为了解决这些矛盾，就必须要求将国家资本主义的中级形式发展成为高级形式的公私合营。

事实也证明了，从加工、订货、统购、包销等形式走向公私合营不但是可能的，也是比较稳妥的道路。首先，资本主义工业的生产在加工、订货等形式中，已为它们直接纳入国家计划轨道准备了一定的条件，通过加工、订货，国家对它们的生产能力已有了一定的了解，它们的生产盲目性已受到一定的约束。其次，经过加工订货阶段，资本家和资本家代理人对私营企业本身的矛盾和缺点有了一定的体会，对公私合营的优越性有了适当的认识，因而很多资本家就要求公私合营。再次，通过加工订货的纽带或组织专业公司来领导、管理的办法，可以使一些较小规模的私营工厂在共同的生产任务上连接起来，或者与生产有关的大厂联系起来，这就有利于对它们进行合并改组的工作，为公私合营制造条件。

国家资本主义工业的低级形式有收购。

收购 收购是在一定的条件下（如保证产品一定的规格、质量等），国家商业单位以合理的价格，临时性的或定期性的收买私营工厂一定数量的产品。

收购是尚未得到发展的国家资本主义形式。它们的生产资料还完全是资本家所有，它们的生产还很少受国家计划支配。它们与私人资本主义不同的只是在收购部分的产品上，脱离了自由市场；它们与社会主义经济的联系和合作是不稳固的、不经常的，它们只是社会主义成分与资本主义成分联系和合作的萌芽。收购要进一步向较高级形式的国家资本主义发展，才能更好地获得改造。

几年以来，国家资本主义工业经济发展得很快。它的一般趋势是：数量逐年扩大，形式逐步提高，由主要产品逐渐扩大到次要产品，由大城市逐渐扩大到中小城市。目前资本主义工业已经基本上纳入了各种形式的国家资本主义，其中低级形式已大都过渡到中级形式，而中级形式又大量地向高级形式的公私合营过渡。

解放初期，1950年国家即对资本主义工业进行了相当数量的加工、订货和收购。但这时主要是因为在物价趋于稳定，过去在通货膨胀情况下所造成的社会虚伪购买力消失，私营工业陷于困难，国家以加工、订货、收购等方式，作为调整工商业，帮助私营工业恢复生产的办法。1951年私营工业有了很大的发展，同时资本家投机违法的行为也猖獗起来。1952年"五反"运动给资本家的违法活动以很大的打击，同时国家扩大了加工订货的范围，并且逐渐由临时性的变为长期性的，逐渐加强了计划性。棉纱实行统购后，私营大型纱厂已全部为国家加工；包销形式在1952年也已大量进行，特别在百货业中发展为快。在经济恢复时期，工业方面的各种国家资本主义形式就大体上形成了。

1953年国家进入五年建设计划第一个年度后，特别是在国家过渡时期总任务深入宣传以来，国家资本主义经济开始进入有计划发展的阶段。1953年下半年，国家进一步扩大了加工订货的品种和地区，各地并出现了许多全行业性的加工订货。同时，各地加工订货工厂的职工，在中国共产党和工会的领导下开始了增产节约运动。这一运动到1954年已广泛地展开，对推动和改进加工订货的生产，特别是在提高劳动效率、节约原材料和试制新产品方面，起了很大的作用。这就使得加工订货的生产成本有了不同程度的降低，1954年各地进行调整了工缴、货价，给国家节省了大量资金。随着国家大规模经济建设的发展，工业原料和生产任务的分配也就更形重要，不少私营工厂感到原料缺乏，或因其产品已不适合目前需要而陷入了困难。为此，国家进一步统一掌握了加工订货计划，按行业对它们的生产进行了安排，对中小工业和产品已不适合目前需要的工厂有计划地进行合并和改组。

这样，就进一步发挥了加工、订货等国家资本主义形式对资本主义工商业的改造作用。1954年下半年起，已有整批的私营工厂在加工、订货的基础上进行了公私合营。

根据北京、天津、上海、武汉、广州、重庆、西安、沈阳、无锡、济南、青岛、哈尔滨12个大中城市的统计，加工、订货、统购、包销和收购的产值，如果以1950年为100，则1951年为185，1952年为256，1953年为364，1954年为340。它们在资本主义工业总产值中所占的比重，1950年为39%，1951年为50%，1952年为62%，1953年为65%，1954年为81%，1955年上半年为85%。在大型工业中，加工订货所占的比重更大。在上述12个城市中，1953年第四季度加工订货产值占私营大型工业总产值的93%。这就是说，资本主义工业产品进入自由市场的已经很少了；事实上这不到7%的产值中，很多还是为其他有加工订货任务的工厂承制部分零件或为它们修理服务的。在加工、订货、统购、包销、收购等总值中，低级形式的收购是逐年减少的。1950年低级形式的收购占19%，中级形式的加工、订货等占81%；到了1954年收购只占5%，加工、订货等占95%了。

三　国家资本主义商业的其他形式

我国的资本主义商业可分为两大类：一类是批发商，一类是零售商。国家对这两类资本主义商业的社会主义改造的方式是有所不同的。

零售商是资本主义商业中的主要部分，它们在户数、从业人数和资金上都占最大比重。资本主义零售商基本上是经营城镇居民生活资料的，对它们的社会主义改造主要是按行业纳入不同形式的国家资本主义，在国营商业的领导下进行企业内部的改造和人的改造，依照需要逐步调整商业网，最后的目的是要把它们改造成为社会主义商业的机构，把它们的从业人员变成国营商业的工作人员。

除公私合营外，零售商业的国家资本主义目前有如下几种形式。其中代销和经销是主要的形式。

代销　代销是国营商业或合作社商业以国家或合作社的商品委托私营零售商店代销，给以手续费。代销店要缴存一定的保证金，并按照国家的销售计划、国营商业的零售牌价和其他规定条件出售代销商品，将代销款按规定缴入国营或合作社商业指定的机构。代销店不再向自由市场购进代销的品种。

代销通常是国家全部掌握货源的商品，因而专营这些商品的私营商店就成为专营代销的商店。有时国营商业公私或供销合作社也以多种商品（如百货）委托私营商店代销，代销店不再向自由市场进货，因而也成为专营代销的商店；但如果这些私营商店仍须以其他方式进货的，就把代销部分的商品集中在一起，成为代销专柜。有时国营商业公司为了推销某些商品，或为了平衡某些私商的营业额，也委托私商做临时代销。

国营商业公司或供销合作社对于代销店可以派员驻店监督，或者以巡回的方式监督。

经销　经销是国营商业或合作社商业以全部或大部掌握的商品，委托私营零售商店经销。经销店以现款按批发价格向国营或合作社商业进货，并按国家的销售计划、国营商业的零售牌价和其他规定条件出售经销商品，获得批零差价的收入。经销店对经销的品种不再向自由市场进货。

批购零销　批购零销简称批购或批销，是私营商店以现款向国营商业或合作社商业按批发价格进货，对消费者零售。批购零销的商品一般也按国营商业的零售牌价出售，但为了照顾私商的利润，对某些量小和次要的品种也可以按照国营商业核定的价格出售。批购零销店要逐步做到定期向国营或合作社营商业造送销货计划，国营或合作社营商业根据供销情况审批其计划，供应商品。批购零销店对于批购零销的品种，在取得国营或合作社营商业的允许后，也可以向自由市场进一部分货。

批购零销和经销属于同一类型，但比经销的条件较宽，它是逐渐向经销或代销过渡的。

公私联购　公私联购是国营商业或合作社商业组织一部分私商，规定公私比例、收购计划和收购地区，在国营或合作社营商业领导下联合到产地去收购物资，收购的商品按照国营商业的牌价或核定的价格实行联销或分销。

公私联购大都只行之于某批收购任务，它是不经常、不固定的国家资本主义形式。

这些国家资本主义一般也是以公私合同的形式规定公私双方应遵守的条

件，并通过公私合同，体现公私关系，体现社会主义经济与资本主义经济之间的领导与被领导的关系。在批购零销中，有时不采取合同的形式，而由国营公司或合作社发给私商购货手册，凭手册进货。

国家资本主义商业的特点，首先是国营商业或合作社商业在不同程度上控制了私营商业的货源，其次是控制了它的出售价格。在全部商品为国家代销或经销的私营商店中，它的销售即可以纳入国家商品的流转计划，从而限制了资本主义经营的盲目性和破坏性。国家利用资本主义商业的商业网，就可以扩大商品流转，便利消费者；并可以通过规定的供销条件，使私商负担一部分指定的供应任务，如对于国家计划分配的商品实行定点定量或凭证供应等。控制了私商的出售价格，就可以进一步稳定市场，并在一定程度上限制了资本主义商业的剥削，限制了他们的投机行为。

代销是国家资本主义商业的比较高级的形式。在这种形式下，基于商品交换过程而产生的经济关系起了显著的变化。第一，在代销店中，特别是在全部商品都是代销品的商店中，资本家的资金已大部分缴存国家为保证金，其他部分则主要是作为销售国家商品的固定资金（房屋、设备等）之用。作为保证金的资金，所有权虽然还属于资本家，但资本家已不能把它当作资本来自由运用了。代销店售货的价款，一般是按日缴存国营公司指定的账户，因而这些货款也不表现为资本形态。这就是说，私人商业资本的运动过程被割断，为社会主义商品流通过程所代替了。第二，代销店中工人劳动的对象，即他们所保管与售卖的商品，是国家所有的商品（少数情况下是合作社所有的商品），而不是私人所有的商品，他们主要的是为完成国家的销售计划、服务于消费者的需要而劳动。因此店员的劳动态度就有了改变，许多代销店中并成立了店务管理委员会或类似的组织，店员参加了经营管理。第三，资本家从代销手续费中取得一部分利润，这利润的来源仍然是商品生产者所创造的剩余价值，其中一部分是因占有店员的无偿劳动而实现的。但利润是受着严格的限制的。从分配的形式说，私人资金只是间接地起着某些资本剥削的作用，即保证金一般是资本家取得代销的条件之一，它的数量，在一定程度上影响代销额，从而影响利润。代销额和手续费率主要还是根据国家商品供应计划和对私营商业统一安排的计划确定的。

由此可见，代销店的所有制发生了一定程度的变化，工人劳动的性质和工人的地位也发生了变化，社会主义生产关系在店内发展起来。这样，经过一定时期的教育和改造工作后，就有利于将代销店转变为社会主义的销售机构，将私商从业人员转变为国营商业的从业人员。

但是，代销店的销货虽然已基本上纳入国家计划，价值规律和市场规律的作用虽然已受到了严格的限制，可是国家还没有派员负责代销店的经营管理，销售网的分配还很不合理，店内的开支和工资制度也存在着很不合理的现象，特别是资本主义的经营作风也还没有完全改变过来。目前，国家所规定的合理手续费不够店内开支和资本家在销货上投机取巧的现象还是很多的，例如在粮食代销中时常发现亏斤短两、挪用货款、损耗乃至盗窃国家商品的现象，有些代销店长期亏累，甚至使店员的生活遭受困难。因此，必须加强对代销店的管理，加强工人群众和消费者的监督，加强对资本家和资本家代理人的思想教育，改变他们资本主义的腐朽的经营方式和经营作风，这样，代销形式的国家资本主义的优越性才可以表现出来。

在经销店中商品还是私有的，但它是国家委托私人销售的商品，必须按照国家规定的办法经营。国家在货源、品种、数量、价格、销售方式上都控制着。经销店中店员的劳动和他们在店中的地位也有了不同程度的变化，资本家的利润也受到了较严格的限制。但是，社会主义因素和社会主义生产关系在经销形式中的发展比在代销形式中较差，所以经销一般要向高级形式的公私合营发展，才便于最后改变成为社会主义的销售机构。

经销不受品种的限制，花色品种复杂的商品和国家只掌握了部分货源的商品都可以实行经销。经销形式因为是现款进货，可以充分利用私商的资金，对刺激资本家经营积极性有一定的作用，同时也更便利于国营公司的结算，因而是比较容易广泛推行的形式。而在代销的形式中代销店是占用国家资金的，这部分资金一般超过私商所缴存的保证金；因此国营公司必须很好地估计市场情况，掌握代销计划，才能使私商在代销中所占用的资金相当或接近于社会主义商品流转中合理的库存比率。在经销形式中私商获取批零差价的利润，差价的规定是受一般市场因素影响的，特别是在并非全部私商都纳入经销形式的情况下。在代销形式中私商获取手续费，手续费的形式可以更接近于商品流转费用的核算标准，并且可以根据不同情况采取特定的费率。例如，有的可以对代销额超过一定数量的部分，给予较低的费率，以平衡大小资本之间的利润。在一定条件下，手续费就实际形成一种计件工资的形式，可以过渡为社会主义性质。

批购零销形式的国家资本主义的计划性较差，并且一般是私商向国营公司要货，国营公司审核批发，而不是国营公司指定品种和数量交私商销售。在价格掌握上也没有代销、经销严格。但这种形式的好处是它简单易行，比较容易为一般私商所接受，因而可以比较广泛地把私商吸引到国家资本主义轨道上来；同时对于零星的商品、季节性的商品和国家还没有充分控制货源的商品，采用这一形式是比较方便的。批购零销的商店除了小部分经过裁并、改组为国营商业直接吸收外，一般应向较高级的国家资本主义发展，才能进一步改造。

代销、经销和批购零销的内容，目前还在发展和变化中。具体进行时使用哪一种形式，是要根据国家的需要、商品的特点和私商的具体情况而定的。

批发商业是与生产者直接联系的商业，它是商品流转中的主要环节。在资本主义体系下，批发商业从属于产业资本；在我国小商品生产占优势的情况下，它又是控制着小生产者的独立商业资本。批发商一般资本较零售商为大，他们从事大宗商品的交易和地区之间的交易，操纵市场，其中又不断发生着买贱卖贵、买空卖空等纯以投机为主的交易，它的盲目性和破坏作用远较零售商为大。因此，必须由国营商业掌握批发业务，才能贯彻国家对农业生产的计划，才能统一安排私营工业生产，才能控制商品的流转和调配，稳定市场，保证供应。并且，必须由全国性的国营商业公司统一掌握批发业务，才能有效地减少商品流转的中间环节，减轻运销费用和消费者的负担。因此，国家对私营批发商采取逐步代替的政策。事实上，当国家扩大了加工订货，特别是实行了若干重要物资的计划收购和计划供应之后，资本主义批发商已失掉了大部分货源，而不能不被国营商业所代替了。

但是，对资本主义批发商的逐步代替并不是单纯的排挤。私营批发商业网是历史地形成的，它们有一定的贸易关系和贸易路线，能适应不同地区、不同季节的需要。批发商业又是分工很细的商业，它的从业人员多半是有一定的经验或技术；批发商业又是较大的商业，有相当的资金。所以对批发商的改造是国营商业（在某些县城和集镇上是由合作社商业），按照行业逐步吸收其从业人员，利用其贸易关系和贸易网，对批发商的资金则指导其用于对国计民生有益的事业。

对批发商的代替和吸收是逐步进行的。在一定时期内对某些尚能维持的批发商，特别是对经营城乡之间和集镇之间次要品种的小批发商和批零兼营商，仍要维持它们继续经营，以利于城乡物资交流。在这种情况下，也可以采取公私联购或由国营、合作社商业委托私商代购的国家资本主义形式。

在大城市中，由于私营零售商贩面广数多，为了便于市场安排，对某些商品可以采取委托私营批发商代批或经批的形式。

代批　代批是国营商业以国家的商品委托私营批发商向私营零售商代为批售，给以手续费。代批店缴存一定的保证金，并按照国营商业规定的条件批售代批商品。对营业较大的代批店，国营商业可派干部领导和监督。

经批　经批是国营商业以国家已全部或大部分掌握的商品，委托私营批发商对私营零售商经批。经批店以现款向国营商业进货，按照国营商业规定的条件批售经批商品，并获得差价收入。

代批、经批的国家资本主义形式和对零售商的代销、经销形式是一致的。但由于对资本主义批发商改造的方式不同，代批、经批只是适用于较大城市和个别品种。

对资本主义进出口商的改造也是采取逐步代替的方式，因为国际贸易业务是应该由国家独占的。但是，私营进出口商在国外资本主义市场上有一定的贸易关系，有的还保存有国外机构，利用它们的贸易关系还是必要的。目前进出口贸易方面的国家资本主义有以下一些形式。

代进　代进是国营商业指定品种、规格、数量和订购或收购限价，委托私营进口商在国外资本主义市场代为购进货物，并给以手续费。

代出　代出是国营商业以国家商品委托私营出口商按照规定限价向国外资本主义市场代为销售，并给以手续费。

公私联营　国营公司根据需要和可能组织一些私营进出口商，对某一宗或若干宗进出口业务实行公私联合经营，对资本主义市场出口或向资本主义市场进口。

以上形式中，代进、代出已逐渐为公私联营所代替。公私联营也是不固定的国家资本主义形式，有的是定期的联营，目前以经营出口为主，进口的联营国营商业公司一般不参加资金，只领导其业务。

国家对资本主义商业的社会主义改造，经历了不同的阶段。在国民经济恢复时期（1949年至1952年），国营和合作社营商业主要致力于逐步扩展和巩固自己在市场上的地位，保证与国计民生有重大关系的商品的供应以稳定市场和物价。在这一时期中，社会主义商业在最主要商品的批发市场上取得了主要的地位，在零售贸易上，保有稳定市场所必要的比重。但由于城乡交流的逐步恢复和人民购买力的逐步提高，私营零售商总的营业额还是增加的，它们与资本主义工业和与农民、手工业者的联系也还大部分保持着。在国家进入有计划的经济建设时期以后，国家投资扩大，就业人数和工资总量增加，同时农业增产并提高了农产品收购价。因此，产生了社会购买力增长的速度超过消费品和农业生产资料生产增长的速度的新趋势，市场上许多商品供不应求。自由市场的存在和投机商人的捣乱，更加深了这一矛盾的严重性。为了保证供应、稳定市场，国家在1953年和1954年初先后实行了粮食、食用油脂、棉布等商品的计划收购和计划供应，同时扩大了对私营工业的加工订货，这就使得国家掌握了大量物资的货源，使有组织的市场扩大，自由市场缩小。在1953年和1954年中，主要行业的私营大批发商已基本上被代替了；1952年私营批发商的营业额在全国批发贸易总额中占36%左右，到了1955年春已降为11%左右了。许多私营批发商的从业人员经过一定的训练已被吸收为国营商业工作人员，一部分批发商转向了工业或其他行业。

国家在实行粮食计划收购和计划供应时，各地有计划地把私营粮食零售纳入了代销（个别地方纳入了经销），在实行棉布计划收购和计划供应时，又将私营棉布零售商纳入了经销和代销（主要是经销）。这就开始了全行业性的改造。在这以前，国家资本主义商业主要还是个别的发展的，并且以批购零销为主。事实证明，按行业全业进行改造是非常必要的，因为市场的组织化和计划化需要按商品类别进行，而且只有将整个行业而不是个别商店转变为国家资本主义，才不致造成少数商店营业增加而排挤多数商店的现象。进行了全行业的改造，就意味着在这一行业中，自由批发市场已经消灭，这些商品已经全部纳入国家的计划，国营、合作社营和私营商业在同一市场、同一商品上的零售价格都按照国家的规定统一了。到了1955年下半年，就又由全业经销、代销，发展成为全业公私合营。

商业国家资本主义的零售额，如果以 1952 年为 100，则 1953 年为 210，1954 年迅速增加为 5781。到 1955 年夏季，32 个大中城市中，代销、经销、批购零销等形式的国家资本主义商业的销货额，已占到私营零售商销货额的 42%，其中代销约占 30%，经销和批购零销占 70%。在上海，1954 年内已经有 19 个私营零售行业实行了全行业的改造，纳入经销、代销、批购等形式的有 1.866 万户，尚不包括兼营食油的 1000 余户，有从业人员 6.4 万余人。同时期，北京全行业纳入国家资本主义的私营零售商有八个行业 1.03 万户，从业人员 2.7 万人。在中小城市，商业国家资本主义也有了广泛的发展。例如到 1954 年底，山东省 21 个城市中纳入经销、代销的坐商有 5260 户，占私营坐商总户数的 1/3。

批发商的国家资本主义主要是在上海、天津等大城市中，户数不多。进出口商方面的国家资本主义，在 1955 年春，上海有 14 个联营组，参加有私营进出口商 368 户，天津有 18 个联营组，参加有私营进出口商 223 户。

第四章

国家资本主义是过渡时期
阶级斗争的特殊形式

一　我国过渡时期对民族资产阶级
又联合又斗争的政策

　　列宁和斯大林关于过渡时期的理论一再指出，过渡时期中阶级斗争是复杂而尖锐的。因为过渡时期是要逐步消灭阶级剥削的时期，不仅是消灭某一剥削阶级和某种剥削形式，而是消灭一切剥削阶级和一切剥削形式，并且消灭产生阶级和剥削的社会根源。列宁在《论无产阶级专政》的草稿中指出在无产阶级专政下阶级斗争的两个基本任务是：一，"镇压剥削者的反抗"；二，"对无产阶级以外的一切劳动者施以系统的领导性的影响"。① 这就是说，工人阶级在过渡时期阶级斗争的任务，不但要消灭剥削阶级，还要对各种类型的小资产阶级进行社会主义改造；只有这样，才能彻底消灭产生剥削和滋长资本主义的社会根源。

　　列宁同时指出了苏联过渡时期阶级斗争的五种基本形式，即：（一）镇压剥削者的反抗；（二）国内战争；（三）"'中立'小资产阶级，特别是农民"；（四）"利用"资产阶级；（五）培植新纪律。苏联过渡时期的历史，证实了列宁所说的这五种形式斗争的胜利。

---

　　① 《列宁文存》（俄文版）第3卷，第494页。

列宁强调指出，第三种阶级斗争形式即"中立"小资产阶级的概念，不只是简单地把小资产阶级、把农民群众和资产阶级隔离开来；即不仅是切断他们之间的联系，而且要把小资产阶级、把广大的农民吸引到无产阶级方面来，由无产阶级去领导他们，建立巩固的工农联盟。

"利用"资产阶级是苏联过渡时期阶级斗争的第四种形式。在苏维埃俄国，在社会主义革命推翻了资产阶级政权并把大、中工业收归国有的条件下，这个形式主要是指利用资产阶级专家来为无产阶级事业服务的。列宁不止一次地指示要共产党人向资本主义大企业学习生产和管理的知识，要利用资产阶级培养新的专家和技术干部，批评那些认为只有用"纯苏维埃的手"才能建立起社会主义的思想。"不仅镇压反抗，不仅'中立'，而且给予工作，强迫为无产阶级服务"。① 当然，也必须看到，一部分资产阶级专家在接受苏维埃所给予的工作后会进行反抗、怠工，证明了利用资产阶级不能不是一种尖锐的阶级斗争形式。

为了取得过渡时期阶级斗争的胜利和建设社会主义，必须提高工人阶级的觉悟并在工人阶级中培植新的劳动纪律。因此，第五种阶级斗争形式的主要内容就是：工人阶级在共产党的领导下为反对旧社会的一切习惯和传统，为发扬对社会主义全民财产、对劳动的新的共产主义态度而斗争，对表现在人们一切活动中向各种各样的私有倾向做斗争。消灭旧社会、旧思想的残余，防止资产阶级思想的侵蚀，不只是在过渡时期，即使在社会主义建成后，也是一项长期的斗争任务。

列宁关于苏联过渡时期阶级斗争的理论，对于中国当前的情况有着丰富的指导意义。我国在实际的斗争过程中已经经历了并正在进行着各种形式的阶级斗争。但由于中国的特殊的历史条件和社会条件，在阶级斗争的具体形式和方式上是和苏联当时的情况有所不同的。根据中国的历史特点，我国过渡时期对民族资产阶级的问题上，采取了和平改造的方针，因为我国工人阶级和民族资产阶级之间不但有斗争，还曾经有过并且现在还存在着联盟的关系。这是因为中国民族资产阶级还有他反对帝国主义、封建主义和官僚资本主义的一定的积极性，同时也有他在政治上和经济上的软弱性。基于这种条

---

① 《列宁全集》第30卷，俄文第4版，第78页。

件，中国工人阶级对民族资产阶级采取了又联合又斗争的政策，建立了与民族资产阶级的统一战线。毛泽东同志在 1939 年总结这一问题时说："中国资产阶级在资产阶级民主革命中的这种二重性，对于中国共产党的政治路线和党的建设的影响是非常之大的，不了解中国资产阶级的这种二重性，就不能了解中国共产党的政治路线和党的建设。中国共产党的政治路线的重要一部分，就是同资产阶级联合又同它斗争的政治路线。中国共产党的党的建设的重要一部分，就是在同资产阶级联合又同它斗争的中间发展起来和锻炼出来的。这里所谓联合，就是同资产阶级的统一战线。所谓斗争，在同资产阶级联合时，就是在思想上、政治上、组织上的'和平'的'不流血'的斗争；而在被迫着同资产阶级分裂时，就转变为武装斗争。"①

在中国革命的第二阶段，即社会主义革命阶段，民族资产阶级的二重性仍然是存在的，工人阶级同它又联合又斗争的政策仍然是继续的，今后在动员和团结全国人民完成国家过渡时期总任务和反对国内外敌人的斗争中，我国的人民民主统一战线将继续发挥它的作用。但是，工人阶级同民族资产阶级联盟的内容，则和过去不同了。在革命的第一阶段，即新民主主义革命阶段，工人阶级同民族资产阶级之间的矛盾是国内阶级关系上的次要矛盾；工人阶级同民族资产阶级的联盟主要是为了推翻帝国主义、封建主义和官僚资本主义的统治的政治联盟。而在革命的第二阶段，由于工人阶级领导的人民民主专政的建立和巩固，由于封建阶级和官僚资产阶级的被消灭，工人阶级同民族资产阶级之间的矛盾成为国内阶级关系上的主要矛盾；工人阶级同民族资产阶级的联盟，是为了继续反对帝国主义，继续最大限度地孤立敌人，同时是为了社会主义建设和社会主义改造的政治上和经济上的联盟。显然这个联盟的目的，并不是为了保存资产阶级和资本主义制度，而是为了消灭资产阶级和资本主义制度。

过渡时期的经济中，容许资本主义存在但必须对它加以限制。国家对资本主义的限制是各方面的，因而斗争也表现在各个方面。例如，国家要在经营范围上限制资本主义的发展，要掌握开业和歇业，不准他们经营操纵国计民生的行业，不准他们盲目发展；部分资本家反对这一限制，因而就出现了

---

① 毛泽东：《〈共产党人〉发刊词》，《毛泽东选集》第 2 卷，人民出版社，1952，第 575 页。

"地下钱庄""地下工厂",出现了非法联营集团等。又如,国家要在市场上和价格上对资本主义加以限制,要控制货源,统一安排市场,要规定牌价,规定合理的工缴、货价;部分资本家反对这一限制,他们就进行抢购套购、走私偷运、抬价压价、制造黑市、虚报成本等非法行为。在生产过程中,也是要对资本主义加以管理的,要求它们统一规格,提高品质,降低成本,节约原料;有些私营工厂对抗这一限制,它们就粗制滥造,降低品质,提高成本,浪费原料。国家的税收也是限制资本主义的一个重要方面;这里,就时常出现偷税、漏税等行为。工人群众的监督是限制资本主义消极作用的主要力量;若干资本家就竭力地打击工人,破坏工人团结,乃至用滥加工资福利腐蚀、贿赂职工,或故意拖欠工人工资等手段向工人阶级进攻。

经营范围上的斗争,市场和价格上的斗争,生产规格、质量、成本上的斗争,税收上的斗争,劳资之间的斗争等,这就是过渡时期经济上限制和反限制斗争的一些主要方面。这些斗争在经济恢复时期就已经在各方面展开了。在对资本主义工商业进行了有计划的社会主义改造后,在阶级斗争的形式上就更趋于复杂化,成为各种方式的抗拒社会主义改造的斗争。

二 国家资本主义是阶级斗争的特殊形式

过渡时期的经济,是既有资本主义成分也有社会主义成分的经济,过渡时期就是社会主义成分与资本主义成分斗争并战胜资本主义成分的时期。国家资本主义正是在这两种成分并存和斗争条件下的产物。国家资本主义经济,既体现着社会主义经济与资本主义经济联系和合作的关系,它是社会主义成分与资本主义成分的经济联盟,同时又体现着国家通过资本主义来逐步改造资本家所有制,逐步消灭资本主义和资产阶级的政策。也就是说,它体现着工人阶级与资产阶级在联合中的斗争,亦即又联合又斗争的政策。所以,它是过渡时期阶级斗争的一种特殊形式。

同时,国家资本主义,由于它在不同程度上把资本主义工商业的原料、市场、货源、价格等置于国家的领导和管理之下,并通过各种形式加强了工人群众的监督和对资本家的思想教育,因而国家资本主义是对资产阶级进行斗争的一种集中的形式。在高级形式的国家资本主义——公私合营企业中,公私之间和劳资之间的矛盾，亦即改造和反改造斗争的主要方面，集中到企业内部，集中到公私关系方面。在其他形式的国家资本主义中，阶级斗争的许多主要方面也是通过公私协商并由公私合同来加以规范和约束的。

列宁说："租让制也是一种斗争，是阶级斗争另一形式底继续，而决不是用阶级和平来代替阶级斗争。"① 这正是过渡时期阶级斗争发展过程的辩证规律。

首先，把资本主义自发的发展引到国家资本主义的渠道中去，使资本主义工商业纳入国家资本主义的各种形式，这就不能不是一个复杂的斗争过程。事实也证明了这一点。例如：每当物资供不应求时，就有不少私营工厂拒绝加工、订货，有的更采取了在接受加工、订货后，故意生产次品以便退货后自销，乃至宁愿负担延期罚款而将产品先去自销的办法。又如，每当市场活跃时，就有私营商店不愿接受国营公司的经销、批购，而力图直接向产地进货，要求深购远销，乃至抢购套购等现象。这种情况，是在国家扩大掌握了货源和原料，在国家加强了市场管理、工人群众加强了监督，在国家资本主义的优越性逐步显示、资产阶级分子受到了一定的思想教育之后，才逐渐改变了。也就是说，几年来经过经济上、行政上、思想上各方面复杂的斗争，才逐步地把资本主义工商业的主要部分纳入了各种不同形式的国家资本主义轨道。

其次，在资本主义工商业纳入各种国家资本主义形式之后，资产阶级反限制和抗拒改造的斗争并不会因此停止，而是更趋于隐蔽，表现了各种新的花样，新的复杂的各种斗争方式。例如，在加工、订货中经常出现偷工减料，盗窃国家资财，虚报成本，降低品质等行为；在经销、代销中也不断出现变换品种，盗用盗卖，扣斤压两，以劣充好等现象。无论在加工、订货或在经销、代销中，工缴、货价或差价、手续费往往成为斗争的焦点。这就是说，在国家资本主义经济中，由于原料、货源和市场等受到了较严格的限制，一方面若干资本家用隐蔽的方法谋取非法利润，另一方面资本家的斗争就转移到工缴、货价等合同规定的项目上，也就是用合法的斗争来力图扩大其利润。在高级形式的公私合营企业中，由于企业的所有制和资本家在企业

---

① 列宁：《论粮食税》，《列宁文选》（两卷集）第2卷，第862页。

内部的地位发生了变化，除了在利润问题上（盈余分配上）的斗争以外，还在原企业财产的清理、估价上和合营企业的经营管理职权范围上存在着极尖锐的斗争，这种斗争主要是表现在合法斗争上即通过公私协商和公私合同的形式，另一方面，资本家也进行着各种隐蔽的斗争。

使阶级斗争之进入公私协商和公私合同的形式，进入合法斗争的方式，是国家资本主义的重要作用之一。列宁说："使租让制对我们有利益而没有危害，这种范围与条件的确定，是取决于力量底对比，取决于斗争。"[1] 对资产阶级来说，只要它们放弃非法的、隐蔽的斗争，只进行合理的、合法的斗争，那么，它们就在社会主义改造的过程中前进了一大步。

在我国经济恢复时期，公私矛盾主要表现在商业方面，限制和反限制的斗争突出地表现在市场斗争上，特别是在限制投机商业和打击投机行为上。工业方面，由于我国生产落后，资本主义工业活动的范围一般还是广阔的。自 1953 年我国开始大规模建设以后，出现了社会购买力增长的速度超过消费品和农业生产资料生产增长的速度这一新情况，国家扩大掌握了工农业产品的货源，并对某些重要物资实行了统购统销，市场上的公私矛盾就进一步尖锐化起来。同时，随着国家社会主义工业化迅速的发展，资本主义生产盲目性与社会主义计划经济之间的矛盾也日益加深。在若干工业原料供不应求和国家的需要更多地转向于新规格、新产品的情况下，资本主义工业的浪费性、腐朽性就更加暴露，因而不但在市场上，而且在生产上，公私关系都很紧张。

在过渡时期总任务宣布以前，资本家反限制的斗争多半集中在谋取非法利润上。总任务的明确宣布，在资产阶级中引起了很大的震动。改变所有制的问题明确地提出以后，斗争的焦点就逐渐转移到所有权的问题上来了，在这一斗争上就不能不是深刻的和尖锐的。同时，也就出现了一些新的斗争方式。例如很多资本家抽逃企业资金，企图把生产资料变为生活资料，或消极经营，企图搞垮企业；有的则设法安置私人，企图强化资本家在企业中的权力，以便公私合营后保存实力，或滥加工资福利，企图腐蚀工人店员，抗拒工人阶级的监督。另有少数反动资本家则破坏机器，纵火烧厂。

---

[1] 列宁：《论粮食税》，《列宁文选》（两卷集）第 2 卷，第 862 页。

但是，也必须看到，随着国家社会主义建设和社会主义改造事业的巨大发展，国内阶级关系的形势发生了很大的变化，资产阶级本身的政治情况也发生了很大的变化。资本主义已经不是再作为一个独立的经济体系存在，而是依存于社会主义经济；资产阶级失掉了它经济上的独立性，并且失掉了它在农村中和在其他社会阶层中的支持。经过土地改革、民主改革、抗美援朝、镇压反革命等运动，资产阶级中一些人与帝国主义和反动势力的联系也被切断。特别是在"三反""五反"运动之后，资产阶级企图走资本主义老路的幻想已被打破，他们的投机违法行为已有不同程度的减少和减轻，他们之中逐渐出现了一批愿意接受改造的进步分子，在改造工作中起着核心作用。事实证明，几年来资产阶级是接受了社会主义改造的；他们不是一下子接受，而是在接受中有抵抗，在抵抗中逐步接受的。这也说明，在我国条件下，斗争的形式随着阶级关系的变化而变化。在目前资本主义工商业已经全部纳入公私合营的情况下，思想斗争，即对资产阶级分子进行政治思想教育工作，就日益成为必要，而变为今后的主要方式了。

三　对资产阶级和平改造的方针

过渡时期工人阶级与资产阶级的斗争在性质上是复杂尖锐的。但同时也必须认识，在我国，这一斗争是新民主主义国家人民内部的斗争，是采取和平改造的形式。对民族资产阶级的斗争不同于对官僚资产阶级和对封建地主阶级的斗争。刘少奇同志说："由限制资本主义剥削到消灭资本主义剥削，不可能设想没有复杂的斗争，但是可以通过国家行政机关的管理，国营经济的领导和工人群众的监督，用和平的斗争方式来达到目的。资本家只要明白了大势所趋，愿意接受社会主义改造，不违法，不破坏人民的财产，那末，他将得到国家的照顾，将来的生活和工作将得到适当的安排，他的政治权利也不会被剥夺。这同我们对待封建地主阶级的政策是大有区别的。"[①]

对官僚资产阶级和对封建地主阶级是采取剥夺的办法，没收他们的生产资料；对民族资产阶级则不是采取没收的办法，而是采取逐步进行社会主

---

① 刘少奇：《关于中华人民共和国宪法草案的报告》。

改造的办法。一方面,国家依照法律保护资本家生产资料所有权和其他资本所有权;一方面又对资本主义工商业实行社会主义改造,使资本家所有制逐步过渡为全民所有制。

根据这一政策,我们一方面要保护资本家的合法权益,另方面又必须反对他们争夺非法的权益。在斗争的方式上,就必须团结那些愿意接受社会主义改造的资产阶级先进分子,教育那些犹豫彷徨的中间分子,吸引并鼓励他们积极接受改造;而对于少数坚决反抗社会主义改造的顽固分子和反动分子必须依法予以严肃的制裁。

在和平改造的方针下,国家对于愿意接受社会主义改造的资本家采取"赎买"的政策,这就是说对收回他们的生产资料是付给一定的代价的。所谓"赎买"不是一下子赎买,而是在十几年的时间里逐步赎买。这种赎买办法,即是工人阶级在为了满足人民和国家的需要而生产的时候,也从他们所生产的利润中,分配一部分给资产阶级,而不是国家另外拿出一笔钱来向资产阶级的生产资料进行赎买。国家允许资本主义企业的利润按照国家所得税、企业公积金、工人和职员的福利奖金和资本家的股息红利四个方面进行分配,这就是赎买的一种形式。对于公私合营企业实行定息的办法,给予私股以固定的利息,也是赎买的一种形式。此外,资本家也还通过其他形式,例如资本家领取较高的薪金等,取得企业的一部分利润。通过这种办法,就可以鼓励资本家积极接受社会主义改造,有秩序地把这些企业纳入社会主义轨道。

列宁曾说过:"我们现在能够而且应当作到把这两种办法结合起来——一方面要无情的惩治不文明的资本家,即惩治那班不肯接受任何'国家资本主义',也不去设想作任何妥协,只是用投机业和收买贫民等手段来继续破坏苏维埃设施的资本家;另一方面要与文明的资本家,即与那班肯接受'国家资本主义',能实行这种资本主义,能以真正用生产品供给千百万人之大企业底聪明练达组织者资格出现,能对无产阶级有益的资本家谋妥协,或向他们实行赎买。"①

对民族资产阶级的赎买政策,是我们国家在社会主义工业化的基础上,按照社会主义的原则,在工人阶级所领导的、工农联盟为基础的政权下,逐

① 列宁:《论粮食税》,《列宁文选》(两卷集)第2卷,第854页。

步将我国的资本主义工商业通过国家资本主义的道路来进行社会主义改造，使我国社会主义革命可以通过和平的道路来完成。这是符合于工人阶级和全国人民的长远利益和目前社会主义建设的需要的。列宁说："如果（这是一种例外：当时英国就是如此）环境会迫使资本家和平屈服，并在赎买条件上，文明地、有组织地转到社会主义，那就好好地来偿付资本家，向他们赎买，这种思想是充分可以容许的。"①

通过和平道路来消灭资本主义、消灭剥削，是一种特殊形式的阶级斗争。这必须是在中国的具体条件下，在中国的新民主主义制度下，才有它的可能性。《中华人民共和国宪法》的序言中指明："中华人民共和国的人民民主制度，也就是新民主主义制度，保证我国能够通过和平的道路消灭剥削和贫困，建成繁荣幸福的社会主义社会。"刘少奇同志在《关于中华人民共和国宪法草案的报告》中说："所有这些，即工人阶级的国家领导权和工农的巩固联盟，社会主义经济在国民经济中的领导地位，国内统一战线的关系，并加上有利的国际条件，就是我国所以能够通过和平道路消灭剥削制度、建成社会主义社会的必要条件。"

---

① 列宁：《论粮食税》，《列宁文选》（两卷集）第2卷，第854页。

第五章

对资本主义企业进行改造必须同时对资产阶级分子进行改造

一 结合对企业的改造进行对人的改造

对资本主义工商业进行社会主义改造，不仅要改造资本主义企业，而且要改造资产阶级分子。因为资产阶级是不能进入社会主义社会的，社会主义社会是已经消灭剥削、消灭人剥削人的制度的社会。国家资本主义是改造资本主义企业的主要途径，也是教育和改造资产阶级个人的有效的组织形式。

改造企业和改造人的思想，这两种改造应该很好地结合起来，不能说只对企业进行改造，对人就不管了。如果我们在对企业改造的过程中，不去结合进行对资产阶级分子的改造，那么就会增加阻力。周恩来同志说："对资本主义工商业的改造是一个斗争和教育的过程……在这个过程中必须把对企业的改造和对人的改造结合起来。这就是说，一方面我们要改造资本主义企业使它们最后成为先进的社会主义企业；另一方面，我们还要改造资本家和资本家代理人的思想，尽可能使他们在社会主义改造中起积极的有益的作用。"①

人的改造也就是思想改造。不但对资产阶级，对小资产阶级，对知识分子，对农民和其他个体劳动者，也都要进行思想改造。思想意识决定于物质

---

① 周恩来：1954 年 9 月在全国人民代表大会上的《政府工作报告》。

基础，但思想意识一经成立，就会反转来影响物质基础。所以如果只改造企业而不改造人，就会使企业改造遇到阻力。同时，要认识到剥削阶级的思想是在几千年来剥削制度的基础上巩固下来的，剥削制度的消灭并不意味着剥削思想就会很快跟着消灭的。所以认为只要企业改造了，人也就会改造过来的想法是不正确的。

企业的改造比较具体，但人的思想改造就更复杂和困难。对资产阶级个人的改造，是比对资本主义企业的改造更为艰巨、更为长期的斗争任务。忽视这方面的工作是不对的。

资产阶级个人改造的基本内容是思想改造，它的最终目的是把资产阶级分子尽可能改造成为社会主义社会的劳动者。但这一工作，是要结合企业的改造，逐步进行的。首先要使资产阶级做到爱国守法。特别是当大部分资本主义工商业已经纳入不同形式的国家资本主义时，只要资本家爱国守法，遵守公私合同，努力完成国家的生产任务或购销任务，不谋取非法利润，并在国营经济的领导和工人群众的监督下，积极地改进品质规格，改进经营管理，改善经营作风，他们就为国家尽了一份责任。这也就是说，资产阶级损人利己、唯利是图的作风，已经获得了初步的改造。因此，爱国守法是资产阶级分子进行社会主义改造的第一步。爱国守法和接受社会主义改造，是一致的。我们要爱的只是社会主义国家，因此就必须接受社会主义改造。这就是说，必须认识到，个人和家庭光明的前途是同国家的强大和社会主义建设事业不可分离的，把个人的命运依托于国家的强大和社会主义建设的成就，就自然会提高爱国的热情和接受社会主义改造的积极性。

资产阶级个人的思想改造当然不是以爱国守法为限，他们之中绝大多数是要经过改造成为社会主义社会的劳动者和社会主义企业的工作人员。因此，他们还要进一步认识到社会主义制度的优越性，认识到将生产资料的资本家所有制改变为社会主义全民所有制的必要性，认识到不劳而获的剥削生活是可耻的，从而树立从事劳动获取报酬的人生观。资本家真正放弃了剥削，以劳动为生，他们的社会成分就不再是资本家，而是自食其力的劳动者了，他们同工人、农民就没有矛盾了，他们就一身轻快不受社会的责备了。但是，当他们还是资本家，还处于不劳而获的特殊的生活优越地位时，思想是不会一下子转变过来的。思想改造是一个长期的斗争过程，会受到许多旧意识的抵抗，会有许多曲折反复的道路的。对资产阶级个人的改造必须与对他们的企业的改造结合进行，并且是与整个社会的社会主义工业化和社会主义改造的步骤相配合的。资本家和资本家代理人应该在爱国守法的基础上，随着社会主义改造工作的进展，在实践中逐步改造自己的思想，改变旧观点、旧习惯，学习新事物、新思想。

在我国的条件下，对资产阶级分子的改造主要是采取教育的办法，而不像对反动阶级分子那样采取强迫劳动的办法。毛泽东同志在人民政协第一届全国委员会第二次会议上就指示我们："人民民主专政有两个办法。对敌人来说是用专政的办法，就是说在必要的时期内，不让他们参与政治活动，强迫他们服从人民政府的法律，强迫他们从事劳动并在劳动中改造他们成为新人。对人民来说则与此相反，不是用强迫的方法，而是用民主的方法，就是说必须让他们参与政治活动，不是强迫他们做这样做那样，而是用民主的方法向他们进行教育和说服的工作。这种教育工作是人民内部的自我教育工作，批评和自我批评的方法就是自我教育的基本方法。"

但是，教育并不是说就没有斗争，相反，教育方法即思想斗争，是过渡时期阶级斗争的一个重要形式。"五反"运动是对资产阶级分子的一种教育形式，而在"五反"以后，在国内阶级关系的形势已发生重大变化之后，国家就有可能采取另一种教育的形式，即采用组织学习、上课、讲演、座谈会以及在适当时机引导他们展开批评与自我批评的方法，来对资产阶级分子进行教育。在对资产阶级分子进行这种形式的教育时，也必然要结合他们在企业中的工作实践，特别是结合在公私合营企业中新的劳动实践，新的经营管理方法，来改造他们；同时，也要结合国家行政机关和司法机关对资本家违法行为的处理，来进行教育。要做好对资产阶级分子的教育，必须根据党对资产阶级又团结又斗争的政策，采取鼓励和批评相结合的工作方法；对他们的思想和行动实事求是地进行全面分析，鼓励他们积极的一面，批判他们的缺点和错误，充分地发挥资产阶级中进步核心分子的作用，带动别人一起前进。

二 对资产阶级分子改造的有利条件

对资产阶级分子的改造是个长期的工作，是在一定的经济条件和社会条件之下逐步进行的。国家对于资产阶级分子的改造政策，不但是看到了它的必要性，也充分估计到了它的可能性，它的一切有利的条件。

由于有了中国共产党和工人阶级领导的人民民主的国家政权，私营工商业者才获得了改造自己的强有力的工具。正如毛泽东同志所指示："有了人民的国家，人民才有可能，在全国范围内和全体规模上，用民主的方法，教育自己和改造自己，使自己脱离内外反动派的影响（这个影响现在还是很大的，并将在长时期内存在着，不能很快地消灭），改造自己从旧社会得来的坏习惯和坏思想，不使自己走入反动派指引的错误路上去，并继续前进，向着社会主义社会和共产主义社会发展。"① 所以，工人阶级所领导的国家，是进行个人改造、思想改造的最重要的保证。服从国家的行政管理，国营经济的领导和群众的监督，脱离国内外反动派的影响，努力生产经营，就有了逐步改造自己的基础。

在国家资本主义经济中，工人群众在企业内部的地位发生了不同程度的改变，许多企业逐步建立了工人参加经营管理的制度，这就不能不使企业的一切旧制度发生了变化，而对资本家的旧思想、旧作风发生极大的影响。工人群众在保证完成国家生产或供销任务上，和在监督资本家投机违法行为上，都以大公无私、严肃正直的态度，给资产阶级以深刻的教育。工人群众在执行国家任务中的积极性和创造性，特别是近几年来他们在国家资本主义企业中展开的增产节约运动，使资产阶级在实践中逐渐认识到社会主义制度的优越和资本主义制度的腐朽。

对资产阶级个人进行改造，还必须运用各种社会力量。资产阶级不是孤立地生存在社会上的。全国人民社会主义觉悟的逐步提高，对社会主义社会的热情向往，各种爱国主义运动的广泛开展，在经济上、政治上、文学艺术上反对资产阶级思想的激烈的斗争，都给资产阶级以深刻的影响。各工会团体、工商业联合会、民主建国会等组织，在中国共产党的领导下，也都已担负着对资产阶级分子进行思想改造的工作。

对资产阶级个人的改造，必须结合企业改造，通过企业改造的具体工作来进行。生产实践的教育是最好的教育，通过具体工作的宣传是最有力的宣

---

① 毛泽东：《论人民民主专政》，人民出版社，1951，第13～14页。

传。几年来社会主义经济的发展和壮大，特别是它在生产上和经营上的优越性，对资产阶级发生了巨大的影响，它是对资产阶级个人进行改造的物质基础。资本主义工商业纳入国家资本主义轨道，与社会主义经济建立了一定的联系和合作后，就扩大了社会主义经济的影响，进一步增加了对资产阶级进行改造的有利条件。在国家资本主义经济中，资本家和资本家代理人不但在思想教育上，在学习政策法令上有了便利条件，而且有了从生产经营的实践上改造自己的可能。特别是在公私合营企业中，资本家和资本家代理人直接受到公方的领导，有可能贡献他们的才能和技术于生产事业上，学习先进的生产方法和管理方法。

资本主义思想与社会主义思想是两种对立的思想体系。在资本主义工商业的社会主义改造进程中，必然会产生一系列复杂而深刻的思想矛盾，产生各种各样的顾虑和不安。他们之所以有顾虑和不安，主要是因为他们还没有认清社会发展的规律，还不能掌握自己的命运。应该认识，资产阶级是可以掌握自己的命运的，这里关键是在把自己的前途和国家的前途结合起来。在旧社会中，不但被压迫阶级，就是压迫阶级也不能掌握自己的命运，他们自己也不断地倾轧、吞并。而在新中国，则社会的前途对所有的人都像早晨的太阳一样明白，只要沿着社会前进的方向前进，所有的人都可以找到平坦广阔的道路。爱国的工商业者如果能够认清这个前途，不但不徘徊犹豫，而且主动地奔赴这个前途，这就是掌握了自己的命运。

几年以来，在国家对资本主义工商业利用、限制、改造的政策下，经过共产党和国家的教育和改造，民族资产阶级内部已经出现了一批进步分子。他们比较了解政策，看清国家和世界的前途，愿意接受改造。这种人正一天一天地多起来。有一批人虽然知道社会主义是大势所趋，但对资本主义仍留恋不舍，他们时而积极，时而消极，动荡不定，顾虑重重。这种人目前还是多数。还有一种人对社会主义改造是采取抗拒态度的，他们抽逃资金，消极经营，即使企业已纳入国家资本主义，仍然只知唯利是图。此外，也有少数反动的和顽固的分子，他们采取种种阴暗的和非法的手段，破坏社会主义改造事业。对这些人要区别对待。改造资产阶级个人，必须培养更多的进步核心分子，使他们在社会主义改造中发挥带头作用，作为协助改造工作的骨干，和政府与一般工商业者之间的桥梁。对多数的中间分子，要针对他们的思想情况，解除他们的顾虑；对持抗拒改造态度的人也要严肃地、耐心地批评教育，帮助他们改正错误；对反动的破坏分子，则要依法制裁。

资本家所有制与资产阶级的最后消灭，是要在各种条件均已成熟的情况下才能达到的。随着国家对整个国民经济领导和控制的加强，随着国家社会主义工业化的逐步胜利，随着农业和手工业的合作化的前进以及它们与资本主义工商业间联系的缩小和消灭，随着国家资本主义企业中社会主义因素的增长和资产阶级分子觉悟的提高，随着人民对社会主义的认识和要求的增强，国家就可以随着这些条件的成熟，逐步地变国家资本主义经济为社会主义经济。正如毛泽东同志 1950 年在中国人民政协会议第一届全国委员会第二次会议上所指出："我们的国家就是这样地稳步前进，经过战争，经过新民主主义的改革，而在将来，在国家经济事业和文化事业大为兴盛了以后，在各种条件具备了以后，在全国人民考虑成熟并在大家同意了以后，就可以从容地和妥善地走进社会主义的新时期。"因此，只要我们工作做得好，私营工商业者也采取积极争取改造的态度，则我国的社会主义转变是会"水到渠成"的。私营工商业者在今天安于合法经营，逐步地走上国家资本主义的道路，对国家有所贡献，到那时候就更能获得贡献其知识和能力于社会主义国家的广大机会；他们今天有利可得，到那时在生活上也会有更好的条件。因此，他们应该好好学习毛泽东同志在人民政治协商会议第一届全国委员会第二次会议上的指示："只要战争关、土改关都过去了，剩下的一关就将容易过去的，那就是社会主义的一关，在全国范围内实行社会主义改造的那一关。只要人们在革命战争中，在革命的土地制度改革中有了贡献，又在今后多年的经济建设和文化建设中有所贡献，等到将来实行工业国有化和农业社会化的时候（这种时候还在很远的将来），人民是不会把他们忘记的，他们的前途是光明的。"又说："只要谁肯真正为人民效力，在人民还有困难的时期内确实帮了忙，做了好事，并且是一贯地做下去，并不半途而废，那么，人民和人民的政府是没有理由不要他的，是没有理由不给他以生活的机会和效力的机会的。"

第六章

为逐步完成对资本主义工商业的社会主义改造而斗争

一 第一个五年计划中改造私营工商业的任务

发展我国国民经济的第一个五年计划已经在第一届全国人民代表大会第二次全体会议上通过，成为指导和规划1953年至1957年国民经济发展的法律。遵守和努力完成这一计划是每个公民的责任。

第一个五年计划的基本任务，概括地说来，就是：集中主要力量进行以苏联帮助我国设计的156个单位为中心的、由限额以上的694个建设单位组成的工业建设，建立我国的社会主义工业化的初步基础；发展部分集体所有制的农业生产合作社，并发展手工业合作社，建立对于农业和对于手工业的社会主义改造的初步基础；基本上把资本主义工商业分别地纳入各种形式的国家资本主义的轨道，建立对于私营工商业的社会主义改造的基础。

建立对于私营工商业的社会主义改造的基础，是第一个五年计划的基本任务之一。为完成这一任务，就必须继续巩固和扩大社会主义经济对于资本主义经济的领导，正确地贯彻对资本主义工商业利用、限制和改造的政策。根据需要与可能，进行全面规划，分期分批地扩展公私合营企业；同时加强对私营工业产品的加工、订货和收购工作，促使私营商业为国营商业和合作社商业执行代销、经销等业务。同时，国家对于独立劳动者性质的私营工商业，将按照它们不同行业的情况，根据自愿的原则，分别地用不同的合作形式把它们逐步地组织起来，经过各种低级的合作形式，逐步地过渡到较高级的合作形式。

在第一个五年计划期间，私营工业的大部分将转变为各种形式的国家资本主义，而私营的现代工业的大部分将转变为高级形式的国家资本主义——公私合营；私营商业中有一半以上将转变为各种国家资本主义形式的商业和由小商贩组织起来的合作形式的小商业。

在第一个五年计划期间，私营工业从产值上说，将有一半转变为公私合营；1957年公私合营工业的产值将比它们在1952年末合营前的产值增加一倍以上。没有合营的私营工业的产值在这五年中也是将要有所增加的，但它在全国工业总产值中所占的比重，则将由1952年的39%下降为12.2%。这些未合营的私营工业的主要部分将接受国家的加工订货，基本上纳入国家资本主义的轨道。

有计划地扩展公私合营工作，和努力争取完成私营工业的增产计划，是第一个五年计划期间私营工业方面的重要任务。依照计划，在第一个五年期间实现公私合营的企业，大部分是国家需要且具备改造条件的现代工业，其中也有一部分是规模较小和设备较落后的小工业。许多资本主义工业企业是要经过一系列的生产改革和合并改组，才能为公私合营创立条件的。为了完成私营工业的增产计划，也必须结合加工订货进行生产上和经营管理上的改革工作，特别是提高质量、改进技术和降低成本的工作。

在第一个五年计划期间，私营商业从它们的零售额上说，将有半数转变为各种国家资本主义形式的商业和由小商小贩组织起来的合作形式的小商业。在其他半数中，又将有相当部分是农民和手工业者自产自销的或小商贩的零售额。以上各种零售额合计，在五年内仍将有所增长，但它在社会商品零售总额中所占的比重，则将由1952年的65.9%下降为1957年的45.1%；其中各种国家资本主义形式的商业和合作形式的小商业将占24%，私营商业将占21.1%。

以上是第一个五年计划中对资本主义工商业社会主义改造工作所规定的一些具体指标。在五年计划的前两年中，这些工作都是依照计划的要求完成或超额完成的。自1955年以来，随着全国农业合作化运动进入高潮，对资本主义工商业的社会主义改造也进入了一个新的发展阶段，这就加快了改造的速度。因而五年计划中所规定的一些指标，大体都已提前完成了。

解决资本主义经济与社会主义经济之间的矛盾，是建设社会主义的一个重要的课题。如果不对资本主义工商业进行社会主义改造，资本主义的生产资料私有制就会日益严重地成为生产力发展的障碍，资本主义经济的无政府状态就会破坏国家的计划，破坏社会主义建设的伟大事业。如果过早地改变生产资料的私有制，盲目地代替和排挤资本主义的生产经营，也会造成政治上和经济上重大的损失，增加社会主义建设和社会主义改造的困难。几年来的经验已经证明：资本主义经济与社会主义经济的矛盾是随着国民经济的发展和实现计划领导而更加显著和尖锐起来。如任其发展，不但危害社会主义建设，资本主义工商业也将因其自身的矛盾和与国家要求不能适应而陷于困难；1954 年不少私营工业企业停工减产，许多私营商业企业陷于停顿，就说明了这一问题。几年来的经验也证明了：在国民经济发展的过程中，如果不贯彻统筹兼顾的方针，国营、地方国营、合作社营企业如果只考虑自己的需要与发展，结果不是刺激了资本主义经济的盲目性，就是必须对资本主义工商业重新进行调整，甚至需要社会主义经济让出一部分生产任务和一部分货源来安排它们。这都说明了，社会主义改造的步骤必须与国民经济的发展相适应，必须与社会主义工业化的步骤相配合，也就是说对资本主义工商业的社会主义改造必须有计划地进行。

五年计划指出了改造资本主义工商业的具体任务，规定了具体的指标，并规划了这一工作的部署。在五年计划的指导下，各部门的工作也都将是有计划的进行的。公私合营工作、加工订货工作、对私营商业的安排和改造工作，以及工商行政机关和工会组织对私营工商业的监督、管理和教育工作，都必须相应地加强。这样，就会使资本主义工商业的社会主义改造顺利地进展，就能使各部门的工作成为一个有机的整体，发挥更大的力量。

五年计划的完全实现，将使我国的工业和全部国民经济有巨大的发展，同时将使社会主义经济成分的比重大大增加，资本主义经济成分的比重很大地缩小。这就不能不引起一些资本家思想上的抵触，也必然会有某些不法资本家采取各种办法来抗拒或破坏社会主义改造。李富春同志在《关于发展国民经济的第一个五年计划的报告》中指出："实现五年计划是一种复杂、尖锐的阶级斗争。"五年计划的实施鼓舞了全国人民建设社会主义的热情，增强了人们对社会主义胜利的信心。在资本家方面，也必须改正他们错误的认识。例如，有些人还希望社会主义经济和资本主义经济长期在我国并存，希望不要对资本主义工商业实行社会主义改造，或者现在还不要实行社会主义改造。显然，这是错误的。必须认识，社会主义和资本主义这两种相反的生产关系，在一个国家里互不干扰地平行发展是不可能的。不走社会主义的路，就要走资本主义的路，而走资本主义的路，是中国人民所决不许可的。走社会主义的路是肯定的，是我国历史发展的必然规律，是任何人的主观希望所不能改变的。社会主义改造必须逐步地进行，只有这样，才能适应国民经济发展的需要，适应社会主义建设的要求；只有这样，才能使资产阶级分子在实践中受到教育，改造自己，为最后进入社会主义准备条件。

国家的计划就是法律，是每个公民必须遵守的，也是每个公民都有责任去完成的。资本家在社会主义改造的事业中，不但有其应尽的责任，还可以发挥一定的作用，做出一定的贡献。李富春同志在《关于发展国民经济的第一个五年计划的报告》中说："工商业资本家在五年计划中的责任，就是应该服从国家行政机关的管理和国营经济的领导，接受工人群众的监督，经营有利于国计民生的事业，老老实实地服从国家计划，做好国家委托的任务，接受社会主义改造。这样，他们就能够正确地发挥他们在五年计划中的应有作用，而对五年计划作出一定贡献。"

二　对资本主义工商业进行改造必须
贯彻统筹兼顾的方针

在国家社会主义工业化和社会主义改造的过程中，各种经济成分都在急剧地变化着，资本主义经济与社会主义经济之间的矛盾也日益显著。特别是在国家扩大掌握了工农业主要产品和扩大了有组织的市场分配，资本主义工商业已逐步纳入国家资本主义轨道以后，私营工商业就日益依赖于社会主义经济，日益受国家经济计划的支配。因此对资本主义工商业进行改造的过程中，必须贯彻统筹兼顾的方针，全面安排，使它们能维持生产经营，并对它们积极进行改造。

进行统一的生产安排、市场安排，就是把各种经济类型的工商业通盘打算。这就是说，根据党和国家在过渡时期的总任务，有计划地发展社会主义、半社会主义经济，利用、限制、改造资本主义经济；在保证社会主义成分不断增长的条件下，采取统筹兼顾的方针，对各种类型的经济进行全面的合理的安排，既要有所不同，又要在一些方面一视同仁。

什么是统筹兼顾的方针呢？

从工业方面说，这就是要把中央国营、地方国营、合作社营、公私合营和私营的工业（在许多方面还要包括个体手工业），逐行逐业进行全盘计划，合理安排。这些不同类型的经济，不是孤立隔离，而是互相影响，互相关联的。如果只孤立地安排国营工业计划，不管私营工业，私营工业就会盲目地发展起来，或因得不到任务而发生困难。资本主义工业的盲目发展就会在原料供应和产品销售上打乱国营工业的计划，某些资本主义工业发生困难，也会影响国民经济的发展计划，增加国家负担。只有部分计划，没有全面计划，必然产生盲目性和不协调的现象，结果就会削弱以致打乱国家计划，因此，对各种经济类型的工业，必须根据不同时期的具体情况，进行全盘计划，全业安排。这样做不仅能够限制资本主义工业的盲目发展，而且能够有计划地发展国营、合作社营和公私合营工业。

国营工业是全民所有制的工业，私营工业是资本家所有制的工业，对待国营工业和私营工业，必须有所不同。但私营工业也是国民经济的一个构成部分，经过社会主义改造之后，将来也要变成国营工业的。同时，私营工业的工人和国营工业的工人，都是中国的工人阶级，我们不能因为企业的性质不同，就把统一的工人阶级分裂成为两部分。因此，在有所不同的前提下，对国营工业和私营工业又需要在一些方面一视同仁。对于私营工业的安排和照顾，不论从社会主义改造的要求来看，从工人阶级的根本利益和目前利益来看，都是必要的。在安排生产的时候，忘记了有所不同，忘记了保证社会主义成分不断地增长，那是错误的；同时，只看见国营经济而忘记了私营经济，或者只照顾了规模较大的厂而不照顾规模较小的中小厂，也是不对的。

对私营工业的安排和维持，并不是要把资本主义的生产方式永远维持下去，而是为了替社会主义改造准备有利的条件。因此，对私营工业的统一安排，必须和对它们的改造和生产的改组结合起来。可以进行公私合营的，就进行合营；需要准备条件，需要进行生产改组的，就采取以大厂带小厂，以先进带落后的方法，进行并厂和生产改组，并尽可能使这种改组工作和公私合营工作结合起来；需要而且可以迁厂的，就帮助它们迁厂，在适当时期也要进行公私合营。至于少数过于落后以致有害的私营工业，没有改造条件，则可以有计划、有步骤地淘汰其企业，适当安排其人员，并鼓励和指导他们把资金投到有利于国计民生的事业中去。

对私营工业的安排是通过加工订货来进行的。因此，做好安排工作，就必须加强加工、订货的计划性和组织性，通过加工订货计划，逐步提高私营工业的产品品质，改革私营生产的规格，推广新的生产方法和新的产品，以先进带动落后，并淘汰一部分有害的产品。通过安排和加强加工订货的组织与管理，也就使私营工业进一步纳入国家计划，并可进一步对它们进行改造。

总的说来，统筹兼顾的方针旨在限制资本主义生产的盲目性，保证国家全面计划的完成，使国营工业、合作社营工业和公私合营工业能有计划、按比例地发展，使资本主义工业能有计划地进行社会主义改造。这样，也就使社会主义经济规律的作用进一步发展和扩大，资本主义经济规律的作用范围进一步缩小。

在商业方面，统筹兼顾的若干基本原则也和工业方面是一样的。我国商业和市场的情况十分复杂，变化很快。过去几年，几乎每年都要发生一些新的问题，每年都要花费不少力量，实行一些措施来解决这些问题，1950年、1952年、1954年集中地对商业进行了调整。在国家实行若干重要产品的统购统销，掌握了大部分重要物资的货源，并逐步代替了私营大批发商以后，有组织的市场日益扩大，自由市场日益缩小。但私营商业在城乡交流和商品分配中还占有相当的地位。如果不对它们进行统一安排，就不但会使部分私商从业人员陷于生活困难，也会影响城乡贸易，影响消费者的需要和农民某些产品的出售，影响产品流转的扩大，这对工农业生产和工农联盟的巩固都是不利的，也给私营商业的社会主义改造工作带来很大的困难。

国营、合作社营商业不但负担着领导城乡市场，保证物资交流和商品供应的责任，也负担着对私商进行社会主义改造的责任。私营商业是个庞大的体系，它们的机构，大部分最后要变为社会主义商业的机构；它们的从业人员，大部分最后要变为社会主义商业人员。因此，国营商业和合作社营商业，必须贯彻统筹兼顾、全面安排的方针。这就是说，必须从全局观点出发，妥善地安排各种经济成分的商业的经营范围、经营地区和经营比重，使私营零售商基本上维持下来，并对他们进行改造。对于私营批发商，则是有计划地吸收其人员，利用其贸易关系和贸易网；对于尚能维持经营的小批发商和批零兼营商，也要予以妥善的安排。在市场的安排中，也必须贯彻既要有所不同，又要一视同仁的原则，与按行按业地进行安排和改造的办法。

市场上的公私经营比重，是社会主义商业和私营商业发展变化的指标。但是，当私营商业逐步纳入国家资本主义轨道，它们经营的商品主要地是从国营或合作社营商业进货以后，社会主义商业的发展和变化就不能只限于计算公私比重数字的变化，而更多地表现于对私营商业的领导和改造的程度，表现于整个市场中社会主义因素的增长。

对私商的安排，主要是通过经销、代销、批购零销等方式进行的，对某些国家掌握了全部或大部分商品的行业，并可以在安排的过程中，实行全行业纳入国家资本主义的办法。市场安排中不但要安排资本主义商店，也要安排小商小贩，并把他们按照不同的方式逐步组织起来。由于私营商业分布不合理，商品交易的规律也不断发生变化，在安排私商的过程中，也就必须采取一些措施，逐步地调整商业网，在需要和可能的条件下，实行并店或迁店，或调配劳动力，对某些社会不需要或有害的行业和业户，逐步促使其转业或淘汰，并安排其人员和资金。同时，为了使私商能够维持，不致加重消费者的负担，也必须领导和监督私商，改进经营管理，降低流通费用，改善经营作风，建立新的销售制度，树立新的商业道德。这就是说，安排必须与改造结合，才能巩固安排的效果，扩大社会主义因素。否则，安排就变成了单纯的照顾，不但不能增加社会主义商业在市场上的作用和影响，反而滋长了私商的依赖和消极情绪，这对社会主义改造是不利的。

三 资本主义工商业社会主义改造的新阶段

1955 年上半年国家贯彻了对私营工商业统筹兼顾的方针，各地对私营工商业进行了生产安排和市场安排，并对它们进行了按行业的改造。这样，就把对资本主义工商业的社会主义改造工作，推进到一个新的发展阶段。这就是从对资本主义工商业进行加工订货、经销代销和个别实行公私合营的阶段，推进到在各主要行业中分别在各地区实行全部或大部分公私合营的阶段；也就是从以国家资本主义初、中级形式为主的阶段，推进到以国家资本主义的高级形式为主的阶段。显然这是从资本主义所有制过渡到社会主义全民所有制的具有决定意义的一个重大的步骤。

这个新的步骤是在过去近年来工作的基础上，和在国家社会主义经济建设与社会主义改造的新形势的要求下发展起来的。在1955年上半年，根据22个省的统计，加工订货的产值已经占到私营工业总产值的78.8%，在北京、天津、上海等12个大中城市中，加工订货的产值已占到私营工业总产值的85.3%。公私合营的工业企业已有1900多户，公私合营工业产值同私营工业产值相较，已差不多达到三与五之比。商业方面，全国已有近半数的私营商业分别纳入了各种形式的国家资本主义轨道。1955年8月间，32个大中城市的社会商品零售总额中，国营零售商（包括城市消费合作社）占51.5%，各种形式的国家资本主义商业占23.3%，私营商业只占25.2%。同时，私营工商界的政治情况也已经发生了很大的变化，愈来愈多的人认识了国家的前途和自己的前途，愿意接受社会主义改造。这时，我国发展国民经济的第一个五年计划已经实行了将近三年，社会主义经济已在国民经济中建立了绝对的优势，它的优越性和对其他国民经济成分的领导作用日益加强。特别是1955年以来，全国各地农村已先后进入了农业合作化的高潮，不少的省份在1955年即基本上完成半社会主义的农业合作化改造，许多已经向完全社会主义的高级社过渡了。因此，我国大约在三个五年计划时期内，基本上完成生产资料私人所有制的变革而建成社会主义，已是十分肯定了，这不但是理所固然，也是势所必至了。在这种形势下，把对资本主义工商业社会主义改造的工作推进到一个新的发展阶段，是十分必要的，也是完全可能的。

我国私营工业中，规模大的工厂只是少数，而为数众多的是中小工厂，它们不仅在生产上是分散的，而且一般设备简陋，技术落后。根据1954年的统计，全国13万多家私营工厂中（不包括个体手工业），雇用工人和职员50个人以上的只有5000多家，而雇用工人和职员不足10个人的有9万多家，现代工业只有2.8万多家，而工厂手工业有10.5万多家。私营商业更是零星分散。1954 年以前，扩展公私合营的工作主要是对少数规模较大的私营企业进行个别合营，这种方式是适合当时的情况的。但在目前的形势下，如果对这为数几百万家的私营工商业都采取个别合营的办法，不但要延缓改造的速度，不能适应社会主义工业化和农业社会主义改造发展的要求，而且少数生产较好的企业实行公私合营后，势必会增加了安排和改造多数的中小企业的困难；同时，个别合营的办法也必然会造成国家资金严重的分散和浪费，并使国家干部的配备发生困难。

全行业公私合营，是当前资本主义工商业进行社会主义改造的新形式。在这种形式下，可以对参加合营的各企业的人力（技术、劳动）和物力（设备、资金）统一调配，合理使用，并可以在行业之间、地区之间，做适当的调剂。全行业公私合营的形式，可以充分发挥以大带小、以先进带落后的作用，使各企业的生产技术得以提高，经营管理得以改善，为进一步对它们进行社会主义改造准备条件。全行业公私合营的形式，也可以使资本家和资本家代理人较普遍地得到教育和改造的机会，并且使资产阶级中的进步核心分子有更有利的条件来发挥他们的作用和影响，彻底改变了资本主义"同行是冤家"的情况。全行业实行公私合营，这就意味着过渡时期多种经济成分的情况有了很大的改变，全行业的生产经营就可以完全纳入国家计划轨道；这时，生产集中化了，市场组织化了，资本家已不是个别企业的资本家，社会主义经济成分直接领导全行业的生产经营。在这种情况下的公私合营企业，那就不仅是半社会主义性质的，用列宁的话来说："那就已经是四分之三的社会主义了。"

实行全行业公私合营并不是整个私营行业原封不动地全部合营起来，而是在统筹安排的基础上，同全行业的生产改组和经济改组结合进行的。

如前所述，我国的私营工商业绝大部分是分散、落后的中小企业。这些中小企业如果不经过改组是不可能提高它们的生产技术，同时也是很难全面安排和改造的。1955 年上半年各地安排生产和安排市场的经验就已证明，由于私营工商业的分散和生产经营方法的落后，每个行业中都出现了大小户之间、先进与落后之间、地区之间的不平衡状态，有的利润过大，有的还不能维持。每个行业、每个企业都必须进行或大或小的生产改组和经济改组，才能改变这种不平衡的情况。生产改组和经济改组，就是根据以大带小、以先进带落后的原则，对各企业的人力、物力进行合理的调整，来改变它们分散落后的状态，提高整个工业的生产水平和商业的经营水平。这种办法，在大鱼吃小鱼、大企业兼并小企业的资本主义制度下是绝对不可能的，而在我们社会主义制度下是完全可能的，而且是十分必要的。行业的改组是在国营经济的领导下，有计划、有步骤地进行，而不是私私之间盲目进行的。在具体做法上，一般采取有并厂、并店、联产、联营、迁移、调整劳动力、调整生产任务、调整商业网等不同的方式，对少数过于落后没有改造条件的，也淘汰其企业，把人员安置到其他企业中去。

为了统一安排私营工商业的生产经营，进行行业改组和推进全行业公私合营，许多地方逐渐采取了组织专业公司的方式。

专业公司这种组织形式是组织私营工商业的一个重要环节，对几十万家私营工厂、几百万家私营商店、几百万个摊贩进行安排和改造，必须把它们组织起来；只有有组织，才能是有计划的。专业公司是国家的公司，是社会主义性质的公司，但它是领导公私合营企业和私营企业的机关（也领导地方国营的企业），所以它也吸收私营企业的资本家来参加工作。专业公司不但管理对私营工商业的加工订货、经销代销，管理它们的生产经营和技术改进，也从事对私营企业工人、职员和资本家的宣传教育工作，它是对私营工商业进行社会主义改造的国家专业机关，是经济机关，也是政治教育机关。它是和当地的政府机关、国营经济、工会和工商界团体等配合进行工作的。在组织形式上，专业公司是多种多样的，可以是一个行业的，也可以是几个行业综合组织的。如上海的笔业公司，就是把金笔、钢笔、铅笔三个行业组织在一起的。较小城市也可以成立一个企业公司，管理对各行业的改造；而在商业上，有许多行业就可以由原来的国营商业公司执行对私营商业进行改造的任务。

在全行业实行公私合营以后，原来在私营企业中所实行的盈余分配办法，即企业的盈余由国家所得税、企业公积金、工人和职员的福利奖金、资本家的股息红利四个方面合理分配的办法，就感觉不适用了，就有逐步推行定息办法的必要。

定息就是公私合营企业根据行业和地区的具体情况，与资本家协商，按照私股的投资额，给予固定的利息。这就使私股股东有了稳定的收入，也使合营企业可以统一使用它的利润积累，有计划地扩大国家所需要的生产。显然，这是在资本主义的无政府状态下所不可能的，而只有在有计划的生产下才是可能的。定息并且使企业的生产关系发生了很大的改变，使国家对企业生产的关系和资本家对企业生产的关系发生很大的改变。定息并没有废除资本家所有制，也没有废除剥削，但是实行定息后，私人资本就不再支配生产资料的使用了。因而企业就可以按照社会主义的方法进行经营管理，在很大的程度上克服了公私合营企业中社会主义经营思想和资本主义经营思想的矛盾。在企业中，阻碍进步的一些因素就可以逐步改变，就可以以企业为经济核算单位进行生产经营，而不再采取加工订货的方式，这就可以提高企业单位的经营积极性。由于定息办法保障了私股的收入，国家就可以根据计划，在各企业之间，各行业之间，各地区之间统一调配生产力和劳动力，并可与国营企业进行协作和某种程度的调剂，这就可以节省一部分国家建设的资金。私营企业在公私合营之后，由于生产经营改进，其利润一般是逐年增加的，有许多企业增加很快。1954 年度的盈余分配中，就有些公私合营企业私股的股息红利达到他们投资额的一半以上，甚至有的超过了投资额；这显然是不合理的。当工人感觉到他们积极劳动的结果反而造成了资本家剥削的增长，心里是不愿意的。实行定息办法就可以消除这一不合理的现象，工人的劳动积极性就会大大地提高。同时，定息的办法对于改造资本家来说也有很大的作用。一方面，定息是国家对资产阶级赎买政策的更明确、更具体的形式，这种形式更便于教育资本家在思想上有充分的准备，在一定时期内逐步放弃剥削的生活，建立以劳动获取报酬的生活。另方面，定息的办法堵塞了资产阶级唯利是图思想发展的孔道，进一步限制了资本家的投机思想和违法行为；这就有利于促使他们在合营企业中努力地工作，学习新事物，树立新思想，逐步把自己改造成为社会主义企业的工作人员。

随着国民经济计划化程度的增加，随着社会主义改造事业的迅速进展，对私营工商业的改造工作必须做出全面的规划，才能适应新形势的要求。全国的私营工商业，除了一部分规模很小的（例如个体手工业和小商贩）需要采取合作化的办法，或者继续采取加工订货、经销代销的办法，而另一部分代销商业（例如粮食业）可以在适当时机直接转为国营商业以外，其余一切重要行业的私营工商业，都必须在加强加工订货工作和经销代销工作的基础上，分期分批地实行全行业的公私合营（有些可以实行一行业中大部分业户的公私合营，如果有个别企业资本家对合营还没有考虑成熟，可以允许他们再看一看，等一等）。为了使改造资本主义工商业的工作有秩序地前进，就必须有全面的规划，加强领导，逐步地使这些私营工商业在供应、生产、销售之间，在资金、设备、劳力之间，在企业之间，行业之间，地区之间，避免相互脱节，达到平衡或接近平衡。也只有进行全面规划，加强领导，才能使目前私营企业改组改造的方向能适应国民经济有计划地发展的要求，而不致陷于盲目，造成损失。

推行全行业公私合营的政策时还必须加强对资本家的教育工作。要使他们了解，从加工订货、经销代销到公私合营，从企业的私有到公私共有，是个重大的变化。这个变化适应全国人民的要求，是符合我国宪法所规定的国家根本政策，是大势所趋、势所必至的。要想长期维持资本主义的分散落后的状态是不可能的。落后的企业并入先进的企业，对先进的企业可能有些影响。但是从全局看，这是符合于长远的利益的。大企业、先进企业有带动小企业、落后企业的责任，这正是同他们在资本主义制度下不同的地方；这是他们对国家的一种责任，他们这样做了，也就是对国家、对人民有了一定的贡献。对资本家的宣传教育工作，必须根据国家对资产阶级又团结又斗争的政策，采取鼓励和批评相结合的工作方法。对好人好事加以鼓励，对他们的错误和缺点加以批评，对反动的破坏分子也必须给予严肃的制裁。在这一工作中，还必须采取企业改造和思想改造相结合的工作方法，加强资本家和资本家代理人的学习，建立和健全各种学习组织，并适当地引导他们运用批评和自我批评的武器。

四 为完成对资本主义工商业的社会主义改造而斗争

全行业公私合营的改造形式，把我国改造资本主义工商业的工作推向了高潮，形成了一个轰轰烈烈的运动。1955 年 10 月，毛泽东主席邀集全国工商联执行委员会的委员座谈，对改造私营工商业的工作做了重要的指示，11月全国工商联执行委员会开会，大家一致拥护全行业公私合营的办法，发表了告全国工商界书。从 1955 年 10 月到 12 月底，在北京、天津、上海等八大城市中，即有 2000 多户的私营工厂和 10000 多户的私营商店被批准实行公私合营。1956 年开始，工商界申请公私合营已发展成为全市性的规模，北京市在 1 月 10 日就完成了私营工商业全部纳入公私合营的工作，其他各地吸取了北京的经验，到了 1 月 20 日，天津、上海、广州、武汉、重庆、西安、沈阳等大城市和许多中小城市的私营工商业户都已全部纳入公私合营。同时，各地对郊区农业的合作化工作和对手工业的合作化工作，也已先后完成。因此这些城市就都已先后进入了社会主义社会，工人、农民、手工业者、资本家和全市人民都欢欣鼓舞，游行庆祝社会主义改造的伟大胜利。

全行业公私合营工作的胜利完成，证明了我国和平改造资本主义工商业政策的完全正确，证明了中国的民族资产阶级，几年来在党和国家的领导与教育下，已经提高了觉悟，他们是愿意接受改造的。在全行业公私合营的运动中，许多资本家发挥了互相帮助、互相鼓励的精神；许多青年资本家组织了突击队，协助合营工作；许多资本家改善了经营管理，缴清了税款和偿还欠款，以实际行动来表示他们对社会主义的拥护；还有许多资本家拿出了过去的私蓄和隐藏的财产，投入企业，作为对社会主义的献礼。上海市资本家自 1955 年 12 月 10 日至 1956 年 1 月 20 日献出的财产就有人民币 1560 多万元，黄金 900 多万两，银元 1.5 万多元，美钞 8 万多元，房地产 2000 多处，连同机器、原物料等共 3100 多件。

在全行业公私合营的运动中，各地创造了许多新的工作方法，丰富了社会主义改造工作的经验。例如在公私合营中对原企业财产的清产估价工作，采取了在职工协助下由资本家自查、自估、自报和按行业互评、互审的办法，大大地加快了清产估价的速度，并基本上做到了实事求是、公平合理。在经营管理上采取了先合营后改组，不打乱原有生产经营制度，不得减少原有生产经营的品种，在经济改组中再逐步调整的办法，这就保证了合营与生产经营两不误，避免了各种可能的损失。在公私合营后人员的安排上，采取了公私协商，从上到下逐级安排的办法，很多资本家积极分子和有能力的人被吸收到各级管理部门中来，对在职资本家和资本家代理人一般维持他们原有的收入水平，并给予适当的福利待遇，稳定了他们的情绪，并鼓励了他们生产经营的积极性。在公私合营的组织管理上，采取了按行按业归口管理的办法，由各专业公司统一领导，统一安排，做到有条不紊。同时，公私合营的范围也有了扩大。在全行业公私合营运动中，有些非资本家企业性质的小工厂、小商业也申请公私合营。这些小企业本来是可以走合作化道路的，但是纳入全行业公私合营可以更有利于发挥以大带小、以先进带落后的作用，因此也根据他们的自愿，吸收到公私合营中来。这些小业主纳入公私合营后，并不把他们当作资本家看待。并且，对一些较小的企业，在公私合营以后仍然可以采取加工订货、经销代销的形式，在这种情况下，他们的收入实际上是一种计件工资的形式。全行业公私合营以后，加工订货、经销代销已经不是在生产资料的所有制基础上进行了，因而它也改变了性质，成为公私合营的一种经营形式了。

资本主义工商业全部纳入公私合营的工作即将胜利地完成，但这不等于说，资本主义工商业的社会主义改造已经结束了。在全行业公私合营的过程中，也有某些行业已经直接过渡为国营企业，这主要是粮食、油脂等代销业和部分地区的国际贸易业、交通运输业、副食品业、电影院、剧场等。绝大部分私营工商业是要经过公私合营来过渡的。虽然全行业公私合营和定息的办法从根本上改变了资本主义的生产关系，给他们奠立了进一步改造的良好基础，但是第二个步骤的改造，就是要为国有化准备条件，需要进行许多工作才能完成。

首先，对资本主义工商业的改造，不但要改变他们的生产关系，而且要改造他们的生产技术和逐步建立社会主义的经营管理制度。我国私营工商业中大多数是分散、落后的小企业，必须按照社会主义原则对他们进行生产改组和经济改组，提高全行业的生产经营能力，才能适合社会主义经济发展的要求。同时，为了充分发挥他们的生产经营能力，还必须在各行业之间和地区之间，进行适当的调剂，以改变我国生产力分布不合理的现象和商业网分布不适应消费需要的情况。其次，资本主义工商业全部纳入公私合营的轨道后，对资产阶级分子的思想教育，就日益成为今后重要的改造工作了。公私合营把在企业中任职的资本家和资本家代理人全部吸收进来，因而公私合营企业就成为改造资产阶级分子的基地。公私合营企业必须妥善地安排他们的工作，使他们有职有权，守职尽责，才能很好地对他们进行教育。思想改造比之企业改造是更为艰巨而复杂的任务。必须运用各种社会力量互相配合，继续培养资产阶级的进步分子和进步力量，继续做好资本家的家属工作；必须领导他们进行有系统的学习，向他们进行社会主义的教育，针对具体事例解决他们的思想问题；必须帮助他们做好工作，解决他们的困难；这样，思想教育工作才能顺利地进行。最后，在全行业公私合营的高潮中，涌现了大批的工人和店员的积极分子，扩大了共产党、青年团和工会的组织力量，提拔了极大一批的工作干部。但是，从数量说，他们还远不能适应社会主义改造工作的需要；从质量说，他们多数对企业经营管理还没有经验，需要经过一定时期的锻炼和学习之后，才能适应工作发展的要求。因此，必须更多、更好地培养干部，加强对广大职工的政治教育，继续扩大企业中党、团和工会的组织力量和工作力量，才能顺利地完成资本主义工商业的改造和对资产阶级分子的改造工作，最后完全消灭剥削制度，和平过渡到社会主义，建成社会主义社会。

中国资本主义工商业的社会主义改造

编者说明

《中国资本主义工商业的社会主义改造》，署名"中央工商行政管理局、中国科学院经济研究所资本主义经济改造研究室"，吴承明先生为主要执笔者，人民出版社 1962 年第 1 版。今据人民出版社 1962 年第 1 版收入全集。本书的观点具有一定的历史局限性。

目　录

前　言

　　资本主义工商业的社会主义改造工作已经取得了巨大的成就，这是我国社会主义革命的伟大胜利，是马克思列宁主义普遍真理和中国革命实践相结合的范例。在本书中，我们对过去十二年的经历作了一个概括性的介绍和分析。其中不免有错误和不全面的地方，希望读者给以批评和指正。

　　本书于 1958 年 10 月完成初稿，经过修改，又于 1961 年改写了一遍。

　　本书是在许涤新、管大同同志指导下，由吴承明、方行、梅莹、汪士信执笔写作的。在编写初稿中，还有方卓芬、高云樵、梁思达、黄仁勋、胡铁文参加。全书经许涤新、管大同同志审阅、修改。

中央工商行政管理局、中国科学院经济研究所资本主义经济改造研究室

1962 年 6 月

第一章

半殖民地半封建社会的民族资本主义经济

第一节　半殖民地半封建社会的经济结构和阶级关系

1840年鸦片战争前的三千年左右期间，中国一直是一个封建社会。中国封建社会内的商品经济的发展，已经孕育着资本主义的萌芽，如果没有外国资本主义的影响，中国也将缓慢地发展到资本主义社会。外国资本主义列强的侵入，中断了中国社会独立发展的道路。近代中国没有能够进入到资本主义社会，而一步步地变成了一个半殖民地半封建的社会。

外国资本主义入侵，自然经济解体　18、19世纪之交，西方资产阶级力图向中国伸展侵略势力、开辟中国市场的时候，中国的封建统治阶级已经日趋腐败。为了防止人民和外面接触影响其封建统治和为了防范西方海盗商人的劫掠，清政府对外采取了闭关政策。这种政策是当时封建经济结构的反映。原来中国的封建社会中，"自给自足的自然经济占主要地位。农民不但生产自己需要的农产品，而且生产自己需要的大部分手工业品。地主和贵族对于从农民剥削来的地租，也主要的是自己享用，而不是用于交换"。① 这种小农业和家庭手工业密切结合着的自给自足的经济，对于外国资本主义工

---

① 毛泽东：《中国革命和中国共产党》，《毛泽东选集》第2卷，人民出版社，1952，第618页。

业品的侵入有一定的抵抗力。当时对中国进行贸易侵略的主要是英国，18世纪后半期直到19世纪30年代，英国本国的资本主义工业产品，没有一样能在中国畅销，它在输华的商品中，60%到70%是靠印度的土产，主要是棉花。这一时期，西方国家在对华贸易上经常处于逆差的地位，它们主要是依靠把大量的鸦片偷偷运到中国来攫取中国白银，并用此来打开中国的门户。

鸦片贸易使西方资产阶级获得巨额利润，但是对于开辟在中国的工业品市场效力不大，并且引起中国人民强烈的反抗。事实上，资本主义侵略者要破坏中国自给自足的自然经济的障碍，总是要假手于政治强力，像他们在印度一样。"在印度，英国人是当作统治者和土地所有者，同时应用他们所有的直接政治权力和经济权力，为了要把这种小的经济共同体破坏……在中国，因为没有直接的政治权力加进来帮助，所以［破坏的］程度还是更小。"①

马克思所指的这种政治权力，很快地就在中国建立起来了。1840年西方资本主义列强对中国发动了鸦片战争，1857年他们又发动了第二次鸦片战争，1884年又发动了中法战争。用武力打败中国以后，资本主义列强不但强迫清朝政府割地、赔款、开放商埠，并且通过种种不平等条约，在中国取得了驻军权、领事裁判权、内河航行权和其他许多特权，控制了中国的港口和海关，垄断了中国的对外贸易和交通事业。

在这些政治、经济特权的保护下，外国商品大量输入。在19世纪80年代开始时，洋货进口平均每年有7800多万海关两，到1894年中日战争前后，增至1.7亿多海关两。进口除鸦片外，以棉纱、棉布为主，煤油、五金次之。在洋货大量倾销下，中国的家庭手工业和城市手工业，首先是手工纺织业，逐步受到破坏。1880~1890年，棉纱进口由15万担增至100余万担，许多手工织布就改用洋纱作经线。据估计，1890年时全国土布生产中已有1/3左右系洋经土纬。以后这一过程加剧，将纬线亦用洋纱。同时，洋布也逐步排挤着土布。其他一些手工业也受到破坏。例如，煤油输入内地，

① 马克思：《资本论》第3卷，人民出版社，1953，第412~413页。

"而东南数省之柏树皆弃为不材";洋铁大量进口,"而业冶者多无事投闲"等。[①] 另一方面,外国资本主义入侵后,起初丝、茶出口急速增加,刺激了国内丝、茶的生产。其后豆类、花生等出口也不断增加,刺激了国内这些经济作物的种植。但是,例如丝的生产,过去往往是养蚕、缫丝都在同一家庭内进行,现在则多是将茧直接运往上海等地的丝厂,由外国洋行监制出口。茶、豆、花生等方面也有类似情况,外国洋行设有制茶、榨油等工厂,直接收购农民的产品。这样,农业和手工业的结合就逐步被破坏,中国愈来愈深地被卷入资本主义的世界市场,逐渐变成外国资本主义工业品的销售市场和原料的供给地。

1894 年的中日战争以后,中国的封建统治阶级完全投降了外国资本,整个封建经济和封建的上层建筑成为外国资本剥削和奴役中国人民的工具。与此同时,西方资本主义列强也完成了向帝国主义的过渡,资本输出逐步压倒商品输出而成为重要的侵略手段。结束中日战争的马关条约,使日本和西方帝国主义获得了利用中国原料和廉价劳动力在中国设厂制造的特权。此后,各国对中国的侵略就由开辟商场变为划分势力范围——占领港湾,割据租借地,攫取建筑铁路和开采矿山的特权等。它们到处设立银行、工厂、洋行,控制中国经济命脉,又通过大量的军事政治借款,进一步支配地主买办阶级的政权。

1931 年起,帝国主义又开始了把半殖民地中国进一步变为殖民地的过程。首先是日本帝国主义占领了东北。在日本垄断资本统治下,东北的经济完全变成日本本国经济的附属物,为它提供原料、半成品、指定的农产品和劳动力。1937 年日本又发动了侵略全中国的战争。只是由于中国共产党的英明领导,中国人民的艰苦抗战,最后才在苏联出兵的帮助下,把日本强盗赶出去。但接着,美国强盗又独占了中国。1946 年美国和蒋介石政府签订了所谓"中美友好通商航海条约"。按照这个条约,全部中国的领土、领海、内河、领空都向美国开放,美国人有在中国"领土全境内"居住、旅行,从事商务、制造、加工,勘察和开发矿产资源,租赁和保有土地,以及从事各种职业的权利。

---

① 郑观应:《盛世危言》卷七《纺织》。

在中国半殖民地、殖民地化的过程中，原来的自然经济不断地遭到破坏，基本上瓦解了。由于帝国主义掠夺原料的需要，商品性生产在农业中日益发展。而农民受着租税和债务的重压，甚至不得不出卖自己的口粮。到20世纪20年代，农产品的出售部分一般已占一半左右，有些区域高达60%到70%；农民的生活资料一般也有 1/3 左右系购自市场。市场对农民的支配日益加深，资本主义世界经济危机也直接或间接地波及农民身上来。30年代以后，在国内外种种剥削和压迫下，我国农村经济处于破产状态，农民到处流亡，人口和地主阶级的资金向大城市集中。传统的手工业也日益衰落，手工业者大批失业，变成无产者，勉强维持的也陷于债务，并受商业资本的支配。

资本帝国主义的侵入，一方面，破坏了中国自给自足的自然经济的基础，破坏了农民的家庭手工业和城市手工业；另一方面，促进了中国城乡商品经济的发展。"这些情形，不仅对中国封建经济的基础起了解体的作用，同时又给中国资本主义生产的发展造成了某些客观的条件和可能。因为自然经济的破坏，给资本主义造成了商品的市场，而大量农民和手工业者的破产，又给资本主义造成了劳动力的市场。"① 在19世纪70年代，就有一些使用机器的"商办"工厂出现。到19世纪末和20世纪初，中国民族资本主义便开始有了初步的发展，在第一次帝国主义世界大战时期，又有了进一步的发展。关于民族资本主义的发展过程，将在下一节专为论述。

但是，资本帝国主义列强侵入中国的目的，绝不是要把封建的中国变成资本主义的中国，而是要把中国变成它们的半殖民地和殖民地。中国民族资本主义的发展是它们侵略中国所带来的不可避免的结果，但这是违反它们的愿望的。这只是中国社会经济所发生的变化的一个方面。还有和这个变化相反、阻碍这个变化的一面，这就是帝国主义勾结中国反动势力压迫中国资本主义的发展。

封建剥削制度的延续　为了侵略的必要，外国资本主义首先和中国的封建势力勾结起来，把中国的封建地主阶级变为它们统治中国的支柱。它们供给封建统治者以军火和贷款来镇压中国人民的反抗，扶植封建军阀、制造割

---

① 毛泽东：《中国革命和中国共产党》，《毛泽东选集》第 2 卷，第 620～621 页。

据局面以便利它们瓜分中国。它们到处致力于保持前资本主义的一切剥削形式——土地制的剥削、商业和高利贷的剥削以及各种奴隶制残余的剥削，并力图使之永久化。因此，帝国主义侵入中国以后，中国封建时代的自给自足的自然经济基础虽然是破坏了，但是，封建制度剥削的根基——地主阶级对农民的剥削，不但依旧保持着，而且同买办资本和高利贷资本的剥削结合在一起，在中国的社会经济生活中，占着显著的优势。直到解放以前，我国广大的农村中，仍然是封建的落后的生产方式和封建的残暴的剥削制度。在某些少数民族地区，帝国主义者还竭力扶持着那里原来的农奴制度和奴隶制度。可以这样说，本来已经濒于崩溃的中国的封建经济，由于帝国主义的扶持，又"僵尸复活"了。只是它已不再是一种独立的自给自足的自然经济，而被卷入国际资本市场，成为一种殖民地性质的农业经济了。

解放以前，在我国农村中，大约占农村人口不到10%的地主和富农，占有全部耕地的70%以上，而占农村人口90%的中农、贫农和雇农，占有全部耕地的不到30%。农民每年要向地主交纳大约700亿斤粮食的地租。地租形式以实物为主，劳役地租仍有相当地位，货币地租始终没有多大发展。地租之外，又有押租和预付租，以及由佃户代负差徭赋税，提供无偿劳动和家庭服役，各种勒索等更为原始的剥削形式。土地占有愈来愈集中，经营则愈来愈分散，从19世纪90年代起，农场的平均面积不断缩小。资本主义经营的农场绝无仅有，仅有的所谓农林公司或垦殖公司，大都只是买卖土地的机构，或把土地分租给佃农。富农经济不发达，并且中国的富农大多有一部分土地出租，又放高利贷，带有半封建性。这都说明，资本主义的生产关系在农村中迄未得到发展。另一方面，农牧业产品出口的品种不断地增加，在出口贸易中所占的比重，也由1903年的26.8%增为1920年的36.4%，1930年的45.1%。中国的农业生产已经日益受到国际资本主义市场的支配。许多农产品价格都是由外国洋行垄断，像棉花与烤烟等并且有外国厂商直接在农村收购。

帝国主义在中国的资本　为了侵略的必要，资本帝国主义在中国建立了许多中国未曾有过的近代化企业。最早是银行、轮船公司、洋行和一些为进出口贸易服务的船舶修造厂、出口品加工厂以及主要为在中国的外国人服务的企业等。进入20世纪以后，这种投资已经具备了资本输出的性质，不仅是为商品贸易服务，而主要是为了直接剥削中国工人的剩余劳动。帝国主义银行的性质也变了，它不再是中介人，而与产业资本合一，成为在中国进行经济侵略的大本营。这时候，外国资本的数量迅速增长，投资范围也日益扩大。总的说来，帝国主义在中国的投资，仍以金融、贸易、交通运输等商业性的掠夺资本为主，投资于生产者所占比重很小。这是因为中国是许多帝国主义国家互相争夺的半殖民地，只有在它们的统治比较稳定的地方（例如1931 年以后日本之在东北），外国垄断资本家才大量地投资于生产。但是，仅这些已足以控制中国的工业了。在抗日战争以前，帝国主义资本垄断了中国发电量的 76%，煤产量的 70%，铁产量的 95% 以上，棉布产量的 64%，卷烟产量的 58% 和绝大部分公用事业。

帝国主义在中国的投资虽然是资本输出的性质，然而它们实际运用的巨额资本，却大部分是在中国积累起来的。这是因为，帝国主义在中国的投资不仅获取了最大限度的资本主义利润，它们还通过不等价交换的殖民地贸易，强制输进鸦片和军火，勒索战争赔款，霸占房地产和矿区等，进行着原始积累的掠夺。它们又利用发行钞票、发行公司债、银行存款以及引诱中国人入股等，吸收中国的资金，变为它们的资本。因此，帝国主义在中国的投资，不仅是一种资本输出制度，同时又是一种资本掠夺制度。

帝国主义资本又不仅是高额利润和资本的掠夺者，它首先是为帝国主义在中国的统治服务的。帝国主义在中国的银行、洋行和工厂，并不是普通的资本主义企业，而是一种殖民主义的特权机关，它们执行着控制中国经济命脉、直接压迫中国民族工业、阻止中国现代化的任务。许多大的企业不仅具有经济特权，还具有财政、政治乃至外交、军事的权利。像英国的汇丰银行、日本的南满铁道株式会社，都曾经成为中国的太上政府；后期的"美援"和执行"美援"的机构，尤其是这样。帝国主义投资的主要目的之一是造成中国经济的对外依赖性，实现"工业日本、农业中国"的计划，或者把中国变成"美国工业的边缘"。因此，帝国主义资本在中国的增长，丝毫不表示中国经济的发展和生产的现代化；相反，它只说明中国经济日益沦为国际垄断资本的附庸，中国民族工业日益受到压迫和限制，中国社会积累日益用于破坏中国工业化的目的。

根据主要是外国资产阶级提供的材料估计，帝国主义在旧中国的投资，包括企业财产、政府借款和房地产，在 20 世纪开始时约合 8 亿美元，到第一次世界大战时增加到 17 亿美元，到抗日战争爆发前的 1936 年又增加到近 41 亿美元；其中企业投资，即以在中国开设分公司或设立企业形式出现的"直接投资"，分别占总数的 58.9%、58.5%、64.5%。此外，还有巨额的"庚子赔款"，其未付部分要由中国负担利息，实际也成为帝国主义剥削中国的资本。

投资的内容，金融、贸易、交通运输（包括铁路借款）三项合计，1914 年约占 41%，1936 年约占 50%；工矿等生产事业投资，1930 年以前只占百分之十几，1936 年连日本在东北的以掠夺中国资源出口为目的的工矿业投资合计，也只占 20% 左右。其余部分为房地产、一般政府借款及其他。

抗日战争胜利以后，美帝国主义独占中国，外资的主要形式变成"美援"，即美国政府对蒋介石政府的"援助"。从抗日战争开始到 1948 年，这种"援助"估计达 60 亿美元，主要是军事"援助"、财政借款和美军在战争中的"剩余物资"。美帝国主义以此武装蒋介石的军队，对中国人民进行内战。

93 家在华外商企业的公开账面利润平均率是：1934 年 13.2%，1937 年 18.4%，1938 年 20%。据估计，从 1894 年到 1937 年，帝国主义国家输入中国的企业资本合 10.35 亿美元，输入的政府借款合 7 亿美元；同时期，自中国汇回去的企业利润合 20.08 亿美元，汇回去的借款本息合 14.29 亿美元。

买办和官僚资本为了侵略的必要，帝国主义又在中国造成了买办制度，培植了为它们服务的官僚资本。早期的买办，主要是由封建社会的旧式商人和清朝特许专利的广东对外贸易商人转化而来的，其中很多是原来鸦片走私贩子。早期的官僚资本家，则主要是大地主阶级中带有买办倾向的一些当权派，即所谓"洋务"运动的主持者。随着中国逐步走向殖民地化，当权的反动军阀和大官僚日益买办化，同时一些买办也逐步爬上统治阶级地位，从而形成了代表买办的封建的资本主义的官僚资产阶级。他们分别隶属于自己的主人——各个帝国主义。他们办了一批资本较大但很少获得成绩的近代化企业。他们替他们的主人从通商都市直到穷乡僻壤，造成了一个买办的和商业高利贷的剥削网，以便利其剥夺广大的中国农民和其他人民大众。

1927 年蒋介石在帝国主义指使下叛变革命、建立国民党政权以后，又凭借这个政权的力量，利用战争、公债、赋税、专卖、金融和商业投机、贸易和外汇管制以及通货膨胀等手段，发展起来了以蒋介石、宋子文、孔祥熙、陈立夫四大家族为中心的官僚资本，即中国的国家垄断资本。

> 蒋宋孔陈四大家族，在他们当权的二十年中，已经集中了价值达一百万万至二百万万美元的巨大财产，垄断了全国的经济命脉。这个垄断资本，和国家政权结合在一起，成为国家垄断资本主义。这个垄断资本主义，同外国帝国主义、本国地主阶级和旧式富农密切地结合着，成为买办的封建的国家垄断资本主义。这就是蒋介石反动政权的经济基础。①

四大家族的官僚资本在抗日战争时期急速发展，战后达到了最高峰。解放前夕，四大家族的官僚资本约占中国全部工业资本的 2/3，占全部工业、交通、金融、贸易等近代化企业资本的 80% 左右。

金融和商业投机，是四大家族聚敛他们的资本的最主要和最先下手的方面。1928 年蒋介石政府一成立，就设立了中央银行，同时控制了中国银行、交通银行，随后又设立了中国农民银行及其他许多银行、银公司、信托公司、保险公司等。利用银行集中资金和外汇，发行纸币，承购差不多有 50% 利润的蒋介石政府为进行内战而发行的公债，并从事种种金融投机。1935 年实行"法币政策"，利用纸币把全国的白银攫为己有，而把"法币"变成英镑集团的一员，后来又变成美元集团的一员，以美元为"法币"的本位，并为此大量举借外债。这就完成了中国货币的殖民地化，使中国的金融财政成为外国垄断资本的附属品。以"法币"为依据，滥发钞票，造成延续十几年的恶性通货膨胀，疯狂地掠夺人民财富。据估计，在 1948 年发行"金圆券"的半个月内，就掠去了黄金和外币合 1.9 亿美元。

金融独占支持了四大家族的商业投机，战争、内外债、外汇、黄金、地

---

① 毛泽东：《目前形势和我们的任务》，《毛泽东选集》第 4 卷，人民出版社，1960，第 1253 页。

产、商品囤积、货币贬值等，都是进行大规模的投机手段。1936 年设立"农本局"，统制粮食、棉花的运销；以后又实行贸易统制，对蚕丝、茶叶、钨、锑等重要物资的贸易进行垄断，陆续成立了各种垄断出口贸易的公司。1941 年又实行专卖制度，盐、糖、烟、酒、火柴等都由四大家族独占经销。抗战末期，又设立了许多以"民营"形式出现的贸易公司，代理帝国主义特别是美帝国主义倾销商品。抗日战争中开始实行田赋征实、征借和征购，成为掠夺农民的最重要手段；在抗战前开始的"农贷"，即四大家族的高利贷事业，也更加发展起来。

官僚资本完成了对金融财政的控制以后，就运用政权的力量伸手到工业方面来。1935 年设立"资源委员会"，依靠美、德、英等帝国主义的资本和人员设厂开矿；又成立"工矿调整委员会"，用接管、加股等办法吞并民族工业。1935 年，国民党政府经营的工业企业（不计铁路机厂和电厂）还只有 35 个，雇工 17312 人，到了 1944 年，已增为 146 个，雇工 53417 人。抗战胜利后，又把敌伪的 2411 家工厂收归"国有"（其中有 10% 后来发还或标卖）。到解放前夕，国民党政府的"资源委员会"已经垄断了全国发电量的 67%，煤产量的 33%，钢铁产量的 90%，石油产量的 100%，有色金属产量的 100%，水泥产量的 45%。四大家族的其他机构还垄断了全国纺锭设备的 38%，织布机设备的 60%，糖产量的 90%。交通运输方面，占有全部铁路、公路、航空运输和 44% 的轮船吨位。

四大家族所代表的国家垄断资本，是半殖民地半封建社会的产物。在资本主义发达的国家，垄断资本大抵是在工业生产发展的基础上，经过一般垄断然后进入国家垄断的。中国的国家垄断资本主义，则正是利用了工业落后和自由资本主义的不能得到发展，由大买办大地主的政治代表，直接利用国家政权，一方面掠夺工农劳动群众及其他小生产者，一方面压迫中小资产阶级，而直接造成国家垄断的。这种国家垄断资本，除了具有一般垄断资本的垄断性、腐朽性或寄生性以外，其主要特征是具有深刻的买办性和封建性。它实际是帝国主义一手扶植起来的、代理帝国主义控制中国经济命脉和掠夺中国人民的工具。而在旧中国的条件下，垄断资本的形成又必然而且只能是以封建的农业生产关系为其支柱。四大家族是帝国主义特别是美帝国主义的总买办，是中国最大的农奴主和高利贷主。这种垄断资本又表现着浓厚的军事性质。战争一向是四大家族聚敛财富的捷径，他们发行的公债也极大部分是投之于内战。以蒋介石为首的四大家族依靠政治强力发展起来的买办的封建的军事的国家垄断资本，反过来又成为蒋介石政府的经济基础。

官僚资本的这种性质说明了，它虽然是以近代化大企业的形式出现的，但是它并没有反映中国国民经济和中国资本主义的发展，恰恰相反，它反映了中国国民经济的破产和中国民族资本主义的停滞与衰落。在后期，四大家族的国家垄断资本的喧赫发展，则实质上是美国政治经济势力在中国的发展，反映了美国代替了日本、排挤了英法等帝国主义、独占了中国这样一个事实。

为了侵略的必要，使中国的封建经济殖民地化，建立外国资本的大企业，造成买办制度和官僚资本，这就是帝国主义统治中国的经济基础：

> 帝国主义列强侵略中国，在一方面促使中国封建社会解体，促使中国发生了资本主义因素，把一个封建社会变成了一个半封建的社会；但是在另一方面，它们又残酷地统治了中国，把一个独立的中国变成了一个半殖民地和殖民地的中国。[①]

经济成分和生产关系　在半殖民地半封建的旧中国社会中，除了封建制经济和原来从属于它的个体劳动者经济以外，又加入了帝国主义资本的经济、官僚资本主义经济和民族资本主义经济（此外，有些边远地区还有残存的农奴制、奴隶制乃至原始公社制经济）。多种经济成分并存，原是人类社会历史上常有的现象。但一般除了一种是主导的或者新兴的经济成分以外，其他都是从属的、残存的或者过渡性的经济成分。在旧中国，则外来的帝国主义资本和它的代理人官僚资本主义经济占有统治地位；但以个体小生产为基础的封建经济并不是作为一种残存的或过渡的经济存在，而是被帝国主义和官僚资本主义所支持、保护和利用，在整个国民经济中占绝大比重。新兴的民族资本主义经济则受到压制，居于不重要的地位，并且不可能发展和代替其他经济成分。这种经济结构，是半殖民地半封建社会特有的形态。毛泽东同志曾指出中国的情况是："微弱的资本主义经济和严重的半封建经

[①]　毛泽东：《中国革命和中国共产党》，《毛泽东选集》第 2 卷，第 624 页。

济同时存在，近代式的若干工商业都市和停滞着的广大农村同时存在，几百万产业工人和几万万旧制度统治下的农民和手工业工人同时存在……若干的铁路航路汽车路和普遍的独轮车路、只能用脚走的路和用脚还不好走的路同时存在。"① 又说："就全国范围来说，在抗日战争以前，大约是现代性的工业占百分之十左右，农业和手工业占百分之九十左右。这是帝国主义制度和封建制度压迫中国的结果，这是旧中国半殖民地和半封建社会性质在经济上的表现，这也是在中国革命的时期内和在革命胜利以后一个相当长的时期内一切问题的基本出发点。"②

由于有了现代性工业，在我国就除了原有的封建的和个体的生产关系之外，又有了资本主义的生产关系。帝国主义资本、官僚资本和民族资本，虽然都是资本主义经济，但是这些资本主义经济的生产关系，各有其特殊性，它们的性质和对中国国民经济的作用是不同的。帝国主义资本的企业，代表发展到垄断阶段的国际资本在殖民地的生产关系，生产资料和产品是归外国垄断资本家所有，而被剥削者是中国的工人和其他劳动人民。以四大家族为代表的官僚资本是一种国家垄断资本，它是为帝国主义服务的，它基本上是一种买办的生产关系，又带有深刻的封建性。这两种资本主义的剥削关系除具有垄断、腐朽和寄生的特性以外，又都是建筑在军事政治的强制力量之上，并且是以落后的封建剥削制度为支柱的。它们都是极端反动的生产关系，和封建剥削制度结合在一起，对中国社会生产力的发展起着束缚、阻碍和破坏的作用。

但是，帝国主义资本和官僚资本都是高度集中的社会化的大生产。这样，它们就又替无产阶级领导的革命准备了充分的物质条件。"没收这些资本归无产阶级领导的人民共和国所有，就使人民共和国掌握了国家的经济命脉，使国营经济成为整个国民经济的领导成分。这一部分经济，是社会主义性质的经济，不是资本主义性质的经济。"③

---

① 毛泽东：《中国革命战争的战略问题》，《毛泽东选集》第1卷，人民出版社，1952，第182页。

② 毛泽东：《在中国共产党第七届中央委员会第二次全体会议上的报告》，《毛泽东选集》第4卷，第1431页。

③ 毛泽东：《在中国共产党第七届中央委员会第二次全体会议上的报告》，《毛泽东选集》第4卷，第1432页。

至于民族资本主义经济，则基本上代表自由资本主义的生产关系，它同生产力之间也存在着不可克服的矛盾，但这时它对社会生产力的发展还有推进作用。

阶级关系和阶级矛盾　半殖民地半封建社会的经济结构，决定了这个社会的阶级关系和阶级矛盾。

原来封建社会的主要矛盾是农民阶级和地主阶级的矛盾。中国沦为半殖民地以后，地主阶级更加反动和腐朽了，农民所受的封建剥削和封建压迫成倍地加重了；同时，帝国主义和官僚资本主义的疯狂掠夺，最后也都落到农民的肩上。因此，不但农民阶级和地主阶级的矛盾更加激化起来，又产生了日益激化的农民同帝国主义和官僚资本主义的矛盾。由于中国经济绝大部分是农业和个体手工业经济（个体手工业者在半殖民地半封建社会中所处的地位和农民相似），变革生产关系、解放生产力的主要问题就是解放农民的问题。农民是这个社会中创造财富的基本阶级，也是"中国工业市场的主体"，是"现阶段中国民主政治的主要力量"。[①] 这就决定了，半殖民地半封建社会的阶级斗争，实质上就是解放农民的革命的斗争。

事实上，自从外国资本主义侵入中国后，就开始了农民反对外国资产阶级侵略和本国封建阶级压迫的革命斗争，并形成像太平天国运动、义和团运动这样震惊世界的巨大规模。但是，由于农民阶级是同小生产联系在一起的，它本身具有狭隘性；如果没有同现代大生产联系在一起的先进阶级的领导，这种农民革命不会成功。

在我国半殖民地半封建社会，由于有了资本主义的生产关系，就又出现了过去所不曾有过的新阶级：中国资产阶级和中国无产阶级。

中国资产阶级的前身主要是一部分地主、官僚和商人，他们都是从封建社会脱胎而来，变成资本家的。另外也有一部分手工业者和小商人，逐渐上升为资本家。

随着政治经济的变化和革命运动的发展，中国资产阶级分化为两个不同的部分：带买办性的大资产阶级和民族资产阶级。

带买办性的大资产阶级，是直接为帝国主义服务并为帝国主义所豢养的

---

① 毛泽东：《论联合政府》，《毛泽东选集》第 3 卷，人民出版社，1953，第 1078 页。

阶级，他们又和国内的封建势力有着密切的联系。一般说他们是当权派。以蒋介石为首的国民党统治阶层，是中国大资产阶级典型的代表。大资产阶级是反动的阶级。但是因为中国是个半殖民地，带买办性的大资产阶级分属于几个帝国主义国家，在几个帝国主义国家间的矛盾尖锐化的时候，他们也有可能根据他们自己的主子的指使，去反对另一个帝国主义国家。

民族资产阶级，包括代表中小资本主义成分的中等资产阶级和上层小资产阶级（城市小资产阶级），以及他们的知识分子。他们具有两面性，是一个中间的、动摇的阶级。对这个阶级的特性，将在第三节中分析。

中国无产阶级的前身是一部分农民和手工业工人，他们是被剥夺了生产资料，从封建社会脱胎而来的。中国的无产阶级不但是伴随着官僚资本和民族资本的发生与发展而来，并且是伴随着外国资本在中国经营企业和其他经济事业而来的。所以，中国无产阶级的很大一部分较之中国资产阶级的历史更长，它的社会力量和社会基础也更广大些。

中国近代产业工人，最早出现的是通商口岸的码头工人和外国轮船上的海员。以后，在外国资本的工厂中，清朝洋务派建立的工厂中，和稍晚的民族资本的工厂中，产生了更多的产业工人。到 19 世纪 80 年代，除码头工人外，中国的产业工人已有 4 万人至 4.5 万人左右。远在 1879 年，就发生了上海外商船厂工人反对工头克扣工资和外国监工殴打工人的罢工斗争。1882 年开平煤矿工人，1883 年上海江南制造局工人，都曾举行罢工斗争。辛亥革命以前，中国近代产业工人约有 50 万人至 60 万人；到 1919 年，大约已有 150 万人左右。这一时期，工人所受到的压迫加重，生活更困苦，罢工斗争也愈来愈增多。从中国第一批近代产业工人出现起，到 1911 年，工人先后举行了 100 多次罢工，而从 1912 年到 1919 年五四运动，出现了 130 多次罢工。同时，他们开始参加了反对帝国主义和反对军阀卖国的政治斗争。在斗争中，工人们提高了自己的阶级觉悟，开始组织了一些较为原始的工会或其他工人组织。这些，都说明中国工人阶级正处在从自在阶级向自为阶级过渡的阶段。经过五四运动，1921 年中国无产阶级自己的政党——中国共产党成立，完成了这个过渡。

中国的无产阶级除了具有一般无产阶级的基本特点，即与最先进的经济形式相联系，富于组织性纪律性，没有私人占有的生产资料以外，还有它的许多特出的优点。毛泽东同志指出，中国无产阶级有下列特出的优点：

第一、中国无产阶级身受三种压迫（帝国主义的压迫，资产阶级的压迫，封建势力的压迫），而这些压迫的严重性和残酷性，是世界各民族中少见的；因此，他们在革命斗争中，比任何别的阶级来得坚决和彻底。在殖民地半殖民地的中国，没有欧洲那样的社会改良主义的经济基础，所以除极少数的工贼之外，整个阶级都是最革命的。

第二、中国无产阶级开始走上革命的舞台，就在本阶级的革命政党——中国共产党领导之下，成为中国社会里比较最有觉悟的阶级。

第三、由于从破产农民出身的成分占多数，中国无产阶级和广大的农民有一种天然的联系，便利于他们和农民结成亲密的联盟。[①]

由于有了新的阶级，半殖民地半封建社会的阶级矛盾出现了新的形势。在这个社会中，帝国主义者、封建地主阶级和官僚资产阶级是结合在一起的。他们代表这个社会中最反动的生产关系，即束缚、阻碍和破坏社会生产力发展的国际殖民主义的生产关系、封建的生产关系和买办的生产关系。他们建立了这个社会最反动的政治上层建筑，即蒋介石国民党的反动统治。这个社会的基本矛盾，生产关系和生产力的矛盾、经济基础和上层建筑的矛盾，就集中地表现为工人阶级、农民阶级、小资产阶级、民族资产阶级同帝国主义、封建主义、官僚资本主义的矛盾。这也就是人民大众同这三个敌人的矛盾，是半殖民地半封建社会的主要矛盾。由于这个主要矛盾的存在，其他社会矛盾，包括工人阶级同民族资产阶级的矛盾和劳动人民内部的矛盾，都居于次要的和从属的地位。

新民主主义革命 一百多年来，帝国主义把中国变为半殖民地和殖民地的历史，也就是中国人民反抗帝国主义及其走狗的历史，也就是中国民主主义革命的历史。但是，在这个革命斗争的前八十年，即从鸦片战争到五四运动以前，中国人民并没有找到正确的革命的道路，没有抵抗帝国主义的思想武器，所有的斗争都失败了。1917 年俄国十月革命之后，马克思列宁主义

[①] 毛泽东：《中国革命和中国共产党》，《毛泽东选集》第 2 卷，第 639 页。

传入中国。1919 年中国发生了五四运动。1921 年中国共产党成立。从此，中国人民找到了正确的革命道路，找到了马克思列宁主义这个最好的真理，这个最好的思想武器。马克思列宁主义的普遍真理一经和中国革命的具体实践相结合，就成为巨大的物质力量，就使中国革命的面目为之一新。从此，中国的革命就不再是旧的资产阶级民主革命，而是共产党领导的人民民主革命，即新民主主义革命了。

新民主主义革命，按照毛泽东同志的概括，就是"无产阶级领导的，人民大众的，反对帝国主义、封建主义和官僚资本主义的革命"。[①] 革命的这个规律，是我国半殖民地半封建社会的生产关系决定了的，是这个社会阶级矛盾的集中的反映。帝国主义、封建主义、官僚资本主义这三大敌人，就是新民主主义革命的对象。无产阶级和劳动农民，是这个革命的基本动力。农民是这个革命的主力军，但农民必须有先进阶级的领导。无产阶级（通过共产党）领导农民，这两个阶级结成亲密的联盟，是整个革命力量的基础。城市小资产阶级也是革命的动力之一，是无产阶级可靠的同盟者；他们也只有在无产阶级领导下，才能得到解放。民族资产阶级的大多数人是愿意反对三大敌人的，他们也是革命的力量之一；但他们有两面性，是无产阶级的动摇的同盟者。

这个革命的任务是打倒帝国主义、封建主义和官僚资本主义在中国的统治，消灭买办的和封建的生产关系，解放生产力。在人民民主革命阶段，并不一般地反对资本主义，不是一般地废除私有财产。所以这个革命的性质，仍然是资产阶级民主主义的革命。但是，它是由无产阶级领导的，而不像旧民主主义革命那样由资产阶级来领导；它的目的是建立无产阶级领导的人民民主专政的共和国，而不像旧民主主义革命那样是建立资产阶级专政的共和国；它的前途，是经过新民主主义逐步到达社会主义社会和共产主义社会，而不是把中国变为资本主义社会。因此，它不是旧民主主义革命，而是新民主主义革命，是人民民主主义革命。

在第一次世界大战和俄国十月革命以后，我国的革命已是处在人类历史的一个新时代：从资本主义向社会主义过渡的伟大时代。社会主义国家和资

---

① 毛泽东：《在晋绥干部会议上的讲话》，《毛泽东选集》第 4 卷，第 1311 页。

本主义国家的无产阶级革命运动，殖民地半殖民地的解放运动，已经汇成一个洪流，这就是无产阶级的世界革命。在这种时代，任何殖民地半殖民地国家，如果发生了反对帝国主义，即反对国际资产阶级的革命，它就不再是旧的资产阶级世界革命的一部分，而是新的无产阶级世界革命的一部分了。在已经有了坚强的无产阶级和共产党的我国，这种性质的革命，就必然是由无产阶级（经过共产党）来领导，而不能由资产阶级来领导了。毛泽东同志曾正确地指出，除了无产阶级以外，"在帝国主义时代，任何国家的任何别的阶级，都不能领导任何真正的革命达到胜利"。[①]

中国的资产阶级民主革命不像欧洲资产阶级革命那样只反对一个封建主义，而是要同时打倒三大敌人，包括世界上最凶恶的帝国主义在中国的侵略势力。敌人具有庞大的武装，实行着极端专制的反动统治，人民只有进行长期的革命战争，彻底消灭敌人的武装，才能取得政权，此外别无道路。又由于中国是个政治、经济、文化上发展极不平衡的大国，革命战争必须首先在反动统治比较薄弱的农村建立根据地，从小块的少数的革命根据地发展到大块的多数的革命根据地，从农村包围城市到最后夺取城市，而不可能一举在全国取得胜利。由于中国的民主革命主要是解放占人口绝大多数的农民的问题，它又必须是在彻底的土地革命的基础上进行，动员广大农民，并克服其狭隘性，实行全民大联合，而不是依靠少数人进行军事冒险所能取得胜利的。领导这样一个长期的、艰苦的、人民武装的大革命，绝非软弱的民族资产阶级所能胜任。历史证明，民族资产阶级虽然有革命的要求，但他们曾经对清朝统治者有过幻想，对帝国主义有过幻想，对蒋介石有过幻想。他们即使在参加革命的时候，也不愿意同帝国主义完全分裂，更不愿意彻底反对封建势力和大资产阶级。他们尤其是自私自利的阶级，并且他们十分害怕群众运动。

毛泽东同志指出：

> 只有无产阶级和共产党，才最没有狭隘性和自私自利性，最有远大的政治眼光和最有组织性，而且也最能虚心地接受世界上先进的无产阶

---

① 毛泽东：《论人民民主专政》，《毛泽东选集》第4卷，第1483页。

级及其政党的经验而用之于自己的事业。因此，只有无产阶级和共产党能够领导农民、城市小资产阶级和资产阶级，克服农民和小资产阶级的狭隘性，克服失业者群的破坏性，并且还能够克服资产阶级的动摇和不彻底性（如果共产党的政策不犯错误的话），而使革命和战争走上胜利的道路。[①]

第二节　民族资本主义经济的发展和它的特点

民族资本主义经济的发展过程　中国的民族资本主义经济，是在 19 世纪后期，由一部分商人、地主、买办投资建立近代化工业而开始发展的。随着市场的扩大，也逐渐有一些手工业者和小商人积累了财富，开办一些小工厂和手工业工厂。当时，它们被称为"商办"企业。

到 19 世纪末，资本在 1 万元以上的这种商办企业大约已有 122 家，资本共 2270 余万元，范围包括采矿、缫丝、纺织、机器修造、印刷、制茶等。进入 20 世纪，民族资本主义工业有了初步发展。从 1900 年到 1911 年，在史料上有记载的不下 286 家，资本共 6340 余万元。

民族资本主义工业在一产生时就受到了外国资本主义的压迫和封建制度的束缚。外资在中国设立的企业和清朝官僚资本的企业又都凭借它们在政治上的优越地位，排挤民族资本主义工业。因此，它的发展是缓慢的，也是不正常的。1914 年第一次世界大战爆发，欧洲的帝国主义国家忙于互相厮杀，暂时放松了对中国的压迫，洋货进口大为减少。国内，辛亥革命以后，继续处于群众反帝斗争高涨中，1915 年掀起了反对日本强迫中国签订卖国的二十一条和抵制日货的运动，1919 年又掀起了规模空前的五四运动。这样，就给民族资本主义的发展提供了机会，出现了民族资本主义发展史上唯一的繁荣时期。从 1912 年到 1919 年，八年间新建的厂矿有 470 余个，资本近 9500 万元，超过过去 40 年的总数。但是，民族资本主义的发展一般仍限于轻工业，主要是纺织和面粉工业。从 1912 年到 1920 年，华商纱厂的纱锭由

---

① 毛泽东：《中国革命战争的战略问题》，《毛泽东选集》第 1 卷，第 177 页。

50 万枚增加到 84 万枚，织布机由 2300 台增加到 4300 台；染织厂、针织厂各增加了 10 余家；上海丝厂的丝车由 1.3 万多部增加到 1.8 万多部。同时期，全国机器面粉厂由 50 家增加到 124 家，产粉能力从每昼夜 4.5 万余袋增加到 22 万余袋。

在大战期间，日本和美国帝国主义就趁机扩充在中国的势力。日本在中国的企业数目增加了两倍多，纱锭增加了一倍多，其发展速度超过中国纱厂。战后，欧美帝国主义卷土重来，它们为了补偿在战争中的损失，更加重了对中国的掠夺。从 1920 年起，中国的民族工业，除了在大战期间筹设的几十家纱厂陆续开工，纱锭仍继续增加外，其余都逐渐消沉。1923 年以后，帝国主义各国出现了暂时的相对稳定局面，资本输出规模空前扩大。国内，则连年军阀混战，交通阻滞，捐税繁苛，农村购买力下降。1928 年蒋介石政府成立后，又日益加重了官僚资本对中小工商业的压迫。随后，又受到资本主义世界经济危机和美国白银政策的影响，日本侵略东北和霸占华北市场的打击。这样，民族资本主义就进入了一个长期停滞和不断发生危机的过程。

在这个过程中，许多民族资本的工业陷于衰退乃至破产的境地。轻工业中如卷烟、火柴等都大为衰落，尤以制丝工业为甚。重工业情况更坏，冶铁业除极少数工厂偶有生产外全部停顿。过去比较有点基础的如棉纺织工业这期间仍有些增加，但经常陷于困难，成为帝国主义资本和官僚资本吞噬的对象。从 1921 年到 1936 年被外国资本收买或因借外债而被接收的华商纱厂有 18 家，纱锭 68.39 万枚，还有一些纱厂不得不借用官僚资本银行的贷款并受其监督。另外，也有一些新的工业部门，如酸碱工业、橡胶工业、染料工业等挣扎着创建起来，有些日用品工业有所发展。总的看来，第一次世界大战后迄 1936 年，民族资本主义工业在厂数和设备上虽然有所增加，但新开设的多属小厂和工场手工业，它们的平均规模愈来愈小。并且，在生产上更多地依赖外国原料，或为进口半成品加工，乃至过去的一些大厂也放弃全能制造而变为进出口货的加工厂；在经营上则不断出现产品滞销和价格危机，经常陷入财务困难。这期间，外国商品进口大量增加，帝国主义在中国的投资也迅速增长；无论在市场上或在生产上，民族工业的地位都大大削弱了。例如，全国棉纺工业中外国资本纱厂所占纱锭的比重，从 1921 年的 33.6%

增为 1936 年的 46.2%，所占织布机的比重，从 1921 年的 41.5% 增为 1936 年的 56.4%。与此同时，对帝国主义商品输出有利或矛盾不大的金融业和许多商业行业，却在市场投机的旋风中畸形地发展起来。1927~1936 年，中国资本的银行由 52 家增长为 105 家，保险公司由二十几家增长为 40 家，替外国洋行做转手交易的进出口商和百货业等零售商，也都有发展。这种种情况，反映了中国殖民地化程度的加深。

1937 年抗日战争爆发以后，一部分民族资本主义企业迁到国民党统治的后方。留在敌占区的除在上海英、法"租界"内开设的一些企业在 1941 年太平洋战争爆发前曾一度畸形发展外，一般都遭到极大的摧残。后方各省在抗战初期，由于军需民用的扩大，民族资本的工业曾有一度发展，从抗战开始到 1942 年在国民党政府登记的新设工厂有 2809 家，大都是小型工厂和手工业工厂。但不久，由于官僚资本的压迫和在国民党反动统治下人民的购买力日益下降，这些工厂就陷入困境，到抗战胜利的时候，大部分都停闭。从抗日战争结束到解放前夕这一段时间，在美帝国主义商品倾销和国民党政府恶性通货膨胀政策的夹击下，民族资本主义工业濒于全部破产的境地，民族资本主义商业也受到严重的打击。

六七十年来，民族资本主义经历着艰涩曲折的道路。它有了某些发展，但力量很弱，始终没有成为国民经济的主要形式。

在半殖民地半封建的社会条件下生长起来的中国民族资本主义经济，除了具有资本主义经济的一般特性以外，又有它本身的许多特点。

民族资本主义的历史的进步作用　民族资本主义经济当然也是建立在私有、剥削和阶级对抗之上的。但是，它和当时社会上存在的所有其他剥削形式有所不同。它在一定程度上应用了近代化的生产技术和科学知识，组织了机械化的大生产，至少是具有了劳动社会化形式和一定规模的手工业生产。同封建制度下的个体生产和家庭手工业比较起来，它是一种进步的生产形式，具有高得多的劳动生产率。民族资本主义商业，虽然在当时社会条件下还具有较多的对小生产者和消费者的封建性的剥削，但比起封建制度下的商业和高利贷剥削形式来，也仍然是进步的。它对于资本主义生产有一定的促进作用，对商品的流通有较高的效率。至于同帝国主义资本和官僚资本比较，则如前节所说，这两种剥削形式，虽然是建立在近代化大生产之上的，但它们都是殖民地的垄断资本，代表反动的生产关系，对中国社会生产力的发展起着阻碍和破坏作用；而民族资本基本上是自由资本主义，其作用与之相反。因此，在我国半殖民地半封建的社会条件下，民族资本主义是一个新生的力量，是当时国民经济中比较先进的经济形式，代表着比较进步的生产关系。它的存在和发展，对于提高社会生产力、促进民族统一市场的形成、促进生产的社会化和国家的现代化，具有历史的进步作用。

民族资本主义的发展必然与帝国主义的侵略相矛盾。民族资本主义工商业为了打开出路，也就不能不同帝国主义进行某些形式的斗争。这种斗争，在中国人民革命的有利形势的支持下，有时也取得一些成绩。例如：在五四运动前后的抵制日货运动和第一次国内革命战争前夕抵制英日货的运动中，民族资本曾建立了一些日用品工业，打击了某些外国商品在中国市场上的独占（个别的次要的外国商品甚至被排挤出中国市场）。在"九一八"事变后反对日本帝国主义侵略的运动中，民族资本曾经力图扩展一些机器制造工业，以摆脱对帝国主义的依赖；在其后的抗日高潮中，它们又力图向基本化学工业方面发展。民族资本主义商业乃至部分金融业，也曾经要求脱离外国洋行、银行的控制，建立自己的国外贸易联系和自己的储备金库。由于民族资本主义本身力量过于薄弱，它们的这种斗争往往是以失败而告终。但是这种努力，对整个中国的革命运动的发展是有利的。

事实上，我国的民族资本主义经济在它一出现后，就是作为帝国主义的对立物存在的。它之所以同帝国主义的侵略相对立，是基于资本主义本身追求剩余价值和竞争的内在要求而来的，但客观上，这正是它区别于买办性的官僚资本主义之所在，反映了它的民族性特点。有些资本主义企业，是在某些民族资产阶级分子"实业救国"的口号下建立的。对于反对帝国主义的经济侵略来说，"实业救国"的思想是具有积极作用的。当然，这个口号是一种不改变半殖民地半封建社会制度而希冀中国工业化的幻想，因此，对于人民反帝反封建的革命运动来说，它又是一种具有危害性的思想。我国封建社会中原有的其他经济成分，或由于本身生产方式的落后性，或由于本身不能成为一种独立的社会生产方式，都不能成为与外国资本主义相对抗的经济力量。民族资本主义经济，在我国新民主主义经济产生以前是唯一的比较进步的生产方式，它的发展与当时中国人民在经济上要求独立自主的愿望有一致的一面。

总之，在这一方面，即在反对帝国主义的侵略和发展社会生产力改变中国的封建落后方面，民族资本主义是半殖民地半封建社会中的一个进步因素，是中国人民在反帝反封建斗争中可资争取和应当利用的一个重要经济力量。

同时，民族资本主义经济又有它消极的一面。这就是它本身十分软弱，不能不同帝国主义、封建主义和官僚资本主义保持着千丝万缕的联系，甚至在某些时候某些方面成为帝国主义、封建主义、官僚资本主义掠夺中国人民的助手。并且，由于民族资本主义经济在同三大敌人的竞争中处于极端劣势的地位，它就特别加强了对雇佣劳动的剥削，并对小生产者和消费者进行某些形式的剥削。

民族资本主义经济的软弱性　民族资本主义经济的软弱性首先表现于它在发展上"先天不足"，而又"未老先衰"。

中国的民族资本主义经济，是在外国资本主义侵入中国后，受到外国资本主义的刺激发展起来的。原来在中国封建社会内部孕育着的资本主义萌芽，远没有发展到直接向近代工业过渡的准备阶段，在外国资本主义侵入后，它们又大部分没落和破产了，不能给民族资本主义经济的发展提供物质和技术基础。资本的原始积累，即强力剥夺农民和其他小生产者的果实，主要是落入帝国主义者、大地主、大官僚手中。帝国主义通过战争勒索赔款，通过鸦片走私和不等价交换的殖民地贸易，通过在中国设立银行和其他企业，吸取了极大部分社会积累。由于封建剥削制度受帝国主义支持始终占优势地位，土地、商业、高利贷利润很高，又吸引了一大部分社会资金。这些，都造成了民族资本主义经济"先天不足"的特点。它们基本上都是一些小的和中等的企业，生产和经营分散，设备和技术落后，手工劳动占很大比重。资本组织形式也是以独资、合伙为主，股份公司很少。企业资金不足，捉襟见肘；有的建设厂房和设备后就再没有流动资金，以致停产；有的在开办的时候就负了重债。由于根底薄弱，经不起风险，许多企业开办不久就夭折了。

解放前没有精确的统计，根据 1953 年统计，民族资本主义工业中，雇佣职工在 50 人以上的工厂只占工厂总数的 3.8%，500 人以上的只占 0.1%，而 10 人以下的占 69.7%。又据 1954 年统计，民族资本主义工业中，79.1% 的户数是工场手工业户，它们的产值占资本主义工业总产值的 28.6%。在商业中，分散落后的情况较之工业有过之而无不及。在 1950 年，私营商业户中大约有 96.7% 是个体经营的小商小贩。又据 1955 年统计，私营商业户中（进出口商除外）雇佣职工在 2 人以上的只占 2%，雇佣 9 人以上的只占 0.15%。

根据 1953 年 20 个主要行业的 6941 家私营较大工厂的统计，独资组织的占 38.1%，合伙组织的占 53.8%，公司组织的占 8.1%。

根据 1936 年 89 家较大私营工厂的统计，它们的负债平均占资产总值的 39.4%；1946 年上海 10 家纱厂的负债平均占资产总值的 80%。

根据 1953 年调查的材料，在 20 个主要行业的 12298 家较大私营工厂中，按它们设立的年龄计算，4 岁以下的占 40.2%，7 岁以下的占 60.0%，16 岁以下的占 81.6%，满 25 岁的只占 8.2%，满 40 岁的只占 2.4%。

民族资本主义经济，基于资本主义经济一般的内在规律，也有着资本积累，积聚和集中的发展，有着不断地扩大再生产和按照自己的面貌改造整个国民经济的要求。但是，它们所处的社会条件，不容许它们正常地发展。剩余价值的分配，经常要以大部分乃至极大部分，通过商业利润（特别是在取得生产资料时）、利息、捐税和其他形式，转交给帝国主义者和官僚资本；一部分工商业利润，并且还流回土地。资本的集中，时常只是资本系统的联并，而无力扩大原来的生产单位和生产规模。尤其是资本积聚和集中到一定程度，往往就成为帝国主义资本吞噬的对象，或为官僚资本的财团所控制。扩大再生产，不仅受市场，特别是外国商品垄断的限制，还要受生产工具和原料的限制，这些，也都是掌握在帝国主义、封建主义和官僚资本之手。另外，它们还受到反动统治者军事、政治强力的压迫，受到侵略者和战争的破坏。因此，民族资本主义经济始终未能排除个体手工业，始终未能完全代替家庭手工业，更完全没有能触动农业的小生产方式而促使其资本主义化；就是在工商业方面，也是局限于狭小的范围，许多重要产业部门根本无法插足。民族资本主义经济始终未能成为国民经济的主要形式，并且，它在国民经济中的地位反而下降。20 世纪 20 年代以后，它就走上了下坡路。它的平均规模日益缩小，生产更加分散，最后到了奄奄一息的地步。

1932 年，上海 5 家华商纱厂，平均每包 20 支纱的剩余价值是 41 元，其中分割给官僚资本的税款和利息为 23 元，占 56.1%。与上海的日本纱厂比较，每包纱所负担的捐税和利息大于日厂 5.5 倍，商业费用大于日厂 3 倍。南洋兄弟烟草公司，1936 年的总收入中以捐税形式分给官僚资本的竟达 881 万元，分给商业利润和金融业利息 180 万元，公司纯利 13 万元，占 1.2%。

棉纺工业是民族资本中最有发展和资本较大的工业。从 1897 年到 1936 年，被帝国主义兼并的纱厂有 23 厂，77 万纱锭。开平、滦州、抚顺、门头沟、焦作、井陉六大煤矿，都是中国资本（包括清朝政府资本）创办，在经营有一定规模后，都被帝国主义强占或实行"合营"。"火柴联营"是民族资本集中的比较具有规模的一个组织，但它一成立时就有瑞典资本参加，后来变成了"中日火柴联营"。荣宗敬、荣德生棉纱、面粉集团是民族资本中最大的资本集团，这个集团同样受到英、日资本的侵袭，它的一个纱厂曾一度被英国资本拍卖，荣德生本人并曾被蒋介石派人绑架，勒索巨款。民族资本最大的轮船公司民生公司，最大的卷烟厂南洋兄弟烟草公司，都先后为官僚资本所控制。截至 1937 年上半年，官僚资本的银行、银团利用债务关系侵入了 11 家民族资本的纱厂，又直接投资经办了 4 家纱厂，共有纱锭 35 万枚。

根据北洋军阀政府公司登记的统计，资本在 10 万元以上的公司，1912 年占公司总数的 15%，1914 年占 19%，1916 年占 16%，1918 年占 22%，1920 年占 34%。这期间投资的规模有扩大的趋势。根据国民党政府工厂登记的统计，每年新设工厂（合于"工厂法"的）的每家平均资本额，1928 年为 47.1 万元，1929 年为 35.6 万元，1930 年为 37.8 万元，1931 年为 24.5 万元，1932 年为 16.8 万元，1933 年为 15.9 万元；其规模趋向缩小。抗日战争期间，在国民党统治区设立的工厂的每家平均资本额，折合战前的币值，1938 年为 41.4 万元，1939 年为 28.9 万元，1940 年为 10.3 万元，1941 年为 5.3 万元，1942 年为 9000 元，1943 年为 1.4 万元，1944 年为 6000 元；其规模更迅速缩小。

生产各部类间的不均衡　民族资本主义经济的一个突出的特点是，它不能成为一个独立的经济体系，它没有自己的重工业基础，也没有相应的原料生产基地，第一部类生产和第二部类生产的比例极不均衡。1949 年，民族资本主义工业的生产总值中，消费品占到 81.5%，生产资料只占 18.5%，其中机器业只占 1.4%，并且主要是做装配修理业务，基本化学工业很少。因此，在解放前，民族资本主义工业经常要依靠帝国主义供给机器设备，并且依靠帝国主义供给许多重要的原材料。国产原料，也有不少是掌握在帝国主义者手中。如日本纱厂控制着中国长纤维棉花的运销，英国卷烟厂控制着烤烟的种植。钢铁的生产全部被帝国主义掌握，煤和电力也基本上是由外商经营。这种情况，也造成民族资本主义经济地域分布的不合理，它们主要集中在帝国主义控制的沿海大城市，远离原料产地和销售市场。

解放前，上海华商纱厂使用的纱锭，有 96% 是外国制造的；织布机有 72% 是外国制造的。上海面粉厂中，外国制造的磨占 80%，其中大型磨占 97%，电动机全部是进口的。抗日战争前，上海民族资本主义工业所需的原料，全部依赖进口的有 85 种，大部分依赖进口的有 39 种；面粉厂所需的小麦有 1/3 ~ 1/2 来自美国，毛纺厂所需羊毛有 82% 仰给国外。抗战胜利后到解放前一段时期，纱厂所用棉花，卷烟厂所需烟叶，以及工业的包装木料、纸料，也都依赖进口了。

根据 1953 年对雇工在 10 人以上的民族资本主义工厂的调查，上海、天津、广州三地占全部雇工人数的 39.7%，占资产总值的 66.2%，占生产总值的 58.9%。大工厂更是集中在沿海地区，内地很少具有一定规模的工厂。

这种情况，对于民族资本主义来说，是个致命的弱点。因为资本主义的存在是以剩余价值的积累为根据的，而"剩余价值能转化为资本，只因为剩余生产物（剩余价值就是它的价值），已经含有一个新资本的各种物质成分"。[①] 在民族资本主义体系内不存在这种条件。它必须依赖于外部，在当时条件下又必须依赖于它的对手帝国主义，才能实现剩余价值的转化，才能进行扩大再生产，乃至才能补偿生产中生产资料的消耗。这种情况，对于整个社会生产来说，也是一个严重的问题。因为对任何社会经济来说，两大部类生产的比例关系都是实现扩大再生产的必要条件。社会生产力的真正发展，在任何制度下都是表现为：用于生产资料生产的那部分社会劳动比用于消费品生产的那部分社会劳动增加快些。至于资本主义，它在发展社会生产

---

① 马克思：《资本论》第 1 卷，人民出版社，1953，第 726 ~ 727 页。

力上，"其特点就是特别扩大由生产资料所组成的那部分社会财富"。① 民族资本主义经济显然没有担当起这个任务。

民族资本主义在农业生产领域中完全没有地位，这也是值得注意的一个问题。富农是资本主义在我国农业中的主要形式。但我国的富农经济不发达，富农只占农村户口的 5% 左右，在国民党政府统治下反而下降。尤其是，我国的富农大多出租土地，具有半封建性。富农经济同在农村中占绝对优势的地主经济密切结合，而同城市资本主义经济很少直接的渊源。无论富农经济或地主经济，都是以手工生产的小农业为基础的。只要这种情况不改变，就不能给资本主义生产的发展提供保证条件。资本主义生产所需的原料，在品种、规格、运销、价格上都要受封建经济的限制；资本主义产品的销售，也要受市场的限制。更不用说由于封建割据、关卡厘金、军阀混战对民族资本主义经济的摧残了。农业的资本主义化，一般是作为资产阶级摧毁了封建阶级的政治统治和封建土地所有制的结果而实现的；或者是使土地所有权"完全从统治和服从关系解放出来"，"脱却了以前一切政治的和社会的装饰品和混合物"，而"取得纯粹经济的形态"② （从而使地租变成平均利润以上的余额）。由于中国的民族资产阶级的软弱性和妥协性，它无法实现这种变革，资本主义在农业中的发展也就没有可能。

产业资本和商业、金融资本的不协调 民族资本主义经济另一个突出的特点是，商业资本、借贷资本畸形发展，和工业资本的比例很不协调。民族资本主义商业，一部分是原来封建社会的商业资本转化而来的，一部分是随着外国商品的侵入和中国资本主义生产的发展新建立的。它只是部分地为民族工业资本的商品流通服务，而很大部分是为外国商品、封建经济和个体手工业的产品的流通服务；这是它数量相对庞大的主要原因。在中国社会殖民地化的过程中，农村经济破产，资金集中都市，官僚、买办、地主阶级生活日益奢侈淫靡，市场投机日益猖獗，又都造成商业资本的畸形发展。尤其是在后期，国民党反动统治者以通货膨胀作为掠夺人民财富的手段，物价上升如脱缰野马，商品囤积和金银、外币的买卖成为最有利的事业；在这种情况

---

① 列宁：《俄国资本主义的发展》，《列宁全集》第 3 卷，人民出版社，1959，第 34 页。
② 马克思：《资本论》第 3 卷，第 805 ~ 806 页。

下，工业生产破坏，大量资金转入市场投机，商业资本更形膨胀。民族金融业资本也是由两部分组成的，一部分是原来封建社会的钱庄、票号，一部分是后来建立的银行。银行资本发展很快，但这种发展，主要也不是工业生产发展的结果，而是外国商品倾销和金融、公债投机活跃的结果。

根据上海私营商业重估 1950 年底的财产的结果，在 90 个行业 8523 家重估户的资产总值（大约占这些行业全部业户资产总值的 75%）中，以经营进出口商品为主的 19 个行业的资产占 60.3%。在上海，随着外国资本主义商品的侵入，以外国洋行为中心而发展起来的私营商业有 21 个行业，一般都是资金较大的批发行业。又，专经营出口的有 9 个行业，1400 多户，它们的商品在解放前也主要是卖给外国洋行。天津、广州等沿海大城市情况也相似。1950 年上海、天津、广州三个城市的私营商业约占全国私营商业销货总额的 1/3，批发总额的 36%。

另一部分私营商业，主要是经营农副业产品和手工业产品的，在解放前多半是和地主经济结合在一起，许多地主兼营商业，许多大商人又兼作地主。这种商业资本又很多同高利贷资本结合在一起，商人经营实物（主要是粮食）贷放和货币贷放。根据 1934 年 22 个省 771 个市县的调查，农民的借款中有 38.1% 是借自商店和商人，在陕西、甘肃、青海等内地省份更超过 50%。这种商业资本又通过种种方式控制手工业生产。在采矿业中，手工窑户差不多全是为煤商和五金商生产，土布、土纸、山货、陶瓷、鞋帽等生产也是这样，某些行业中并有由商人"发原料收成品"的制度。

1936 年我国有私营商业银行 74 家，钱庄约 1500 百家，另有典当约 5000 家。这时银行的投放中，投放于工业的不过占 12% ~ 13%，投放于商业的占 30% 左右，而投放于公债和政府机关的占 40% 以上。钱庄的资本主要是地主、富农、大商人的个人积累，较少利用社会积蓄，其资金主要用于商业。1946 年，商业银行增加到 190 家，它们的业务主要是从事物价投机；钱庄和典当则衰落了。另外，又出现很多"地下钱庄"，从事投机活动。

商业资本、借贷资本和工业资本之间关系的不正常不只表现在数量比例上，还表现在商业之时常支配工业生产，商业占用工业资金，某些商业经营外国商品有利时排斥对民族工业产品的经营，银行拒绝对工业投放或对工业实行高利贷式盘剥，商业和金融业利润高于工业利润，等等。这些现象都是违反资本主义正常发展的规律的。它们反映了民族资本主义商业和金融业的半殖民地性和半封建性。资本之大部分处于流通过程和货币形态这一事实，说明了民族资本主义经济和整个旧中国经济的落后状态；因为"生产越是不发展，与一般投在流通中的商品的总额比例而言，商人资本的总额就会越是大……所以，在这种不发展的状态中，真正货币资本的最大部分，是在商人手中"。①

民族资本主义经济的这些特点是和旧中国半殖民地半封建的社会性质分不开的，它们是帝国主义、封建主义、官僚资本主义统治和掠夺中国的结果。

民族资本主义经济的剥削　资本主义经济是以剥削工人，猎取剩余价值为目的的。我国的民族资本主义工商业本身既然十分落后，又处在帝国主义资本和官僚资本的压迫和排挤下，资本家要同他们竞争并获取利润，就尽量从对工人群众的残酷剥削中去找出路。工人的工资，多的不及外国工人的1/2或1/3，少的不及1/10，一般只有十分之一二。工作时间很长，一般每日11小时，多的十二三个小时，有高达18小时的。为了加强剥削和便于统治，工厂大量地使用女工和童工。劳动条件更是极其恶劣，厂房狭小，空气污浊，没有安全设备，经常发生工伤事故；大多数工厂没有宿舍和食堂，没有医疗设备。

资本家为了争夺利润，还要经常借助于各种封建性的乃至更原始的剥削形式。例如：很多工厂和矿场中实行把头制、包工制、养成工制、包身工制等。在把头制和包工制中，工人一方面受资本家剥削，一方面又要受封建把头和包工头的剥削。养成工制是旧学徒制度的残存形式，养成工在学徒期满后规定要在工厂服务若干年，在这期间，工资大大低于一般工人水平。包身工制实际上是一种卖身奴隶制度，工人为取得很少的一点代价，在一定年限内把人身卖给包工头。商业方面，很多商业实行包买、预买、高利盘剥、发原料收成品等办法来剥削农民和手工业者；很多企业利用封建的、宗法的、行帮的关系来把持市场和统治工人。同时，许多资本家还经常要依靠反动统治阶级的政府和法律，借助军阀、地主、国民党的势力，借助道门、黑社会

①　马克思：《资本论》第3卷，第336页。

势力，乃至直接依靠帝国主义的势力，来压迫和剥削工人，镇压和破坏工人运动。

根据 1933 年对上海雇工在 30 人以上的工厂的调查，在棉纺工业中，工资支出只占生产总值的 9.3%，在棉织工业中占 5.7%，在机器制造工业中占 8.5%，在化学工业中占 6.4%，在卷烟工业中占 3%。抗日战争前，上海工人的收入，包括工资及各种变相工资和年终分奖等在内，平均每月只合 14.81 元，而工资差距极不合理，一部分管理人员工资很高，生产工人低的只有 3.8 角。工人实际收入不断下降，从 1933 年到 1936 年，上海物价指数上升为 105，工资指数下降为 96.8%；从 1937 年到 1941 年，重庆生活费指数上升为 2680，工资指数只增为 1377。根据 1933 年对全国 2435 家雇工在 30 人以上的工厂的调查，男工占 41.1%，女工占 49.4%，童工占 9.5%；女工工资约比男工低 1/3，童工工资不到成年工的一半；工头约占工人人数的 6%，大都是封建把头性质。

商业资本对小生产者的剥削主要是预买制。如 1934 年调查浙江长兴县的"买夏米"，商人所付价格只有夏熟时米价的一半；平湖县的"买寒叶"（年底预买明春桑叶）的价格只有平时的 50% ~ 57%；江苏南通县的"买期花"（预买棉花）作价不过合市价的 30% ~ 40%。此外，又有以高价工业品和农民换货、赊卖收息等方式。如 1934 年调查甘肃武威的商人赊卖布给少数民族的农民，价格加 1/3，并按三分行息，到期还麦。余如"大斛进，小斛出"，扣斤压两等情况更为普遍。

第三节　新民主主义革命阶段工人阶级和
民族资产阶级的关系

民族资产阶级的两面性　政治是经济的集中表现。民族资本主义经济的特点，必然会通过民族资产阶级在政治上反映出来，特别是集中地反映在他们对待近百年来中国革命运动的态度上。民族资产阶级对待中国的革命具有矛盾的态度，这就是通常所说的民族资产阶级的两面性。

一方面，民族资产阶级受帝国主义、封建主义、官僚资本主义的压迫和排挤，有反帝反封建的要求，有参加工人阶级领导的民族民主革命或者在革命中保持中立的可能。从这方面说，他们同国内其他剥削阶级不同，也和西方资本主义国家的资产阶级不同；他们是爱国的阶级，他们还保持着在一定条件下反对外国帝国主义和反对本国官僚地主阶级的革命性，可以同无产阶级、小资产阶级联合起来，反对他们所愿意反对的敌人。但是另一方面，由于民族资产阶级在经济上和政治上都是异常软弱的，他们又具有对革命敌人的妥协性。即使在革命时，他们也不愿意同帝国主义完全分裂，并且他们同农村中的地租剥削有密切联系，同大资产阶级有种种往来，乃至有某些共同的利害关系，因此他们更加不愿意和更加不能彻底推翻国内反动势力。特别是因为民族资产阶级同工人群众之间存在着阶级对立的矛盾，他们十分害怕群众运动。

毛泽东同志说："一方面——参加革命的可能性，又一方面——对革命敌人的妥协性，这就是中国资产阶级'一身而二任焉'的两面性。"①

这种对待革命的矛盾态度，使民族资产阶级在革命运动中经常处于动摇的中间地位，也使他们经常处于分化的过程中。他们的左翼有参加革命斗争的可能；他们的右翼，主要是同外国资本和本国土地关系较多的一部分人，有投靠反革命的可能；而大部分人则动摇于两者之间。

上层小资产阶级，即雇佣少量工人或店员的小规模的工商业者和他们的知识分子，也是民族资产阶级，对中国革命也具有两面态度。但是，由于他们的经济地位比较低，受到的压迫比较重，爬上中产阶级地位的希望经常受到打击，所以，"到战时，即到革命潮流高涨、可以看得见胜利的曙光时，不但小资产阶级的左派参加革命，中派亦可参加革命，即右派分子受了无产阶级和小资产阶级左派的革命大潮所裹挟，也只得附合着革命"。②

民族资产阶级的历史，清楚地说明了他们这个特性。

中国民族资产阶级之成为一个阶级，成为一个政治力量，大体是在19～20世纪之交。它是当时社会的一个新兴阶级。1898年的戊戌变法，是这个阶级在政治上要求表现自己的最初尝试。这个依靠皇帝和绅士阶级的、完全脱离群众的上层改良主义运动失败了。改良派分化，一部分人同封建反动势

---

① 毛泽东：《新民主主义论》，《毛泽东选集》第2卷，第667页。
② 毛泽东：《中国社会各阶级的分析》，《毛泽东选集》第1卷，第6页。

力妥协，甚至投降了。而另一部分人，在后来有各阶层人民群众参加的反对借外债、收回路权矿权、抵制外国货的运动中，却获得了一些"变法"中所没有能够争到的权利。

当清朝政府还在拒绝民族资产阶级的改良主义要求时，这个阶级中就出现了革命派。革命派是由小资产阶级分子、资产阶级分子和一些开明绅士组成，在孙中山的领导下联合起来的，他们提出了"建立民国""平均地权"的纲领。这是他们的一个巨大贡献，因为在这以前，主张推翻清朝政府的人还都只知道以恢复明朝或建立汉族帝国为口号。民族资产阶级革命派领导了辛亥革命，在比较更完全的意义上开始了中国的资产阶级民主主义革命。辛亥革命推翻了清朝的统治，结束了中国两千多年来的君主专制制度，提高了中国人民的民主主义觉悟，促进了中国人民的革命斗争。但是，民主革命的基本任务——反封建的任务并没有完成。民族资产阶级不敢提出反对帝国主义的口号，反而企图依赖帝国主义。革命的果实即政权，最后落到了封建军阀袁世凯的手里。革命失败了，帝国主义和封建主义的反动统治更加深了。推其故，都是由于民族资产阶级太软弱，没有力量，而向革命的敌人妥协的结果。

1919 年爆发了五四运动，民族资产阶级参加了这个反帝反封建的政治斗争和文化斗争。但是，这时已是俄国十月革命胜利，马克思列宁主义传入中国，中国人民有了崭新的思想武器。工人阶级参加了这个运动，发挥出巨大的力量。中国资产阶级，连同他们撤拾西方资产阶级的进化论、天赋人权论等思想，就都显得软弱无能了。"这种资产阶级思想只能上阵打几个回合，就被外国帝国主义的奴化思想和中国封建主义的复古思想的反动同盟所打退了……失了灵魂，而只剩下它的躯壳了"。[1] 他们中很多人随即同帝国主义妥协，或变成买办文人，或变成复古派。"五四"以后，中国共产党和觉悟了的中国工人阶级登上了革命舞台，开始领导中国的革命运动。从此，资产阶级不再是革命的主要角色了。

1924 年孙中山在绝望里接受了中国共产党的意见，实行联俄、联共、扶助农工的政策。这样，民族资产阶级的左派和大部分中间派就又参加到轰

---

[1]　毛泽东：《新民主主义论》，《毛泽东选集》第 2 卷，第 690 页。

轰烈烈的北伐革命战争中来。在这个战争的序幕——五卅动中，民族资产阶级是比较积极的，他们也在人民抵制英日货的运动中得到了好处。但是，当武装斗争开展，特别是当工人、农民动员起来，城市和乡村都出现浩大的群众运动的时候，他们就开始动摇了，认为"过火"，感到害怕。1927 年春，以蒋介石为首的资产阶级右派在帝国主义指使下叛变了革命，掉头对革命群众实行大屠杀。随后，民族资产阶级也"为这个革命的火焰所吓坏，站到人民的敌人即蒋介石集团那一方面去了"。①

民族资产阶级投靠大地主大资产阶级的反动政权之后，希望从那里乞求"民主"和"自由"，依靠这个政权的保护，剥削工人，发展资本主义经济。自 1927 年以后，资本家对工人的剥削确是日益加重了，工人在革命斗争中所得到的一些权利又都重新丧失。但是，蒋介石并没有让民族资产阶级得到好处，反而日益加强了对他们的限制和排挤。帝国主义有了蒋介石这条得力的走狗，也加深了对中国的掠夺，并把当时资本主义世界经济大恐慌的损失转嫁到中国来。这样，民族资产阶级所得到的只是破产、半破产的境遇。到了 1931 年"九一八"事变以后，民族危机日益加深，民族资产阶级对蒋介石的幻想也日益幻灭，同时，中国共产党对民族资产阶级采取了正确的政策，使他们大部分人对革命逐渐采取了中立或者同情的态度，在抗日战争爆发前后，逐渐参加到共产党领导的抗日民族统一战线中来。

又联合又斗争的统一战线　"决定革命性质的力量，是主要的敌人和主要的革命者两方面。"② 中国革命的主要敌人是帝国主义、封建主义和官僚资本主义，同敌人做斗争的主要革命力量是占全国人口 90% 的工人和农民；正是他们，决定了中国革命是人民民主主义的革命。民族资产阶级，"他们是人民大众的一部分，但不是人民大众的主体，也不是决定革命性质的力量"。③ 就是说他们不是矛盾的主要方面。三大敌人的剥削和压迫，主要并不是对着民族资产阶级的；民族资产阶级对革命所采取的态度如何，也不改变革命的性质。

但是，决不能因此低估民族资产阶级的作用。在我国条件下，民族资产

---

① 毛泽东：《论反对日本帝国主义的策略》，《毛泽东选集》第 1 卷，第 149 页。
② 毛泽东：《关于民族资产阶级和绅士问题》，《毛泽东选集》第 4 卷，第 1286 页。
③ 毛泽东：《关于民族资产阶级和绅士问题》，《毛泽东选集》第 4 卷，第 1286 页

阶级作为一个革命的参加者和同盟者，是具有重要的作用的。这是因为，我国民族资产阶级深受帝国主义、封建主义、官僚资本主义的压迫和损害，他们具有革命性的一面。他们较早地领导了旧民主主义革命运动，在社会上有比较广泛的联系，在政治上有颇大的影响。他们是拥有知识分子和科学技术人员较多的一个阶级，在文化上有一定的地位。在人民民主革命中，工人阶级争得民族资产阶级的合作，或者使之保持中立，就有利于争取其他的中间力量，有利于孤立大地主大资产阶级，有利于削弱帝国主义在中国的势力的影响。事实上，只有争取民族资产阶级参加革命或对革命中立，才能在最大限度上孤立敌人。同时，民族资产阶级在经济上也有重要的作用。他们所代表的资本主义工商业，是半殖民地半封建经济中的一个进步力量，是和奴役中国的帝国主义、封建经济、官僚垄断资本相对立的。由于中国经济十分落后，这种民族资本主义经济，在整个民主革命时期乃至革命胜利后的一个时期，都能够对国民经济的发展起有益的作用。为此，中国共产党在领导中国的民主革命中，对民族资产阶级采取了又联合又斗争的统一战线的政策，争取他们参加到党所领导的人民民主革命统一战线中来；对于民族资本主义工商业采取了保护的政策，使它们成为新民主主义经济的一部分。

革命必须依靠一定的社会力量。结成统一战线，团结和壮大革命力量，孤立和瓦解敌人，这是任何革命斗争取得胜利的根本条件。最大限度地团结一切可以团结的力量，最大限度地孤立敌人，这是毛泽东同志领导中国革命的基本战略思想。早在 1926 年，毛泽东同志在《中国社会各阶级的分析》这一著名的著作中，就鲜明地提出了："谁是我们的敌人？谁是我们的朋友？这个问题是革命的首要问题。"[1] 在这个著作中，就科学地论证了民族资产阶级的两面性和他们之必然趋于分化，指出了"那动摇不定的中产阶级，其右翼可能是我们的敌人，其左翼可能是我们的朋友——但我们要时常提防他们，不要让他们扰乱了我们的阵线"。[2]

但是，毛泽东同志这个光辉的思想，却曾在一个相当长的时间内，被党内的机会主义者所拒绝。第一次国内革命战争后期的右倾机会主义者，只看

---

[1]　毛泽东：《中国社会各阶级的分析》，《毛泽东选集》第 1 卷，第 3 页。
[2]　毛泽东：《中国社会各阶级的分析》，《毛泽东选集》第 1 卷，第 9 页。

见资产阶级积极性的一面，看不见他们反动性的一面，因此是"一切联合，否认斗争"；第二次国内革命战争后期的"左"倾机会主义者，又只看见资产阶级反动性的一面，看不见他们积极性的一面，因此是"一切斗争，否认联合"。这"实为代表两个极端政策的极明显的例证。而这两个极端的政策，都使党和革命遭受了极大的损失"。① 直到1935年，清除了"左"右倾机会主义的路线，毛泽东同志提出的又联合又斗争的政策思想，才为全党所掌握，在抗日战争时期，工人阶级同民族资产阶级的统一战线，才迅速地发展起来。毛泽东同志说："现在的抗日民族统一战线政策，既不是一切联合否认斗争，又不是一切斗争否认联合，而是综合联合和斗争两方面的政策。"②

工人阶级同民族资产阶级又联合又斗争的统一战线政策，是根据民族资产阶级在革命中的两面性而来的。联合是对待他们革命性的一面而言，斗争则是为了克服他们妥协性的一面。否则，他们妥协性的发展，就会破坏革命事业，也会破坏整个人民民主统一战线；因此，斗争又是达到联合的必要手段。"以斗争求团结则团结存，以退让求团结则团结亡。"③

1939年毛泽东同志总结了过去18年的经验，对又联合又斗争的统一战线政策作了精辟的论述：

> 中国共产党的政治路线的重要一部分，就是同资产阶级联合又同它斗争的政治路线。中国共产党的党的建设的重要一部分，就是在同资产阶级联合又同它斗争的中间发展起来和锻炼出来的。这里所谓联合，就是同资产阶级的统一战线。所谓斗争，在同资产阶级联合时，就是在思想上、政治上、组织上的'和平'的'不流血'的斗争；而在被迫同资产阶级分裂时，就转变为武装斗争。如果我们党不知道在一定时期中同资产阶级联合，党就不能前进，革命就不能发展；如果我们党不知道在联合资产阶级时又同资产阶级进行坚决的、严肃的和平斗争，党在思想上、政治上、组织上就会瓦解，革命就会失败；又如果我们党在被迫

---

① 毛泽东：《论政策》，《毛泽东选集》第2卷，第759～760页。
② 毛泽东：《论政策》，《毛泽东选集》第2卷，第759～760页。
③ 毛泽东：《目前抗日统一战线中的策略问题》，《毛泽东选集》第2卷，第740页。

同资产阶级分裂时不同资产阶级进行坚决的、严肃的武装斗争，同样党也就会瓦解，革命也就会失败。①

毛泽东同志这里所说的同资产阶级的联合和斗争，是包括大资产阶级在内的，因为在抗日民族统一战线中，不仅包括民族资产阶级，还包括大资产阶级。这里所说的又联合又斗争，适用于整个资产阶级，而这里所说的又联合又分裂，主要指大资产阶级的关系。对于大资产阶级，也要利用他们和其他敌人之间的矛盾，利用他们派系之间的矛盾，把"过去是敌人而今日可能做友军的人们，都从敌人营垒中和敌人战线上拉过来"，② 同他们暂时建立一定程度的联盟，以便集中力量反对当前的主要敌人。但是，大资产阶级的本性是不会改变的。他们即使在参加统一战线的时候，例如在抗日战争中，仍然是很反动的。他们在统一战线中极力限制和打击、破坏共产党和党所领导的革命力量，到革命发展到同他们的反动要求不相容的时候，他们就掉转枪口来反对革命力量，这时工人阶级同大资产阶级的统一战线就要破裂，斗争就变成武装斗争。

工人阶级同民族资产阶级的又联合又斗争的统一战线，则是另一种情况。总的说来，新民主主义革命时期的阶级斗争形势是这样：一方面，帝国主义、封建主义、官僚资本主义结合在一起（以国民党的反动统治为其集中代表），不但残酷地压迫劳动人民，而且在政治上、经济上打击民族资产阶级。另一方面，代表广大人民利益的共产党，领导着工人、农民和其他劳动人民，向三大敌人进行坚决的斗争，为国家的独立、自由、富强而奋斗。在这种形势下，只要共产党对具有两面性的民族资产阶级采取积极的正确的政策，就能使他们的多数在一定程度上参加革命，或者对革命保持中立。在1927年到1931年间民族资产阶级中间的不少人曾经附和了蒋介石的反动。即使在这个时候，共产党也应当在政治上争取他们，在经济上保护他们。事实证明，党的这个政策是正确的，也是成功的。

工人阶级同民族资产阶级的又联合又斗争的统一战线，是共产党所领导

---

① 毛泽东：《〈共产党人〉发刊词》，《毛泽东选集》第 2 卷，第 599 页。
② 毛泽东：《论反对日本帝国主义的策略》，《毛泽东选集》第 1 卷，第 149 页。

的整个中国人民民主统一战线的一部分。中国人民民主统一战线实际包括两个联盟，一个是工人阶级同劳动人民的联盟，主要是工农联盟，这是人民民主统一战线的基础。另一个是工人阶级同非劳动人民的联盟，其中主要是工人阶级同民族资产阶级的联盟，即上面所说的又联合又斗争的统一战线。这个联盟，对于工农联盟说来，是个辅助的联盟。

我国革命的经验证明，要建立和巩固同民族资产阶级的联盟，首先必须放手发展和加强工农联盟。工农联盟愈强大，基础愈巩固，民族资产阶级才愈倾向于参加统一战线。正如刘少奇同志所指出的："因为在民主革命中建立了无产阶级和广大农民群众的最密切的联盟，我们就能够正确地解决同民族资产阶级建立革命统一战线的问题。"而右倾机会主义者和"左"倾机会主义者"都不懂得农民问题对我们的革命事业有多么重大的意义，因而也不能正确地处理资产阶级的问题"。①

我国的经验还证明，除了放手发展工农联盟使工人阶级有充足的力量以外，工人阶级和共产党要在统一战线中"实现自己对于被领导的阶级、阶层、政党和人民团体的领导，必须具备两个条件：（甲）率领被领导者（同盟者）向着共同敌人作坚决的斗争，并取得胜利；（乙）对被领导者给以物质福利，至少不损害其利益，同时对被领导者给以政治教育"。② 无论对于中农、富裕中农或者对于民族资产阶级和他们的党派，这两个条件都是适用的。对于民族资产阶级，党通过各种方式，鼓励他们积极的一面，批评他们消极的一面，竭力克服他们的妥协性和动摇性，领导他们对敌人作坚决的斗争。同时，在政治上和经济上，照顾他们的利益。在政治上，党在抗日根据地和后来的解放区，实行在工人阶级领导下的联合政府，即统一战线的政权。在抗日战争时期，这种政权的人员安排曾采取"三三制"，即大约共产党员占1/3，非党进步分子占1/3，代表民族资产阶级和开明绅士的中间派占1/3。在经济上实行新民主主义的经济政策，保护和照顾他们的合法利益。

对民族资产阶级的经济政策 新民主主义革命所要消灭的对象，是封建

---

① 刘少奇：《马克思列宁主义在中国的胜利》，人民出版社，1959，第5～6页。
② 毛泽东：《关于目前党的政策中的几个重要问题》，《毛泽东选集》第4卷，第1273页。

主义和垄断资本主义，是地主阶级和官僚资产阶级，而不是一般的消灭资本主义，不是消灭民族资产阶级。因此，党提出了没收封建阶级的土地归农民所有，没收蒋宋孔陈四大家庭为首的垄断资本归新民主主义的国家所有，保护民族工商业——这就是新民主主义革命的三大经济纲领。

解放以前，我国是一个半殖民地半封建的社会。但是，自从 1927 年毛泽东同志领导工农革命军建立第一个革命根据地、在根据地建立了共产党领导的革命政权起，在所有革命根据地的范围内，就不再是半殖民地半封建社会，而是新民主主义社会了。随着革命政权的建立，就开始有了国营经济（虽然它的数量还很少，并且主要是为了供应革命军需的），同时也逐渐发展了合作社经济。革命根据地仍以私人经济，主要是个体经济，占最大比重；但是，它们已不是半殖民地半封建经济，而是新民主主义经济的一部分了。在革命根据地执行了毛泽东同志规定的依靠贫农雇农，联合中农，保护中小工商业，消灭地主经济，给富农以经济出路，也给一般地主以生活出路的土地革命路线。同时，规定和执行了奖励私人经济，尽可能地发展国营经济、合作社经济，并力争国营经济对私人经济实现领导的政策，这也就是新民主主义的经济政策。

抗日战争时期，革命根据地逐渐增加和扩大了，并伸延到敌人后方，成为抗日民主根据地。我国的新民主主义经济，也随之有了发展。这个时候，党为了争取地主阶级和与这个阶级有联系的人们共同抗日，停止执行没收分配土地的政策，而采取减租减息的政策。在抗日民主根据地的私人经济，不只是农民和小工商业者，并且有了一定数量的民族资本主义工商业。毛泽东同志指示："应该积极发展工业农业和商品的流通。应该吸引愿来的外地资本家到我抗日根据地开办实业。应该奖励民营企业，而把政府经营的国营企业只当作整个企业的一部分。""必须改良工人的生活，才能发动工人的抗日积极性。但是切忌过左，加薪减时，均不应过多……劳资间在订立契约后，工人必须遵守劳动纪律，必须使资本家有利可图。"[①] 这些政策，后来就被概括为著名的"发展生产，繁荣经济，公私兼顾，劳资两利"的新民主主义经济方针。这对于私人资本，是又保护又节制其发展的政策。即一方

---

① 毛泽东：《论政策》，《毛泽东选集》第 2 卷，第 763、765 页。

面保护民族工商业，鼓励它们发展生产、繁荣经济的积极性，使它们有利可图；另一方面，积极发展国营经济和合作社经济，适当改善工人生活，不使私人资本垄断国民经济和过分剥削劳动者。也就是在有利于国计民生的条件下，允许和保护私人资本的发展。这个方针，同国民党统治区内官僚资本侵吞独占、苛捐杂税、重重盘剥、工厂倒闭、工人失业的情况，恰成鲜明的对比。

解放战争时期，党公布了土地法大纲，规定废除封建性及半封建性剥削的土地制度，分配土地给农民，同时规定"保护工商业者的财产及其合法的营业，不受侵犯。"对于地主富农转入工商业的，也予保护，并予鼓励。随着解放区的扩大和城市的逐步解放，没收了解放区的官僚资本，国营经济有了发展，党也越来越注意了对私营工商业的工作。在城市，主要是依靠工人阶级，发展生产。毛泽东同志并指示："应当引导工人和资本家在当地政府领导下，共同组织生产管理委员会，尽一切努力降低成本，增加生产，便利推销，达到公私兼顾、劳资两利、支援战争的目的。"① 这样，不但使解放区的私人工商业迅速地得到恢复和发展，并且逐渐加强了对它们的管理和工人监督，逐渐加强了国营经济的领导。

党对民族资本主义经济的政策，不但在解放区收到了发展生产和争取民族资产阶级的重大效果，在国民党统治区也发生重大的作用和影响。国民党统治区的许多进步的民族资产阶级人士学习了党的工商业政策，提高了认识。党在国民党统治区的工作，也把保护民族工商业作为一项重要任务，如领导人民进行斗争，反对蒋介石的出卖权益，反对官僚资本的垄断侵吞，反对反动政府的苛捐杂税，反对通货膨胀等。党的这些经济政策，并且为中华人民共和国成立后领导和改造民族资本主义工商业创造了条件，积累了经验。

克服民族资产阶级动摇性的斗争　在党的正确政策下，经过争取，民族资产阶级重新参加了革命的统一战线。但是，这并不足以改变他们两面性的特点。民族资产阶级在统一战线中是无产阶级的动摇的同盟者，要克服他们的动摇性，必须经过一系列的斗争。愈是到革命接近于胜利的时候，这种斗

---

① 毛泽东：《关于工商业政策》，《毛泽东选集》第 4 卷，第 1283 页。

争愈具有深刻的意义，愈具有重要性。

在这种斗争中，民族资产阶级必然日趋于分化，而处于中间状态的人，经常是占多数。在抗日战争中，民族资产阶级有一部分人，比较坚持抗战和坚持民主，乃至同蒋介石的反共独裁作过斗争。另一部分人则作了不少不利于抗战、不利于团结的活动，乃至充当蒋介石的谋士；或者向往于日寇发还49%或51%股票的诱惑，乃至充当汉奸。而大多数人则一方面是主张抗日的，一方面又对美帝国主义和蒋介石存在着幻想；他们是"动摇于共产党和国民党两党之间的抗日的参加者"。[①] 党在抗日战争初期，正式声明愿以新三民主义，即联俄、联共、扶助农工三大政策的三民主义，作为抗日民族统一战线的政治基础和共同纲领。同时向反对和破坏这个纲领的国民党顽固派进行坚决的斗争。党在斗争中，坚持抗战、反对投降，坚持团结、反对分裂，坚持进步、反对倒退，采取了发展进步势力、争取中间势力、反对顽固势力的策略。由此空前地壮大了进步势力，使民族资产阶级的多数人坚持到抗战胜利，并把他们的左翼提高到新三民主义的水平，在一定范围内和一定程度上也把他们的中间分子提高到接近这个水平。

抗日战争胜利后，摆在中国人民面前的课题，就是建国和建什么国的问题。以蒋介石集团为代表的大地主大资产阶级，在美帝国主义支持下，要求恢复他们的半殖民地半封建的反动专政。广大人民，以共产党为代表，则要求建立一个独立、民主、自由的各阶级联合政府，以便逐步过渡到工人阶级领导的人民民主专政的共和国。这时，动摇在两者之间的民族资产阶级的许多人，则又幻想在这两条道路之外另找所谓"中间路线"，或者叫作"第三条道路"。这条路线实质上就是早已过时的和行不通的旧民主主义，即资产阶级共和国的路线。中间路线分子虽然也要求和平、民主，不赞成国民党的内战、独裁政策，但是，他们对美帝国主义和蒋介石抱有很大的幻想，害怕以革命战争反对美蒋的反革命内战，要求牺牲人民的根本利益和根本阵地向美蒋换取和平。其结局必然会变成大地主大资产阶级的助手，回到半殖民地半封建的道路。在这方面，中间路线不但表现了很大的软弱性，而且表现了很大的反动性。针对这种情况，党一方面团结和带领各民主党派和各界民主

---

① 毛泽东：《关于民族资产阶级和开明绅士问题》，《毛泽东选集》第 4 卷，第 1287 页。

人士进行争取和平、民主的斗争，在斗争中揭露美帝国主义和蒋介石的欺骗；另一方面，对中间路线分子的妥协性和反动性进行耐心的说服和批评。这样，在民族资产阶级中增强了左翼的力量，缩小了右翼分子的影响。随之，蒋介石悍然执行其反革命内战政策，人民解放战争开始。中国共产党领导全国人民打退了美帝国主义武装的蒋介石数百万军队的进攻，并使自己转入进攻；扭转了美蒋反革命的车轮，推进了自己革命的车轮。蒋介石的内战政策自食其恶果，引起全国人民的反对。同时，在党的影响下，全国许多大城市都公开地进行了批判中间路线的辩论。1948 年 5 月，党提出召开新政治协商会议、组织没有反动派参加的民主联合政府的口号，迅速地获得了各民主党派和各界民主人士的响应。至此，中间路线就完全宣告破产了。克服中间路线的斗争，是集中到反对美帝国主义和反对蒋介石反动统治的问题，集中到建国道路和承认工人阶级（通过共产党）的政治领导问题。因此，这个斗争，也就是要求对民族资产阶级，不只是把他们提高到新三民主义的水平，而且要进一步把他们提高到整个新民主主义纲领的水平。

当解放战争就要取得全面胜利的时候，国民党反动派使用缓兵之计，提出"和谈"的政治阴谋。这时，上海和南方的某些资产阶级分子害怕革命影响他们的利益，也就附合起这种"和谈"来。当时，美帝国主义和国民党反动派一面抵抗人民解放军，一面又设计使用一些同革命势力有联系的人，混进革命队伍，在革命阵营内部组织反对派，竭力使革命就此止步，或带上温和色彩，不要太侵犯帝国主义及其走狗的利益。民族资产阶级的某些右翼分子，就成了恰当的人选。他们装作所谓自由主义人士，又唱起"第三条道路"的调子，企图影响中间分子，破坏统一战线。党中央和毛泽东同志号召大家，以彻底的无产阶级革命精神，坚决、彻底、干净、全部地消灭反动派，把革命进行到底，在全国范围内推翻国民党的反动统治，在全国范围内建立无产阶级领导的以工农联盟为主体的人民民主专政的共和国。并且明白指出："中国各民主党派、各人民团体是否能够真诚地合作，而不致半途拆伙，就是要看它们在这个问题上是否采取一致的意见，是否能够为着推翻中国人民的共同敌人而采取一致的步骤。这里是要一致，要合作，而不是建立什么'反对派'，也不是走什么'中间路线'。"①

这样，才克服了民族资产阶级在民主革命中的动摇，使得他们能够和工人、农民、小资产阶级一道，进入了光辉灿烂的新中国。这个克服民族资产阶级在民主革命中动摇的斗争过程，也就是教育和提高他们的过程。

总之，中国民族资产阶级在历史上曾经发展了近代工业，较早地掌握了一些科学技术知识和管理知识；他们领导了辛亥革命，推翻了清朝皇帝的统治，在民主主义的传播和在近代文化的传播上有颇大影响；他们并且在不同程度上参加了中国无产阶级领导的五四运动、五卅运动、北伐战争、抗日战争和解放战争。但是，民族资产阶级又残酷地剥削中国工人阶级；他们同帝国主义、封建主义、官僚资本主义有一定程度的联系，并在一定程度上为后者服务；他们对帝国主义和反动派抱有幻想，在民主革命中曾变节和投靠过敌人；其后，也有一部分人具有反动政治倾向，从事不利于革命的活动。在整个中国人民民主革命过程中，他们经历了参加革命、附和反革命、中立、最后又参加革命的曲折道路。在这条道路上，民族资产阶级不断地有人离开革命阵营、掉入反革命泥坑，但绝大部分人是摇摇摆摆地跟着革命走，并且终于跟过来了。

---

① 毛泽东：《将革命进行到底》，《毛泽东选集》第 4 卷，第 1380 页。

第二章

我国对资本主义工商业实行社会主义改造的条件和政策

第一节 过渡时期的经济结构和党的过渡时期总路线

从民主革命到社会主义革命的转变 1949 年中国共产党领导的人民民主革命取得了辉煌的胜利,中华人民共和国庄严地宣告成立。中华人民共和国的成立,标志着中国民主革命的终结和社会主义革命的开始。标志着中国结束了延续达一世纪之久的半殖民地半封建社会,进入了一个崭新的历史时代,开始了由资本主义到社会主义的过渡时期。

中国共产党领导的整个中国革命运动是包括了民主革命和社会主义革命两个阶段在内的全部革命运动。这两个革命是互相区别而又互相联系的:民主革命是社会主义革命的必要准备,社会主义革命是民主革命的必然趋势。中国的资产阶级民主主义性质的革命,如上章所说,已经是无产阶级领导的新民主主义革命,已经是世界无产阶级社会主义革命的一部分,这个革命在性质上虽然与社会主义革命有原则的区别,但是它的发展和胜利必然为社会主义革命扫清道路,走向社会主义前途。正如毛泽东同志所指出的,我国的新民主主义革命的"客观要求,是为资本主义的发展扫清道路",但是,"这种革命又恰是为社会主义的发展扫清更广大的道路"。[1]

---

① 毛泽东:《新民主主义论》,《毛泽东选集》第 2 卷,第 661 页。

在中国革命的历史中，右倾机会主义者正像俄国的孟什维克一样，他们用一道"万里长城"把民主革命和社会主义革命隔开，看不到这两个革命之间的相互联系，在民主革命中看不到有把这个革命转变为社会主义革命的可能的前途。而"左"倾机会主义者又混淆了民主革命和社会主义革命的界限，要在民主革命阶段内消灭资产阶级，实现社会主义革命的任务。这两种错误倾向，都曾使中国革命遭受很大损失。毛泽东同志代表了中国革命的正确路线：一方面，他坚持了马克思列宁主义的革命发展阶段论，把民主革命和社会主义革命这两阶段的革命任务明确地区别开来；另一方面，他坚持了马克思列宁主义的不断革命论，把两个革命密切联系起来，在民主革命阶段就尽一切可能为将来进行社会主义革命准备条件，以便在民主革命取得全国胜利之后，不停顿地立即展开社会主义革命的斗争。

在民主革命中，中国工人阶级在共产党的领导下，经过长期的武装斗争，终于粉碎了帝国主义、封建主义、官僚资本主义三大敌人集中表现的国民党的反动统治，粉碎了它的压迫人民的官僚机构和军阀机构，取得了民主革命的全国胜利。这一革命最伟大的成果，就是中国工人阶级在同几亿农民建立了巩固联盟的条件下，取得了全国范围内的统治权力，工人阶级的政党中国共产党成为领导全国政权的政党，建立了实质上是无产阶级专政的人民共和国。

一切革命的根本问题是国家政权问题。由于中国工人阶级在民主革命的长期斗争中，十分注意地确立了并且巩固了工人阶级的领导权，在领导民主革命取得胜利的同时，又巩固地建立了自己对国家的统治权，因此，在中华人民共和国成立之后，就不需要为社会主义的胜利再进行一次夺取政权的斗争，而可以立即展开社会主义革命，顺利地实现从民主革命到社会主义革命的转变。正如毛泽东同志所说："资产阶级的民主主义让位给工人阶级领导的人民民主主义，资产阶级共和国让位给人民共和国。这就造成了一种可能性：经过人民共和国到达社会主义和共产主义，到达阶级的消灭和世界的大同。"[1]

建国初期国内经济情况　旧中国在帝国主义、封建主义和官僚资本主义

---

[1]　毛泽东：《论人民民主专政》，《毛泽东选集》第 4 卷，第 1476 页。

的长期统治下，成为一个经济极端落后的国家。工业的规模狭小，其技术装备也是十分落后的，又没有自己的重工业基础，不能独立存在。解放前钢的最高年产量只有 90 多万吨，原煤只有 6000 余万吨，电不到 60 亿度，机器和许多工业原料都依赖从帝国主义国家进口。农业也是一直停滞在中世纪的落后状态，生产水平很低。解放前粮食的最高年产量只有 2700 多亿斤，棉花的最高年产量还不到 1700 万担。中国虽然是个农业国，但是在解放前几十年间，粮食和棉花也需要从外国进口。

这样落后的经济，经过日本侵略者和美蒋反动派对中国人民发动的连绵十几年的战争，又遭到了严重的摧残。国民党反动派在溃败的时候，更丧心病狂地炸毁工厂、矿井，破坏铁路、航运设备和水利事业。1949 年，全国粮食的产量比历史上最高年产水平降低了 20% 左右；棉花产量降低了 48%。工业生产损失更重，生产资料生产降低了 53%，消费资料降低了约一半；这一年的年产量，与历史上最高年产量比较，钢只占 17.2%，煤为 50.1%，电力为 72.3%，棉布为 67.1%。解放时，全国铁路能通车的仅剩 1.1 万多公里，破坏将近一半。在新解放的城市中，工厂停工减产，物资奇缺，到处是严重的失业。在农村中，由于水利破坏，连年受灾，1949 年受灾面积达 1.2 亿亩，灾民 4000 万人。

1949 年，全国工农业总产值中，工业连同手工业只占 30%。在工业总产值中，生产资料的产值只占 26.6%。

一切革命的最终目的都是为了发展社会生产力。也只有彻底进行社会革命才能摧毁反动的生产关系，为社会生产力的发展开辟道路。为了迅速改变我国国民经济的落后状况，过渡时期开始，中国工人阶级就凭借无产阶级专政的力量，一方面继续解决民主革命阶段遗留下来的任务，一方面，开始实现社会主义革命的任务。这主要是在全国范围内，全部、彻底地没收官僚资本，积极建立强大的社会主义国营经济。废除帝国主义在中国的一切特权，逐步肃清帝国主义在中国的政治、经济和文化残余势力。有步骤地实行彻底的土地制度的改革，消灭封建剥削制度。这样，就使我国的社会生产力能够在新的生产关系的轨道上获得迅速地发展。

没收官僚资本 旧中国的官僚资本是一种国家垄断资本。它不但是资本主义生产关系中最反动的部分，也是资本主义经济中最集中和占最大比重的部分。列宁说过："国家垄断资本主义是社会主义的最完备的物质准备，是社会主义的入口。"[1] 工人阶级为了掌握国家经济命脉，占领这个进一步为社会主义而斗争的基地，在取得国家政权之后，对腐朽的、寄生的、阻碍社会生产力发展的垄断资本采取剥夺的办法，这是毋庸置疑的。

官僚资本主义是同反动政权直接联系着的。摧毁了国民党反动的国家政权机关，就可以立即把这种国家垄断资本主义变为社会主义的国营经济。我国对于官僚资本的剥夺，就是随着人民革命的胜利，在全国范围内，通过政权的力量，依靠广大群众的支持，大规模地进行的。在很短的时间内，就把原来官僚资本经营的一切工厂、矿山、铁路、轮船、邮政、银行、商店和其他企业，转到工人阶级所领导的国家手里。根据统计，到 1949 年，国家没收的工业企业共有 2858 个，拥有生产工人 75 万多人。1951 年 1 月，人民政府又发布了"企业中公股公产清理办法"，对隐匿在一般私营企业中的官僚资本股份，进行了广泛的清理工作。这样，中国的大资产阶级就彻底地被剥夺了。工人阶级的国家就掌握了最大的银行，几乎全部铁路，绝大多数钢铁工业，其他重工业的主要部分，以及轻工业的某些重要部分，控制了国民经济命脉，奠定了社会主义经济的优越地位。

没收官僚资本，包括由国民党中央政府、省政府、县市政府经营的企业和国民党大官僚分子所经营的企业。国民党政府经营的企业中，包括它在抗日战争胜利后接收的日本、德国、意大利在中国的企业。对于小官僚和地主所办的工商业，则不在没收之列。官僚资本的企业中，如有民族工商农牧业家私人股份经调查属实者，承认其所有权。有些私人股份占一定比重的企业，由国家没收官僚资本股份后，改为公私合营企业。

广大职工热烈地欢迎人民政府没收官僚资本的政策，庆祝他们的解放。他们大都在人民政府接管以前就做好清册和其他准备工作，故没收工作进行得迅速、顺利。

由于没收了官僚资本，社会主义国营经济大大加强了。1949 年，国营经济已经拥有全国电力产量的 58%，原煤产量的 68%，生铁产量的 92%，

---

[1] 　列宁：《大难临头，出路何在？》，《列宁全集》第 25 卷，人民出版社，1958，第 349 页。

钢产量的 97%，水泥产量的 68%，棉纱产量的 53%。1950 年国营经济占全国轮驳船载重量的 43%，公路汽车客运量的 52%。

人民政府对于没收官僚资本的经济机构和对待国民党政权机关在办法上有原则的不同。官僚资本主义企业有着自己一系列的管理机构和管理制度。它们一方面是从官僚资本主义的生产关系所产生的，是奴役和压迫工人的工具，这是必须消除的。另一方面也包含着从社会化的大生产所产生的因素，即这些大企业的生产管理、技术管理系统和核算制度等。这里面有一部分可以保存和继承下来，使之为社会主义经济的发展服务。有一部分则是不合理的，不利于发挥职工的积极性和企业的发展，必须进行改革。因此，没收官僚资本，不是打碎它的机构，而是不打乱原来的技术组织和生产系统，把它完整地接收下来，先实行监督生产，然后逐步地实行民主改革和生产改革。这就使得国家在一下子接收几千个企业的过程中，基本上没有发生生产停顿或者企业设备被破坏的现象。民主改革主要是：彻底改革企业的领导机构，打破原来官僚资本主义企业残留下来的压迫和奴役工人的制度（如包工头制、"搜身"制等），清除隐蔽在企业里的反革命分子和封建残余势力，改善职员和工人的关系，实行工厂管理民主化，依照按劳分配的原则逐步调整工资等。生产改革主要是：实行计划管理，建立生产和技术管理的责任制度，逐步制定合理的生产定额，开展先进生产者运动，清产核资，健全经济核算制度等。经过改革，提高了工人的阶级觉悟和生产积极性，广大职工群众开始以主人翁的态度展开各种社会主义劳动竞赛。这种种改革，归根到底是肃清资本主义经济制度的残余，巩固社会主义的经济制度，它是改造旧生产关系的继续。这种改革只有在所有制根本改变以后，在企业改变为社会主义性质以后才有可能。

没收官僚资本具有两重的革命意义。一方面，官僚资本是买办的封建的资本主义，是蒋介石反动政权的经济基础，因此没收官僚资本，是民主主义性质的革命，是推翻帝国主义、封建主义、官僚资本主义反动统治的必然结果。另一方面，官僚资产阶级是中国的大资产阶级，官僚资本是中国的垄断资本，消灭大资产阶级，没收垄断资本为社会主义国营经济，又是社会主义性质的革命，是我国向社会主义过渡的实际开始。

肃清帝国主义在中国的经济侵略势力　人民政府对帝国主义在中国的经

济控制权，采取了有步骤地彻底地摧毁的方针。随着各大城市的解放，人民政府废除了帝国主义在中国的一切特权，收回了长期被帝国主义盘踞的中国海关，管制了对外贸易，实行了外汇管理。这时候，帝国主义及其他资本主义国家在中国的企业还剩下 1000 余家，主要是属于英国和美国的垄断资本集团。这些企业过去是依靠帝国主义的特权发展起来的，特权废除后，这些企业就失掉了依靠。帝国主义在解放初期，为了窒息新中国，对我国实行了封锁、禁运，许多依靠进出口商品和原料的帝国主义企业的业务，便陷于停顿状态。

帝国主义者是不甘心于自己的失败的。他们在中国的许多企业不执行人民政府的法令，实行怠工，制造困难和纠纷。他们的行为激起了广大工人和市民的愤怒。人民政府揭露和击破了他们的阴谋，对这些企业进行了监督和管理。1950 年 12 月，美帝国主义无理地宣布管制我国在美国辖区内的公私财产。英帝国主义也追随美国之后，几次劫夺我国在海外的船只、飞机等财产。中国人民同帝国主义者进行了针锋相对的斗争。人民政府管制了全部美国在中国的财产，征用和代管了部分英国在中国的企业。还有许多帝国主义企业，在陷于难以维持的境地以后，不得不把它们残存的财产转让给中国企业，以抵偿它们在中国的负债。其余的一些帝国主义企业和侵略性财产，也通过各种形式，陆续为中国人民收回。这就肃清了帝国主义在中国的经济侵略势力。转入国家手中的这一部分帝国主义企业，都变成了社会主义国营企业。帝国主义敌视和封锁中国的政策得到了相反的结果，加速了中国半殖民地经济的改造过程。

帝国主义国家在华企业中：经人民政府管制的重要企业有属于美国垄断资本摩根财团系统的上海电力公司、沪西电力公司，属于美国最大电讯托拉斯——美国电话电报公司的上海电话公司等。

经人民政府征用的重要企业有：美孚油公司，它是美国洛克菲勒财团的企业；德士古（中国）股份有限公司，它是美国石油托拉斯的分支；慎昌股份有限公司，它是美国国际通用电气公司的子公司；亚细亚火油公司，它是英国壳牌石油公司设立的企业，和美孚、德士古过去曾瓜分了中国的石油市场。

经人民政府代管的重要企业有英商开滦煤矿，它是英帝国主义乘八国联军侵略中国时骗取的财产。

转让与中国企业的主要是英国企业：有属于国际垄断资本英美烟草公司的颐中烟草股份有限公司；有属于英国肥皂托拉斯利华兄弟有限公司的中国肥皂有限公司；有过去一直垄断中国沿海和内河航运及中国对外贸易的怡和股份有限公司和太古股份有限公司；有过去曾控制中国外汇、关税、盐税，左右旧中国财政的汇丰银行、麦加利银行的在华财产。

土地改革 在民主革命时期，党在各个解放区采取了坚决依靠农民的政治觉悟和组织力量，发动农民自己解放自己、打倒地主、取得土地的方针，进行了土地制度的改革。中华人民共和国成立后，土地改革运动就有步骤地在广大的新解放区展开。这不仅是解放农业生产力的一次大革命，也是消灭当时反革命活动最重要的社会基础——地主阶级的重大步骤。到1952年底，除了一部分少数民族地区以外，土地改革已在大陆上基本完成。经过土地改革，全国大约有3亿农民从地主手里取得了7亿亩土地和其他生产资料，从根本上改变了农村的经济关系。这是我国农村中翻天覆地的伟大变革。在我国统治了几千年的封建剥削制度消灭了。富农经济由于一部分多余的土地被征收也削弱了，农民成为土地和其他生产资料的所有者。这就大大地鼓舞了广大农民的生产积极性，使农业生产有可能迅速得到恢复和发展。农业生产的发展给工业提供了原料和粮食，提供了广阔的国内市场，这就有利于促进国民经济各个部门的恢复和发展。

民族资本主义经济的作用 在没收官僚资本、肃清帝国主义经济势力、实行土地改革的时候，对民族资本主义经济采取了利用、限制和改造的政策。

在摧毁了旧中国反动腐朽的经济制度之后，我国还不能立即改变国民经济的落后状况。社会主义国营经济是恢复和发展我国国民经济的主要力量。但是在解放初期，民族资本主义经济在工商业中仍占有相当大的比重。在我国具体条件下，在过渡时期的一定阶段上，民族资本主义经济仍然具有两重性。一方面，具有有利于国计民生的积极作用；又一方面，具有不利于国计民生的消极作用。这样，国家允许民族资本主义工商业在一定时期内存在和在一定范围内得到某些发展，就可以利用它的积极作用以促进我国国民经济的恢复和发展。第一，在社会主义工业的产品还不能满足国家和人民需要的时候，国家可以利用资本主义工业的产品，以补助社会主义工业生产的不足，供应一部分人民所需要的消费品和生产资料，并使国家能腾出手来，集中力量从事更重要的经济建设。同时，我国是一个小生产占优势的国家，国家利用资本主义工业生产的一部分产品，换取农民的粮食和其他农产品，对于加强工农联盟具有特别重要的意义。第二，资本主义工商业中拥有相当数量的技术人才和熟悉供销情况的人员，利用他们生产经营的力量，对恢复和发展生产也是有利的。并且还可以通过这些企业培养出更多的技术人才和熟练工人。第三，随着生产的恢复和发展，国家通过税收和价格政策，可以从资本主义企业中取得一部分积累作为建设资金。第四，资本主义经济拥有广大的商业网和国内外贸易联系，可以成为活跃城乡经济、促进内外交流的一支力量。此外，资本主义企业在建国初期还可以维持和吸收一部分职工就业，对于解决整个社会的劳动就业问题也有好处。

在建国初期，在国外还存在着中国人民和帝国主义之间的矛盾。在广大农村还存在着中国人民和地主阶级的矛盾。民族资产阶级是一个爱国的阶级。为了增强革命力量，最大限度地孤立敌人，工人阶级继续保持同民族资产阶级的联盟仍然是需要的。正如毛泽东同志在 1949 年所说："为了对付帝国主义的压迫，为了使落后的经济地位提高一步，中国必须利用一切于国计民生有利而不是有害的城乡资本主义因素，团结民族资产阶级共同奋斗。"[①] 这样，民族资本主义经济就成为我国过渡时期初期的一种经济成分。

1949 年全国共有资本主义工业 123000 余家，职工 164 万余人，占全国工业职工总数的 54.6%；生产总值 68 亿余元，占全部工业总产值的 63.2%。就若干主要工业产品的产量来看，1949 年私营工业所占的比重是：原煤 28.3%，烧碱 59.4%，电动机 79.6%，棉纱 46.7%，棉布 40.3%，纸 63.4%，火柴 80.6%，面粉 79.4%，卷烟 80.4%，私营商业在 1950 年共有 402 万户，占全国商业总户数的 98.4%；从业人数 662 万人；商品销售额 182 亿元，占全国商业机构批发额的 76.1%，零售额的 85%。1950 年私营

---

① 毛泽东：《论人民民主专政》，《毛泽东选集》第 4 卷，第 1484 页。

轮船业占我国轮驳船货运周转量的 59.2%，私营汽车占汽车货运周转量的
47.7%。

过渡时期的经济结构和阶级关系　上述这一切，使得我国的社会经济结
构发生了一个根本的变化：在我国过渡时期初期，国民经济中就存在着三种
基本经济成分，即社会主义的国营经济，农民和手工业者的个体经济，资本
主义经济。与此相联系，存在着三个阶级，即工人阶级，农民和城市小资产
阶级，资产阶级。正如列宁在 1919 年所说，任何国家从资本主义到共产主
义的过渡时期的"社会经济的基本形式就是资本主义，小商品生产和共产
主义"，"基本力量就是资产阶级，小资产阶级（特别是农民）和无产
阶级"。①

社会主义经济与资本主义经济代表着两种性质根本不同的生产关系。社
会主义经济代表着一种新型的最进步的生产关系。这种生产关系的建立与扩
大，为社会生产力的发展开辟了广阔的道路。民族资本主义经济，原来是半
殖民地半封建社会的一种进步的生产关系。但是进入过渡时期以后，我国已
经产生了社会主义经济，同社会主义经济比较起来，民族资本主义经济已经
不是一种先进的经济成分，而是一种落后的经济成分了，并且是一种与社会
主义经济完全对立的生产关系了。

资本主义生产是一种社会化的生产，但它所服从的占有方式却是资本主
义的，即少数资本家占有生产资料和工人劳动的产品。它所固有的这种生产
社会化与私人占有的矛盾，是资本主义的基本矛盾，是资本主义社会各种对
抗性矛盾的根源。在资本主义社会，由于资本主义生产占统治地位，这种矛
盾就主要表现在资本主义制度内部：表现为工人阶级与资产阶级的对抗，以
及表现为个别工厂中生产的组织性与全社会生产无政府状态的对立，生产能
力增长的趋势和社会购买力相对缩小的矛盾等等。在过渡时期里，由于工人
阶级掌握了政权，社会主义经济已经建立，资本主义经济的基本矛盾，就更
集中地通过资本主义经济与社会主义经济的对抗而表现出来。例如，资本主
义生产无政府状态与社会主义生产有计划按比例的矛盾，就会导致社会主义

---

① 　列宁：《无产阶级专政时代的经济和政治》，《列宁全集》第 30 卷，人民出版社，1957，第
88 页。

经济计划受到破坏，影响社会主义经济有计划按比例地高速度发展。资本主义剥削与扩大社会积累的矛盾，也必然会影响社会主义扩大再生产的进行。资本主义自由市场的存在，加剧了城乡资本主义自发势力的增长，不但会削弱社会主义经济对整个国民经济的领导，影响社会主义经济的巩固，也不利于社会主义生产关系在农业和手工业中的建立和发展。这些矛盾的发展，就使得资本主义所有制不仅直接阻碍社会生产力的发展，而且会破坏社会主义生产关系，从而妨碍社会主义生产关系发挥促进社会生产力发展的巨大作用。资本主义经济同社会主义经济的这种矛盾，就是民族资本主义经济不利于国计民生消极作用的集中表现。资本主义经济就经常成为一种对抗社会主义的力量。要社会主义与资本主义两种经济长期共存，互不干扰的发展是不可能的。归根结蒂，不是这个战胜那个，就是那个战胜这个。社会主义经济与资本主义经济的这种矛盾，也必然会表现为工人阶级与资产阶级之间尖锐的阶级斗争。

农民个体经济（和手工业个体经济）是一种分散的小生产，劳动生产率低下，一般地只能进行简单的再生产或者极其微小的扩大再生产。社会主义与个体经济也是不相容的，它们之间的矛盾，集中地表现在两个方面。一方面是社会主义大生产与个体经济小生产的矛盾。社会主义经济建立起来之后，社会主义工业化是不可避免的发展。社会主义工业化要依靠农业供给粮食和工业原料，要依靠农业提供广阔的市场，要依靠农业积累一部分资金。而劳动生产率低下的小农经济就无法满足这种要求，而且必然会限制以至破坏社会主义工业化和整个国民经济的发展。所以斯大林说：把工人阶级政权和社会主义建设事业"建立在最巨大最统一的社会主义工业化基础上和最分散最落后的农民小商品经济基础上"是不可能的，并且指出，这样下来，"总有一天会使整个国民经济全部崩溃"。[①] 另一方面是社会主义生产关系与个体生产关系的矛盾。小商品经济是一种过渡的，不稳定的生产关系，在资本主义制度下，它经常地，每日每时地，自发地，大批地产生着资本主义与资产阶级。在从资本主义到社会主义的过渡时期，小商品生产这种资本主义

---

① 斯大林：《论土地政策的几个问题》，《斯大林全集》第 12 卷，人民出版社，1955，第 129~130 页。

自发倾向仍然存在，它仍然"是一个非常广阔和极其深厚的资本主义基础。在这个基础上，资本主义得以保留和复活起来"，① 并且，"是在同共产主义进行极其残酷的斗争中保留和复活起来"。这样，社会主义经济和个体经济的资本主义自发势力之间的矛盾，就必然日益尖锐起来。在过渡时期，长期地保留个体经济，显然也是不可能的。

这一切说明了，过渡时期这种经济结构和阶级关系决定了这一时期的主要矛盾是社会主义同资本主义两条道路的矛盾，是工人阶级同资产阶级"谁战胜谁"的斗争。这时期是个充满一系列剧烈阶级斗争的整个历史时代。对于过渡时期这种历史特点，列宁曾经作过极其精辟的概括，他说："这个过渡时期不能不是衰亡着的资本主义与生长着的共产主义彼此斗争的时期。"② "社会主义革命不是一次行动，不是一条战线上的一次战斗，而是充满了阶级冲突的整个时代，是在一切战线上，也就是说，在经济和政治的一切问题上的一系列的战斗，这些战斗只有采取剥夺资产阶级的手段才能完成。"③

因此，工人阶级在过渡时期的首要任务，就是充分利用无产阶级专政的威力，进行社会主义革命，在经济、政治、思想和文化的一切领域里彻底地解决工人阶级同资产阶级"谁战胜谁"的矛盾，为开展社会主义建设和不断地发展社会生产力开辟道路。为了完成这一伟大的历史任务，工人阶级必须废除资本主义生产资料所有制，彻底消灭剥削，必须改造资产阶级分子，彻底消灭资产阶级。这是一条革命的道路，也就是十月社会主义革命所开辟的社会主义道路，是马克思列宁主义的道路，是一切国家和民族从资本主义向社会主义过渡必经的道路。

过渡时期总路线 在全国解放前夕，在1949年3月党的七届二中全会上，毛泽东同志提出了使中国由农业国转变为工业国，由新民主主义社会转变为社会主义社会的总的任务和主要途径。他指出：必须首先发展社会主义国营工业的生产；对于个体的农业经济和手工业经济，必须谨慎地、逐步地

---

① 列宁：《无产阶级专政时代的经济和政治》，《列宁全集》第30卷，第89页。
② 列宁：《无产阶级专政时代的经济和政治》，《列宁全集》第30卷，第87页。
③ 列宁：《社会主义革命和民族自决权》，《列宁全集》第22卷，人民出版社，1958，第138页。

又积极地引导它们向着现代化和集体化的方向发展；对于民族资本主义经济，必须采取限制政策，并发展国家资本主义经济，使它成为国民经济中的几种主要的经济成分之一。这就指出了中国实现社会主义改造的必由之路。在 1949 年 6 月，毛泽东同志在《论人民民主专政》的著名论文中，又提出了在实行私营企业国有化的时候，必须对民族资产阶级进行教育和改造工作的任务。毛泽东同志的这些观点，实质上就构成了党在过渡时期总路线的思想基础。

在 1952 年年底，当我国恢复国民经济和肃清封建残余的任务基本完成的时候，党中央和毛泽东同志为了一步不停地领导中国人民进行社会主义革命和建设，根据马克思列宁主义的普遍真理，结合中国的革命实践，制定了我国过渡时期的总路线。这就是在一个相当长的时期内，逐步实现国家的社会主义工业化，逐步完成对农业、手工业和资本主义工商业的社会主义改造。

废除生产资料私有制是彻底消灭剥削和彻底消灭阶级的前提。所以，我国过渡时期总路线的实质是：用生产资料的社会主义公有制来逐步代替资本主义私有制和农民、手工业者的个体私有制，使社会主义所有制成为我国国家和社会的唯一经济基础。并且，在逐步变革所有制的基础上，逐步展开以至完成政治上、思想上、文化上的社会主义革命，巩固我国的社会主义经济制度和政治制度。

党在过渡时期的总路线是社会主义革命和社会主义建设同时并举的总路线。总路线规定了一面进行社会主义改造和一面进行社会主义建设这两方面的任务。它们是互为条件，互相促进的。社会主义国营经济是对整个社会进行社会主义改造的物质基础。只有建立强大的社会主义国营经济，特别是社会主义国营工业，才能逐步改造资本主义工商业，才能组织、改造个体农业和个体手工业，才能用新技术改造包括农业在内的整个国民经济。同时，只有对个体农业、个体手工业和资本主义工商业逐步进行社会主义改造，才能组织和发挥它们的生产力来满足社会主义建设的需要；并且，只有把它们改造成为社会主义公有制，才能为社会生产力的发展开辟广阔的道路，否则，它们就会成为社会主义建设的严重障碍或破坏力量。而对农业、手工业和资本主义工商业的改造每前进一步，又都增大了社会主义经济的力量，扩大了社会主义的生产关系，反过来可以推动社会主义革命事业不断地深入发展，推动社会主义建设事业不断地前进。

同时，农业、手工业的社会主义改造和资本主义工商业的社会主义改造也是互为条件、互相促进的。对农业、手工业和资本主义工商业进行社会主义改造，就可以割断城乡之间，资本主义商品生产与小商品生产之间的资本主义联系，而代之以它们同社会主义经济的联系，使农业、手工业和资本主义工商业都不得不依附于社会主义经济，在社会主义经济领导之下，按照社会主义改造的轨道发展。对农业和手工业进行社会主义改造，使工农联盟在社会主义的基础上更加巩固起来，并使国家掌握了主要的农产品，借以缩小资本主义的市场，直到堵死资本主义的道路，这对于资本主义工商业的社会主义改造是一种重要的推动。而对资本主义工商业进行社会主义改造，国家向资本家取得工业品，向农民交换农产品，并且使农民和手工业者逐步摆脱资本主义剥削，逐步摆脱资本主义道路对他们的引诱，这对于促进农业和手工业的社会主义改造也起了重要作用。

党在过渡时期的总路线，不是根据人们的主观想象，而是以从资本主义过渡到社会主义的客观的必然性要求为根据的。这种客观的要求，是基于生产关系要适合生产力发展的规律和社会主义基本规律而产生的。这些规律，要求在整个国民经济中发展社会主义经济，确立社会主义的生产关系，解决社会主义生产关系和私有制生产关系的矛盾。过渡时期总路线，是中国共产党自觉地掌握与运用这些经济规律的结果。

党的过渡时期的总路线指出了我国过渡到社会主义的道路、步骤和方法，展示了伟大祖国光辉灿烂的社会主义前景。这个总路线鼓舞了广大群众的社会主义热情，成为团结全国人民的政治基础和旗帜。正如毛泽东同志所指示的："这条总路线是照耀我们各项工作的灯塔，各项工作离开它，就要犯右倾或'左'倾的错误。"

第二节　对资本主义工商业实行社会主义改造的根据

废除资本主义私有制，实现社会主义国有化　废除资本主义的生产资料私有制，实现社会主义国有化，这是一切民族进行社会主义革命的普遍真理。无产阶级实现社会主义国有化的方法，首先就是通过国家政权用革命手段对资本实行剥夺，并将它变为社会主义国家的财产，即全民的财产。120年前，马克思和恩格斯在《共产党宣言》中就提出，无产阶级取得国家政权之后，就应该"运用自己的政治统治，一步一步地夺取资产阶级所有的全部资本，把一切生产工具集中在国家手里，即集中在已组织成为统治阶级的无产阶级手里，并尽可能更快地增加生产力的总量"。①

伟大的十月社会主义革命，在人类历史上第一次开辟了走向社会主义的康庄大道。俄国十月革命之后，苏维埃政权立即夺取了旧政府的国家银行，不久即宣布了银行国有。俄国共产党和列宁曾准备通过工人监督，对其他大部分资本主义企业实行逐步过渡到国有的办法。但是资产阶级先用有组织的怠工来反抗工人阶级，继而勾结外国帝国主义来谋求推翻苏维埃政权。于是工人阶级的国家先将中等以上的资本主义企业收归苏维埃政权所有，其后，由于资产阶级的加紧反抗和怠工，由于战争的严重情况，一些中小企业也被没收，集中到国家手里。

远在110多年前，恩格斯在回答能不能用和平的办法废除私有制这个问题时曾说过："但愿如此，共产主义者也会是最不反对这种办法的人。""但他们也看到，几乎所有文明国家的无产阶级的发展都受到强力的压制，共产主义者的敌人这样做无异是想尽方法引起革命。""那时，我们共产主义者将会用实际行动来捍卫无产阶级的事业，正像现在用语言来捍卫它一样。"②列宁领导下的共产党和俄国工人阶级英勇地捍卫了无产阶级的事业，并以自己的首创行动，提供了社会主义革命的先例。

中国革命是伟大十月社会主义革命的继续。在中国共产党和毛泽东同志领导下的中国工人阶级，在夺取了国家政权之后，立即剥夺了资本主义经济中主要的、垄断的部分，即中国官僚资本部分，而对其余的中小资本，即中国民族资本部分，采取了社会主义的和平改造的办法，以国家资本主义作为过渡形式，把它们逐步转变为全民所有。中国社会主义革命的发展，在废除资本主义生产资料所有制和消灭资产阶级这一方面，对国际共产主义运动提

---

① 马克思、恩格斯：《共产党宣言》，《马克思恩格斯全集》第4卷，人民出版社，1958，第489页。

② 恩格斯：《共产主义原理》，《马克思恩格斯全集》第4卷，第366页。

供了新的历史经验。

党中央和毛泽东同志提出的过渡时期总路线，规定对民族资本主义工商业采取和平改造的办法，并不是凭主观愿望任意确定的，而是对我国各方面的实际情况和条件进行了深刻的马克思列宁主义的分析而确定的。这就是说，在我国历史条件下，客观上存在着通过和平的办法把民族资本主义工商业改造成为社会主义企业的可能性。那么，什么是改造资本主义工商业的客观依据呢？

我国对民族资本不实行强力剥夺而实行逐步改造的办法，当然不是说工人阶级没有力量来剥夺他们，也不是说这种办法不需要强力。事实上，采取这种办法，同样需要工人阶级有强大的政治力量和经济力量。因为这种办法，意味着在社会主义革命的一定时期内，既要允许资本主义经济存在，又要使其不向资本主义方向发展，而向社会主义道路逐步过渡。任何剥削阶级都不会自动退出历史舞台。既允许资本主义存在，它就必定会成为一种经济力量和政治力量，必然要按照自己的要求发展资本主义，反对社会主义。为了战胜资本主义，也就需要工人阶级具有强大的政治优势和经济优势，并且不断加强这种优势，使资产阶级感到除了依从工人阶级以外没有其他任何出路，他们才会接受社会主义改造。

无产阶级专政　首先，强大的无产阶级专政是我国对资本主义工商业实行社会主义改造的基本保证，也是党实行这个政策的基本依据。

马克思在 1875 年就指出："在资本主义社会与共产主义社会之间，横着一个从前者进到后者的革命转变时期。同这个时期相适合的也有一个政治过渡时期，而这个时期的国家只能是无产阶级的革命专政。"[①] 我国的人民民主专政，就是这种无产阶级的革命专政。这个专政的目的和作用就是：压迫国家内部的反动阶级、反动派和反抗社会主义革命的剥削者，防御国家外部敌人的颠覆活动和可能的侵略，彻底消灭人剥削人的制度，并且按照社会主义原则改造整个社会，把我国建成一个具有现代工业、现代农业和现代科学文化的社会主义国家，然后逐步过渡到共产主义。

---

① 马克思：《哥达纲领批判》，《马克思恩格斯文选》（两卷集）第 2 卷，苏联外国文书籍出版社，1955，第 31 页。

这个政权是工人阶级领导的以工农联盟为基础的国家政权。工人阶级通过这个政权从上而下的领导，把全体劳动人民团结在自己的周围，并取得他们从下而上地直接支持，就获得了强大的政治力量。使工人阶级有力量压迫国家内部的反动阶级、反动派和反抗社会主义革命的剥削者，顽强地和持续地为反对旧社会势力和其传统而斗争，不怕民族资产阶级造反。并且使工人阶级有力量团结一切可以团结的，包括民族资产阶级在内的非劳动人民，以调动一切积极因素，化消极因素为积极因素，为完成消灭剥削和消灭阶级的事业服务。

中华人民共和国成立后，经过土地改革，彻底摧毁了封建制的基础；经过抗美援朝斗争，打退了美帝国主义的进攻；经过镇压反革命运动，打击了各种反革命分子；经过"三反""五反"斗争，又打退了资产阶级的进攻。每一次斗争，都显示了我国无产阶级专政的巨大威力，又都进一步巩固了我国的人民民主专政制度，壮大了工人阶级的政治优势。这就使得绝大部分资产阶级分子认识到，反对工人阶级是没有出路的。

工农联盟，是我国人民民主专政的基础，也是我国人民民主统一战线的基础。中华人民共和国成立后，由于工人阶级领导农民完成了土地改革，农民普遍地获得了土地；由于工人阶级手里有了强大的工业，同农民兄弟之间建立了经济上的互相支援和交换；由于无产阶级专政的国家从财政、水利、救灾、技术、文化各方面大力支援农业；并由于党和工人阶级进一步领导农民逐步向合作化的方向发展；因此，在长期革命战争（实际是农民战争）中锻炼出来的我国伟大的工农联盟，又有了新的内容，它进一步巩固和扩大了，并且逐步提高了。工农联盟的发展，不仅加强了我国的人民民主专政制度，也必然会进一步巩固我国的人民民主统一战线，巩固工人阶级同民族资产阶级的联盟。五亿农民坚定地跟着工人阶级和共产党走，这也使民族资产阶级不能不考虑他们自己所处的地位，自己的道路。

人民民主专政的国家是国民经济的组织者。社会主义经济不能自发地产生和发展，它是由于无产阶级国家有计划的活动，由于劳动人民有组织的活动而产生和发展的。无产阶级自觉地掌握和运用客观规律，制定经济政策和经济计划，对国民经济进行管理和监督。民族资本主义经济作为国民经济的一种成分，也必须服从国家的管理，服从国家的经济政策、劳动政策、税收

147

政策和一切有关法律、法令，服从工人群众的监督。这种管理和监督，无疑地都是推动它们实现社会主义改造的。

我国人民民主专政能够在过渡时期担负组织人民民主统一战线和改造资本主义经济与资产阶级分子的复杂任务，这不但说明了它的强大的政治力量，也标志着无产阶级专政的职能在国际共产主义运动上的发展。

社会主义经济优势　工人阶级掌握强大的社会主义经济优势，是推动民族资产阶级逐步接受社会主义改造的另一个基本条件。

在全国解放以前，作为无产阶级领导人民民主革命的结果，在革命根据地和解放区，工人阶级就已经建立了一部分社会主义的国营经济，培养了一部分工人阶级的经济管理干部。但这时，国营经济的数量还很小，体系也不完备。在工人阶级取得全国政权以后，立即没收了全部官僚资本，把它变为社会主义的国营经济。官僚资本是旧中国资本主义经济的主要部分，没收官僚资本，一方面使工人阶级牢牢地掌握了国家经济命脉，给社会主义经济的优越地位奠定了基础；一方面又在整个国民经济中大大地削弱了资本主义经济。

接着，党和人民政府在优先发展国营经济的方针下，大力发展了国营工业和交通运输业；集中经营银行信贷；建立了对外贸易的管制，实行了外汇的管理；建立了全国统一的强大的国营商业，并发展了合作社商业；通过市场斗争巩固了社会主义经济在全国市场上的领导地位；通过对主要农产品的统购统销和主要批发商业的国有化使社会主义经济控制了商品流通的主要环节。强大的社会主义经济的发展，奠立了对资本主义工商业进行社会主义改造的物质基础。

社会主义国营经济优势发展的结果，使国家迅速地掌握了主要的工业器材、工业原料和主要的商品货源，迅速地控制了国内市场，并使资本主义生产逐步断绝了同自由市场的联系。原来就不能成为一个独立经济体系的民族资本主义经济，在原料和商品的供应，市场销售和商品运输等方面不依附于社会主义国营经济就更难以生存下去了。这样，民族资本主义经济就不得不接受社会主义国营经济的领导，不得不接受社会主义改造。

民族资产阶级的两面性　民族资产阶级是一个在政治上具有两面性的阶级，这也是我国对资本主义工商业进行社会主义改造的重要根据。

无产阶级专政的国家政权与社会主义经济的巨大优势是逐步改造资本主义工商业的决定性的条件。但社会主义改造的实现，还要取决于民族资产阶级的态度，如果他们反抗工人阶级的政权，抗拒社会主义经济的领导，那么，要实现社会主义改造仍然是不可能的。

如前所述，我国民族资产阶级在民主革命中是一个有两面性的阶级。他们有革命性的一面，又有妥协性的一面。在中华人民共和国成立后的具体历史条件下，民族资产阶级原有的两面性发展和转化成为对社会主义革命的两面性。在社会主义革命时期，他们的两面性，表现为既有拥护宪法，愿意接受社会主义改造的一面，又有剥削工人阶级、走资本主义道路的一面。

在社会主义革命中，工人阶级要消灭剥削制度和剥削阶级。民族资产阶级已经是革命的对象，是行将被消灭的阶级。从阶级本能出发，他们强烈地要求发展资本主义，反对社会主义道路。不经过斗争，他们是不肯退出历史舞台的。民族资产阶级对于社会主义革命消极的反动的这一面，是完全不能忽视的。这一面，就决定了对资本主义工商业的社会主义改造必然是一场十分尖锐的阶级斗争。民族资产阶级拥护宪法，愿意接受社会主义改造的一面，则是由于我国民族资产阶级在经济上和政治上的软弱性，由于工人阶级力量的强大，由于工人阶级在历史上同民族资产阶级的统一战线的关系，由于他们在解放后所处的现实条件所造成的，并且同工人阶级对他们的政策也是分不开的。我国工人阶级同民族资产阶级在人民民主革命中有着长期的联盟的历史关系。在这个联盟中，在党的又联合又斗争的政策下，民族资产阶级受到了教育，有了提高。在全国解放以后，民族资产阶级的代表参加了人民政治协商会议，同意了共产党提出的共同纲领，表示愿意接受工人阶级和共产党的领导，表示愿意继续留在人民民主统一战线之内。这样，工人阶级也就没有理由中断这种联盟。正是他们的两面性中包含有积极性的这一面，就决定了我国过渡时期工人阶级同民族资产阶级之间的矛盾可以用特殊的方式，即社会主义改造的方式来解决。

民族资产阶级在社会主义革命中的这种两面性，决定了我国对资本主义工商业进行社会主义改造的可能性，又决定了这种社会主义改造只能是阶级斗争在一种特殊形式下的继续。工人阶级正确利用对资本主义工商业和平改造的这种可能性，是有利于人民，有利于社会主义的。

国际条件　我国进行社会主义革命和苏联当时进行社会主义革命的国际条件，已经发生了巨大的变化。我国革命是处在这样一个伟大的时代：由俄国十月革命开始的由资本主义向社会主义过渡的时代。第二次世界大战以后，社会主义已经成为一个十分坚强的国际阵营，被压迫民族反对帝国主义的斗争正在进入高潮。中国革命的胜利，进一步改变了世界的面貌。社会主义正以雷霆万钧之势磅礴于世界，国际资本主义则到了日暮途穷的境地。加以伟大的苏联和其他兄弟国家对我国的热情支持和援助，我国的社会主义革命是处在极其有利的国际条件之下。民族资产阶级不能不看到这种东风日劲、西风日蹙的国际局势，也不能不想到当年俄国资产阶级反抗苏维埃政权的悲惨下场。这种国际形势，也有利于促使资产阶级分子逐步接受改造。

这些，就是我国对资本主义工商业进行社会主义改造的客观依据。正如刘少奇同志所说："工人阶级的国家领导权和工农的巩固联盟，社会主义经济在国民经济中的领导地位，国内统一战线的关系，并加上有利的国际条件，就是我国所以能够通过和平道路消灭剥削制度、建成社会主义社会的必要条件。"[1]

对资本主义工商业实行社会主义改造的意义　"革命在任何地方都是完全不以个别政党和整个阶级的意志和领导为转移的各种情况的必然结果。"[2]　正是由于历史条件的不同，苏联工人阶级不得不对全部资本主义经济采取强制剥夺的办法，而中国工人阶级则有可能对垄断资本采取强制剥夺、而对中小资本采取社会主义改造的办法。苏联和中国在社会主义革命上所呈现的这种不同的特点，只是形式、方法和手段的不同。而工人阶级建立无产阶级专政，进行社会主义革命，消灭资本主义剥削制度和消灭资产阶级这些马克思列宁主义基本原则，在苏联和中国社会主义革命中的体现则完全是相同的。把马克思列宁主义的基本原则正确地适应于各个国家的特殊情况，创造性地运用它们，这正是马克思列宁主义伟大生命力之所在，也是马克思列宁主义能够日益丰富和发展之所在。

我国对民族资本主义工商业的社会主义改造是在实现了人民民主专政之

---

① 刘少奇：《关于中华人民共和国宪法草案的报告》，《中华人民共和国宪法》，人民出版社，1954，第56页。
② 恩格斯：《共产主义原理》，《马克思恩格斯全集》第4卷，第366页。

后进行的。有人把工人阶级夺取政权，同工人阶级夺取政权之后用和平的办法进行社会主义改造这两件事混同起来。这是一种糊涂观念。这种糊涂观念，掩盖了一个最根本的真理，即列宁所反复阐明的："一切革命的根本问题是国家政权问题。"无产阶级领导人民群众打碎资产阶级的国家机器，建立无产阶级专政的政权，这是一件事。无产阶级在取得政权之后，依靠这个专政，在生产资料所有制方面进行社会主义改造，这又是一件事。这是不能混同的两件事，必须有前者，才能有后者。这一点，在苏联是这样，在欧亚各社会主义国家是这样，在我国也是这样。我国对资本主义工商业进行社会主义的和平改造，正是中国工人阶级经过二十二年残酷的武装斗争，推翻国民党的反动统治，取得国家政权的结果。同时，也是和对大资产阶级实行暴力剥夺结合在一起的。它实际上是暴力剥夺办法的补充。

中国共产党和毛泽东同志对待官僚资本与民族资本——中国资本主义经济中的两个不同的部分，对待官僚资产阶级与民族资产阶级——中国资产阶级中的两个不同的部分，历来是有区别的。在整个民主革命阶段，对两者都是采取区别对待的政策。在社会主义革命中，在变革所有制这个重大的问题上，对官僚资本和对民族资本采取不同的办法，并把两种办法结合起来，则无论在经济上或政治上，无论在消灭资本主义或在消灭资产阶级的问题上，都收到极其良好的效果。

从经济方面看，由于对官僚资本实行没收的办法而对民族资本实行社会主义的和平改造的办法，这就在人民解放战争震撼中国社会的革命大变动时期，稳定了资产阶级中占绝大多数的上层小资产阶级和中等资产阶级，彻底孤立了大资产阶级，使工人阶级集中力量一举而迅速地消灭了最反动的生产关系，没收了占最大数量的资本，掌握了国家经济命脉，奠定了国营经济的优越地位。同时，在很大程度上削弱了资本主义经济，使中小资本处于孤立的地位，不得不服从国家的领导和管理，并逐步走上社会主义改造的道路。而对众多的中小资本实行和平改造的办法，就使中国工人阶级在初创政权的时候，避免了拿出极大力量来组织遍布城乡的生产和供销机构，并负担起安排千百万人生活和职业的沉重担子；避免了由于广泛地剧烈变动所引起的生产停顿和人民生活的不便；反而在逐步改造的过程中，利用了民族资本有利于国计民生的积极作用，利用了民族资产阶级的知识与经验，为恢复和发展国民经济服务。这样做，还使工人阶级赢得了时间，腾出手来，从事更重要的政治和经济建设，从而奠定强大的社会主义经济基础，为彻底消灭资本主义创造条件。这些，对于原来经济上十分落后的我国来说，无疑是非常必要的。

从政治上来说，消灭了官僚资产阶级，就消灭了帝国主义统治和压迫中国人民的头号帮凶，给了帝国主义以沉重的打击。而团结了民族资产阶级则增强了工人阶级反对帝国主义的革命力量。这对中国人民在过渡时期处理国外的主要矛盾，即中国与帝国主义国家的矛盾无疑是有利的。同时，这样做，也有利于中国人民在过渡时期解决国内的主要矛盾，即工人阶级与资产阶级的矛盾。因为，对民族资产阶级分子采取社会主义改造的办法，是有利于彻底消灭民族资产阶级的办法。资产阶级的消灭，不仅在于他们从事剥削的经济基础的丧失，而且必须是他们绝大多数人在政治立场和思想意识上背弃本阶级，转移到劳动人民方面来。如果工人阶级与资产阶级之间，不是完全处于对抗的状态，而是处于有联合有斗争的状态，是有利于做到这一点的。因为资产阶级是不会自动地背弃本阶级的，他们转移到劳动人民方面来，必须有赖于工人阶级对他们进行教育和改造。我国的民族资产阶级，过去即和工人阶级保持着有联合有斗争的统一战线的关系。工人阶级取得政权后，不对他们采取剥夺的办法，而采取逐步进行社会主义改造的办法，就可以继续同他们保持有联合有斗争的统一战线的关系，继续对他们进行教育和改造，把它们争取到社会主义方面来。并且，对民族资本主义工商业逐步进行社会主义改造，也就是在这个改造过程中，在这个改造的阶级斗争的实践中，逐步改造民族资产阶级分子。当然，在企业的改造基本完成，即基本上转变为社会主义性质的企业以后，改造资产阶级分子还是一个长期的任务。但是，随着企业的这种转变，也给改造资产阶级分子提供了更有利的条件。

第三节　党和国家对资本主义工商业改造的政策

在中国的历史条件下，中国工人阶级已经具备了对资本主义工商业进行社会主义和平改造的可能条件。但是要把这种可能变成现实，还有待于工人阶级采取正确的政策。从这一方面来说，在可能条件具备之后，正确地制定政策就具有决定性的意义。党中央和毛泽东同志坚持了马克思列宁主义的普遍真理同我国革命的具体实践相结合的原则，按照我国的具体历史条件，创造性地运用了马克思列宁主义的原理，制定了对资本主义工商业的社会主义改造的政策。

正如刘少奇同志所指出的："对民族资本主义工商业的社会主义改造，我们运用了马克思关于无产阶级在一定条件下可以对资产阶级采取赎买政策的思想，运用了列宁关于无产阶级专政下采取国家资本主义政策的思想，总结了我党在革命根据地中关于工商业政策的经验，并且按照解放后的我国具体条件，对资本主义工商业实行了利用、限制和改造相结合的政策，通过由低级到高级的各种国家资本主义的形式，来实现这种改造。"①

马克思关于赎买政策的思想　马克思和恩格斯曾经指出，无产阶级取得政权，使自己成为政治上的统治阶级之后，可以用没收资本家财产的办法，或者用赎买的办法，来改变资本主义所有制为社会主义所有制。1847 年，恩格斯在《共产主义原理》一文中，就提到过"直接用纸币赎买的办法"。② 1894 年，恩格斯在《法德农民问题》一书中论及属于资本主义性质的大土地所有制说：

> 只有对于大土地所有制，事情才是十分简单的。这里摆在我国面前的是些毫无掩蔽的资本主义企业，因此我们也就不能有任何迟疑的余地。这里摆在我们面前的是农村无产阶级大众，因而我们的任务是很清楚的。我们的党一经掌握国家政权时，就应该干脆地剥夺大土地所有者，也像剥夺工厂主一样。至于这一剥夺是否要用赎买办法实行，这大半不是取决于我们，而是决定于我们取得政权时的情况，尤其是取决于大土地所有者老爷们自己的行为。我们并不认为，赎买办法在任何情况下都是不容许的；马克思向我讲过（并且讲过好多次！）他的意见：假如我们能用赎买方法完全摆脱这个匪帮，那对于我们就会是最便宜不过的了。③

---

① 刘少奇：《在庆祝中国共产党成立四十周年大会上的讲话》，人民出版社，1961，第 6 ~ 7 页。
② 恩格斯：《共产主义原理》，《马克思恩格斯全集》第 4 卷，第 367 页。
③ 恩格斯：《法德农民问题》，《马克思恩格斯文选》（两卷集）第 2 卷，第 439 页。

可见，马克思和恩格斯并没有把没收资本家的财产，看成是改变资本主义所有制为社会主义所有制的唯一方式。无产阶级在取得政权之后，究竟采取什么方式来消灭资本主义经济，必须根据自己当时所处的具体历史条件。列宁在评论马克思这一观点的时候就说过："至于变革的形式、方法和手段，马克思既没有束缚自己的手脚，也没有束缚未来的社会主义革命活动家的手脚，他非常懂得在变革时会有怎样多的新问题发生，在变革进程中整个情况会怎样变化，在变革进程中整个情况会怎样频繁而剧烈地变化。"[1]

列宁关于国家资本主义政策的思想　列宁在俄国十月社会主义革命胜利之后，根据并且发展了马克思的这一思想，提出了通过国家资本主义的过渡形式达到社会主义的计划。

列宁指出，国家资本主义所存在的国家的性质和社会经济条件，决定着它的性质和作用。无产阶级专政下的国家资本主义，只能是从属于工人阶级国家，为工人阶级的社会主义事业服务，它和资本主义国家为资产阶级服务的国家资本主义是完全不同的。他说："在政权属于资本的社会的国家资本主义和无产阶级国家的国家资本主义，这是两个不同的概念。在资本主义国家中，国家资本主义为国家所承认并受国家监督，它有利于资产阶级和反对无产阶级。在无产阶级国家里，国家资本主义也为国家所承认并受国家监督，但它有利于工人阶级，目的在抵抗依然很强大的资产阶级并和他们做斗争。"[2]

苏联在十月革命胜利之后，是一个小商品经济占绝大比重的国家。这种自发的小商品经济和私人资本主义共同携手，反对社会主义。当时列宁曾经设想，通过工人监督的办法，把私人资本主义引导到国家资本主义轨道上去，把当时不可避免的资本主义用来作为小生产与社会主义的中间环节，作为提高生产力和同小资产阶级自发势力做斗争的手段、途径和方法来加以利用，使国家资本主义成为向社会主义过渡的阶梯。他曾经指出：如果当时"有了国家资本主义，那么过渡到完全的社会主义就会很容易，就会很有把握，因为国家资本主义是一个集中的，有统计的，有监督的和社会化的东西"。[3]

---

[1]　列宁：《论粮食税》，《列宁全集》第 32 卷，人民出版社，1958，第 328 页。

[2]　列宁：《共产国际第三次代表大会》，《列宁全集》第 32 卷，第 477～178 页。

[3]　列宁：《全俄中央执行委员会会议》，《列宁全集》第 27 卷，人民出版社，1958，第 269 页。

但是，俄国资产阶级以发动国内战争来回答列宁的办法，俄国工人阶级就只得"用赤卫队来攻击资本"，实现了资本主义企业的国有化。1921 年国内战争结束之后，列宁重新提出实行国家资本主义的主张。照列宁的说法是"必须退到国家资本主义"，"不作这样的退却，我们就不能恢复同农民应有的联系"。① 这是因为，当时苏俄的国民经济遭受到严重破坏，生产十分凋敝。国家必须首先振兴农业，而振兴农业，又必须同时恢复工业生产，以掌握工业品与农民交换，巩固工农联盟。因此，列宁这时提出把国家资本主义作为比不受国家节制的私人资本主义、比小生产更高的经济形式，利用它来提高生产；同时，又利用它作为反对小生产和私人资本主义自发势力的工具，利用它来实现国家的统计和监督，利用它来实现从资本主义到社会主义的过渡。他说，在当时情况下："或者是设法把这种在有千百万小生产者存在的情况下必然发生的非国营的私人交换的一切发展，即商业的，即资本主义的一切发展，一概加以禁止，加以封闭。""或者（这是最后一种行得通的和唯一合理的政策），不去试图禁止或封闭资本主义的发展，而努力把这一发展引上国家资本主义轨道。"同时提出，"靠什么条件来做成这件事，怎样保证在不久的将来把国家资本主义变成社会主义"。②

苏俄在 1921 年后所实行的国家资本主义是把已经没收归国家所有的某些企业，以租让、租借等形式，在一定时期内移交给资本家去经营，承租人向苏维埃政府提供规定的义务。其中租让制主要以外国资本家为承租人，租借制以本国资本家为承租人。这是当时国家资本主义的主要形式。此外，还有苏维埃政府与本国或外国资本家合办的经营国外贸易的合股公司。列宁还提到，让资本家代销国营企业的产品和替国家向小生产者收购产品也是一种国家资本主义形式。国家资本主义在苏联没有获得显著的发展。租让制企业只有 5 万个工人，租借制企业只有 3.5 万个工人。这主要是由于社会主义工业迅速地恢复起来了，社会主义工业、商业和合作社商业很快地占了优势力量。社会主义已有可能用自己的力量来建立城乡联系，无须借助于国家资本主义了。

---

① 列宁：《全俄苏维埃第九次代表大会》，《列宁全集》第 33 卷，人民出版社，1957，第 133 页。

② 列宁：《论粮食税》，《列宁全集》第 32 卷，第 335～336 页。

列宁曾经设想在实现国家资本主义的过程中，把赎买办法和镇压办法结合起来，把赎买办法同国家资本主义结合起来。他说过："一方面对不文明的资本家，即对那些既不肯接受'国家资本主义'，也不想实行任何妥协而继续以投机、收买贫民等方法来破坏苏维埃措施的资本家加以无情的惩治；另一方面与文明的资本家，即与那些肯接受'国家资本主义'，能实施'国家资本主义'，能聪明练达地组织真正用产品供应千百万人民的最大的企业而对无产阶级有益的资本家谋求妥协，或向他们实行赎买。"①

列宁对苏俄当时的国家资本主义的性质作了明确阐明。列宁指出了当时苏俄的国家资本主义在企业内部的生产关系上虽然是资本主义的，但它已经是社会主义经济与资本主义经济的联盟，已经与无产阶级的国家联系在一起。列宁说：租让制"这就是苏维埃政权、即无产阶级的国家政权为反对小私有者的（宗法式的和小资产阶级的）自发势力，而和国家资本主义缔结的一种合同、同盟或联盟。承租人就是资本家。他们按资本主义方式经营。是为了要获得利润"。② 他又说；"国家资本主义，就是我们能够加以限制、能够规定其活动范围的资本主义，这种国家资本主义是同国家联系着的，而国家就是工人，就是工人的先进部分，就是先锋队，就是我们。"③

列宁还指出无产阶级专政条件下的国家资本主义，是工人阶级同资产阶级做斗争的一种手段。他说："租让制也是一种斗争形式，是阶级斗争另一种形式的继续，而决不是用阶级和平来代替阶级斗争。"④

马克思和恩格斯关于赎买政策的思想，列宁关于国家资本主义的政策思想，由于历史条件的限制，在苏联没有获得充分实现。但是，他们这种光辉的思想，对于国际无产阶级革命运动有着巨大的理论意义和实践意义。

革命根据地关于工商业政策的经验 党制定对民族资本主义工商业的政策，处理社会主义经济同资本主义经济之间的关系，并不是从中华人民共和国成立才开始的。在民主革命阶段，从毛泽东同志领导人民建立第一个革命

① 列宁：《论粮食税》，《列宁全集》第 32 卷，第 329 页。
② 列宁：《论粮食税》，《列宁全集》第 32 卷，第 336 ~ 337 页。
③ 列宁：《俄共（布）第一次代表大会》，《列宁全集》第 33 卷，第244 页。
④ 列宁：《论粮食税》，《列宁全集》第 32 卷，第 337 页。

根据地的无产阶级政权起，就有了新民主主义经济，就确定了发展社会主义经济、力争社会主义经济实现对私人经济领导的政策。这是我国革命的一个特点。

党在革命根据地的工商业政策，是基于中国民族资本主义经济的特性和对它进行正确的阶级分析而制定的。在革命根据地，买办官僚资本很少，封建地主阶级和民族资产阶级是两个主要的剥削阶级。党对这两个剥削阶级采取了不同的政策。这就是：没收封建地主阶级的土地归农民所有（抗日战争时期是减租减息政策），保护民族工商业。在以后大规模进行土地改革的时候，还明确规定，对地主所经营的工商业，因为它们还有利于社会经济的发展，也不没收，同样加以保护。这种区别对待的政策，对孤立反动地主阶级，发展革命根据地的经济，起了重要的作用。

在1927年到1931年间，民族资产阶级的不少人曾附和了蒋介石的反动。那时，党的一部分领导者曾经对民族工商业采取过过左的错误政策，如过高的所得税率、在土地改革中侵犯工商业者，甚至提出"一切工厂归工人"的口号。这种过左的政策，就把中小资产阶级的一部分人"驱到豪绅一边，使他们挂起白带子反对我们"。毛泽东同志和其他一些党的领导同志批评了这种过左的政策，提出了保护民族工商业的政策，并且指出，就是对附和了蒋介石的民族工商业者，在政治上仍然应该争取他们，在经济上应该保护他们。在以后，毛泽东同志又全面地提出了"发展生产、繁荣经济、公私兼顾、劳资两利"的新民主主义的经济方针，并把它和"发展经济、保证供给"的经济建设总方针联系起来，使前者为后者服务。

同时，民族资本主义经济是具有积极的和消极的两重作用的经济，其消极作用的一面对新民主主义经济的发展是一种破坏因素。党又全面地掌握了民族资本主义经济的两重作用的特性，在执行保护政策的同时，又执行了领导的政策，以领导它们正确地发挥积极作用，限制其消极作用。如在劳动政策方面，采取了"适当地改善工人生活和不妨碍资本主义经济正当发展的两重性的政策"，[①] 在活动范围方面，在税收政策方面，在市场价格方面，革命根据地的民主政府，都根据各地、各业和各个时期的具体情况，采取了

---

① 毛泽东：《〈农村调查〉的序言和跋》，《毛泽东选集》第3卷，第792～793页。

恰如其分的限制政策。对民族资本家严重的投机违法行为，还进行了必要的斗争，1948 年在山东临清地区对私人资本操纵棉花市场的投机的斗争，就是例证。

早在 1932 年 1 月，中央革命根据地就制定了《工商业投资暂行条例》，以后，有关工商业和市场管理的法令逐渐完备，1942 年延安区还设立了物品交易所。随着城市的相继解放，各解放区扩大和联系起来，各项管理工作也逐渐统一。1931 年，在中央革命根据地召开的苏维埃第一次全国代表大会通过的决议中，就规定对资本家的企业实行工人监督；解放战争时期，又实行在政府领导下由工人和资本家共同组织生产管理委员会的办法。向私营工厂加工订货，特别像公粮加工、军用被服加工，也是在解放区就开始了。

这些工作，和党在革命根据地所进行的其他革命工作一样，"实际上是为准备全国胜利而进行的长期反复的伟大演习"，[1] 在这种演习中，教育了群众，培养了干部，使党取得了丰富的经验。这些经验，就成为在无产阶级专政条件下，党制定改造民族资本主义工商业的政策的极为宝贵的借鉴。

统一战线政策在社会主义革命阶段的发展　第一章中已经讲过，在民主革命阶段，工人阶级对民族资产阶级采取了又联合又斗争的统一战线政策，这个政策在孤立敌人，扩大革命力量，争取革命胜利上发挥了重要作用。1939 年，毛泽东同志在总结中国民主革命的历史经验时指出："统一战线，武装斗争，党的建设，是中国共产党在中国革命中战胜敌人的三个法宝，三个主要的法宝。"[2] 1950 年，在中国人民政治协商会议全国委员会第一届第二次会议上，毛泽东同志讲明了我们国家经过战争，经过新民主主义的改革，然后走到社会主义的前进道路之后，接着说：

在这个远大目标上，在国外，我们必须坚固地团结苏联、各人民民主国家及全世界一切和平民主力量，对此不可有丝毫的游移和动摇。在国内，我们必须团结各民族、各民主阶级、各民主党派、各人民团体及一切爱国民主人士，必须巩固我们这个已经建立的伟大的，有威信的革

---

① 刘少奇：《马克思列宁主义在中国的胜利》，第 5 页。
② 毛泽东：《〈共产党人〉发刊词》，《毛泽东选集》第 2 卷，第 597 页。

命统一战线。①

这就是说，在社会主义革命阶段，人民民主统一战线仍然具有重大的意义，仍然是一个法宝或武器。

在社会主义革命阶段，党和工人阶级对待民族资产阶级的基本政策，仍然是又斗争的统一战线政策。这个统一战线，仍然是我国整个人民民主统一战线的辅助部分。但是，由于有了新的条件和新的革命任务，对民族资产阶级又联合又斗争的统一战线的作用，又有了新的发展。首先，社会主义革命阶段，工人阶级同资产阶级的矛盾已经成为国内的主要矛盾，资产阶级已经成为革命的对象。因此，工人阶级同资产阶级的联盟，除了它原来的任务，即反对帝国主义等共同敌人的任务之外，它实质上是在工人阶级领导下处理阶级矛盾的一种形式，是阶级斗争的一种形式。工人阶级通过这个联盟，鼓励资产阶级分子接受社会主义改造的一面；对他们走资本主义道路的一面进行批评和斗争，求同克异，逐步克服不同的一面，逐步把他们同化于劳动人民，同化于工人阶级。其次，在社会主义革命阶段，由于工人阶级手里有了强大的社会主义经济，资本主义经济不能不依附于社会主义经济，因而，工人阶级和资产阶级之间，就有了更多的经济方面的联系。这种联系，成为统一战线的一个重要内容。在社会主义革命阶段，资本主义经济是要被消灭的。因此，这种经济方面的联系，同样是阶级斗争的一种形式，工人阶级通过这种联系，利用资本主义的积极作用，限制它的消极作用，逐步用社会主义的生产关系代替资本主义的生产关系，把资本主义经济逐步改变成为社会主义经济。

因此，我们可以说，党和国家改造资本主义工商业和改造资产阶级分子的政策，都是又联合又斗争的统一战线政策的继续，是工人阶级对待民族资产阶级这一基本政策在新的历史条件下的发展。这种发展，使它具备了新的内容。它的具体内容，可以归纳为以下四个方面。

第一，不剥夺民族资产阶级的政治权利　对于民族资产阶级，不是剥夺

---

① 毛泽东：《在中国人民政治协商会议全国委员会第一届第二次会议上的讲话》，人民出版社，1953，第 7～8 页。

他们的政治权利,而是依照宪法保障他们和劳动人民平等的政治权利。对于民族资产阶级的党派和政治团体,承认他们的合法地位,并吸收他们的代表参加人民民主专政的政权工作。

列宁说过,无产阶级专政的国家"镇压资产阶级是必要的。但剥夺它的选举权和平等权利并不是必要的。""在十月革命以前或以后,谁也没有把资产阶级赶出苏维埃。资产阶级自己离开了苏维埃。"① 他又说:"剥夺剥削者的选举权问题,是纯粹俄国的问题,而不是一般无产阶级专政的问题。"② 在我国,既然工人阶级和民族资产阶级保持了联盟关系,给予民族资产阶级以民主权利,是其自然的结果。但是,这种民主,是无产阶级专政的民主,是民主集中制的民主,是为社会主义服务的手段。工人阶级对于资产阶级及其党派和政治团体,是采取协商的办法来处理有关他们利益的问题,并在社会主义改造中,安排一部分资产阶级代表人物担任政府工作,以调动他们的积极因素,和促进对资本主义工商业的改造。第二国际的机会主义者们,在谈论无产阶级国家的普选制的时候,迷恋于"纯粹民主",抹煞剥削者和被剥削者的不平等关系,反对无产阶级专政。我国给民族资产阶级以选举权利,是与他们的修正主义观点有根本区别的。

我国各民主党派主要是在抗日战争时期形成的。它们的社会基础是民族资产阶级、上层小资产阶级和它们的知识分子。这些党派是:中国国民党革命委员会、中国民主同盟、中国民主建国会、中国民主促进会、中国农工民主党和九三学社。

民族资产阶级的代表人物参加了人民民主专政政权机关的工作,但它作为一个阶级又要被消灭,这是一个矛盾的统一。无产阶级专政不但需要无产阶级对于国家机关的坚强领导,而且需要最广大的人民群众对于国家机关的积极参加,二者缺一不可。列宁说:"无产阶级专政,是劳动者的先锋队——无产阶级同人数众多的非无产阶级的劳动阶层(小资产阶级,小业主,农民,知识界等等),或同他们的大多数结成的特种形式的阶级联

---

① 列宁:《俄共(布)第八次代表大会》,《列宁全集》第29卷,人民出版社,1956,第158页。

② 列宁:《无产阶级革命和叛徒考茨基》,《列宁全集》第28卷,人民出版社,1956,第236~237页。

盟……是为最终建成并巩固社会主义而成立的联盟。"① 列宁所说的阶级联盟的范围，在不同的历史条件下是可以不同的，但是无产阶级专政总是一定形式的阶级联盟，这一点则是无可怀疑的。民族资产阶级既然在历史上同工人阶级有联盟的关系，他们的某些代表人物也参加了革命根据地的联合政府的政权工作，现在他们又表示拥护共同纲领，拥护宪法，工人阶级也没有理由不吸收他们参加人民民主专政的政权工作。工人阶级吸收他们参加政权工作，不但对于教育和改造他们有重大的作用，而且可以利用他们的知识来为社会主义建设服务，可以壮大反对帝国主义的力量。正如刘少奇同志所指出的："最广泛的统一战线和广泛的爱国主义团结不但没有损害我们的无产阶级专政，而且有利于无产阶级专政的巩固和发展。"②

第二，对资本主义工商业实行利用、限制和改造的政策 对于资本主义工商业，不是采取没收或者挤掉的办法，面是采取利用、限制和改造相结合的政策。中华人民共和国宪法第十条规定："国家对资本主义工商业采取利用、限制和改造的政策。国家通过国家行政机关的管理、国营经济的领导和工人群众的监督，利用资本主义工商业的有利于国计民生的积极作用。限制它们的不利于国计民生的消极作用，鼓励和指导它们转变为各种不同形式的国家资本主义经济，逐步以全民所有制代替资本家所有制。"

如前所说，在我国过渡时期初期，资本主义经济在增加物质生产、扩大商品流通、培养技术人员、积累社会资金等方面，还有一定的作用。解放后，国家根据中国人民政治协商会议共同纲领第二十六条的规定，执行公私兼顾、劳资两利、城乡互助、内外交流的经济政策。国家在经营范围、原料供给、销售市场、劳动条件、技术设备、财政政策、金融政策等方面，调剂国营经济、合作社经济、农民和手工业者的个体经济、私人资本主义经济和国家资本主义经济，使各种社会经济成分在国营经济领导之下，分工合作，各得其所。这样，就可以充分利用资本主义经济的积极作用，促进整个社会经济的发展。

---

① 列宁：《〈关于用自由平等口号欺骗人民〉出版序言》，《列宁全集》第29卷，人民出版社，1956，第343～344页。
② 刘少奇：《中国共产党中央委员会向第八次全国代表大会的政治报告》，人民出版社，1959，第46页。

当然，这种利用政策绝对不是让资本主义自由发展。在实行利用政策的同时，又必须对资本主义经济的消极作用的一面实行限制政策，否则，资本主义的盲目性、投机性和贪得无厌的剥削，就必然要危害以至破坏国民经济的发展。解放以后，国家就对资本主义工商业在活动范围方面，在市场购销和价格方面，在利润和利润分配方面，在工人劳动时间和不合理待遇等方面，进行了限制。这种限制是同资产阶级一个阶级的狭隘利益相冲突的。限制和资产阶级反限制的斗争就成为一个时期内国内阶级斗争的主要形式。

但是，利用和限制并不能根本改变资本主义的生产关系，不能解决社会主义经济与资本主义经济之间的矛盾，也不能解决资本主义本身的矛盾。为了解决这些矛盾，必须用社会主义全民所有制代替资本家所有制，实行社会主义改造。这种改造分为两个步骤，第一步是把资本主义转变为国家资本主义，第二步是把国家资本主义转变为社会主义。国家对资本主义工商业实行利用政策和限制政策的目的，都是为了实现社会主义改造。

我国的国家资本主义，概括地说，就是在社会主义经济领导下的，社会主义经济成分与资本主义经济成分在不同程度上的联系和联合。一般说，它的初级形式是对资本主义工业实行加工、订货和统购、包销，对资本主义商业让它们经销、代销商品；它的高级形式是对资本主义企业实行公私合营。社会主义经济同资本主义经济建立这种联系和联合的目的，显然不是为了保存资本主义，而是为了改造资本主义，并最后消灭资本主义。它是工人阶级同资产阶级政治联盟的结果，是为社会主义革命的政治目的服务的。

所以，我国国家资本主义的特点主要在于，它既有资本主义经济成分，又有不同程度的，以至极大程度的社会主义经济成分；社会主义经济成分经常处于领导的地位。通过社会主义经济成分与资本主义经济成分在企业外部的联系，通过社会主义经济成分从资本主义企业外部进入企业内部，并通过社会主义经济成分在企业内部的扩大，逐步改造资本主义企业的所有制关系。因此，利用国家资本主义来改造资本主义生产关系，不是一个早晨的变革，而是采取逐步过渡的方式进行的。

改造资本主义的生产关系，是国家资本主义的基本任务。然而，在我国，国家资本主义还有它另外一些特点和更广泛的作用。首先，我国对资本主义工商业的利用、限制和改造政策是通过国家行政机关的管理、国营经济的领导和工人群众的监督来执行的。在国家资本主义形式中，这三方面的力量集中起来，这就可以更好地结合，发挥更大的作用。同时，通过国家资本主义形式把资本主义经济组织起来，也就可以在逐步改变生产关系的过程中，更好地利用它们的积极作用，限制它们的消极作用。因而国家资本主义是完整地体现对资本主义利用、限制和改造政策的最好形式。其次，采取国家资本主义，就是说，在整个改造过程中，资本家并未被排斥在生产之外，并且，他们始终要对企业的生产与改造承担某种责任与义务，当然，也相应地给予他们某种权利和职权。这就使得国家在整个改造过程中能够利用资产阶级分子的技术知识与经营经验为社会主义服务，而且更可以通过生产经营与国家资本主义的实践，帮助资产阶级分子进行政治思想改造。因此，国家资本主义又是教育资本家的学校。

第三，改造资产阶级分子为社会主义的劳动者　对于资产阶级分子，采取教育的方法，把企业改造与人的改造结合起来，逐步把他们改造成为自觉的社会主义劳动者。

社会主义革命是一个空前广泛和空前深刻的社会革命，不但要根本改变社会制度，消灭生产资料私有制，消灭一切剥削，而且要在政治上和思想上根本改造一切剥削者和私有者，教育全体人民。只有这个改造工作做好了，才能实现消灭阶级、彻底解放全体人民的伟大历史任务。资产阶级分子经过了长期的资本主义实践，具有根深蒂固的资本主义的政治立场和世界观。如果不对他们进行社会主义改造，他们同社会主义始终是格格不入的。那么，工人阶级就不能顺利地实现资本主义所有制的改造，更无从消灭资产阶级。所以，我国对资本主义工商业的社会主义改造，不但包括了企业的改造，而且包括了人的改造。

党和政府对于资产阶级分子的社会主义改造，是采取民主的方法，即说服教育的方法来进行的。也就是用"团结—批评或者斗争—团结"的方法，即从团结的愿望出发，经过批评或者斗争，分清是非，在新的基础上达到新的团结。用这种方法，来帮助资产阶级分子进行自我教育和自我改造，而必要的行政和法律的手段，只是作为补充的方法。对民族资产阶级分子采取这种办法，是由于在我国历史条件下，民族资产阶级是属于人民的一部分，而不是属于人民的敌人的一部分。在 1950 年，毛泽东同志在中国人民政治协商会议第一届全国委员会第二次会议上的讲话里就指出：

> 人民民主专政有两个方法。对敌人说来是用专政的方法，就是说在必要的时期内，不让他们参与政治活动，强迫他们服从人民政府的法律，强迫他们从事劳动并在劳动中改造他们成为新人。对人民说来则与此相反，不是用强迫的方法，而是用民主的方法，就是说必须让他们参与政治活动，不是强迫他们做这样做那样，而是用民主的方法向他们进行教育和说服的工作。[①]

在人民民主专政的条件下，采取这种方法，是能够实现对民族资产阶级分子的改造的。1949 年 6 月，毛泽东同志在《论人民民主专政》一文中就指出，对于民族资产阶级"在现阶段就可以向他们中间的许多人进行许多适当的教育工作。等到将来实行社会主义即实行私营企业国有化的时候，再进一步对他们进行教育和改造的工作。人民手里有强大的国家机器，不怕民族资产阶级造反"。[②]

对民族资产阶级的社会主义改造的工作，是把企业改造和人的改造结合起来进行的。在逐步改造资本主义生产关系的同时，就通过各项政治、社会运动，通过企业改组、改造的实践，通过政治以及政府的政策、法令的学习等，对资产阶级分子进行教育。使他们了解社会发展的规律，懂得必须爱国守法、接受工人阶级的领导，认识社会主义比之资本主义的巨大优越性。这就可以在企业的改造过程中，减弱或消除资产阶级作为一个社会腐朽力量来进行反抗；并且可以启发资产阶级分子接受社会主义改造的积极性，培养资产阶级中的进步分子，在改造中起骨干作用。就是在全部企业实现公私合营、基本上变成社会主义的性质以后，仍然需要继续把企业改造与人的改造结合起来。这时企业已经成为资产阶级分子生产和工作实践的基地，成为他们接受党和工人阶级教育和监督的基地，而且通过企业中社会主义经营管理方式与资本主义经营管理方式残余的斗争，以及使社会主义经营管理方式不

---

① 毛泽东：《在中国人民政治协商会议全国委员会第一届第二次会议上的讲话》，人民出版社，1953，第 8 页。

② 毛泽东：《论人民民主专政》，《毛泽东选集》第 4 卷，第 482 页。

断健全和完善的斗争，使资产阶级分子学会劳动技能，学会社会主义的经营管理经验，并从生产和工作的实践中逐步否定根深蒂固的资产阶级思想感情和生活习惯，逐步建立起社会主义的思想，更好地为社会主义服务。因此，把企业改造与人的改造结合起来，就取得它们之间互相促进、相辅相成的作用。

第四，实行赎买政策 对于资产阶级私有的生产资料的国有化，不是无代价地收回，而是实行赎买政策，这就是说：在一定时期内，工人阶级在为国家和人民的需要而生产的时候，也为资产阶级生产一部分利润，作为向他们赎买的代价。在国民经济恢复时期，曾经规定资本家除获取不超过年息8%的股息外，还可从企业盈余中分取相当一部分的红利。从1953年到1955年全行业公私合营以前，赎买的形式采取按比例分配利润的制度，即按企业盈余多少分配1/4左右给资本家。在全行业公私合营以后，赎买的形式采取定息的制度：即在若干年内，每年付给资本家相当于其股额5%的利息。此外，原在企业任职的资方人员凡能工作的都由国家有关部门分配工作，并保留他们属于剥削性质的较高薪金，不能工作的也酌量给以安置，或者予以救济。这也是一种必要的赎买办法。

我国对资产阶级的赎买，是结合对资本主义工商业的改造、结合国家资本主义的发展实现的。它不是由国家另外拿出一笔钱来赎买，赎买的代价也不决定于资产阶级私有生产资料的价值。资本家所占有的生产资料，本来无非是资本化了的剩余价值，把它收归全民所有，本来是不需要代价的。但是，工人阶级既然允许资本主义在一定时期内存在，逐步对它进行改造，也就不能不允许资产阶级有一定的剩余价值的剥削。而赎买形式随着国家资本主义形式的发展而变化，它又起着限制剥削和最后消灭剥削的作用，起着变革生产关系的作用。赎买作为一种制度实际上成为改造资本主义生产关系的一种工具。

然而，赎买还有其更重要意义。马克思主义者从来是把对剥削阶级生产资料所实行的赎买，当作在一定条件下无产阶级革命的手段来考虑的。赎买是为无产阶级的政治目的服务的，即以最小的代价换取革命的最大胜利。在我国，由于实行赎买以及其他必要的措施，使工人阶级和资产阶级在民主革命中所形成的统一战线继续下来，在社会主义革命中发挥其作用。由于这种政策，使得资产阶级找不到任何站得住脚的理由来拒绝或者反对社会主义改造；在一定条件下，还可以调动资产阶级的积极因素，为社会主义服务，或者化消极因素为积极因素。这样，在整个变革过程中，不仅生产力没有遭到破坏，而且推动了生产的发展。在所有制的革命基本完成，资产阶级交出生产资料以后，工人阶级仍在一定时期内给资本家以定息，并安排他们的工作，保留较高的薪金。这就有利于对他们进行政治思想改造，减少改造中的阻力。这种赎买，也恰当地体现了这个阶段工人阶级与资产阶级之间的阶级关系，而有利于把革命继续推向深入。

适合中国条件的马克思列宁主义的好政策 党和国家对资本主义工商业实行社会主义改造的这一整套政策，是一个密切联系而不可分割的整体。它是党中央和毛泽东同志根据马克思列宁主义的原理，研究了中国各方面的实际情况和条件，针对国家和人民的需要而制定的。它既体现了马克思列宁主义的高度原则精神，又体现了切合中国社会特点的高度的革命灵活性。它体现了在中国历史条件下，中国工人阶级进行过渡时期阶级斗争的极其高明的策略思想。

有人认为，既然民族资本主义工商业有有利于国计民生的一面，就只应当加以利用，而不应当加以限制和改造。这种观点是完全错误的。这实际上是企图让资本主义制度长期保存下去，让资本主义道路在中国复辟。如前所述，资本主义所有制和社会主义所有制是两个对立的生产关系，它们之间存在着对抗性的矛盾。在同一个社会中，不是这个战胜那个，就是那个战胜这个，长期并存是不可能的。在利用、限制和改造政策下，工人阶级与资产阶级、社会主义与资本主义的矛盾和斗争，将是逐步展开，逐步深入的。社会主义建设愈发展，愈要求生产关系和一切旧制度、旧意识的彻底革命。社会主义革命愈深入、愈彻底，社会主义建设才能顺利，社会生产力的发展才能愈迅速。

有人认为，对资本主义工商业逐步改造是"阶级调和"的政策，他们要求用对待官僚资产阶级的政策去对待民族资产阶级，即没收民族资产阶级的财产，或者挤垮他们，剥夺他们的政治权利。这是一种出于教条主义的从"左"的方面来的误解。他们看不见中国革命的具体历史条件，看不见革命运动的复杂性。事实上，简单的没收办法，也并不能一下子把资本主义企业改造过来。在生产、分配和管理制度上，企业内部人与人的关系上，经营思想和技术组织上，都必须按照社会主义原则逐步进行改造。没收的办法，由于不曾对资本家进行政治思想改造，也并没有从政治思想上彻底消灭资产阶级。在可能条件下，采取逐步改造的办法，是完全符合工人阶级的长远利益的。采取这样的办法，工人阶级可以团结民族资产阶级的力量参加反对国内外敌人的斗争。同时，民族资产阶级虽然人数不多，但他们在我国社会上有着广泛的影响。对他们实行逐步改造，对于争取和团结国内各界民主人士以及少数民族、华侨和宗教界的上层人物，也都具有重要作用。采取这种办法，也减少了社会主义改造的阻力，并在逐步改造的过程中有条件地利用了资本主义企业的生产力和资产阶级分子的知识和经验为社会主义服务，以利于社会主义建设的进行。采取逐步过渡的改造办法，并不是像有些人所想的，会拖长改造时间。相反，改造进行得很快，到1956年，就基本上实现了所有制的变革。

由此可见，我国对民族资本主义工商业所实行的社会主义改造政策，是一种极其坚定的阶级政策。采取这种政策，能够在生产关系方面彻底地消灭资本主义，并且能够把资产阶级分子改造成为劳动者，彻底地消灭资产阶级。这当然是完全适合中国条件的马克思列宁主义的一个好政策。

第三章

国民经济恢复时期的限制与反限制斗争

第一节 反对市场投机的斗争和国家统一管理财政经济工作

解放初期对资本主义工商业的扶植 中国人民取得民主革命胜利后，面临着的一个艰巨任务就是恢复遭受了帝国主义和国民党反动派严重破坏的国民经济。为了迅速恢复国民经济，在建立和发展社会主义国营经济和合作社经济的同时，也要利用资本主义工商业的积极作用来为恢复国民经济的目的服务。

解放以前，资本主义工商业在国民党反动统治的长期压迫和恶性通货膨胀的摧残下，已经普遍地陷于奄奄一息的境地。沿海沿江的工商业城市相继解放后，由于战事还没有结束，交通运输和城乡物资交流的恢复都还需要一定的时间，资本主义工商业在原料供应、新产品销售和资金周转方面还都有不少困难。这时，资产阶级分子在思想上也是混乱和动荡不定的。他们一方面对于摆脱三大敌人的压迫，感到高兴；同时，也希望有一个独立富强的中国，多数人表示拥护共产党的领导和人民民主专政。但是另一方面，他们对共产党还有疑虑，不少人对于美帝国主义和国民党反动派是否会卷土重来，还心怀犹豫，有些人甚至对反动派抱有幻想。许多人描写他们当时的心情是"挂红旗，五星不定；扭秧歌，进退两难"。他们怕清算自己对工人的剥削罪行，怕增加工人工资，怕工人不服从调度，怕无利可图。因此，不少资本家抽走资金，消极经营；有的人等待观望，要等政府有一定办法之后，再经营业务；有的甚至抱着"吃光、用光、蚀光"就散厂的态度；还有一部分人则调集了资金，积聚起力量，利用当时通货膨胀还未制止的情况，在市场上抢购，套购物资，囤积拒售，进行投机活动。少数大资本家在解放前后逃往国外，其中大部分人以后又陆续跑回来；也有的是狡兔三窟，在大陆、香港、台湾等地都留有后路。

在这种情形下，要想能够有效地利用资本主义工商业的积极作用来为恢复国民经济的目的服务，必须一方面对有利于国计民生的工商业加以扶植，帮助它们克服暂时的困难；另一方面限制它们的消极作用，特别是要对一些资产阶级分子的猖狂投机活动，进行坚决的斗争。因此，在解放以后的大城市，党在建立社会主义经济体系的同时，立刻就采取了发放工商业贷款、供给原料、以原料换成品、收购或代销成品、委托加工以及国家暂时让出一部分销售市场等实际措施，帮助有利于国计民生的资本主义工商业克服困难、恢复生产经营，同时对民族资产阶级分子展开了宣传教育工作。1949 年 4 月，刘少奇同志曾亲到天津观察，会见了天津工商界人士，对党的"公私兼顾、劳资两利"的政策以及社会发展规律与资本主义前途等问题，都做了深刻而详尽的阐明。各地党和政府的负责同志，也会见了当地民族资产阶级的代表人物，宣传和解释党的政策。同时广泛组织资产阶级分子进行政治学习，并安排他们的代表人物参加各级人民代表会议、政治协商会议和政权机构的工作。企业里的工人群众，也在党的领导下，主动地帮助资本家克服困难，搞好生产经营，并对资本家的消极经营进行教育和批评。经过这一切努力，1949 年资本主义工商业中，除了一些有害于国计民生和不适合人民需要的行业，都在很短的时期内停止或减少了停工现象，而得到不同程度的恢复，一改过去国民党反动统治时期那种奄奄一息的情况。许多资本家也开始从动摇、怀疑中逐渐稳定下来。

1949 年各大城市对资本主义工商业的放款，一般占到国家工商业放款总额的 20% ~25%，甚至更高，如上海占 52.3%，天津占 46.9%。收购加工的工作，当时主要是在纱布、面粉等业进行的。北京市 1949 年一年中花纱布公司向染织业收购和以原料交换各种布匹，占该业总产量的 54%；百货公司以交换、委托加工、收购、包销等方式帮助了 1700 多个工厂和作坊恢复生产。上海市花纱布公司 1949 年以代纺代染、短期定货及收购等方式维持了全市 2/3 以上的私营纺织染厂。天津市粮食公司对面粉业的加工占该业生产总量的 70% ~ 80%。

经过这种扶植，根据上海市 1949 年 12 月对全市 68 个工业行业的调查，在 10078 家工厂中，开工的已达 61.7%，其中钢铁炼制工业、机器造纸工业、棉纺织业等开工户数已占全业总户数的 80% 以上，造船业、碾米业、医疗器械业等甚至达到 100%。天津市私营工厂，不但纷纷复工，东亚企业公司并筹建毛织分厂，橡胶、织染、五金冶炼、机器等业，不少工厂都在增添机器、扩大营业。该市 14 种工业的用电量 1949 年 10 月比 4 月增加了 279%。解放较早的沈阳市，1949 年 6 月至 12 月，私人资本主义工业，由 9727 家，增加到 12007 家，即增加了 23%，工人人数由 42590 人增加到 50413 人，增加了 18%。

这些措施不但帮助资本主义工商业克服了困难，而且在社会主义和资本主义经济之间初步建立了一些联系，在工业中开始出现了国家资本主义的萌芽。但是，要有效地限制资本主义的消极破坏作用，特别是要改变它从半殖民地半封建条件下带来的各种劣根性，是非通过严重的斗争不能办到的。工人阶级与民族资产阶级之间限制和反限制的第一场严重斗争，就是 1949 年和 1950 年初反对市场投机的斗争。

反对市场投机的斗争　中华人民共和国成立前后，除东北外，各地物价还处于剧烈上涨的局面。

当时国内解放战争尚在进行，国民党政府所遗留下来的几百万军政人员需要全部包下来，交通、工业需要重点恢复，众多失业人口尚待救济，财政开支巨大。而国家收入则由于国民党反动统治所造成的财政经济极端混乱状态，一时还难于恢复。1949 年国家财政支出中还有 2/3 的赤字，不能不增发货币来弥补。它的结果是：一方面解决了当时解放战争和生产恢复的需要，而另一方面则仍然不能避免物价上升的局面。但是，如果仅是这方面的原因，物价的上升应当是缓慢的，并且不会出现大规模的涨风。这时物价剧烈上涨的原因，主要是由于私人投机资本在市场上兴风作浪。解放初期国营经济还不够强大，私人资本主义在城市经济中还占有很大比重。民族资产阶级中不少人对人民政府还不信任，不少人认为共产党是"军事内行、经济外行"。于是，他们就利用国家和人民的暂时困难，乘国家之危，凭借他们所保有的经济力量，捣乱金融、囤积居奇、哄抬物价、疯狂地追逐暴利，掀起物价风潮。1949 年 4 月、7 月、11 月和 1950 年 2 月，出现了四次大规模的物价涨风。上海市从 1949 年 6 月到 1950 年 2 月，批发物价上涨了约 20 倍。物价的剧烈上涨，给国家和人民造成严重的损失，给各项工作带来巨大的困难。

上海解放后，投机资本家以"证券大楼"为总指挥部，利用几千部电话和专设的对讲电话与分布在全市的据点联系，银元贩子四出造谣，在 10 天左右的时间内，将银元价格哄抬近两倍。银元暴涨带动了整个物价上涨，从上海解放到 6 月 9 日的 13 天内，物价水平上涨了 2.7 倍。黄金上涨了 2.1 倍。当物价疯狂上涨的时候，有些商号居然拒绝用人民币来标价。其他大城市在初解放的时候，也都发生过类似的金融投机。

北京市的"粮老虎"王振廷，在 1949 年 11 月的物价涨风中，利用国营粮食公司规定私商每出售一袋面粉可向公司购进 66 斤小麦的机会，在 11 月 11 日由他的长顺号面粉厂抛售面粉 678 袋，但大部分又由他的联号永盛德、永盛厚买回，这样套购了国营公司大批小麦。他又利用空头支票进行场外交易，指挥各联号相继提高面粉售价，并先后囤积了粮食 50 万斤，面粉 438 袋。类似的"老虎"在其他城市其他行业中也都存在。

囤积居奇是这时投机资本获取暴利的主要手段。上海一个纱商在 1949 年 10 月 10 日一天中，非法拆款购进棉纱 89 件，在 11 月涨风中出售，获利达棉纱 80 件。囤积之风盛时，有些粮商也购进布匹，布商也购进粮食，来回套购，倒买倒卖。

私人资本进行这样猖獗的投机活动，按其性质说是与国营经济争夺市场领导权的斗争。不制止这种投机活动，求得金融物价的稳定，就没有可能进行恢复国民经济的工作，就没有可能真正确立国营经济的领导地位，也不可能恢复私营工商业的正常的生产经营。

共产党领导下的工人阶级，依靠无产阶级专政，国营经济和人民群众的巨大力量，以行政措施配合经济力量，进行了反对市场投机的斗争。在斗争中，党和国家除了积极恢复国营工业，建立和发展国营商业、合作社商业，逐步树立社会主义经济在市场上的优势外，主要采取了如下一些措施。

一、金融管理。在国民党长期的恶性通货膨胀下，金银外币成为市场物价波动的先驱。在各大城市中，情况尤为严重。根据这一情况，在建立与健全社会主义金融体系的同时，各地党政部门都及时发动群众，组织反银元、金钞投机的斗争。同时，公布了金银外币的管理办法，宣布禁止金银外币自由流通，并由中国人民银行举办折实存款，挂牌收兑金银外币。在上海，还封闭了金银投机大本营"证券大楼"，将操纵市场、破坏金融的首要分子200余人逮捕法办。金融管制的另一重要措施是加强对私营金融机构的管理。对一般私营银行、钱庄加强管理与监督，对于专门经营高利贷成为投机资本调动枢纽的"地下钱庄"（黑市金融业）及其他非法信用机构进行了严格取缔。这些做法，基本上制止了金钞投机活动，私营行庄业务也逐渐被置于国家银行控制之下。

二、控制主要商品，通过商品抛售，打击投机，平稳物价。国家加强了主要工农业产品的收购和调运工作，实行了对外贸易的管理，迅速地聚集了强大的物资力量。例如，由于征收公粮，当时国家已可掌握大量余粮，国营商业已控制了煤供应量的70%、棉纱的30%、布匹的50%、食盐的66%。这是打击投机，稳定物价的物质前提。正如列宁所说："如果我们能获得纵然是数量不多的商品把这些商品掌握在国家手中，掌握在有政权的无产阶级手中，并且能把这些商品投入周转，那么作为国家的我们，就能够除了政治权力之外再加上经济权力。"① 在几次物价涨风中，国营公司选择有利时机，集中地大量抛售物资，促使物价下跌，给囤积投机者以有力的打击，把涨风平抑下来。同时国营商业也在市场有利的时候，购进物资。这种市场吞吐政策，壮大了国营商业的力量，取得了商品的市场领导权。

在1949年11月的物价涨风中，同投机资本的斗争达到极其激烈的程度，这一次涨风是由上海开始的。当时在投机资本的哄抬下，进口工业原料，如五金、化工等的价格节节上升。接着纱价、粮价也猛烈上涨。在这一期间，上海物价每天上涨20%～30%。上海物价的猛涨又刺激了各地物价

---

① 列宁：《俄共（布）第十次代表大会》，《列宁全集》第32卷，第207页。

的上升。当时各大城市的投机资本家连成一气，利用电讯呼应，在市场上大肆活动，气焰十分嚣张。为了打击投机资本囤积居奇，上海国营商业部门从10月10日至11月10日的一个月中，抛售棉纱共达2万件，棉布30万匹；粮食抛售量更大，仅11月7日一天就抛售了911万斤，相当于平时交易量的10倍以上。但是，11月涨风既已蔓延成为全国性的物价涨风，仅由上海单独作战已不能解决问题。中央及时周密地研究了这一情况，作了全面布置，在全国各大城市调集了主要物资力量，于11月25日在全国各地一致行动，进行大量抛售。26日起各地物价就都开始回落，囤积居奇者措手不及，受到严重打击。这次涨风，迅速被制止。

三、加强市场管理。行政管理是直接体现国家政权作用的。当时采取的措施主要有：（1）公布工商业登记办法，普遍实行工商业登记，未经核准不得擅自开业。（2）严格管理市场交易，建立交易所，实行主要物资的集中交易，禁止栈单买卖及兼做业外生意。（3）运用行政力量管理市场价格。主要是保护国营商业的牌价不受私商破坏，而成为市场上领导的价格；对没有牌价的商品，则采取议价、核价制度。（4）管理采购。把大宗采购工作置于政府监督之下，防止争购。（5）取缔投机活动。对一般私营工商业的投机违法行为，由行政部门根据情节轻重，予以处理；对少数敌视人民政权、带头哄抬投机的反动资本家，依法制裁；对守法的私营企业，国家则予以保护。事实证明，在当时私人资本主义经济占很大比重的情况下，在采用经济力量的同时，运用一定的行政力量来同资本主义做斗争，是十分重要的。通过行政管理，不但打击了投机活动，而且对于保护和发展国营经济、对于鼓励私营工商业进行正当的生产经营也起着很大的作用。

经过采取这些措施，不仅给投机资本以严重的打击，而且逐步建立了国家对资本主义工商业的管理制度，陆续制定了有关金融、税收、市场、劳资关系等法令。国营商业，则在斗争中壮大了自己。从1949年8月到1950年3月，上海国营商业部门的批发额已经占到批发市场总成交量的1/3以上，在某些重要商品市场，如食米、面粉市场，已占到1/2的比重。

统一财政经济工作与金融物价的稳定　要根本稳定物价，使工农业生产和商业活动纳入正常轨道，还必须平衡国家财政收支，制止通货膨胀。这首先就要统一管理国家的财政经济工作，以便集中经济力量。过去在民主革命阶段，各个解放区的财政经济工作是政策上统一领导，业务上分散管理的。这样的管理制度适合于当时各解放区对敌作战的环境。但是，在民主革命胜利以后，全国的经济活动和市场已经统一，如果财政经济的管理工作不统一起来，国家就不可能灵活的调动国家所掌握的现金和物资，以保证对市场以及整个国民经济的领导地位，而且会由于各地区财政经济工作的分散管理，给资产阶级分子的投机活动以可乘之机。因此，国家在1950年3月3日颁布了《关于统一国家财政经济工作的决定》。

统一财政经济工作的基本内容有三：第一是统一全国财政收支，使国家收入中主要部分的中央收入集中使用于国家的主要开支。第二是统一全国物资调度，使国家所有的主要物资如粮食、纱布、工业器材，从分散状态集中起来，变为有效的力量。第三是统一全国现金管理，把所有属于政府的但是分散在各企业、机关、部队的现金，由中国人民银行统一管理，集中调度，这就不但避免了社会上通货过多的现象，而且大大增加了国家能够使用的现金。这三种统一都是为了避免财力物力的分散和浪费，达到了集中使用的目的。同时国家还采取了核实编制、清理仓库、整理税收、控制投放、节约开支等措施，并发行了一部分公债。

平衡收支、稳定物价是中国人民多少年来梦寐以求的愿望。全国人民踊跃交纳公粮、税款和购买公债，热烈支持人民政府。人民解放军和政府工作人员，继续保持过去供给制和低薪制生活，以节约国家支出。这样，国家财政收支就接近了平衡。1950年3月以后，不但不再需要增发通货来弥补财政赤字，相反地，中国人民银行存款总额在9月份比1949年12月份增加了16倍以上。

财政经济统一管理和财政收支平衡以后，因通货贬值而来的物价高涨的因素，已经不存在了。但是要维持物价稳定，还需要保证物资的供给。国家掌握的物资，不仅要能供给正常的市场需要，而且要有战胜任何投机者的能力。为此，国家在1950年间组织了空前大规模的粮食调运，在全国范围内掌握了充分的粮食、棉花、纱布、煤炭、食盐等民生必需品，并克服了贮存的严重困难，战胜了投机商人的扰乱，使全国大城市和灾区的供应问题得以顺利解决。

结果，从1950年3月起，物价即呈回落，以后便持续稳定下来。全国批发物价指数以 1950 年 3 月为 100，同年 12 月为 85.4，1951 年为 92.4，1952 年为 92.6。

北京、上海等八大城市的零售物价指数，以 1950 年 3 月为 100，同年 12 月为 83.9，1951 年为 94.6，1952 年为 93.7。随着物价的稳定，市场的利息也降低了。例如上海市市场利率在国家银行领导下，从 4 月初至 20 日止，连续降低了 8 次，逐渐接近于抗日战争前的利率水平。货币在市场上的流通速度，也大大降低了。据统计，上海市在 1949 年物价比较平稳时期，每元人民币每月周转达 30 次至 45 次次，到 1950 年 3 月降到 15 次；天津市在 1949 年物价比较平稳时期，每月周转次数在 22 次至 26 次之间，1950 年 1 月间曾高达 52 次，3 月 1 日至 20 日则减至 8 次。

国家财政经济工作的统一和金融物价的稳定，是全国最大多数人民的利益。这是从中华人民共和国成立以来，继军事上的胜利以后所取得的一个巨大的胜利。它充分显示了人民民主专政和社会主义经济制度的巨大优越性。正如刘少奇同志在 1950 年《在北京庆祝五一劳动节干部大会上的演说》中所说的：

> 中国的财政经济，在历史上是没有统一过的。国家财政收支，在过去数十年中也没有平衡过，政府每年必须发行巨额的钞票和举行巨额的内外债才能过日子。中国的金融物价也是十二年来没有稳定过的，人民必须在通货膨胀的损失中付出巨额的资金。但是人民政府在战争尚未结束与发生灾荒及帝国主义封锁等情况之下，在很短的时期内，就实现了这些措施，并达到这样的成绩。这是任何政府都不能做到的，只有真正的人民政府才能做到……这是我们国家一个极为重大的进步。在这种进步之下，就为一切正当的工商业及其他生产事业创造了一个恢复和发展的条件，使资本不致用于投机事业或损失于通货膨胀，而用在正当的工商业及其他生产事业上去。[1]

---

[1] 刘少奇：《在北京庆祝五一劳动节干部大会上的演说》，《新华月报》1950 年第 2 卷第 1 期，第 7 页。

反动市场投机斗争的意义　物价稳定使我国国内市场发生了根本性的变化。物价稳定，实质上就是国营经济从工商业资本家，特别是投机资本家手里夺取了市场的领导权；市场价格开始不再决定于投机资本的兴风作浪，相反，资本主义经济不得不服从国营经济所规定的价格。有了这个条件，国家才能迅速恢复工农业生产，恢复城乡贸易联系，以及利用价格和市场政策，调节私有制经济的生产和国民收入的分配。这就是说，原来的投机资本操纵下的以谋取投机利润、败坏国民经济为目的的市场，已经基本上改变为国营经济领导的以发展生产、服务于人民生活为目的的市场了。

财政经济工作的统一，物价的稳定和市场性质的变化，使我国国民经济进行了一次根本性的改组。我国经济已经从不能独立的、半殖民地半封建的旧轨道，转移到独立自主的、以社会主义国营经济为领导的新轨道上来了。

解放初期争夺市场领导权的斗争，是过渡时期工人阶级和民族资产阶级之间第一次大规模的限制与反限制的斗争。在多种经济成分并存的情况下，各种经济成分都要通过市场来实现彼此之间不可避免的交换。资本主义经济不仅要通过市场实现其剩余价值，而且要通过市场价格背离价值的波动，来剥削小生产者和消费者，获取附加利润。价格波动成为资本家获取利润的一种手段。1950 年 3 月以前，投机资本从物价上涨中所获得的利润，实际上绝大部分最后是落到农民肩上，由农民来负担的。农民（以及个体手工业者）作为小商品生产者，也必须通过市场出卖自己的产品，换得再生产和生活所需要的生产资料与消费品。他们的生产是受价值规律的支配的。当市场价格掌握在资本家之手的时候，农民（以及手工业者）就必然会陷入对城乡资本主义经济依赖的地位，就必然要受资本主义剥削。并且，广大的农村，就会成为培育资本主义最肥沃的土壤。因为，市场价格背离价值而波动，是促使小商品生产者分化，一部分人破产，少数人发财致富的重要原因。

对于国营经济来说，除了它本身生产的目的和生产的计划性，决定了它的发展必然要求有稳定的市场价格以外，它首要的任务就是同农民（以及个体手工业者）建立经济联系。在农民还保持着个体私有制的条件下，这种联系主要的也只能通过市场来实现，即通过市场收购农民的产品，供应他们所需要的生产资料和消费品，并通过市场和价格政策，保证农民的合理收入和指导农民的生产。只有不断地巩固社会主义经济和农民个体经济的联盟，共同反对资本主义的商业剥削和高利贷剥削，才能保证不断增强社会主义经济对资本主义经济的优势，促使资本主义经济接受国家的利用、限制和改造的政策。否则，资本主义经济就会去同个体经济联系起来，共同反对社会主义经济。在我国这样小农经济占绝大比重的国家，谁占领农村阵地，就会最终成为决定社会主义或资本主义两条道路谁胜谁负的重要因素。而在这个时候，无论谁要同农民建立经济联系，都必须通过市场，通过商品在一定价格的交换。因此，过渡时期社会主义和资本主义经济上大规模斗争的第一个回合，必然发生在争夺市场和价格领导权的斗争上。

1949～1950年初的市场斗争中，国营经济取得了决定性的胜利。但是，这并不意味着市场斗争的终止。这时候，我国国内实际上存在着两种不同性质的市场。一是由国营商业和合作社商业的商品运动所形成的有组织市场，它是社会主义性质的市场。一是由资本主义经济和小商品经济的商品运动所形成的无组织的市场，即资本主义性质的自由市场。这两个市场是相互对立的，又是互相联系的。资本主义自由市场经常要干扰着有组织的市场，两者之间就必然产生矛盾和斗争。这种市场斗争的目的，不仅在于打击资本主义投机、稳定物价和巩固国营经济的领导地位，而且在于逐步改造无组织的市场，把它最后变为社会主义统一市场的一部分。我国对资本主义工商业和对个体经济的改造过程，也就是对国内市场的改造过程。

第二节　调整工商业

统一财经后资本主义工商业的困难　市场物价的稳定，为工商业的恢复和发展提供了有利条件。但当时由于旧的经济秩序已被打破而新的经济秩序还没有来得及建立，在经济生活中出现了一个短期的困难。公私经济之间、各经济部门之间、产销之间都存在着严重的脱节和无政府状态。在晚解放区的许多城市里，发生商品滞销的现象，出现城市工业品价格高于乡村、工厂成本高产品市价等畸形状态。尤其是私人资本主义工商业，发生了严重的困难。一部分私营银行和私营商业停业倒闭，许多私营工业也陷于存货过多，负债累累和停工减产的境地。

如以上海、北京、天津、武汉、广州、重庆、西安、济南、无锡、张家口 10 个大中城市为例，1950 年第二季度私营工商业开业 5903 家，歇业 12750 家，歇业户数超过开业户数 6847 家。全国私营工业 5 月份主要产品产量同 1 月份比较，棉布减少 38%，绸缎减少 47%，毛纱减少 20%，卷烟减少 59%，烧碱减少 41%，普通纸减少 31%。其中尤以过去买办性、投机性和信用膨胀特别显著的城市较为严重。以上海为例，当时私营银行、钱庄倒闭一半，商店倒闭了 1/10（主要是投机商号），工业生产，在 4 月份，火柴产量不及 1 月份的 1/6，面粉、卷烟、化学胶、玻璃、毛纱的产量也仅及 1 月份的二三成至六七成左右，百货业 6 大公司（永安、先施、大新、新新、中国国货、丽华）的营业额 3 月份较 1 月份减少了 50% 以上，若干中、小型百货业甚至减少了 90%。从行业来看，也是过去通货膨胀中发展起来的投机性行业所受打击最重，而适合广大人民日常生活需要的企业困难就较少。仍以上海为例，在倒闭歇业的上万个商户中，绝大部分是金融业、金银首饰业、高等旅馆、酒菜业、时装业和粮食批发、布匹批发等投机商号，其他正当的商店为数很少。

工商业发生困难的原因，第一是由于社会购买力低。中国人民受帝国主义、封建主义和官僚资本主义的长期掠夺，社会购买力本来是很低的。在占 1/2 人口的晚解放区土地改革还没有完成，生产不能迅速发展，农村购买力不可能很快地提高，城乡交流还处于阻滞状态。这是发生商品销路暂时停滞的主要原因。在物价稳定以前，许多商品看起来是供不应求的，实际上是一种虚假的繁荣。人们在过去十余年的通货膨胀时期，为了避免钞票跌价的损失，不愿存放钞票，宁愿竞购和囤积并不是为了自己消费的货物，加上投机商人的大量囤积，这样就出现了一种虚假的购买力。物价稳定以后，过去的虚假繁荣突然消失了，人们不但不需要囤积货物，而且投机家们还将过去囤积的货物都吐到市场上来。此外，在通货膨胀时期，资本主义工商业无不借债囤积商品或原料，借款利率既高、数量也大。物价一旦稳定，囤货不易脱售，债务越背越重，为了清还欠债，不得不大量吐出存货。这样就形成市场上若干物资一时供过于求的现象。第二是由于社会性质改变，一些过去基本上是为帝国主义分子和官僚买办地主阶级服务的工商业，骤然失去了市场和服务对象。这些行业和企业包括在通货膨胀中发展起来的银行、钱庄和投机商号，专门为帝国主义、官僚资产阶级、封建地主和投机商人的特殊消费服务的奢侈性商业，如金银首饰以及制造奢侈品的工业等。它们在解放以后，特别是在财政经济工作统一管理以后，失去了赖以存在的依据，随着整个国民经济改组的逐步深入，它们就不可避免地会遭到困难。第三是许多资本主义企业机构臃肿庞大，企业经营方法不合理，开支大，成本高。它们过去靠物价投机的高额利润维持，现在转入正常经营，就引起不少企业亏本歇业。第四是经营中的盲目性，同一行业中盲目竞争，地方与地方之间供求不协调，也引起了减产、停工、倒闭的现象。

由此可见，当时资本主义工商业的困难，基本上是由于在半殖民地半封建社会中成长起来的资本主义经济所固有的弱点造成的，是历史遗留给我们的。刘少奇同志在 1950 年北京庆祝五一劳动节干部大会的演讲中指出：这种经济上的脱节与困难，是我国社会经济秩序改组过程所不可避免的。当时的困难乃是胜利中的困难，进步中的困难，而胜利与进步的本身就包含着克服困难的一切因素。他指出：使中国经济发展的基本条件已经创造出来，或者正在创造中。这就是：帝国主义已被赶走，海关和对外贸易已经掌握在人民手中；解放战争已接近于胜利的结束，工农业生产已开始恢复；东北与华北的土地改革已基本完成，其他地区也将在两三年内完成；财政经济工作已经统一，国家收支接近平衡，物价已经稳定；此外，我国还有很好地进行建设的国际条件。

当时民族资产阶级的大部分人是拥护中国共产党和国家的经济政策的。但是，他们之中的许多人却被暂时困难吓倒了。他们消极经营，乃至解雇职工，关厂歇店。这就加重了困难。有些人把当时私营工商业的困难归咎于人民政府的财政经济改革。他们把当时情况说成仿佛是"经济危机"到来了。他们主张用发展资本主义的方法来找出路。有的提出所谓"不要与民争利"，要求国营经济不要发展，只让资本主义经济发展。有的要求扩大信贷、降低利息、开办证券交易所等等，实际上是要求恢复通货膨胀。有的甚至仍然认为必须依赖美国和其他资本主义国家的"援助"，美其名曰"打开国际贸易局面"。

这时在党内又有少数人产生了一种"左"的思想倾向。他们认为既然工人阶级能够在这么短的时间内统一财政和稳定物价，就不妨趁私营工商业困难的时机，一举消灭资本主义，在一个早晨就实现社会主义。

毛泽东同志在 1950 年 6 月中国共产党七届三中全会上作了《为争取国家财政经济状况的基本好转而斗争》的报告。他精辟地分析了当时国际国内的形势，然后指出："我们现在在经济战线上已经取得的一批胜利，例如财政收支接近平衡，通货停止膨胀和物价趋向稳定等等，表现了财政经济情况的开始好转，但这还不是根本的好转。要获得财政经济情况的根本好转，需要三个条件，即：（一）土地改革的完成；（二）现有工商业的合理调整；（三）国家机构所需经费的大量节减。"在报告中毛泽东同志对统筹兼顾、调整工商业与公私关系，又作了明确的指示。他指出："在统筹兼顾的方针下，逐步地消灭经济中的盲目性和无政府状态，合理地调整现有工商业，切实而妥善地改善公私关系和劳资关系，使各种社会经济成分在具有社会主义性质的国营经济领导之下，分工合作，各得其所，以促进整个社会经济的恢复和发展。有些人认为可以提早消灭资本主义实行社会主义的思想是错误的，是不适合我们国家的情况的。"[①]

调整工商业 根据毛泽东同志的指示，开始了调整工商业的工作。调整工商业包括的问题很多，最突出的是三个基本环节，即调整公私关系，调整劳资关系，调整产销关系。

调整公私关系又有两个基本的方面：一是调整公私工商业关系，一是调整税负。

调整公私工商业关系是当时我国国民经济多种经济成分并存的客观条件决定的。在当时条件下，私营经济无论在生产上和流通上，都还占有相当大的比重，对发展生产，恢复国民经济还有一定的积极作用。但它们只有在国家的管理限制和国营经济领导下，才能发挥这种作用，否则他们的唯利是图的本质和生产无政府状态就会对整个国民经济发生破坏作用。调整公私工商业关系的主要方法是对于若干重要私营工业实行加工、订货和收购成品等，使它们在国营经济的领导下按照国家和人民的需要而生产，不再是为商业投机而生产。在这种合理的生产中，取得合法利润。对于私营商业则是在不允许投机的前提下，国营商业在价格与营业范围上给私人商业以出路，共同为

---

① 毛泽东：《为争取国家财政经济状况的基本好转而斗争》，人民出版社，1950，第 5、7 页。

城乡互助、内外交流而服务。因此，调整工商业关系的实质是：一方面确立国营经济的领导地位，一方面要使私人资本主义经济在国营经济领导下面各得其所。在财政平衡，金融物价趋于稳定，国营商业已经代替投机商业成为市场的领导因素之后，国营经济的领导地位已经确立了。这就是说，已经有了调整公私关系，使各种经济成分"各得其所"的条件。

在调整公私工商业关系方面，各地根据中央调整工商业的方针，推行了以下各种有效措施：

扩大加工订货和收购。当时主要是通过它来调整工业，维持和恢复私营工业的生产。各地国营专业公司曾大量收购私营工业的滞销产品。根据天津市信托、百货、蛋品、粮食、石油、油脂6个国营公司统计，1950年1月至8月份对橡胶、颜料、纸张、文具、烟草、针织、蛋品、纱布、油料、五金电料、化工等业的收购总值共达3475万元，其中收购私营产品占76%。1950年全国私营工业产值中，加工、订货、包销、收购部分所占的比重已达27.3%（1949年为11.5%）。从占全国私营工业生产总值比重将近1/3的棉纺业来看，1950年下半年，为国家加工的部分即占其生产能力70%以上。1951年1月政府颁布了"关于统购棉纱的决定"，此后私营棉纺厂的生产，就全部纳入了国家计划的轨道。

调整公私商业的经营范围和调整价格。国家规定当时国营商业主要力量应集中在批发上，它的责任在于回笼货币、调节市场、稳定物价。在零售商业中，国营商业所经营的数量以能够稳定零售市场价格，制止投机商人扰乱市场为限度。各地国营商业部门根据国家这一规定，都适当地调整了一些国营零售商业机构，并且主要经营粮食、煤炭、纱布、食油、食盐、石油等6种人民日用必需品。在价格方面，国营商业根据生产、运销和消费三方面兼顾的原则，对地区差价与批零差价都做了适当的调整。例如上海市龙头细布的批零差价从4%提高至9.3%，棉纱从没有差价调整为2.9%。

发放贷款。随着加工订货等任务的扩大，国家银行对私营工商业的贷款也增加了。根据不完整的统计，国家银行对私营工商业的贷款，1950年5月份为2186万元，9月份增至4963万元，增加一倍以上。对工业的贷款，主要是结合加工、订货、收购等任务，对商业放款则主要放在城乡贸易上。

同时，在市场管理上也作了适当的调整，以鼓励私商下乡采购，活跃城乡物资交流。其中主要的是：（1）适当放宽经营范围的限制，凡直入产地的，只需报请主管机关备案，采购品种可不受本业经营范围限制。（2）改变交易所的管理制度，例如允许场外成交，取消交易登记手续，放宽价格掌握幅度。（3）取消初级市场上一切不利于物资交流的人为障碍，例如任意扣留商品不许出境，机械执行证照制度等。

在调整公私工商业关系的各项措施中，加工订货具有特别重要意义。通过加工订货，国家一方面可以正确地利用资本主义工业的生产能力，生产商品，供应人民的需要；另一方面又可以切断资本主义工业在原料收购和成品销售方面同市场的联系，使资本主义工业处于国家限制之下，防止他们在市场上囤积居奇、兴风作浪、谋取暴利。因此，加工订货就成为我国国家资本主义的初级形式，成为国家对资本主义生产关系实行社会主义改造的第一步。扩大加工订货不仅可以约束资本主义的盲目性，有助于恢复和发展生产，也使国家可以充实国营商业的物资力量，以调剂市场供求，稳定市场物价。

调整税负，也是当时多种经济成分并存的条件决定的。国家对于农业和其他个体经济、合作社经济、资本主义经济不能直接规定利润上缴任务，只能通过税收（及其他形式）实现其生产价值中的社会扣除部分。合理地调整税收有利于促进生产力的发展。在当时，调整税负的实质是在保证国家财政需要的前提下，适当地减轻人民负担。由于战争结束，财政统一，减税已有可能。

经过调整，农业税方面，晚解放区的夏秋征收率由 1949 年平均占农业总收入的 17% 减为 13%。工商业税方面，对部分工业产品实行减税或免税；棉纱和棉织品、毛纱和毛织品合并征税，并减低了税率；工商业税税种由 14 种减为 11 种，货物税目由 1136 个减为 358 个。征收办法，依企业会计情况采取自报查账依率计证、自报公议民主评定、定期定额三种方法。工商业所得税提高了起征点和最高累进点，增加了累进级数，使累进放缓。

1951 年 1 月政府公布私营企业重估财产调整资本办法，以改正它们在过去通货膨胀时期的虚假账面，以利财务核算和合理负担税款。

调整劳资关系是当时恢复和发展私营工业生产的另一个基本环节。当时的基本情况是；在整个社会中工人阶级已是国家的领导阶级，但在私营企业中，工人还处在被剥削的地位。有些资本家还不承认工人的民主权利，还想像过去一样压迫工人。在当时还容许资本主义存在的条件下，必须实行"劳资两利"的原则，一方面要保障工人群众的民主权利，一方面又要使资本家能获得合理利润，才最有利于生产力的恢复和发展。调整劳资关系的基本原则有三：第一、工人阶级的民主权利，必须确认；第二、必须首先从有利于发展生产出发；第三、劳资的问题，用协商方式解决，协商不成由政府仲裁。

为了调整劳资关系，中央劳动部于 1950 年 4 月底公布了"关于在私营企业中设立劳资协商会议的指示"。这个指示的基本精神，就是根据劳资两利和民主原则，用协商的方法，解决企业中有关劳资双方利益的一切问题。各地根据这个指示普遍地在私营企业中组织劳资协商会议。截至六月底止，据不完全的统计，北京、天津、上海、武汉、广州、济南等地已建立了 923 个劳资协商会议，其中有 270 个是产业或行业协商会议，这些协商会议大都是在调解劳资争议、协商克服企业困难、协商搞好生产经营的基础上成立起来的，对发展生产、改善经营起了很大的作用。同时还在私营企业中订立劳资集体合同。建立劳资协商会议和订立劳资集体合同，是在调整劳资关系中普遍采用的两个有效的措施。

调整产销关系则主要是如何逐步地克服生产中的无政府状态的问题。这是在经济改组中最繁杂的一个问题。这方面的主要困难，也在于有私人经济存在，并在生产中占有重要比重这一事实。资本主义生产和个体生产都不能由国家直接计划。而在当时，一方面有许多重要工业部门急待恢复、建立和发展；另方面，由于社会购买力一时还不能大量增长，又有若干工业部门出现生产过剩、产销不平衡的现象。而这后一部分，基本上是以私营工业为主的一些轻工业，如卷烟、火柴、肥皂等。调整产销关系，首先是调整这些部门的生产，因为私营经济的资本主义性质与社会主义的计划性是矛盾的。在当时，高度的计划生产还不可能。但是，由于有了工人阶级的政权和国营经济的领导，商业资本又已基本上受到了控制，因而可以使中国的经济一步一步地避免过去的无政府状态，而带有更大的计划性。

为了调整公私关系、产销关系，中央人民政府各财经部门在 1950 年先后召开了粮食加工、食盐运销、百货产销、煤炭产销、火柴工业、橡胶工业、毛麻纺织工业、复制印染工业、卷烟工业、进出口和金融等一系列的全国性的专业会议。在这些会议上，公私代表协商解决公私关系中所存在的一些主要问题，并且具体拟定了各行各业产销计划。

资本主义工商业的恢复和发展　由于以上一系列调整工商业措施的贯彻执行，1950年7月以后的市场情况发生了显著的变化。市场交易由停滞转为活跃，工业生产迅速增长，私营工商业由上半年歇业多开业少的情况已变为开业多歇业少。在调整过程中，它们经历了一次改组。有利于国计民生的行业、企业，在国营经济的领导下得到了恢复，不利于国计民生的行业、企业被削弱和淘汰。这说明调整工商业的政策，发挥了巨大作用，鼓励了私营工商业生产经营的积极性，并把它们初步纳入了社会主义改造的轨道。

仍以上海、天津、北京、武汉、广州、重庆、西安、济南、无锡、张家口10个城市为例，到了1950年下半年，私营工商业开业的共有32674家，歇业的共有7451家，开业超过歇业25223家。市场成交量迅速增长，某些工业品甚至产生供不应求现象。根据北京、天津、上海、武汉、青岛5个城市面粉、大米、棉纱、棉布4种主要物资市场成交量的统计，以1950年4月份为基数，9月份面粉增加了13%，大米增加了65%，棉纱增加了84%，棉布增加了278%，10月份市场情况更好，计面粉增加了54%，大米增加了289%，棉纱增加了128%，棉布增加了233%。主要工业产品产量的增加，以1950年1月份的产量为基数，上海棉纱8月份的产量已增长了6%，以后逐月上升，到11月份增长了77%；水泥、玻璃、颜染料、面粉、毛纱、化学胶的产量，有的在6、7月份开始，有的在9月份开始先后超过了1月份的水平，到11月份，水泥增长了30%，玻璃增长了283%，颜染料增长了74%，面粉增长了7%，毛纱增长了13%，化学胶增长了58%。私营商业方面，如天津市花纱布绸业，自1950年6月份开始好转，8月份平均每户销货额较1月份约增加2倍；百货业12月份销货额较1月份增加一倍多；进出口业11月份进出口总值较1949年同期增加将近6倍。

为了鼓励私人资本投资于生产事业和对私营企业进行管理，政府在1950年12月颁布了《私营企业暂行条例》。条例规定企业的设立须经政府核准和进行登记，变更营业范围和资本以及迁移、转业、停业、歇业等均须经核准和办理登记。私营企业应接受国营经济的领导，执行政府制定的重要商品的产销计划，执行政府一切有关劳动法令。条例规定了企业盈余的分配办法：独资、合伙企业一般按通例办理。公司组织的企业在年度决算后，如有盈余，除缴纳所得税和弥补亏损外，在提存公积金（10%以上）和分派股息（最高不得超过年息8%）之后的余额中，股东红利及董事、监察人、经理人、厂长等酬金一般应不少于60%，改善安全卫生设备基金和职工福利基金及职工奖励金合计应不少于30%。这个规定保证了资本家一定的利润收入，这在当时国民经济尚未完全恢复的条件下，有利于刺激资本家的投资积极性，有利于把社会游资吸收到生产事业上来。

为着进一步活跃经济和巩固工农联盟的经济基础，人民政府于1950年冬及1951年上半年又在全国范围内展开了城乡物资交流的工作。这个工作改变了因战争和通货膨胀而造成的多年来的物资交流停滞状态，恢复和发展了城乡贸易。在国营经济领导下，资本主义工商业在促进城乡物资交流中，也起了一定的积极作用；而城乡物资交流也促进了资本主义工商业的进一步活跃。

党和政府领导着晚解放区的广大农民进行了翻天覆地的土地改革运动。土地改革完成的地区，农业生产都迅速恢复和发展，农村购买力迅速增长。节约国家机构的经费的工作也进行得很顺利，使国家可以有更多的资金投入经济建设。在进入1951年以后，市场出现了"淡季不淡"的新情况。随着市场的繁荣，资本主义工商业也有了发展。以1951年与1950年比较，全国私营工业的户数增加了11%，职工人数增加了11.4%，生产总值增加了39%；私营商业的户数增加了11.9%，从业人数增加了11.8%，批发额增加了35.9%，零售额增加了36.6%。1951年私营工商业全年盈余估计达37.17亿元，比1950年增加了90.8%。

调整工商业是我国国民经济由半殖民地半封建的旧轨道转移到独立自主的人民经济的新轨道上来所必须有的一个过程。它是在多种经济成分并存的条件下，使国家经济生活加以组织和计划，克服无政府状态，使各种社会经济成分在国营经济领导之下分工合作、各得其所，以促进整个社会经济的恢复和发展的一项必要的措施。它不但促进了工商业的恢复与发展，而且为活跃城乡物资交流、促进农业生产的恢复与发展造成有利条件。整个调整工作是以调整公私工商业关系，以促使资本主义工商业在国营经济领导下发挥积极作用、限制其消极作用为中心的，因此，它也是改造资本主义工商业的一个步骤。

对资产阶级分子的教育　市场斗争和调整工商业，对民族资产阶级分子来说，都是一种实际而生动的教育。投机资本家在市场上进攻的失败，使得资产阶级初步认识到工人阶级在经济战线上同样具有伟大的力量；财经统一和物价稳定的迅速实现，又使他们不能不钦佩共产党领导的正确和人民政府的高度威信与效率。调整工商业的措施破除了资产阶级的许多怀疑和顾虑，鼓励了他们生产经营的积极性，为工人阶级和资产阶级在经济上的联系和联合奠立了一个良好的开端。党和政府在研究调整的政策措施、制定税法和调整价格、拟定许多行业的产销计划的时候，都吸收资产阶级的代表人物参加，使他们在思想上受到启发。同时，在调整工商业的过程中，组织资产阶级分子学习共同纲领，学习政策法令，对他们进行教育。经过调整工商业的实践，诸如"经济危机到来""不要与民争利"以及要求恢复"物价自由"等叫嚣和谬论受到了打击和批判，民族资产阶级的多数人对于党和政府的政策有了进一步的认识。

这期间，党和政府引导民族资产阶级参加了我国人民伟大的抗美援朝、土地改革、镇压反革命等全国规模的政治运动。在这些政治运动中，他们受到了深刻的现实教育，特别是启发了他们的爱国主义，比较系统而深入地批判了他们中一些人的"第三条道路"的残余思想。

在解放初期，民族资产阶级的大多数人虽然一般地拥护中国共产党的内政、外交政策，但是，他们原来在民主革命中就是一个动摇的阶级，这时候，他们之中许多人对于党的一些彻底的革命措施，还是有怀疑或抵触的。例如，他们有些人不主张大力镇压反革命，而要求对一切阶级一切人实行"仁政"。不少人不赞成彻底的土地改革斗争，而主张"和平土改"，或者给地主以代价，有的甚至公开为地主阶级辩护。在抗美援朝战争开始时，民族资产阶级中更有许多人存在着不同程度的崇美、恐美乃至亲美思想，主张"关门建设"，"不要引火烧身"。

在热火朝天的群众运动中，资产阶级这些思想受到严肃的批判，他们中不少人，也在斗争实践中认识了自己的错误。镇压反革命和土地改革中揭露出来的反革命分子和地主阶级大量的罪恶事实教育了他们。中国工人阶级领导的国家在刚解放不久，就能打败美帝国主义，使他们不能不服膺共产党和毛主席领导的英明，承认共产党和毛主席所指出的革命路线是唯一正确的路线。美帝国主义这个纸老虎被戳穿，中朝人民的伟大胜利，也不能不影响他们对世界局势的看法。在运动中，党和工人群众加强了对资产阶级的教育，提高他们爱国主义思想，批判他们崇美、恐美、亲美的意识，帮助他们划清敌我界限。经过运动，资产阶级的许多人就比较彻底地放弃了"第三条道路"的幻想。

在全国人民爱国运动高涨的鼓舞之下，工商界人士也采取了积极行动。上海市工商界曾组织了15万人抗美援朝保家卫国示威大游行，其他大中城市以至乡村集镇的工商界也都纷纷参加同样性质的游行示威。全国各城市的工商界也一个接一个地订立爱国公约和爱国业务公约。他们同全国人民一道热烈响应了增产捐献运动，做出了成绩。工商界对捐献运动的贡献，是和工人群众的爱国热忱分不开的，捐献运动与增产节约结合起来，使资本主义工商业的生产经营获得了一定程度的提高。

这种斗争，按其性质来讲，是争取人民民主革命的彻底性和巩固工人阶级对国家领导权的斗争，是争取国家社会主义前途的斗争。通过这个斗争，加强了工人阶级同民族资产阶级的联盟，为我国的社会主义改造事业创造了有利的条件。

第三节　"五反"运动

资产阶级的猖狂进攻　1952年上半年在资本主义工商业中进行了反对行贿、反对偷税漏税、反对盗窃国家资财、反对偷工减料和反对盗窃国家经济情报的"五反"斗争。"五反"斗争是针对不法资产阶级分子的"五毒"行为而开展的，它是工人阶级与资产阶级之间的又一次尖锐的限制与反限制的斗争。

由于民族资产阶级有着根源于它的阶级本性的消极一面，过渡时期中工人阶级必须对资产阶级不断地进行阶级斗争，限制它对国计民生的消极破坏作用。阶级斗争的激烈程度，则决定于资产阶级反对工人阶级限制、向工人阶级进攻所采取的手段及其严重性。调整工商业以来，特别是在1951年中，资本主义工商业在国家帮助下获得了有利的发展条件，随着资本主义工商业的恢复与发展，以私有制为基础的资产阶级的唯利是图、损人利己、投机取巧的思想本质和发展资本主义的强烈愿望也进一步暴露和增长起来。资产阶级中许多人不满足于已经得到的15%以至30%的高额利润。为了追求非法暴利，达到扩大私有财产的目的，他们竟公然违背共同纲领，不择手段地向社会主义经济展开了猖狂的进攻。

在财经统一以后，资产阶级已经不可能公开地在市场上和国营经济争夺领导地位了。不法资本家便利用社会主义国营经济和资本主义经济之间的联系，用"五毒"的办法，也就是用偷工减料、偷税漏税、盗窃国家资财、盗窃国家经济情报、行贿等办法，企图削弱社会主义国营经济，抗拒国营经济对于资本主义经济的领导。

早在1951年资本主义经济刚刚摆脱困难境地，走向好转的时候，许多资本家已开始用种种借口，抗拒国家的加工订货，追求自由市场。例如1951年第三季度在布置元钉任务时，前华东工业部拟对上海市30家工厂进行加工，但只有9家工厂勉强接受。内衣业更为嚣张，起初只个别工厂不接受任务，后来竟发展到全业联合抗拒百货公司的加工任务。当不得不接受加工订货任务时，他们就用以次充好、以假冒真、以少报多等办法大肆偷工减料，骗取国家财产。天津市三年来资本家偷工减料的总值达3612万元，以营造、机器、五金、棉纺、搪瓷、医药、橡胶等业最为严重。有些不法资本家的罪恶活动真是令人发指。他们不仅在经济上直接损害国家和人民的利益，而且由于制造不合规格的工具、设备乃至含有毒质的食品和卫生用品，曾经损害了国家的经济建设和国防建设，以至危害着抗美援朝战士们的生命。

不法资本家在承包治理淮河的工程、部件时大肆偷工减料，在售卖器材时以旧顶新、以次充好。济南利生行资本家把旧的流速仪、经纬仪等冒充新货卖给治淮委员会，不仅使国家损失了3.8万元，而且因为这些仪器破旧失灵，致使淮河150多个水文站、雨量站的水文记录失去了应有的准确性，影响了治淮工程的进行。在抗美援朝运动中，不法商人不仅把一穿就断底的胶鞋，一刨就断、一铲就卷口的洋镐、铁锹卖给人民志愿军，还用坏牛肉、臭蛋粉供应前线，使志愿军不能吃好、吃饱，甚至中毒致病。有的更用在垃圾堆里拾来的腐烂棉花做成含有大量病菌的"急救包",以高价卖给志愿军,致使有些伤病员,不该残废的残废了,不该牺牲的牺牲了。

偷税漏税是私营工商业普遍的违法行为。根据1950年缴纳第一期营业税后税务局的典型调查,上海在351家纳税户中有逃税行为的占99%,天津在1807家中,有偷漏税行为的占82%。他们偷税漏税的手法极多,其中普遍采用的是设假账、伪造单据、少记营业收入、多记开支,以隐瞒其真实情况。

不法资本家为了达到偷盗的目的,除派出"亲信"打入国家机关作为他们的内探外,还用请客、看戏、送礼、吃回扣、送佣金、送干股等办法来贿赂和收买干部,甚至用"美人计"来引诱和腐蚀国家工作人员。他们使尽一切卑鄙手段要把国家干部拉下水去,充当他们在国家机关中的代理人。

利用经济内奸盗窃国家经济情报,也是不法资本家惯用的进攻手法。例如1950年8月北京、天津的白糖涨风,主要就是由不法资本家盗窃了国家经济情报、兴风作浪所引起的。

他们进攻的第五个手法是直接盗窃国家资财。有的是骗取、盗卖国家资财,有的是隐匿应由国家没收的敌伪财产。

此外,一部分资本家并以"聚餐会""座谈会""联营社"等名义,有计划、有步骤地密谋破坏国家经济政策,研究向工人阶级进攻的办法。

根据1952年上半年"五反"运动时间的材料,北京、天津、上海、广州、武汉、沈阳等9大城市45万多私营工商户中,有不同程度的"五毒"行为的有34万多户,占总户数的76%。正如马克思在《资本论》注释中引用的一段话一样:

> 一有适当的利润,资本就会胆壮起来,10%会保障它在任何地方被使用,20%会使他活泼起来;50%的利润会引起积极的大胆;100%会使人不顾一切地法律;300%就会使人不顾犯罪;甚至不惜冒绞首的危险了。[①]

---

① 马克思:《资本论》第1卷,第961页,注250。

"五反"斗争 资产阶级的猖狂进攻，不但在经济上给国家造成重大损害，而且在政治上和思想意识上也有着严重的危害作用。有些资本家曾公开叫嚣"分工论"，要国家只搞重工业，私营搞轻工业，让资本主义和社会主义"两只木桶一起滚"。他们许多人不愿意听工人阶级是领导阶级的话，认为既然是四个阶级联盟，就不存在"谁领导谁"的问题。尤其是资产阶级损人利己、唯利是图的思想和行为，正在到处侵蚀着工人阶级的队伍，侵蚀着国家机关干部及其他社会工作人员。资产阶级的进攻，是国家机关和经济部门中贪污、浪费和官僚主义滋长的一个原因。早在 1949 年 3 月毛泽东同志《在中国共产党第七届中央委员会第二次全体会议上的报告》中就指出：

> 因为胜利，人民感谢我们，资产阶级也会出来捧场。敌人是不能征服我们的，这点已经得到证明了。资产阶级的捧场则可能征服我们队伍中的意志薄弱者。可能有这样一些共产党人，他们是不曾被拿枪的敌人征服过，他们在这些敌人面前不愧英雄的称号；但是经不起人们用糖衣裹着的炮弹的攻击，他们在糖弹面前要打败仗。[1]

对于资产阶级的猖狂进攻，如果不坚决给以反击，听任资本主义在我国自由泛滥，国家的前途就有脱离社会主义道路的危险。因此，1952 年上半年党就领导全国人民在国家机关和国营企业的干部中进行了反贪污、反浪费、反官僚主义的"三反"运动，接着又在资本主义工商业中进行了"五反"斗争。

打退资产阶级的猖狂进攻，是工人阶级争取国家的社会主义前途所必不可免的一个重大的斗争。这种斗争，也是为了维护工人阶级同民族资产阶级的联盟所必要的。"五毒"泛滥，造成阶级矛盾尖锐化，如果任其发展下去，就有使我国工人阶级与民族资产阶级之间的矛盾转化为敌我矛盾的危险；只有对资本家的违法行为开展严肃的斗争，对他们的猖狂进攻给以彻底

---

[1] 毛泽东：《中国共产党第七届中央委员会第二次全体会议上的报告》，《毛泽东选集》第 4 卷，第 1439 页。

的打击，才能达到团结民族资产阶级的目的。

"五反"运动是在党自上而下的领导和工人、店员以及全国人民自下而上的支持之下发动起来的。运动是以号召资本家自我检查开始的。在运动开始时，违法资本家曾经企图蒙混过去，不肯坦白交代"五毒"行为，有的还组织"攻守同盟"，负隅顽抗。但是，当工人和店员动员起来彻底揭露了违法资本家的卑鄙行为，全国劳动人民都愤怒指责的时候，他们的"攻守同盟"就瓦解了，不得不在事实面前低头认罪。在这个运动中，党不但最广泛地发动了工人、店员群众和社会力量，还动员了资本家起来参加反对他们阶级内部非法分子的斗争；还有不少资本家的家属和子女，在青年团和妇女联合会的教育下开始认识了"五反"运动的意义和自己的利害关系，积极帮助自己的亲人坦白。这就使得运动具有全民的性质和雷霆万钧的浩大声势，显示了工人阶级的不可抗拒的巨大力量。

"五反"斗争的目的，并不是要在这个时候消灭资本主义和资产阶级，而是要打退资产阶级的猖狂进攻，取缔他们违法越轨的行为，使他们严格遵守人民政府的法令，真正接受工人阶级和国营经济的领导。"党和国家的基本方针，是通过这些斗争，使那些坚持不法行为的少数资产阶级分子在人民群众中，同时也在资产阶级队伍内部陷于完全的孤立，而把那些愿意服从国家法令的大多数资产阶级分子团结起来。"① 这一斗争，是社会主义与资本主义两条道路的斗争；但是，总的说，它还是属于人民内部矛盾的阶级斗争。工人阶级只是对少数"五毒"俱全坚持不法行为的人，才是作为敌我矛盾来处理。

"五毒"行为，是经济恢复时期民族资产阶级的两面性中消极反动的一面发展到高峰的表现。但是在这个时候，民族资产阶级的大多数人仍是具有两面性的。当时，由于资产阶级的猖狂进攻引起阶级关系紧张，学术界某些同志曾经为这种局势所迷惑，在对民族资产阶级性格的分析上产生了简单化的倾向。如认为资产阶级在革命运动中的两面性"是出于这个阶级思想的自私自利的本质"，因此把民族资产阶级当时所表现的积极性的一面如进行

---

① 刘少奇：《中国共产党中央委员会向第八次全国代表大会的政治报告》，人民出版社，1956，第16页。

合法经营和拥护共同纲领，也以"为着个人私利的目的"的理由，而认为是反动性的表现。这样，就必然导致我国民族资产阶级只有一面性即政治反动性的结论。这种观点是错误的。

当资本家经过严肃的斗争而又表现愿意接受工人阶级和国营经济的领导时，党和国家就根据"斗争从严，处理从宽"，"教育与惩治相结合、宽大与严肃相结合"以及"过去从宽，今后从严；多数从宽，少数从严；坦白从宽，抗拒从严；工业从宽，商业从严；普通商业从宽，投机商业从严"等原则进行处理。在处理时，将资本主义工商业划分为守法户、基本守法户、半守法半违法户、严重违法户、完全违法户五类，区别对待，分别处理。处理结果：守法户约占总户数的 10% ~ 15%；基本守法户占 50% ~ 60%；半守法半违法户占 25% ~ 30%；严重违法户占 4%；完全违法户约占 1%。对基本守法户只退违法所得的一部分，对半守法半违法户只退违法所得而不罚款。这样就安定了占总户数 95% 的大多数资本家，而使严重违法户和完全违法户陷于孤立。

"五反"斗争是资产阶级向工人阶级猖狂进攻挑起来的，斗争的结局，工人阶级取得了完全胜利，而资产阶级则遭到彻底失败。

"五反"斗争的历史意义 "三反""五反"运动是一个移风易俗的社会改革运动。它打击了资产阶级分子的"五毒"恶习，改变了从旧社会来的某些人认为投机取巧、钻营牟利、盗窃公家资财是"聪明、能干、有本领"的错误看法，而开始认识这是可耻的勾当。经过运动，给国家带来了蓬蓬勃勃的新气象，在社会经济各方面产生了许多积极因素。

"三反""五反"运动，大大提高了工人阶级的觉悟和积极性，使广大干部受到深刻教育，帮助他们划清同资产阶级的界限，增强对于资产阶级侵蚀的抵抗力。腐蚀政府机关、危害国家建设的"三害"和"五毒"被大量扫除出去，为国家的经济建设和私营工商业的发展创造了一个极为有利的条件。

"三反""五反"斗争的胜利，大大地巩固了工人阶级的领导地位，巩固了社会主义经济在国民经济中的领导权，深刻地改变了国内阶级力量对比，为资本主义工商业和资产阶级分子的社会主义改造提供了有利的条件。这主要是：

一、通过运动，在资本主义企业内部开始树立了强有力的工人监督，工人阶级在企业内部取得了政治优势。民主革命胜利以后，工人阶级在资本主义企业里本来具有监督资本家的权力的，但是，这种监督权，只有在"五反"运动以后，经过严肃的阶级斗争，才真正建立起来。这就改变了过去资本家独断专行、独揽大权的局面。

二、通过运动，在全国人民面前集中地暴露了资产阶级黑暗腐朽的本质一面，使人们认识到逐步消灭资本主义剥削制度的必要性。这就形成了一种巨大的社会力量，为改造资本主义工商业创造了社会条件。

三、通过运动，使资本主义工商业经历了一次深刻的民主改革，在经营管理上，有了某些进步。并由于运动中加工订货的发展，使资本主义工商业向着改造的方向前进了一大步。

四、通过运动，使民族资产阶级受到一次深刻的教育。他们在实际上体验到工人阶级力量的强大，使大多数资产阶级分子不得不承认工人阶级的领导地位，多数人认识了反对工人阶级是没有出路的。"五反"运动以后，资本家再犯"五毒"的情况减少了，愿意接受国家管理、国营经济领导和工人群众监督的人逐渐增多。这就使工人阶级有可能在以后的社会主义改造的过程中，采用温和的形式。同时，由于民族资产阶级内部开始起了比较明显的分化，逐步出现了一批进步分子，这就使工人阶级有可能在资产阶级内部培养骨干力量，使他们在以后的改造中起到带头作用和桥梁作用。总之，通过这一次斗争，工人阶级进一步团结了资产阶级中的绝大多数，充分体现了对资产阶级又团结又斗争，以斗争求团结的政策。

调整生产经营、巩固"五反"成果　"三反""五反"运动期间，市场上一度出现物价下降、交易停滞的现象，资产阶级的许多人对党的工商业政策又产生了新的怀疑和顾虑。为了不影响生产，各地从 1950 年 3 月起，即动员工人群众，提出"五反和生产两不误"的要求，并根据中央批示，恢复和扩大对私营工业的加工订货，调整公私关系。6 月间国家对加工订货的工缴货价问题，规定私营工厂"按正当合理的中等标准来计算，每年可以获得 10% 左右、20% 左右到 30% 左右的利润"的原则，鼓励了私营工业的生产积极性。政府对私营工商业又在银行利息、税收、物资交流、劳资关系等方面采取了一系列调整的措施。"五反"运动期间，许多私营商业陷于半停顿状态，群众也不愿意同私商打交道，国营和合作社商业迅速扩大了经营，以满足市场需要。运动结束后，私营商业仍陷于困难，1952 年冬，各地根据中央指示，又进行了一次调整商业的工作，主要是调整差价，并让出一部分国营商业的业务，使私营商业迅速恢复，公私关系趋于正常。

1952 年，国家对私营工业加式订货及收购的总产值达 58.98 亿元，较 1951 年增加了 13.6%。上海市 1952 年 3～6 月对私营工业的加工订货及收购的总产值较 1951 年同期增加了 1 倍，占到该市私营工业营业总额的 80%，关系厂扩充到 7000 余家。

中国人民银行于 1952 年 6 月份起，决定降低存放利率，对私营工商业的放款利率由 2.4%～3% 降低为 1.05%～1.95%。同时扩大对私营工商业的放款额。在放款条件、时间和方式上都做了适当的修改。

中央贸易部于 1952 年 4 月即召开了全国土产交流会议，制定了计划。接着，西北、中南、华北、华东各大区都召开了会议，各地区物资交流迅速展开。上海市到 1952 年 11 月底参加各地的物资交流会共有 275 个地区，购销额达 2.9 亿余元，其中私商占 46.5%。

1952 年 11 月间中央发出了调整商业的指示。各地调整的主要内容是：（1）适当扩大批零差价，提高起批点；适当扩大地区差价，尤其是交通便利地区和偏僻地区间差价。（2）适当调整和划分公私经营范围，国营及合作社商业适当地减少零售点和零售次要品种。（3）调整市场管理，活跃物资交流。如上海市扩大了 5615 种商品的批零差价和 174 种商品的地区差价，提高了 10 类商品的起批点，停止了国营 22 种商品的零售业务和 11 个零售点、2 个门市部。

同时，党和政府有关部门领导工商界组织学习共同纲领，对他们进行了接受工人阶级领导和爱国守法的教育。1952 年 6 月，工商界召开中华全国工商业联合会筹备代表会议，筹备成立工商界全国性的组织，周恩来同志及陈云同志都在会上讲了话。他们重申了国家对私营工商业执行"公私兼顾、劳资两利"的政策，对如何正确认识"五反"运动的意义及工商界的前途等问题也作了深刻的阐述，对工商界中某些错误思想还作了深刻的分析和批判。

工商业联合会，按照中央人民政府政务院发布的工商业联合会组织通则的规定，是"各类工商业者联合组成的人民团体"，包括国营企业、合作社企业、公私合营企业、私营企业，其中主要是私营企业。它主要负担着两方面的任务，一方面是"领导工商业者遵守共同纲领及人民政府的政策法令"；另一方面是"代表私营工商业者的合法利益，向人民政府或有关机关反映意见，提出建议"。各地工商业联合会受同级人民政府的监督和指导。各地方的工商业联合会，是解放前的旧商会、同业公会经过改革改组后建立的，也有的是新建立的。中华全国工商业联合会于1953年正式成立，所属有省级工商联组织28个，市、县工商联组织1913个。

"三反""五反"运动结束以后，从1952年下半年起，有许多城市在当地党委和人民政府领导下，依靠职工群众的积极性，以各种不同的方式、方法，领导私营工业进行了企业内部的各种调整和改革工作。例如：发动民主改革，改进经营管理制度；进行生产改革，改进或统一操作方法，改进或统一规格和质量，推行技术交流和技术研究；举行有关行业之间的供、产、销平衡会议，订立协议和合同；以至开展比较全面的有系统的增产节约运动。根据武汉市87个私营工厂的统计，从1952年8月到年底止，工人提出696件合理化建议，使生产量比"五反"运动前提高30%～50%。许多大型工业企业在党的领导下，先后建立了增产节约委员会。参加增产节约委员会的人员，一般有党委、工会、青年团、工程技术人员、技术工人、职员和资本家的代表。它是企业的民主管理机构，也是工人监督的有效形式，对于保证按时、按质、按量完成加工订货任务和推动私营企业的社会主义改造起了很大作用。

经过一系列的工作，资本主义工商业的生产经营迅速恢复，并且在1953年有了较大发展。资产阶级的怀疑和顾虑逐渐消除，情绪稳定下来。这就巩固了"五反"斗争的成果，工人阶级在新的基础上，进一步把民族资产阶级团结起来了。

第四节　资本主义工商业的改组和生产关系的变化

国民经济恢复工作的完成　在党的正确领导和全国人民的努力奋斗下，恢复国民经济的任务，到1952年已经完成，并在各方面都有了新的发展。1952年全国工业和手工业总产值不仅较1949年增长了近1.5倍，而且超过了战前（1936）生产水平的 22.3%。生铁、钢等产品超过战前 1~2 倍，电力、原煤也超过 50%。1952 年农业总产值比 1949 年增加了 48.6%，其中粮食产量比 1949 年增加了 42.8%，比解放前最高年产量（1936）增加了 11.3%。同时，国民经济结构也发生了变化，现代工业在工农业总产值中所占的比重已由 1949 年的 17%，增长至 26.7%。交通运输方面及国内市场也都恢复并有了发展。在全国范围内，第一次出现了财政平衡、国际贸易平衡、物价稳定、市场繁荣的新局面。

国民经济发展的上述成就标志着我国财政经济情况的根本好转。这种根本好转，正是党和政府根据毛泽东同志的指示，在贯彻执行了土地改革、调整工商业和大量节约国家机构经费三项措施的条件下取得的。

在共产党和工人阶级的领导下，我国的国民经济，并不是在原有基础和原有规模上的恢复，而是在新的基础、新的轨道上的恢复和迅速发展。在广大的农村中，已经废除了几千年来的封建的土地剥削制度，城市中也进行了民主改革。在整个国民经济中，社会主义国营经济已经树立了稳固的领导地位，合作社经济也有了初步发展。官僚垄断资本被消灭，农村富农经济在土地改革中被削弱了，民族资本主义工商业虽然得到一定发展，但它在整个国民经济中的地位已大大下降，并且经历了深刻的改组改造过程。恢复工作又不仅限于整顿和改组原有的生产力，而是边恢复边建设，把充分利用原有的生产能力和重点建设结合起来。经济恢复时期，我国已经开始采用了某些最新型的机器设备，有了一些新的现代化水利工程。

资本主义工商业的改组与改造　恢复时期中，在保证社会主义经济优先发展的条件下，私营工商业也随着国民经济的恢复与好转而得到恢复并且有了一些发展。1952 年与 1949 年比较，资本主义工业的户数增加了 21.4%，职工人数增加了 25.1%，总产值增加了 54.2%；1952 年与 1950 年比较，私营商业的户数增加了 6.97%，从业人数增加了 2.24%，零售额增加了 18.6%。这对恢复生产，活跃城乡物资交流、加强工农联盟等方面是有利的。毛泽东早在 1947 年就指出，在我国革命胜利以后，对民族资本主义经济"还需要他们中一切有益于国民经济的部分有一个发展"。[①] 但是，资本

---

① 毛泽东：《目前我们的形势和我们的任务》，《毛泽东选集》第 4 卷，第 1254 页。

主义工商业不是照老样子恢复的，它们经历了一个改组改造的过程，并且在生产关系上发生了一定程度的变化。

国民经济恢复时期，资本主义工商业所经历的改组与改造，主要表现在以下几个方面。

第一，它们在国民经济中的比重改变了。1950～1952年，资本主义工业的产值占全国工业总产值（不包括手工业）的比重由51.8%下降为39%；私营商业批发额占全国商业批发总额的比重由76.1%下降为36.3%，它们的零售额比由85%下降为57.2%。在几种重要工业部门中，资本主义生产的比重下降尤大。进出口贸易和金融业中，资本主义已退居极微小的地位；运输业中，资本主义比重也显著地下降。1952年在我国国民收入中，国营和合作社经济占20%以上，个体经济占70%以上，资本主义经济占不到7%。

国民经济恢复时期，私营工商业和它们所占比重的变化情况如表3－1。

表3－1　国民经济恢复时期私营工商业所占比重（1949～1952）

年　代	1949	1950	1951	1952
私营工业：户数（万户）	12.30	13.30	14.76	14.96
职工人数（万人）	164.38	181.59	202.28	205.66
总产值（亿元）	68.28	72.78	101.18	105.26
在公私营工业总产值中所占百分比（%）	63.30	51.80	50.10	39.00
私营商业：户数（万户）	—	402.00	450.00	430.00
从业人数（万人）	—	662.00	740.00	676.00
批发额（亿元）	—	80.40	109.40	69.80
在商业机构批发额中所占百分比（%）	—	76.10	65.40	36.30
零售额（亿元）	—	101.00	132.80	121.90
在商业机构零售额中所占百分比（%）	—	85.00	74.50	57.80

几种重要工业部门中，资本主义工业所占比重：1949年电力占36%，煤28%，铁8%，面粉79%，棉纱47%；1952年电力占6%，煤12%，铁3%，面粉46%，棉纱37%。

1952年私营进出口商的自营贸易占全国进出口总额的7%。1950年6月到1952年12月，私营银行和钱庄经营的储蓄存款和私营工商业存款占全部这两类存款的比重，由 41.4% 下降为 7.2% 。

1950～1952 年，私营轮驳船货运量占全国轮驳船货运总量的比重，由 51.98% 下降为 37.39% ；客运量比重由 85.31% 下降为 63.39% 。同时期，私营汽车货运量占全国汽车货运总量的比重，由 83.69% 下降为 66.69% ；客运量比重由 61.83% 下降为 35.03% 。

第二，资本主义工商业中，有利于国计民生的行业，特别是有利于国计民生的工业，在政府的帮助下得到了恢复与发展，尤以重工业和造纸、棉纺织、医药、文教用品等行业发展较多。而不利于国计民生的行业则受到限制，趋向衰退与淘汰。一个行业之中也是不平衡的，一般是经营较好的有所发展，而有些投机和违法严重的则被淘汰。地区分布上也略有改变，一般是内地城市发展较多。这种恢复、发展与衰退、淘汰并存的状态，是一种正常的状态；它表示我国经济从旧的经济轨道向新的经济轨道转移，表示资本主义工商业经历着深刻的改组过程。

资本主义工商业在经营方向上也有显著变化，许多工商行业都面对大众，经营劳动人民所需要的商品。在国家帮助和工人群众的监督下，企业内部的生产和经营管理，也有所改进。

获得恢复与发展的行业大体有：（1）重工业如机器制造、钢铁冶炼等工业。如以 1949 年为 100，1952 年全国私营机器制造业的户数增为 325.5，产值增为 497.9；钢铁冶炼业户数增为 346.8，产值增为 503.9。（2）供应当地居民需要的工业及服务于经济文化事业的商业。如造纸、日用棉纺织、针织品等工业及五金、日用百货、医药、文教用品等商业，都有不同程度的发展。全国私营造纸业 1952 年比 1949 年户数增加了 88.09% ，产值增加了 187.9% ，同期日用棉纺织业户数增加了 25.84% ，产值增加了 59.35% 。（3）有利于城乡物资交流的行业。如经营次要农产品、畜产品、副产品及土、特产品等行业，都有一定程度的发展。（4）对国计民生关系较少、国营经济及合作社经济在国民经济恢复时期中尚未经营或经营不多的行业。如缝纫业和一些零星日用品及食品等的生产和贩运行业。全国缝纫工业产值 1952 年比 1949 年增加了 73.9% ；上海市在国营及合作社不经营的 76 个行业中，1952 年私商的营业额比 1950 年增加 43.72% 。

趋向衰退与淘汰的行业大体有：（1）从事囤积居奇、买空卖空及金融投机的行业。如银号、钱庄、股票、房地产、保险及其他投机商号等都迅速地被淘汰了。（2）居间性的和某些服务性行业。如牙行、报关、转运中间商等。在城乡物资交流扩大后，许多土、特产品直接与销地建立了关系，新的商品流转渠道逐渐形成，同时海关、航运、铁路等对货运的服务方式也有了改变，在这种情况下，这些行业就失去了它们存在的条件，在改组过程中逐步被削弱与淘汰。（3）供官僚买办、地主阶级奢侈享受的消费性行业，如高级百货、洋酒、金银首饰、舞场、珠宝、玉石、专门经营进口消费品的行业以及迷信品等行业，由于销售对象消失，迅速陷于衰落和被淘汰。（4）一些与国计民生和国家经济建设有重大关系的商业行业，如花纱布、木材、水泥、粮、盐、煤及进出口贸易等，因国营及合作社商业直接经营这些商品而受到削弱或被代替，特别是从事批发业务的，不可避免地逐步受到削弱与淘汰。

第三，资本主义工商业开始向着国家资本主义的轨道发展。相当部分私营工业纳入了加工订货，有些大工业企业已实行了公私合营；私营金融业全部实行了公私合营，成为社会主义金融体系的一个辅助部分；交通运输业（主要是轮船运输业）也有重要一部分实行了公私合营。（详细情况将于第四章中论述）

资本主义生产关系的变化　从以上各种情况中可以看出，经过国民经济恢复时期，我国的民族资本主义工商业已经发生重要变化。实际上，它们已改变了过去多少来的旧面貌。在民主革命胜利后，又经过土地改革、镇压反革命、抗美援朝三大运动，进一步割断了资产阶级与三大敌人的联系；经过市场斗争、调整工商业、民主改革、"三反""五反"斗争，他们已由原来具有半殖民地半封建特性的工商业，基本上改变成为国家管理、国营经济领导和工人群众监督下的，主要是为人民需要服务的资本主义工商业了。

在这种条件下，只要资本家们安于合法经营，接受人民政府的管理、国营经济的领导和工人群众的监督，并从企业利润中分取合理的部分，那么，他们的企业就不仅能够在一定范围内和一定程度上起有利于国计民生的作用，而且，就这个意义上说，即已不同于一般的私人资本主义企业，而开始带有国家资本主义的性质了。也就是说，它们的资本主义的生产关系开始有了某些变化。

在国民经济恢复时期，在资本主义企业内部，即在直接生产过程中，资本家和工人的关系还都是资本主义的。但是，无论资本家或工人，他们都是作为社会的阶级的人存在的，整个国家和社会制度的改变，阶级的社会地位的改变，就不能不在一定程度上影响直接生产过程中他们彼此之间的关系。

在多种经济成分并存的社会中，决定社会性质的是占主导地位的经济成分和适应于这种经济成分的上层建筑。其余的经济成分，都不能不受这种上层建筑，主要是国家政权和占主导地位的经济成分的影响。并且，对于某些过渡性的经济成分来说，其性质是直接受国家政权和占主导地位的经济成分所左右的。列宁曾经指出，合作社经济在资本主义制度下是集体的资本主义组织，而在社会主义制度下它与社会主义企业没有区别；国家资本主义经济在资本主义国家中是有利于资产阶级、反对无产阶级的，而在无产阶级国家中它是有利于工人阶级、抵抗资产阶级的。在我国国民经济恢复时期，民族资本主义工商业，如果它们守法经营，接受无产阶级专政的国家管理，社会主义的国营经济领导和工人群众的监督，它的生产关系，也就不能不受这些条件的作用和影响。

下面我们从两方面来考察在这些条件下资本主义生产关系的变化，即（1）资本家所有制和资本家的资本权利方面，（2）工人的地位和工人劳动方面。

资本家所有制和资本家的资本权利受到了限制　国民经济恢复时期，资本主义工商业仍然是资本家所有，但是，资本家所有制已受到一定程度的限制，和资本主义制度下的资本家所有制，已有所不同。

在资本主义制度下，资本家所有制占统治地位，资产阶级的国家全力保护这种所有制，并且要求把这种所有制普遍到一切经济领域中。在我国，则社会主义公有制占统治地位，国营经济掌握着经济命脉。无产阶级的国家"依照法律保护资本家的生产资料所有权和其他资本所有权"，但同时要求"逐步以全民所有制代替资本家所有制"（"宪法"第10条）。国家"禁止任何人利用私有财产破坏公共利益"，并且，必要时可以依照法律"对城乡土地和其他生产资料实行征购、征用或者收归国有"（"宪法"第13、14条）。

资本家所有制不可能普遍到其他经济领域中去了，特别是不能像资本主义制度下那样，依靠剥夺小生产者、摧残个体所有制经济来扩展自己。相反，资本主义工商业在经营范围上，是受国家的限制和管理的，在一些有关国家经济命脉的部门，在国民经济恢复时期就已经被国营经济所掌握。并且，由于资本主义工商业的开业、增资、添设分支机构、迁移、转业、合并等均须经政府核准，由于机器设备、基本建设材料、钢铁、动力、主要原料和市场都是掌握在国营经济手里，资本的"自由移动"已经受到了限制，事实上只能在一些次要的轻工业部门和小商业间移动。由于这种情况，资本主义平均利润规律的作用，也受到了很大的限制。

事实上，在我国制度下，资本家所有制是在"公私兼顾"的原则下，被允许在一定时期内存在的。所谓公私兼顾，即"在符合大多数人民最高的和长远的利益的原则下，照顾私人利益"。① 其所以被照顾，是因为资本主义这时还有有利于国计民生的积极作用。但是必须优先发展国营经济。国民经济恢复时期，扶植与鼓励私营工商业，但只是对"有利于国计民生的私营经济事业"（"共同纲领"第 30 条）。国民经济恢复时期，工商各部门中公私比重的变化，以及资本主义经济本身的改组，就是"公私兼顾"原则的具体表现。在这里，资本家所有制，并不像在资本主义制度下那样是独立地存在的，而是在"兼顾"的原则下允许存在的。

在资本主义制度下，资产阶级是社会的统治阶级；在企业中，资本家是绝对的支配者。在我国制度下，民族资产阶级分子同劳动人民一样，享有公民权，但是这个阶级是被领导的阶级；在资本主义企业中，资本家仍然具有经营管理权，但是，他们的经营管理权已不是绝对的，而是受到国家和工人的管理、监督的。

资本家在企业中的权利，受到国家法令的限制，受到国家所规定的某些生产和销售计划的限制，受到工人群众的监督，受到社会的监督。资本家的许多活动，例如市场投机，操纵价格，以及各种欺诈、盗窃行为，在资本主义制度下，不仅被认为是理所当然的，而且是资本家"天赋"的自由权利。但在我国制度下，不仅要受法律的制裁，而且也为社会所不容。事实上，经

---

① 周恩来：《在中国人民政治协商会议全国委员会常务委员会第 34 次会议上的报告》，《新华月报》1952 年 2 月号，第 3 页。

过市场斗争，经过"五反"运动，在国营经济掌握市场和价格领导权的条件下，资本家的这种"自由"已经不很多了。

资本家在企业内部的经营管理上，必须遵从"劳资两利"的原则。劳资两利的前提是工人阶级的领导，这是我国社会制度决定了的，也是和在资本主义制度下的资本家权利根本不同之点。周恩来同志指出："不能抽象地讲劳资两利，而一定要在承认工人阶级领导的前提下讲劳资两利，以达到发展生产、繁荣经济之目的。"① 这就是说，资本家必须承认工人的民主权利，接受工人监督；在这个条件下，行使资本家的权利。这样，在企业的经营管理上，就不是资本家专断独行，而是要劳资协商。在国民经济恢复时期，劳资协商的范围还主要是有关劳资关系的问题，特别是有关受雇、解雇、工资、福利、劳动条件等问题。但是，"五反"运动以后，劳资协商的内容已逐渐扩大，已涉及生产经营的问题了。

资本家在分配上的权利，也受到一定的限制。这主要体现在盈余的分配上，要受《私营企业暂行条例》的规定的约束。依照这个条例规定，资本主义企业盈余的分配要兼顾到国家、企业、工人、资本家各方面的利益，并且首先保证国家的税款和企业的积累。但是，在国民经济恢复时期，对资本家剥削的限制还不大，这是反映了当时国民经济发展的要求的，只有这样才能鼓励私人资本投向对国计民生有利的事业。

工人的地位和工人劳动的变化 在人民民主专政制度下，资本主义企业中的工人具有两重地位。一方面，他们是整个工人阶级的一部分，而这个阶级是国家的领导阶级，掌握了政权，在整个社会上拥有崇高的威信。从这方面说，他们和国营企业的工人已经没有两样。工人阶级在整个社会中的地位，决定了他们在企业中对于资产阶级处于政治上的领导地位，具有监督资本家的权利。另一方面，由于资本主义所有制的存在，工人在企业中仍处在雇佣劳动者的地位，他们还是被剥削者，还是劳动力的出卖者。

劳动力成为商品，是资本主义生产的根本特征。资本家所获得的剩余价值，无非就是劳动力价值和劳动力在使用中所创造的价值之间的差额；如果

---

① 周恩来：《在中国人民政治协商会议全国委员会常务委员会第 34 次会议上的报告》，《新华月报》1952 年 2 月号，第 5 页。

资本不能通过对劳动力的购买来获得它的使用权，资本主义剥削就没有可能了。在我国资本主义企业内部，资本和劳动的这种关系也是存在的。只有彻底变革资本主义私有制，劳资关系才能根本改变。但是，由于社会性质发生了变化，由于资本家所有制受到了一定的限制，在我国过渡时期，资本主义企业的雇佣关系以及工人的劳动，具有了某些新的特点。第一，在资本主义制度下，资本购买劳动力的前提是劳动者与生产资料的完全分离，"这种分离，只能由劳动力出卖于生产资料所有者这个事实来克服"；① 是因为劳动者，"没有实现劳动力所必要的一切东西，对于这些东西，自由到一无所有的地步"。② 但在我国过渡时期，工人已不是这样一无所有的无产者，他们和国营企业的工人一样，是社会的主人，是公有的生产资料的主人。国家保护工人劳动的权利，他们在资本主义企业中出卖劳动力，不是因为非此即不能克服劳动与生产资料的分离，不是说非此就不能实现劳动力，而是为了工人阶级的长远利益，需要他们去利用这一部分社会生产资料。第二，资本购买劳动力又"是以工资劳动者阶级依照社会的规模存在这件事作为前提"的。③ 在资本主义制度下，有时劳动者的存在也还不具备社会规模，但是，资本主义"会在愈益扩大的规模上，再生产工资劳动者阶级，并使异常多数的直接生产者，转化为工资劳动者"，④ 因而不断地扩大着工资劳动者的人数，扩大着产业后备军的数量。在我国，出卖劳动力的工资劳动者只是在资本主义企业的狭隘范围内存在。并且，由于对农民和手工业的个体经济实现国营经济的领导和逐步实行合作化，直接生产者转化为资本主义工资劳动者的趋势也受到很大的限制了。

事实上，在我国，首先，资本已不能任意雇佣、解雇工人，即不能任意购买劳动力。"劳方有受雇解约之自由，资方不得强迫劳方受雇"。"工会认为资方对工人职员之处分与解雇不合理时，有向资方提出抗议之权"（"关于劳资关系暂行处理办法"第4、7条）。

其次，资本也不能任意支配劳动力的使用。它不能任意延长劳动时间、

---

① 马克思：《资本论》第 2 卷，人民出版社，1953，第 14 页。
② 马克思：《资本论》第 1 卷，第 1 页。
③ 马克思：《资本论》第 2 卷，第 17 页。
④ 马克思：《资本论》第 2 卷，第 17 页。

增加劳动强度，任意改变工资，任意使用童工，相反要受到限制，要遵守国家的劳动保护法令。资本主义企业中的劳动制度与社会主义经济不同，但是，它不是孤立的存在的。劳动法是统一的，工人的基本权利是一致的，它要受无产阶级专政的这一社会根本制度的限制，受社会主义经济的基本劳动制度的限制。

再次，资本已不占有全部劳动力。在资本主义制度下，工人剩余劳动所创造的价值，无论经过怎样复杂的分割过程，都是归这个或者那资本家（或资本家集体）所有。"工人不是属于资本家的，而是属于整个资本家阶级的。"[1] 在我国资本主义企业中，工人劳动所创造的价值的一部分，已经通过税收、利息、商业利润等归工人阶级领导的国家所有，不再全部归资产阶级占有了。在我国，某个私营企业的工人，受到某些资本家的剥削，但是，他们不是属于某个资本家，而是属于自己，属于整个工人阶级的。

最后，劳动的性质还受生产性质的影响。在资本主义条件下，工人的劳动只是替资本家生产剩余价值，只有这样才能被看作是生产劳动。在这种情况下，生产剩余价值是决定的方面，而使用价值的生产只有从属的意义。在我国过渡时期中，情况有了很大的改变，我国不是允许任何一种剩余价值的生产存在，而只是在一定时期允许对国计民生有利的资本主义生产存在；在这些企业中，劳动者虽然还要为资本家进行剩余价值生产，但是他们同时是为着国家和社会的利益，生产国计民生所必需的东西。因此，这种劳动就与资本主义条件下完全由资本家所支配的那种雇佣劳动在性质上有了区别。

在实现全行业公私合营以前，在资本主义企业中，工资基本上仍然是劳动力的价格，但是，它也受到一系列的限制：资本主义企业中的工资水平不能脱离整个社会的工资水平，而这个水平主要是由占统治地位的社会主义经济中按劳付酬的工资水平决定的；国家对资本主义企业的工资实行管理；工人对工资有权发表意见。这些条件都使资本家不能任意规定和改变工资。

资本主义制度下，工人的实际工资不断下降，甚至会降低到劳动者的最低生活需要水平之下，这是由下述条件造成的：不断增加的失业后备军；农业中有大量较低工资的雇农；无限制的雇佣童工、女工；通货膨胀；对工人

---

[1] 马克思：《雇佣劳动与资本》，《马克思恩格斯文选》（两卷集）第2卷，第61页。

的高利贷剥削；等等。这些条件，在我国基本上已不存在了。同时，国家对工人生活、福利、退职、退休等都实行保护。由于这些原因，工人阶级日益贫困化这一资本主义规律，在我国已基本上停止发生作用。

国民经济恢复时期资本主义工商业生产关系的变化，如前所述，主要不是由于企业内部所有制关系的变革引起的，而主要是由于社会制度、社会生产关系的变革所引起的。因此，这种变化有一定的限度。它不能改变资本主义生产关系的基本性质，只能在某些方面给以量的限制，或引起某些局部的质变。

第四章

国家资本主义的初级形式

第一节　有计划扩展国家资本主义的历史背景

大规模有计划建设的开始　我国国民经济恢复时期结束的时候，社会主义国营经济已经有了迅速的发展，确立了在国民经济中的领导地位，树立了社会主义经济优势。到 1952 年，国营工业的产值已占全部工业（不包括手工业）总产值的 52.8%，国营商业和合作社商业在国内批发总额中占 63%，在社会零售总额中占 34%。同时，经过土地改革、抗美援朝、镇压反革命、"三反""五反"和思想改造等运动，进一步巩固了人民民主专政，加强了工人阶级的政治优势。这一切，为我国大规模、有计划地进行社会主义建设和对私有制经济进行社会主义改造铺平了道路。1953 年国家公布了第一个五年计划的基本任务，我国开始进入了有计划的国民经济建设时期。

我国的第一个五年建设计划的基本任务是：集中主要力量进行工业建设，建立我国的社会主义工业化的初步基础；发展集体所有制的农业生产合作社，并发展手工业生产合作社，建立对农业和手工业的社会主义改造的初步基础；基本上把资本主义工商业分别地纳入各种形式的国家资本主义轨道，建立对于私营工商业的社会主义改造的基础。

当时预计，在第一个五年计划期间，私营工商业的改造将达到如下的成就：私营工商业的大部分将转变为各种形式的国家资本主义，而私营的现代

206

工业的大部分将转变为高级形式的国家资本主义——公私合营；私营商业中有一半以上将转变为种国家资本主义形式的商业和由小商小贩组织起来的合作形式的小商业。执行的结果，这个计划被大大地超过了。第一个五年计划终结的时候，全国资本主义工商业已经基本上实现了全行业的公私合营，个体小商业也已经基本上实现了合作化。农业和手工业的改造，也都大大地超过了原计划，提前完成。

资本主义与社会主义矛盾的激化　第一个五年计划的执行，在全国范围内展开了大规模的社会主义建设，这意味着社会生产力的迅速发展。当时我国社会的经济结构是几种经济成分并存的局面，有社会主义经济，也有资本主义经济。这是两种对立的生产关系。随着社会主义经济的巨大发展，这种对立的矛盾就必然会激化起来。事实正是这样，从1953年起，无论在农村或是城市，社会主义与资本主义的矛盾都尖锐化了。

在农村里，土地制度改革以后，农民的生产积极性大大提高，带有社会主义萌芽的各种形式的互助组，已有相当的发展。但这时农村中存在的还是大量的个体农民所有制经济和一部分富农的资本主义经济。农民个体经济是不稳定的，发展下去必然会产生两极分化。事实上，在各地陆续完成土地改革以后，随着生产的发展，农村中的资本主义自发势力就一天一天地在发展，新富农已经在各处出现，许多富裕中农力求把自己变为富农。雇工、高利贷、投机买卖行为也有有所滋长。有些人提出了"发家致富"的资本主义口号，要求"保证农村中土地买卖租佃、雇工、借贷、贸易四大自由"。许多贫农则因为生产资料不足，仍然处于贫困地位，有些人欠了债，有些人出卖了土地。

在1953年，农村的矛盾突出地表现在粮食问题上。这一年的年景是好的，粮食产量较上年增长了1.6%。但由于土地改革后，农民生活改善，粮食的商品率下降了，这和大规模经济建设开始后社会就业人员迅速增加、对商品粮需求猛增的情况不相适应。从城乡购买力增长来看，如以1950年为100，1952年为120.73，1953年为143.89。再从需要商品粮的城镇人口来看，1950年只有6000多万，1953年增加到7800多万。加上农村中经济作物地区的扩大，部分农户由粮食自给转变成需要商品粮食供应，粮食市场出现了相当紧张的情况。农村中的富农和部分富裕中农便利用这个机会，进行粮食投机活动，他们拒售和囤积粮食，哄抬粮价。而城市和村镇的私商也趁机蠢动，高价抢购粮食和各种工业原料。有的深入农村住户，甚至四处拦截农民，强购粮食。这样，许多地方都出现了粮食供应紧张、价格混乱的情况，有些地方粮价超过国家牌价 20% ~ 30%，甚至更多。

在城市里，社会主义与资本主义的矛盾也趋于尖锐。第一个五年计划执行后，国家基本建设投资大量增加，社会就业面扩大，以及 1952 年的农业丰收，都大大提高了社会需要和购买力。因而这一年旺季早临、市场空前繁荣，出现了购买力增长速度超过日用品生产增长速度的新情况。同时，粮食、建筑器材、工业原料也供不应求。面对这一情况，许多资本家就趁机活动，他们用提高价格、预付定金、赊购赊销等办法，抢购套购粮食、日用品、工业原材料。许多资本主义工业拒绝国家的加工订货，盲目发展自产自销，扩大自由市场。有的不生产国家需要的产品而追求高利产品；有的在承担国家的加工订货任务之后"先私后公"，将合同内的产品投向自由市场，谋取高利；有的甘愿违约罚款，因为自产自销可以获取比罚款额更高的利润。粗制滥造的现象尤为普遍。资本主义工商业在解放前惯用的赊销、期票交易、贴现、高利拆借等一系列投机经营手法，也重新流行起来，一时蔚然成为风气。

上海市百货站向私营工厂的加工订货，1953 年 5 月份延期交货的达4600 余次；其中承制胶鞋的 25 个私营工厂，在第二季度中经常脱期交货的有 18 家。花纱布站六七两个月中签订了加工订货合同 819 份，其中脱期交货的有 313 份。主要原因是私商抢购订货。一些旺销货因各方面抢购，预付定金的现象大量出现，如格子府绸、花麻纱、汗衫、罗纱等，一般要预付定金三成到七成。

由于私营工厂粗制滥造，加工订货不合格的产品增加。上海金笔业 1 月份退货 44 箱，3 月份增为 239 箱，4 月份再增为 279 箱。

上海市第一季度采用期票交易的私营商业行业有 20 多个，为期 5 天到两个月不等，一般为半个月至 20 天。各业期票交易占销货总额比重：钢铁业 90%，棉布业 80%，食油业 50%，五金业 25%，粮食业 20%。

1953 年上半年，政府的有些经济部门，由于没有经验，在某些工作上对资本主义的斗争注意不够，也给私营工商业以可乘之机。如税务部门为了减少纳税环节，在推行商品流通税时，免除了批发商的一道营业税，私营批发商就趁机活跃起来。国营商业推行经济核算时，过多地压缩了库存和加工订货，资本主义工业遂借此盲目发展自产自销。在调整商业时停止了统一采购办法，各地公私企业单位涌向大城市竞购物资，也助长了私私挂钩和自由市场的扩大。

由于自由市场的盲目发展，资本主义工商业在这一年，主要是上半年，攫取了大量暴利。据估计全国私营工业1953年盈余达9.13亿元，比1952年增加147%；全国私营商业1953年盈余达6.89亿元，比1952年增加97%。在暴利刺激下，许多私营行业盲目发展。工业中以制药、染织、造纸、卷烟、印刷、文教用品等业为突出。以金笔工业为例，1950年全国只有12个厂，1953年底厂数增加了3倍，职工增加了4倍，产值则增加10倍以上。这一年，私营工业总产值较1952年增加了24.5%，大大超过了恢复时期私营工业每年平均增长速度。1953年私营商业销售额较上年增加了15.1%，为恢复时期平均每年增长速度的6倍。并且私营批发商业在上半年也一度发展，市场上出现"公退私进"的局面。

与此同时，民族资产阶级中一部分人坚持资本主义道路的思想也有抬头。他们要求长期保持既有社会主义经济，又有资本主义经济的现状。他们提出了"确保私有财产""社会主义与资本主义长期并存""巩固新民主主义秩序"等口号，希望对资本主义工商业不要实行社会主义改造。

如果说，国民经济恢复时期资本主义工商业的发展基本上是适应国家和人民的需要，对国营经济起了助手作用，那么，这一时期资本主义工商业的这种发展，就不完全是如此了。在我国已经开始了有计划的社会主义经济建设的情况下，资本主义工业，就其自产自销部分来说（这时尚占资本主义总产值的40%左右），很多是在同国营争夺原材料的情况下发展的，它们把国家需要的物资去制造次要的但利润较高的产品。就其接受加工订货部分来说，一方面有助于国家生产计划的完成，但另一方面，由于资本主义生产落后，经营管理腐败，成本高，次品多，也造成原材料和劳动力的浪费。如上海纺织采购供应站对27家私营纱厂进行检查，统扯单位用棉量在规定标准395斤以内的只有4家，395斤至400斤的13家，400斤至405斤的6家，405斤以上的4家。再如天津市私营橡胶业，据职工在1954年反浪费中揭发的材料，在 650 件浪费原材料的问题中，仅就已解决的 20 件计算，一年就可节约生胶 52 吨。资本主义工业中的劳动力浪费，具体表现为劳动生产率的低下。1953 年国营工业平均每人每年产值为 9016 元，而私营只有 7848 元。并且，这时因大规模经济建设开始，国家所需要的许多产品，在品种、规格、质量上都和恢复时期不同了，许多已非资本主义工业落后的生产设备和技术条件所能承担。如上海私营机器工业中能够设计制造精密的、大型机器设备的企业不满 100 户，极大部分工厂仅能装配修理和制造零件；私营电机工业中能够制造 100 匹马力以上电动机、1000 伏安以上变压器的只有十几户，其余均为半手工生产，仅能制造小电动机和电器配件。而国家对机电产品的需要则是：一般的、低级的产品需要减少，新型的、高级的产品需要增多，非定型的、需要自选设计的、精密的和大型的设备则需要更多。这就形成了矛盾。至于资本主义商业，它们的资本主义经营也与日益计划化的商品流通的要求不相适应。而且，由于流转环节多，费用开支大，许多行业、企业不能在国家的合理差价下维持经营。还有许多行业、企业经营作风恶劣，欺骗成性，丧失了消费者的信任。这些情况，表明资本主义工商业已日益不能适合国家和人民的需要，也必然为资本主义工商业本身造成愈来愈多的困难。这在 1953 年下半年就开始露头，到 1954 年许多资本主义工商业生产经营发生了困难。

资本主义企业内部的劳资关系也随着紧张起来。工人群众几年来在党的教育下，特别是经过"三反""五反"运动，阶级觉悟大大提高。大规模建设开始后，他们欢欣鼓舞。但是，资本家趁机追求暴利、盲目扩大自由市场，这不能不引起他们的愤慨。当企业陷于困难而资本家又用"停工、停薪、停伙"的三停办法，把困难推向职工，这更引起职工的不满。

以上情况说明，大规模经济建设开始后，资本主义与社会主义之间的矛盾日益暴露出来。矛盾大致可以归纳为五个方面：（一）资本主义生产的无政府性和盲目经营，与国民经济有计划按比例发展的要求相矛盾。它们经常冲击市场，破坏国家的计划，夺取国家需要的物资，去制造次要的，只要是利润较高的产品。（二）资本主义和自由市场的存在，与国家对个体经济进行社会主义改造的要求相矛盾，为了引导广大的农民和手工业者走社会主义道路，必须排除资本主义对小商品生产的作用和影响。（三）资本主义经济的落后性、浪费性和经营管理的腐朽，与社会主义工业化的要求日益不能适应，资本主义经济成为全面贯彻国家先进定额和成本、价格政策的障碍，成为提高社会劳动生产率的障碍。（四）资本主义剥削与扩大社会主义积累之间的矛盾也日益突出。（五）资本主义企业内部的劳资矛盾也深刻化了。这些矛盾的发展，说明资本主义生产关系已经日益成为社会生产力进一步发展的桎梏。只有根本改造资本主义的生产关系，才能彻底解放生产力。而当前任务，就是有计划、有步骤地把它们纳入各种形式的国家资本主义轨道，以适应社会主义建设第一个五年计划的要求。

重要农产品的统购统销和主要批发商业的国有化　1953 年的市场形势表明，要对农业、手工业和资本主义工商业进行有计划、有步骤的社会主义改造，必须控制资本主义自由市场，削弱它对个体经济和资本主义工业生产的影响，逐步割断资本主义在城乡之间、生产与流通之间的联系。为了保证社会主义建设第一个五年计划的顺利完成，又必须首先消灭粮食的自由市场，由国家来掌握粮食供销。为此，1953～1954 年，党和政府采取了两项重大措施，即重要农产品的统购统销和主要批发商业的国有化。

统购就是按国家规定的合理价格，由有关部门统一收购这种商品，不准私商自行向生产者收购。统销就是对于某种商品，国家按照一定的价格，按计划供应人民生活和工业生产的需要，禁止私商自行贩运。因此，统购统销政策既保证生产者可以得到合理的补偿和扩大再生产基金，又保证消费者可以用正常的价格得到一定数量的必需品。1953 年 11 月间首先对粮食和食用油脂实行了统购统销。在 1954 年 9 月，又对棉花实行统购，对棉布实行统购统销。由于粮食、油料、棉花等交易在农村市场上占着极大的比重，对这些商品实行统购统销后，农村中农副产品的商品量就有 70% 左右为国家所掌握，这就改变了农产品市场的面貌，基本消灭了市场上的粮食等主要农产品的资本主义投机活动。随后生猪、蛋品、皮革、烤烟等也都列入计划收购的范围，后来演变成为派购制度。

对粮食和其他主要农产品实行统购统销有着多方面的作用，它保证了城镇工矿区和部队对粮食的需要，支援了工业建设和国防建设；它也保证了农村缺粮户和农村手工业者对粮食的需要，使他们能够按合理价格得到粮食，促进了农、林、牧、副、渔各行各业的发展；它还保证了灾区粮食供应。同时，粮食和其他主要农产品商品一经实行统购统销，就排除了私营批发商的经营，并使私营零售商必须依赖于国营商业供给货源。这不仅避免了生产者和消费者受投机商人贱买贵卖的剥削，而且削弱了资本主义在农民中的影响，从而有利于农业合作化的发展，有利于对资本主义工商业的社会主义改造。

批发商业是商品流转的中枢环节，直接影响生产和市场与物价。在多种经济成分并存的条件下，社会主义国家必须在流通中首先把有关国计民生的主要商品的批发业务掌握在国家手中。在国民经济恢复时期，国营商业的发展就是以批发商业为主的。随着国营工业的发展和对私营工业逐步实行加工订货，对农副业产品逐步实行国家收购和委托供销合作社收购，国营批发商业扩展很快。但仍有一小部分主要商品的批发业务是在私人手中。1953～1954年，国家采取了一系列措施，由国营商业代替它们，这就实现了主要批发商业的国有化。被代替的主要是直接与生产者相联系的私营大批发商号，方式是停止他们的业务并把他们的从业人员（包括职工和资本家）吸收到国营商业中来。此外，也有一些是直接从国外进口商品的私商（停止其自营进口业务而为国家代理经营），和私营大工厂的自营批发业务。

主要批发商业实现国有化，给我国社会主义建设和社会主义改造事业带来很大的便利。首先，这意味着自由市场的缩小和社会主义有组织市场的扩大，社会主义商业充当了城乡、地区间商品流通的主要渠道，私营批发商退居次要地位，只担负零星、次要商品的流通责任，这就限制了资本主义市场投机势力的活动，保证了市场物价的稳定，为社会主义建设提供了有利条件。其次，主要批发商业的国有化，就使国家更有可能调节社会生产、分配和消费各个环节，从而有可能加强整个国民经济的计划性。其三，私营大批发商被代替之后，进一步割断了私营工业、商业、手工业和农业之间的资本主义联系，从而有利于社会主义改造工作的迅速推进。例如，私营大批发商被代替之后，私营工业不接受国家的加工订货就不易找到销路；私营零售商业要依靠国营商业供给货源，这就会促进它们为国家执行经销、代销业务。农业、手工业，作为小商品生产者，当批发环节掌握在资本家手里的时候，它们就摆脱不了资本主义的盘剥，不能不接受资本主义的影响。主要批发商业国有化以后，割断了他们与资本主义的联系，而代之以与社会主义的联系，这就为农业、手工业的合作化创造了重要的条件。

1953 年 7 月起，国营商业就有计划、有步骤地扩大了对私营工业加工、订货和收购、包销的范围，掌握了更多的工业品。8 月间政府恢复了私营批发商的一道营业税，以削弱他们的居间利润。9 月间恢复了各地在上海、天津等大城市的统一采购办法。11 月粮食和食用油料实行统购统销后，又使所有经营这些商品的批发商退出市场。同时，国家扩大了对其他农产品的收购。在进出口方面，重要出口物资在 1953 年就实行了统购或是由国家掌握，私商不能自行出口。1954 年初又停止私商的一般进口业务。这样国家就进一步掌握了货源，控制了市场，逐步代替了私营大批发商。在代替大批发商时，对于尚有货源可以经营，在城乡交流和商品分配中尚有一定作用的小批发商、二批发商，则是仍然保留下来，允许它们继续经营，或作国营的二批发。

统购统销政策的贯彻和主要批发商业的国有化，大大加强了国营商业的力量和它在市场上的领导地位。1953 年，国营和合作社商业在全国纯商业机构零售额中的比重由 1952 年和 42.6% 增长为 49.7%，批发额比重由 63.2% 增为 69.2%。1954 零售额比重更增为 69%，批发额比重增为 89.3%。国营商业在对资本主义工商业的社会主义改造中具有重大作用。因为国家资本主义初级形式，诸如加工、订货、经销、代销等，归根到底是国营商业同资本主义工商业建立这种或那种联系关系，是国家从流通过程中、从供销环节上管理资本主义生产、经营的形式，国营商业（在农村是由国营商业委托给供销合作社商业）则是这一管理形式的执行者。所以，统购统销和主要批发商业国有化这两个政策的贯彻，不只直接有利于社会主义改造工作，而且直接促使国营商业的壮大，又回过头来促进了社会主义改造。

有计划扩展国家资本主义的另一些条件 1952 年 12 月间，全国私营银行和钱庄业实行了全行业公私合营，基本上完成了私营金融业的社会主义改造。这一变革，使得社会信贷全部掌握在国家手中，不只是切断了私营工商业资本和私营金融资本的资本主义联系，而且使私营工商业的资本运动的一部分（流动资金）不得不置于国家银行的监督和管理之下，这也是对资本主义工商业进行社会主义改造的有利条件。

此外，1953 年下半年起，为了对资本主义工商业更好地进行社会主义改造，党和政府还采取了其他一系列的措施。如针对上半年出现的自由市场畸形活跃的情况，加强了市场管理，取缔抢购套购，限制赊销和期票交易；针对私营工业企图摆脱加工订货的情况，各地政府先后颁布了加工订货管理办法，统一管理、统一分配加工订货任务；针对资本主义工商业违法、违约行为，许多地方采取说服教育与惩处相结合的办法，同他们的投机和暴利行为做斗争。而其中最重要的措施，则是政府在 1953 年 10 月间规定的利润管理原则。即：企业的正当盈利，按国家所得税、企业公积金、职工福利奖金、资方股息红利（代理人酬劳金在内）等四个方面分配，资方的股息红利等可占到企业利润的 25% 左右。这个分配原则，在限制资本家的剥削方面，比《私营企业暂行条例》的规定起到了更大的作用，从而也为资本主义工商业的社会主义改造，提供了有利条件。

过渡时期总路线的宣传教育 1953 年 11 月，党在全国各阶层人民中间展开了过渡时期总路线的宣传、教育。总路线明确地指出我国从当时既有社会主义经济又有资本主义经济、又有个体经济的复杂的经济结构，过渡到单一的社会主义经济结构的具体道路，指出了社会主义改造的必要性和改造的步骤，指出了我国社会主义光明灿烂的未来。总路线的传播，鼓舞起工人群众和全国劳动人民的社会主义积极性，提高了他们的思想认识；必须改变私有制已成为家喻户晓。这就形成了一个巨大的社会力量，给资本主义工商业的社会主义改造事业建立了广泛的群众基础。

总路线同时也教育了民族资产阶级。在这以前，民族资产阶级一般也知道共产党所领导的革命，最终要消灭剥削，消灭资本主义，但总希望这是遥远的将来的事，总路线的公布，等于宣布了行动纲领，不能不引起他们很大的震惊。但是，在总路线的深入传播下，他们中某些人所持有的"新民主主义万岁""社会主义与资本主义长期并存"等谬论受到了驳斥；许多人的走资本主义道路的思想受到了批判；更多人的糊涂思想得到澄清，认识有所提高。同时总路线所揭示的我国社会主义革命和社会主义建设的道路，祖国工业化和现代化的瑰丽远景，也鼓舞了他们。在几年来的社会改革和社会主义改造中，民族资产阶级中间出现了有利于社会主义改造的阶级分化，出现了一批愿意接受社会主义改造的进步分子。1953 年 11 月间召开了全国工商业联合会会员代表大会，政府有关部门领导人在会上做了报告，阐明党和政府改造资本主义工商业的政策，号召他们爱国守法，接受改造。与会的代表在热烈地讨论了过渡时期总路线之后，通过了"一致拥护国家在过渡时期的总路线、总任务和对私营工商业所采取的利用、限制和改造的政策"的决议，并号召"全国私营工商业者必须积极经营有利于国计民生的事业，接受人民政府的管理、国营经济的领导和工人群众的监督，并积极适应国家的社会主义改造的要求。"

综上所述，正如 1953 年 11 月 11 日人民日报《进一步把私营工商业纳入国家资本主义的轨道》这一篇社论所指出的："经济建设的发展对于国民经济计划化的日益增长的要求，工人阶级和国营经济在政治上和经济上的巨大优势，广大人民对于资本主义的不满和对于社会主义的热望，私营工商业者在过去各项社会改革中有了不同程度的改造，并且出现了一批先进分子，公私各方面关于国家资本主义都已积累了一些经验，这些有利的条件都会促进国家资本主义经济在今后广大的发展。"

第二节　工业和运输业国家资本主义初级形式的发展

国家资本主义经济是在我国条件下逐步改造资本主义经济的过渡经济形态，在其发展过程中，经历了初级和高级两个阶段。而这两个阶段又各有一些适应各行各业或各个时期不同具体条件的具体形式。

工业中国家资本主义的初级形式　工业中的国家资本主义初级形式，根据社会主义经济与资本主义经济联系的方式和程度不同，有加工、订货、统购、包销、收购等五种具体形式。通常所谓"加工订货"实际上是泛指这五种形式（本书中除单独指明者外，所用"加工订货"一词，也是指这五种而言）。这些形式的具体内容是：

加工：是由国营企业（或其他国家单位）供给原料或半成品，委托私营工厂按照规定的价格、质量、数量和期限，进行加工生产。加工的产品交给国营企业后，按照规定付给私营工厂以加工费（又叫工缴费）。加工费一般包括工资及其他合理费用、加工产品应缴纳的营业税和合理利润。

订货：是国营企业（或其他国家单位）规定所需产品的规格、质量、数量，并确定合理货价和交货期限，向私营工厂订购产品，私营工厂根据合同规定的标准进行生产。订货货价包括该项产品的合理成本、产品应缴纳的营业税及合理利润。国营企业必要时可以预付一部分货价作为定金，或配售一部分原料。

统购：是国家对某些与国计民生关系重大的产品，以法令规定由国家或指定国营商业部门统一收购。统购的产品（例如棉纱），通常亦是通过加工的方式向私营工厂收进。其不同于加工的是不准许私营工厂再将该类产品在市场上自行销售。

包销：是国营企业对某些私营工厂规定其产品规格、质量和合理价格，在一定时期内由国营企业包下它的生产品的全部或一部分。包销通常也是采取加工、订货或近似于加工订货的方式进行，其不同之处是，产品既给国营企业包销，一般即不准许私营工厂自行销售。

收购：是国营商业根据产品的规格、质量，以合理价格，临时或定期地向私营工厂收购一定数量的产品。

加工订货的发展　早在国民经济恢复时期，加工订货就有了很大的发展。到1952年，加工订货的产值已占资本主义工业总产值的56%。但是这时期的加工订货，主要是作为恢复生产和国家掌握日用工业品的手段，作为调整工商业、加强国营经济的领导、促使资本主义经济改组的手段，而发展起来的。这种生产，已经不是完整的私人资本主义生产了。它的生产和产品流通已开始纳入国家计划轨道，脱离自由市场，而增强了国营经济的力量，它的利润也有一部分转化为国营经济的赢利。但是，国民经济恢复时期的加工订货，对于企业内部的生产和经营管理还很少干预，它改造资本主义生产关系的作用还没有充分发挥出来。

国民经济恢复时期的经验证明，加工订货的发展并不是一帆风顺的，它遭受来自资本家方面各式各样的抵抗。资本家接受加工订货的规律是：困难时要求加工订货，自由市场活跃时就拒绝加工订货。例如1950年统一财经后，资本主义工业一度陷入暂时性困难，1952年"三反""五反"期间市场一度停滞，这些时候资本家对国家的加工订货就表示欢迎并极力争取。而当1951年市场繁荣，部分工业品供不应求的时候，他们就拒绝加工订货了。资本家的这种欢迎或是拒绝，又以国家对原料、市场控制的程度为转移。凡是原料与市场已经为国家所控制的行业，即使在自由市场活跃的时候，他们也不得不接受加工订货；反之，他们就会在自由市场活跃时，拒绝加工订货。因此，加工订货虽然因为它不改变私有制，是资本家比较容易接受的一种国家资本主义初级形式，但由于它限制了资本主义的盲目性，限制了资本家的剥削，这和资本家的本性是相悖的，不可能不遭到他们的抵抗。这种拒绝加工订货的行为，反映了限制与反限制、改造与反改造的斗争。

1953 年国家进入了第一个五年计划的建设时期。为了加强对资本主义工业的改造，并扭转本年上半年由于资本家追逐自由市场的暴利以及国营商业片面压缩库存等所造成的加工订货减少的情况，国家开展了有计划地扩展加工订货的工作。7 月份起，党和政府采取了一系列的措施，加强原料掌握。诸如对主要农产品实行统购统销政策；对煤、铁、钢材、铜、硫酸、烧碱、橡胶、羊毛、麻、油料、烟叶等重要原料实行由国家按计划控制、计划供应；对进口原料加强管理；对国家未统一控制的原料，由各地政府根据加工订货计划掌握平衡等等。同时，根据统筹兼顾的原则，对各种经济成分进行全面的生产安排。于是，加工订货这一国家资本主义初级形式，就从主要行业到一般行业，从大城市到中小城市，从大型企业到中小型企业蓬勃发展起来。到 1955 年，加工订货产值已占到私营工业总产值的 82%（见表4-1）。

表 4-1　加工订货历年发展情况（1949~1955）

单位：亿元

年　份	1949	1950	1951	1952	1953	1954	1955
全国私营工业总产值	68.28	72.78	101.18	105.26	131.09	103.41	72.66
其中:加工、订货、统购、包销、收购价值	8.11	20.98	43.21	58.98	81.07	81.21	59.35
占总产值(%)	11.88	28.83	42.71	56.04	61.84	78.53	81.69
自产自销价值	60.17	51.80	57.97	46.28	50.02	22.22	13.31
占总产值(%)	88.12	71.17	57.29	43.96	38.16	21.47	18.31

注：1954 年以后，由于许多私营工业企业已逐步转为公私合营，故加工订货产值增长不多或有所减少，但如扣除由私营转公私合营这一因素，1954 年加工订货价值较 1953 年实际上升 19.3%，1955 年又较 1954 年上升 1%。

加工订货最初是在一些大城市和沿海地区进行的。1953 年，内地城市也普遍发展起来。到 1954 和 1955 年，内蒙古自治区加工订货占私营工业总产值的比重由 49.78% 上升为 62.30%，青海由 68.13% 上升为 74.03%，甘肃由 30.84% 上升为 71.90%。

过去加工订货以大型企业为主，1953 年以后，小型企业的加工订货迅速增加。据北京、天津、上海、武汉、广州、重庆、西安、沈阳、哈尔滨、济南、青岛、无锡等 12 个大中城市的统计，对私营大型工业的加工订货产值占私营大型工业总产值的比重，1954 年为 86.04%，1955 年为 92.11%，而小型工业 1954 年为 51.45%，1955 年上升为 64.83%。

解放初期，加工订货主要是棉纺织品和机器、粮食加工等主要产品，1952 年，全国 18 种主要工业产品中：100% 纳入国家加工订货的有水泥，棉纺 2 种，80～85% 的有轧钢材、面粉 2 种，70%～79% 的有电动机、棉布、纸张 3 种，60%～69% 的有烧碱、胶鞋、火柴 3 种，50%～59% 的有金属切削机床、食用油 2 种。到 1955 年，据全国私营工业 73 个工业部门和行业的统计，加工订货在 99%～100% 的在铁矿等 25 个部门和行业，80%～89.99% 的有燃料加工等 17 个部门和行业，70%～79.99% 的有电力等 13 个部门和行业，60%～69.99% 的有其他非金属开采冶炼等 10 个部门和行业，40% 以下的仅消费资料修理一个部门。

加工订货在发展过程中的变化　加工订货的发展，不只表现在数量的增加、包罗范围的扩大上，在质量上也有提高。就加工、订货、统购、包销、收购这几种具体形式来看，收购是国家资本主义初级形式中比较低一级的形式，因为收购多是一次性的，它是社会主义经济和资本主义经济之间的一种不经常、不固定的联系；并且，它是在产品生产出来以后进行的，未能把资本主义的生产纳入国家计划轨道。而加工、订货、统购、包销则都是在资本主义工业生产以前，就由国营经济同它们订立合同，从而在不同程度上将这部分生产纳入国家计划轨道。其中统购形式，使资本主义生产这种产品的生产力全部地并且长期地为国家计划任务而生产，断绝了它和自由市场的联系，社会主义经济和资本主义经济之间建立了固定的联系。所以，它是国家资本主义初级形式中比较高一级的形式。包销也是把资本主义生产这种产品的生产力由国营经济包下来，因而也是比较高一级的形式。加工订货的发展，呈现了由低一级向高一级发展的趋势。在解放初期，收购形式曾被大量采用，1953 年以后逐年减少，而为其他较高形式所代替。据 12 个大中城市的统计，在整个加工订货的总产值中，收购部分 1949 年占 24.33%，1953 年降为 8.97%，1955 年再降为 5.42%。统购由于只适用于单一性的产品，所以只有机制棉纱这一种产品使用了统购形式。而包销形式则在 1953 年后发展很快，有些产品如面粉、卷烟、火柴等，并实行了全面包销，即对所有制造这些产品的私营工厂都实行包销。

再就对加工订货的管理来看，在 1953 年后有计划扩展时期，是逐步加强的，具体有如下几个方面：

（一）加强计划管理。有计划经济建设开始后，加工订货，总的说来，已成为国家生产计划和货币投放计划的一部分，在具体工作上，就要求加强计划管理。1953 年下半年开始，各地政府相继颁布了加工订货管理办法，统一管理加工订货。1954 年起，又相继召开了各种全国性主要商品产销平衡会议。在这个基础上，一方面摸清私营工业产销情况、企业设备能力和技术水平，作为安排任务的根据。另一方面有关部门大力加强了加工订货计划工作。如压缩"金额控制"的部分，扩大品种计划的部分；压缩临时性的和短期的加工订货，扩大全季、全年的加工订货，并尽可能使每季、每年的加工订货计划前后衔接，等等。例如北京、上海等地的加工订货合同期限一般都在一季度以上，有的是常年合同。西安市把经营多种商品的工厂分别划归有关国营公司固定关系，进行长期加工订货。这样，不仅均衡了私营工业企业的生产，也比较的固定了它们同社会主义经济的联系。对生产力的发挥和生产关系的改造，都有显著作用。

（二）加强合同管理。管理加工订货合同的主要目的，是督促私营工业企业按照合同规定的质量、数量、时间完成国家给予它们的任务，防止它们重施"五毒"，保证国家计划的严肃性。1953 年后，各地都开展了合同的鉴证、审批和监督、检查工作。有些地区还实行了法院公证制度，以加强合同在法律上的效力。同时加强了对合同纠纷、违法、违约事件的处理。上海、重庆、杭州、石家庄等城市还实行了随加工订货合同的签订对私营工业企业派入驻厂员的制度，与企业内的工人监督相结合，监督资本家投机违法，保证加工订货合同的不被破坏。以后这一制度有了发展，驻厂员不仅担负着监督企业履行合同的责任，还有推动企业改善经营管理，对资本家进行教育，为企业实行公私合营准备条件的任务。

加工订货合同如同加工订货一样，是一种泛称，包括加工合同、订货合同、包销合同、收购合同。各种合同的要求不一样，但其基本内容大体一致，一般包括四个方面：（1）加工订货的产品、规格、质量、数量和交货的时间、地点、验收办法，有的还规定商品使用的保证期限、次货扣价幅度和废品处理办法。（2）工缴货价的计算，费用负担办法。（3）合同执行中双方的权利、业务，违反合同的处理办法。（4）行政管理、财务管理等其他有关规定，如铺保的责任、专款的用途、工会的监督等等。

一定金额以上的公私合同，在执行前均须经当地工商行政管理部门审查，审查合格，在合同上鉴证、批准。批准执行后，批准机关有责任单独或会同有关业务部门下厂监督检查。合同执行中发生纠纷，先由订约双方协商解决，协商不成，由工商行政部门调解仲裁，仍有异议，则由人民法院处理。

公证是由国家的公证机关通过法律程序，证明所订合同的真实性和合法性，加强合同的法律性，以预防违约，减少纠纷。这一工作从1949年下半年就在上海、哈尔滨、沈阳等市开始试办，1955年6月，有121个市和328个县举办了公证工作。

驻厂员在解放初期就有了，但一般限于大厂，并且驻厂员基本是随合同起讫而驻厂或撤回，或定期派员入厂检查。1954年中央召开公私合营会议以后，为了有计划扩展公私合营，驻厂员制度有了较广泛的发展。根据上海、重庆、杭州、石家庄四个城市统计，截至1955年8月底止，共有驻厂员厂581家，驻厂员1152人（不包括公私合营工厂）。

（三）加强工缴货价的核算工作。1952年"五反"运动以前，对工缴货价主要是采取行业比价、按市价打折扣、协商定价等办法。期间也进行核算，但基本上是按照私营工厂原有的成本项目、开支数字得出来的，很少触动企业的资本主义经营管理制度。"五反"运动中揭露了资本家的各种违法行为，暴露了企业成本的虚假性和许多开支项目的不合理，改变工缴货价的核算工作成为急需解决的问题。1952年6月间，政府确定了"按正常合理经营的中等标准来计算，每年可以获得10%左右，20%左右到30%左右的利润"的原则。1953年下半年，随着加工订货的迅速扩大，中等标准的计算也逐步精确。1954年逐步贯彻了"分等论价，优质优价，劣质劣价"和

"奖励先进，照顾多数，推动落后，淘汰有害"的原则。中等标准虽然还不是社会主义的先进标准，但比之资本主义企业原来的浪费性生产成本来，已经是合理得多了，资本主义企业如果不进行某些改革，就不可能在这种工缴货价下继续经营。这样，工缴货价实质上起了促进企业内部改革的作用。同时，由于利润是根据成本计算包括在工缴货价之内的，工缴货价核算工作的改进，又起了限制资本家对工人过多剥削的作用。

（四）加强工人监督。资本主义企业中的工人监督是在1952年"五反"运动后普遍建立起来的，1953年以后，工人监督在扩展国家资本主义、保证加工订货任务按时、按质、按量完成上，起了十分重要的作用。工人群众对企业生产的监督工作，有两种组织形式。一种是劳资协商会议，它是在解放初期为了调整劳资关系、解决劳资争议而建立起来的，五反运动后，它不仅是调节劳资关系的机构，而且实际上形成督促私营企业改进生产的机构。再一种是增产节约委员会，它是在党的统一领导下，由劳资双方组成的常设机构。有关生产的重要事项，都须经增产节约委员会讨论，但它不代替企业的行政，增产节约委员会的决议，仍交由资方经理、厂长等负责执行。企业里的工人组织和工人监督的组织，有责任向国家有关单位反映本企业生产能力情况，以供分配加工订货任务的依据，并防止资本家滥接或拒绝任务。签订加工订货合同时，必须有工人监督组织的签证。合同签订以后，企业生产计划须经过工人群众讨论和工人监督组织通过。工人群众并有权监督产品的配料和主副料的耗用标准，有权监督企业的财务收支，特别是国家拨给的原材料、专用款和定金的使用与开支。

由于加工订货具体形式由低到高的发展，和管理措施的日益加强，促使纳入国家资本主义初级形式的企业不能继续按照原来资本主义的一套经营管理制度维持下去，而必须作相应的改革，这就使资本主义的生产关系发生了一定的变化。

运输业中国家资本主义的初级形式　我国私营运输业包括轮船、木帆船、汽车、兽力车、人力车、驮兽等若干自然行业，大部分是个体经济，只有轮船和部分汽车运输业是资本主义经济。其中轮船运输业又有很大一部分控制在帝国主义和官僚资本主义之手，民族资本经营的大公司不过民生、中兴、南洋等少数几家。

1950 年私营轮驳船的货物周转量是 170 万千吨公里，而基本上是个体经济的木帆船的货物周转量是 220 万千吨公里。私营汽车业大多数是一人一车的小业主经营，1950 年全国 2.3 万多个小业主中，平均每人有车不到一辆。兽力车、人力车、驮兽基本上都是个体经营。

1950 年私营轮船业占我国轮驳船货运总量的 51.98%，客运总量的 85.31%，私营汽车业占汽车货运总量的 76.45%，客货总量的 51.87%。

私营轮船和汽车运输业在经营管理上十分腐朽、落后，行业内部存在着浓厚的封建性，解放前有些资本家利用帮会势力，勾结官僚恶霸，各霸一方。有的开设空头船务行、空头车行，操纵货源，从事投机活动，乃至走私贩毒，非法牟利。

轮船、汽车运输的特点是有固定的航线和路线。因此，争夺货源，把持线路成为资本主义运输业经营的重要手段。在我国社会主义计划经济之下，要求运输业有更大的统一性和集中性，如果容许资本主义自由发展，就等于容许它们分割完整的交通运输线，破坏国家的运输计划。为此，除了对一部分大轮船公司很早就实行了公私合营之外，在大规模经济建设开始的时候，就针对这个行业的特点，实行了"三统管理"。

"三统管理"就是统一货源、统一调度、统一运价。这个办法是政务院在 1953 年 11 月间发布的《关于加强地方交通工作的指示》中提出的，全国各地随即实行起来。

统一货源，实质上是由国家掌握各运输线上的货物，在国营、合作社营、私营等各运输机构之间作有计划的分配。这就为国营经济领导与管理私营轮船、汽车运输业创造了前提条件，避免了私营之间互相争夺货源以及它们与国营对抗的现象，把它们的运输纳入了国家计划的轨道。统一调度是对私营的船只、车辆，按其性能由国家运输机关统一调度，使之发挥对国营运输力的辅助作用。这就有利于解决各运输线上运输力的配置问题，克服资本主义的盲目性，发挥运输潜力。统一运价，一般是贯彻低价多运政策，使私营运输与国营运价趋向一致。这不仅有利于减少运输成本，加速物资运转，防止或消灭私营运输业淡季跌价争运、旺季抬价暴利的现象，而且实际上起到了限制资本主义剥削的作用。因此，"三统管理"是一个行政管理的措施，但也是国营经济成分与资本主义经济成分在一个运输线路上的联系，因而也是国家资本主义的一种初级形式。通过这种形式，确立了国营经济对于私营运输业的领导，私营运输业在生产上和经营管理上，都不能不引起一定程度的变化。

在实行"三统管理"的同时，为对私营运输业各个企业进行进一步的社会主义改造，还采取了一些组织形式。在轮船业主要是把一个运输线上的私营户组织起来，成立联合管理处，由政府派干部领导，实行财务统收统支与业务统一领导、统一管理。在汽车运输业则有私私联营和编组编队等形式。私私联营一般叫作联营社。编组编队则是1954年在整顿、改组联营社的基础上发展起来的，即是将一条线路上几个联营社的车辆，按经济性质、车辆性能、厂牌等不同情况进行编组编队，成立车队管理委员会作为车队的生产管理机构，并由国家派干部进驻车队，对车队实行监督指导。车队实行统一管理、分户记账、各计盈亏的财务制度。

第三节　商业国家资本主义初级形式的发展

我国私营商业按其经营方式不同，分为国内批发商、进出口商和零售商，零售商中又有很大一部分是小商小贩。对这些不同类型的商业，采取了不同的改造形式。其中小商小贩属于个体经济范畴，是用合作化的方式改造的，将在第六章专述。

私营批发商的社会主义改造　本章第一节曾经提到，当第一个五年计划开始执行的时候，就实行了主要批发商业的国有化。随着这一政策实施，经营主要商品的一些私营大批发商就逐步被国营商业代替了。这些大批发商户数不多，但资金较大，雇用职工也较多。对他们虽然是采取代替的办法，但并不是把他们排除不管，而是结束他们的业务，引导他们把资金投向有益事业，吸收他们的人员（包括资方人员）为国营商业服务，在服务中进行改造。因此，代替实质上是利用、限制、改造的一种方法。

私营批发商本身是十分复杂的，有经营工业品的，有经营农产品的；有从事城乡、地区间贩运的，有坐地转手经营的；有直接与生产者联系的，也有不直接与生产者联系的二批发商乃至三批发商；有掌握主要产品的，也只经营次要、零星小产品的。由于它们的经营方式不同，它们在商品流通中的作用和对市场的危害性也不一样。因此，国家在控制主要商品货源后，对于私营批发商分别采取了不同的改造步骤和方式。这些改造步骤和方式，当时曾被概括为"留、转、包"原则。这就是"对于私营批发商，他们能够继续经营的让他们继续经营，国营商业需要他们代理批发业务的，委托他们代理批发；能够转业的让他们转业；除此以外，无法经营的批发商从业人员，连同资方实职人员在内，如果他们没有别的谋生之路，他们自己又愿意，经过训练，服从国家调配，可以由有关的国营公司和合作社依照国营商业和合作社商业的工薪待遇，吸收录用"。①

所谓"留"，并不是让资本主义批发商原封不动，而是在国营商业领导下，继续发挥它们有益的作用，并根据需要由国营商业委托它们代理批发。代理批发的形式有经批、代批，这是批发商业中的国家资本主义初级形式，其性质类似后面要讲的经销、代销。这种形式，主要用于消费者的购买分散、零售网点众多的一些商品，特别像烟、酒、副食品等。"转"则是把批发商的资金和人员转到其他经济部门，主要是转到生产部门中去发挥作用，并在这些部门中进行改造。而"包"则是指包人员，对资本家来说，就是把他们吸收到国营企业中，在工人阶级的直接领导下，进行自我改造。许多私营批发商过去操纵市场，囤积居奇，投机性一般较大，资本家的封建性、买办性思想也较多，必须对他们进行彻底的改造。但他们许多人是长期从事商品经营的，批发业又是分工较细、联系方面较多的行业，从而积累了比较丰富的业务经验和商品知识。这些经验和知识其有益部分是可以为国营商业所利用的。

1954 年经营主要商品的私营批发商已绝大部分被代替。据不完全统计，这一年各城市共处理了 11813 户，从业人员 72295 人，资金 14302 万元。到 1955 年上半年，私营批发商的主要部分即已处理完毕。1953 年市场批发交易额中私商占 30.3%，1954 年占 10.2%，1955 年只占 4.4% 了。

在改造私营批发商中，除了"留"下来的以外，"包"的形式是主要的，"转"的户数不多。但"转"的大都是主要行业中的大户。辅导批发商

---

① 陈云副总理在第一届全国人民代表大会第一次会议上的发言，见《新华月报》1954 年第 10 号，第 92 页。

转业早在经济恢复时期即已开始，到 1953 年又在较大规模上进行。根据不完全统计，到 1954 年 6 月底止，北京、天津、上海、广州、武汉、重庆、西安 7 大城市私营批发商业共转了 1444 户，从业人员 11422 人，资金 4282 万元。它们主要转向私营工业，也有一小部分转入公私合营企业，或公私合营投资公司。但随着国民经济逐步计划化，它们的转业出路愈来愈窄，私营批发商自身的转业条件也愈来愈差，一般资金大的都转了，剩下的多是中小户，无力从事生产。因此，到 1954 年下半年，转业的批发商就不多了。

经过这样的改造，留下来的大都是一些经营零星商品的小户了。但是就户数说，数量还是不小的。根据 1955 年 8 月底全国私营商业普查统计，包括城市和乡村，这时还有私营批发商 125230 户，从业人员 235460 人，资本额 17678 万元。不过其中有 66514 是行商，16818 户是批发摊贩，批发坐商只有 41898 户，从业人员 139354 人，资本额 14988 万元。在 1956 年全行业公私高潮中，这些批发商都随同零售商实行了公私合营。

改造批发商是私营商业所有制改造的第一个战役，也是作为割断资本主义的经济联系、为对整个资本主义经济和个体经济的所有制改造创造条件的一个战役。因此，改造过程就不能不是一场复杂的阶级斗争。并且，无论是"包"或"转"，都意味着要资本家结束现有企业，尤其是"包"，要求立即放弃资本主义经营。因此，许多资本家采取了消极抗拒的态度，宁愿坐耗资金，不肯行动，他们总想保留老根子，幻想旧景重来。不少人在申请歇业前预作打算，抽逃资金，转移财产。在这个时候，自由市场还相当活跃，有些资本家宁愿挤到其他私营企业中去，乃至当小商小贩，而不愿到国营企业中来。但是，在国营经济逐步掌握了货源的情况下，他们已无法继续维持下去。同时，国家加强了对资本家的教育，反复向他们交代政策，大部分人终于接受了改造。

我国在改造私营批发商中，对其主要部分采取了由国营商业代替和包人员的方式，但这并不排除通过国家资本主义形式逐步过渡的道路。早在国民经济恢复时期，在采购环节上就有过国营商业委托私商代购和国营商业与私商组织联购等国家资本主义的初级形式，以后又有趸售环节上的经批和代批形式。而转业和保留下来的批发商，最后也是经过全行业公私合营，完成所有制的转变的。在 1953 年和 1954 年，对经营主要商品的大批发商采取代替的办法，主要是因为根据当时市场情况，国营商业必须迅速控制批发阵地，而这时我们对商业的公私合营还缺乏经验。

私营批发商的改造，在很大程度上切断了私营工业、商业、小商品生产之间的资本主义联系，代之以社会主义联系，这就为私营工业、零售商业和农业、手工业的社会主义改造提供了有利条件。当时有人认为，在我国的条件下，国家资本主义是联系小生产的手段。实践证明，这一立论是错误的。在我国，国家资本主义的发展首先需要切断和削弱资本主义同小生产者的联系；当资本主义纳入国家资本主义形式后，就进一步切断和削弱了这种联系，而不是加强它。

私营进出口商的社会主义改造　私营进出口商也是经营批发业务的，但又另有其本身的特点。他们拥有较多的资金，除了同国内市场和生产者有广泛联系外，又和国外厂商往来频繁，不少在国外设有联号。他们多数具有对外贸易的专门业务经验，一般比较熟习国外市场行情。但它们过去主要是依靠帝国主义的商品倾销发展起来的，"唯外人之命是听"，带有浓厚的买办性。它们的投机性和盲目性也很突出。

我国私营进出口商主要集中在上海、天津、广州、武汉、青岛等较大口岸，1950 年全国约有私营进出口商 4500 户，从业人员 3.5 万人，资本额 1.3 亿元，它们的经营总额（指私商自营，不包括代购、代销部分）占全国进出口总额的 33.5%，占全国对资本主义国家进出口总额的 50.4%（主要经营出口）。

社会主义经济必须由国家掌握对外贸易，使国民经济和国内市场不受帝国主义的侵略，不受资本主义经济危机和资本主义国际市场自发势力的破坏和影响，并使对外贸易为国内社会主义建设服务，为加强社会主义阵营的经济合作服务。毛泽东同志曾经指出："人民共和国的国民经济的恢复和发展，没有对外贸易的统制政策是不可能的。"[①] 解放初期，我国就实行了国家管制对外贸易和保护贸易的政策，并积极建立和加强国营对外贸易企业，到 1952 年底，私营进出口业即已退居极不重要的地位。

---

① 毛泽东：《在中国共产党第七届中央委员会第二次全体会议上的报告》，《毛泽东选集》第 4 卷，第 1434 页。

1953 年国家进入大规模经济建设时期后，对外贸易的任务加重，计划性加强。这时重要出口物资或已实行统购，或由国家统一掌握。同时为了组织建设器材和工业原料的有计划进口，国家对私商进口也加强了管理，紧缩对私营批汇，统一收购私商的进口物资，1954 年初更规定私商不自营一般进口业务。这样，私营进出口商的业务活动就主要是代国营从事一部分进出口，自营部分只限于零星的次要商品和新品种的出口。据统计，在全国进出口总额中，私商自营部分由 1953 年的 7.3％ 降为 1955 年的 0.8％；在对资本主义国家进出口总额中，由 1953 年的 32.05％，降为 1955 年的 4.25％（其中进口占 1.59％，出口占 6.91％）。同时，私营进出口商的户数也逐年减少，到 1955 年底，和 1950 年相比，户数约减少 77％，从业人员减少 72.7％，资本额减少了 58.5％。这主要是因为有一部分转向生产，而大部分国内商业和工厂兼营外贸户停止外贸业务或划归国内贸易管理，也有一部分歇业。

随着国营对外贸易的增长，私营进出口商的积极作用逐步消失，他们中间有一部分需要淘汰，或者必须转业，这是必然的。但也还有一部分，他们的对外关系在国家对外贸易中还可以发挥补充作用，还有一些经营零星分散的小土特产和手工艺品的私商，短期内国营还不能代替。因此，对私营进出口商的改造采取了区别对待的办法：对不能维持的由国营公司吸收它们的从业人员或辅导转业；对一些瘫痪户进行清理；对凡是有利用条件的，则充分予以利用，通过各种形式的国家资本主义将其经营纳入国家计划轨道，逐步过渡。

对私营进出口商的改造，在全行业公私合营以前主要是采取委托经营和公私联营两种形式。

委托经营又叫代购代销，是由国营公司供给进口外汇或出口货源，委托私商按照合同规定的品种、数量、规格、价格、交货日期等条件，代办进口或出口，另给私商以适当的佣金或利润。这一形式在国民经济恢复时期即已出现，但到 1953 年后才大量发展。以上海为例，委托经营部分占私营进出口商全部营业额的比重，1951 年为 15％，1952 年为 0.9％，1953 年为 36％，1954 年为 69％，1955 年为 71.1％。到 1955 年底，全国私营进出口商的经营额中，已有 70％ 左右是委托经营的了，有的口岸高达 90％。

公私联营是私营进出口商在国营经济直接领导下，按自愿原则，在保持原有企业组织的情况下，以公私投资方式，联合经营业务的一种组织形式。公私联营后，主要仍是为国营代购、代销，但其业务由国营公司统一安排，统一组织出口货源和供给进口外汇。因为组织联营主要是利用私商的国外关系推销出口物资，所以在盈余分配上，一般是以盈余的较多部分按推销关系分配，较少部分按投资额分配。这一形式也是在国民经济恢复时期就出现了的，但当时参加户数不多，并且多半是一种商品或几种商品临时结合的性质。1954 年实行按行业归口各国营公司管理以后，公私联营有了很大的发展。这时多是按"归口"的行业或品种组织的，每种组成一个，所以又称专组联营。到 1955 年 6 月，上海共组织了 9 个出口公私联营，另有 4 个进口公私联营，参加联营的占当时私营专业进出口商户的 90%。天津在 1954 年组织了 14 个公私联营，参加的私商达半数以上。广州参加公私联营的占总户数 43%。

私营零售商的社会主义改造　对私营零售商的改造和对批发商不同。首先，零售商业是商品流转中的最后一个环节，它同生产者不一定有直接的联系，而同广大人民群众有密切的联系。我国的私营零售商，尽管它们的商业网分布不尽合理，但它是历史形成的，有其适应消费者习惯的一面。只要国营商业掌握货源，就可以把它们逐步纳入国家资本主义的轨道，如果急于采取由社会主义商业代替的办法，反而容易造成分配中的脱节和混乱。其次，私营零售商业从业人员数量既多，成分又复杂，从大资本家、小业主到个体劳动者都有，要把这些人一下子都吸收到社会主义商业中来，事实上有困难。其三，由于私营零售商本身的分散细小，和历史条件所形成的盲目发展，以及经营作风腐败，必须经过一定的清理、整顿、改组、改革，才能顺利地进行社会主义改造。基于这些特点，对私营零售商的改造工作就比改造私营批发商更为复杂，更为艰巨。既要逐步把它们的经营纳入国家计划轨道，从而逐步改造其所有制，又要充分利用它们在商品流转中的积极作用，限制它们的投机和盲目活动，并对它们的经营管理和旧的商业网进行改组、改革；既要保证社会主义商业不断前进、市场上社会主义优势不断增长，又要安排私营商业使之能维持经营。为此，党和政府根据统筹兼顾的方针，采取了安排与改造相结合的政策。在步骤上，则采取逐行逐业进行的办法，先主要行业，后次要行业，安排一行、改造一行。

根据 1955 年 8 月普查材料，全国私营零售商有 282.7 万户，从业人员 365.5 万人，资本额 7.8 亿元；在全国私营商业中，户数占 95.8%，人数占 93.9%，资本额占 81.6%。同时，我国私营零售商业又是以分散零星的小商业为多数，根据同一材料，在全部零售商中，不雇用职工的小商小贩有 272.5 万户，占总户数的 96.4%。

零售商业方面，早在国民经济恢复时期，即已出现了批购、经销、代销等国家资本主义初级形式，但都属临时性的，限于少数商品，户数也不多。当时社会主义经济与资本主义经济的联系还是不固定的，管理制度也不完备，所以只是萌芽状态。1953 年过渡时期总路线公布之后，尤其是私营大批发商基本被代替之后，私营零售商业中的国家资本主义初级形式才大量发展起来。总起来说，主要有如下几种：

批购：也叫批购零销或批销，是私商向国营商业以现款批购商品，按照规定的牌价或核定的价格出售，私商在零销中取得批零差价的收入。建立批购关系后，私商向国营商业提出要货计划，但计划管理和价格管理还都不严格，私商在纳入这一形式后，一般仍有相当部分同类商品在自由市场进货，所以它是比较低级的形式。

经销：是国营商业指定商品，私商按照国营商业的供应计划以现款向国营商业进货，再按规定的牌价和规定的供应办法出售。私商从经销中取得批零差价的收入。经销店对经销商品不得再向自由市场进货。

代销：是国营商业把商品委托私商代销，私商按照国营商业的供应计划和规定的牌价出售，从代销中取得规定的代销手续费。执行代销业务的私商应向国营商业缴存一定的保证金，并不得再向自由市场购进属于代销品种的商品。

专业代销：属于代销形式，不同的是它取消了私商自营业务，全部货源都由国营商业供给，代销商品全部属于国家所有，企业销售计划也完全受国营商业的计划支配，因此它是供销形式的进一步发展。此外还有专柜代销，它是一个店的一部分货柜实行的专业代销。

1953 年开始的私营零售商业社会主义改造工作，在数量上是逐步扩大的，在改造形式上也是逐步由低级向高级发展的。1953 年下半年发展最多的还是批购形式，发展范围也只限于棉布、百货、新药、化工等几个货源已为国家基本掌握的行业。1953 年 11 月起，国家对粮食、食用油料、棉花、棉布等陆续实行了统购统销，由于国家掌握了全部货源，就把经营这些商品的私营零售商全部纳入了经销和代销形式。这样，商业中的国家资本主义才大量发展起来。

粮、油、布三个行业的全业改造不只是先行一步，而且创造了极为宝贵的经验。首先是按行业归口管理的原则从此普遍推行开来。这就是把私营各行各业分别置于有关的国营专业公司直接领导之下，国营专业公司不仅要做经济工作而且要做政治工作，不但负责对归口私商的业务安排而且要负责对它们的改造。这样才能更好地贯彻统筹兼顾、全面安排、安排与改造相结合的方针。其次，三业改造所采取的"一条鞭"改造方式，为对私营商业进行全行业改造提供了前例。所谓"一条鞭"就是对同一行业或经营同一商品的全部私商，从大户到小户，从坐商到摊贩，进行安排改造。三业改造的经验证明，在国家已经掌握全部或绝大部分货源的条件下，采用这个办法可以大大地加强市场的计划性，并在一定程度上缓和了私商大小户之间的矛盾，从而便于统筹改组。再次，三业改造后，为了便于对全业经销、代销店进行管理，摸索、创造了不少具体管理形式和办法，如派遣联络员、设立中心店等等，为全业改造后的管理工作，提供了楷模。

自粮、油、布三业私商全部纳入经销、代销以后，猪肉、煤、茶叶、煤油、盐、烟、酒等行业也陆续在全国或大部分地区内实行了全行业改造。到1954 年底，根据北京、天津、上海、武汉、广州、西安 6 大城市的统计，已改造的有 47256 户，占 6 大城市私商总户数的 25.1%。这时批购形式仍然广泛使用，但在某些地区已退居次要地位；实行全业改造的，则大都纳入了经销、代销。品种复杂的行业如百货业，也在若干品种上实行了经销、代销。1955 年，在全面安排市场的过程中，改造进度加快，根据 1955 年 8 月普查材料，全国私营零售商连同公私合营商业总共 2954144 户，其中经销、代销及批购户计有 701322 户，占总户数的 23.7%；合作商店（小组）有8629 户，占总户数的 0.3%。经销、代销及批购户数虽然只占 23.7%，但多系主要行业的较大店户，其从业人员占总数的 27.2%，职工占总数的44.9%，资本额占总数的 35.9%，上半年销售额占总数的 47.5%。

对私营零售商的改造，同样是一场复杂的阶级斗争。商业资本家中有不少人对国家资本主义采取不同程度的抗拒态度。一部分人犹豫观望。一部分人或是挑选国营、合作社商业不经营或少经营的品种去大力发展；或是竭力设法直接向外地或向生产者进货，以获取批发、零售、地区等几道差价利润；或是在价格上玩花招，故意降低国营、合作社大量经营品种的售价，尽量提高国营、合作社不经营或少经营品种的售价，以破坏国营、合作社的信誉，争夺市场。也有少数人抽逃资金，腐蚀职工，破坏工人阶级内部团结，挑拨职工和政府间的关系。即使在纳入经销、代销等形式后，斗争也是很复杂的。商业资本家往往借经销、代销的招牌，从事投机违法活动；或在品种上挑肥拣瘦，乃至侵吞代销款。同时，私营商业一般人员较多，开支浪费，和国营商业根据既保证价格合理，又限制私商剥削，又要给予一定合理利润的原则所制定的差价、手续费率有矛盾。因此，必须不断地和私商腐朽恶劣的经营作风做斗争，并促使他们改进经营管理，降低费用，并适当调整商业网点。

市场的变化　随着国营、合作社商业的发展和私营商业的逐步改造，我国市场的面貌发生了显著的变化。

首先表现在，社会主义性质的有组织的市场迅速扩大，资本主义性质的自由市场不断缩小。1953 年全国纯商业机构的批发总额中，国营和合作社商业占 69.2%，国营资本主义及合作化商业占 0.5%，私营占 30.3%；零售总额中国营、合作社商业占 49.7%，国家资本主义及合作化商业占 0.4%，私营占 49.9%。到了 1955 年，国营和合作社商业占批发总额的比重已上升到 94.8%，国家资本主义及合作化商业占 0.8%，私营只占 4.4%；零售总额中，国营和合作社商业的比重上升到 67.6%，国家资本主义及合作化商业上升到 14.6%，私营只占 17.8%。这说明，私营商业已经基本上退出了批发市场，他们在零售市场中也已居于不重要的地位。在我国自由市场中，除商业机构的活动外，还有工业、手工业和农民生产者对居民的直接销售和这些生产者之间的彼此交换。这部分交易额变化不大，据估计 1955 年比1953 年减少了 13.2%。但是，由于社会商品流转总额扩大，它所占的比重大大缩小了。

其次，随着改造的深入，国营、合作社商业的壮大，统购统销政策的贯彻,很多重要商品都由社会主义经济掌握起来,在全国范围内或者地区范围内进行有计划的调拨,这就使原来的商品流通渠道发生了变化,社会主义有计划的流通基本上代替了资本主义无政府状态的流通。一些中间交易和周转、集散市场的作用消失或削弱。某些城市商业人员过剩,另一些地区商业网点不足的现象,已经初步扭转。在收购上,主要农产品都实行了统购、派购、合同议购。在分配上,粮、油、布等重要民生必需品实行了按人定量供应的制度。这些,都进一步加强了商品流转的计划性。这时候,私营商业的小量贩运和农民贸易在国营经济领导下,作为商品流转的辅助渠道,仍发挥一定的作用。

第三,市场价格,始终平衡,全国批发物价,以 1952 年为 100,1953 年为 98.7,1954 年为 99.1,1955 年为 99.7。但是,价格结构有了调整。大规模建设开始后,国家为了缩小解放前工农业产品价格的剪刀差,提高农民生产的积极性,有计划地提高了一部分农产品的采购价格,而农村市场的工业品零售价格则基本上没有变动。这样,就使得我国国内市场的价格结构更趋合理。同时,为了限制资本主义的投机贩运和私人商业的盲目发展,国家还有计划地缩小了一般工农业产品的地区差价和批零差价,对有些产品则保持一定的差价,以利物资交流。

市场这种变化的直接效果是:市场容量扩大,商品流转效率增高,商业流通费用降低。这对社会主义建设和社会主义改造,都带来很大的利益。国内商品零售总额,以 1952 年为 100,1953 年为 126.7,1954 年为 140.8,1955 年为 144.6。过去商品经济落后的地区和少数民族地区,市场的发展尤为迅速。但是,由于城乡还普遍地存在着私有制经济,资本主义商业和小商小贩、农民及其他个体生产者的资本主义自发势力,仍然冲击着市场。因此,在国内市场上,社会主义和资本主义的斗争仍然是很尖锐的。

第四节 国家资本主义初级形式的性质和作用

国家资本主义初级形式的实质 从以上两节可以看出,在把资本主义经济纳入国家资本主义轨道的过程中,在工业、运输业、商业方面都出现了多种不同的改造形式。形式的多样性,是我国国家资本主义在它发展的初级阶段的一个特点。这是由各部门生产经营的特殊性决定的。根据各部门生产经营不同的特点，采取最适当的改造形式——党的利用、限制、改造政策本身，就提供了这种灵活性。

但是，所有这些形式，又有它们共同的特性。这就是：它们都是社会主义经济成分同资本主义经济成分在企业外部的联系形式；或者说，这两种经济成分在流通过程中的联系形式。这就是我国国家资本主义初级形式的实质。

资本运动包括三个相连的阶段，即：货币资本购买劳动力和生产资料的阶段，生产商品的阶段，商品再转化为货币资本的阶段；第一和第三个阶段都是在流通领域。加工订货，是在私人资本运动的第一和第三个阶段中，社会主义经济与之建立联系；经销代销等是在第三个阶段中，社会主义经济与之建立联系；运输业的三统管理，是在流通领域中价值生产的环节上，社会主义经济与之建立联系。

加工是由国家加工单位供给原料。订货虽然是私营工厂自备原料，但它们一般只能向指定的国营商店购买，国营商店根据订货合同核售。包销也是同样情况，有的还由国家包销单位供给部分原料。统购的原料全部由国家核配。订货、包销的定金和国家银行给私营工厂的贷款，都是专款专用，都起着在企业购买生产资料这个阶段上控制它们生产的作用。

流通的形式不能改变生产的基本性质。但是，资本主义生产必须在流通领域中取得再生产的条件，又只能在流通领域中实现剩余价值和把剩余价值转化为资本。"在流通领域以外，不与其他商品所有者接触，商品所有者还是不可能使价值增值，并从而使货币或商品转化为资本……所以，资本不能由流通发生，又不能不由流通发生。它必须在流通中同时又不在流通中发生。"① 社会主义经济从流通领域中与资本主义经济建立联系，控制资本运动的第一和第三个阶段，就能够在不同程度上控制资本的增殖和资本的发生。

社会主义经济在流通领域中控制资本运动的物质前提是：社会主义国家掌握了充分的生产资料——原材料，机器设备，煤和电力等；掌握了充分的

---

① 马克思：《资本论》第 1 卷，人民出版社，1956，第 174 ~ 175 页。

商品货源——商品粮食和主要农产品，主要轻工业品和手工业品；以及掌握了信贷、国际贸易等。在国家资本主义的初级阶段，社会主义国家不仅从物质上控制私人资本的运动，而且从政治上加以控制。例如，劳动力是生产的重要因素，对于资本家来说，它也是一种商品，是在资本运动的第一个阶段购进的。但是，如在和三章中所指出，在我国人民民主专政制度下，资本已经不能随意购买也不能任意支配劳动力了，相反，资本家要服从工人监督。劳动力资源，实际也是掌握在国家手中。

本来，像加工订货、经销代销这些形式，作为一种经济行为，在资本主义制度中也是存在的。但在那里，是两个资本家（或资本家集团）之间的联系，并不产生新的性质。当它是在无产阶级专政的条件下，是社会主义经济同资本主义经济之间的联系时，情形就完全不同了。这种联系，即国家资本主义的初级形式，就不仅有资本主义因素、资本主义的生产关系发生作用，而且有居于领导地位的社会主义因素、社会主义的生产关系在其中发生作用了。

加工订货、经销代销等一般都订有合同。这种合同，在资本主义制度中，不外是资本家（或资本家集团）之间分割他们对工人阶级的掠夺物——剩余价值的契约，资本主义国家用法律来保护资本家这种分赃。在社会主义制度下，在我国国家资本主义初级形式中，情形就完全不同了。它是一种公私合同，体现着工人阶级同资产阶级之间的一种两重性的经济关系：一方面是社会主义经济同私人资本合作，共同完成国家计划中的某些生产和流通任务。另一方面它体现着国家和工人阶级在这个时期承认资本家的剥削和限制他们的剥削的作用，国家通过对资本主义经济的领导和监督，以逐步改造资本主义所有制。工人阶级领导的国家用法律来保护这种关系。

正是由于同社会主义经济成分建立联系和接受其领导，才使得国家资本主义经济具有了新的性质，使原来的资本主义生产关系发生了一系列的变化。

纳入国家资本主义初级形式后生产关系的变化　我们从生产资料所有制、企业中人与人的关系和分配关系三个方面，来考察私营工商业纳入国家资本主义初级形式后生产关系的变化。

第一，由于国家资本主义初级形式是社会主义经济成分同资本主义经济成分在企业外部的联系，它基本上不改变原来资本主义的生产资料占有形式，企业还是私营的。但是，比起第三章中所说的在国家管理、国营经济领导和工人监督下的私营企业来，资本主义所有制受到了更大的限制，它已是一种不完全的资本主义私有制了。

资本主义企业一经纳入国家资本主义初级形式，它的生产资料和货币资本就不能完全由资本家任意使用，去生产和经营他们认为最有利的商品，而在不同程度上要由国家来支配，去生产和经营国家和人民所最需要的，同时也给资本家带来一定利润的商品。资本家获得的利润，即剩余价值，仍然可以转化为资本。但是，资本家已经不能任意把它用于扩大再生产，而是在不同程度上按照国家的要求用于扩大再生产；因为实现扩大再生产的两个主要条件，即第一部类的产品和市场，是在很大程度上掌握在国家手中，资本家要取得这些条件，主要依靠承接国家的生产任务。并且，在加工的形式中，生产资料的一部分（非主要部分）即原料和半成品，无论在形式上和实质上，都已非资本家所有，而是国家所有。在订货、包销的形式中，原材料大部分系向国营商店价购的，所有权转移给资本家，但是，它只能被用于合同规定的任务，实际上也是经过加工后由国家收回。在供销的形式中，资本家的流动资本，大部分作为代销保证金交存给国家，退出了商品流通过程；资本家在代销中，获取手续费。在经销的形式中，经销商品由资本家向国营商店价购，形式上所有权转移给资本家。但是它的进货、销货、品种、价格乃至有些商品的销售对象和数量，都是由国家计划规定了的。所以，它实际上是一种现款代销，即在商品售给消费者以前先同国营商业结清了货价。在进出口业中的代进、代出，即委托经营形式中，商品也都是国家所有，不是资本家所有。

第二，在国家资本主义初级形式中，企业仍然是由资本家管理，工人群众仍然是被剥削者，仍然是资本的雇佣劳动者。但是，资本家在企业中的权利与地位和工人的劳动与工人在企业中的地位都发生了新的变化，工人和资本家这两个阶级的关系产生了新的特点。

资本家的权利是生产资料资本主义所有制在法律上的表现。在法律形式上，它仿佛表现为人对物的关系，但是，"这种权利的使用，完全依靠各种经济条件，那是不以他们的意志为转移的。"① 马克思曾经论证，地主阶级的土地所有权，由于社会经济条件的变化，会失掉它原来统治的强制力量，而只能分得平均利润以上的余额的地租。同样，资本家的权利，在一定的社会经济条件下，也会在不同程度上失掉它原来的统治力量。前者我们已分析过由于社会制度的改变，使资本家的资本权利受到限制，变为相对的。现在再考察企业纳入国家资本主义轨道后，由于经济条件的变化，资本家的资本权利所受到的限制。

资本的权利，在资本主义企业中，表现为财产权，即对企业财产的占有、支配和处理，以及由此而来的对企业的经营管理权和人事调配权。当企业纳入国家资本主义初级形式以后，企业的财产还是，或主要是资本家所有，但这一部分生产力则已经在不同程度上组织到国家计划中来，作为社会生产力的一部分，执行着国家的生产或流通任务。资本家，如果他是守法经营的，就不能凭借他的财产权任意支配和随意处理这部分财产，以至妨碍国家生产流通任务。他更无权随意处理加工订货的产品、经销代销的商品、国家供给或核配的原料以及其他专用款项和专用物资。资本家的财产，在不同程度上是为这些属于国家的产品、商品、原料等服务的，他也应该只在这个范围内，行使其财产权。在经营管理上，加工订货的生产制度、经销代销的销售方式等，一般都在公私合同中有所规定，原材料和货源已由国家保证；生产经营的具体计划要经过工人群众讨论，取得工人群众的支持；管理费用和流通费用也经过不同程度的核算。在这种情况下，一方面给资本家以诸种条件，可以更好地发挥他的积极性，改善经营管理；另方面，也使他的经营管理权受到限制，不能不顾国家和工人的利益，专断独行。资本家的人事调配权也受到进一步的限制。在纳入国家资本主义初级形式以后，劳动力的调配实际是受国家计划控制的，而工资、工人福利等开支已在工缴、货价、差价、手续费中加以核算，有的并将劳动力和劳动定额在合同中加以规定。

企业纳入国家资本主义初级形式以后，工人的劳动，仍然为资本家生产剩余价值，仍然具有雇佣劳动的性质，是为别人的劳动。但是另一方面，工人又是为完成加工订货、经销代销等国家的计划任务而劳动，在某些情况

---

① 马克思：《资本论》第3卷，第804页。

下，他们已经主要是为国家的计划任务而劳动了。这就使得工人劳动的性质，发生一定程度的变化。它已在一定程度上，具有了为自己、为社会的劳动的性质，在一定范围同，直接体现为社会化的劳动。实际上，他们劳动的相当的一部分，也不再体现为剩余价值，而体现为社会主义的积累了。

工人群众在企业中的地位，也有了变化。企业纳入国家资本主义初级形式以后，工人群众的任务，就是团结和教育资本家，搞好生产经营，为完成国家计划任务而斗争。这时候，企业中的工人监督，即不仅是监督资本家的违法，并发展为监督生产经营，推动资本家执行加工订货、经销代销合同，监督资本家按质、按时、按量完成国家规定的任务。并且，工人通过增产节约委员会、劳资协商委员会等生产经营民主管理组织，实际上已成为团结、教育资本家的力量，成为推动资本家搞好生产经营的力量了。

总之，企业纳入国家资本主义初级形式以后，无论工人群众方面，或者资本家方面，他们的活动都直接同国家的生产或流通任务联系起来，同国家计划联系起来。企业内部的阶级关系，即劳资关系，同企业外部的阶级关系，即公私关系，密切联系，更加一致。劳资关系更多地体现着公私关系的内容了。

第三，在国家资本主义初级形式中，分配关系基本上是资本主义的，即剩余价值仍归资本家所有，工人仍受剥削。但是剩余价值的生产和分配，则都受到了很大的限制。

以工业方面的加工订货来说：首先，加工订货的利润是包括在工缴、货价中。工缴、货价是按中等标准成本和一定利润幅度核算的，如果资本家按照这个标准守法经营，它就会起到限制剩余价值生产的作用。其次，加工订货切断了私营工业与市场的联系，资本家必须把产品交给国营商业，才能实现价值，这样，商品生产的一部分价值就以商业利润的形式转移给国家。商业利润，在资本主义制度下，无非是剩余价值的分割。但当它转移给工人阶级领导的国家时，这部分价值就不再呈现为剩余价值，而变成社会主义积累。这就在一定程度上，改变了原来资本主义的价值分配形式。再次，企业的利润，必须按照国家规定的四个方面分配的办法分配，其中一部分通过所得税的形式转变为社会主义积累，一部分是企业公积金，一部分是工人的福利奖金，而资本家占有的部分只占1/4左右。公积金仍然是剩余价值的转化形态，但是，资本家并不能任意支配，更不能用之于私人消费。从社会主义改造过程来看，它实际是在这个过程中工人劳动创造的一种社会积累，注定最后要转为国家所有。这种分配办法是1953年规定的，它虽然适用于一般私营企业，但这时间，资本主义生产的绝大部分已纳入国家资本主义初级形式，所以它实际是适应于国家资本主义初级阶段的利润管理办法。这种办法，从收入的再分配上，进一步改变了资本主义的分配关系。

商业方面的经销利润是包括在批零差价中，代销利润是包括在手续费中，进出口业的代进代出利润是包括在手续费或者佣金中，运输业的利润是包括在运价中。其作用，大体上同工缴、货价相仿。利润分配也都受"四个方面分配"办法的约束。

工商业所得税采累进税率，一般占30%左右。由于私营企业常存在着不合理开支，计税时要剔除，因此所得税占账面盈余有时超过30%。企业公积金一般占10%～20%，截至1955年底，私营工业中的公积金累计有2.36亿元。在1956年全行业公私合营时，把这部分公积金计入了私股；但在这以前，企业合并改组时，一般不计入私股。工业资本家所得占企业盈余的份额，1952年平均约为25%，1953年以后降低，1955年约为18%；商业资本家所得占企业盈余的份额，1952年平均约为31%，1953年以后降低，1955年约为20%。其份额所以表现较低，是因为有一部分企业没有分配盈余，或只分配了部分盈余。此外，许多资本家还常以隐蔽手段抽取企业资金。资本家并从较高的薪金中，取得一部分剥削收入。

工缴（加工费）、货价、差价、手续费、运价等，都是随着国家资本主义初级形式而产生的价格形式。这些价格形式，是在国家资本主义初级阶段，限制剩余价值的生产和把资本主义工人劳动的一部分转化为社会主义积累的杠杆。这些价格形式并不是单独存在的，而是整个社会价格结构的组成部分。批零差价、运价和有些工缴、货价，同样适用于国营企业和集体所有制企业。决定这些价格的因素不只是资本主义的生产成本和流通费用，而且有社会主义的生产成本和流通费用。因此，它还具有另一种作用，即促使资本主义工商业改进生产和经营管理的作用。

综上所述，在资本主义企业纳入国家资本主义的初级形式以后，在生产经营的目的性上，在生产经营的方式上，在企业内部的阶级关系上，在剩余价值的剥削和分配关系上，都发生了不同程度的变化。这些企业基本上还是资本主义的，资本主义的经济规律还起着作用。但在某些方面，例如在它们纳入加工订货、经销代销部分的生产经营的任务、规模和再生产的扩大，主要已不决定于剩余价值规律，而决定于人民的需要和国家的计划。剩余价值的生产和转化，都受到限制。这就表明，社会主义基本经济规律，通过国家资本主义的初级形式，间接地在这些企业内部发生作用了。社会主义基本经济规律在这里所发生的作用虽然是间接的，但按其性质来看，是相当深刻的。社会主义基本经济规律是随着我国社会主义经济成分的建立和发展而产生和不断地扩展其作用，但是，它发挥作用的范围，受到资本主义生产关系的阻碍。社会主义基本经济规律通过国家资本主义的形式而发生作用，意味着它作用的范围扩大了，开始占领了一个新的阵地。不过，由于企业还是资本家私有的，这种作用，从而国家资本主义初级形式的优越性，必须经过工人阶级与资产阶级之间的斗争，在资本家安于守法经营的条件下，才能充分地发挥出来。

国家资本主义初级形式的作用　由于生产关系的这些变化，国家资本主义的初级形式，无论在发展生产上和对资本主义工商业的社会主义改造上，都起了重要的作用。国家资本主义初级形式的作用，归纳起来有以下几个方面。

第一，推动生产的发展，壮大了国营经济的力量。在这些形式中，由于生产的目的性和劳动的性质有了一定程度的变化，相应地提高了工人的劳动积极性。在国营经济直接领导和帮助下，企业的生产和经营管理也有一定程度的改进，尤其在节约原材料上较有成绩。对资本家来说，一方面，他们不满于国家资本主义对他们的限制，进行着各式各样的抵抗；另方面，这种形式也使得他们免除在原料、市场、资金等方面的考虑，而专心致力于生产。事实上，在几次资本主义生产遭遇到困难，陷于停滞、瘫痪的时候，都是国家采取加工订货的办法，把它们挽救出来。改造生产关系的目的是为了发展社会生产力。加工订货，是改造资本主义生产关系的形式，也是在这一时期（1949～1955），把资本主义这部分生产力，作为社会生产力的一部分，加以组织和利用的形式。它"是在一定的历史条件下的一种特殊的管理生产的方法"。"由于执行了加工订货、统购包销，保证了工业原料和工业产品的合理分配，因此，保证了大小工厂一般都能正常开工，避免了资本主义大鱼吃小鱼的竞争，制止了投机活动，保证了市场物价的稳定。"① 经销代销等形式，虽然不是直接生产的，它的作用也与此相同或相似。

加工订货把资本主义的产品置于国营经济手中，因此，在这种形式下，私营工业的发展直接壮大了国营经济的力量。经销代销等形式，则是通过私营商业，扩大了国营的销货，扩大了有组织的市场，压缩资本主义自由市场。所以国家资本主义初级形式的发展，实际是国营经济在另一条战线上的前进。

第二，限制资本主义的盲目性。生产无政府状态，是资本主义的内存规律。通过加工订货、经销代销等形式，把资本主义的生产经营纳入国家计划轨道，就在不同程度上限制了资本主义的盲目性。由于企业还是私有的，国家还不能直接为资本主义企业规定具体生产经营任务，而是利用价值规律，以工缴、货价等价格形式为杠杆，通过公私合同，促使资本主义的生产经营符合国家计划的要求。因此，国家资本主义的初级形式，是一种间接计划，而不是直接计划。例如，国家计划规定十万双胶鞋的加工订货任务，而哪些工厂各生产多少，则不是计划所规定的。但是，既然整个加工订货任务是国家计划规定的，在主要原料和市场由国家控制的情况下，资本主义生产的规模、投资的方向，就不能不受国家计划的影响，乃至在不同程度上接受国家计划的指导。就接受国家加工订货，特别是长年接受国家加工订货的这部分生产力来说，它的生产规模，乃至生产的规格、品种，和企业改建、扩建，就基本上是受国家计划指导了。原来资本主义生产是受市场自发势力的指导的，形成它的无政府性。而社会主义国家的计划，则是反映社会主义基本经济规律和有计划、按比例发展的规律的。当国家计划在不同程度上代替市场自发势力来指导资本主义的生产的时候，就在这个范围内，限制了资本主义无政府规律的作用，扩展了社会主义有计划、按比例规律的作用。

第三，限制资本主义剥削。上面所说，国家资本主义初级形式从几个方面影响着资本主义剩余价值的生产和分配，其直接的效果，也就是限制了资

① 陈云副总理在第一届全国人民代表大会第三次会议上的发言，见《新华半月刊》1956 年第15 期，第 141 ~ 142 页。

本主义剥削。据统计，私营工业的利润率，1951 年平均是 29%，1954 年下降为 21%，1955 年再降为 19%。私营商业的利润率 1951 年为 12%，1954 年降为 10.5%，1955 年再降为 7.5%。这种下降是合理的。但是，这并不是说在国家资本主义初级形式中，资本主义的价值规律和剩余价值规律已经不起作用了。事实是，国营商业对某种商品的工缴、货价、差价、手续费订得偏高，资本家的剥削就会扩大，并造成资本主义在一定程度上的盲目发展；订得偏低，资本家就采取抗拒和回避的态度，不接受任务，或虽接受，但毫无积极性。因此，工缴、货价、差价、手续费就成为国家资本主义初级形式中限制与反限制斗争的焦点。此外，资本家还采取偷工减料、以坏充好等办法攫取非法利润。在这种情况下，国家一方面通过工缴、货价等价格形式，给资本家以合法的利润；一方面依靠工人监督和对资本家进行教育，制止他们谋取非法利润。这一切说明，国家资本主义初级形式提供了这样一些条件，使得国家可以在不同程度上限制价值规律和剩余价值规律的自发作用；同时，又自觉地利用价值规律来组织资本主义的生产力，乃至在一定程度上利用剩余价值规律来调动资本家的积极性。

第四，推动社会主义改造事业。国家资本主义初级形式的发展，割裂了资本主义体系，而在资本主义各部门乃至各企业之间、资本主义与小商品生产者之间，建立了同社会主义经济的联系。这不但削弱了资本主义的力量和影响，而且使它们日益失掉了自由市场，使它们必须依附于社会主义经济，依靠工人阶级，否则就不能生存下去。这样，当国家提出由国家资本主义初级形式向高级形式过渡的时候，许多企业就不能不跟着走了。同时，经过加工订货、经销代销，资本家也受到了教育，有了同社会主义经济合作的经验，有了一定的思想准备；在资产阶级中也培养了一些积极分子，在后来所有制的改造中发挥了积极作用。工人阶级方面，也通过加工订货、经销代销，摸了资本主义企业的底，取得了不少经验。这一切，都表明国家资本主义的初级形式为资本主义工商业的进一步改造创造了重要的条件，它是资本主义所有制根本变革的一个必要的准备阶段，是和平改造的一个重要步骤。另一方面，国家资本主义初级形式的发展，在不同程度上割断了资本主义同小商品生产者的联系，也就为农业、手工业的社会主义改造创立了有利的条件。

第五章

国家资本主义的高级形式

第一节　个别公私合营的发展

公私合营是国家资本主义的高级形式。这个形式早在解放初期即已出现，在其整个发展过程中大致可以划分为三个阶段：第一个阶段是在国民经济恢复时期；第二个阶段是 1953～1955 年有计划扩展时期；这两阶段都是个别合营，即一个企业一个企业的实行公私合营。第三个阶段是 1955 年底开始的全行业公私合营。全行业公私合营是国家资本主义的最高形式，将在下一章专题叙述。

国民经济恢复时期的公私合营　国民经济恢复时期公私合营发展的特点是户数不多，都是大户，公股比重大，主要是工业和金融业。这一阶段实行公私合营的，多数是有官僚资本投资或有敌伪财产的企业，经过清理、整顿、改组而成的。有一部分是在 1952 年"五反"运动以后，将资本家违法所得转为公股而合营的。也有一部分财务发生困难的大工厂，要求国家投资而实行合营。

政府于 1951 年 1 月间曾经颁布了《企业中公股公产清理办法》。清理原则是：比较重要的企业，应予没收接管的股权又占相当比重的，与资本家协商派干部参加企业管理，转为公私合营企业；不重要的企业，将没收接管的股权撤出，转为私营；重要企业而应没收接管的股权比重不大，则保留投资，加强领导，为将来转为合营准备条件。

这一阶段实行公私合营的工业有 997 户，不过占全国公私合营工业和私营工业总户数的 0.7%，但其总产值则达 13.7 亿元，占全国工业总产值的 5.0%，占公私合营和私营工业总产值的 11.5%。许多企业中原来官僚资本和敌伪财产比重较大，所以一经将这部分股权转为人民所有，公股比重就较后来实行公私合营的企业为大，1949 年计占 67.1%，1950 年为 52.4%，1951 年为 50.7%，1952 年为 52.5%（见表 5 - 1）。

表 5 - 1　公私合营工业的发展情况（1949~1952）

年　份	1949	1950	1951	1952
户数(户)	193	294	706	997
职工人数(万人)	10.54	13.09	16.63	24.78
总产值(亿元)	2.20	4.14	8.06	13.67
占全部工业总产值的百分比(%)	2.00	2.90	4.00	5.00
占公私合营和私营工业全部产值的百分比(%)	3.10	5.40	7.40	11.50
资本额(亿元)	1.30	2.40	3.28	5.37
占公私合营和私营工业全部资本额的百分比(%)	9.00	15.00	16.10	24.50

这一部分工业企业实行公私合营以后，均由国家派干部领导管理。企业中进行了一系列的民主改革和生产改革，生产纳入了国家计划，工人群众的生产热情大大提高，显示了公私合营的优越性。少数公股比重较大的公私合营企业，主要是公用事业和矿业，经公私协商同意，交由国家统一管理，而给私股以固定的股息。

私营轮船运输业，也有一些大户在这一时期实行了公私合营。合营的户数虽然不多，但却发挥了私营所不可比拟的优越性。它们一般都提高了运输量，降低了成本，增加了积累。例如民生轮船公司过去运价高、任务不足，长期亏损，合营前平均每月亏损 40 余万元。合营后实行改革，降低成本，大量接受国家的运粮任务，发挥了运输潜力，3 个月间就盈余 168 万元。

私营金融业则是在这个时期全部实行了公私合营。解放前私营银行、钱庄盲目发展，1949 年连同分支机构共有 1032 家（不包括东北地区）。解放后政府对私营银行、钱庄，一方面实行了严格的行政管理，限制其投机活动；另一方面在国家银行领导下，疏导其资金，使之用于对正当工商业的放款，并且逐步组织它们联合放款，联合经营业务。"五反"运动中私营行庄被揭发出大量违法投机活动，受到人民的严正指责。同时，它们在社会上吸收游资，调剂资金的作用日益缩小。以吸收储蓄和私营工商业存款为例，1950年6月到1952年12月两年半中间，国家银行所占比重由58.6%上升为92.8%，私营银行和钱庄所占比重由41.4%下降为7.2%。私营银行和钱庄在这时期内普遍亏损，经营困难，已难继续存在。适应这一情况，国家于1952年12月对私营银行、钱庄实行了全行业公私合营，组成公私合营银行，在中国人民银行领导下经营业务。这就基本上完成了私营金融业的社会主义改造，在我国结束了资本主义的金融事业，建成了统一的社会主义金融体系。

国家资本主义初级形式所不能克服的矛盾　公私合营在国民经济恢复时期虽然有所发展，但还不普遍。这时候大量出现的是国家资本主义的初级形式，特别是工业中的加工订货。进入有计划建设时期，国家资本主义的初级形式有了巨大的发展，它对于资本主义工商业的社会主义改造起了重要作用。但是，由于资本主义所有制还没有改变，企业仍是资本家私有，生产社会性和生产资料私人占有的矛盾仍然存在。而且，企业在纳入这些国家资本主义初级形式之后，作为社会生产力的一部分，由国家组织了起来，成为国家计划的一部分，这样，这种资本主义的根本矛盾就突出起来。矛盾主要表现在如下几个方面。

第一，私营企业实行加工订货、经销代销以后，它们这部分生产经营已纳入社会主义的计划轨道，但是，由于国家资本主义初级形式只是社会主义经济成分和资本主义经济成分在企业外部的联系，企业内部的经营管理仍是资本主义的，这就不可避免地要发生矛盾。矛盾主要表现在，资本主义经营下的生产成本、原料定额、规格质量等不能符合社会主义经济计划的要求，有的甚至不能按质、按时、按量完成合同规定的任务。这是因为，资本主义的经营是以攫取高额利润为目的的，在相当的利润下，资本家才进行生产经营。并且，在利润的冲动下，有些资本家还进行偷工减料、以坏顶好等非法活动；也有的故意扩大开支、盲目增加工资，以期用提高成本的办法比例地获取较大的利润。资本主义经营中改善生产、改进质量的要求也是基于利润的冲动的，即在竞争中获取剩余利润。企业纳入国家资本主义初级形式后，自由竞争消失，资本家不能获取剩余利润，不少人就对改善生产经营无兴趣。还有的不关心生产，不积极经营，遇有困难，只是要求政府照顾，甚至故意制造困难，以期取得照顾。

第二，资本主义的盲目性和无政府状态，同社会主义有计划、按比例发展的经济规律之间的矛盾还没有根本解决。这一方面表现在国家对纳入国家资本主义初级形式的企业还只能实行间接的计划，即只能利用价值规律，通过加工订货、经销代销合同来实现国家计划的要求，还不能直接规定各个厂的生产任务。另一方面，这些企业在资本家的经营下，还继续受剩余价值规律的支配。他们不只对国家的加工订货等任务挑肥拣瘦，不愿接受某些利润较小的任务，而且一旦市场活跃利润较高，他们还往往千方百计地扩大自营，从而破坏国家的计划。

第三，私营企业纳入国家资本主义初级形式后，工人群众的生产积极性有所提高，但是由于私有制还没有根本改变，工人还是被剥削者，劳资双方仍处于对立的地位，因而这种改进终究是有限的。这些企业的工资、工时制度还没有脱离资本主义范畴，同工不同酬、工资级别繁杂、工时不合理等情况都还没得到改革。这样，不仅影响工人群众生产积极性的充分发挥，而且影响国家工资制度的全面贯彻和工人阶级内部的团结。在部分企业中，资本家借故不改善劳动条件，不改善工人生活，甚至停薪、停伙、停工，这就使劳资矛盾更趋尖锐。

总而言之，在国家资本主义初级形式中，无论在公私关系或劳资关系上，都还存在着不可克服的矛盾。为进一步扫除社会生产力发展的障碍，即私有制的束缚，必须把国家资本主义初级形式推向高级形式，实行公私合营。

有计划扩展公私合营工业　第一个五年建设计划的实施，特别是党在过渡时期的总路线公布以后，有计划地扩展公私合营的条件已次第具备。这就是：

第一，国家资本主义的初级形式已经普遍发展，资本主义工商业已经日益依靠于社会主义经济，很难再独立进行生产经营。并且，由于这种发展，国家有关部门已逐步掌握了私营工商企业的生产经营能力和有关情况，也比较了解了资本家的情况，可以对它们的进一步改造做出全面规划。

　　第二，几年来公私合营的发展，积累了工作经验，培养了干部，并为资本主义所有制的变革，提供了范例。

　　第三，资本家及其代理人在公私合营优越性的启示下，在国家资本主义初级形式的具体教育下，特别是在过渡时期总路线广泛宣传和深入教育下，他们中的一部分人开始认识到大势所趋，表示愿意接受对资本主义所有制的社会主义改造，主动申请公私合营。

　　为适应客观形势的发展，1954年1月，政府召开了扩展公私合营工业计划会议，确定了"巩固阵地、重点扩展、做出榜样、加强准备"的方针，准备先对在雇工10人以上的私营工业公私合营，并制定了当年的合营工作计划。同年9月，国务院公布了《公私合营工业企业暂行条例》。条例明确"由国家或者公私合营企业投资并由国家派干部同资本家实行合营的工业企业，是公私合营工业企业"；并指出："对资本主义工业企业实行公私合营，应当根据国家的需要、企业改造的可能和资本家的自愿。"各地都根据这些原则拟定了扩展公私合营工业的具体方案。于是，有计划扩展公私合营的工作随即迅速开展起来。

　　《公私合营工业企业暂行条例》还对合营企业的股份、经营管理、盈余分配、领导关系等都做了具体规定，总的来说，有如下几点：（一）企业实行公私合营时，清产核资应当包括企业原来的全部实有财产，以防止资产分散，对企业原有财产的估价，应当根据公平合理、实事求是的原则进行。（二）公私合营企业受公方领导，由政府主管部门派代表同私方代表负责管理，对于企业原有实职人员，一般参酌他们原来的情况量才使用，使他们各得其所。（三）合营企业在生产、经营、财务、劳动、基本建设、安全卫生等方面，应遵照人民政府有关主管机关的规定执行，工资制度、福利设施等应参酌企业原来情况、生产情况和国营企业的有关规定，逐步向相当的国营企业看齐。（四）合营企业每年的利润，在依法缴纳所得税后，应当就企业公积金、企业奖励金和股东股息红利三个方面，加以合理分配。股东的股息红利加上董事、经理和厂长等的酬劳金，共可占到全年盈余总额的25%左右。

　　1954年，有793家资本主义工业企业实行了公私合营，它们当年的产值达25.6亿元，超过过去几年来实行公私合营的企业的1954年产值。

在对资本主义工业实行进一步的改造中，碰到了一个迫切需要解决的问题，就是所谓的"吃不了"和"吃不饱"。一方面，资本主义工业的绝大部分是生产分散、设备简陋、工序不全、技术落后，随着大规模建设的开展，国家需要的产品规格越来越高，很多东西它们不能生产。另一方面，它们能生产的又往往不是当时急需的，而且有一部分私营工业根据一时市场的需要，盲目扩充设备，大规模建设中某些原料供应不足，加上还有一些地区的地方国营企业也有发展，这样，它们的任务不能不有所减少，生产难以维持。这个矛盾使扩展公私合营的计划受到了一定的阻碍。因此，从1954年下半年起，国家根据统筹兼顾的方针，对工业生产进行了全面安排。以后对商业也进行了全面安排。

全面安排就是要对当时存在的各种经济成分做通盘打算，安排生产、安排市场、在保证社会主义成分不断增长的条件下，兼顾私营。这一方面是因为不同类型的经济不是孤立隔离，而是互相影响、互相关联的。如果孤立地安排社会主义经济，把当时存在的资本主义经济放在视线之外，那么这些资本主义经济不是盲目发展，就是遭遇困难，而这两者的结果都一样会破坏社会主义经济的计划，影响国民经济的发展。另一方面，对资本主义经济生产经营上的适当安排，乃是对它们进行社会主义改造的必要条件，同时安排的本身也就是改造。因为安排主要是通过加工订货、经销代销的方式进行的，在这些形式下面，它们不仅可以进行合理的生产经营，也受到了改造。而且，安排工作还和公私合营工作密切结合。在生产安排中，可以进行公私合营的就进行合营；需要准备条件的，就采取以大厂带小厂，以先进带落后的办法，先进行生产改组，然后再公私合营；需要而且可能迁厂的，先进行迁移，在适当时期再行合营；至于少数过于落后的企业，没有改造条件的，就有计划、有步骤地安排人员，淘汰企业。

统筹兼顾的方针并不是抹杀公私差异，而是贯彻既要有所不同，又要在一些方面一视同仁的原则。为了保证社会主义经济优先发展，必须有所不同。但在过渡时期中，资本主义经济也是国民经济中的一个构成部分；同时，资本主义企业中的工人是我国工人阶级的一部分。因此又要在有所不同的前提下，需要在一些方面一视同仁。以后的事实证明，正是由于贯彻执行了统筹兼顾的方针，对资本主义工商业进行了全面安排，使它们获得了正常生产经营的条件，同时也使国家资本主义获得了更大的发展。

在安排生产和扩展公私合营的过程中，又遇到一个问题。那就是，我国资本主义工业除了少数具有一定规模外，多数是中小企业；扩展公私合营工作着重大厂，所谓"吃苹果"，这样，大的挑完了，剩下中小厂就很难安排。如果对这些中小厂都采取个别公私合营的办法，一则它们的条件还不具备，再则这么做也会造成国家资金和干部配备的分散和浪费。解决这个矛盾的有效方法就是改变"吃苹果"的方式，采用"吃葡萄"的方式，也就是由个别公私合营改为全行业公私合营。1955 年下半年起，在扩展个别公私合营的同时，上海、天津、北京、广东、山东、浙江、四川、云南、河南、辽宁、陕西、黑龙江等省市就先后出现了全行业公私合营的方式。

当时的全行业公私合营是在安排生产基础上进行的，其具体做法是：如果一个行业的全部企业都具备了合营条件，就全部合营；如果一个行业中的大部分企业具备了合营条件，就先对大部分企业进行合营；如果还有个别企业的资本家对合营没有考虑成熟，就允许他们再看一看、等一等；有些行业户数很少，企业规模较大，或者具有其他特殊情况，也可以实行个别合营。例如上海市在 1955 年第 3 季度中，有棉纺、毛纺、麻纺、面粉、碾米、卷烟、造纸、搪瓷 8 个轻纺工业以及三个冷藏制冰厂共 168 个工厂按行业进行公私合营。其中有些厂是按系统合营，即原在生产上、经营上有联系的，或属于母子厂的，均采取这种方式合营。有些厂则按生产性质合并合营，即产品相同、生产上具有协作关系或生产程序彼此衔接的，一般就采取以大带小、以先进带落后的方式进行合并合营。就全国来说，当时采用这个方式改造的还不多，到 1955 年底不过 656 户，职工 98600 人，总产值 10.27 亿元，但它却显示了比个别公私合营方式具有更大的优越性。实行全行业合营，不仅可以大大节约国家资金和人力，加快改造速度，而且由于是同安排生产结合起来的，在合营中进行了经济改组，使生产力的组织趋于合理化。不过这一时期的全行业合营，还没有同定息制度结合起来，在生产关系上还同个别公私合营的企业基本相同。

由于统筹兼顾方针的进一步贯彻执行，以及全行业公私合营的出现，1955 年的公私合营工业有比往年更高速度的发展。这一年私营工业转变为合营的有 3091 户，经过改组合并为 1496 个单位，与前合计，合营总户数达

3193 户，职工 78.5 万人，产值占全部工业总产值的 16.1%，占公私合营和私营工业全部产值的 49.7%（见表 5 - 2）。

表 5 - 2　公私合营工业扩展情况（1953~1955）

年　份	1953	1954	1955
户数(户)	1036	1746	3193
职工人数(万人)	27.01	53.33	78.49
总产值(亿元)	20.13	50.86	71.88
占全部工业总产值的百分比(%)	5.70	12.30	16.10
占公私合营和私营工业的全部产值的百分比(%)	13.30	33.00	49.70
资本额(亿元)	6.93	14.00	18.75
占公私合营和私营工业的全部资本额的百分比(%)	29.20	54.20	69.80

运输业和商业的公私合营　在私营轮船、汽车运输业方面，当党的过渡时期总路线公布以后，各地交通运输部门采取了"边管边改，一面巩固，一面扩展，稳步前进"的方针，在加强"三统管理"的同时，着重扩展公私合营。这时发展公私合营的方式已不是像过去那样的重点合营或少数户合并合营，而多半是把一个运输线上的私营户组织起来，通过联合管理再实行合营。例如在轮船运输业，是先组织联合管理处，由国家派干部参加领导，然后在生产改革的基础上进行合营。到 1955 年底，私营轮船运输业实行公私合营的已占公私合营和私营轮船货运总量的 78.21%，并且在海运航线和内河的主要航路长江航线都已基本上实现了公私合营，未合营的私营船舶主要是在珠江和其他较小的内河。1955 年，在全国轮驳船运输中，海运船舶的载重量，国营占 59.71%，公私合营占 40.29%；内河船舶载重量，国营占 64.82%，公私合营占 30.02%，私营占 5.16%。在私营汽车运输业方面，由于个体小户较多，除了部分重点企业实行个别公私合营之外，一般是在民主改革的基础上，统一组织管理，实行私私联营、编组编队等形式，然后再实行公私合营。此外，有一部分私营汽车业实行了合作化，组成汽车运输业合作社。至 1955 年，全国已改造的私营汽车业户占私营汽车业户总数的 24.2%，其中纳入公私合营的占 18.4%。

私营商业中，只有少数大户实行了公私合营。这是因为私营商业户多、分散的情况比私营工业更为严重，国家不可能抽那么多资金和干部来从事合营工作。同时私营商业经营管理落后，商业网分布不合理，必须经过更多的改革，才有条件实行公私合营。所以，到1955年8月，实行公私合营的商业企业只有440户。

私营进出口商业，在全行业公私合营高潮以前没有出现个别公私合营的形式。1954~1955年，私营进出口商业中曾经大量出现了公私联营的形式，这种形式一般都由国家派员领导，并派干部加强联营内部的管理工作，这意味着社会主义经济成分同资本主义经济成分的联系，已由企业外部进入联营内部，在一定程度上具有公私合营的性质了。

私营饮食业、服务业，在这期间也有个别大户实行了公私合营，只是试点性质，没有全面展开。

公私合营发展的特点　综上所述，公私合营的发展，有如下几个特点：

第一，从合营企业的规模来看，是先合营大户，逐步推广到中小户，结合生产改组，使企业由分散到集中。以工业为例，在1954年以前，实行合营的企业主要是规模较大、设备较好的大厂，资金一般都在100万到500万元，人数则在100人到500人。1954年以后，扩展合营的工作不仅着重于具有规模的大厂，同时也向10人以上的中小型厂发展。这一趋势不仅反映了合营工作的深入，也反映了生产组织上的变革。中小型企业实行公私合营多半是先经过改组合并，然后合营。但是，从总的来看，在第二个阶段，即个别合营时期，实行公私合营的还是以大户为多。到1955年底，公私合营的总户数不过3000多户，占公私合营工业和私营工业总户数的3.4%，但其资本额却已占69.8%，产值已占49.7%。这一情况，为公私合营工作的第三个阶段，即全行业公私合营，创造了有利条件。

第二，扩展合营工作由点到面，逐步推进，由主要行业到一般行业，由大城市扩展到中小城市。从行业看，在国民经济恢复时期，实行公私合营的多半是和国计民生有重大关系的主要工业行业，如煤矿、钢铁冶炼、机器制造、纺织、面粉、卷烟等。到1955年以后，许多次要行业中也发展了公私合营。商业中的公私合营，也主要是在1954年以后才有所发展的。再从地区来看，由于1954年以前合营的都是大厂，而大厂主要集中在上海、天津等大城市，因此，合营工作也偏重于大城市。1953年在全国范围内还有内蒙古、辽宁、吉林、青海、新疆、贵州等省、自治区没有公私合营企业，到

1954 年全国各省市都相继扩展了公私合营。

第三，公私合营的方式，由个别公私合营发展到全行业公私合营。从个别合营到全行业合营的过程，也就是逐步前进、不断提高的过程。个别合营在开始扩展公私合营的时候是有必要的，因为当时全行业合营的条件还不具备，只有选择重点，在合营过程中对企业进行改革，对资本家进行教育，吸取经验，树立榜样，才能为全行业合营提供有利条件。同时，个别合营都是大户，把那些大户合营了，就大大增强了社会主义成分的领导力量，削弱了资本主义经济的力量，才有可能使中小户认识到合营的优越性，使未合营的企业认识到变革所有制是大势所趋，是不可抗拒的潮流。但是，合营工作又不能仅在个别公私合营的方式上。在合营工作有了一定的基础，取得一定的经验之后，就需要结合对生产和市场的全面安排，分地区按行业实行公私合营，否则，不仅社会主义经济和未合营的资本主义企业之间的矛盾会日益突出，已合营企业和未合营企业之间的矛盾也将日益突出，以致对社会生产力的发展发生破坏作用。并且，随着社会生产力的发展和社会主义改造的深入，改造速度问题也日益成为重要问题，只有实行全行业公私合营，才能解决这个问题。

公私合营是一场深刻的阶级斗争 在扩展公私合营中，经过过渡时期总路线的宣传教育，多数资本家已认识到公私合营是私营企业必然的前途。但他们对资本主义还是十分留恋的。有不少人对合营采取观望的态度，或者尽可能拖延一下。少数人甚至消极抗拒，他们抽逃资金，变生产资料为消费资料，或隐匿、转移财产，逃避改造。申请公私合营的，又有种种不同动机，并有不少思想顾虑。如有的是为了"丢包袱"，企图将经营上的困难转给国家；有的是为了摆脱劳资关系；有的是为了争取地位，乃至企图借公私合营来扩大自己的力量，在合营企业中发展资本主义。大体在酝酿公私合营时，资本家主要担心合营后的职权和财产处理问题，大小股东之间意见也常不一致。在合营过程中，则注意力集中到清产核资上，斤斤计较，希望尽量提高私股的估价，有些人甚至认为股额比重大就可取得若干权利。1955 年下半年，公私合营工作发展到以大带小、以先进带落后的合并合营的时候，资本家又产生了另一些想法。如有的想借此机会并进好厂，以扩张自己的势力；有的想打击同业，抬高身价。比较普遍的是大厂不愿带小厂，先进厂不愿带落后厂，他们怕吃亏，要求"门当户对"。小厂资本家也有顾虑，如怕失去地位，有所谓"宁作小国之君，不为大国之臣"的说法。

这一切说明，扩展公私合营既然是一场变革私有制的革命，就不能不是一场严重的阶级斗争；它触及资本主义的根本存亡问题，在民族资产阶级中所引起的震动要比国家资本主义的初级形式远为深刻而广泛。通过这个斗争，克服资产阶级的不正确思想，就可以使他们受到一次深刻的现实教育，在走向社会主义的路上大大前进一步。为此，党和政府首先是做好对资产阶级的政策教育工作。各地都组成许多工作小组，充分和他们进行协商；并通过工商业联合会、中国民主建国会等组织向他们传达政策，解除顾虑；通过劳资协商会议等形式，由工会和工人群众对资本家进行教育和帮助。同时，培养资产阶级中的进步分子，提高他们的认识，使他们在改造中发挥带头作用、骨干作用和桥梁作用。其次，在合营工作进行中，坚决贯彻又团结又斗争、以斗争求团结的方针。协商安排资本家的职位，并给以必要的照顾，使他们消除顾虑。在清产核资中坚持"公平合理、实事求是"的原则，保障资本家的合法利益。同时，对某些资本家的不合理要求，不良企图，以及造谣破坏、抽逃资金等活动，进行各种形式的教育和斗争；对他们不正确的思想，进行批评。尤其是在清估财产中，资本家弄虚作假等情况较为普遍，也必须采取教育、批评的办法，进行纠正。再次，在合营过程中，从始至终要发动工人群众，搞好生产，依靠职工，摸清企业和资本家情况，确定各项工作和斗争的方针步骤。通过合营，使企业在生产经营上提高一步，职工的思想意识提高一步，就能给合营企业奠立巩固的基础，使各项改革可以顺利进行。

第二节　公私合营企业的性质和作用

公私合营后企业生产关系的变化　国家资本主义的每一个具体形式，反映着一定的生产关系。公私合营，作为国家资本主义的高级形式，其和加工订货、经销代销等国家资本主义初级形式最大的区别，在于通过这一形式，社会主义经济成分同资本主义经济成分的联系，由企业外部进入到企业内部，从而使企业的生产关系，发生了较初级形式远为深刻的变化。这种变化，可以从下述三个方面来考察：

第一，从生产资料所有制来看，企业合营以后，资本家原先占有的财产经过清产核资成为私股，国家的投资作为公股，这样，企业的生产资料就由原来的资本家私人占有转变为国家和资本家共同占有，即公私共有。这种公私共有，和资本主义制度下的合股公司有着本质上的区别。合股公司是资本和资本的结合。在公私合营企业里，资本家的私股还是资本的性质，它的目的是追求剩余价值；而公股则不是资本，它是全民所有的财产，是社会主义的生产经营资金，其目的是为了满足社会需要。因此，在公私合营企业中，实际上存在着两种性质不同的经济要求。但是，私人资本现在是和国家资金紧密地结合在一起，投入生产和流通了。由于企业的领导权基本上属于国家，社会主义成分在企业内部居于领导地位，企业是按照国家计划进行生产经营，因此，尽管资本家的财产还没有失去资本的性质，却已失去了独立的地位，不得不服从社会主义资金的运动。这样，企业生产经营的目的就由追求剩余价值改变为主要是为了满足社会的需要，同时也给私人资本生产一定的剩余价值。

由此可见，在公私合营企业中，领导权掌握在谁手里，具有决定性意义。社会主义经济成分在公私合营企业中居于领导地位和起着领导作用，以及这种领导地位和领导作用的不断增强，不是取决于国家投资的数量、公股所占比重大小，而是取决于国家政权的性质和社会主义经济在国民经济中的地位，取决于企业中公方代表同职工群众的结合和他们对于资本家及其代理人的教育改造工作，取决于这种领导能够确实地推动企业向前进步。正因如此，所以在公私合营的发展过程中，国家对于公私合营企业的领导是不断加强的，而公股在全部公私合营工业资金中所占比重，则是逐年下降的，如1953 年为58％，1954 年为45％，1955 年为40.6％。这一点，和资本主义条件下的合股公司也是根本不同的。

第二，从人与人之间的关系来看，随着所有制的改变也起了重大变化。合营企业中存在着三种不同身份的人，即公方代表、私方人员和工人群众。其中公方代表是合营以后进入企业的，是企业中人与人之间的新因素。

由于公方代表的出现，在公私合营企业里建立了公方代表制度。这是公私合营企业的一项根本制度，它保证企业的经营管理不再采取资本主义方式，而逐步向国营企业看齐，以发展生产、保证需要和国家计划的要求为指导方针。公方代表是人民政府主管业务机关所派，他们受国家委托，领导企业，并同私方代表一起负责经营管理。公方代表和私方之间的关系，从他们所代表的身份和阶级地位上说，是领导和被领导的关系；但是，由于私方还作为私股即私人资本的代表参加企业的经营管理，因此，公方和私方之间又存在着公私协商的关系。"合营企业中，社会主义成分居于领导地位，私人股份的合法权益受到保护"；"合营企业有关公私关系的事项，公私双方代表应当协商处理"（《公私合营工业暂行条例》第 3、10 条）。

公方代表和企业中工人群众的关系，完全和国营企业中领导干部和工人群众的关系一样，是基于社会主义分工而来的领导和群众的关系，他们同属一个阶级，根本利益一致。

公私合营企业中工人的劳动，由于还有资本的运动存在，还具有雇佣劳动的性质，为资本生产剩余价值。但是，由于企业里有国家资金，更由于企业的领导权掌握在国家手里，企业的生产经营主要是为完成国家计划，为满足社会需要；因此，工人劳动的性质发生进一步变化，主要不是为资本家生产利润，而主要是为了满足社会需要，同时也为资本家生产利润。

工人在企业中的地位也发生变化。他们实际上成为企业的主人，参加了企业的经营管理，和公方代表结合在一起，成为企业的领导力量。因此，工人群众的劳动积极性大大提高。这样，公私合营企业在发展生产上就可以和国营企业一样，完全摒弃资本主义的加重剥削的方法，而是依靠各种先进制度的建立和生产技术的不断改善，依靠工人群众劳动积极性的高涨。

合营企业中的私方，他们是以资本家的身份和国家合营的，仍然是一部分生产资料的占有者。但是他们在企业中所处的地位却有了变化。在私营时期，他们是企业的所有者，在企业中居于支配地位。公私合营以后，他们是在公方代表的领导之下参加企业的经营管理，这就改变了他们原先支配企业的地位。

在合营企业里还有资本家存在，劳资关系还没有根本改变，因而劳资矛盾也还存在。在私营企业里，这种矛盾表现为劳资双方直接对立，其处理方式是劳资协商。而在合营企业里，因为公方代表掌握着企业的领导，劳资关系问题，则主要通过行政和工会进行处理。

第三，从分配关系上看，随着所有制的变化，也起了一定程度的变化。

首先，工人的工资开始具有了新的内容，即按劳分配的内容。在企业私营时期，由于生产资料为资本家私有，他们借此对工人群众进行着剩余价值的榨取，不可能有按劳分配。公私合营以后，所有制起了变化，企业经过一系列改革，逐步向国营企业的经营管理制度看齐，工资制度也将逐步进行调整，这才有了按劳分配的条件。但是，在这个阶段的公私合营企业中，由于还有资本存在，按劳分配原则受到很大限制，突出地表现在随着工人劳动生产率的提高，资本的剥削量也加重。

其次，公私合营企业的盈余也是按照四个方面分配的原则分配的，从形式上看，和国家资本主义初级形式的分配办法相同。但是实质上有所不同。其一，作为分配的盈余的本身，已经有了性质上的变化。这时的盈余，不仅是资本运动的结果，也是社会主义资金运动的结果。这就是说，这个盈余是由性质不同的两个部分组成，一部分与资本相联系，是剩余价值；另一部分与社会主义资金相联系，是社会必要劳动，是社会主义积累。前面曾经提到，企业一经合营，资本的运动就开始从属于社会主义资金的运动，丧失了其独立增殖自身价值的可能性，这就大大限制了剩余价值的生产。其二，在盈余分配中，资本家所能占有的比例已经相对地缩小，如果过去他们是分取盈余的25%，现在必定小于25%（因有公股存在），虽然在绝对数量上不一定降低，甚至增加。其三，在分配中，除所得税、企业奖励金是国家和工人所有外，在初级形式，公积金部分是归资本家掌握的，而且在再生产过程中起着资本的作用。但在公私合营以后，公积金的性质就起了变化。按照《公私合营工业企业暂行条例》规定："企业公积金，应当以发展生产为主要的用途，由合营企业依照国家的计划投入本企业，或者投入其他合营企业，或者依照本条例第二条的规定投入私营企业实行公私合营。"这就是说，公积金的所有权属于合营企业，它的使用权则归国家，这种公积金基本上是社会主义积累的一个部分了。

如上所述，企业合营以后所引起的一系列生产关系的重大变化，标志着企业的性质已经变为半社会主义的了。而随着企业性质的变化，社会主义经济规律就在企业中逐步扩大作用范围。

首先，公私合营企业由于生产关系的变化，生产的目的由资本主义的追求利润而转变为主要是满足社会需要。因此，企业的经营管理，也就不再采取资本主义唯利是图的方针，而逐步向国营企业看齐，以发展生产、保证人民需要和国家计划的要求为指导方针。这样，社会主义基本经济规律，已明显地在合营企业内部直接地发生了主导作用。但是，由于合营企业内部还有资本主义成分，剩余价值规律还起一定的作用。例如有些资本家在企业合营以后，还是想多生产利润高的产品；有的资本家甚至做出"合公营私"的勾当，企图把公私合营企业变质成为资本主义企业，等等。但在公私合营企业中，剩余价值的生产和分配已受到很大的限制，从而剩余价值规律自发发生作用的范围是受到了严格的约束的。

其次，企业实行公私合营以后，它的生产经营已经有可能直接纳入国家计划，诸如国家可以规定其生产任务，以至其产品的品种、规格；国家可以按照计划促使其扩大或缩小生产规模，决定企业的扩建、改建，等等。这说明社会主义经济有计划、按比例发展的规律，也已经在合营企业中直接发生作用，并居于主导地位。当然，国家在规定其产品、价格、利润时，还需要运用价值规律，只是这个规律已不再自发地起调节生产的作用了。

公私合营的优越性　公私合营企业生产关系的变化，以及社会主义经济规律基本上在企业中居于主导地位这一事实，就为合营企业带来了为国家资本主义初级形式所不可比拟的优越性。合营企业的这种半社会主义性质和它的优越性的根源，在于我国国家政权的社会主义性质，在于社会主义制度本身的优越性及其在企业中的领导地位和领导作用。公私合营企业在社会主义上层建筑的保护之下，充分发挥社会主义经济成分的领导作用和优越性，就能团结职工提高劳动生产率，就能有效地教育资本家和资方代理人接受经营管理的改革，就能提高产品质量、降低产品成本，并根据国家的需要和可能增加产品的数量；从而使企业获得较多的利润，积累资金，扩大再生产，使职工生活获得必要的改善，而且也使资本家有一定的利润可得。具体说来，公私合营企业的优越性，表现在如下几个方面：

（一）由于工人群众以主人翁的态度对待企业的生产经营，由于合营企业在公股代表的领导下，逐步向国营企业看齐，建立了各种先进制度，并不断改善生产技术；因此，企业的设备有可能充分利用，企业的潜力得以发挥，企业的劳动生产率迅速提高。据统计，公私合营工业每个工人的平均产

值，1950 年为 4257 元，1951 年为 6553 元，1952 年为 9297 元，1953 年为
10880 元，1954 年为 13401 元，1955 年为 13358 元。1955 年比 1950 年增加
214%。1955 年公私合营工业的工人劳动生产率较同一时期的私营工业约高
一倍。

（二）合营企业改进了生产经营管理，在增加生产、节约原材料、降低
成本上呈现了显著的成绩。在增加生产方面，就全国历年来公私合营工业生
产增长的速度来看，1950 年共有公私合营工业 294 户，产值 4.14 亿元，减
除当年新合营的 111 户的产值，与 1949 年比较，增加了 3800 万元。以同样
方法计算，1951 年比 1950 年增长 2.86 亿元，1952 年比 1951 年增长 5.22
亿元，1953 年比 1952 年增长 6.88 亿元，1954 年比 1953 年增长 7.72 亿元，
1955 年比 1954 年增长 27.08 亿元。在节约原材料和降低成本方面，如上海
市 1954 年合营的 19 家棉纺厂，10 月份还有 10 家的用棉量超过国家规定标
准，到 12 月份已全部低于标准，第四季度节约的棉花可以增产 690 件棉纱，
织成 2.7 万匹布。天津市 1954 年合营厂的生产成本，较 1953 年降低 7.4%
到 10.26% 不等。

（三）公私合营厂扩大了积累，扩大了再生产。据统计，从 1950 年到
1955 年，全国公私合营工业的利润额总计达 12.73 亿元。合营企业的积累
远较私营企业为大。在积累扩大的基础上，不少合营厂根据国家需要，扩大
了再生产。如唐山市华新纱厂在公私合营 5 年间，新扩充的生产设备等于合
营前 30 年间投资建设的一倍。

（四）公私合营企业中的资本家和资方代理人在公方代表的领导下进行
工作，这就使他们有了直接受到社会主义实践教育的机会。公方代表和工人
结合在一起，形成改造资产阶级分子的领导力量和监督力量。公方代表在领
导生产经营上对问题的处理是从社会主义整体利益出发，与资本主义经营中
从资本家个人获得利润出发成为一个强烈的对比，这就使资本家受到现实的
教育，有可能逐步克服他们的腐朽的资本主义经营思想，学习新的社会主义
经营管理方法。由于企业内有了社会主义成分直接领导，资本家的政治学习
也有了便利条件。

个别公私合营形式的局限性　公私合营企业虽然有着上述一系列的优越
性，解决了国家资本主义初级形式在公私关系上和劳资关系上所不能解决的

某些矛盾，但这个形式的本身仍然具有局限性。

首先，在这种形式中，两种所有制即生产资料的全民所有制和资本家所有制这个根本矛盾，还没有完全解决。私股仍然存在，而且仍然具有资本的性质，占有剩余价值。四个方面分配利润的办法固然在一定程度上限制了资本剥削，企业利润的主要部分不归资本家所有，大部分成为国家的积累，但这种限制仅是相对的。资本家仍然按照一定比例分配盈余，所以利润增长，资本剥削也就"水涨船高"。如前所述，公私合营企业一般生产发展很快，利润增长很多，资本剥削因而增加很多。例如天津市永明油漆公司合营后，产量、利润都增加了两倍，私股分红比合营前增加了一倍多。在一些合营较久，规模较大，生产管理基础较好的老合营厂，资方利润所得较大的情况，就更为突出。如上海市公私合营工业分配 1953 年盈余的结果，据 40 户统计，私股所得占其资本额 10% 以上的有 20 户，占其资本额 25% 以上的有 10 户，并有 3 户高达 50%～60%。这种情况必然招致工人不满，影响社会主义积累，形成进一步发展生产力的障碍。同时，资本家分配的利润过多，对他们的改造来说也是不利的。

其次，公私合营企业中阶级矛盾仍然存在，公私矛盾、劳资矛盾都没有完全解决。在合营企业内部形成了两种经营思想、两种经营方法的斗争，资本主义道路和社会主义道路两条道路的斗争。许多资本家仍然要求走资本主义道路，继续执行资本主义经营方法，有利的干，无利的不干，利高的干，利小的不干。个别资本家甚至使合营企业变质为资本主义企业。如上海民用药厂 1950 年公私合营后，资本家不但不接受社会主义改造，反而篡夺了合营企业的领导权，假借合营招牌攫取暴利，因而在合营 5 年间竟拿走了等于原来投资额两倍的利润。

再次，公私合营企业与未合营的资本主义企业之间也存在着矛盾。在个别企业实行公私合营阶段，主要是对规模较大、设备较好的厂实行合营。这些厂合营后很快地显示出它的优越性，加以随着企业性质的改变，国家在分配生产任务、分配原料等方面也给以较多的照顾，它们一般发展较快。这就往往影响到同行业的私营小厂，使它们困难更大，许多实行加工订货的小厂因而任务不足，停工减产。这不仅使私营小厂与公私合营工厂之间的关系紧张，而且影响到这些厂与国家的关系。根据统筹兼顾方针进行的全面安排工作，对小厂的困难固然可以解决一些，但在资本主义私有制存在的条件下，大规模的经济改组是受到限制的，因而矛盾就不可能彻底解决。

上述一系列的矛盾表明，个别企业公私合营的发展，仍然不能适应社会主义改造的需要。随着客观形势的发展，还必须向最高形式——全行业公私合营并实行定息制度推进。

第六章

资本主义所有制社会主义改造的基本完成

第一节　全行业公私合营高潮

公私合营高潮的历史背景　我国私营工商业的社会主义改造，1956 年初进入了一个新的发展阶段，即许多行业在各地方分别地进行全部公私合营的阶段，并迅即形成了全行业公私合营的高潮。这个高潮是由三年恢复、三年建设所取得的各项伟大成就所准备了的。特别是社会主义工业化的成就、农业合作化的大发展，以及城乡极大部分商品流转纳入了有组织市场，使社会主义经济对资本主义经济取得了决定性的优势地位；而资本主义经济的生产力和生产关系的矛盾，随着社会生产力的迅速发展日益突出起来，如果不进一步改造这种生产关系就不能提高生产力以适应人民需要，这就促成了改造高潮的必然到来。正如刘少奇同志所指出的："这个社会主义改造运动高潮的出现，不是偶然的，而是 1949 年以来我国各种社会条件发展成就的必然结果。"①

经过三年恢复，又经过三年建设，我国社会经济结构发生了极为显著的变化。一方面，现代工业在工农业总产值中所占比重迅速增长，解放初期为

---

① 刘少奇：《中国共产党中央委员会向第八次全国代表大会的政治报告》，人民出版社，1956，第 9 页。

17%，恢复时期终结时为 26.7%，到 1955 年已增长为 33.6%。另一方面，在我国国民经济中，社会主义经济成分在优先发展的条件下，已经占据了统治地位。到 1955 年，在工业中，国营、合作社营和公私合营经济的产值已占工业生产总值的 83.8%；在商业中，国营和合作社商业已占商业批发总额的 94.8%，占零售总额的 67.6%。此外，银行、铁路、钢铁、矿山、电力、对外贸易等关键性经济部门，也都掌握在国家手里。而统购统销政策的施行，加工订货的扩大，更使国家掌握了全国粮食、重要工业原料和主要工农业产品，控制了全国的重要商品市场。这就形成了社会主义经济成分在整个国民经济中的绝对优势和巩固的领导地位。

与此同时，资本主义经济则大大削弱了。银行、对外贸易、批发商业等部门已经基本上排除了资本主义经营。私营大工厂、矿场和大部分轮船运输业已经实行了公私合营。到 1955 年，私营工业只占全国工业总产值的 16.2%，而在这个总产值中，又有 82% 已经纳入加工订货等国家资本主义初级形式。私营零售商业只占全国商业零售总额的 32.4%，而在这个零售额中，又有 45% 已经纳入经销代销等国家资本主义初级形式和合作化形式。这就是说，6 年来在党和政府对资本主义工商业的利用、限制、改造政策贯彻执行下，它们已经完全依附于社会主义经济，离开国家的加工订货、经销代销任务，离开国家的安排，它们就不能生存。它们已经有一只脚被带进了社会主义的门槛，而另一只脚也已经非跟进来不可了。

正如前章所提到的，资本主义工商业纳入国家资本主义初级形式后，资本主义所有制并没有改变，从而社会主义和资本主义之间的矛盾，以及劳资之间的矛盾并未彻底解决。而且，随着整个国家政治上和经济上社会主义形势的发展，就是在高级形式的公私合营企业中，矛盾也日益暴露和加深，要求生产关系作进一步的改变。同时，在已合营和未合营的企业之间，私营企业的大中小户之间，先进企业与落后企业之间的矛盾也突出了，如果不突破企业乃至行业界限，统一调动生产力、统一安排，一系列的矛盾就不能克服。这样，在整个行业乃至各个行业里同时突破私有制障碍，就成了迫不及待的事。1955 年下半年，上海首先就有 8 个工业行业进行了全行业公私合营的试点工作，接着北京对棉布商业进行了全行业公私合营，其他一些地方也进行了试点。这一系列的实践，证明全行业合营的确是解决上述矛盾的有效办法。这样，一个全面改造的重大步骤已是不可避免了。

这种社会主义优势蓬勃发展，资本主义日益走上穷途末路和必须进行重大变革的形势，不能不在资本主义企业的工人群众中引起反应。在党的领导和过渡时期总路线的教育下，他们的社会主义建设和社会主义革命的热情空前高涨，迫切要求变革资本主义制度，迫切要求资本家接受进一步的社会主义改造。

1955 年下半年，社会主义改造首先在农村进入高潮。毛泽东同志作了《关于农业合作化问题》的报告。在这个具有历史意义的报告中，他科学地分析了当时国内阶级斗争的形势，尖锐地批评了农村工作中的右倾思想，对实现农业合作化的方针和步骤作了纲领性的指示。随之，合作化运动风起云涌，在全国范围内展开。到年底，已有不少省市实现了合作化，加入互助合作的农户达到全国总农户的 64.9%，到了 1956 年 6 月，发展到占全国总农户的 99%。

农业合作化高潮的出现，意味着有 5 亿人口的农村最终地抛弃了资本主义道路，走上了社会主义道路。工人同农民的联盟从此建立在新的社会主义的基础上，更加巩固了。社会主义公有制在最广泛的经济领域内代替了小私有制，这就堵塞了资本主义在农村的道路，从根本上使资本主义失去了发生和发展的基础。随着合作化高潮的兴起，党的限制富农的政策就转而为消灭富农作为一个阶级的政策。我国农业中资本主义生产关系的唯一代表——富农经济，基本上消灭了。人们的精神面貌也发生了变化，社会主义大大上升，资本主义大大下降。整个国家力量的对比发生了根本变化。城市资本主义完全孤立了。

关于农村中的富农，是我国具体的历史经济条件下形成的一个特殊问题。中国的富农，一般具有很重的封建和半封建剥削的性质，而这种富农经济在全国农业经济中又不占重要地位，这两点都不同于许多资本主义国家中的富农。在土地改革中，广大的贫雇农要求同时废除富农的封建和半封建剥削。在解放战争时期，党采取了征收富农多余的土地和财产分给农民的政策，从而满足了广大贫雇农的要求。随着战争的胜利发展，在 1948 年 2 月，党中央规定在新解放区实行土地改革的新政策，即将新区土地改革分为两个阶段，在第一阶段，中立富农，专门打击地主，首先是打击大地主；第二阶段，在平分地主土地的时候，也分配富农出租和多余的土地，但是对待富农和对待地主仍然有所区别。在中华人民共和国成立以后，中央人民政府在1950年6月发布《土地改革法》，规定在土地改革中对富农只征收其出租的土地的一部或全部，对富农的其他土地和财产则予以保护。农村合作化高潮的到来，党就采取了消灭富农作为一个阶段的政策，随着农村合作化的实现，富农经济就不再存在了。

这一切表明：把资本主义工商业的社会主义改造推进到一个更高阶段的客观条件已经成熟了。现在，民族资产阶级是处在这样一个特殊的历史环境下：（一）国内有一个强大的工人阶级领导的人民民主专政，国外有一个强大的社会主义阵营；（二）具有高度觉悟和高度组织力量的工人阶级，要求变革资本主义制度；（三）5亿农民站在工人一边，同工人结成了巩固联盟；（四）日益强大的社会主义经济，在各个经济部门都占了绝对优势；（五）资本主义经济已经失去了独立存在的条件，支离破碎，而且矛盾重重。这表明：城市社会主义改造的高潮，注定很快就要到来了。

但是，社会主义革命是不会自发地完成的，在这个重要关头，最重要的就是党的英明领导，抓住主要矛盾，调动各方面的积极因素，促进革命高潮的出现。

高潮的准备工作　在各种客观条件成熟了的时候，资产阶级思想状况如何，能否跟得上形势，就成为突出的问题。建国以来，民族资产阶级在党的又团结又斗争、以斗争求团结的政策下，经过历次群众运动，经过国家资本主义的实践，经过学习，他们受到了教育，思想认识有了不同程度的提高。可是由于本阶级狭隘观点的限制，他们的接受社会主义改造的积极性是参差不齐的。一小部分是进步分子，他们比较了解政策，看清国家和世界的前途，愿意跟着党走，接受社会主义改造，有少数人还能在改造中起核心作用。一小部分人是落后分子，他们对社会主义改造心存不满，采取各种消极抗拒的态度。有极少数人还是坚决反对社会主义和共产党的反动分子。大部分人则是处于中间状态。他们明知社会主义改造是大势所趋，社会主义的道路不得不走，但仍对资本主义恋恋不舍，因而对待改造时而积极，时而消极。他们常常患得患失，顾虑重重，对自己前途如何，命运如何，惴惴不安，对待即将到来的社会主义改造高潮，则表现为怕变革、怕斗争、怕失掉现有的经济利益和政治地位。他们内心充满矛盾，犹如"十五个吊桶打水，七上八下"，惶惶无主。

针对这种情况，1955 年 10 月，毛泽东主席邀集中华全国工商业联合会执行委员会的委员们举行了座谈会，对他们作了亲切的教导。毛主席指示他们：应该认清社会发展的规律。工商业者只要接受社会主义改造，走社会主义道路，就有前途；只有把自己的前途和国家的前途结合起来，才可以掌握自己的命运。凡是现在对于工商业的改造有贡献的，社会和国家都不会忘记他们的贡献。接着，政府领导同志又在工商联的会议上，对实行全行业公私合营，实行定息，继续贯彻赎买等政策做了说明。

毛主席的讲话和党的政策，在很大程度上消除了资产阶级的怀疑和顾虑，给他们以极大的鼓舞。他们说：毛主席的指示像太阳一样，照亮了全国工商业者前进的道路。在 1955 年 11 月间召开的全国工商联一届二次执行委员会议上，他们通过了《告全国工商界书》，号召全国工商业者积极地接受社会主义改造。

同年 11 月间，党中央召集各省市党委代表开了关于资本主义工商业改造问题的会议，对当时的形势作了充分的估计，提出了实行全行业公私合营的规划。随之，在同月召开的中央七届七次全体会议上，制定了《关于资本主义工商业改造问题的决议（草案）》，并在人民日报上发表了社论。在这些会议和文件中，分析了当时的形势和民族资产阶级状况，总结了党处理同民族资产阶级的关系问题和几年来改造资本主义工商业的经验。指出：现在已经有了充分有利的条件和完全的必要把对资本主义工商业的改造工作推进到一个新的阶段，贯彻执行党在过渡时期的总路线，主动地、积极地、认真地领导这一工作，使之能够同社会主义工业化和农业合作化的发展相适应。应该切实地统一党内和工人阶级内部的认识，克服某些同志不愿意和资本家打交道，实际是不相信党、群众和国家有力量用教育的方法改造资产阶级的右倾情绪。应该加强党对改造资本主义工商业工作的领导，做出全面规划。应该切实地加强对于资产阶级的教育，加强培养工商界进步核心分子的工作。党还着重指出：改造资本主义工商业，逐步地用社会主义的全民所有制来代替资本主义所有制，即使是经过和平的道路，仍然是一场深刻的阶级斗争，不可能不遇到许多人的抵抗，不可想象不需要用国家的力量和群众的力量来克服这些人的抵抗。

由于客观条件的具备，又加上进行了充分的思想工作，不仅调动了广大职工群众的积极性，也调动了资产阶级接受社会主义改造的积极性。1956年1月，继农业合作化高潮的兴起，一个波澜壮阔的资本主义工商业社会主义改造高潮，就在全国大小城市开展起来。

高潮的经过 资本主义工商业社会主义改造高潮是从首都北京开始的。1956年1月1日，首都的资本主义工商业者首先踊跃地提出了公私合营的申请。这时申请合营改变了原来一户一户的情况，而是一个行业一个行业的，因而很快就形成了热火朝天的运动，到1月10日，就实现了全市资本主义工商业的公私合营。与此同时，郊区农业生产合作社也全部转变为完全社会主义性质的高级社，绝大部分手工业者也组织了生产合作社，走上合作化道路。这就是说，北京市对农业、手工业和资本主义工商业的社会主义改造，至此已全部取得了决定性的胜利。这个胜利大大推动了其他城市的改造高潮，全国各地都浸润在高潮的欢腾气氛之中，到1月底，我国资本主义工商业集中的上海、天津、广州、武汉、西安、重庆、沈阳等大城市以及50多个中等城市都相继实现了全市的全行业公私合营。至第一季度末，除西藏等少数民族地区外，全国各地基本实现了全行业公私合营。

声势浩大的群众运动，使那些少数抗拒改造的资本家不敢公开反对。大部分资本家跟着工人阶级，敲锣打鼓地参加了庆祝全行业公私合营的行列。高潮中涌现了一批资产阶级积极分子，他们带头申请合营，并推动别人申请合营。然而，民族资产阶级的多数人在大势所趋的情况下虽然不太勉强地交出了企业，但他们的内心深处是心有余痛的。甚至有的人白天敲锣打鼓，晚上痛哭流涕。

全行业公私合营是在全国范围内改变资本主义所有制的决定性的一战，它不能不是一场非常深刻的阶级斗争。但是，在高潮中，民族资产阶级基本上没有反抗，这是因为："（1）他们在经济上已经没有别的出路；（2）经过'三反''五反'，他们中的多数人认识了反对工人阶级是没有出路的；（3）政府对他们合营后，在经济上和政治上都做了适当的安置。"①

1956年初，全国原有资本主义工业8.8万余户，到年底，已有99%实现了所有制的改造；其中有极少数转入地方国营工业，大部分组成了3.3万多个公私合营企业；同时有4.82万多户个体手工业由于它们与私营工厂原

---

① 邓小平：《关于整风运动的报告》，人民出版社，1957，第6页。

有协作关系，或者是行业户数不多，根据他们的申请，也参加了公私合营。全国 240 余万私营商业户，到 1956 年底，已有 82% 实现了改造；其中除少数转入国营商业或供销合作社商业外，分别组成了公私合营商店、合作商店、合作小组。私营轮船、汽车运输业在高潮中也实现了全行业公私合营。私营饮食业有 86% 实现了改造。到 1957 年底私营服务业有 77% 实现了改造（见表 6 - 1、6 - 2、6 - 3、6 - 4）。

表 6 - 1　1956 年全国私营工业改造情况

	户数（千户）	职工人数（千人）	总产值（百万元）
1955 年底原有私营工业	88.80	1310.0	7266.0
1956 年内已经改造的私营工业	87.93	1296.0	7237.0
1. 实行公私合营的	64.23	1075.0	6545.0
2. 转入地方国营工业的	1.00	23.0	98.0
3. 划归手工业改造的	15.60	117.0	299.0
4. 其他（主要转为公私合营商业）	7.10	81.0	295.0
改造面（%）	99.00	98.9	99.6
1956 年底尚未改造的私营工业	0.87	14.0	29.0

表 6 - 2　截至 1956 年底全国私营商业社会主义改造情况

	绝对数			比重（%）		
	户数（千户）	从业人员（千人）	资本额（百万元）	户数	从业人员	资本额
1. 已改造部分	1991	2824	785	82.2	85.1	93.3
转入国营、供销社者	147	224	—	6.1	6.8	—
公私合营	401	877	601	16.5	26.4	71.5
其中实行定息的	281	706	554	11.6	21.3	65.9
合作化商业	1443	1723	184	59.6	51.9	21.8
其中合作商店	581	722	104	24.0	21.8	12.4
2. 未改造的私营	432	494	56	17.8	14.9	6.7
总　　计	2423	3138	841	100.0	100.0	100.0

表 6 - 3　截至 1956 年底全国私营饮食业社会主义改造情况

	绝对数			比重（%）		
	户数（千户）	从业人员（千人）	资本额（百万元）	户数	从业人员	资本额
1. 已改造部分	651	1015	79	86.0	88.9	90.8
转入国营、供销社者	60	84	—	7.9	7.4	—

	绝对数			比重（%）		
	户数（千户）	从业人员（千人）	资本额（百万元）	户数	从业人员	资本额
公私合营	84	210	37	11.1	18.4	42.5
其中实行定息者	55	154	32	7.2	13.5	36.7
合作化饮食业	507	721	42	67.0	63.1	48.3
其中合作饭店	214	317	22	28.4	27.8	25.3
2. 未改造的私营	106	127	8	14.0	11.1	9.2
总　计	757	1142	87	100.0	100.0	100.0

表 6-4　截至 1957 年底全国私营服务业社会主义改造情况

	绝对数		比重（%）	
	户数（千户）	从业人员（千人）	户数	从业人员
1. 已改造部分	254.4	475.6	77.6	82.9
转入国营、供销社者	6.4	14.6	2.0	2.5
公私合营	48.5	163.3	14.8	28.5
其中实行定息者	36.1	140.4	11.0	24.5
合作化服务业	199.5	297.7	60.8	51.9
其中合作商店	83.6	133.5	25.5	23.3
2. 未改造的私营	73.3	97.9	22.4	17.1
总　计	327.7	573.5	100.0	100.0

私营轮船运输业在高潮前实行公私合营的船舶数已占私营和合营总船舶数的 44.07%，载重量已占总载重量的 88.13%。1956 年底，实行公私合营的船舶数已占公私合营和私营总船舶数的 98.62%。到 1957 年则已全部实行了合营。

私营汽车运输业截至 1955 年底，已改造户数占 21.9% 未改造的私营户占 78.1%。截至 1956 年 6 月底，已改造户数占 99.7%，未改造的私营户占 0.3%，到 1956 年底，私营户只有汽车 6 辆，1957 年底更减至 3 辆。

定股、定息和人事安排　全行业公私合营以后，党和政府对资产阶级继续贯彻赎买政策，在一定时期内给他们以定息和适当安排他们的工作。为此，在合营高潮中，全国各地都进行了定股、定息和人事安排工作。

定股，就是对资本家实行合营的生产资料，进行清理估价，核定私股股额。在个别公私合营阶段，定股工作是按户由国家派工作组到企业，会同资本家共同进行的。这样作法比较细致，但工作量大，时间也拖得长。在高潮中，一个地区一次批准公私合营的户数很多，定股工作采取了在企业工人群众监督下，由资方自估、自报、同业评议、行业合营委员会（由公方、工人、资方三方面代表组成）核定的方式。在当时形势下，采用这种方式是必要的。而且，通过这一工作，对资本家来说也是一个深刻的教育过程。

清产定股的原则，仍然和个别合营时一样，即"公平合理，实事求是"，但为了适应改造高潮中资产阶级已经交出了经济阵地的情况，使他们摆脱财务处理上的牵累，有利于改造，政府对清产定股还提出了"宽"和"了"的方针。所谓"宽"，就是对财产清理估价有关公私关系方面的问题，一般都从宽处理。所谓"了"，就是对企业原来的各种债务和财产关系，能够在公私合营时候了结的，都尽量了结。这样清理的结果，连同1956年以前合营的企业在内，全国公私合营企业的私股股额共为24.1864亿元。

"宽""了"方针中所谓从宽处理的，如企业的公积金，原是社会积累，但一般作为私股投资处理；逾龄机器设备，仍按其实际尚可使用年限计算其现值；土地按纳税价计算；等等。所谓尽量了结的，如企业在困难时拖欠工人的工资，国家帮助劳资双方协商了结；企业对公欠款（如税款、国家银行贷款、"五反"退补等），如果资本家确实无力全部偿还，可适当减免。对于资不抵债户，为了便于对他们改造，尽量不宣布破产，一般都保留少数私股，使企业维持公私合营。

定息，就是企业在公私合营时期，按期由国家根据核定的私股股额发给私股股东以固定息率的股息。国务院于1956年7月间规定：

> 全国公私合营企业的定息户，不分工商、不分大小、不分盈余户亏损户、不分地区、不分行业、不分老合营新合营，统一规定为年息五厘，即年息5%。个别需要提高息率的企业，可以超过五厘。过去早已采取定息办法的公私合营企业，如果他们的息率超过五厘，不降低；如果息率不到五厘，提高到五厘。

这个规定是宽大的，高潮前私营企业资本家的股息红利有的固然很多，但有些则因企业常有亏损而所得无几,平均起来是达不到五厘的。各地定息的结果,超过五厘的计有4368户,占全部定息户的2%稍多一些,其余全部定息五厘。定息期限原定为7年,从1956年起到1962年止,"如果七年后工商业者生活上还有困难,还可以拖一个尾巴"。① 1962年又宣布,从1963年起,延长3年,到时再议。

定息不是合营高潮中才出现的,早在个别公私合营阶段,某些由国家管理的大合营企业就实行了定息制度。但是,作为在资本主义工商业中普遍推行的赎买形式,则只有实现全行业公私合营以后才有可能。因为普遍的定息,是以资本家缴出企业,全部企业由国家按照社会主义原则统一管理为前提的。也可以反过来说,全行业合营后必须实行定息,定息作为一种制度,是全行业公私合营的客观要求。这是因为:(一)全行业公私合营必然要涉及生产改组,以便统筹运用企业的人力、物力、财力,如果不实行各业各户息率一致的定息制度,各业各户盈亏不同,就会形成改组的障碍。(二)全行业公私合营要求突破企业、行业的界限,统筹运用各个企业的积累,只有实行定息,才能做到这一点(见表6-5)。

表6-5　全国公私合营企业定息户发息情况(1956年上半年)

业　别	实行定息的户数	各业比重(%)	私股金额(千元)	各业比重(%)	1956年上半年应发股息(千元)
工　　业	43687	22.88	1782649	77.27	44534.9
商　　业	97235	50.94	352638	15.29	8810.0
饮　食　业	14408	7.55	18555	0.80	449.0
服　务　业	12741	6.67	36316	1.57	910.0
交通运输业	22828	11.96	74795	3.24	1743.2
金　融　业	3	——	42250	1.83	1129.0
总　　计	190902	100.00	2307203	100.00	57576.1

注:服务业指理发、照相、澡堂、旅馆、洗染五业。

改造高潮中继定股、定息的另一项重要措施是人事安排。刘少奇同志在代表中国共产党中央委员会向第八次全国代表大会所做的政治报告中指

---

① 陈云:《在中华全国工商业联合会第二届会员代表大会上向全国工商界代表讲解五个问题》,《人民日报》1956年12月16日。

出:"资方人员凡能工作的都由国家有关部门分配工作,不能工作的也酌量给以安置,或者予以救济,保障他们的生活。这也是一种必要的赎买的办法。"① 同时,安排资本家的工作职务也还有其必要性。一方面,我国民族资产阶级分子靠"剪息票"生活的为数不多,大多数人过去都直接参加企业工作,其中又多半是直接参加生产经营的,当他们表示了愿意接受社会主义改造之后,国家有必要给以生活保障。并且在资本家和资本家代理人中有不少人是有一定的生产知识和经营管理经验的,安排他们的工作,可以使他们贡献出自己的技术与才能,了地为社会主义服务。另一方面,以企业为基地安排他们以工作,也是对他们进行改造的有效方式。他们在企业中工作,可以得到党的经常的具体的教育,在工人群众的直接监督和影响下,通过劳动实践,逐步地改造思想,转变立场,培养劳动观点,学习社会主义的经营管理知识。这样,可以把教育和服务更好地结合起来。因此,改造高潮中在提拔一批优秀工人参加企业的领导和管理工作,以保证社会主义成分在企业中的领导权的同时,对资本家的工作也进行了安排。

对私营企业原有在职资本家及资本家代理人进行工作职位的安排时贯彻了"量才使用,适当照顾"的原则。所谓"量才使用"就是根据他们的工作能力、经验、政治态度,以及在社会主义改造中的贡献等情况,安排他们的工作职位,使人尽其才、各得其所。所谓"适当照顾",就是对于一部分年老体弱或其他原在企业里著有劳绩、目前丧失工作能力的,安排以比较适宜的职位,或者本人退休、吸收他家庭中其他有劳动能力的人员参加工作。安排过程中充分贯彻了民主协商精神,安排的名单,由工商界酝酿讨论,并邀工商界代表人物协商,最后由政府批准。根据1957年的统计,全国拿定息的71万在职私方人员和10万左右资本家代理人,全部安排了工作。据几个大城市的情况,大体是:安排直接参加生产经营的占60% ~ 65%;安排为管理人员的占35% ~ 40%。对部分资产阶级的代表人物,还安排了国家机关、国营经济业务部门的行政职务,并注意给一些担任社会职务和从事社

---

① 刘少奇:《中国共产党中央委员会向第八次全国代表大会的政治报告》,人民出版社,1956,第17页

会活动的资本家以便利条件。

根据上海、北京、广州、武汉、西安、青岛、重庆等七个城市的统计，到 1956 年底为止，已被安排的私方实职人员共计 45905 人，其中担任市一级专业公司经理、副经理的计有 168 人，担任工厂正、副经理、厂长职务的有 16482 人，占安排总数的 36% ~ 37%。另据上海市五个工业局统计，在所属地方合营工业中，1956 年一年中对 25800 余私方人员安排了工作，81% 的私方安排为科室人员，其中担任经理、厂长的占安排人数的 55%；另有 6000 余人安排为组长、股长及一般科室工作人员；安排在车间工作的占 19%。有的还担任了企业的顾问、专员、董事等工作。此外，安排在上海市的中央系统棉纺、卷烟、造纸、毛纺等 8 个专业公司担任正、副经理的私方人员有 15 人。安排在 57 个市级工业专业公司的正、副经理的有 99 人。广州市公私合营工业已安排的私方人员 7035 人，担任专业公司正、副经理的 28 人，董事及顾问 30 人，公司正、副科长 51 人，企业厂长 706 人，车间主任及科、股长 1108 人，技术人员 148 人。

对资方实职人员除了安排各厂及专业公司的行政人员之外，部分资产阶级的上层分子，由于他们一般在工商界具有较大的代表性，国家安排了他们的政治职务。根据 1957 年底统计，民主建国会（主要由资产阶级分子组成的政党）会员除被选为第一届全国人民代表的 70 人，第二届政治协商会议全国委员会委员的 65 人外，担任部长副部长的 7 人，大学院校长 2 人，副省长 7 人，北京、上海和天津三大城市的副市长 4 人及正副局长 24 人，省正副厅长 35 人。

私营企业资本家和资本家代理人的薪金一般较高，有的很高。如上海对外贸易系统资方 682 人，平均工资 223 元，其中超过现任职务应得工资一倍以上的有 465 人，占总人数的 68%。1955 年统计，上海私营和公私合营工业投资在 10 元以上的资本家 509 人中，工资在 1000 元以上的有 12 人，其中最高的是 1675 元。资本家的高薪也是一种剥削，但是为了减少阻力，利于改造，所以把这种高薪作为赎买政策的一部分保留了下来，1956 ~ 1957年各地对公私合营企业进行工资改革时，也都不予更动。如天津市 1957 年进行工资改革时，31407 个私方人员中有 45% 的人有保留工资，保留工资在 20 元以上的占有保留工资人数的 66%。

第二节 资本主义生产关系的根本变化

全行业公私合营是我国对资本主义所有制实行社会主义改造的最后一个阶段，是我国国家资本主义的最高形式。经过这个阶段和这个形式，资本主义所有制将最后转变为全民所有制。

全行业公私合营还没有消灭剥削，没有最后消灭私有制。但是，它和个别公私合营阶段不同，由于实行了定息，企业的生产关系发生了根本性的变化。从个别公私合营到全行业公私合营，不仅是数量的发展，而且是质的飞跃。

全行业公私合营和实行定息后，企业生产关系的变化表现在如下几个方面：

生产资料占有关系的变化和私股的性质　在个别公私合营阶段，企业的生产资料是公私共有的，其中有社会主义的资金，也有私人资本。全行业合营并实行定息制度以后，企业的生产资料就不是公私共有了。这时企业的全部生产资料由原来的资本家私人占有转变为归国家统一管理、统一使用，实际上是和社会主义生产资金一样地投入生产和流通过程为满足国家和人民的需要而生产了。

当然，经过定股，资本家在形式上仍然保留着财产所有权，还有私股。但是这种私股，已不起职能资本的作用。因为它实际上已和生产资料的使用权分离，不能再支配、使用和处理生产资料，也不能再支配生产品和价值的分配。它的作用只不过是一种领息凭证，在一定时期内带给资本家一定数量的股息。至于股息数量的大小，则同企业盈余的多少已断绝了依存关系。

对资本家来说，私股看起来还具有生息资本的某些特征，因为它还表现为一定数量的价值上的占有，从而使资本家取得一定数量的股息。但是，它和资本主义制度下的生息资本有本质的不同。一则，生息资本是把资本的使用权让渡给另一个资本家（或资本家集团），用以剥削工人，创造剩余价值。而私股所体现的，则是资本家把生产资料交给工人阶级领导的国家，这些生产资料一旦掌握在国家手中，就不再起资本的作用，而是为社会主义生产服务了。再则，生息资本把资本的使用权让渡给别人，目的在取得利息收入。让渡的可能性是由于资本主义平均利润规律的作用，它可以获得相当或稍低于一般利润的收入。私股虽然也有定息的收入，但这种定息，并不是使用权让渡的条件，定息的大小，也同企业的利润无关。最后，更重要的是，生息资本是以偿还为条件的，它的运动过程是"货币——货币"。而私股则是在一定时期后国家停止定息，就归于消灭，它本身没有资本运动的过程。因此，私股不是生息资本，它只是私有制的一种残存形式，是我国资本主义所有制社会主义改造中所产生的，由私人资本向全民财产转化过程中的一个过渡形式。它已失掉资本的实质，仅余躯壳，其仅有的作用不过是领取定息的凭证而已。

企业中人与人关系的变化 就资本家说，在全行业公私合营和实行定息制度以后，又经过人事安排，他们在企业中具有了两重身份。一方面，他们还拿定息，他们的资本主义立场和思想意识基本上没有改变，他们仍然是资本家身份。另一方面，由于他们已经把生产资料交给国家，由于私股已不再起职能资本的作用，他们也不能再以资本主的身份控制企业的经营管理，而是以国家任命的企业工作人员的身份，在公方的领导下来参与企业的经营管理。这就是说，他们又具有了公务人员的身份。因此，他们在企业中的地位与权利，和过去大不相同了。在私营企业中，乃至在个别公私合营企业中，资本家的权利实际是代表资本的权利，即财产权、经营管理权、人事调配权，只是这些权利受到了不同程度的限制。全行业公私合营以后，"公私合营企业中资方人员的有职有权，它的内容，已经不是公私合营以前的三权，而是国家给予他们的一种普通工程技术人员和管理人员的职权，这不是资本家的职权，而公务人员的职权"。[①]

就企业中的工人来说，首先是劳动的性质发生了根本的变化。由于公私合营企业中不再存在资本的运动过程，因此工人也就摆脱了雇佣劳动者的地位，他们基本上是为自己，为社会从事劳动。只是在定息存在的条件下，他们还要为资本家生产一部分定息。他们的劳动直接体现为社会劳动，成为国民经济中有计划地组织起来的劳动的一部分。因此国家就可以最充分地利用

---

① 陈云：《在中国共产党第八次全国代表大会的发言》，1956年9月20日，《新华半月刊》1956年第21号，第64页。

劳动资源，各合营企业和国营企业间的劳动力可以统一调配，技术力量可以统一分配。其次是工人在企业中的地位发生了变化。公私合营企业既由国家管理，企业的工人也就和国营工人一样，成为企业的主人。他们和公方代表结合在一起，参加了企业的经营管理，很多工人并且被提拔成为领导干部、管理干部。这样，就可以充分发挥劳动者的积极性和创造性，大大提高了劳动生产率。

劳资双方地位的变化，使企业中产生了一种新的关系，就是公私共事关系，也就公方、职工作为一方，和私方人员之间的关系。这种关系具有两重性：一方面是共同工作的关系，性质上是社会主义的互助合作关系。因为私方人员具有公务人员的身份，他们的工作客观上是为社会主义服务的。另一方面，它又是阶级对立的关系，是剥削者和被剥削者的关系。因为私方人员还有剥削收入，他们在政治立场上还是资产阶级的。这种两重性的关系的建立，反映着原来资本主义生产关系的根本改变，反映着资产阶级分子开始向劳动者的逐步过渡。

分配关系的变化和定息的性质　公私合营企业的生产资料是由国家统一管理和使用，从而企业的产品也由国家统一掌握，同国营企业的产品一样，按计划调拨、分配。在实现全行业公私合营以后的一定时间内，国营商业同公私合营工业之间一般仍保持着加工订货的关系，但其性质已经和私营时期的加工订货不同了，企业的生产已经是由国营工业专业公司或专业局来管理，国营商业只负责产品调拨和商品流通的任务。

但是从价值的分配来看，公私合营企业中还存在着两种分配关系。一方面：由于企业性质的改变，社会主义的分配方式，即按劳分配，已经成为主要的分配方式。这时，劳动力已不再是商品，工资也不再是劳动力价值或价格的转化形态，而是国家给予的劳动报酬，是总产品中扣除物化劳动的补偿、扩大再生产和社会基金以后分给个人的部分。全行业公私合营后曾经逐步进行了全国性的合营企业工资改革，使工资差别基本上决定于劳动的数量和质量，这就保证了按劳分配原则的进一步贯彻。与此同时，还普遍实行了劳动保险，另一方面，合营企业中还保留着按资本分配的部分，即定息和属于赎买性质的高薪，但是这一部分在分配中不居主要地位。

定息是按照资本家原来的资本量，即合营后的私股股额来分配的，一般说，它是从资本家交出来的生产资料在进行生产时转移到产品上去的剩余价值的一部分，是过去的资本化了的剩余价值的一部分。当然，有些企业，其赎买代价已经超过了原来生产资料的价值。但无论如何，定息仍然是资本家对工人劳动的无偿占有，仍然是一种资本主义的分配关系。资产阶级右派分子否定定息的剥削性质，是完全错误的。

由于定息这种剥削已经同企业的盈余多少无关，这就解决了个别公私合营时四个方面分配利润的制度下所不能解决的矛盾，劳动生产率的提高不再赞成剥削收入的增长，而只有增加社会主义积累和工人的收入。这种剥削所体现的生产关系也不同了，它已经不是从资本雇佣劳动实现的，而工人在国家所组织的劳动中创造和实现出来，经过国家的分配转到资本家手中的。因此，定息这种剩余价值式的剥削，基本上已经不成为企业实现社会主义生产和社会主义经营管理的障碍。

定息（还有高薪等）是作为全行业公私合营后工人阶级对资产阶级的赎买形式而出现的，它体现社会主义改造新阶段的阶级关系，反映了资产阶级的剥削根子还没有割断。它的作用在于使资产阶级在所有制的巨大变革之后，在生活上不致发生急剧的变动，在生活和思想上有充裕的安排时间，以利于工人阶级对它们逐步进行政治立场的改造，也有利于鼓励他们的积极性，为社会主义服务。所以，这一政策的采取，是和工人阶级的长远利益相一致的，它是为无产阶级的政治目的服务的。

在定息制度刚一出现时，国内学术界有些人对定息的性质曾有不同的看法。例如，有人认为定息是资本家通过国民收入再分配所获得的对劳动人民的剥削，因此它是在分配领域发生的。也有人认为，定息是国家规定给予资本家的，是国家预算的支出，因而它不体现价值关系。这些看法，都不够全面。不能把定息理解为完全是分配领域中发生的，是国民收入现款分配中的一部分或是国家预算支出中的一部分。因为这样，就会得出公私合营企业内部已不存在剥削关系的结论，资本家就不再在企业内存在，而只在社会上存在了。并且，事实上，定息是从公私合营企业的积累中支付的，不是从国家预算中支付的，只是由于许多公私合营企业已经进行了经济改组，以及有少数企业生产任务改变或停止，各公私合营企业的定息支出由政府主管部门统筹调配而已。定息的时间，因而它的总量，基本上也不是决定于资本家交出的生产资料的价值，而是决定于改造的需要。必须从定息制度所包含的政治内容和经济内容全面观察，才能了解它的真正意义。

所有制革命的基本完成 综上所述，全行业公私合营和实行定息以后，企业的生产关系发生了根本变化，企业基本上已经是社会主义性质的了。这时资本主义生产社会性和生产资料私人占有的矛盾基本解决了，这部分生产力被解放出来。资本主义经济和社会主义经济之间的矛盾也基本解决了，企业由国家统一管理，按国家的计划进行生产，生产的目的基本上是为了满足日益增长的社会需要。这样，社会主义基本经济规律就代替了剩余价值规律，有计划按比例发展的规律就代替了资本主义无政府状态规律，直接在企业内发挥作用；同时，社会主义按劳分配的原则成为企业中居统治地位的分配方式。

全行业公私合营是我国改造资本主义工商业有决定意义的步骤。由于全行业公私合营的实现，资本主义就已经不再作为一种经济成分而存在，资本主义所有制的革命基本完成了。同时，全行业公私合营也是我国对资本主义工商业进行社会主义改造的一个飞跃，在高潮中，不仅已纳入国家资本主义初级形式的企业迅速转入最高形式，连原来没有纳入国家资本主义轨道的企业，也一下子全部过渡到最高形式，这就解决了我国社会主义革命的速度问题。随着农业、手工业合作化的实现，又加上全行业公私合营的实现，所有制方面"谁战胜谁"的问题，就以社会主义基本战胜资本主义而告解决了。

第三节 公私合营企业的改革、改组和调整公私共事关系

改革、改组的必要性 全行业公私合营高潮改变了私营企业的性质。但是，企业内部的资本主义经营管理制度和组织形式尽管在高潮前有过某些改革，但基本上还是改变不多。这种经营管理制度和组织形式具有两重性。一方面，它是根据资本主义的目的，即剩余价值的生产和分配这一要求建立起来的，因而所有的制度和组织都是为了有利于剥削和压迫工人，以至剥削其他劳动者，攫取利润。另一方面，这种制度和组织，又是根据在一定的历史和社会条件下，从事物质生产和流通这一要求而建立起来的，这些制度和组

织中，因而又有适合于当时社会条件，适合于组织生产和适应消费者需要的一面。所以，资本主义的经营管理制度和组织形式，有一部分是合理的，要当作民族遗产继承下来，予以利用和发扬。而有许多是不合理的，它们与新的生产关系不相适应，而且日益成为发挥生产经营潜力的障碍。这就是：一方面，合营企业内部还遗留着原有的机构臃肿、人员过多、劳动组织不健全、开支浪费、规章制度不合理等一系列资本主义企业腐朽落后的东西，阻碍着劳动生产率的进一步提高。另一方面，高潮中新合营的企业，就工业说，多数是分散落后的小型厂，生产协作关系复杂混乱，设备和技术水平很低，生产力配置不尽合理，这与发挥企业生产潜力，组织有计划生产的要求有很大矛盾。就商业说，商业网分布不平衡，行业之间，地区之间，有的过剩，有的不足，不能充分发挥为生产、为消费服务的作用。

因此，在所有制变革基本完成以后，还必须对公私合营企业进行经营管理制度的改革，进行经济组织的改组，以促进生产力的发展。

实行全行业公私合营和定息，全部企业由国家统一管理，这就为全面进行改革、改组提供了有利条件。但是，对合营企业的改革、改组不是全盘否定，而是根据它的两重性分别对待、该继承的继承，该废除的废除。因此，对待这一工作不能仓促从事，必须经过一定时间的观察研究，有领导、有计划、有步骤地进行。为此，国务院于 1956 年 2 月 8 日，即社会主义改造高潮的初期阶段，就发布了《关于目前私营工商业和手工业的社会主义改造中若干事项的决定》，规定私营工商业在批准公私合营以后，一般应在半年左右时间内，照旧生产经营，以便在有充分准备，经过仔细考察研究、统筹规划的条件下，妥善地逐行逐业进行必要的经济改组和企业改造工作。对手工业的社会主义改造，同样规定在实行合作化以后，也要有一定的时间，暂时照旧生产和经营，以便经过仔细研究和规划以后，再妥善地进行改组和改造工作。

企业改革　在 1956 年和 1957 年上半年，公私合营企业的企业改革工作，主要有如下四点：

第一，加强对公私合营企业的组织领导。这就是，在组织系统上设立专业公司或指定专业机构，统一负责所属合营企业的经济工作和政治工作；指定中心厂或中心店，按业务、地区或协作关系把分散的合营企业组织起来。

在企业内部则加强党的领导，建立公方代表制度，健全工会组织。这种组织领导的加强，是和生产关系基本变革完成相适应的，只有这样，才能保证合营企业生产经营的社会主义方向，也只有这样，才能保证合营企业有可能按社会主义的准则来改革企业的经营管理制度。

第二，实行党委领导下的厂长（经理）负责制；建立有职工和公私各方面代表参加的民主管理机构。这一变革，彻底改变了私营时期资本家独裁专断的局面，代之以民主集中制为主要内容的民主管理，这既可以加强企业中党的领导，又有利于发挥各方面的积极性。

第三，实行计划管理，加强生产经营的计划性。计划管理是社会主义企业管理的主要特征，在合营企业中贯彻计划管理，就有可能使这一部分企业的生产经营成为国家统一经济的组成部分，在国家统一计划之下进行有节奏的活动。在推行计划管理的同时，必须逐步实行经济核算，从而彻底改变资本主义生产经营浪费的面貌。

第四，改革工资制度。国务院规定：新公私合营企业的工资标准和工资制度，应该逐步向同一地区的性质相同、规模相近的国营企业看齐。合营企业的工人、职员和私方人员的现行工资标准，同当地同类性质的国营企业的工资标准相比较，高了的不减少，低了的根据企业生产、营业情况和实际可能，分期地逐步增加。现行工资标准高于新定工资标准的部分，给予保留。保留的工资，今后随着提高工资标准和升级逐步抵销。这个规定既体现了"按劳分配"原则，也照顾到从实际可能出发。而且做到了企业内部工资制度逐步统一合理；行业之间，行业内部及各类人员之间的工资悬殊状况逐步有所改善。

对于合营企业原有的经营管理方法和经验中合理的、有用的部分，在企业改革中都保留了下来。许多行业还吸收有经验的私方人员组成业务委员会，研究和总结他们的经验，有的还写成专书。

在企业改革过程中，也有一些地方一些行业操之过急，出现了一些缺点，主要是企业管理机构过大，层次过多，统一核算的范围过广，表报过于复杂，等等。经过研究，都做了改正。

企业改革是改造生产关系的继续，它的中心内容是以社会主义的经营管理代替资本主义的经营管理。在改革过程中，不可避免地充满了社会主义和资本主义两种思想的斗争。这种斗争，一方面锻炼了工人群众；一方面也给企业的私方人员以非常现实的教育，使他们从对旧制度的批判中认识资本主义的落后，从新旧制度的对比中认识社会主义的优越性。

经济改组 合营企业的经济改组，包括工业的生产改组和商业的调整商业网。经济改组的目的是为了搞好生产经营，充分发挥企业的生产经营潜力。因此，企业生产经营的好坏，就成为合营企业经济改组工作做得好坏的标志。而要使经济改组工作真正发挥促进生产经营的作用，在步骤上就要先抓生产经营，通过生产经营摸清情况，做好改组规划和一切必要的准备工作，然后才有领导、有步骤地分批分期进行。

生产改组并不是要把所有的小厂都并成大厂。这是因为许多工厂虽然规模小，但他们的服务面广，适合于需要适当分散的生产。而且有些小厂所生产的小产品，虽然产值不大，但品种繁多，各有各的特点和销售对象，是大企业一时不能代替的。有些小厂在技术上还有优良的工艺传统，人民群众欢迎它们的产品。所以，为要搞好生产，有些固然要合并改组，但是许多小厂并不是都需要合并，有些是目前不需要合并，有些是长期不需要合并。可以并厂的只是那些厂房设备有条件，先进设备可以代替落后设备和手工生产，工序可以平衡衔接，变厂外协作为厂内协作，以及集中生产而不致影响品种和供销协作关系的少数行业和企业。为此，国家规定了当时改组的方针是："大部不动，小部调整"；改组中应该遵循的原则是：（一）必须服从生产的需要，也就是说，改组工作一定要能够达到提高和改进生产的目的，必须做到不降低产品质量，不减少品种，不提高成本，并保留优良的工艺传统、技术特点和好的经营管理方法。（二）要充分利用现有的设备、厂房和技术力量，发挥潜力，节约国家的投资，反对不顾国家人力、物力和财力，脱离实际的贪大、贪新的做法。（三）保持经济秩序的稳定，尽量使工厂少变动，不轻易打乱各企业之间的依存协作关系。（四）注意对工人群众生活的安排和劳动条件的改善，照顾到消费者的需要和便利。

生产改组的形式是根据行业、地区的特点和国家计划生产的需要确定的。在1956年和1957年上半年，主要采取并厂和联合管理两种形式，此外还有少数企业迁厂或裁撤。并厂是几个企业集中生产，统一核算；联合管理则是有一部分是分散生产、统一核算，有一部分是分散生产，分别核算。据统计，到了 1957 年 6 月，在高潮中实行公私合营的工厂中，进行合并的约占半数；采取联合管理的约占 1/3，联合管理中，实行统一核算和分别核算的，又约各占半数；其余则为单独管理、迁厂或裁撤。

根据不同的情况和条件，生产改组的具体形式和做法，大体有如下几种：

（一）并厂：选择生产较先进，设备和厂房又有潜力的大厂为核心，把产品类型和工艺性质相同的若干小厂并进去，实行集中生产；或者是把工艺过程衔接的不同工序的工厂，和协作关系密切的工厂，以一个大厂为核心，合并成为全能厂集中生产。也就是"以大厂带小厂，以先进厂带落后厂"，由那些生产技术水平较高的大厂来带动为数众多的小厂，以利于提高小厂和落后厂的工业生产水平。

（二）迁厂：就是对分布不合理，离开原料产地或销售市场很远，因而造成不必要的原料或成品来往运输的浪费，增大生产成本的企业，进行地区上的调整。

（三）联合管理：就是在一个行业内选择若干中心厂，在平衡生产能力和不打乱原有协作关系的前提下，按照地区相近，工艺性质相同或者工艺过程衔接等条件，把分散的小厂领导起来，实行统一管理。通过联合管理来统一安排生产，加强协作，交流技术。这又有两种形式：分散生产、分别核算和分散生产、统一核算。联合管理也可以作为并厂的过渡形式。

（四）单独管理：就是对某些规模较大，或者产品特殊，有独特的风格和工艺，有一定的服务对象，适宜于分散生产、单独经营的企业，就不去改变它们的原有组织形式。

（五）裁撤：对某些产品完全不合需要，厂房、设备也陈旧不堪的企业，就在改组中逐步淘汰，从业人员由国家安排。

商业网调整主要是合理部署商业网点，改变原来的有些地区、有些行业网点过剩，有些地区、有些行业网点不足的情况。同时要考虑所经营商品的特点。如经营生产资料的，以及不属于人民日常需要商品的（如医疗器械、电器材料、乐器、钟表眼镜），宜于集中而不宜分散；经营日常所需商品的（如杂货、食品、油盐酱醋），又宜于分散不宜集中。为此，商业网调整工作，基本上是根据具体行业、具体业户、具体情况，分别采取了保留、合并、迁移、撤点、增设、扩大、调剂人员等不同办法，灵活掌握，区别对待。

在经济改组中，也有的地方出现一些缺点。主要是一时集中得过多、过大，和对原有的协作关系注意不够，有些关系中断，影响生产经营。经发现后，都做了改正。

经济改组主要是生产力的合理组织问题。但是，生产力的组织和生产关系是不能分割的。公私合营企业的经济改组是生产关系改造的结果，而这种改组又进一步推动了生产关系的改造。例如在全行业间乃至几个行业间进行企业的合并、联管、迁移、调整，在私有制的情况下是一件不可思议的事，只有在破除私有制的障碍，生产资料和劳动力由社会主义国家统一管理和调配的条件下，才是可能的。当然，在资本主义制度下，也有生产的集中；但这种集中是在资本家们你死我活的斗争中，经过"大鱼吃小鱼"的悲惨过程实现的，其结果是进一步加深资本家之间的竞争，加深生产社会性和生产资料私人占有的矛盾，把资本主义的生产关系推向垄断阶级。而公私合营企业的经济改组，则是在"以大带小、以先进带落后"的社会主义的原则下进行的，其结果是加强各企业、各行业之间社会主义的互助合作关系，加强生产社会性和社会主义所有制的一致性，推动合营企业生产关系的进一步改造。

调整公私共事关系 公私共事关系是在全行业公私合营，实行了定股、定息和人事安排以后新建立起来的。搞好公私共事关系不仅有利于发挥资产阶级分子在政治上、工作上为社会主义服务的积极性，帮助他们逐步进行政治思想改造，也有利于对企业进行改革改组，发挥公私合营优越性，提高公私合营企业生产经营水平。

公私共事关系既是共同工作关系又是阶级关系。公私共事关系包括企业职工，公方代表和资产阶级分子三个方面。工人阶级在企业中居于领导地位，居于矛盾的主要方面，对于搞好公私共事关系当然具有领导的责任。但是，公私共事关系的好坏，很大程度上取决于资产阶级分子的态度。

在社会主义改造高潮后一段时间里，资产阶级分子的资本主义立场基本上还未改变，许多人对于交出企业心有未甘，对于工人阶级的领导还不心服，对于社会主义的经营管理不但完全陌生，许多人更有不同程度的抵触。表现在对企业不关心，对公方代表不服气，工作上缩手缩脚，怕负责任，一些人更是敷衍消极。在这种情况下，公私共事关系本来是不容易搞好的。加以公方人员还没有处理公私共事关系的经验，既不敢积极地领导、又不敢放手地大胆地使用资产阶级分子。还表现为有些公方人员对私方人员不敢信任，对私方人员的职权不够尊重。而职工群众长期受资本家剥削，历史上遗留下来的对立情绪，也不可能很快地消除。因此，许多公私合营企业的公私共事关系还不够正常。

为此，党和政府在1956年下半年进行了调整公私共事关系的工作。首先是对公方干部和职工群众加强党的统一战线政策教育，使干部和职工明确认识党的统一战线政策，对资产阶级分子合作共事采取正确态度。这就是既要热情地团结他们，尊重他们的职权，在工作中同他们多接触、多商量，及时地向他们交代党的政策，帮助他们了解工作情况，帮助他们学习新的工作方法和工作作风，以发挥他们的积极作用；又要从团结的愿望出发，采取适当的方式，对他们的缺点和错误提出诚恳坦率的批评和意见，帮助他们学会批评与自我批评，帮助他们更好地进行政治思想改造。

其次是对资产阶级分子加强政治思想教育。教育他们积极工作，努力做到守职尽责。教育他们对改善公私共事关系采取积极正确的态度，主动地接近公方干部和工人群众，接受公方代表的领导，努力向职工群众学习，以争取改变工人群众的观感。

再次，在搞好公私共事关系方面建立了一些必要的制度，如在党委和公方代表领导下，明确资产阶级分子的分工范围，吸收他们参加企业的民主管理机构，让他们批阅他们职责范围内所需要批阅的文件，让他们参加职责范围内应该参加的会议，等等。

自从采取上述一系列的措施后，公私合营企业中的公私共事关系逐步有所改善。

全行业公私合营和定息政策的实行，使企业的生产关系发生了根本性的变化，又经过改革、改组和公私共事关系的调整，公私合营企业的生产规模有了一定程度的扩大，生产经营也有了很大的改进。1956年公私合营工业企业的总产值较1955年这些企业的总产值增加了32%；公私合营商店、合作商店和合作小组的零售额，也比 1955 年这些企业的零售额增加了 15% 以上，充分表现了全行业公私合营的优越性。

公私合营企业的企业改革、经济改组以及公私共事关系的调整，都是长期性的工作，不可能一次完成，而随着社会主义革命和社会主义建设事业的发展，逐步进行改革和调整，使生产关系和生产力的组织更加合理、更加完善。这样改革和调整，也就是社会主义改造的继续深入，使公私合营企业逐步达到国营企业的水平。

第四节　个体商业的合作化

小商小贩的两重性　在全行业公私合营高潮中，小商小贩也基本上实现了合作化。

我国由于经济落后，人口众多，小商小贩成为商业中十分发达的一种形式。根据 1955 年的统计，全国小商小贩约 280 余万户，从业人员 330 余万人，他们在全国私营商业总户数中占 96%，经营的商品流转额占私营商业商品流转总额的 65%。小商小贩是个体劳动者，一般仅有小量本钱，开设小规模商店或肩挑叫卖和摆摊出售，不雇佣职工或只雇佣少数辅助人员，主要以自己及家属的劳动收入来维持生活；这和以剥削雇佣劳动来实现剩余价值的资本家商店是有所不同的。

小商小贩是一种便利消费者的商业形式。他们散布于城乡广大居民区，和消费者有密切的联系。他们没有固定营业时间，可以出售一针一线等零星货物，能及时改变和增加经营品种，群众需要什么就卖什么。有时还为顾客作一些辅助劳动；并能按一定路线巡回出售，或深入偏僻、边远地区，送货上门。在过去农业生产分散落后、农村交通不便的情况下，小商小贩在农村中更有重要的作用。他们的"一揽子"经营方式，适合农民购买习惯；他们多数是半农半商，有的半工半商，熟悉每村每户的情况；他们的经营往往是连购代销，把分散的小土产、副产品和废旧物品集中起来，同时把农民需要的零星日用品送到家家户户，实际上负担着农村商品流转中的一部分收购、分配和短距离运输的任务。还有许多饮食、服务业的小商小贩，供应面食、点心和为居民理发、修补、收购废品等。在一定的时期以内，小商小贩这种经营服务形式在城乡商品流转和满足居民需要方面起着重要的作用，是国营商业和合作社商业所不能完全代替的。

小商小贩虽然有其积极作用，但他们不仅是劳动者，同时又是商品流通中的小私有者。他们同资本主义和自由市场的联系极为密切，具有很大的资本主义自发倾向。多少年来，他们都是围绕在资本主义批发商的周围，深受资产阶级思想意识的影响，带有经营上的投机性和盲目性。他们需要资金设备不多，经营灵活，开歇业方便的特点，也助长了这种投机性和盲目性。他们的这一面同社会主义的计划经济有矛盾，经常成为冲击市场、破坏国家计划和价格政策的一种力量。所以，对于小商小贩必须加强领导、教育和改造，使他们抛弃资本主义道路，走社会主义道路。这样，才能发挥他们的经营特点，使他们能够有效地为国家和社会的需要服务，逐步地成为社会主义商业的一个组成部分，成为国营商业和供销合作社商业的补充。

对小商小贩的整顿与安排 由于小商小贩需要资金少，面广分散，开歇业容易，在社会经济发生巨大变化的时期，城乡没落阶级分子必然会不断地流入小商小贩队伍，使小商小贩的成员变得非常复杂。这是在对小商小贩进行社会主义改造的过程中经常会遇到的一个问题。

小商小贩的数量，1952年以后是减少的。但在许多城市中，直到社会主义改造高潮前，仍有所增加；即使在社会主义改造高潮后的一段时期中，也仍然有一定数量的新的小商小贩出现。上海市从解放到1955年，摊贩增加了7.8万多户；社会主义改造高潮后的1956年，北京、天津、上海、广州、武汉、重庆、沈阳、西安、济南、青岛、成都、哈尔滨、贵阳、无锡、苏州、郑州等16个大、中城市中出现了无证商贩（自发户）16万多户。据沈阳、天津、武汉、郑州、哈尔滨五市的统计，摊贩中劳动人民出身的占80.3%，小业主出身占3.8%，资本家占5.2%，地主分子、富农分子、反革命分子及其他坏分子占8.8%，其他占1.9%。

针对这一特点，在社会主义改造过程中，必须对小商小贩经常进行清理整顿。纯洁他们的队伍，并加强行政管理，把管理和改造结合起来。这不只是为了限制小商小贩的盲目发展，为稳定市场和物价、保证供应所必需的，也是为维护社会治安和交通秩序所必需的。

早在国民经济恢复时期，各地就对小商小贩进行了许多清理整顿工作，主要是通过行政管理和社会力量，打击投机，进行登记，清除潜藏在小商小贩中的反动分子和坏分子，取缔和安排无证摊贩。结合清理整顿，还指导摊贩组织摊贩联合会，实行自我管理和自我教育。进入计划建设时期以后，随着社会主义改造的深入，各地也进一步加强了对小商小贩的管理和教育工作，按照不同情况，区别对待。如对无证小贩，凡生活有出路者可动员他们停业，盲目流入城市的农民动员他们回乡生产，对有劳动条件的组织他们参加生产，地痞流氓等坏分子不接受管理者，则依法办理。在清理整顿中，对他们加强爱国守法教育，发动群众监督，揭发投机违法行为，并促使他们改善经营管理，实行明码实价，公平交易。

同时，小商小贩由于资金微小，在经营方面也有很大困难，在社会主义改造中，必须对他们进行适当的安排，维持他们的生活和营业，发挥他们的经营积极性。国民经济恢复时期，各地就根据"统筹兼顾、全面安排"的方针，适应当地市场和小商小贩的实际情况，划分了市场、营业地点和经营范围，使得大部分小商小贩基本上维持下来。1953年以后，随着国家经济建设的进展，和粮食及其他主要农产品统购统销的实行，国营商业和供销合作社发展很快，曾使小商小贩部分地被代替。国家立即对小商贩做了进一步的安排，通过国营商业和供销合作组织货源、开展批发业务、降低批发起点，实行经销、代销等办法，使小商小贩能维持经营（见表6-6）。

表6-6　1950～1955年全国小商小贩基本情况

年　份	1950	1951	1952	1953	1954	1955
小商小贩户数（万户）	369	414	387	375	293	280
从业人数（万人）	541	613	548	498	382	330
其中:摊贩户数（万户）	197	206	218	237	188	—
从业人数（万人）	216	232	243	263	206	—

注：表6-6中1950～1954年的小商小贩数字，是从私营商业总数中减去雇佣职工2人及2人以上的坐商及行商得来的。

小商小贩的社会主义改造　小商小贩是一种私有制经济，它与社会主义公有制存在着矛盾，国家对他们必须进行所有制的改造，同时对小商小贩进行社会主义教育。由于农业、手工业和资本主义工商业的逐步改造，小商小贩与资本主义和小商品生产的联系逐步被割断，他们原来所依存的基础逐步消失，这就必然会大大促进小商小贩接受社会主义改造。

小商小贩向社会主义过渡的道路和资本主义商业是不相同的。资本主义商业是一种剥削经济，在无产阶级专政的条件下，国家只能用没收（对官僚资本）或者通过国家资本主义（对民族资本）的办法，使社会主义生产关系进入企业，从而实现资本主义向社会主义的过渡。而小商小贩是劳动人民，他们在工人阶级的领导下组织起来，就可以成为社会主义集体所有制的经济。根据这种情况，我国对小商小贩的改造，除少数根据国家需要直接吸收为国营商业和供销合作社的工作人员，以及一部分坐商随着资本主义商业实行公私合营以外，一般是根据自愿原则，在国营商业和供销合作社商业的领导下，按照他们不同行业的情况，分别地用不同的合作化形式把他们组织起来，逐步把他们改造成为社会主义商业的一个组成部分。

市场上的购销活动是彼此联系的。小商小贩在性质上虽与资本主义商业不同，在经营上则是与资本主义商业在一个市场之内活动。因此，不能把对小商小贩的改造与资本主义商业的改造截然划开（特别是在城市），而是同资本主义商业一起按行业或按商品来进行改造。根据我国经验，按行业改造是改造私营商业的最好形式。在我国改造私商的实践中，按行业实行经销、代销时，也包括小商小贩在内。所以在资本主义工商业改造高潮前，经销、代销也是改造小商小贩的主要形式。不过由于他们所经营的有许多是国营商业和供销合作社不掌握的零星产品，经销、代销的比重比资本主义商业小。在资本主义工商业实现全行业公私合营以后，经销、代销仍然是改造小商小贩的重要形式。截至 1956 年 6 月份，在全国 240 多万小商小贩中，为国营商业和供销合作社代购、代销的约占 60% 左右。

小商小贩是分散经营的。为了对他们实行有计划的经销、代销，把他们置于社会主义经济直接领导之下，必须把他们组织起来。小商小贩组织起来以后，也便于对他们进行整顿管理和进行政治思想教育，便于贯彻国家的价格、税收政策和市场管理。从小商小贩本身来说，组织起来以后，可以逐步取得消费者更多的信任，也有利于提高劳动效率，改善经营管理，培养集体主义思想，改善劳动和生活条件，逐步向社会主义过渡。

组织小商小贩的形式，在1956年社会主义改造高潮以前是多种多样的。但在城市中基本上不外乎统一计算盈亏的联购联销和各负盈亏的联购分销两种类型；饮食、服务和带有修理、技术性的小商小贩，也有些组成合作商店或合作小组。在农村，则有经销小组、代购代销小组、合作商店、合作小组等形式。

1956年的社会主义改造高潮以后，合作商店、合作小组就成了对城乡小商小贩进行社会主义改造的主要过渡形式。到1956年底，商业及饮食业小商小贩组织成合作小组的有115万户，占总户数的46%，组织成合作商店的有80万户，占总户数的32%。

合作小组是由同一行业和业务相近的一些经营额小、业务零星分散的小商小贩在国营商业及合作社商业领导下自愿组织起来的。它的成员统一向社会主义商业承揽业务、统一组织货源，但分散经营、各负盈亏。组成合作小组后，在承接经销代销任务、进货进料上可以实行小组互助，并提取一定的公共福利基金。组成小组后，也有利于国家对他们进行管理与教育。

合作小组基本上没有改变各个商业劳动者的个体经营，他们仍然各自占有资金，但是，它已经有了某些社会主义因素。因此，它是带有社会主义因素的个体小商小贩的互助组织。同时，他们这种个体经营，也同私有制社会中的个体经营有很大不同。由于社会上已不存在资本主义经济，小商品生产也基本上实现了合作化，小商小贩的经营主要是依附于社会主义经济的。尤其是为国营商业经销代销的合作小组，他们不但在货源上要依赖于社会主义经济，并且在价格和销售方式上也要服从国家的规定。他们的收入主要是批零差价或手续费，是由国营商业根据他们的经营情况、生活情况核定的。

合作小组，由于适合于小商业接近消费者，灵活便利的特点，在一个时期内比合作商店更为普遍。

合作商店是由有一定经营能力、一定资金，同行业或业务相近的几户或几十户小商小贩根据社会需要在国营商业或供销合作社领导下，自愿组织起来的。它开始改变个体经营为集体经营，资金入股，不但在组织货源方面已经统一起来，在商品销售方面也统一起来了，并且统一计算盈亏，有了集体财产（公共积累）。合作商店的业务一般是为国营或供销合作社商业经销、代销。

在合作商店中，成员的资财已归商店集体使用，实行统一核算，共负盈亏，但是，它还保留着股金分红或股金计息，即承认股金的个人所有权。因此，它是小商小贩部分集体所有制的半社会主义经济。不过，由于小商小贩的资金本来不多，特别是它的业务主要是为国营经济代销，因此在整个运用资金中，股金往往占较小的比重。根据广东新会县双水区油杂合作商店、古井区陶山合作商店，山东益都东站第一合作食堂及四川江油永平合作商店等四个合作商店的典型调查，1956年自有资金4596元，其中股金865元，占18.8%，全年销货成本41463元，为股金的47倍。这就是说，在合作商店中，私有财产部分往往居于不重要地位，而公共积累则增加较快。

合作商店中，小商小贩的劳动的性质也发生了变化。他们不像单干时那样把劳动投入各自独立经营的经济中去，而是投入在集体经营的经济中，有了合理分工和协作。这就减少了劳动的私人性质，增加了劳动的社会性质，可以逐步培养集体主义的劳动精神。合作商店实行民主管理，逐步改进劳动条件。小商小贩之间的关系，也由过去同行竞争基本上改变为互助合作关系。

合作商店一般都实行了工资制度。合作商店的工资形式有固定工资、固定工资加奖励、死分活值、计件工资及分成等多种多样的形式。有的还提劳动返还金。总之，它已具有了按劳付酬的社会主义分配性质。合作商店的收入除流通费用和工资外，还提公积金和公益金。公益金用于集体福利。公积金，一般由国营商业掌握，经批准后用于弥补亏损和企业的扩大经营。

社会主义改造高潮后，我国工农业生产上还存在着全民所有制和集体所有制两种社会主义所有制，并存在着城乡家庭副业生产和若干个体手工业生产。合作商店和合作小组这种集体商业形式，是和这阶段的生产发展、生产上所有制形式相适应的，也是和当时群众消费的需要、小商小贩的思想觉悟水平相适应的。作为国营商业和供销合作社商业的补充，这种集体商业形式将存在一个较长的时期。

第七章

对资产阶级分子政治
思想的根本改造

第一节　所有制变革后阶级斗争的新形势

社会主义政治经济优势的强大发展　城乡社会主义改造高潮，从根本上改变了国内阶级力量的对比。

经过城乡社会主义改造高潮，在我国国民经济中，资本主义经济已经基本上被消灭，个体经济已经基本上改变为社会主义的集体经济，社会主义经济制度在一切生产和流通领域内全面建立起来，成为无所不包的经济体系。在社会主义与资本主义两条道路的斗争中，社会主义在经济方面决定性地战胜了资本主义。几千年来阶级剥削制度的历史从此基本结束，中国人民改变生产资料私有制为社会主义公有制这个复杂的历史任务基本上完成了。

随着社会主义建设的发展，工人阶级的队伍扩大了，觉悟程度与组织程度也大大提高，它在国家政权和经济生活中的领导地位更加巩固了。广大的农民和其他个体劳动人民都成了社会主义的集体劳动者。作为农村中资本主义主要力量的富农阶级也被消灭。这不但基本上堵塞了资本主义在农村中发展的道路，而且工农联盟从此具有完全的社会主义基础，更加坚强和巩固了。由于社会主义经济基础的壮大和工农联盟的巩固，我国人民民主专政的国家政权也进一步巩固了。

1953 年以来，我国的社会主义建设原来已经有了很大的发展。社会主义生产关系的全面建立，为社会生产力的发展开辟了更加广阔的道路。1956 年，在工农劳动人民社会主义积极性高涨的条件下，我国整个经济文化事业出现了一个巨大的跃进。我国第一个五年计划的工业总产值，粮食总产量和交通运输等方面的指标，在四年的时间内就提前完成了。

这一切说明了，社会主义的政治、经济优势都有了一个空前强大的发展。

民族资产阶级的政治情况　由于资本主义工商业已经基本上完成了社会主义改造，民族资产阶级就失去了对抗社会主义的经济基础。他们的剥削已被限制在固定的数量和一定的时间之内，已经丧失了资本主义的经营管理权、财产权和人事调配权，而以一个普通职员的身份，在公方代表直接领导之下工作。在整个社会上，民族资产阶级不但已处在劳动人民的汪洋大海的包围之中，而且也处在社会主义包围之中，资产阶级政治思想影响的市场已经显著地缩小了。

资产阶级在社会主义改造高潮中，对接受生产资料的社会主义化虽表现了重大的进步，但是社会飞速发展了，已经从资本主义向社会主义跃进了一大步，而他们大多数人的资产阶级立场与思想意识却还不可能立即改变。在社会主义的全民所有制已经基本上代替生产资料资本家所有制之后，资本主义经济就不再具有积极作用，资本主义的政治立场也就成为反动的了。资产阶级的这种政治思想状况，就必然与社会主义的政治和经济制度发生根本的抵触。资产阶级与工人阶级的这种矛盾，就是社会主义改造高潮后，资产阶级两面性中消极性一面的集中表现。

民族资产阶级在社会主义改造高潮中接受了生产资料的社会主义化，基本上丧失了剥削工人群众劳动的条件。但是，作为一个阶级来说，资产阶级不但有它的经济基础——生产资料的资本家所有制，还有它的政治立场，思想意识和生活习惯。早在 1937 年，毛泽东同志就指出过，人的社会实践，最基本的是生产活动，它是人的认识发展的基本来源。但是人的认识的来源不止限于生产活动一种形式，还有多种其他的形式。"人的认识，在物质生活以外，还从政治生活文化生活中（与物质生活密切联系），在各种不同程度上，知道人和人的各种关系。其中，尤以各种形式的阶级斗争，给予人的认识发展以深刻的影响"。① 这说明了阶级性的形成，不仅在经济上即在对生产资料的占有关系上有其根源，这是基本的根源，而且还在与经济基础密切联系的上层建筑中，在政治和思想的活动与斗争中有其根源。同时，思想意识作为上层建筑的组成部分，对于经济基础具有相对的独立性，它不会随着旧的基础的消灭而立即消灭。上层建筑中的思想意识的部分，对于上层建筑的政治制度的部分也具有相对的独立性。对于反动的国家机器，人们可以用打碎的办法予以消灭，而对反动的思想意识，却不能用打碎的办法，而必须用长期改造的办法，才能使之归于消灭。所以一个阶级经济地位的丧失，它在经济上存在的条件的基本丧失，虽然对这个阶级的消灭具有决定性的意义，但并不意味着这个阶级已经消灭了。有些人机械地搬弄阶级区别是根源于对生产资料占有或者不占有的不同关系的原理，来否定在资本主义所有制改造基本完成后资产阶级还存在的事实。这是一种机械唯物论的观点，在理论上和实践上都是错误的。

总之，资产阶级经济地位和政治状况的变化，说明了社会主义改造高潮之后，资产阶级在经济上和政治上已经极大地削弱了。资产阶级正处在一个由剥削者逐步向劳动者转化的过程中，但是仍然作为一个剥削阶级而存在。

毛泽东同志《关于正确处理人民内部矛盾的问题》的著作 经过社会主义改造高潮，我国社会主义经济制度在全国范围内建立起来了。工人阶级同资产阶级在经济上谁战胜谁的问题基本上解决了。我国历史正处在一个新的转折时期。为了解决如何继续进行社会主义革命的问题，解决社会主义社会发展的动力问题，并正确处理人民内部之间的矛盾，把一切积极因素调动起来，加速我国的社会主义建设，1957 年 2 月，毛泽东同志在最高国务会议上作了《关于正确处理人民内部矛盾的问题》的报告。

在这个伟大的著作中，毛泽东同志坚持彻底的唯物辩证法，以极大的理论上的勇敢和创造精神，肯定了社会主义社会中的矛盾。他指出在我国国家统一和人民团结的社会中，还有两类性质完全不同的社会矛盾，即敌我矛盾和人民内部的矛盾。并且指出，在社会主义社会中，基本矛盾仍然是生产关系和生产力之间的矛盾，上层建筑和经济基础之间的矛盾。正是这些矛盾推

---

① 毛泽东：《实践论》，《毛泽东选集》第 1 卷，第 271～272 页。

动着我们社会向前发展。

毛泽东同志对两类性质不同的社会矛盾的处理方法，做出了新的概括。他指出：解决敌我矛盾要用专政的办法，解决人民内部矛盾要用民主集中制的办法，即团结—批评—团结的办法。

毛泽东同志在报告中，以正确处理人民内部矛盾为纲，对我国当时政治、经济和文化生活中一系列重要的人民内部矛盾和敌我矛盾，作了方针性的指示。这个报告实质上成为我国社会主义时期的一个政治纲领。它对加强我国的社会主义革命和社会主义建设具有极其重大的理论意义和实践意义。

毛泽东同志在报告中从理论上回答了中国工人阶级同民族资产阶级的矛盾性质问题。他指出："在我们国家里，工人阶级同民族资产阶级的矛盾属于人民内部的矛盾。工人阶级和民族资产阶级的斗争，一般地属于人民内部的阶级斗争。"工人阶级同民族资产阶级本来存在着剥削和被剥削的对抗性矛盾。但是，我国民族资产阶级有两面性，在社会主义革命时期，他们有剥削工人阶级取得利润的一面，又有拥护宪法，愿意接受社会主义改造的一面。这样，我国工人阶级同资产阶级之间的矛盾，就不同于敌我矛盾，当然也不同于劳动人民内部的矛盾，而是人民内部的被剥削阶级和剥削阶级之间的矛盾。毛泽东同志说："人民内部矛盾，在被剥削阶级与剥削阶级之间说来，除了对抗性一面以外，还有非对抗性的一面。"

工人阶级同民族资产阶级的矛盾既然是人民内部矛盾，党和国家就必然力求用批评的方法、说服教育的方法来解决这个矛盾。毛泽东同志在报告中总结了党在这一方面所取得的经验。他说："全国解放以后，我们对民主党派和工商界也采取了'团结—批评—团结'这个方法"；我国资本主义工商业社会主义改造的基本完成，"这件事所以做得如此迅速和顺利，是跟我们把工人阶级同民族资产阶级之间的矛盾当作人民内部矛盾来处理，密切相关的"。

毛泽东同志还论证了工人阶级同民族资产阶级的矛盾可能转化。他说："在我国具体条件下，这两个阶级的对抗性矛盾如果处理得当，可以转化为非对抗性矛盾，可以用和平的方法解决这个矛盾。如果我们处理不当，不是对民族资产阶级采取团结、批评、教育的政策，或者民族资产阶级不接受我们的这个政策，那么工人阶级同民族资产阶级之间的矛盾就会变成敌我之间的矛盾。"

毛泽东同志在报告中从理论上提出了过渡时期工人阶级同资产阶级、社会主义同资本主义两条道路的斗争，在经济上谁战胜谁的问题基本解决之后，还必须进行意识形态上谁战胜谁的斗争。他指出，社会主义改造高潮之后，"无产阶级和资产阶级之间的阶级斗争，各派政治力量之间的阶级斗争，无产阶级和资产阶级之间在意识形态方面的阶级斗争，还是长期的，曲折的，有时甚至是很激烈的。无产阶级要按照自己的世界观改造世界，资产阶级也要按照自己的世界观改造世界。在这一方面，社会主义和资本主义之间谁胜谁负的问题还没有真正解决"。

毛泽东同志在报告中强调了对资产阶级分子进行长期的政治思想改造。他指出，民族资产阶级"现在还在公私合营的企业中拿定息，这就是说，他们的剥削根子还没有脱离。他们同工人阶级的思想感情、生活习惯还有一个不小的距离……就是不拿定息，摘掉了资产阶级的帽子，也还需要一个相当的时间继续进行思想改造"。

在这个报告中，毛泽东同志关于工人阶级和民族资产阶级之间矛盾性质的深刻分析，关于工人阶级和资产阶级之间意识形态的斗争的深刻分析，创造性地解决了我国过渡时期阶级斗争的理论问题。对于如何进行无产阶级专政条件下的阶级斗争，如何处理工人阶级与民族资产阶级之间的这种特殊的人民内部矛盾，指出了明确的方向。全党和全国人民学会正确认识并且正确处理这种矛盾，就能逐步地彻底地消灭反社会主义的敌对势力，完成对资产阶级分子的改造，把我国社会主义事业推向前进。

1956年社会主义改造高潮之后，工人阶级同资产阶级之间的矛盾在政治思想战线上突出出来。这时候，资产阶级的某些代表人物公开提出了"工人阶级与民族资产阶级的矛盾是对抗性的还是非对抗性的"问题，要求学术界予以解答。这一问题的提出，反映了部分资产阶级分子否认资产阶级仍然作为一个阶级存在和取消阶级斗争的思想愿望。学术界对这个问题进行了热烈的讨论。在毛泽东同志发表《关于正确处理人民内部矛盾的问题》的报告以前，各方面的论点颇不一致。有人认为，工人阶级同资产阶级之间是剥削和被剥削的关系，阶级利益不可调和，因此他们之间的矛盾是对抗性的，并且这种对抗性质是"贯彻始终"的。和平改造，在他们看来，也是对抗性矛盾的一种斗争形式，或者只是对抗斗争的一种"补充"；他们认为同一性质的矛盾可以有不同的解决方法，对抗性的矛盾可以用非对抗的方法解决。有人认为，我国工人阶级同民族资产阶级之间的矛盾是对抗性质的，但是在社会主义改造高潮后，由于资本家失去了对抗社会主义的经济基础，这个矛盾已经转变为非对抗性的矛盾了。矛盾的性质和解决矛盾的方法则是一致的，前者决定后者。有人认为，在我国过渡时期，工人阶级同民族资产阶级的矛盾基本上是非对抗的，"局部的反抗"是一种"补充"。也有人认为，我国工人阶级同民族资产阶级之间的矛盾具有两重性，有对抗性的矛盾，又有非对抗性的矛盾。资产阶级分子和资产阶级知识分子也参加了这个讨论。许多人的论点都是和社会主义高潮后资产阶级的地位以及定息的性质等问题一起论述的。毛泽东同志的著作发表后，澄清了这些思想论点上的分歧。

工人阶级与资产阶级之间意识形态的斗争 根据我国民族资产阶级分子的政治状况和毛泽东同志精辟的分析，可以看出，在社会主义改造高潮之后，我国的阶级斗争还没有结束，社会主义同资本主义谁战胜谁的问题还没有完全解决。无产阶级同资产阶级之间的矛盾，社会主义同资本主义两条道路之间的斗争，仍然是我们国内的主要矛盾。不过在所有制改造基本完成以前，这种矛盾突出地表现在生产关系同生产力之间，即生产资料的私人所有制限制着社会生产力的发展。而在所有制改造基本完成以后，这种矛盾就突出地表现在上层建筑与经济基础之间，即资产阶级的政治活动与资产阶级的意识形态同社会主义制度的对立。只有资产阶级中的绝大多数人放弃了资本主义的政治立场与思想意识，转变为社会主义的政治立场和思想意识，这个阶级才能消灭。只有资产阶级的政治影响和思想影响也最后消灭，工人阶级才能在意识形态上完全战胜资产阶级，最后的结束两个阶级之间的斗争。

我国工人阶级与民族资产阶级的矛盾，既然有对抗性的一面，又有非对抗性的一面，而且两者可以转化，因此，它在某些范围内表现为敌我矛盾，在其他范围内表现为人民内部的矛盾，而且大量地表现为人民内部矛盾，只有在少数情况下才表现为敌我矛盾。这一方面告诫了资产阶级分子，如果他们坚持资本主义道路，不接受工人阶级的领导，抗拒社会主义改造，他们就会变成人民的敌人。另一方面，也提醒了全党和全国人民，这种情况的实现，有待于主观的努力，有赖于对矛盾的正确处理。

因此，在社会主义改造高潮之后，工人阶级必须继续加强对资产阶级分子进行政治思想改造，继续深入开展意识形态上两条道路的斗争。一方面要坚持把工人阶级同民族资产阶级的矛盾当作人民内部矛盾来处理，对他们采取团结、批评、教育的政策，帮助他们进行彻底的自我改造。如果错误地把工人阶级同民族资产阶级的矛盾当作敌我矛盾来处理，那么，对资产阶级分子的社会主义改造就不能顺利地实现，而且矛盾也会转化成为敌我矛盾，引起极其激烈的阶级冲突。另一方面，也不能错误地把工人阶级与资产阶级、社会主义与资本主义的斗争中所包含的一部分敌我矛盾，看作人民内部矛盾。应该保持警惕，当阶级斗争尖锐化起来的时候，必须坚决粉碎一切反社会主义、反劳动人民的分子的进攻。只有这样，才能把敌我矛盾限制在少量的范围之内，把动摇的资产阶级分子分化和争取过来，使资产阶级同工人阶级的人民内部矛盾不致大量地向敌我矛盾转化。

有些人提出在社会主义改造高潮之后，资产阶级失去了对抗工人阶级的经济基础，阶级力量对比发生了有利于工人阶级的根本变化，工人阶级获得了政治上、经济上的绝对优势，就能遏止阶级斗争，消灭了资本主义复辟的可能性，导致阶级斗争的熄灭。我国资产阶级还有财产，有一定的社会影响，有进行政治斗争的经验，他们中有的人甚至同国内外反动派还有联系，而资产阶级分子的政治思想改造又远未完成。这些都是资产阶级向工人阶级进行斗争的社会基础。只要有阶级斗争的社会基础，不管革命力量的优势发展到何种程度，剥削阶级不经过阶级斗争，总是不肯退出历史舞台的。正如中国的一句老话——"困兽犹斗"。资产阶级中的反动分子必然不甘心自己的灭亡，利用国内外的种种条件，伺机向社会主义进攻，阴谋复辟资本主义，有时进攻还会达到非常猖狂的程度。就是对资产阶级中的多数人来说，工人阶级对于他们意识形态的改造，虽然是作为人民内部矛盾，采取说服教育的方法来进行处理，但是，这种改造仍然是属于工人阶级与资产阶级之间意识形态上的阶级斗争。同时，这种改造和资产阶级的本性是完全相反的，不能不引起他们不同程度的抗拒。保护资产阶级，削弱人民革命斗争的意志，使人民丧失把社会主义革命进行到底的决心，会导致社会革命的不彻底性。它使资产阶级分子以原来的政治思想面貌混杂在劳动人民的队伍中，一有风吹草动，就会出来为非作歹；使人民在资产阶级反动分子猖狂进攻的时候却处于束手无策的地步。

第二节　工商界的整风运动

为了调动一切积极因素和一切可用的力量来为深入开展社会主义革命和加速社会主义建设服务，1956 年夏天，党中央和毛泽东同志在巩固人民民主统一战线方面，提出了在承认和接受共产党领导的前提下，共产党和民主党派长期共存、互相监督的方针；在繁荣科学艺术事业方面，提出了百花齐放、百家争鸣的方针。在 1957 年春天，在国内政治生活上，提出了区别两类社会矛盾和正确处理人民内部矛盾的方针。同年 4 月，中国共产党为了提高全党马克思列宁主义的思想水平，有系统地处理人民内部矛盾，以加强对于社会主义建设事业的领导，在全党进行整风，并发动人民群众，开展对于各项工作中缺点和错误的批评和自我批评。

在国际方面，社会主义阵营日益巩固和团结，世界民族解放力量、民主力量和和平力量也不断壮大。帝国主义者不甘心于这种情况。1956 年，以美国为首的国际势力，连续掀起了几次反苏反共和反对民族解放运动的浪潮；英国和法国发动了对埃及的武装侵略；并把反对中国共产党的正确的马克思列宁主义路线和反对中国人民革命作为他们主要攻击的目标之一。

这一系列的国内外的重大政治事件，对于在政治上具有动摇性的资产阶级不能不是严峻的考验。

资产阶级的进攻　在我国社会主义革命中，资产阶级包括它们的知识分子是同工人阶级较量的主要社会力量。他们参加了人民政权，有政治地位和政治影响，又有一定的科学文化知识，而工人阶级也需要他们的知识。民族资产阶级虽然交出了生产资料，但是他们中许多人是不甘心的，在政治上、思想上更是不甘屈服。资产阶级中的某些人总想向共产党和社会主义进攻。但是要等待"时机"。他们认为党提出百家争鸣、长期共存的方针，宣传处理人民内部矛盾，特别是党的整风运动是他们的"时机"，便趁机大肆进行阴谋活动，发动了向党和社会主义的进攻。

归纳起来，资产阶级和工人阶级在政治上的根本分歧主要表现在下面几点：（一）宣扬资产阶级的经济政治制度和资产阶级文化，反对社会主义的经济政治制度和社会主义文化。（二）反对国家的基本政策，如外交政策、统购统销政策、知识分子政策、五大运动等。（三）否认人民民主革命、社会主义革命、社会主义建设的成绩，否认共产党和工人阶级能够领导国家建设。（四）反对共产党对国家工作的领导，反对党在各个部门（特别是文教科学技术部门）的领导，要求取消党在若干基层单位的领导。

社会主义革命是历史上最深刻最广泛的革命，是政治上、经济上和思想上最彻底的革命。它不仅要用社会主义的全民所有制和劳动人民集体所有制来代替资本家的所有制和各种小私有者的所有制，彻底消灭剥削制度和产生剥削制度的根源，而且要在公有制的基础上，按照社会主义原则，改组全部社会生活，以尽可能快的速度有计划地发展经济和文化，使社会主义制度获得充分的经济基础和文化条件。为了顺利地进行这些工作，就必须对于已经被推翻的剥削阶级中的任何复辟阴谋实行镇压，同时，又必须以社会主义精神来教育农民和其他个体劳动者，教育愿意接受改造的资产阶级分子和他们的知识分子。事情很明显，要完成这样复杂而又严重的任务，只有在无产阶级专政的条件下，只有无产阶级通过它的先锋队共产党实现对于国家政权和广大人民群众的领导，才能办到。

在人类历史上，只有无产阶级是最不自私、最能为全人类利益而坚持奋斗的阶级。只有实行资产阶级专政和共产党的领导，才能清除党内和人民中的各种宗派主义情绪。实行资产阶级专政，则只能是资产阶级压迫和剥削劳动人民，谋一己的私利，从而导致无穷无尽的派系倾轧和激烈复杂的阶级冲突。有些人认为，没有马克思列宁主义的指导，也可以建立社会主义，遵守马克思列宁主义的原理，就是教条主义。这也是极端错误的。马克思列宁主义是无产阶级的世界观，是关于自然界和社会发展规律的科学，是关于社会主义革命，关于建设社会主义和共产主义的科学。没有马克思列宁主义的指导，不用马克思列宁主义教育人民，社会主义就不能胜利。某些人以反对教条主义为名，其实就是反对马克思列宁主义本身，而是想拿资产阶级思想代替马克思列宁主义来指导我们国家生活，反对对资产阶级分子和他们的知识分子进行政治思想改造，反对肃清资产阶级政治思想影响，以便资本主义复辟。

工商界中的某些人士攻击社会主义企业和计划经济，否定它们的优越性，要求公方代表退出公私合营企业，反对向工人阶级学习，说定息不是剥削。这正是资产阶级唯利是图、贪得无厌的丑恶本质在作祟,对于企业社会主义改造不甘心的露骨表现。明明白白资产阶级还存在着两面性,而他们却说没有两面性,已经和工人阶级差不多了,不必进行社会主义改造了。这难道不是抗拒政治思想改造,赤裸裸地为资本主义复辟打掩护吗?

毛泽东同志在《关于正确处理人民内部矛盾的问题》的报告中,为了帮助人们区别香花和毒草,即判断人们言论和行动的是非,提出了六项政治标准:(一)有利于团结全国各族人民,而不是分裂人民;(二)有利于社会主义改造和社会主义建设,而不是不利于社会主义改造和社会主义建设;(三)有利于巩固人民民主专政,而不是破坏或者削弱这个专政;(四)有利于巩固民主集中制,而不是破坏或者削弱这个制度;(五)有利于巩固共产党的领导,而不是摆脱或者削弱这种领导;(六)有利于社会主义的国际团结和全世界爱好和平人民的国际团结,而不是有损于这些团结。[①] 这不但是全国人民社会主义团结的政治基础,而且是资产阶级分子改造政治立场的准则。资产阶级某些人的言论和行动,与六项政治标准是完全违背的。这说明他们完全是反对社会主义的。

工商界的整风运动 为正确处理人民内部矛盾扫清了道路。党的整风运动逐步发展为全民整风运动。整风的目的是:把斗争方向引导到端正政治方向,提高思想水平,改正工作缺点,团结广大群众,孤立和分化资产阶级右派分子和一切反对社会主义的分子。造成一个又有集中又有民主,又有纪律又有自由,又有统一意志、又有个人心情舒畅、生动活泼的一种政治局面。

1958 年 8 月以后,在中国共产党的领导下,省市以上党政机关、民主党派、工商界、大专学校、新闻出版界、科学技术界、文艺界、卫生界逐步转入整风。工人农民、中小学校教职员和军队等方面的整风和社会主义教育运动也逐步展开。

对资产阶级分子和资产阶级知识分子的整风是全民整风运动中一个极为重要的方面。

资产阶级和资产阶级知识分子中不少的人对于工人阶级和共产党的领导还不心服,对我国的社会主义制度还格格不入。这时的任务,就是要教育他

---

① 毛泽东:《关于正确处理人民内部矛盾的问题》,人民出版社,1957,第 30 页。

们，只有抛弃资本主义的政治立场，坚决接受社会主义改造，才能在政治上同新的经济基础相适应，他们的知识技能也才能真正发挥作用。因此，党在民族资产阶级中开展了一个以破资本主义立场、立社会主义立场为内容的整风运动。

资产阶级分子和资产阶级知识分子的政治思想改造是一个长期的任务。在这次整风运动中，主要是系统的批判他们的错误立场，教育他们必须克服对共产党领导和社会主义三心二意的两面性，进一步接受社会主义改造。对各民主党派则还要求他们树立坚强的站稳社会主义立场的领导核心，真正接受共产党的领导，以争取成为为社会主义服务的政治力量，在六项标准的基础上，实现长期共存，互相监督。

工商界的整风运动，虽然是解决社会主义与资本主义两条道路的问题，但由于我国资产阶级分子具有两面性，工人阶级与他们之间的矛盾一般属于人民内部矛盾的范围，应该作为人民内部矛盾来进行处理。另一方面，这种人民内部的整风，与工人阶级内部的整风，则又是不同的两个社会范畴的问题。工人阶级内部的矛盾，不是阶级矛盾，他们的整风，是整顿作风。而资产阶级则与劳动人民之间还存在着阶级矛盾，处理这种人民内部矛盾是一种特殊形式的阶级斗争。斗争的实质，是通过整风，教育他们改造政治立场，接受社会主义改造。

资产阶级分子的整风，也是根据团结—批评—团结的原则，在资产阶级内部，严肃地进行批评与自我批评，互相帮助，共同进步。目的是为了使他们更好地进行自我教育和自我改造。

在 1957 年冬季以后，资产阶级分子的整风，在党和国家的领导之下，在各地先后开展起来。在实践过程中，工商界创造了适合他们自己的形式。天津市工商界首先使用了"交心"的形式，随即在全国各地推广起来，整风实际上就成为以"交心"为中心内容的运动。

工商界的"交心"运动，就是资产阶级分子在学习文件、提高思想觉悟的基础上，根据毛泽东同志在《关于正确处理人民内部矛盾的问题》的报告中所提出的六项政治标准，对自己的错误思想和言行进行自我检查。然后集中为若干有重要原则意义的问题，展开辩论、摆事实、讲道理，以澄清错误思想，在政治上思想上划清社会主义立场与资本主义立场的界限，以利于逐步改造自己的资本主义立场。

经过整风运动，资产阶级分子在政治思想上提高了一步。再加以这时全国工农劳动群众的干劲冲天，生产大跃进的形势开始形成，这种逼人形势，给资产阶级分子的交心运动以有力的推动。许多人在自我批评中表现了一定的积极态度，许多地方还召开了自我改造的誓师大会，并且在企业与企业之间、行业与行业之间、地区与地区之间，进行了互相检查评比。运动末期，资产阶级分子的多数人在党和政府的领导和号召下，制订了以结合劳动锻炼、继续改造政治立场为中心内容的自我改造规划。他们许多人并表示要在共产党领导之下，积极为社会主义服务，要求在工作和劳动中锻炼和改造自己。至1958年秋天，资产阶级分子的整风运动就胜利地结束。

整风运动的意义　根据马克思列宁主义社会主义革命的原理，工人阶级经过革命斗争所建立起来的社会主义制度，必须在消灭剥削阶级的同时，全面地加以巩固。不仅必须在经济方面加以巩固，而且必须从政治方面和思想方面加以巩固，使工人阶级不仅在经济领域中，而且在政治领域和思想领域中取得绝对的统治地位。毛泽东同志根据我国革命的实践，明确地指出：我国的社会主义革命事业，单有1956年在经济战线上（在生产资料所有制上）的社会主义革命是不够的，并且是不巩固的。必须还有一个政治战线和思想战线上的彻底的社会主义革命，在我国才有真正的社会主义革命的胜利。整风运动，就是我国在政治战线和思想战线上的社会主义革命。经过这一场斗争，我国政治战线和思想战线上的社会主义革命取得了决定性的胜利。经过这一场斗争，肃清了旧社会遗留下来的某些影响，使我国人民民主专政和社会秩序大大地巩固起来了，中国共产党在国家生活中的领导地位大大地加强了。同时，整风运动带动了党和国家的全部工作，提高了人民群众的社会主义觉悟，有系统地调整了人民内部的关系，使它适合于巩固社会主义制度和进一步发展社会生产力的需要。因此全民整风运动的高潮，又进一步推动了全民生产建设的高潮，使我国工农业生产出现了一个史无前例的大跃进的局面。

1957年政治战线和思想战线上的社会主义革命，对资产阶级中的大多数人来说，也是他们历史命运的一个重要的转折点。经历了这场尖锐而深刻的阶级斗争，使他们认识到社会发展的规律是不可抗拒的，取得了"共产党反不得，资本主义道路走不得"的重大教训，使他们很多人不同程度地转向社会主义，不同程度地愿意接受共产党的领导。使他们许多人也不能不承认自己还有两面性，不能不继续进行社会主义改造。这种情况就说明了，资产阶级分子中的许多人已经由资本主义立场向社会主义立场前进了一大步。经过这场斗争，各民主党派也端正了政治路线，整顿了组织，改造了领导成分，成为为社会主义服务的政治力量。

第三节　对资产阶级分子的改造是
长期的复杂的阶级斗争

如前所说，经过整风运动，资产阶级分子在政治思想上取得了重要的进步，这就为调动他们的积极性为社会主义服务准备了一定的条件。但是，还应该看到，资产阶级分子中的大多数人在同党的关系上，还有距离，厌倦改造的情绪也还比较普遍地存在。特别是对社会主义事业还是处在一种半心半意的中间状态。这些都说明了，对资产阶级分子的大多数人来说，资本主义和社会主义两条道路的问题并未完全解决，他们的政治两面性也仍然存在。就是前面所说的进步也是不平衡、不巩固的。资产阶级分子的政治思想改造工作不是通过一次整风运动就可以解决的。工人阶级还必须对他们继续加强社会主义改造的工作。

对资产阶级分子进行政治思想改造的方针　对资产阶级分子进行政治思想改造，必须经过两个主要的途径，一个是为社会主义服务的实践，一个是政治思想教育。二者是互相联系、互相影响的，其中尤以实践处于主导地位。人类的实践包括生产斗争与阶级斗争。人们在生产斗争和阶级斗争中改造客观世界，同时改造主观世界，决定自己的政治立场、思想认识、感情和习惯。资产阶级分子过去经历了长时间的资本主义的实践，他们的资产阶级的立场、观点和习惯是根深蒂固的。现在要改造资产阶级的立场、观点和习惯，逐步培养无产阶级的思想感情和习惯，当然也必须经过长期的为社会主义服务的实践。但是实践又必须同政治思想教育结合起来，并且以政治思想教育为统帅，也就是政治挂帅。只有加强政治思想教育，加强政治理论学习，才能克服在实践中暴露出来的错误思想和错误行动，提高觉悟和认识，端正政治方向，使实践既能取得为社会主义服务的效果，又能取得改造政治思想的良好效果。

全行业实行公私合营之后，资产阶级分子的主要部分，都已安排在实质上是社会主义性质的公私合营企业中工作（还有一些人是安排在国营企业或政府机关中工作），他们客观上已经是在工人阶级直接领导下为社会主义服务了。在这种条件下，党和政府对资产阶级分子的改造，就确定了以企业和工作岗位为基地，并把为社会主义服务的实践与政治思想教育密切结合起来的方针。但是，当时资产阶级分子的资本主义政治立场与社会主义制度的对立还十分突出，在私有制的巨大变革之后，大多数人还处于惶惑顾虑、依昔恋旧的心情中。在这种情况下，要充分发挥他们的积极作用是不可能的。这种情况也表明，必须经过一场激烈的阶级斗争，对他们资本主义的一面给以严重的批判和打击，破他们资本主义的一面，才能引导他们走向为社会主义服务的道路上来。整风运动，就是这样一个大规模的斗争。经过这一场斗争，资产阶级的政治面貌起了有利于社会主义的变化。这时就有了可能，把资产阶级分子在整风运动中所培育的接受社会主义改造积极性，引导到社会主义建设工作中来，着重从发挥他们的积极作用、从立社会主义一面中，破除他们的资本主义立场和思想，培养他们进行自我改造的自觉性。

1958 年，党中央和毛泽东同志运用马克思列宁主义关于社会主义建设的理论，吸取苏联和其他社会主义国家的建设经验，在我国执行第一个五年计划的经验的基础上，制定了我国社会主义建设的总路线，这就是：鼓足干劲、力争上游、多快好省地建设社会主义。这条总路线的根本意义，就是要充分利用社会主义制度所提供的发展社会生产力的巨大可能性，调动一切积极因素，团结一切可能团结的力量，有计划按比例地、高速度地发展我国国民经济，使我国能够比较迅速地从落后的国家变为先进的国家。

为了更好地把对资产阶级分子的政治思想改造工作与国家的社会主义建设紧密地结合起来，1958 年党和政府在改造资产阶级分子的工作上采取了以政治思想教育为统帅，以劳动和工作实践为基础，以企业或工作岗位为基地的方针，组织资产阶级分子同全国人民一道参加社会主义建设，并在参加社会主义建设的工作中进行政治思想改造。

对资产阶级分子进行政治思想改造，归根到底是要通过他们对于资产阶级本性的自我否定来完成的。这样，发挥资产阶级分子接受社会主义改造的自觉性，无疑是有着重要的意义。资产阶级分子的这种自觉性不可能自发地产生，必须在工人阶级的领导和教育之下，才能从无到有、从少到多地逐步培育起来。上述方针的提出，就是要通过政治思想教育，通过劳动和工作的实践，逐步培养和发挥资产阶级分子接受改造的自觉性，把工人阶级的领导和帮助与资产阶级分子的自我教育、自我改造紧密地结合起来，发挥客观条件与主观努力、外因与内因相互促进的辩证作用。

为此，党和政府采取了如下一些措施。

首先是全面发动资产阶级分子参加社会主义建设工作。在工作实践中，鼓励和推动他们发挥自己的积极性和特长，帮助他们做出成绩。资产阶级分子的资本主义立场、思想和作风，必然会经常地通过业务活动和工作实践反映出来。结合工作实践，对他们进行说服教育工作，适当引导他们进行批评和自我批评，并逐步培养成为一种日常的习惯，就能够使他们通过现实的教育，逐步改造自己的政治思想。

在资产阶级分子为社会主义服务实践的过程中，组织他们参加力所能及的一定的工农业生产的体力劳动，也是从根本上改造资产阶级分子的一项重要措施。组织他们参加这种体力劳动的锻炼，同工农劳动人民同吃同住同劳动，共同从事生产技术的研究和创造，就可以使他们在工农群众的影响下，逐步地树立劳动观点和习惯，培养与提高劳动技能，逐步同劳动人民打成一片，为改造他们成为自食其力的劳动者打下良好基础。

其次是组织资产阶级分子参加各种政治运动，适当参加社会活动和担任一定的社会工作。组织资产阶级分子参加这种革命的阶级斗争和社会生活，不但能扩大资产阶级分子对社会生活观察和体验的视野，更多地获得来自各方面的社会主义现实生活的教益，而且也能受到革命斗争的锻炼。在参加反对帝国主义、支援民族解放运动和保卫世界和平的斗争中，能使资产阶级分子发扬爱国主义的传统，并把他们的爱国主义逐步提高到社会主义的基础上来。在社会主义革命的阶级斗争中，资产阶级当然处于被斗争的地位，但是资产阶级分子作为个人，只要积极站到阶级斗争的革命方面来，并努力改造自己，就可以在斗争的锻炼中，由被动转为主动，逐步转到社会主义立场上来。

最后是加强组织资产阶级分子进行政治理论学习。主要是组织他们学习马克思列宁主义、毛泽东著作,学习党和政府的政策。通过学习使他们正确认识人类社会发展的客观规律,认识资本主义必然灭亡,共产主义必然胜利的发展规律,以掌握自己的命运,跟上时代的步伐,增强改造的信心。并使他们逐步获得一种观察和处理问题的正确的观点和方法,以指导自己的实践。

在组织资产阶级分子学习上,一方面要组织他们同职工和公方干部一起学习,以便结合企业的工作实践,在公方干部和职工的直接影响下,进行经常的政治理论学习。一方面举办讲习班和政治学校,进行定期的学习,使他们获得比较系统的政治、政策和理论知识。在组织资产阶级分子学习政治理论的时候,提倡理论联系实际,提倡独立思考,自由辩论,并开展批评和自我批评的方法,来帮助他们改造思想。

在社会主义改造高潮之后,为了加强资产阶级分子的政治学习和理论学习,中国人民政治协商会议全国委员会于1956年3月27日发布了《关于组织各界民主人士和工商业者进行政治学习和理论学习的决定》。许多地区根据这个决定,举办了短期讲习班,对资产阶级分子进行政治理论的启蒙教育。在整风运动之后,各地继续举办了更为正规的社会主义学院(或政治学校),进一步推动他们的政治理论学习。据1961年10月统计,中央、省、自治区、直辖市共有社会主义学院(政治学校)25所。据18个省、自治区不完全的统计,这些地区所属市、专区、盟、县有政治学校346所;还有许多地区开办了工商讲习班。在这些学习机构中,参加学习的人数共15.23万多人,比1960年增加了115%。以上这些学习机构,都是组织资产阶级分子离职进行学习。业余学习发展更快,仅据中央及13个省、自治区、直辖市政协组织的业余学习和十四个省、自治区的一部分县、市有关方面组织的业余学习的不完全的统计,经常参加业余学习的共23万多人,比1960年增加565%。

在国民经济大跃进中民族资产阶级的进步 在1958年和1959年国民经济大跃进中,由于上述方针的贯彻执行,在社会主义革命和社会主义建设新的高潮的形势之下,在党的领导之下,资产阶级分子中的大多数人参加了下车间、上柜台、上山下乡、支援工农业生产等体力劳动。同时,在企业党组织的领导下,许多资产阶级分子参加了增产节约运动,参加了领导干部、职工群众和技术人员的"三结合",以更好地参加技术革新和技术革命的运动。资产阶级分子在这些运动中一般是积极的,在生产劳动、革新技术和改善经营管理方面贡献了一定的力量。有一部分人还做出了较好的成绩,成为先进生产者和先进工作者,或受到表扬。

据上海市统计,资产阶级分子 1958 年 6 月下乡支援夏收夏种的有 1 万人,为农业生产提供了 10 万个以上的劳动日。10 月,下乡支援秋收秋种的有 2 万人。此外,还有很多资产阶级分子参加了炼钢、筑路、运输和市政建设方面的义务劳动。在企业实行干部参加劳动的制度中,资产阶级分子在企业参加劳动的人数更多。

1959 年冬天召开的全国工业、交通运输、基本建设、财贸方面社会主义建设先进集体和先进生产者代表大会上,有 62 位工商界特邀代表参加。

在这个时候,还进行了对资本家家属的改造,并引导她们参加到国民经济大跃进的运动中来。资本家家属是资产阶级的一部分,她们靠剥削吃饭,过着养尊处优的寄生生活。但是,她们在社会生产中没有地位,在家庭中也没有地位。所以工人阶级对资本家家属的改造,有着双重的任务:一方面是帮助她们解放,使她们在经济上、政治上取得和男子平等的地位;一方面要对她们进行社会主义改造,把她们改造成为劳动者。资本家家属只有改造,才能解放;只有脱离了剥削者的地位,才能真正脱离附属物的地位。正如恩格斯所说:"妇女的解放,必须以一切女性重新参加社会劳动为头一个先决条件。"①

改造资本家家属,对于资本家的思想改造、对于资本家子女的教育也具有重要作用。党和政府一直是重视对资本家家属的工作的,通过工商界组织、妇女组织和街道居民组织,经常对她们进行教育,1956 年还专门召开了工商界家属和女工商业者的代表会议。在国民经济大跃进中,更着重通过吸引她们参加为社会主义服务的劳动和工作,逐步对她们进行社会主义改造。许多资本家家属参加了街道工作,参加了社会福利事业,参加了劳动生产。她们之中,也出现了一批先进生产者和积极分子。

经过这两年生产劳动和工作的实践,经过党的政治思想教育,经过各种

① 恩格斯:《家庭、私有制和国家的起源》,《马克思恩格斯文选》(两卷集)第 2 卷,第 231 页。

形式的学习,资产阶级中的多数人对于劳动人民和工人阶级,对于共产党,在思想和感情上比以前又有所靠拢,他们对于自我改造的积极性也比以前增多了。特别是许多资产阶级分子和他们的家属走上了生产的和服务的劳动岗位,在从剥削者转化为自食其力的劳动者的道路上走上了决定性的一步。这些都说明了他们对于总路线、大跃进、人民公社三面红旗的一定的积极态度,也说明了他们在社会主义革命和社会主义建设继续发展和高涨的浪潮中,大多数人无论是比较自觉或者比较勉强,总是跟着走过来了。

从政治分化的情况来看,资产阶级分子在由资本主义立场到社会主义立场的转变过程中,相当多的一部分人,即比以往较多的人,已经基本上转到社会主义立场,其中有些人比较稳定,有些人还有一定的动摇性。相当多的一部分人,比前一部分要多的人,转到半社会主义立场。他们还带着相当大的动摇性,但是也能摇摇摆摆地向前进步。一小部分人还基本上是资本主义立场。他们又可分为两部分:一部分人主要是思想落后,经过教育和帮助,慢慢地可以进步;另一部分人,占极少数,是思想反动。他们在新的条件下也可能发生分化,经过教育帮助,其中大多数有可能逐步改造过来。

总的来说,这两年来,资产阶级分子(包括他们的家属)是大有进步的。但是,说资产阶级分子大有进步,并不是说他们的两面性已经不存在,他们在政治立场的改造方面,已经没有问题了。事实上,他们的两面性仍然存在,在政治立场改造方面还有不同程度的问题。同时,资产阶级的习惯势力,在他们很多人的身上更是很少改变。因此,对于他们的根本改造,还要继续进行。

把资产阶级分子改造成为自觉的社会主义劳动者,一般说来,有如下两方面的条件;一方面,改造政治立场,使他们的政治立场符合六项政治标准;一方面,放弃剥削,使他们做到完全自食其力。具备了这两方面的条件,资产阶级分子就基本上完成了向劳动人民的转化。因此,对资产阶级分子的政治思想改造,首先和主要的目标就是帮助他们达到上述两个条件,成为自觉的社会主义劳动者。对资产阶级分子的根本改造来说,立场问题在任何时候都是首要的和基本的问题,政治立场对于人们的思想认识和思想方法起决定性作用。但是,思想认识或思想方法也可以反过来影响立场。要求资产阶级分子学习工人阶级的思想观点和思想方法,就可以帮助他们改造政治立场。所以思想认识或者思想方法的改造，不应当和立场改造互相对立，而应把它们统一起来，使它们互相促进。资产阶级分子只有继续改造自己的政治立场，才能对自己的思想认识和思想方法进行有效的改造，也只有加强改造思想认识和思想方法，才能促进立场的转变，并把它巩固起来。

党和国家为了推动资产阶级分子进行自我教育和自我改造，在1960年对资产阶级分子的政治思想教育开始采取了"神仙会"的方法。这种方法，就是在对资产阶级分子进行政治思想教育的时候，贯彻和风细雨的精神，便于他们敞开思想，自己提出问题，自己分析问题，自己解决问题，在不断提高自觉的基础上，开展批评和自我批评，经过互相启发，互相帮助，共同提高认识。

"神仙会"中有各种不同的观点，也有许多争论。这些观点的争论，实质上是反映了无产阶级思想与资产阶级思想的斗争。因此，"神仙会"也是一种阶级斗争的形式。不过它是在党的领导和帮助之下，通过资产阶级内部自己对资产阶级思想观点的批判，逐渐引导他们改造资产阶级思想，接受无产阶级的思想。这样做的好处是，工人阶级对他们进行的政治思想教育，可以通过他们自己的讨论和争辩，能够更好地消化，更好地进行自我教育，更能比较自觉地接受改造。所以这种方法，不但是劳动人民内部说服教育的民主方法在资产阶级内部的发展，也是党的群众路线在资产阶级内部的发展。

所谓"神仙会"，这是一个形象的生动的比喻。1960年初，中国民主建国会和中华全国工商业联合会联合召开的代表大会，在中国共产党的推动之下，采用了这个方式。从1960年以来，在党的推动之下，从中央到地方、各民主党派、资产阶级分子、知识分子、宗教界、少数民族上层人士都在学习与改造中，分别采用了"神仙会"的方式，到1961年5月止，全国有将近百万人参加。这对调动广大社会人士为社会主义服务的积极性和进行自我改造，都起了积极作用。

在推动资产阶级分子继续进行社会主义改造的过程中，需要照顾资产阶级分子的合理利益。1960年，党和国家对资产阶级宣布了继续贯彻执行赎买政策，对接受改造的资产阶级分子在生活上和工作机会上照顾到底、包到底。1962年并宣布，从1963年起，定息暂定延长三年，到时再议。采取这些措施的目的，是为了稳定资产阶级分子的情绪，消除他们在政治上、生活上的许多顾虑，使他们生活习惯的改造有一个逐步的准备过程。这对鼓励他们安心工作和积极接受改造，从而更好地为社会主义服务都是有益的。党和国家在继续照顾资产阶级分子在政治上和经济上合理利益的时候，并要求资产阶级分子一心顾国家利益和人民利益，倒向社会主义一边。国家"包一头"，资产阶级分子要"顾一头"，"一边倒"。这就是教育他们要一心顾国家和人民利益，把阶级利益和个人利益放在国家利益和人民利益之下。教育他们要倒向社会主义一边，不要继续坚持资本主义，或者停止那种在社会主义与资本主义之间摇摇摆摆、三心二意的状态。一面继续参加工作和劳动实践，一心一意为社会主义服务，一面努力参加社会斗争的实践，努力参加政治学习，继续改造自己。

过渡时期阶级斗争的长期性和复杂性 改造资产阶级分子、消灭资产阶级、肃清资产阶级的政治思想影响，这是我国社会主义革命的重要任务。工人阶级完成这一任务，必须同资产阶级进行长期的、复杂的、反复的斗争。长期、复杂、反复，这就是我国过渡时期阶级斗争的特点。

为什么是长期的呢？第一，资产阶级的资本主义政治立场、思想意识、思想方法和资产阶级的生活习惯，都是属于他们阶级本性的东西，是他们长期在资本主义生产关系和资本主义政治、经济、文化生活中养成的，而且是根深蒂固的。他们这些阶级本性的东西，只能在一定的条件下逐步地破除，不可能一下子改变，这就必须有长期的斗争过程。并且社会意识形态的发展都具有自身的继承性。资产阶级总是沿用有利于自己的过去剥削阶级的社会意识为自己服务的。我国资产阶级的思想意识中更是大量地存在着封建糟粕。无产阶级意识形态的产生和发展，和先前各个阶级意识形态的产生和发展，有本质的差别。无产阶级对于历史遗产必须给以批判的总结，继承其有益的思想材料，而对于剥削阶级的唯心主义的观点、方法则必须坚决打破。因此，对资产阶级分子的根本改造，实际上也包括反对几千年来旧的社会意识形态的斗争。这必然是一个长期的过程。

第二，资产阶级分子的改造，是经过他们思想认识的逐步转变而达到的。实践是认识的基础，而认识又往往落后于实践。这是因为，作为新的意识的反映的社会存在出现后，往往需要一段时间和观察过程才能在意识中得到正确反映；更是因为，社会意识本身具有保守性，而剥削阶级本身又最具有这种强烈的保守性。资产阶级分子的政治思想改造，有待于他们经过长期的社会主义工作和劳动的实践，长期的社会改革和阶级斗争的实践。他们在实践中获得的一些概念、观点和方法，又要经过不断地再实践的证实，经过新的实践的考验，才能逐步巩固起来，变成自己的东西。而要求资产阶级分子站住社会主义立场和养成劳动人民的思想感情和生活作风，就更需要长期的劳动和生活实践，同劳动人民打成一片，才能逐步办到。

第三，资产阶级分子的改造是作为消灭整个资产阶级的事业而提出的；这个阶级的消灭，又是经过它在阶级斗争中逐步地分化，一部分一部分人逐渐转变立场、建立新的观点和思想方法而实现的。在这个改造过程中，因为他们的经济地位不同、个人的经历和社会关系不同，特别是个人的主观努力不同，在很长的时间内，资产阶级分子思想进步所能达到的水平不可能是一致的。有些人进步得快一些、多一些，有些人进步得慢一些、少一些，也有少数人长时间停滞不前，甚至根本没有进步。这就需要区别不同的人，进行不同方式的教育和改造工作，特别是争取动摇的中间阶层向进步方面靠拢。因此，要把资产阶级中大多数人改造成为劳动者，是非经过一个长期的斗争过程不可的。

第四，无产阶级要把社会主义革命进行到底，不但要消灭资产阶级，而且要在社会上、在人们的头脑中肃清资产阶级的思想影响，肃清资产阶级和小资产阶级的习惯势力和自发势力。这就需要经过更长的时间，进行更多的阶级斗争。正如刘少奇所说的："建设社会主义和共产主义社会，不但要彻底消灭人剥削人、人压迫人的一切旧制度，而且要彻底消灭遗留在人们头脑中的、由这种旧制度所产生、为这种旧制度服务的一切旧思想、旧习惯，要消灭资产阶级思想，兴无产阶级思想，也就是说，要在人们的心理上最后的消灭剥削阶级和剥削制度的一切残余，这是比在经济上消灭剥削阶级困难得多的任务，必须经过长期复杂的教育和斗争的过程才能解决。"[1]

阶级斗争在国际上的发展，也会触动和影响民族资产阶级内部。帝国主义一面疯狂地加紧战争准备，一面又做出和平的假面孔来吸引认识不清的

---

① 刘少奇：《中国共产党中央委员会向第八届全国代表大会第二次会议的工作报告》，人民出版社，1959，第30~31页。

人。美帝国主义更是坚决与中国人民为敌，同时千方百计地在中国大陆寻找它的同盟者。我国民族资产阶级过去同国外资产阶级曾有种种交往，他们又是我国人民中最容易接受这种影响的一部分人。改造资产阶级分子，反对资产阶级意识形态的斗争，是和在国际上反对帝国主义的斗争联系在一起的，这也必然增加了阶级斗争的复杂性。

资本主义和资产阶级政治思想的影响是广泛而深入的。无论哪个部门、哪项工作、哪一条战线上都存在社会主义和资本主义两条道路的斗争，而且各个部门、各项工作、各个战线上的斗争又是相互影响的。在所有制的改造中，资本主义工商业和农业、手工业的社会主义改造相互影响，城乡阶级斗争交织在一起。在政治战线和思想战线上，其涉及的范围尤为广泛。这是因为，社会意识作为社会存在的反映，其反映的内容和形式是不同的，而有政治、法权、哲学、道德、宗教、艺术、科学等不同的意识形态。这些意识形态是相互关联、朴素作用的；也就是说，一种意识形态的产生、发展和消亡，不仅受社会存在的决定和影响，而且受其他意识形态的影响。例如某些人所宣扬的超阶级的绝对的"民主""自由""人道主义""人性论"等论点，都曾在资产阶级中间引起共鸣。这种情况，当然也会使阶级斗争复杂起来。

我国过渡时期阶级斗争的长期性、复杂性，还会表现为阶级斗争波浪起伏的形式。在人类社会和自然界，"矛盾不断出现，又不断解决，就是事物发展的辩证规律"。① 过渡时期，工人阶级与资产阶级之间的矛盾和斗争，正是这样逐步展开、逐步解决的。在我国，由于工人阶级对民族资产阶级采取了社会主义和平改造的办法，这种矛盾斗争发展的辩证规律，就表现得更为明显和突出。从全国解放以来，工人阶级与无产阶级的矛盾，从限制反限制的斗争，发展为改造所有制和反改造所有制的斗争，再发展为破资本主义立场、立社会主义立场的斗争。不仅如此，在一个重大的斗争过程中，例如在变革所有制的斗争中，在国家资本主义的初级阶段与高级阶段，矛盾集中的焦点也是不同的。这样，一些问题，经过严重的斗争，基本上解决了，一些新的问题，又被提到日程上来，就可能会出现另一个斗争的高潮。因此，

---

① 毛泽东：《关于正确处理人民内部矛盾的问题》，第1页。

工人阶级同民族资产阶级之间阶级斗争所呈现的图景，就不会是一条直线，"而是无限地近似一串圆圈，近似于螺旋的曲线"，[①] 这就构成了斗争的反复性。

我国民族资产阶级是一个有两面性的阶级。他们积极的一面，倾向于接受社会主义改造，而他们消极的一面，又总是拉着他们向资本主义倒退。因此，他们在改造中所表现的，不是顺利地接受，也不是一味抵抗。而是：在接受中有动摇、有抵抗，在动摇、抵抗中有接受；在这个问题上接受，在另一个问题上动摇、抵抗。他们动摇、抵抗的程度，在不同时期、不同问题上也是不同的。如果在一定条件下资产阶级接受教育，不太勉强地适应革命的发展，那么，阶级斗争就会大体上处于缓和的状态；如果这种动摇、抵抗加剧起来，阶级斗争就必然会跟着紧张起来。这时，只有坚决进行政治斗争和思想斗争，打倒和孤立反抗社会主义革命的分子，教育和争取资产阶级的多数，革命才能顺利发展。而随着阶级敌人被迫退却，多数人趋向进步，阶级斗争又会重新趋向缓和。这就必然使得我国工人阶级同资产阶级之间的斗争呈现一起一伏的现象。

资产阶级分子的改造，就是要逐步走到自己的反面。接受社会主义是同他们的阶级本性完全相反的，不能不经过一个由量变到质变、由被迫到自觉、由假到真的过程。这样，就不可避免地要发生一次又一次的动摇、反复。要经过多少次的动摇和反复，不断地受到教育，他们才能走完由量变到质变、由不自觉到自觉的过程。

总的说来，在政治和思想的领域内，阶级斗争还是长期的，曲折的，有时甚至是很激烈的。当然，无产阶级必然是愈斗愈强，资产阶级必然愈来愈削弱和趋于分化。阶级斗争总的趋势，不会是愈来愈紧张，而是向着缓和的方向发展，但是它的发展不会是直线式的，而会是有紧张、有缓和，呈现波浪起伏的形式。正如刘少奇同志所说的："无产阶级和资产阶级之间的政治斗争和思想斗争，在整个过渡时期都是不可避免的。不过这种斗争像波浪起伏一样，有时候高，有时候低，有时候表现尖锐，有时候比较缓和。这种斗

---

① 列宁：《谈谈辩证法问题》，《列宁全集》第 38 卷，人民出版社，1959，第 411 页。

争，要到资产阶级的政治的和思想的影响最后消灭的时候，才会熄灭。"①
这种情况，反映了我国过渡时期阶级斗争的客观规律。

　　对资产阶级分子的社会主义改造工作，虽然是一项复杂、长期的任务，但是，当前的国际形势一天天更有利于工人阶级，国内的社会主义建设正不断地向前发展，人民群众的社会主义觉悟正在迅速提高。在这种兴无灭资的巨大优势下，我们相信，有了无产阶级专政的巨大威力，有了中国共产党的英明领导，有了劳动人民的影响和监督，只要正确地执行党的方针政策，正确地运用已经取得的经验，经过长期的教育工作，加以资产阶级分子自我改造的努力，是可以使资产阶级分子社会主义积极性的一面日益增加，资本主义消极性的一面日益减少，最终地导致资产阶级分子的绝大多数人转化为自觉的社会主义的劳动者。

---

① 刘少奇：《马克思列宁主义在中国的胜利》，第14页。

第八章

马克思列宁主义的普遍真理和中国革命实践相结合的胜利

　　资本主义工商业的社会主义改造，是我国一场深刻的社会主义革命。在中国共产党和毛泽东同志的领导下，这个革命已经获得了辉煌的历史性的胜利。

　　中国工人阶级在推翻帝国主义、封建主义、官僚资本主义的统治，建立了强大的无产阶级专政的国家政权之后，立即没收了资本主义经济中占最重要地位和最大比重的部分，即垄断的官僚资本部分，把它变为社会主义的国营经济。并随即利用不断增长的政治优势和经济优势，对资本主义经济的其余部分，即民族资本部分，进行社会主义的和平改造，逐步废除资本主义私有制，对民族资产阶级分子进行政治思想改造，逐步消灭资产阶级。经济战线上的社会主义革命已经基本完成，资本主义经济基本上消灭了。政治战线和思想战线上的社会主义革命也取得了决定性的胜利，资产阶级分子正处在逐步向劳动者转化的阶段。在社会主义革命的过程中，社会生产力不断地获得解放。社会主义建设正蓬勃地向前迈进。

　　马克思和恩格斯对于社会主义革命，曾经作过精辟的提示，他们指出："无产阶级运用自己的政治统治，一步一步地夺取资产阶级所有的全部资本，把一切生产工具集中在国家手里，即集中在已组织成为统治阶级的无产阶级手里，并且尽可能更快地增加生产力的总量。"①

俄国人民在马克思的伟大继承者和革命导师列宁的领导下，首先实践了马克思主义关于社会主义革命的原理。列宁总结了俄国十月革命的经验，提出了一系列的从资本主义向社会主义过渡的原理。他曾经指出："无产阶级的目的是建成社会主义，消灭社会的阶级划分，使社会全体成员成为劳动者，消灭一切剥削制度的基础。"② 在列宁思想的指导、布尔什维克党的领导之下，苏联人民胜利地完成了这个斗争任务。

中国的社会主义革命是伟大十月革命的继续。中国的社会主义事业是以马克思列宁主义为指针的，在一切基本方面都严格地遵循着马克思列宁主义的基本原理。这主要是：建立无产阶级专政，在强大的无产阶级专政下，有计划地发展国民经济，建立社会主义经济基础；实现社会主义国有化和农业合作化，消灭资本主义私有制和个体私有制；消灭资产阶级，进行思想革命和文化革命；等等。我国社会主义革命实践的胜利，再一次证明了马克思列宁主义的真理性和普遍性。

中国共产党所领导的革命，又是从我国的具体情况出发，灵活地创造性地运用马克思列宁主义原理，来解决革命的各种问题的。用毛泽东同志著名的概括的说法就是：马克思列宁主义的普遍真理和中国革命的具体实践相结合。资本主义工商业的社会主义改造，就是党中央和毛泽东同志创造性地把马克思列宁主义的普遍真理和我国革命具体实践正确结合的一个光辉范例。我国对资本主义工商业实行社会主义改造的经验，丰富了马克思列宁主义的理论宝库。

一

党中央和毛泽东同志创造性地运用马克思列宁主义不断革命论和革命发展阶段论相统一的原理，不断地发展我国社会主义革命事业，逐步对资本主义工商业进行社会主义改造，并把社会主义革命与社会主义建设结合起来，

① 马克思、恩格斯：《共产党宣言》，《马克思恩格斯全集》第4卷，人民出版社，1958，第489页。
② 列宁：《向匈牙利工人致敬》，《列宁全集》第29卷，人民出版社，1956，第351页。

充分发挥它们相互促进的作用。

马克思曾经精辟地阐明了社会主义革命的科学理论。他在 1850 年就指出："这种社会主义就是宣布不间断革命，就是实现无产阶级的阶级专政，把这种专政作为必经的过渡阶段，以求达到根本消灭阶级差别，消灭一切产生这些差别的生产关系，消灭一切和这些生产关系相适应的社会关系，改变一切由这些社会关系产生出来的观念。"① 列宁在谈到工人阶级的革命运动的时候，也曾经说过："我们主张不断革命。我们决不半途而废。"② 并且指出："社会主义革命不是一次行动，不是一条战线上的一次战斗。"③ 革命是不间断的，但是，它是通过阶段性来进行的。这是一个客观规律。革命的不间断性就是各个不同革命发展阶段的连续性，一个接着一个地进行。革命的阶段性，就是不断革命过程中各个革命阶段的质的差别。这反映了事物发展由量变到质变、由一个事物到另一个事物的不断推移的过程。

毛泽东同志遵循马克思列宁主义关于革命发展阶段论和不断革命论相统一的原理，解决中国革命中民主革命和社会主义革命、社会主义和共产主义各个阶段互相区别和互相衔接的问题，同时又把这个原理当作一种普遍方法，创造性地运用于各个阶段的革命工作，有步骤地、不断地由一个过程推向另一个过程，由一个胜利走向另一个胜利。我国资本主义工商业的改造，正是毛泽东同志在我国社会主义革命中运用这种思想的一个范例。

在民主革命中，毛泽东同志一方面坚持"只有经过民主主义，才能到达社会主义"④ 的原理，把民主革命和社会主义革命严格区别开来。他告诉全国人民，要把民主革命的锋芒针对帝国主义、封建主义和官僚资本主义，而不是一般的消灭资本主义和生产资料私有制。另一方面，又坚持民主主义革命是社会主义革命的必要准备，社会主义革命是民主主义革命的必然趋势。他告诉全国人民，要把民主革命进行到底，并准备在条件具备的时候把

---

① 马克思：《1848 年至 1850 年的法兰西阶级斗争》，《马克思恩格斯全集》第 7 卷，人民出版社，1959，第 104 页。

② 列宁：《社会民主党对农民运动的态度》，《列宁全集》第 9 卷，人民出版社，1959，第 221 页。

③ 列宁：《社会主义革命和民族自决权》，《列宁全集》第 22 卷，人民出版社，1958，第 138 页。

④ 毛泽东：《论联合政府》，《毛泽东选集》第 3 卷，第 1060 页。

它转变为社会主义革命。在 1949 年中华人民共和国成立之后，党和政府虽然还要领导全国人民彻底解决民主革命阶段遗留下来的任务，但立即开始了向社会主义的过渡。一方面，通过国家的力量和广大群众的支持，没收官僚资本，牢牢地掌握了国家经济命脉，积极地建立了强大的社会主义的国营经济，并使这种经济在国民经济中居于领导地位。一方面，凭借国家政权和社会主义经济力量，对资本主义工商业实行利用、限制、改造的政策，把它纳入国家行政机关的管理、国营经济的领导和工人群众监督的轨道，为有系统地对它们进行社会主义改造创造条件。

在 1952 年底，当恢复国民经济和肃清封建残余的任务基本完成之后，党中央和毛泽东同志就提出了过渡时期总路线，即社会主义革命和社会主义建设同时并举的总路线，规定了在全国范围内逐步实现对农业、手工业和资本主义工商业的社会主义改造，逐步实现国家的社会主义工业化的任务。这条总路线的提出，鲜明地指出了走向社会主义的道路、任务和方法，有力地批判和打击了各种资产阶级观点，澄清了革命队伍内部的错误思想，成为鼓舞全国人民阔步向社会主义迈进的号角。刘少奇同志曾经指出："当时，有些人否认向社会主义过渡的必要性。他们或者企图在中国发展资本主义，走资本主义的老路；或者企图把革命停止下来，长期保持既有社会主义经济、又有资本主义经济的现状。党的这条马克思列宁主义的总路线肯定要由资本主义过渡到社会主义，从而否定了从右的方面来的各种错误观点。同时，党的这条马克思列宁主义的总路线又肯定了向社会主义的过渡必须是逐步的，对资本主义工商业的社会主义改造也必须是逐步的，从而否定了企图在一个早晨就把资本主义消灭得干干净净的'左'的错误观点。"[①] 在过渡时期总路线的光辉照耀下，党和政府不失时机地采取了一系列的社会主义改造的措施步骤，使资本主义工商业的改造不停顿地一步步前进，终于在 1956 年出现了社会主义改造高潮，基本上完成了在生产资料所有制方面的社会主义革命。

经济战线上社会主义革命的基本完成，一方面使得资产阶级的政治立场和他们的政治思想影响同社会主义经济基础的矛盾突出起来，成为建设社

---

① 刘少奇：《马克思列宁主义在中国的胜利》，第 9 页。

主义的主要障碍；一方面，又为改造资产阶级分子的政治立场和肃清资产阶级的政治思想影响创造了物质前提。因此，党又提出了在政治战线和思想战线上继续进行社会主义革命的任务，使上层建筑的各个领域能够进一步地同社会主义的经济基础相适应；同时，在已经建立起来的社会主义的生产资料所有制的基础上，进一步调整在生产过程中的人与人的关系，使社会主义生产关系得到进一步的健全和发展。

由于经济战线、政治战线和思想战线上社会主义革命的伟大胜利，广大劳动人民的社会主义觉悟和生产积极性大大提高，社会生产力获得了空前的解放，党中央和毛泽东同志随即提出了我国社会主义建设的总路线，这就是：鼓足干劲、力争上游、多快好省地建设社会主义。这条总路线的根本意义就是要充分利用社会主义制度所提供的发展社会生产力的巨大可能性，调动一切积极因素，团结一切可能团结的力量，实行一套"两条腿走路"的方针，有计划按比例地、高速度地发展我国国民经济，使我国能够较迅速地从落后的国家变为先进的国家。适应社会主义建设向前发展的需要，党和政府把对资产阶级分子的改造作为一项重要工作。对资产阶级分子的改造是在实践和思想教育的结合中进行的。调动他们为社会主义服务的积极性，帮助他们在参加社会主义建设的工作中进行政治立场的根本改造。这对于国家有利，对于资产阶级工商业者也有利。

我国对资本主义工商业的社会主义改造，在整个发展过程中，也是形成几个互相联结而又互相区别的阶段的。相对地说它们是属于量变性质的较小的发展阶段，而从一个较小的阶段发展到另一个较小的阶段，也是一种部分的较小质变。党和政府掌握这一规律，在改造中采取适当的步骤和方法，以适应生产关系逐步演变和群众觉悟逐步提高的需要。如在所有制的改造中，是经过两个步骤，第一步是引导资本主义转变为国家资本主义，第二步是把国家资本主义转变为社会主义。而在国家资本主义的发展中，一般又是经过了初级形式的加工订货、经销代销等，到高级形式的公私合营，以至最高形式的全行业公私合营和实行定息等一系列的阶梯。每一种改造形式，代表一定的生产关系，适应一定阶段社会生产力的发展和群众觉悟的要求；每种改造形式又不能长期停留下来，而必须不断地向更高的阶段过渡，直到所有制革命最后完成。同样，在政治战线、思想战线的社会主义革命上，党和政府也是适应阶级斗争的具体情况，开展了一系列的思想教育和群众运动，使它波浪式地前进和逐步深入。如 1950 年到 1955 年间，先后进行了土地改革、抗美援朝、肃清反革命、三反五反和知识分子思想改造运动，1957～1958 年又进行了整风运动。几大运动帮助资产阶级分子肃清了帝国主义、封建主义和官僚资本主义的政治思想影响，进一步划清中国人民与三大敌人的政治思想界限，这对于资产阶级分子的政治思想改造来说，无疑也具有深刻的意义。这些在我国社会上削弱了资产阶级的政治思想影响，进一步帮助资产阶级分子划清社会主义与资本主义的政治思想界限，这对于资产阶级分子的政治思想的改造更具有直接的深刻的意义。

无论在社会主义改造时期，或者是社会主义建设时期，我国的社会主义革命和社会主义建设始终是结合着进行的。这不但正确地体现了马克思所说的"革命是历史的火车头"的思想，社会主义革命的向前发展，不断地推动着我国社会主义建设的高涨；又充分发挥了社会主义革命和社会主义建设互为条件、互相促进的作用。社会主义经济是对整个国民经济实行社会主义改造的物质基础。有了强大的社会主义经济力量，才能使各种私有制经济依附于社会主义经济，促使它们实现所有制改造。1956 年对资本主义工商业的全行业改造高潮，就是由于社会主义经济的强大发展，掌握了大部分工业原料、商品货源和销售市场，逐步把资本主义工商业纳入了国家资本主义轨道而达到的。同时，社会主义经济的迅速发展，社会生产力的提高，又推动我国社会主义和资本主义之间的矛盾和斗争逐步深入，逐步解决。社会主义建设显示了社会主义制度的优越性，对千百万人产生巨大的吸引力，也推动着社会主义改造事业。另一方面，资本主义工商业逐步实行社会主义改造，就可以通过社会主义经济和它们的联系，利用这部分生产力，加强社会主义经济的力量。同时，随着国家资本主义形式的发展与提高，逐步扩大了国民经济中社会主义的生产关系，替社会主义经济规律的发生作用开辟了广阔的场所，从而有利于发展社会生产力，促进社会主义建设事业。1956 年私有制改造的基本完成，随即出现了国民经济发展的巨大高涨。

正是由于党中央和毛泽东同志把不断革命论和革命发展阶段论相统一的原理创造性地运用于我国社会主义革命，并且把社会主义革命与社会主义建设结合进行，充分发挥它们对立统一的相互促进的作用，我国资本主义工商业的社会主义改造就获得了迅速的并且是顺利的健康的发展，不断地从一个胜利走向另一个胜利。

二

在我国社会主义革命中，党根据毛泽东同志对我国社会各阶级的卓越分析和关于两类矛盾的著名学说，创造了以处理敌我矛盾的原则来处理工人阶级同垄断资产阶级即官僚资产阶级之间的矛盾，和以处理人民内部矛盾的原则来处理工人阶级同中小资产阶级即民族资产阶级之间的矛盾的一整套方法。

全面地、具体地分析阶级和阶级矛盾，制定正确的阶级斗争路线和处理阶级矛盾的方法，是中国共产党领导我国革命的基本出发点。"谁是我们的敌人？谁是我们的朋友？这问题是革命的首要问题"。①远在1926年，毛泽东同志在《中国社会各阶级的分析》这篇论文中，在指出中国无产阶级的最广大和最忠实的同盟军是农民、解决了中国革命中最主要的同盟军问题的同时，就提出了区别买办资产阶级即大资产阶级和中产阶级即民族资产阶级的论点，并精辟地分析了民族资产阶级对待革命态度的两面性，预见到他们在革命高涨中的分化和动摇。1927年发生的资产阶级反革命事变证实了这一点。在这个事变以后，以蒋、宋、孔、陈四大家族为中心的中国官僚垄断资产阶级开始形成，资产阶级分化加深，民族危机激化。这时期，毛泽东同志进一步分析了在我国条件下民族资产阶级革命性的一面和妥协性的一面，党确立了对民族资产阶级有联合有斗争的政策，逐步建立了抗日民族统一战线和人民民主统一战线。这就增强了革命力量，孤立了敌人，使得我国的民主革命可以更加顺利地完成。

中华人民共和国成立以后，我国进入社会主义革命阶段，工人阶级与资产阶级之间的矛盾成为国内主要矛盾，资产阶级成为社会主义革命的对象。在这一时期，官僚资产阶级仍然是人民的敌人，这一点是毋庸置疑的。但是，工人阶级如何处理同民族资产阶级的关系问题，就成为领导社会主义革命、确定正确的阶级斗争路线的一个极为重要的环节。党中央和毛泽东同志根据我国的历史条件，估计到我国民族资产阶级在社会主义革命中仍具有两面性，在推翻了官僚资产阶级的反动政治统治和剥夺了他们的生产资料以后，民族资产阶级有接受社会主义改造的可能性。1949 年毛泽东同志在《论人民民主专政》一文中就指出，对于官僚资产阶级这种反动派要使用专政的方法，而解决人民内部问题，包括对民族资产阶级的问题，则是使用"民主即说服的方法"。1950 年他在中国人民政治协商会议第一届全国委员会第二次会议上的讲话里，进一步说明了这种区别。

从开国以来，我国就按照毛泽东同志的分析，在社会主义革命最重要的问题，如无产阶级专政、废除资本主义所有制、实现社会主义国有化等问题上，创造性地采取了一面对垄断的大资产阶级实行专政和强力剥夺，一面对中小资产阶级按照又团结又斗争的原则实行说服教育和赎买的政策，并且把两者正确地结合起来。

我国的实践证明，这种政策是完全正确的。这两个方面是互相促进的。对大资产阶级的专政和剥夺，促进了民族资产阶级接受社会主义改造的可能性，而对民族资产阶级的团结，又使大资产阶级陷于孤立，有利于对他们实行专政。同时，采取这种办法，有利于彻底消灭资本主义和彻底消灭资产阶级。采取这种办法，不仅可以避免所有制变革中可能遭遇到的生产力的破坏和生产、交换的停滞，而且可以在改造中利用资本主义经济，调动一切积极因素为社会主义建设服务。

在 1957 年，毛泽东同志根据对社会主义制度下各种矛盾的精湛分析，发表了著名的《关于正确处理人民内部矛盾的问题》的讲演，提出了社会主义社会敌我矛盾和人民内部矛盾两类不同矛盾的学说。他明确地指出：民族资产阶级和帝国主义、地主阶级、官僚资产阶级不同，工人阶级同他们的矛盾属于人民内部的矛盾，工人阶级同他们的阶级斗争一般地属于人民内部的阶级斗争。并且进一步发展了他在民主革命时期对于中国阶级矛盾的科学分析，提出了矛盾转化的理论，着重地提出了矛盾的处理问题。他指出，如果工人阶级处理不当，不是对民族资产阶级采取团结、批评、教育的政策，或者民族资产阶级不接受这个政策，那么工人阶级同民族资产阶级之间的矛盾就会变成敌我之间的矛盾。这就是告诫大家，虽然由于我国的历史条件，工人阶级同民族资产阶级之间的矛盾有作为人民内部矛盾来和平解决的可能性，如果将这种可能性变为现实，还有待于我们的主观努力，有赖于对矛盾的正确处理。也就是说，在可能条件具备之后，主观能动性就成为主要的了，正确地制定和执行方针政策和采取正确的斗争形式就成为主要的了。

十余年来，中国工人阶级在党的领导下，不断地巩固无产阶级专政，加强工农联盟，优先发展社会主义经济，使革命力量步步高涨，形成了"兴无灭资"的巨大优势。同时，在各项政治社会运动中吸引资产阶级参加，在反投机斗争、"五反"运动以及反右派斗争中对资产阶级的违法行为给以坚决打击，通过这些运动和斗争，教育了资产阶级分子，并通过改造的实践和其他方式批判他们消极的一面。另一方面，在政治上不剥夺民族资产阶级的政治权利，并适当吸收他们的代表参加人民民主专政的政权工作；在经济上采取通过国家资本主义逐步过渡的办法，并对民族资产阶级实行赎买，坚持统筹兼顾的方针，在不同时期采取不同措施，照顾他们的合理利益。通过这些，鼓励他们积极的一面，调动他们积极的因素，为恢复国民经济服务，为社会主义建设服务。所有这些，都是按照又团结又斗争的原则，正确处理阶级矛盾以赢得社会主义改造的胜利的条件。

党对资产阶级的这种区别对待的政策，是正确地掌握了矛盾的普遍性和特殊性的辩证关系，正确地掌握了矛盾的不同地位，创造性地把马克思列宁主义的阶级斗争学说同中国革命具体实践相结合的结果。毛泽东同志在阶级分析上，从来不把经济因素、生产关系的因素孤立来看，也从来不把各个阶级孤立来分析，而是如他在著名的《矛盾论》中所说的："研究事物发展过程中的各个发展阶段上的矛盾的特殊性，不但必须在其联结上、在其总体上去看，而且必须从各个阶段中矛盾的各个方面去看。"接着，他以中国共产党和国民党之间的联合和斗争为例，进行了分析，说明"必须研究这两党的阶级基础以及因此在各个时期所形成的它们和其他方面的矛盾的对立。"①毛泽东同志的阶级分析方法，又从来不把剥削阶级看成是一块铁板，而是具体地分析它的每个阶层、每个集团，找出它的左翼和右翼，找出它的中间势力，找出工人阶级可以争取的调动的积极因素和必须给予打击的消极因素。这就是说，阶级分析，不仅要看到阶级矛盾的斗争性，还要看到他们之间的同一性，它们相互渗透、相互转化的可能性。毛泽东同志在《矛盾论》中又以无产阶级和统治阶级、共产党和国民党为例，说明这个问题。"'为什

---

① 毛泽东：《矛盾论》，《毛泽东选集》第 1 卷，第 303 页。

么人的头脑不应当把对立看作死的、凝固的东西，而应当看作生动的、有条件的、可变动的、互相转化的东西'呢？因为客观事物本来是如此的。"①毛泽东同志的这种思想深刻地体现了具体地分析具体情况的马克思主义的活的灵魂，使马克思列宁主义的原则性与灵活性达到了高度的和谐的统一。

在帝国主义时代，资本主义分化为垄断资本和中小资本（在殖民地、半殖民地国家是买办资本与民族资本），资产阶级分化为大资产阶级和中小资产阶级（在殖民地半殖民地国家是买办阶级或官僚买办阶级和民族资产阶级），已日益成为一种普遍的现象。中国社会主义革命的实践，提供了无产阶级革命的一个新的方面的经验。

我国对民族资本主义工商业的社会主义改造，虽然是通过和平的方式实现的，但是，这种社会主义改造，是以共产党领导工人阶级和其他劳动人民武装推翻帝国主义的走狗，封建地主和大资产阶级的统治并对他们实行专政和没收他们的生产资料为前提的。我国对民族资产阶级实行和平改造，实质上是对封建地主和大资产阶级暴力剥夺的补充。我国以采取处理人民内部矛盾的原则来处理过渡时期工人阶级同民族资产阶级之间的矛盾，是我国在无产阶级专政下阶级斗争的一种特殊形式。

在社会主义革命的事业中，要不要无产阶级专政、要不要对反抗革命的资产阶级实行剥夺和镇压，是共产主义者和一切反共产主义者、马克思主义者和一切反马克思主义者的根本分歧之所在。列宁说过："只有承认阶级斗争、同时承认无产阶级专政的人，才是马克思主义者。马克思主义者同庸俗小资产者（以及大资产者）之间的最大区别就在这里。"② 我国社会主义革命的伟大胜利，从实践上证明了马克思列宁主义真理。

三

我国改造资本主义工商业的胜利，证实了马克思列宁主义关于无产阶级专政下采取国家资本主义政策的正确性，并且在实践中，进一步明确了无产

---

① 毛泽东：《矛盾论》，《毛泽东选集》第 1 卷，第 318 页。
② 列宁：《国家与革命》，《列宁全集》第 25 卷，第 399 页。

阶级专政下国家资本主义的性质，充分发挥了它的作用，创造了适合我国条件的一系列国家资本主义形式，揭示了各种形式发展的规律性。

我国的国家资本主义是在社会主义经济领导下的、社会主义经济成分和资本主义经济成分在不同程度上联系和联合的形式。它是工人阶级和民族资产阶级在经济上的联盟。这种联盟是社会主义革命中这两个阶级又联合又斗争的统一战线的内容之一，体现着工人阶级同资产阶级之间的一定的阶级关系。这种联系和联合的目的，正是为了逐步改造和消灭资本主义经济，使之变为社会主义经济。因此，它是在我国条件下，进行阶级斗争的一种特殊形式。

我国的经验证明，作为从资本主义到社会主义过渡的经济形式，无产阶级专政下的国家资本主义，无论采取什么形式，在实质上就不能不是资本主义和社会主义两种经济成分的联系和联合，不能不是这两种经济成分的对立的统一物。社会主义成分的存在和不断发展，是国家资本主义比之私人资本主义具有优越性的源泉，是它能够逐步向社会主义过渡的内在因素。没有这种内在因素，通过质的渐变方式来变革生产关系，消灭资本主义是不可能的。

在我国国家资本主义中，生产关系的这种变革是通过社会主义经济成分由企业外部进入企业内部，在企业中占领导地位，并逐步改造资本主义成分，最后完全代替资本主义成分而完成的。这也就是国家资本主义的发展过程，是社会主义经济成分和资本主义经济成分的斗争过程。这个斗争必然会以社会主义成分的胜利和资本主义成分的消灭而告终，因为社会主义成分是以强大的无产阶级国家政权为保证，以强大的不断发展的全民所有制的生产为基础的；在这个斗争中，社会主义始终是居于矛盾的主导方面。

国家资本主义的过渡性质决定了它不能停留在一种形式上。在我国，首先是把民族资本主义工商业改造成为在国家管理、国营经济领导和工人群众监督下的资本主义工商业，这样，它们就不同于一般私人资本主义了。然后，由社会主义经济成分同资本主义经济成分在企业外部的联系逐步发展为这两种经济成分在企业内部的联合，也就是由国家资本主义初级形式的加工订货、经销代销等逐步向高级形式的公私合营过渡。但个别企业的公私合营并没有消灭私有制，并没有根本解决社会主义和资本主义的矛盾；因而这种公私合营企业仍然不能停留不动，而必须向更高的形式过渡。这种更高级的阶段——全行业公私合营并在一定时期对资本家实行定息。这种形式，虽然仍然保留着国家资本主义的名义，但性质上已经基本上是社会主义全民所有制企业了。

国家资本主义由低级形式向高级形式逐步过渡是一种客观的必然，是国家资本主义这种对立统一体本身的规定性。但是，这种过渡不是自发地实现的，而是在社会主义制度下，共产党和工人阶级自觉地掌握生产关系要适合生产力发展的规律、自觉地掌握在我国条件下阶级斗争的规律、把马克思主义的不断革命论和革命发展阶段论的观点贯彻到这项工作中去的结果。由于国家资本主义中包含有资本主义和资产阶级这样一个盲目性的和具有对抗性的力量，就使得这种过渡不能不是一个复杂的阶级斗争的过程，必须有领导、有计划、有步骤地进行。不能满足于生产关系改造的某一阶段、满足于某些矛盾的暂时和缓，而必须逐步把它引导到更高的阶段。在适当的条件下，还必须推动国家资本主义以跃进的形式向更高阶段发展，像1956年的全行业公私合营高潮就是这样。否则，就会障碍生产力的发展，损害劳动人民的社会主义积极性，破坏整个社会主义革命的步伐。而在条件不具备时，又要防止国家资本主义超越目前形式过早的提高。这不仅在工人阶级中有时会出现某些急躁情绪，在资产阶级中也经常会出现一些盲目的冲击力量。例如在公私合营高潮以前，有些资本家为了"丢包袱"，为了把企业的损失或困难转嫁给政府而急于要求公私合营等。

国家资本主义的目的是逐步改造资本主义的生产关系。但是这种改造形式，不立即消灭资本主义，而能发挥利用资本主义的积极性、限制它的消极性的作用；在这种改造中，不把资本家排除在生产之外，而能调动资产阶级的积极因素、批判他们的消极因素。国家资本主义实际上是在逐步改造资本主义经济的生产关系的同时，组织、利用和发展这部分生产力，并对其活动进行管理和监督的一种经济形式。这样，国家资本主义就成为实现党对资本主义工商业利用、限制和改造政策的良好工具，成为教育资本家的学校。在我国的实践中，把国家资本主义的这些作用充分地发挥出来，并把它们互相结合起来，表现了党的高度领导艺术。我国的经验证明，要使国家资本主义充分发挥它的这些作用，必须在企业内部建立强有力的工人监督，使社会主义经济成分同企业内部工人群众的力量结合在一起。还必须采取一系列经济上、政治上、法律上、思想意识上的措施和群众性运动；其中最主要的是：正确的价格政策和利润政策，既能限制剥削，又要保证资产阶级的合法利益；发动群众监督、打击抗拒改造和投机违法的行为，保护正当的经营；对资本家进行各种形式的教育。对于国家资本主义的发展，又必须根据统筹兼顾的方针，全面规划，适当安排。在国家资本主义的各个阶段，尤其是达到了高级阶段以后，还必须对它们进行企业改革（主要是用社会主义的经营管理制度代替资本主义的经营管理制度）和经济改组（主要是改进生产力组织和生产力配置）。这种改革和改组，是改造生产关系的继续。

在当前时代，国家资本主义已经成为一种普遍的经济现象，不同性质的国家，都存在着这种形式或那种形式的国家资本主义，为统治阶级的利益服务。但是，我们必须区别资本主义制度下的国家资本主义和社会主义制度下的国家资本主义，绝不容许把这两者混淆起来。

在资本主义国家中，有些国家通过国家财政预算，兴建了一定数量的国有企业；有些国家在某些工业部门实行了"国有化"；而国家通过军事订货来调节社会生产，对一些私营企业的经济活动进行行政监督和管理，则更是较为通行的做法。资产阶级辩护士们对这种情况大肆宣扬，帝国主义阶段资产阶级经济学奠基人凯恩斯就竭力鼓吹这种"投资社会化"，认为更多地建立"国有企业"，就可以达到充分就业，消除危机，就可以"健全"资本主义制度。

马克思主义者从来认为：社会主义的全民所有制是人类有史以来最进步的生产关系。它的出现，宣告了一切剥削制度无可避免地灭亡的命运，它代表了全人类社会主义和共产主义最美好的未来。因之，全民所有制会遭到帝国主义者和它的走狗的反对，绝不是偶然的。

马克思主义者也从来认为国家资本主义经济不是一种独立的经济形态，它从属于整个社会的政治条件和经济条件。换句话说，它所存在的国家的性质和社会经济条件，决定着国家资本主义的性质和作用。无产阶级专政条件下的国家资本主义，它只能是从属于工人阶级的国家，为工人阶级消灭资本主义经济、消灭资产阶级的事业服务。同样，在资产阶级专政的国家，任何形式的国家资本主义，也只能是从属于资产阶级，为资产阶级剥削工人和其他劳动人民服务。

在资产阶级专政条件下国家资本主义的出现和加强，丝毫也不意味着资本主义本质有任何变化。资产阶级的国家资本主义，实质上是一种国家垄断资本主义，而国家既然还是资产阶级的国家，它就会如恩格斯早已说过的："现代国家……它愈是把生产力更多地掌握于自己手中，它就愈益完全地转成为集体的资本主义，愈益剥削更多的国民。工人还是雇佣工人，无产者。资本主义关系没有被消灭，反而达到了极点，达到了顶点。"① 这种国家垄断资本主义的出现，也就标志着垄断资产阶级与国家政权结合的日益紧密，标志着垄断资产阶级对国家政权控制的日益加深，使国家政权更好地为财政寡头的利益服务，而加剧对劳动人民的掠夺和剥削。也正如列宁所说："国家同拥有无限权力的资本家集团日益密切地溶合在一起，它对劳动群众的残酷压迫，愈来愈骇人听闻了。"②

中国人民有着被帝国主义国家的垄断资本长期侵略和压榨的惨痛经验，也有被本国的国家垄断资本主义长期统治和剥削的惨痛经验。中国人民还有更重要的经验。这就是，对于这种反动的国家垄断资本主义，只有工人阶级起来推翻官僚资产阶级的统治，打碎官僚资产阶级的国家机器，把它没收为全民所有，也就是归工人阶级领导的国家所有，才能使人民获得解放。同时也只有这样，才能使无产阶级专政制度下的国家资本主义成为可能，才能使非垄断性的、中小的资本主义工商业，有可能通过国家资本主义的形式，有步骤有秩序的转变为社会主义工商业企业。

四

我国改造资本主义工商业的胜利，实现并且丰富了马克思列宁主义关于工人阶级在一定条件下向资产阶级实行赎买的政策思想，创造了与国家资本主义的发展相结合的各种赎买形式。

在我国的社会主义改造中，是把对民族资产阶级的赎买和国家资本主义

---

① 恩格斯：《反杜林论》，人民出版社，1957，第 292 页。
② 列宁：《国家与革命》，《列宁全集》第 25 卷，第 371 页。

结合起来的。我国对民族资产阶级的赎买，不是由国家另外拿出一笔钱来，而是工人在为国家和人民的需要而生产的时候，也为资本家生产一部分利润，作为赎买的代价。

我国把赎买和国家资本主义结合起来，在国家资本主义发展的不同阶段，也创造了不同的赎买形式。这种赎买形式的发展，反映着不同阶段国家资本主义生产关系的变化，反映着剩余价值生产的逐步受到限制；同时，赎买作为一种制度，又反过来对国家资本主义的发展，对生产关系的改造，发挥重要作用。当资本主义工商业转变为在国家管理、国营经济领导和工人群众监督下的资本主义工商业的时候，它已具有国家资本主义的某些性质；但是，企业内部生产关系的变化还不明显，基本上还是为了剩余价值而生产。适应这种情况的赎买形式是《私营企业暂行条例》所规定的允许资本家分取股息，并从盈余的余额中分取红利。这种办法有利于鼓励资本投资于有益的生产事业，同时也在一定程度上限制了资本剥削。当企业纳入国家资本主义的初级形式以后，剩余价值的生产受到了明显的限制，工人已在不同程度上是为了完成国家计划任务而劳动，一部分已是为社会的劳动。这时采取‘四个方面分配盈余’的赎买形式。它反映了生产关系的这种变化，使盈余的较大部分实现为社会主义的积累和分配；同时也按比例给资本家一定的利润，因而有吸引资本主义纳入国家资本主义形式、鼓励资本家生产经营的积极性的作用。全行业公私合营之后，实行定息制度，并辅以保留资本家的高薪和人事安排等。这种赎买形式使公私合营企业中的私股脱离了对生产资料的占有和支配，失掉了资本的职能，从而根本上改变了资本主义的生产关系。可是，定息作为一种制度而普遍实行，则又是在国家资本主义发展到它的最高阶段、全行业都实现公私合营时，才成为可能。并且，它是基于全行业公私合营后由国家统一调动各企业的人力、物力和积累的要求而来的，它从分配关系上，体现并促成了所有制的根本变革。

我国的赎买办法的这种性质，决定了它不是生产资料的等价物，不是买卖关系。赎买的代价，总的说来，不决定于资产阶级占有生产资料的价值，而是决定于社会主义改造的需要。

赎买形式不仅和国家资本主义的发展密切联系，它实际上是根据各个时期的革命任务与要求而决定的。实行赎买政策，是我国工人阶级与民族资产阶级的联盟即又联合又斗争的统一战线能够在社会主义革命中继续发挥作用的因素之一，也是民族资产阶级能够不太勉强地接受社会主义改造的原因之一。它是党正确处理工人阶级和资产阶级之间的矛盾的一个方面。赎买是为无产阶级革命的政治任务服务的。当国家资本主义处在初级形式的时候，分配利润的赎买形式是最恰当的。而当国家资本主义进入高级形式以后，定息的形式（和其他赎买形式如安排资本家工作、保留他们较高薪金等）又恰当地体现了新阶段的阶级关系和阶级矛盾。如像毛泽东同志所说："一方面，资产阶级分子已经成为公私合营企业中的管理人员，正处在由剥削者变为自食其力的劳动者的转变过程中；另方面，他们现在还在公私合营的企业中拿定息，这就是说，他们的剥削根子还没有脱离。他们同工人阶级的思想感情、生活习惯还有一个不小的距离。"[1] 因此，实行定息的办法，既能使资产阶级对于自身的变革在思想上和生活上有充裕的安排时间，有利于他们进行政治思想改造，同时也给工人阶级提示了进一步消灭他们的剥削根子和从政治和思想上消灭阶级的革命任务。这种办法，无疑的也有利于调动资产阶级的积极因素，为社会主义建设服务。

马克思主义者从来是把对剥削阶级的赎买，看作是无产阶级以最小的代价换取革命最大胜利的一种手段。在这个意义上说，赎买采取什么样的形式并不是基本的。例如恩格斯曾设想过用纸币赎买的办法。我国在某种场合也实行过其他形式的赎买，如在西藏的民主改革中对于没有参加叛乱的农奴主及其代理人所占有的土地和多余的房屋、耕畜、农具等实行赎买，对于反帝爱国、接受民主改革的农奴主及其代理人在政治上给予安排，在生活上给予照顾等。但无论如何，在赎买过程中，所体现的总是工人阶级同剥削阶级之间的阶级关系，包括政治关系和经济关系，它总是为工人阶级的政治目的服务的，而不是个人与个人或国家与个人之间的关系，不是纯经济上的买卖关系。这种赎买关系的根据是工人阶级专政和剥削阶级接受改造的可能性。赎买的可能性和现实性，归根结底决定于阶级力量的对比。恩格斯在《法德农民问题》中讲到剥夺大土地所有者时就说过："至于这一剥夺是否要用赎买办法实行，这大半不决定于我们，而决定于我们取得政权时的情况，尤其

---

① 毛泽东：《关于正确处理人民内部矛盾的问题》，第20页。

决定于大土地所有者老爷们自己的行为。"① 列宁在讲到对资产阶级实行赎买时，也是指"环境会迫使资本家和平屈服"和对那些"决心为苏维埃政权服务""对无产阶级有益"②的资本家而言的。

早在1950年，毛泽东同志在人民政治协商会议第一届全国委员会第二次会议上就指出：只要人们在革命战争中，在革命的土地制度改革中有了贡献，又在今后多年的经济建设和文化建设中有所贡献，那么在实行工业国有化和农业社会化的时候，"人民是不会把他们忘记的，他们的前途是光明的"。又说："只要谁肯真正为人民效力，在人民还有困难的时期内确实帮了忙，做了好事，并且是一贯地做下去，并不半途而废，那么，人民和人民政府是没有理由不要他的，是没有理由不给他以生活的机会和效力的机会的。"③ 毛泽东同志这些指示，也就是我国对民族资产阶级实行赎买政策的基本指导思想。

赎买的涵义，在不同的社会制度之下其性质是完全不同的，正如列宁那样认真地教导我们必须区别资本主义制度下和无产阶级专政下的根本不同性质的"国家资本主义"一样，我们也必须区别这两种不同制度下的"赎买"。无论是普鲁东式的"工人赎金"，或是社会民主党人的"国有化"赎金，乃至近来某些资产阶级政府在实行土地改革中给予地主阶级的赎买债券，都和马克思列宁主义的赎买没有丝毫共同之处。这些"赎买"都根本不触及资本主义制度，而且差不多都是一种分期付款式的买卖关系。普鲁东把"赎买"作为工人同资本家（或房产主）之间的个人关系，其目的是把无产阶级变为手工业式的小资产者。这种"赎买"是一种反历史的反动的思想，早已为马克思和恩格斯所批判了。而社会民主党人的"国有化"，则不仅没有改变资本主义所有制，反而强化了资本主义所有制，加重了对工人阶级的剥削。如果说它和无产阶级革命有关联的话，只不过是它加深了阶级矛盾和阶级斗争而已。

---

① 恩格斯：《法德农民问题》，《马克思恩格斯文选》（两卷集）第2卷，第439页。
② 列宁：《论粮食税》，《列宁全集》第32卷，第329页。
③ 毛泽东：《在中国人民政治协商会议第一届全国委员会第二次会议上的讲话》，人民出版社，1953，第6~7页。

五

在我国资本主义工商业的社会主义改造中，一直是把对资产阶级分子的改造，作为彻底消灭阶级的重要任务，作为政治战线和思想战线上社会主义革命的重要任务来进行的。在革命实践中，创造了教育和改造资产阶级分子的方法和经验，丰富了马克思列宁主义关于社会主义革命和消灭资产阶级的学说。

任何革命总是表现为一定阶级的消灭。毛泽东同志历来把改造被消灭阶级的成员作为彻底完成革命事业和彻底消灭剥削阶级的重要一环。1949年，当民主革命在全国取得胜利的时候，毛泽东同志就把改造被人民打倒了的反动统治阶级的成员作为彻底完成民主革命的任务，并且指出只有把"这件工作做好了，中国的主要的剥削阶级—地主阶级和官僚资产阶级即垄断阶级，就最后的消灭了"。[①] 在社会主义革命阶段，毛泽东同志十分重视对民族资产阶级分子的改造工作，不但把它作为彻底完成社会主义革命和彻底消灭阶级的一项任务，并且明确地提出政治战线和思想战线上的社会主义革命，把它作为社会主义革命的一个重要组成部分来完成。要求在社会主义改造过程中，使资产阶级分子不仅在经济上脱离剥削者的地位，即改变他们的阶级地位，又要从根本上改造他们的政治立场，改变他们的阶级本性，使他们成为自觉的社会主义劳动者。

根据马克思列宁主义关于存在决定意识、意识又反作用于存在的辩证原理，毛泽东同志历来主张，为了发展革命事业，人人需要改造，而人是可以改造的。1937年毛泽东同志就说过："无产阶级和革命人民改造世界的斗争，包括改造客观世界，也改造自己的主观世界。""所谓被改造的客观世界，其中包括了一切反对改造的人们，他们的被改造，须要通过强迫的阶段，然后才能进入自觉的阶段。"[②] 在1957年毛泽东同志又指出："在建设社会主义社会的过程中，人人需要改造，剥削者要改造，劳动者也要

---

① 毛泽东：《论人民民主专政》，《毛泽东选集》第4卷，第1482页。
② 毛泽东：《实践论》，《毛泽东选集》第1卷，第285页。

改造。"①

我国这样大规模、有计划地把剥削者改造成为劳动者，在历史上还是创举。这种改造又需要有怎样的具体历史条件才能保证它的实现呢？

这种改造，只有在工人阶级取得政权、建立了强大的无产阶级专政之后，才是可能的。我国党的领导和人民民主专政的国家权力，就是改造资产阶级分子首先依靠的一个根本条件。马克思主义经典作家一开始就提出工人阶级的政治统治是"对社会进行社会主义改造的基础"。② 毛泽东同志正是根据这一原理进一步地指出："有了人民的国家，人民才有可能在全国范围内和全体规模上，用民主的方法，教育自己和改造自己，使自己脱离内外反动派的影响（这个影响现在还是很大的，并将在长时期内存在着，不能很快地消灭），改造自己从旧社会得来的坏习惯和坏思想，不使自己走入反动派指引的错误路上去，并继续前进，向着社会主义和共产主义前进。"③

在我国与党的领导权和人民民主专政的壮大和巩固的同时，我国生产资料所有制的社会主义革命也取得了伟大的胜利。在 1956 年社会主义改造高潮之后，社会主义在我国已经成为无所不包的经济体系。从民族资产阶级来看，他们已经交出了自己的企业，基本上丧失了剥削别人劳动的条件，即自己阶级存在的经济基础。对于组成这一个阶级的成员来说，就意味着他们的社会经济地位的重大改变，即开始由一种经济地位转化为另一种经济地位。在社会生活中，首先是人们的物质地位发生变化，然后人们的意识才可能相应地发生变化。根据马克思主义存在决定意识的唯物主义原理，我国社会经济条件的根本性变化，资产阶级分子经济地位的变化，无疑都会作为重要的社会存在，对资产阶级分子意识形态的改造，发生决定性的影响。

我国民族资产阶级是一个有两面性的阶级，他们两面性中接受共产党领导、接受社会主义改造的积极性的一面，是我国工人阶级在社会主义革命阶段同民族资产阶级保持统一战线关系的重要依据，也是我国对资产阶级分子进行政治思想改造的重要内在根据。只有在这种情况之下，工人阶级才能够对他们采取说服教育的方法，鼓励他们积极性的一面，对他们消极性的一面

---

① 毛泽东：《关于正确处理人民内部矛盾的问题》，第 20 页。
② 列宁：《国家与革命》，《列宁全集》第 25 卷，第 477 页。
③ 毛泽东：《论人民民主专政》，《毛泽东选集》第 4 卷，第 1481 页。

进行批评和必要的斗争。十多年来，我国经过人民民主统一战线的教育和斗争，已经使资产阶级分子不太勉强地接受了生产资料所有制的改造，并在政治立场的改造上取得了很大进步。

社会主义革命需要经过一个长期的过程。对资产阶级分子的社会主义改造，不仅是彻底消灭阶级的革命任务所要求的，而且要在这个过程中，逐步地改造资产阶级分子，把他们提高到革命各阶段所要求的政治水平和思想水平，以适应社会主义革命发展的需要。

在国民经济恢复时期，工人阶级刚建立起自己领导的国家政权和国营经济，又面临着恢复国民经济的艰巨任务；而资产阶级分子这时还没有最后放弃他们资产阶级共和国的幻想，还有着发展资本主义的强烈愿望。这时期对资产阶级分子的改造，主要是要求他们在政治上承认工人阶级的领导，抛弃"第三条道路"的幻想，在经济上服从国营经济的领导，并且爱国守法，积极经营，为恢复和发展国民经济服务。1953年党在过渡时期的总路线宣布之后，全面地开展了对农业、手工业和资本主义工商业的社会主义改造，工人阶级同资产阶级的矛盾集中表现在所有制改造的问题上。这个时候，党和政府就要求资产阶级在提高认识的基础上，积极接受国家资本主义，认清大势，实现公私合营。这样，就可以在所有制的社会主义改造中，减少阻力，增加助力，以至化消极因素为积极因素。

在生产资料所有制的革命基本完成以后，我国社会主义和资本主义两条道路的矛盾和斗争，就集中地从政治上、思想上表现出来。这时，对资产阶级分子进行政治立场的根本改造，消除资产阶级的政治和思想影响，以适应社会主义经济基础的要求，进一步为生产力的发展开辟道路，就成为社会主义革命的首要任务了。政治立场是人们阶级性的集中表现，人的思想认识和思想方法都是由他们的立场决定的。正如毛泽东同志所说：随着立场，就发生"对于各种具体事物所采取的具体态度"。① 因此，政治立场的改造是资产阶级分子改造成为劳动者的首要和基本的问题。在资本家还掌握有生产资料的时候，他们的阶级地位还没有改变，工人阶级还不可能向他们提出改造政治立场的要求。在资本主义经济实现了社会主义的根本变革之后，资产阶

---

① 毛泽东：《在延安文艺座谈会上的讲话》，《毛泽东选集》第3卷，第850页。

级分子只有首先改造立场才能适应社会主义的经济基础，才能获得新的立足点来进一步改造自己的思想认识，也只有改造立场，才能更好地为社会主义服务。

由于社会意识具有相对的独立性，意识形态的变革比经济基础和政治制度的变革需要更长的时间，并且只能是逐步转变。这是意识形态本身运动的规律性所规定了的。我国对资产阶级分子的改造随着企业改造和社会经济基础变革后的要求而逐步深入，循序渐进。这不但正确体现了意识形态革命的这种规定性，而且是对于经济基础与上层建筑之间相互促进的辩证规律的极其高明的运用。

改造资产阶级分子的途径和方法，根本说来是两个，一是为社会主义服务的实践，一是政治、思想教育。

实践包括生产斗争和阶级斗争，人们在生产斗争和阶级斗争中改造客观世界，同时改造主观世界，决定自己的政治立场和思想认识。因此，生产斗争和阶级斗争的实践就成为改造资产阶级分子的基本途径。但资产阶级分子的改造不是自发地进行的，必须有先进阶级的领导和教育，并且要发挥主观能动作用。这就只有对资产阶级分子进行教育，不断提高思想认识，才能正确地指导实践。

当资产阶级分子还占有生产资料的时候，对他们的改造，主要是通过各项政治运动，通过企业改组改造的实践、通过工人监督和对他们进行爱国守法的教育和政策教育，把企业改造与人的改造相结合起来进行的。在所有制改造基本完成以后，把资产阶级分子安排在社会主义性质的企业中，在公方代表直接领导和工人群众直接监督下工作和劳动，这就有可能采取业务与劳动的实践和政治思想教育相结合的办法来改造他们。这就是党所提出的以政治思想教育为统帅、以劳动和工作实践为基础、以企业和工作岗位为基地，并且密切结合起来的方针。

进行政治思想改造，对于资产阶级分子来说，是他们一个认识的发展过程。不仅要求资产阶级分子认识他们所经历的这种变革的现实性，还要求他们认识这些变革的必然性，才能在新的认识的基础上，自觉地接受进一步的改造。这就是说，要求他们破资本主义、立社会主义的改造应该由感性认识发展到理性认识。这种发展必须以实践为基础，在实践中统一起来，理性认识又再回到实践。因此,在对资产阶级分子进行教育、改造的过程中是不能离开实践的。

同时,政治思想教育对于实践的指导,理论对于自我改造指导,在任何时候也都是极端重要的。当然,在资产阶级还占有生产资料、进行资本主义生产经营的时候,他们的这种实践是和社会主义相矛盾的。但是,也只有工人阶级对他们进行政治思想教育下,才能在他们的思想上揭露这种矛盾,使他们原来充满了资本主义思想的头脑中树立一个对立面,才能逐渐认识到自己的剥削行为,以至逐渐认识到剥削可耻。也只有在工人阶级对他们进行各种政策的教育下,才能使他们比较自觉地进行守法经营,积极完成国家的任务。在所有制改造基本完成、进入政治立场的根本改造阶段之后,政治思想教育就具有更重要的作用。这时,他们的工作和劳动客观上已是为社会主义服务了,但是,他们主观上资本主义的政治立场与思想意识又是同这种实践相矛盾的。这时,政治思想教育就不仅有揭露矛盾,提高自觉、促进改造的作用,还有直接指导实践的作用。资产阶级分子只有政治挂帅,加强学习,才能在提高认识与自觉的基础上,服务得好,改造得好。

资产阶级分子的改造是属于人民内部的思想改造。人民内部的思想改造,归根到底是一种自我改造。自我改造必须依靠自觉。社会主义意识形态同资本主义意识形态是根本对立的,资产阶级分子按其阶级本性来说,对于改造资本主义立场是抵触的。他们不可能本能地具备这种自觉性。但是,在社会主义改造高潮之后,由于资本主义经济的基本消灭,资本主义的意识形态已经开始失去了它赖以存在的经济基础,民族资产阶级分子也开始获得了改造其阶级本性的客观条件。同时,民族资产阶级在其思想性格中还具有反帝爱国和可以接受共产党领导,接受社会主义改造的积极因素。这些都使得在资产阶级分子中培养政治思想改造的自觉性成为可能。重要的问题是要工人阶级从各种实际生活、实际斗争和政治理论学习等各个方面进行教育,来给予他们以进步的革命的影响,帮助他们对于社会发展规律有比较深刻的认识,对于进行政治思想改造的必然性与必要性有比较深刻的认识。这样,资产阶级分子对根本改造的自觉性,就可以在他们中间从无到有,从少到多地培养起来。

我国工人阶级在对资产阶级分子进行政治思想改造的过程中,所进行的一系列的教育和斗争，固然对于资产阶级分子主要体现为外力的帮助，某些斗争在一定意义上还是一种强制力量。但这种外部教育与自我教育是相辅相成的。工人阶级的这种教育和斗争，大部分是采取民主的、说服教育的方式，通过资产阶级自己进行的。这对于资产阶级分子来说体现为他们的自我教育和自我改造。党领导和帮助资产阶级分子进行自我教育和自我改造，就是要把工人阶级对他们的教育转化为资产阶级分子的自我教育。这个外部教育与自我教育对立统一的发展转化过程，也正是培养和发挥资产阶级分子改造自觉性的过程。在资产阶级分子的改造进入逐步改造成为劳动人民一部分的阶段之后，培养和发挥资产阶级分子改造的自觉性，已成为工人阶级对他们进行改造工作的一项重要工作。党所提出以政治思想教育为统帅，以劳动和工作实践为基础，以企业和工作岗位为基地的方针，把外部教育和自我教育的结合提到了一个新的高度，也就把培育资产阶级分子改造自觉性的工作提到了一个新的水平。

有人认为，我国民族资产阶级先天就具有社会主义改造的自觉性。又有人认为，我国民族资产阶级对社会主义改造不可能产生自觉性。因此，他们都认为培养自觉性是不必要的。这两种观点都是错误的。前者看不到剥削阶级的改造与劳动人民的改造是属于根本性质不同的两个范畴，必须经过接受工人阶级的改造才能进入自觉地改造。后者则把接受工人阶级的改造与自觉地进行改造绝对地对立起来，看不到它们之间的可能转化。毛泽东同志说过："矛盾着的对立的双方互相斗争的结果，无不在一定的条件下互相转化。在这里，条件是重要的。"① 我们应该认为，资产阶级分子的改造，自他教育是可以转化为自我教育的，接受改造也是可以转化为自觉改造的。工人阶级的政治思想影响，马克思主义先进理论的影响则是这种转化的决定条件。上面这两种观点，都必然会导致否认工人阶级的政治思想教育与马克思主义先进思想的影响对培养资产阶级分子自觉性的作用，这在实际工作上无疑都是有害的。

我国对资产阶级分子的改造，是按照团结—批评—团结的原则，采取说服教育的方法进行的。适应改造的深入和发展，需要有不同的教育形式。

---

① 毛泽东：《关于正确处理人民内部矛盾的问题》，第35页。

根据团结—批评—团结的原则，采取说服教育的方法改造资产阶级分子，这是中国工人阶级和民族资产阶级进行阶级斗争的基本方法。这种改造工作，主要是结合各项政治运动，结合企业改造的实践，结合为社会主义服务的实践，通过深入细致的思想教育工作来进行的。但在一定条件下，还必须通过尖锐的阶级斗争形式，如1950年和1952年对于资产阶级不法行为的斗争。只有把和风细雨的思想教育和严肃的批评斗争结合起来，才能逐步发展他们的积极性和破除他们的消极性，更好地改造他们。在1958年以前，中国工人阶级同民族资产阶级进行了几次由他们挑起来的激烈的大斗争，更对他们进行了大量的经常性的教育工作，才逐步地促使他们不太勉强地接受了社会主义改造。

在整风运动，特别在经过国民经济大跃进之后，资产阶级分子在政治思想上大有进步，改造的自觉性也有一定的增长，资产阶级分子中自我教育和自我改造的万分逐渐增长。在这种情况下，工人阶级的教育、批评也可以更多地转化为资产阶级分子的自我教育和自我批评。和风细雨的批评方式也可以使用得更为广泛。这就出现了"神仙会"的教育形式。"神仙会"所体现的和风细雨的精神和自己提出问题、自己分析问题、自己解决问题的方法，正是在资产阶级分子大有进步的情况下，根据党的处理人民内部矛盾的方针和政策所采取的进行自我教育和自我改造的有效方法。

但是，只要资产阶级还存在，只要资产阶级分子的政治思想改造还没有最后完成，工人阶级与资产阶级之间关于社会主义与资本主义两条道路的斗争总是不可避免的。由于过渡时期阶级斗争的复杂性，由于资产阶级大部分人还处于动摇、反复状态，这种斗争，也必然会出现高一阵、低一阵的情况。在被推翻的反动统治阶级和民族资产阶级中出现一部分人反抗革命、进攻工人阶级的时候，工人阶级必须经过尖锐的阶级斗争，才能击退这种逆流。在资产阶级分子中的一部分人在社会主义道路上出现严重动摇的时候，工人阶级也必须根据情况对他们进行严肃的批评和斗争，才能端正他们的政治方向，巩固他们的改造成果。因此，更广泛经常地采用和风细雨的教育方式，并不排斥对那些反对社会主义的人进行尖锐的斗争。只有根据阶级斗争形势，正确地把两者结合起来，才能逐步引导和促使资产阶级分子中的大部分人走完社会主义改造的道路，改造成为自觉的社会主义劳动者。

我国对资产阶级分子的改造，是通过资产阶级在政治上的分化而逐步实现的，掌握这种分化的规律，是促进改造工作的一个重要方面。

社会阶级不是一块铁板，而同其他事物一样，是经常运动和变化的。以私有制为基础的阶级，在它的发展中，以及在阶级斗争过程中，必然要产生分化。他们在阶级斗争中的分化，也就是一部分人向它的对立面的不同程度的转移。马克思和恩格斯曾经指出过，在阶级斗争接近决战的时期，原来统治阶级中会有一小部分人脱离出去而归附于革命阶级。但是历史上资产阶级的分化大都是自发地进行的。我国对资产阶级分子的改造则是自觉地利用这种规律，通过促进阶级的分化，大规模地逐步地把剥削者改造成为劳动者，以便彻底消灭这个阶级。

毛泽东同志说过："任何有群众的地方，大致都有比较积极的、中间状态的和比较落后的三部分人。故领导者必须善于团结少数积极分子为领导的骨干，并凭借这批骨干去提高中间分子，争取落后分子。"[1] 党和工人阶级在改造资产阶级分子的工作中，就采取了这种群众路线的工作方法，并在资产阶级中进行细致的工作，培养了一批进步核心分子。这些进步核心分子，在所有制的改造中，发挥了带头作用、骨干作用和政府与工商界之间的桥梁作用。在对资产阶级分子进行根本改造的工作中，党和工人阶级以毛泽东同志所提出的六项政治标准和自食其力为准则，通过政治思想教育工作，通过引导他们为社会主义服务的实践，就在资产阶级中引起进一步的分化。开始是一小部分人基本上转到社会主义立场上来，也就是说在政治上基本上站到工人阶级这边来了，有一些人并且已经站得比较稳，乃至已经成为自觉的社会主义劳动者了。而以后，就会有比较多一些的人，以至更多的一些人，逐步地、一部分一部分地基本上转变到社会主义立场上来，以至转变成为自觉的社会主义劳动者。只要继续加强对资产阶级分子的改造，资产阶级中大多数人转化为劳动人民是完全可能的。

中国共产党是我们国家一切活动的领导核心，党的绝对领导是我国社会主义革命和社会主义建设中一切工作胜利的根本保证。我们的党是在长期革命斗争中锻炼过来，并已完全熟练了领导革命艺术的党。它是以马克思列宁

---

① 毛泽东：《关于领导方法的若干问题》，《毛泽东选集》第 3 卷，第 900 页。

主义武装起来的，以马克思列宁主义的普遍真理和中国的革命与建设实践相结合的思想——毛泽东思想作为一切工作的指针。对资本主义工商业和资产阶级分子的社会主义改造就是这样一个革命实践，它是适合中国革命的条件和要求的。这个改造的胜利，是马克思列宁主义的胜利，是毛泽东思想的胜利。

十余年来，我国的革命是在毛泽东同志根据马克思列宁主义原理所阐明的关于不断革命论和革命发展阶段论相结合的思想；关于社会主义革命和社会主义建设同时并举的思想；关于区别敌我矛盾和人民内部矛盾、正确处理人民内部矛盾、调动一切积极因素的思想等指导之下进行的。我国对资本主义工商业和资产阶级分子的社会主义改造的胜利，光辉地证实了毛泽东同志这些思想的伟大和正确。

经济史：历史观
与方法论

编者说明

　　《经济史：历史观与方法论》，署名"吴承明"，上海财经大学出版社 2006 年 12 月第 1 版，收入"中国经济史学文苑"编委会编"中国经济史学文苑"丛书，"十一五"国家重点图书。商务印书馆 2014 年 4 月第 1 版（据上海财经大学出版社 2006 年版排印），入选商务印书馆编"中华现代学术名著丛书"。今据上海财经大学出版社 2006 年版收入全集。

目　录

下篇　方法论

前　言

　　2000 年我应邀在中国社会科学院研究生院的一个系列讲座中讲授"经济史：历史观与方法论"，仅两个半天课时。2001 年、2003 年重开此课，并在该院经济研究所和清华大学开讲过。2001 年 12 月，我接受中国社会科学院老年研究基金，立项撰写本书稿。时我已 84 岁，健忘，旋罹目疾，时作时辍，历时 4 年始完稿。所用资料以各章写作时为限，未能再作补正。

　　本书稿的撰写自始至终得到中国社会科学院经济研究所苏金花博士的大力帮助。书稿承上海财经大学杜恂诚教授审阅和推荐，上海财经大学出版社慨予出版，并被列入"十一五"全国重点图书。谨此致衷诚的感谢。

上 篇
历史观

第一章

引子：经济史学小史

第一节　西方经济史学

在西方，经济史作为一门独立学科，是19世纪晚期从历史学中分立出来的。其分立，是因为经济学已经发展成为系统的理论，原来历史学中的经济内容，可以用经济学的理论来分析和解说了。

19世纪，西方史学界占主流地位的是以 L. von. 兰克（1795~1856）为首的史学，被称为历史主义学派（Historismus）。他们强调历史世界与自然世界不同，自然世界是普遍一致的，历史则有个性，一国的意识形态、制度和价值观是由自己的历史发展所决定的。他们认为历史学就是如实地再现过去，所以十分重视历史文献的考证，因而是实证主义的史学。他们十分重视历史事件，详述事件经过，用因果关系联系起来，成为叙述式的史学。在19世纪晚期经济史分立出来以后，虽然是用经济学理论解释历史，但仍保持着历史主义特点。如英国经济史学的开山祖W. 坎宁翰（1849~1919），[①]强调经济变动中政治和心理因素的作用，主张用历史学方法研究经济学。W. J. 阿什莱（1860~1927）是世界上第一位经济史教授，认为经济学原理

---

① 最早以"经济史"命名的著作是奥地利经济学家斯特尔涅格（K. T. von Inama Sternegg）1877年出版的《德意志经济史文献》。坎宁翰是第一个把经济史作为独立学科研究并在大学开设经济史的讲座者。

不能普遍运用，需根据社会不同、时期不同予以修正或创新；把经济史看成是包括理论分析又包括历史评价的边缘科学。英国到第三代经济史学家 A. S. 阿什内（1889～1968），才摆脱历史主义框架，更重视经济学理论分析。

在欧洲大陆，德国被称为历史学派的经济学家中，不少人是史学家出身，并研究经济史，提出各种经济发展阶段的理论。其中以 G. von. 施穆勒（1838～1917）声誉最高，他强调民族特点，否定一般经济规律，注重史料考证，建立"国民经济发展史"的体系。L. J. 布伦塔诺（1844～1931）也是提倡历史主义方法，著有《历史中的经济》。法国经济史学家受 A. 孔德（1798～1857）影响，① 不用"经济史"名称，而统称社会学。著名经济史学家 E. 勒瓦瑟（1828～1911）著《法国工人阶级和工业史》四卷。比利时的 H. 皮朗（1862～1935），研究中世纪欧洲经济史，也重视社会学理论。

19 世纪 80 年代，英国牛津、剑桥大学开设经济史课程，都是在人文学院，或在历史学系，相沿至今。在德国、法国，一般不专设经济史课程，而是在历史学、语言学、社会学中讲授。唯美国大学的经济史课程多是设在经济学中，亦有在历史学中讲授的。1893 年阿什莱来美国哈佛大学任教，美国经济史学始盛。

到 20 世纪初，学术界已有专用经济学理论研究经济史的，即瑞典的 E. F. 赫克舍尔（1879～1952），他认为各时代的经济发展都要受市场供求规律的支配。但多数经济史学家仍多少保持实证主义、历史主义或社会学的传统。唯因经济学方面边际主义和新古典经济学兴盛，经济史方面也更多地应用统计资料，做数量分析。如剑桥大学的 J. H. 克拉潘（1873～1946），著作甚丰，即以视角广阔，对统计资料考证严密著称。牛津大学的 R. H. 托尼（1880～1962），研究人口、土地和价格有独创见解；他曾来中国，著《中国土地和劳工》。法国的 F. 西密昂（1873～1935），擅长计量研究，并用相关分析。美国在这方面尤盛，多家做商业周期的研究，A. P. 厄谢尔（1883～1965）以统计学研究欧洲经济史，成绩斐然。厄谢尔与德国 W. 阿倍利用中世纪教会庄园账簿中相对价格资料研究出 14～18 世纪欧洲农业的兴衰，给

---

① 在 A. 孔德的科学体系中，经济学和历史学都属于他所建立的社会学，而研究社会进步的社会动力学即历史哲学。

人以化腐朽为神奇之感。

第一次世界大战后，西方史学界一度陷入怀疑论，而经济史方面则不乏辉煌巨著。美国 J. W. 汤普逊（1869~1942）1928 年出版二卷本《中世纪经济社会史》，受 J. H. 鲁滨孙（1863~1936）《新史学》影响，不作系统分析，采取"用历史解释历史"的方法，寓观点于叙事，类中国之论从史出。著名经济学家 W. 桑巴特（1863~1941），原为施穆勒弟子，但一反德国历史学派传统，强调以经济学理论治史，提出"理念型经济体制"，1928 年完成三卷本《现代资本主义》。影响深远的奥籍美国经济学家 J. A. 熊彼特（1883~1950），1942 年发表《资本主义、社会主义与民主》，以他的"创新论"解释资本主义的发展，当企业家的创新精神消失，创新成为公共事业，社会即自动进入社会主义。其论点未能为后来的历史所证实，但创新论本意常存在经济史学家心中。

第二次世界大战后，西方史学界发生革命性变化，实证主义受到批判，历史主义几乎被打倒，社会科学方法用于史学，叙述的史学变成分析的史学。同时，西方经济学也发生革命性变化，凯恩斯以后，宏观经济学兴起，增长理论成为研究重点，结构主义代替线性发展，模型法凌驾因素分析。历史学和经济学双方的变化，使经济史学也发生了革命性变化，其结果，即当代西方三大经济史学派的出现。它们是，由法国年鉴学派第二代大师 F. 布罗代尔（1902~1985）于 20 世纪 40 年代完成的结构主义整体观的经济史学；以美国 R. W. 福格尔（1926~2013）为代表的 20 世纪 60 年代出现的计量史学；美国 D. C. 诺斯（1920~2015）于 20 世纪 70 年代创立的新制度学派经济史学。这三大经济史学派都对中国经济史的研究发生了重要影响，我将于方法论篇中各辟专节介绍，这里从略。

第二次世界大战后的新经济史可以 1972~1976 年出版的六卷本《方坦纳欧洲经济史》为代表，[①] 该书基本上采取了法国年鉴学派的整体历史观，以凯恩斯的宏观经济理论为框架，十分重视计量分析。但该书主编 C. M. 奇波拉指出，一部好的经济史并不在于所用形式或数据多少，而在于"所提

---

① Carlo M. Cipolla ed., *The Fontana Economic History of Europe*, Glasgow, 1976. 中译本见《欧洲经济史》，商务印书馆，1991。

问题是否中肯"，"所收集的材料质量如何"，"分析方法的选择和应用是否正确"；并认为"每一个国家都要作为特殊事例来叙述"，因为经济的发展"取决于社会特定的历史文化模式"。可见，仍然抱有实证主义、历史主义遗风。

还应提及著名经济学家、诺贝尔经济学奖获得者 J. R. 希克斯（1904～1989）的经济史理论。希克斯把人和经济制度的演变作为经济史的主要内容，"专为自己打算的经济人"的出现，创造了现有的经济制度。①他在 1969 年出版的《经济史理论》② 中，认为世界经济发展的趋势是由习俗经济、命令经济向商业经济或市场经济转换。这种转换，各国先后悬殊，历史上并有反复。在欧洲，这种转换经历了 400 年的"市场渗透"，即：商业兴起，商人阶级（特别是专业商人）要求保护产权和维护合同，而旧的制度无能为力，于是有新的法律、货币、信用制度的建立，财政、税收、行政管理的改造。同时，市场向农村和劳动方面渗透，实现货币地租和全部农产品商品化，以及自由劳动市场的建立。希克斯的理论甚受中国学者注意，盖因中国正在向市场经济过渡。

第二节　中国经济史学

早在《史记·货殖列传》中，中国就应用了"善因论"的自然主义经济理论，堪称经济史之雏形。然历代《食货》典志主要载国家管理经济的典章制度，缺少经济运行及其效果的记述。中国现代意义上的经济史学是引进西方史学和经济学后于 20 世纪前期逐步形成的。

1904 年梁启超（1873～1929）出版《中国国债史》，偏重史论。1917年贾士毅的《民国财政史》、1924 年曾鲲化的《中国铁路史》、1926 年陈向元的《中国关税史》已具专史规模，唯以叙述沿革和纪事本末为主。1927年南开大学何廉的《三十年来天津外汇指数及循环》，以经济理论和统计学方法研究汇价变动，已是完全意义上的经济史著作。南开经济研究所成为经

---

① 希克斯：《经济学展望》，商务印书馆，1986，第 185 页。
② John R. Hicks, *A Theory of Economic History*, 1969. 《经济史理论》，商务印书馆，1987。

济史研究的一个中心，迄 1937 年出版专著 45 种。

1932 年在北平的社会调查所（后并组为中央研究院社会科学研究所）发行《中国近代经济史研究集刊》，第五卷起改名为《中国社会经济史研究集刊》，汤象龙、罗尔纲、梁方仲、吴晗等参与编辑和撰文，成为经济史研究的一个聚焦点。该刊直至 1949 年停刊。陶希圣主编的《食货》半月刊，亦聚集一些经济史学家，以研究古代为主，并重视社会形态。该刊 1934 年创刊，1937 年抗日战争爆发后停刊。

抗日战争前之重要经济史著作，如郭沫若《中国古代社会研究》（1930）、吕振羽《史前期中国社会研究》（1934）、万国鼎《中国田制史》（1933）、邓云特（邓拓）《中国救荒史》（1937），均享誉甚久。马乘风《中国经济史》为首部通史，惜只出两册（1937），写至汉代。

抗日战争和解放战争期间（1937～1949），经济史研究受到挫折。唯马克思主义史学转盛。钱亦石《近代中国经济史》（1939）、何干之《中国社会经济结构》（1939），广受欢迎。更著称者有王亚南《中国经济原论》（1947），论证精湛，屡再版，1957 年改编为《中国半封建半殖民地经济形态》。侯外庐《中国古典社会史论》，提出中国古代文明越过私有制的论点，不断增订，1963 年改称《中国社会史论》，1979 年改称《中国封建社会史论》。

抗日战火纷飞中，不乏大功力的传世之作。严中平《中国棉业之发展》（1944），实证分析臻于上乘，1955 年修订为《中国棉纺织史稿》。巫宝三主编《中国国民所得（一九三三）》（1945 年完成，1947 年出版，并有另文修正），首创这个研究领域，沿用至今，无出其右者。

1949 年中华人民共和国成立至"文化大革命"的 17 年间，中国经济史学进入第一个繁荣期。科研、教育机构和学术团体有计划地收集整理经济史资料，为前所未有之事。其中，中国科学院经济研究所（后改隶中国社会科学院）出版的近代农业、工业、手工业、外贸、铁路、外债、公债和统计资料，上海科学院（后改为上海社会科学院）经济研究所编纂的典型企业史资料，均极丰富翔实。而最足以表现学科繁荣的是不断地掀起专题研究和讨论，报刊文章接连蜂起。主要问题有古代社会性质、封建土地制度、中国资本主义萌芽、列强对华经济侵略、洋务运动与中国资本主义的发展、民族资产阶级与买办资产阶级等。这些讨论吸引了许多史学家和经济学家转入经济史研究，也出现了不少新秀。讨论文章不下 500 篇，以有关资本主义经济者最多。重要者后经编入论文集或作者文集。①

相对而言，17 年来出版的经济史专著不算多，然不乏精品。如郭沫若《奴隶制时代》（1952），傅衣凌《明清时代的商人及商人资本》（1957），韩国磐《北朝经济试探》（1958）与《南朝经济试探》（1963）、罗伦和景甦《清代山东经营地主研究》（1959）、彭信威《中国货币史》（1954）、吴承明《帝国主义在旧中国的投资》（1955）、吴杰《中国近代国民经济史》（1958）、张郁兰《中国银行业发展史》（1957）等。

李剑农的先秦两汉、魏晋南北朝、宋元明三部经济史稿于 1957～1959 年陆续出版，1991 年经彭雨新校改以《中国古代经济史》重版，成为重要教材。梁方仲《中国历代户口、田地、田赋统计》，在汤明檖协助下，于 1962 年完成，因"文化大革命"故，1980 年始问世。这部大型工具书缜密精湛，饮誉海内外迄今。

这时期的经济史研究几乎都是在马克思主义的经济学和历史唯物主义的指导下进行的，理论性浓厚，但也有历史决定论和重视生产关系而忽视生产力、重生产而轻流通的缺点。加以历次的政治运动，助长了教条主义，不适当的批判扼杀了创新，出现了学术"禁区"。至 1966 年政治运动"文化大革命"开场，学术界万马齐喑。"文化大革命"期间，除考古学方面颇有建树，有些学者借研究《红楼梦》之机埋头发掘资料外，几无成绩可言。

1976 年"文化大革命"结束后，中国经济史学进入全面发展的新时期。新时期是从当时倡行的"实践是检验真理的唯一标准"开始，一句话破除了教条主义，人们恢复理性思维。

历届全国哲学社会科学总体规划都列有经济史重点项目，推动了学科的发展。大学设置了经济史课程、教研室，继之开设硕士、博士点，培养新秀。在中国社会科学院经济研究所、历史研究所、近代史研究所，在上海、

---

① 《历史研究》编辑部编《中国历代土地制度问题讨论集》，三联书店，1957；南开大学编《中国封建社会土地所有制形式问题讨论集》，三联书店，1962；中国人民大学中国史教研室编《中国资本主义萌芽问题讨论集》，三联书店，1957；南京大学中国历史教研室编《中国资本主义萌芽问题讨论集续集》，三联书店，1960。

广东、山西社会科学院，均有经济史研究机构。在首都师范大学、河北大学、厦门大学、中山大学、中南财经大学、云南大学，先后成立经济史研究组织。

1986 年成立中国经济史学会。1982 年厦门大学创刊《中国社会经济史研究》，1986 年中国社会科学院经济研究所创刊《中国经济史研究》，为两大经济史期刊，均发行至今。各地有关经济史的学会、期刊多以十数。

资料工作空前繁盛。《明实录》《清实录》和乾隆刑科题本的经济资料，徽州档案、孔府档案、四川巴县档案和自贡盐业契约，均经整理并出版。历代食货志、历代农书均经校释。发掘了大量有关经济的碑刻、族谱、民间契约文书，编纂了多种经济人物的年谱或传记。近代工商行业、企业和地区的经济史料出版尤多，令人目不暇接。20 世纪 50 年代大规模少数民族调查的资料亦于此时编纂发行。傅筑夫、王毓瑚、谢国桢、彭雨新等毕生积累的经济史料亦公之于众。尚有新的贡献，即革命根据地和解放区的财经和土改资料基本上均经整理发行，新中国的经济档案已整理至 1957 年，出版 20 余巨册。

国际学术交流有力地改进了中国经济史研究的结构和方法论。前述西方当代三大经济史学派的学者都与中国同行有直接交往，与日本研究中国经济史学者的往来尤繁。每年都有多种国际学术会议，有多种中外经济史学者互访的协议，多种中外合作研究项目。

新时期经济史的研究也是随着专题的研究和讨论而发展的。这时期的讨论已破除教条主义，基本上做到百家争鸣，并不断出现新问题和新观点。古代史方面，古代社会性质和封建土地制度问题的讨论继续进行，各家观点大都系统化，刊行专著。资本主义萌芽和洋务运动问题的讨论进入热潮，前者有四次大型研讨会，后者有五次全国性的研讨会。20 世纪 80 年代后期，讨论逐渐进入自然经济与商品经济的消长问题，中国向现代社会转变问题，传统经济的再评价问题。近代史方面，继续外贸与外国投资、资本主义和资产阶级问题的讨论，在评论他们对中国现代化的作用上有了比较接近的看法。20 世纪 80 年代后期，转入市场问题、城市化问题、历届政府的经济政策和经济法规问题、商会和其他民间组织问题。

新时期的一个特点是以研究生产力为主的专业经济史空前繁盛。首先是出现人口史研究热潮，并向移民史和人口行为史发展。历史地理的研究成绩斐然，并向生态史、气候环境史发展。农业史原有较好基础，进而考察物种起源，研究作物史和地域分布，并扩及林、畜牧、渔、蔬果。亩产量以及劳动生产率的考证最引人关注。农业技术史有系统成果。工业方面，近代各种工业史已基本完备，并向企业史和经营史发展。古代史以盐业史最为完整，丝织史、棉纺织史、陶瓷史着力亦多，连同饮食品史并向艺术文化史发展。交通史以航运著述最多，并结合外贸开展海外华人史研究，漕运尤其丝绸之路成为研究热潮。财政、货币史原有一定基础，遂转向政策思想和制度理论方面研究。一改过去重生产轻流通现象，商业史、市场史的兴盛成为新时期经济史的热点，包括商人、商业资本、商路、商货、市场结构、价格、周期性等研究，并出现商业通史和市场通史。

还应指出，区域经济史、城市史和少数民族经济史的研究也是新时期的特点。同时开展了经济史理论和方法论的探讨。还有一个新的领域，即 20 世纪 90 年代兴起的现代经济史亦半个世纪的中华人民共和国经济史的研究。它是继革命根据地和解放区经济史的研究而来，有较强的研究队伍，并有身经其事的老一辈史学家和经济学家参加，故进展甚快，硕果累累。

进入 21 世纪，经济史的研究进一步向社会史、环境史、气候和生态史、文化和思想史发展，经济制度和企业制度的变迁、大西北地区的开发、农业农村农民状况的演变成为新的前沿课题，历史理论与方法论亦日益受到重视。

1986 年至 1995 年，国内出版经济史专著（含资料工具书）2200 余种，发表论文 15000 余篇。1996 年至 2004 年，经专业评介的经济史专著约 350 种，论文约 5500 篇。[①] 从近年来的趋势看，专著向大型化发展，经济通史及近代、现代通史已有多个版本。论文中，则研究近代史者占 1/4 以上，以向现代化的转变为中心。明清史次之，重点在明清经济的再评价。宋辽西夏金元部分的研究有增加趋势，魏晋南北朝隋唐五代部分持平，而先秦秦汉部分略有减少。现代部分即中华人民共和国经济史成为热门。

---

① 1986～1995 年据《中国经济史研究》（1990～1997 年联合增刊）中"中国经济史论著索引"；1996～2004 年据《中国经济史研究》历年"中国经济史研究评述"。

第二章

古代中国与西方的历史观

第一节 什么是历史观

历史，原意是指过去事情的发生和演变过程。但这种"原意的历史"已经消失，我们并不知道它。我们知道的乃是史学家（或我们自己）根据所接触到的历史资料（文献、文物、口碑）和自己的历史观，经过选择、解释、判断，写出来的历史。我们学习历史，或"以史为鉴"，都是指这种"写出来的历史"，因为我们不知道原意的历史究竟如何。这种写出来的历史能否或在多大程度上代表原意的历史，一方面决定于历史资料的完整性，一方面决定于写作者的历史观。一般来说，后一代人写出来的历史可能比他们前辈写出来的同一命题的历史更接近于原意的历史，因为历史资料的发掘和考证会随着时间延续而不断完善。但实际并不一定如此，因为历史观的演进不是线性的。

历史观就是人们对历史的看法。在历史研究中，每遇到一个较大的事情，尤其是事情的发生或者兴衰，人们就会问道：这是真的吗？事情为什么会这样？这事合乎理性吗？合乎人性吗？这是必然的，还是偶然的？问题多了，研究者就会进一步抽象地思考：历史发展的动力是什么？历史发展有没有规律？历史发展有没有目标或目的？等等。这样，就把思考推到世界观和认识论的哲学领域中去了。可以说，历史观就是关于历史的世界观（包括宇宙观）和认识论（思维与存在的关系），属于哲学思想。哲学思想原来就在人们的生活中，其实，每个人都有自己的哲学，不过没有在抽象层次上明确起来，甚至不曾去抽象思考过，但在生活上遇到具体问题时，就会不自觉地做出判断和决定。历史学家也是这样，他们都有自己的历史观，不过有些问题还不肯定，不能系统地表述出来，但遇到具体历史问题时，就会做出选择、解释、判断。

历史观本质上是属于哲学领域的思想观念，它和科学领域的知识不同。知识是随着时间的延续而增长的，后一代人的知识总比前一代人丰富些。历史观则不这样。在西方，中世纪的神学历史观曾否定了古希腊罗马的历史观，而到文艺复兴时代又否定了中世纪的历史观，好像要回到古希腊罗马。18 世纪理性主义运动中，历史观充满了对现代性的向往，而 20 世纪晚期又对这种向往进行批判。历史观的演进不是直线的，而是一个反思和批判的过程；这种反思和批判就是进步。

中国与西方的历史观有很大的差异，但双方所涉及的问题基本相同，性质上都是关于历史的世界观和认识论的问题。为了便于比较研究，我将所要讨论的问题归为三类：

（1）关于人与自然界的关系问题；

（2）关于人与人的关系即社会关系问题；

（3）关于思维与存在的关系问题。

（1）和（2）两类都是属于世界观的问题；（3）是属于认识论的问题，并涉及主体与客体的关系问题以及方法论的问题。

中国史学一向注意人与自然界的关系问题，因为人是自然界的一员，人与自然的关系和人与人的关系是不可分的。在西方，特别是在理性主义运动中，把历史和自然界截然割裂，历史学很少讲人与自然的关系了。马克思和恩格斯在《德意志意识形态》论历史的一节中说："把人对自然的关系从历史中排除去了，因而造成了自然界和历史之间的对立。"马克思和恩格斯指出，在历史发展中，人与自然界的关系和人与人的关系是互相制约和促进的，并提出"自然界和人的同一性"命题。① 至于思维与存在的关系，一般

---

① 《马克思恩格斯选集》第 1 卷，人民出版社，1972，第 44、35 页。关于"自然界和人的同一性"，参见马克思《1844 年经济学哲学手稿》，《马克思恩格斯全集》第 42 卷，人民出版社，1979。

不见于历史著作，而是史学家对于历史事物的认识和处理方式，实际是主体与客体统一还是对立的问题，也是中国和西方历史观最大的分歧之所在，需要注意研究的。

本书上篇讲历史观，下篇讲方法论；而这两者实际是不可分的。

就我前述（1）（2）两项说，在研究具体问题的历史（如中国经济史）的时候，任何世界观或历史观都可作为思维方法，视为方法论。恩格斯说："马克思的整个世界观不是教义，而是方法。他提供的不是现成的教条，而是进一步研究的出发点和供这种研究使用的方法。"① 马克思的历史观集中地见于他的历史唯物主义。列宁说："历史唯物主义也从来没有企求说明一切，而只企求指出'唯一科学的'（马克思在《资本论》中的话）说明历史的方法。"② 我在上篇中所介绍的中国和西方各家的历史观，都可供读者比较选择其某些观点作为历史研究的思维方法。

就我前述第（3）项说，所有认识论问题都涉及方法论。如实证主义，我是作为方法论在第五章阐述的，而在它的创始人 A. 孔德那里原是一种哲学。该章介绍的批判实证主义的各种思潮，也大都是从哲学尤其是从认识论的角度批判的，因而这一章中很大部分是讨论历史观问题的。在第七章论述社会学方法中，我着重介绍了法国年鉴学派的结构主义和整体论，这实际是历史观和认识论问题。又如第九章中所说中西比较研究法中的"新思维"，是历史的个别性与普遍性问题，也是属于历史观的。

在西方18、19世纪的理性主义运动中，兴起了"历史哲学"的研究，其中最著名的有 G. B. 维柯的历史哲学、康德的历史哲学、黑格尔的历史哲学、马克思的历史哲学等。这时期的历史哲学，中心是探讨人类历史的意义，或历史的价值，也对上述历史观中的各种问题做出回答；它们是出自哲学大师之手，其中有不少极其精辟的论点。在本书中，我不去讲他们全部的哲学，而把他们有关历史观的论点，即上述人与自然、人与人和思维与存在这三种关系的论点，予以介绍。19世纪晚期至20世纪上半叶，又有一些哲学家发表历史哲学的著作，其中最著名的有 W. 狄尔泰、B. 克罗奇、R. G.

---

① 《马克思恩格斯全集》第39卷，人民出版社，1974，第406页。

② 《列宁选集》第1卷，人民出版社，1972，第13页。

柯林伍德等。他们的著作常被称为"批判的历史哲学",但主要是讲认识论问题。在本书中,我就将他们的论点放在下篇方法论中去介绍了。

在中国,没有像西方历史哲学那样专门的历史理论著作。不过,在宋明前后,都有"史通"一类的著作,著名的有刘知幾的《史通》、郑樵的《通志》、马端临的《文献通考》、章学诚的《文史通义》。他们主要是通论古今历史和历史编纂学,也涉及历史观的问题。我将这些历史观论点都列入上篇。

上篇历史观实际是中国与西方历史观的比较研究。我把它分为三个阶段来考察。

本章即第二章考察古代的中西历史观。重点在中国,因为中国的历史观在古代已全部建立;而对西方尽量简略,因为古代西方的历史观已销纳在18世纪的理性主义运动中。

第三章是考察理性主义运动时期亦即西方由传统社会向现代社会转变时期的历史观,故先讲西方。中国宋明时期,也有一次不成功的理性主义运动,中国社会未能向现代化转变。但为了中西比较研究,我详细地分析了宋明理学的历史观,篇幅亦较大。

第四章是考察20世纪后期西方对现代化反思过程中的历史观,包括后现代主义思潮,中国没有这种反思。总的概念是:古代中国与古希腊罗马的历史观差异不是很大,不过西方历史观后来有个神学化过程,中国没有。18世纪西方理性主义运动和社会现代化过程中,中西历史观的分歧,尤其是在认识论方面,空前地加大了。20世纪50年代以后,经过西方学者对现代化的反思,西方和中国的历史观又比较接近了。

第二节　古代中国的历史观

一　儒家、道家、法家的历史观

人与自然的关系,中国叫天人关系。先秦诸子中,以影响后世最大的儒家、道家、法家为代表,他们对天人关系和人与人关系的看法是不同的,但在秦汉之际三家融合了。融合后的儒家思想,加上汉初"黄老之术"的影响，形成了司马迁（子长，约前145～前86年）的"究天人之际，通古今之变"的历史观，成为长期在中国史学占主导地位的观点。

天指整个自然界。人们不满足于只看到自然现象，要对天做出整体解释，才能说明天人关系。古人对天有多种解释，而大别有两类：一类是神义的天，天有人格，有意志，能直接降福祸于人，或降王命以治人，使天人相通。一类是自然义的天，天自然行为，但学者把它抽象化，用理性思维来解释，得出道、理、阴阳等原则，与人世相通。此外，也有用科学思维来解释天的，用于医书农书，从略。

远古都是神义的天，卜辞用"帝""上帝"，另有"天"字作"大"解。西周时，天的人格已淡化，代表性说法是"天生烝民，有物有则"（《诗·大雅·烝民》）。自然界生成人，并给他们为人的法则。这时，降王命以治人变成主要的。"丕显文王，受有天命"（《大盂鼎》）；《诗》中以此颂文王者比比。春秋时，天还降命于贤者，子产（卒于前522）治郑有功，"善之代不善天命也"（《左传》襄公二十九年）。春秋时，也出现了自然义的天。"则天之明，因地之性，生其六气，用其五行"（《左传》昭公二十五年）。六气（阴、阳、风、雨、晦、明）和五行（水、火、木、金、土）都是自然现象，但能为人所利用。史伯对郑桓公说："夫和实生物，同则不继……故先王以土与金木水火杂以成百物。"（《国语·郑语》）这是指自然规律，不同质的东西相和，可以生成百物，同质的东西相加，则没有前途（文中先王所为显然指农业）。这成为中国与西方解释自然的一大区别，西方主流思想是同质的东西构成世界，如水论、原子论。

春秋以降，儒家、道家、法家并行。

（1）儒家

儒家的天是神义的天。孔子讲天命，孟子讲天志，荀子讲天职天功，天都有意志、有作为。因而儒家的自然观有目的论色彩。但儒家天的神义已不强，有的并杂有自然义，且天人之间是相通的关系，不是直接支配关系，故目的论的色彩很淡薄，比起恩格斯所批判西方哲学的目的论来，简直算不了什么。[1]

---

[1]　恩格斯的批判见《自然辩证法》"导言"，《马克思恩格斯选集》第3卷，人民出版社，1972，第449页。

孔子（前 551～前 479）说"吾十有五而志于学……五十而知天命"（《论语·为政》，下引孔子语均本《论语》）。知天命即天人相通，但不是直接与天相通，也不是像宗教那样通过媒体（巫觋、神父）与天相通，而是观察天的表象，学习积累而知天命的。"天何言哉，四时行焉，百物生焉"（《阳货》）即此意。孔子"畏天命，畏大人，畏圣人言"（《季氏》）。大人（领导者），圣人都要敬畏，因为天命与大人圣人的人命是一致的。孔子很称赞子产的仁政（《季氏》），子产说"天道远，人道迩"（《左传》昭公十八年），意天命是由人命来实施的。

孔子把"仁"作为人与人关系的基本准则。仁的基础是"爱"。"樊迟问仁，子曰爱人"（《颜渊》）；"泛爱众而亲仁"（《学而》）。人与人之间要"己所不欲，勿施于人"（《颜渊》）；"己欲立而立人，己欲达而达人"（《雍也》）。要调节好人与人的关系主要用"礼"，礼是按照社会等级来维持社会秩序。礼和法律制裁不同，有若听孔子说过"礼之用，和为贵"（《学而》），礼的作用在调和社会争端。孔子时社会已动乱，所以要"克己复礼，天下归仁焉"（《颜渊》）。

孔子还从礼（制度）上来看历史。"殷因于夏礼，所损益可知也；周因于殷礼，所损益可知也"（《为政》）。"因"指继承，"损益"指改革，继承加改革就是历史。当时诸侯国都行周礼，周礼也需不断改革，"齐一变至于鲁，鲁一变至于道"（《雍也》）。"齐一变"指管仲的变法，孔子赞赏，"微管仲，吾其被发左衽矣"（《宪问》）。鲁是周公旦后代之国，也应该改革，才能达于道（仁政）。孔子熟知周礼，但对夏礼、殷礼不能引证，"文献不足故也，足则吾能征之矣"（《八佾》）。这是历史实证主义。

孟子（约前 372～前 289）讲天人关系，是和人性联系起来。孟子是性善论者，但人不是天生就善，而是天生有四端（端倪、苗头），即恻隐之心、羞恶之心、辞让之心、是非之心。发扬这四端，即是"尽心"。"尽其心者，知其性也，知其性则知天矣"（《孟子·尽心上》，下引孟子语均本《孟子》）。人努力"存其心，养其性，所以事天也"（《尽心上》），这就是天人相通。这种相通，只是"求其在我者"，可以"求则得之"。但人也有"求其在外者"，如富贵寿考，是否可得，就要听天由命了。因此，"万物皆备于我矣。反身而诚，乐莫大焉；强恕而行，求仁莫近焉"（《尽心上》）。

"万物皆备于我"，不是说我什么都知道，而是说天道、万物之理，都是求诸自我得来。

孟子又讲"养浩然之气"。"其为气也，至大至刚"，"其为气也，配义与道……是集义所生者"（《公孙丑上》），也就是今人所说的正义感、义气、勇气。因而，在人与人的关系上，除以仁为本外，孟子又强调一个义字。仁是爱，义是正直。"仁，人心也；义，人路也"（《告子上》），人要走正路。从义出发，孟子还对执行维护社会秩序的礼提出"权宜"说。"男女授受不亲，礼也；嫂溺，援之以手者，权也"（《离娄上》）；"大人者言不必信，行不必果，唯义所在"，"义者宜也"（《离娄下》）。

对于历史，孟子提出"一治一乱"的循环论，以致五百年必有王者兴的周期论（其周期是尧舜至汤，汤至文王，文王至孔子，都是五百余岁）。循环论和周期论为司马迁所取，西方的历史哲学也大都有循环论。

今人论孟子总是强调其唯心论。其实，孟子主要是讲人性的四端，如仁源于不忍人之心，义源于羞恶之心，有类康德的先验论，不是说具体的判断和行为都是出于内心。因而在具体的论断上，如下面这段关于天人关系的论断，并不见唯心论。"天将降大任于斯人也，必先苦其心志，劳其筋骨，饿其体肤，空乏其身，行拂乱其所为。所以动心忍性，曾（增）益其所不能。"（《告子下》）

荀子（约前313~前238）讲天人关系是从"天人之分"开始，有分才有合。"明于天人之分，则可为至人矣"（《荀子·天论》，下引荀子皆见此篇）。天"不为而成，不求而得，夫是谓之天职"；"万物各得其和以生，各得其养以成……夫是谓之天（功）"。"天职既立，天功既成，形俱而神生，好恶喜怒哀乐藏焉，夫是谓之天情。"荀子的天已杂有自然义。人是自然的产物，所以人也有天君（心）、天官（耳目口鼻等）、天养（生活）、天政（福祸），当然也有天情。"圣人清其天君，正其天官，备其天养，顺其天政，养其天情"；然而，"不求知天"，"不与天争职"，因为人有人的职务，即治好社会。人与天是分立的，但是，"天有其时，地有其财，人有其治，夫是谓之能参"。"参"指参与，也是"三"，天地人并立而三。这是荀子的天人相通。

《中庸》一书晚出。《中庸》"能尽物之性则可以赞天地之化育，可以赞天地之化育则可以与天地参矣"。这种思想后来成为农业上的"三才论",并发展为宋儒的本体论。荀子的世界观实际是把天地人看作一个整体,各有分工,而人是个积极因素,不是知天、按天意行事,而是参与天地化育,做出贡献。这就比孔子、孟子的天人相通进了一大步。

荀子说:"大天而思之,孰与物畜而制之?"今人认为这有如培根哲学中征服自然的思想,恐怕非是。"物畜"即积蓄,王念孙《荀子集解》校"制"应为"裁"(财)字,胡适、章太炎从之。我以为"制"犹"制度",依制度积蓄。下文"从天而颂之,孰与制天命而用之?望时而待之,孰与应时而使之?因物而多之,孰与骋能而化之?思物而物之,孰与理物而勿失之也?"这里说用天命、应天时、化物(生产)、理物(保藏),都是人对应天的积极作用,没有与天抵抗的意思。整个中国世界观都没有天人对抗的思想。这就认识论说,也是主体与客体的统一,与西方主体与客体对立的传统有根本的区别。

人的分工是"治",即搞好人与人的关系。在这个问题上,荀子提出"群"的理论。"人何以能群?曰分。分何以能行?曰义"(《荀子·王制》)。这里义指礼义。"群而无分则争","争则乱……故(先王)制礼义以分之"(《荀子·礼论》),使群而有序。这与孔孟以仁义调理人与人的关系是一致的;但孔孟都是人性善论者,而荀子主张人性恶。性恶怎能接受礼义?荀子说"人之性恶,其善者伪也"(《荀子·性恶》,以下均据此篇)。这里"伪"不是坏事,是指"人为",即学习。"礼义者圣人之所生也,人之所学而能,所事而成者也……可学而能,可事而成之在人者,谓之伪"。荀子主张"化性而起伪",就是强调人的积极能动性,一如其论天人关系。不仅如此,因为人"皆有可以知仁义法正之质",即可学习,所以"涂(途)之人可以为禹",这与孟子说"人皆可以为尧舜"是一致的。

对于历史,荀子提出"法后王"。"王者之制,道不过三代,法不贰后王"(《荀子·王制》)。荀子的后王指周文王,孟子的"法先王"也是指周文王,尊周制并无分别。不过,孟子讲王道,竭力反对霸道。荀子也主张王道,但强调"治",治得好"上可以王,下可以霸"。

(2)道家

先秦道家的天是自然义的天。《老子》用理性思维创造了一个"先天地生"的"道"，由道衍生出天地万物和人。"道"不是指客观规律，而是个"独立而不改，周行而不殆"（第二十五章）运动着的存在，至于它是怎样生出天地万物，下面再说。人与自然界的关系是"人法地，地法天，天法道，道法自然"（第二十五章）。这里的"法"不是强制的法，而是师法、效法。《老子》又称"为道"，即人自动去行道。可见，道家的天人关系是与自然直接相通的关系。

"道常无为而无不为"（第十七章），即道的运行没有意志，没有目的，可是它生出了天地万物，做了一切需要做的事情。人们"为道"也应如此。"为学日益，为道日损，损之又损，以至于无为，无为而无不为"（第四十八章）。为学是求知识，知识愈多愈好。而为道却不要多考虑要做这做那（那实际是考虑怎样满足自己的欲望），考虑愈少愈好，以至完全不考虑怎样去做，那就可以无为而无不为了。大家都无为，都听其自然，在人与人的关系上，最后就会出现一个理想的社会："小国寡民……虽有舟舆无所乘之，虽有甲兵无所陈之……安其居，乐其俗……鸡犬之声相闻，民至老死不相往来。"（第十八章）

以上是就道本身来说。若就"天道"说却不是完全无目的的。"天之道其犹张弓乎？高者抑之，下者举之"（第十七章）。像射箭那样，上下调整以求中的。这就有点接近儒家的天了。不过，此语是批判社会的不公平而发的，"天之道损有余而补不足，人之道则不然，损不足而奉有余"（第十七章）。可是，一个主持公正的天，就更接近儒家的天了。总之，儒道本有相通之处。

儒家哲学以伦理为基础，没有自己的本体论，因而没有完整的历史观。《老子》（我假定其成书与儒家的易传同时代）的宇宙生成论，补儒家之不足，成为后来中国历史观的本体论基础，这是道家的一大贡献。

《老子》总结道生天地万物的过程说："天下万物生于有，有生于无。"（第四十章）怎能无中生有呢？《老子》开篇说："道可道，非常道；名可名，非常名。无名，天地之始；有名，万物之母。故常无，欲以观其妙；常有，欲以观其徼。"（第一章）"徼"，边界，指区别万物。"妙"，微妙，马王堆帛书本作"眇"，细小；相当于《易传》的"幾、微"，指很小看不见的苗头或者动机。"知幾其神乎？……幾者，动之微"（《易·系辞传》）。

《老子》说："道之为物，惟恍惟惚。惚兮恍兮，其中有象。恍兮惚兮，其中有物。"（第二十一章）宇宙就是这样形成的。这不同于西方德谟克里特的原子论，那是原始的物质；也不同于柏拉图的"理念"，那是原始的精神；更不同于上帝创造一切的《创世记》。《老子》（以及《易·系辞传》）的宇宙观是一种有机的生成论，西方到 20 世纪下半叶才出现。这种生成论虽是法自然的，但也需要"德"："道生之，德畜之，长之育之，亭（造形）之毒（完善）之，养之覆（护）之……是谓玄德。"（第五十一章）这又是与儒家相通之处；不过道对于生出的东西"不有、不恃、不宰"而已。

道家丰富的辩证法思想，是对中国历史观的另一大贡献。与孔子的"损益"不同，《老子》把"变"视为向对立面的转化，这就是"反"。道"曰大，大曰逝，逝曰远，远曰反"（第二十五章），"反者道之动"（第四十章）。即走到事物的反面，故有"祸兮福之所倚，福兮祸之所伏"（第五十八章）等看法。"反"意又发展为"复"。"夫物芸芸，各归其根"，"万物并作，吾以观复"（第十六章）。"归其根"指复归于道，有"否定之否定"意思。不过，"归根曰静，静为复命"，动起于静，回到原来的样子，没有进化；"吾以观复"的历史观是消极的循环。

《易传》发展了《老子》的辩证法。《老子》主静，《易》主动。《易·系辞传》说："一阖一辟谓之变，往来不穷谓之通"；阖辟指乾坤的开闭，"往者屈也，来者信（伸）也"，运动不穷。《老子》讲无为，《系辞传》则强调人为："化而裁之谓之变，推而行之谓之通"，变要人去裁定，通要人去推动。这样，"易（道）穷则变，变则通，通则久"。作为历史观就是"革"（卦），"汤武革命，顺乎天而应乎人，革之时大矣哉"（《易·彖辞》）。

（3）法家

先秦法家，在社会关系上主张法治，而在天人关系上，除商鞅（前 390～前 338）宗儒外，慎到（前 395～前 315）、申不害（前 385～前 337）、韩非（前 280～前 233）都宗道家。韩非还提出个"理"的范畴，是中国哲学一大创造。"凡理者，方圆、短长、粗靡、坚脆之分也"。"故欲成方圆而随其规矩，则万物之功形矣。而万物莫不有规矩。议言之士，计会规矩也"。规矩犹规则，已隐有规律之意。"万物各异理，而道尽稽万物之理"（《韩非子·

解老》，下引文皆据《韩非子》）。这是很高明的见解，已接近宋儒"理一分殊"之说。这个理，给万物协调生长，也给立法以治人奠立了理论根据。

在人与人的关系上，韩非认为人都是要计较"利"的，因此社会充满了利害关系。如"父母之于子也，生男则相贺，生女则杀之"，这不是人性慈爱不慈爱问题，而是"虑其后便，计之长利也"（《六反》）。又如"舆人成舆，则欲人之福贵。匠人成棺，则欲人夭死也"；该匠人"非憎人也，利在人之死也"（《备内》）。而当今社会上最麻烦的是"儒以文乱法，侠以武犯禁"，还有"言谈者"（纵横家）、"患御者"（避役投靠豪门的人）和"工商之民"，五者都是社会的蠹虫（《五蠹》）。因而，治人不能讲仁义、用礼乐，而须用法。法是官府公布的条文，强制人民遵守。

不仅如此，君臣之间也是利害关系。韩非引用田鲔的话"主卖官爵，臣卖智力"；所以"臣尽死力以与君市，君垂爵禄以与臣市"（《难一》）；君臣之间在做买卖。这就有点西方的契约论味道了。因而，君对臣要用"术"。术是"审合刑名"，"臣不得越官而有功，不得陈言而不当。越官则死，不当则罪"（《二柄》）。法与术"不可一无，皆帝王之具也"（《定法》）。"具"指工具。西方普遍讲工具理性，中国唯有韩非。此外，韩非还讲"势"，即用刑和赏保持人主的权力。"杀戮之谓刑，庆赏之谓德……人主自用其刑德，则群臣畏其威而归其利矣"（《二柄》）。原来商鞅重法，申不害重术，慎到重势，韩非兼重三者，成法家大全。

对历史的看法，原来商鞅即有上世、中世、下世之说。"上世亲亲而爱私，中世上贤而悦仁，下世贵贵而尊官"，因而"圣人不法古，不修（循）今。法古则后于时，修今则塞于势"。所谓"今"指战国之时，是"彊（强）国事兼并，弱国务力守"（《商君书·开塞》）。韩非提出上古、中古、近古之说，而较注重物质生活。上古之世，"人民不胜禽兽虫蛇"，故有圣人构木为巢，钻燧取火。中古之世，"天下大水，而鲧禹决渎"治水。近古之世，"桀纣暴乱，而汤武征伐"（《五蠹》）。这里隐有进化之意，但主要还是说时代形势不同，圣人之道也不同。"是以圣人不期修古，不法常行，论世之事，因为之备"（《五蠹》）。又说，"上古竞于道德，中古逐于智谋，当今争于气力"（《五蠹》）。所以要富国强兵，有实用主义味道。

二 儒、道、法的融合和"黄老之术"

儒家与法家很早就融合了。春秋时,赵盾在晋国"制事典,正法罪,辟刑狱"(《左传》文公六年,前621)。其后,郑国铸刑书(前536),晋国铸刑鼎(前513)。魏文侯(? ~前396)时,李悝"撰次诸国法,著《法经》"(《晋书·刑法志》),说明诸国都已有成文法了。战国"霸"业,单靠法不行,还须用权术。管仲、郭偃都是以权术助齐桓、晋文称霸的(《韩非子·南面》)。申不害为韩国相(前351),申就是讲术的。战国以降,法家更得势。秦用商鞅变法,国富兵强,统一中国,实行全面法治。

汉初,为恢复战后荒乱,休养生息,用法稍弛。至武帝,罢黜百家,独尊儒术;从此,历代中国,都可称儒家政治。但不就是礼仪之邦,而被称为"儒表法里",表面是德治,骨子里是法治。我尚未找到"儒表法里"一词的来源,不过,从思想或历史观说,就是汉以后的儒家已深深融合了法家,在人与人的关系上,实际是用法术了。汉高祖攻入咸阳与父老约"法三章耳:杀人者死,伤人及盗抵罪。余悉除去秦法"(《史记·高祖本纪》)。这是靠不住的。社会关系十分复杂,三章怎能治国?《孝文本纪》记有汉文帝两大德政:"罪人不帑"和"去肉刑"。"帑"是秦法,即罪人要连坐妻子家人,这是前179年经大臣讨论才废除的。肉刑则是因"缇萦救父"这个惊动朝野的故事,于前166年废除了黥劓和断趾,但未废宫刑,以致司马迁遭辱。当时杰出的政治哲学家贾谊(前200~前168)说:"夫礼者,禁于将然之前;而法者,禁于已然之后。"(《汉书·贾谊传》)先礼后兵,犹如一表一里。而对于那些踌躇满志的侯王来说,则"仁义恩厚,人主之芒刃也;权势法则,人主之斧斤也"(《汉书·贾谊传》)。"芒刃"犹小尖刀,小刀与大斧并用,更是儒表法里了。武帝独尊儒术后半个世纪,汉宣帝说:"汉家自有制度,本以霸王道杂之,奈何纯任德教?"(《汉书·宣帝纪》)"杂之"即融合,不能单用德治。司马迁在《史记》中把"循吏"定义为"奉法循理",把"酷吏"定义为"奸轨弄法",执法不同而已。

再看儒家与道家的融合。儒道融合,我在前一小节讲道家时已谈了一些,都是在天人关系方面;这是因为儒家没有自己的本体论,要吸收道家的宇宙观来解释自己的伦理学。到秦汉之际,儒家除了《易传》外,又新编了《大学》《中庸》《礼运》三书。《大学》没有讲天人关系，但其"止于至善。知止而后有定，定而后能静"的观点，似是受道家影响。《中庸》所讲天命与性、与诚的关系，大体不出《孟子》。唯说"尽人之性"则"可以赞天地之化育"，"则可以与天地参（三）"，大约出自《荀子》。又论天道，"不见（现）而章，不动而变，无为而成"，这显然本诸《老子》。论人道，从"发育万物，峻极于天"开始，而以"既明且哲，以保其身"结尾，则又近乎《庄子》了。《礼运》中讲了一大段"天下为公"的大同世界，以及禹汤文武成周的小康社会，至今为学者所乐道，认为是十分进步的历史观。尽管所讲的大同世界是指三代以前，并与《老子》的小国寡民异趣，但是符合道家的世界观的。总之，这三部书都有儒道思想进一步融合的迹象。

此外，在汉初近百年间，在人与人的关系方面，曾流行一种"黄老之术"，并为司马迁所乐道。什么是黄老之术，学术界已有不少专门研究。或追溯到《管子》以及春秋时齐国稷下先生的一些学者，作了考证。或以1973年长沙马王堆汉墓出土的四种佚书即《黄帝四经》，为黄老学所本，做了研究。① 不过，下面我将以司马迁自己提到的黄老之术为限，以见其对司马迁历史观形成的影响。

司马迁在《史记·太史公自序》中首先揭示了其父司马谈（约前190～前110）的《论六家之要指》。其中对阴阳、儒、墨、名、法五家先讲其弊，然后讲其可取之处，唯述道家无弊尽善。"道家使人精神专一，动合无形，赡足万物。其为术也，因阴阳之大顺，采儒墨之善，撮名法之要，与时迁移，应物变化，立俗施事，无所不宜"。这种吸收了阴阳、儒、墨、名、法五家之长，与时俱进的道家，显然不是我前面所说的道家，而是指当时流行的"黄老之术"。盖此词为司马迁所创，其父还不知道，未用。接着司马谈说："道家无为，又曰无不为。其实易行，其辞难知。其术以虚无为本，以因循为用……有法无法，因时为业；有度无度，因物与合。故曰：'圣人不朽，时变是守。虚者道之常也，因者君之纲也。'群臣并至，使各自明也。"

———————————

① 稷下黄老学者的考证见冯友兰《中国哲学史新编》第2册，第16～17章，人民出版社，1995。《黄帝四经》的考证见任继愈《中国哲学史》第2册，人民出版社，1997，第39～44页。

这里，"无为"自本《老子》。而"因循""因""法度"之说，则更近乎法家。并见其所论乃治人之术，以君臣关系为主，不去深究道的理论（其辞难知）。

"因循"，按常义指守旧法不变，如俗称"萧规曹随"者是。司马迁曾盛赞曹参（？～前190）为相国，"清静、极言、合道"，也称赞他代萧何为相时，"举事无所变更，一遵萧何约束"，百姓为歌以颂（《曹相国世家》）。但"因循""因"在黄老之术中还另有解释。

司马迁说慎到、田骈"皆学黄老道德之术"（《孟子荀卿列传》）。二人皆法家。《慎子》有《因循》篇，说君用臣不要叫他做这做那，而要使臣自为。"用人之自为，不用人之为我，则莫不可得而用矣，此之谓因"。上引司马谈文中"因者君之纲也"一段也是此意。此段据《史记正义》考出自《鬼谷子》。

田骈著述无考，唯《吕氏春秋·执一》称田骈对齐王讲"道术"，"变化应求而皆有章，因性任物而莫不当"。"物"，事物，实指国事。此是说法制是应需要而变化的，要因事物的性质而制定法度。即上引司马谈文中"有度无度，因物与合"之意，这是"因"的又一解释。

司马迁又有自己的"善因论"。这见于《货殖列传》开篇的总论，是说对于人民追求利欲的行为，要"善者因之，其次利道（导）之，其次教诲之，其次整齐之，最下者与之争"。"善者因之"是说执政者最好的政策是听其自然发展，让民间自由竞争，而最坏的是官营与民争利。这是非常高明的经济思想。不过，"善者因之"也许有这样的含义，即对民间好的牟利行为听其自然发展，而对于不大好或坏的牟利行为应当教育、管理、禁止。因为他后面专述了"贤人所以为富"十例，并告诫"贤人勉焉"，不要沦为"奸富"。重贤是儒家本色。下文引当时人语"天下熙熙皆为利来，天下攘攘皆为利往"，其中自有奸富。注意此语不是司马迁的概括，而是引当时人语，前有"故曰"二字。"故曰"在《史记》中常有，用以表明不是自己的话。如上引司马谈文中"故曰"四句，后人考证出自《鬼谷子》，原文未注明而已。司马迁不是无原则地讲利，"利诚乱之始也……自天子至于庶人，好利之弊何以异哉？"（《孟子荀卿列传》）

司马迁"善因论"最重要的是，其"因"不是讲君臣关系，而是讲执政者与人民群众的关系，这是司马迁在人与人关系中最关心的事。司马迁称赞当时的黄老学家盖公。盖公是曹参在齐为相时重金聘请来的一位长者，用其术，"齐国安集"，人民乐道。盖公从师黄生，黄生之说不详，所记盖公的术也只是一句话，"治道贵清静而民自定"（《曹相国世家》）。这非常重要，因为"民自定"也是讲执政者与人民群众的关系，是司马迁最关心的。

司马迁还称赞汲黯（？～前112年）。汲黯作东海太守时，"学黄老之言。治官理民，好清静，择丞史而任之。其治，责大指而已，不苛小……岁余，东海大治"（《汲郑列传》）。其重点也在治民。

司马迁颇看重陆贾（约前240～前170）。陆贾是个"从高祖定天下"的、"说称《诗》《书》"的儒，受高祖命著《新语》十二篇。其中有《无为》篇，讲"道莫大于无为，行莫大于谨敬"。而他的无为就是少做事，使天下清静。最好是"块然若无视，寂然若无声，官府若无吏，亭落若无民……耆老甘味于堂，丁男耕耘于野"，这叫作"至德"。而达到"至德"之法，讲了很多，归纳起来不外轻刑、重德、薄罚、厚赏（《至德》篇）。这实际是把道家思想法家化了。

司马迁屡次提到当时才华出众的大儒贾谊。贾谊的重要著作有《过秦论》《治安策》《道德说》以及削藩之论。司马迁对贾谊的治安、道德、削藩等论只字不提，而在《秦始皇本纪》中全文收录《过秦论》，并说"善哉。贾生之推言也"。所谓"推言"是说秦之所以亡国是因为作为太多，没能"安民"。贾谊认为兼并天下是要"高诈力"，而安天下则"贵权顺"。总之治国要"察盛衰之理，审权势之宜，去就有序，变化有时"。二者，正是司马迁的历史观。

司马迁在《屈原贾生列传》中，全文收录了屈原（前343～前299）的《怀沙赋》和贾谊的《吊屈原赋》与《服鸟赋》，这是颇不寻常的。前两篇是悲两人遭遇不淑，迁有同感。《服鸟赋》则是个世界观问题，由"万物变化兮，固无休息"，讲到人的生死，多用《庄子》，"化为异物兮，又何足患？"司马迁说："屈原以彼其材，游诸侯，何国不容，而自令若是"，这是纯儒家的想法；"读《服鸟赋》，同生死，轻去就，又爽然若失矣"，这就是道家的世界观了。黄老之术实际是道家与法家的合流，在汉初大乱初定时的一种治国思想。它在政治上未成主导，在学术上亦非主流，武帝尊儒以后就偃息了。司马迁热衷于黄老之术，但主要是从简政、爱民出发，其实也是儒家本色。司马迁自诩《史记》是继《春秋》而作，其书也言必称孔子。我以为司马迁是个融合了道家与法家的儒，也许比一般儒融合道家更多一些。他的历史观也是融合道法的儒家的历史观。

三 司马迁的历史观

司马迁在《报任安书》中说："网罗天下放失旧闻，考之行事，稽其成败兴坏之理，凡百三十篇，亦欲以究天人之际，通古今之变，成一家之言。"（《汉书·司马迁传》）司马迁的历史观可以"究天人之际，通古今之变"二语概括（在《太史公自序》中简称"天人之际，承敝通变"），前者讲天人关系，后者讲人与人的关系。二语也反映了他的认识论，即思维与存在的关系。

先说天人关系。司马迁的天是自然义的天。《论六家之要指》说："乃合大道，混混冥冥，光耀天下，复反无名"，这是本《老子》。又论阴阳家说："夫阴阳、四时、八位、十二度、二十四节，各有教令，顺之者昌，逆之者不死则亡，亦不尽然也。"是说天象规范人的活动并不尽然，即不是有意志的天。司马迁本人没有过天的理论，他在《史记·天官书》中讲了不少天象与人世活动的关系，但是把它们看成是自然相通的，而不是把天人格化，发号施令。试论其详。

司马迁精于天文，曾参与制定《太初历》。《天官书》描绘了二十八宿拱北辰形象，皆据实际观测，而论天人关系皆当时流行的见解。如北斗七星是"以齐七政"，"建四时、均五行、移节度、定诸纪，皆系于斗"。斗直前有天一，左有天枪、天棓，斗杓端有矛、盾（皆恒星）。"天一、枪、棓、矛、盾动摇，角（光芒）大，兵起"。天人关系更大的是五星（水、火、金、木、土均行星）与日、月的相对运动。尤其是岁星（木星），"其趋舍而前曰赢（指早出），退舍曰缩（指晚出）。赢，其国有兵不复；缩，其国有忧将亡，国倾败。其所在，五星皆从而聚于一舍，其下之国可以义致天下"。

对这些理论，司马迁大约是相信的。但应用时，他有自己的见解。大体是西周以前太古了，不谈，春秋以来，"其文图籍机祥不法（不足为法），是以孔子论六经，纪异而说不书。至天道命，不传。传其人，不待告；告非其人，虽言不著"。"纪异而说不书"，是说只记下有何异常的天象，不写它应世何事。至于天道、性命，不必传人；能领会者不需告诉他，不能领会者告诉他也没用。这是说孔子治《春秋》的态度，也是他写《史记》的态度。尤其在写《天官书》，所有天变异象都要有闻必录，这是史家尤其是天官职责所在。

话虽如此，但在《天官书》尾部，却写了许多天人相应之事。如"汉兴，五星聚于东井"（即上书"五星皆从而聚于一舍，事在高祖元年十月"）；"诸吕作乱，日食、昼晦"；"吴楚七国叛逆，彗星数丈，天狗过梁野"；等等。"由此观之，未有不先兴见而应随之者也"。这些事，也许是天官档案中原有的，但从结语看，司马迁还是相信的。

但是，《天官书》以外，却不见这样的记载。如"五星聚于东井"这样天大的事，却不见于《高祖本纪》。《三代世表》说："稽其历（代）谱牒，终始五德之传，古文咸不同，乖异。"五德终始说，如秦是以水德王、汉是以土德王，是当时流行的历史观，司马迁不取。《伯夷列传》："或曰天道无亲，常与善人"，但伯夷、叔齐、颜回这些善人都无好报，而盗跖恶人竟以善终，春秋以后例子犹多，"余甚惑焉，傥所谓天道，是耶非耶？"《蒙恬列传》：秦二世罪蒙恬，恬说他当年修长城万余里，"'其中不能无绝地脉哉？此乃恬之罪也。'乃吞药自杀"。司马迁说，蒙恬之过在不能阻谏秦王，"何乃罪地脉哉？"《项羽本纪》：羽困垓下，三呼"天亡我，非战之罪也"。司马迁数羽欲以力争霸天下，不自责，"乃引天亡我，非用兵之罪也，岂不谬哉？"

可见，司马迁并不相信"天人感应"说。他在《天官书》中所叙，乃官方成论，或照录官档。正如在《封禅书》中详记历代封禅故事，而于结尾称"后有君子，得以览焉"，存于史备参考之意。但也责"邹子（衍）论著终始五德之运"，"怪迂阿谀苟合之徒自此兴"。《孝武本纪》详记武帝用方士、信神仙、求长生不老药诸事，结尾亦称"后有君子，得以览焉"。同时有"多不雠""莫验""无其效"等否定语。

再谈人与人的关系。如何调节人与人的关系，春秋末以来曾有"礼"与"法"的争论。司马迁采取贾谊说："夫礼禁于未然之前，法施于已然之后。法之所为用者易见，而礼之所禁者难知。"（《太史公自序》）不过司马迁是很重视礼的。《论六家之要指》曾说，法"可以行一时之计，而不可长用也"。《史记》有八种政书，《礼书》第一，《乐书》第二，而无刑书。礼乐之治，表现儒家根本。

《太史公自序》说："礼因人质为之节文，略协古今之变，作《礼书》。"我想在《礼书》中寻绎他古今之变的理论，颇失望。缘司马迁的《礼书》已佚，今本系褚少孙补作，甚简。仅记周衰礼废乐坏，秦纳六国礼仪，汉叔孙通有所损益等沿革，不反映古今之变。至于理论，用《荀子·礼论》"隆杀"说。隆谓礼繁，文胜于情；杀谓礼简，文省于情；"本末相顺，终始相应"。二语似合司马迁思想，但无通变实例。

不过，将《礼书》与《乐书》合看，颇有所得。《乐书》亦后人补作，而其文来自小戴《礼记》中的《乐记》，这应该是司马迁所肯定的东西。按司马迁的理论，大自然是整齐有序的，而天人是相通的，人世也应该是和谐有序的，礼乐都是调节社会秩序的工具。《乐书》云："礼以导其志，乐以合其声，政以一其行，刑以防其奸。礼乐政刑，其极一也，所以同民心而出治道也。"又曰："乐者，天地之和也；礼者，天地之序也。和，故百物皆化；序，故群物皆别。"礼所以区别君臣、男女、贵贱，这是很符合司马迁的思想的。《乐书》又说："乐者为同，礼者为异；同则相亲，异则相敬。"又曰："乐由中出，礼自外作"；郑玄注："和在心"，"敬在貌"。就是说，乐是自然的，礼是人为的；理想社会是个大乐队，"调和谐合，鸟兽尽感"。这应该是司马迁的伟大理想。

司马迁的历史观是通古今之变。"变"有两个含义。其一是一时有一时之宜，不可拘泥不变。《淮南子·氾论训》："圣人制礼乐，而不制于礼乐……为利于民，不必法古；苟周于世，不必循旧"。司马迁有这种思想，他是用孔子损益说，历代礼制都有损益。班固批评司马迁是"不通时变者也"（见《秦始皇本纪》引《过秦论》后面的班固奏），这完全不对。如我前文所说，《过秦论》中"观之上古，验之当世……去就有序，变化有时"，正是司马迁的历史观。

"古今之变"的另一含义，即"三王之道若循环，终而复始"（《高祖本纪》）。历来中西历史哲学多有循环论。循环不是回到原处，而是在高一层的基础上重新开始。但循环论中把"变"看作是向对立面转化的，恐怕只有司马迁、黑格尔和马克思。

司马迁的循环论，具体说就是"夫天运，三十岁一小变，百年中变，五百载大变；三大变一纪，三纪而大备：此其大数也。为国者必贵三五，上下各千岁，然后天人之际续备"（《天官书》）。这里"天运"实指"国运"。"为国者贵三五"，即重视三十年的小变和五百年的大变。为政三十年还搞不好，就无望了；五百年的大变，已有向对立面转化的迹象，三个五百年的大变，就好像是否定之否定了。下面是验证。

《孝文本纪》："太史公曰：孔子言'必世然后仁'（孔安国注：三十年为世）……汉兴，至孝文四十余载，德至盛也。"《孝景本纪》全篇强调七国之乱，旱涝频仍，日蚀、彗星、地震特多。这段时间约三十年。这是三十年左右的小变。

"太史公曰：夏之政忠（敦厚）。忠之敝（弊），小人以野（无理），故殷人承之以敬（威严）。敬之敝，小人以鬼（狡诈），故周人承之以文（礼制繁）。文之敝，小人以僿（不诚恳），故救僿莫若以忠。三王之道若循环，周而复始。周秦之间，可谓文敝矣。秦政不改，反酷刑法，岂不缪乎？故汉兴，承敝易变，使人不倦（不劳累），得天统矣"（《高祖本纪》）。这就是三个五百年左右的大变。这是根据孔子"殷因于夏礼，所损益可知也；周因于殷礼，所损益可知也"（《论语·为政》）而来的。"损益""救敝"都是改良，但三改则周而复始，那就不是改良，而是否定之否定，是革命了。事实上，其间确有汤、武革命。

总的来看，司马迁的历史观是进步的、积极的、乐观的。自然界有日蚀、地震、灾荒，通过变，复归于和谐、有序。天人相通。人世间有多少苦难、杀戮、罪恶，通过变，终究会再现祥和。豁达开阔，如杜诗"锦江春色来天地，玉垒浮云变古今"。

四 班固的历史观

司马迁的学术思想在当时并非主流，当时占统治地位的是以董仲舒（前180～前115）为代表的、立为官学的春秋《公羊传》学。前51年汉宣帝召开石渠阁会议，讲五经同异，结果把以刘向（前79年～公元7年）为代表的春秋《穀梁传》学立为博士。公元 79 年汉章帝召开规模更大的白虎观学术会议，刘向之子刘歆曾争立晚出的春秋《左传》为官学，未果。董仲舒系一代儒学宗师，而刘向、刘歆长期为皇家校书，声誉昭著，并均曾续撰《史记》（佚）。班固（公元 32 年～公元 92 年）的历史观深受三人影响，而又有自己的取舍。

董仲舒的天完全是神义的天，天有人格、有意志、有目的。他在《春秋繁露》中说："天者百神之大君也"（《郊祭》）；"天，仁也"（《王道通三》）；"天高其位而下其施"（施仁，《天地之行》）；而最大的施就是施给人君以"受命之符"，因为这是"非力之所能致"的（《符瑞》）。班固接受这个论点，如《汉书·天文志》（班昭作）多用《史记·天文书》，而于"五星聚于东井"句下加"此高皇帝受命之符也"。又，董仲舒说孔子曾受天命，"西狩获麟，受命之符也"（《符瑞》）。因孔子虽未称王，但《公羊传》说孔子"制《春秋》之意，以俟后圣"，即为后之王者制定了一套治国礼法。刘向也是这个看法，因《穀梁传》中有类似记载。刘歆则不同，因《左传》中无此类说法。班固的《汉书》不论春秋事，但《艺文志》中说孔子与左丘明因"人道"而修《春秋》，盖与天命无关焉。

在天人关系上，董仲舒是"天人感应"论，天象灾异都因应于人世。自秦以来就流行许多图谶，西汉又出现各种纬书。董仲舒的天人感应中包括谶纬。刘向更"集合上古以来历春秋六国至秦汉符瑞、灾异之记"，作《洪范五行传论》（《汉书·楚元王传》）。刘歆也有《洪范五行传》，但不用谶纬。这是因为《公羊传》《穀梁传》中有谶纬，而《左传》无。

班固也采用天人感应，但自有其史家风度。《汉书》的纪传中都记灾异，但一般不述所应何事，有点像司马迁所说"纪异而说不书"。灾异应事的解释都集中在班固创立的《五行志》中。《五行志》有五卷，是十志中最长篇。志是从三代论起，《五行志》独详于春秋。灾异应何事的解释，尽录董仲舒、二刘之言，录刘向尤多。如僖公二十年五月乙巳，西宫灾。刘向以为应僖公立妾为夫人入宗庙事，因据《穀梁传》西宫近宗庙所在。董仲舒以为应齐国逼僖公立齐女为夫人，因据《公羊传》西宫为夫人所居。刘歆则从《左传》，以为东西宫皆帝宫，"言西知有东"，"言宫，举国皆灾"。《五行志》尽引他人解释，而班固不写自己的主张，直是一种述而不作的史家笔法。

在人与人的关系上，董仲舒自是以仁义为调解社会关系的基础，并首创"三纲"说，成为束缚人民活动的教条，遗于后世。在礼与法的问题上，他似是重礼轻法的，著有《公羊董仲舒治狱》十六篇，惜佚，不知其详。班固则比较重视法，《汉书》于《礼乐志》后设《刑法志》，为《史记》所无。《刑法志》头尾皆录荀子之论，如前言，司马迁在法制上也是尊荀子，礼法并举。《刑法志》兼论兵，赞管仲及齐桓、晋文霸业，而责商鞅、秦皇。入汉，颂文景之无为宽厚，殆武帝而有张汤、赵禹之奸酷，以下各代，均褒减刑、去繁等事。

就历史观说，重要的是通变问题。董仲舒在他的《贤良对策》（《汉书·董仲舒传》）中说："道之大原出于天，天不变道亦不变。"但，此语是接着前面一段论述的，其论曰："然夏上忠、殷上敬、周上文者，所继之救（指救弊），当用此（指变）也"；"今汉继大乱之后，若宜少损周之文致，用夏之忠者"。这段论述，完全是我前引《史记·高祖本纪》中"太史公曰"那段论的简化。董不可能见到《史记》，可能是班固为了省事照录《史记》以充董论，因董与司马迁的论都是本于孔子损益说，照录无妨（假定班固手中并无五百年前《对策》原件）。不过，司马迁从这段论中得出"三王之道若循环，周而复始"的结论，证实他"通古今之变"的历史观。而董仲舒虽也主张回到夏的忠，却得出"继治世其道同，继乱世其道变"的结论。变只是为了救弊，他接着说尧、舜、禹的相继，因为没有救弊的问题，也就毋须变道。我未见班固对这个问题的评论，唯在《礼乐志》中说："王者必因前王之力，顺时施宜，有所损益。"

班固在《律历志》中首先讲"三统""三正"，这是一种循环的变。"三统"指服色，"三正"指正朔，均据五德终始说。如夏尚木德，黑统，建寅；殷尚金德，白统，建丑；周尚火德，赤统，建子。以此循环，秦为水德，黑统；汉为土德，白统。汉初人及贾谊、司马迁都是这样认为（《汉书·郊祀志》）。但班固在《高帝纪》中说"汉承尧运，德祚已盛，断蛇著符，旗帜上赤，协于火德，自然之应，得天统矣"；又在《律历志》中说高祖"伐秦继周，木生火，故为火德"。王莽篡汉，建新国，尚土德，白统，而《王莽传》《律历志》不载。事实是，班固排除了整个秦代，使高祖以火德继周之木德，以应尧之以火德继帝喾之木德；又排除了王莽的新，使光武帝续汉之火德。这看来很无聊，但成为影响后世史家的大事，即"正统"论。而司马迁的历史观，如立《陈涉世家》《项羽本纪》《吕太后本纪》的做法，是根本不理会正统论的。

《汉书》于《货殖传》外另立《食货志》，是班固的一大创建。《食货志》以"仓廪实则知礼节，衣食足则知荣辱"，置于礼乐、刑法志之后，又摆脱了传统的农本商末的观点，以上下两卷分述春秋以来农业经济和商品货币经济之兴衰，成为真正的经济史，为后世史学楷模，这是《史记》所不能比拟的。班固对经济思想的论述，可说是历史主义的。据当时条件，详介诸如管仲的轻重论，李悝的尽地利之教，桑弘羊的均输平准，耿寿昌的漕运、常平。又常据实践效果评大臣奏议，如贾谊的论积粟、谏铸钱，晁错的贵粟论等。对汉武帝，屡责他干戈、工程耗费无度，但在《赞》中仍说"武帝时，国用饶而民不益赋"。对王莽，严斥其阴险乱国，而于王田、五均政策仅评曰"动欲慕古，不度时宜"。这种史评，应说公平。就经济思想说，班固与司马迁的最大差异在于他没有司马迁"善因论"那种远见的自由主义思想，而比较同情于武帝与民争利的政策。不过，他对当时的义利之辩未作评论，《食货志》中录取董仲舒的限田论，而不引其"正其谊不谋其利"说。

五　汉至唐的历史观

司马迁和班固的历史观，对后世中国史学都起着主导作用。在历史编纂学上，《汉书》体例完整，一直为历代史家所宗。在史学思想上，则受儒学本身的发展以及魏晋玄学、隋唐佛学的影响，有所嬗变。大体上，东汉、魏、西晋时期，班固的历史观较占优势，而东晋、隋、唐时期，司马迁的历史观转居主流。宋明理学兴起，儒学有理性化趋向，但就史学说，"究天人之际，通古今之变"的历史观更受尊重，直到清前期。

光武帝以赤帝子斩白帝子的传说起家，公元25年并宣布谶记于天下，东汉学术界是公羊、天命、正统、图谶最盛之时。但作为反对派，也有王充和仲长统的历史观出现。

王充（仲任，公元27年～104）在《论衡》中明确提出"元气"论。

"元气，天地之精微也"（《四纬》），"天禀元气，人受元精"（《超奇》）；天地万物都是由物质性的元气组成的。这就在传统的宇宙生成论之外，提出一个类似西方的宇宙构成论。王充提出"施气"说，但天"施气则物自生，非故施气以生物也"（《说日》）。"天动不欲生物而物自生，此则自然也；施气不欲为物而物自为，此则无为也"（《自然》）。所以，王充的天是自然义的天。他说他的看法"虽违儒家之说，合黄老之义也"（《自然》）。在天人关系上，他承认"瑞应"而反对天降灾异谴告人说，因天谴告人，"是有为，非自然也。黄老之家，论说天道，得其实矣"（《谴告》）。

但在人与人的关系上，王充是宿命论。人"在父母施气之时已得吉凶矣"（《命义》）。人的贤愚、贫富、贵贱都是命定的，国家亦然。"国当衰乱，贤圣不能盛；时当治，恶人不能乱。世之治乱，在时不在政；国之安危，在数不在教。""时数"是物质上的，主要指"岁之饥穰"（《治期》）。不过，从历史上说，汉代比五帝三皇更伟大。"高祖诛秦杀项，兼胜二家，力倍汤武"，因汤、武只胜一家，即桀、纣。光武再建汉国，"五代皆一受命，唯汉独再"（均见《恢国》）。汉兴，至文帝以致太平，应孔子"必世（三十年）而后仁"说。此后，宣帝、明帝均太平盛世，证据是"瑞应"（包括麒麟、神雀、黄龙、甘露、醴泉）多。"经传载瑞应，莫盛于孝明"，"宣明之年，（瑞应）倍于五帝三王也"。再从疆土之开拓，四夷之宾服说，汉也胜于周（均见《宣汉》）。

仲长统（公理，180～220）的《昌言》已佚，但他的历史观见于《后汉书·仲长统传》所引《理乱》篇。他是根本反对天命的，也反对天人感应说。他说："豪杰之当天命者，未始有天下之分者也"；他们是"拥甲兵""角才智，程勇力"争得天下的。得天下后"尊在一人"，愚主便可胡作非为，以致祸乱并起，"一朝而去"。所以，"存亡以之迭代，政乱从此周复，天道常然之大数也"。这是一治一乱的循环论。值得注意的是，他还得出一个"乱世长而化世短"的历史观。他说："春秋之时，周氏之乱世也。逮于战国，则又甚矣。"秦并六国和楚汉战争，又"甚于战国之时也"。而王莽之乱与刘秀复国战争，"计其残夷灭亡之数，又复倍于秦、项矣"。仲长统晚年已是群雄并起战乱之时，故"以及今日，名都空而不居，百里绝而无民者，不可胜数。此则又甚于亡新之时也。悲夫！"

张辅有篇《班马优劣论》，主要讲《汉书》叙事过繁，不如《史记》之简练（见刘知幾《史通·烦省》）。其实，《汉书》80万字，从后世史书看已属精要，不过当时看来较繁耳。汉献帝时，荀子十三世孙荀悦（仲豫，148~209）奉命将《汉书》改写成18万字的编年体《汉纪》，精练而有神韵，为汉人又一史学名著。《汉纪》采用天命观、正统论、天人感应论，但已有所怀疑。他说："灾祥之报，或应或否"，下举若干否的例子，"是以视听者惑也"。为解决"惑"，荀悦提出了自己的理论："夫事之性，有自然而成者，有待人事而成者，有失人事不成者，有虽加人事终身不成者。"（《汉纪》卷六）强调了人事作用，实即荀子"天人之分"观点的发挥。

当时，经济上最大的问题即董仲舒所说"富者田连阡陌，贫者亡立锥之地"。何休（邵公，129~182）作为最后一位公羊学家精心设计了一个井田制；仲长统提出了"限田大家"办法。荀悦则从历史角度看，在《申鉴·时事》中提出"耕而勿有，以俟制度"的主张。他赞成改革，但要看时机。他写《汉纪》时已是曹操专权，群雄鼎立，但《汉纪》是西汉史，故于卷八借文帝诏作了解释："高祖初定天下，及光武中兴之后，民人稀少"，正好改革制度。这种天下大乱的局面还会再来，所以，只要"民得耕种，不得买卖（土地）"，就可"为制度（改革）张本，不亦宜乎？"

陈寿（承祚，233~297）的《三国志》是马班以后最著名史书。《三国志》取材精审，文章简洁，而最为人称道的是，它对三国鼎立局面能统筹兼顾，无所偏倚，是史家伟大的品质。但这与该书体制有关，原来陈寿的《魏书》《吴书》均有所本，《蜀书》系独创，而三书各自独立，不相牵葛。据中华书局1959年校本考证，三书于北宋时才合称《三国志》，而咸平六年（1003）初刻时仍是三书分刻。今读合刊本，则见陈寿仍是正统论、天命论者。如曹操父子均作纪，而刘备、孙策父子均作传。曹丕禅汉位，当时有十来种说法（见裴松之注），陈寿独取五十年间两次"黄龙见谯（谯是曹操故乡）"说法，盖合黄为土德，继汉火德之意。而于刘备、孙策均无符命。又司马氏禅魏，实属篡逆，陈寿自不敢说，而以"天下为公，任贤与能"为评（《魏书·三少帝纪》），聊示魏统。

三书写天人感应备详。叙刘备称帝，用谯周等上言，历数河图洛书、谶纬之义，列举黄气、景云、岁星、玉玺等福瑞八项；而于孙权称帝主要以民谣应之；亦见陈寿之偏爱。陈寿蜀人，仕蜀，曾师从谯周。谯周"以司马迁史记书周秦以上，或采俗语百家之言，不专据正经"，于是作《古史考》，"皆凭旧典，以究迁之谬误"（《晋书·司马彪传》）。陈寿尊重谯周，写谯劝后主投降有"刘氏无虞，一邦蒙赖"之功，并评曰"谯周词理渊通，为世硕儒，有董（仲舒）扬（雄）之规"（《蜀书·杜周等传》）。陈寿的历史观于此可见一斑。

汉亡，标志着今文经学式微，古文经学代兴，儒风为之一变。同时，出现玄学，可以王弼（226～249）、嵇康（223～262）、阮籍（210～263）、郭象（252～312）为代表。

《晋书·王戎传》称："魏正始中，何晏、王弼等祖述老庄，立论以为天地万物皆以无为本。无也者，开物成务，无往不存也。"王弼在他的《老子指略》中说，"无形无名者，万物之宗也"。这就把《老子》的道或无解释成一种精神实体，它生成万物。嵇康的自然观采取王充的元气论，"元气陶铄，众生禀焉"（《嵇康集·明胆论》）。阮籍则是"天地生于自然，万物生于天地"（《阮步兵集·达庄论》）。郭象用王充的"物自生"论点，并认为物"自尔"，自己就是那样。郭象在《庄子注·齐物论注》中说："凡物云云皆自尔耳，非相为使也，故任之而理自至矣。"所以万物之间没有必然关系，但彼此依存，如唇不为齿而生，但唇亡齿寒。因而，"天地万物凡所有者，不可一日而相无也。一物不具，则生者无由得生；一理不至，则天年无缘得终"（《庄子注·大宗师注》）。这是有类黑格尔"凡是现实的都是合理的"观点。

在自然和社会的关系上，王弼无新的论点。嵇康则把自然和社会名教对立起来。名教即董仲舒所说的三纲五常。嵇康认为名教是违反自然的。他著《养生论》，主张越名教而任自然。君子"矜尚不存乎心，故能越名教而任自然；情不系于所欲，故能审贵贱而通物情。物情通顺，故大道无违；越名任心，故是非无措也"（《晋书·嵇康传》）。阮籍则要求越礼法而循自然。他著《大人先生传》说，"世之所谓君子，惟法是修，惟礼是克"，逃不出礼法，就像"群虱处于裈（裤）中而不能出也"（《晋书·阮籍传》），因而要"超世而绝群，遗俗而独往"（《汉魏六朝百三家集》卷三四）。郭象不反对礼法存在，但要看到历史演变。"夫先王典礼，所以适时用也；时过而不弃，即为民妖"

（《庄子注·天运注》）。"俗之所贵，有时而贱；物之所大，世或小之。故顺物之迹，不得不殊，斯五帝三王之所以不同也"（《庄子注·秋水注》）。

玄学的社会理论，偏重于个人处世的态度，对于史学或历史观影响不大。史家则重视政治，以《晋书》而言，记王戎、王衍独详，因二王虽谈玄，但为朝廷重臣，所谈玄理，并不左右其政治斗争。竹林七贤中，唯山涛另立传，亦以山涛为高官之故。

但玄学在认识论上，有所创造。原来两汉经学，无论今文古文，都讲历史，所谓"六经皆史也"。而魏晋玄学则是抽象思维。王弼把《老子》归结为"崇本息末"四字。本即道或无，末指现象。思考问题，要排除现象干扰，才能"言不远宗，事不失主"（《老子指略》）。又说要"得本以知末，不舍本以逐末也"（《老子注》第五十二章注）。这种思维方法是非历史的，接近于西方唯理学派。在《周易略例》中王弼提出"忘言"的理论。"言（卦辞）"生于象（卦象），故可循言以观象；象生于意（周文王本意），故可循象以观意。这是后人解卦的方法。但原来文王演易，是以象来表达他的意，孔子又以言来解说象。所以正确的解读方法是忘言、忘象以得意。"忘象者，乃得意者也；忘言者，乃得象者也"。这种解释方法也可用于一般的认识过程。如对诗、美术作品，就要透过词、画寻求作者的意境。对历史文献，不能满足于表面文字，要寻求其本意。当然，王弼的理论还是初步的，需要不断完善。正如西方的诠释学（Hermentics）最初只是诠释《圣经》中先知的启示，到20世纪才成为伽达默尔的对话论。

在认识论上，嵇康也有自己的见解。他有篇《声无哀乐论》，说音乐只是"和声"，本身不表达哀乐，哀乐是听乐的人自己本有的东西。意思是不能将主观加于客观。他说："夫推类辨物，当先求之自然之理。理已定，然后借古义以明之耳。今未得之于心，而多恃前（人）言以为谈证，自此以往，恐巧历不能纪。"这也是一种唯理主义的认识论。郭象则说："物有自然，理有至极，循而直往则冥然自合"，这种自合，"照之以天而不逆计（不追求根源），放之自尔而不推明"（《庄子注·齐物论注》）。又说"夫死者已自死，生者已自生……未有其根者，故莫知"（《知北游注》）。这是一种本源不可知论。唯理主义和不可知论在西方历史观中常见，在中国仅见于玄学。

魏晋南北朝时期史学著作甚多，据《隋书·经籍志》统计达数百部，但留存极少，其中最著名者当属东晋人袁宏的《后汉纪》和范晔的《后汉书》，均系后代人修汉史，与荀悦、陈寿论点颇有不同。

袁宏（彦伯，328~376）的《后汉纪》是继荀悦的《汉纪》而作，编年体而夹政论和人物评传，似学《史记》。该书"序"称："夫史传之兴，所以通古今而笃名教也。丘明之作，广大悉备。史迁剖判六家，建立十书，非徒记事而已，信足扶名教义，网罗治体，然未尽之。班固源流周赡，近乎通人之作，然因藉史迁，无所甄明。荀悦才智经纶，足为嘉史，所述当世，大得治功已矣，然名教之本，帝王高义，辒而未叙。"这段史论显然是推崇司马迁的，"未尽"指《史记》未及武帝以后事。但还需作些说明。

袁宏说史学的目的是"通古今而笃名教"，也许是针对竹林名士而言（袁东晋人），不过他的名教，似与通常所说的三纲五常不尽相同。三纲以君臣为主，袁宏在《三国名臣颂》中歌颂了20位名臣的品德和功绩，而无一字提到"忠"，反有"未遇伯乐"等怨君语（《晋书·文苑传》）。在《后汉纪》卷二六说："高下莫尚于天地，故贵贱拟斯以辨物；尊卑莫大于父子，故君臣象兹以成器……夫以无穷之天地，不易之父子，故尊卑永固而不逾，名教大定而不乱……未有违天地之性而可以序定人伦，失乎自然之理而可以彰明治体者也。"这可见他的天人关系，也可以明白他何以把司马迁的功绩归结为"扶明教义，网罗治体"。

《后汉纪》叙天人感应事不多，但很重视正统论。曹丕逼汉献帝禅位，是正统论史家最头疼的事。陈寿以魏土德代汉火德，魏为正统。袁宏在《三国名臣颂》中也有"火德既微，运缠大过"（卦，大难）之言，但在《后汉纪》卷三〇说：汉虽衰，但"刘氏之德未泯，忠义之徒未尽，何言亡也。汉苟未亡，则魏不可取"。隐然以刘备继汉业。与袁宏同在桓温幕府的习凿齿著《汉晋春秋》则直言"三国之时，蜀以宗室为正"，魏武"尚为篡逆"（《晋书·习凿齿传》）。

范晔（蔚宗，398~445）的《后汉书》是在多种前人著作基础上修订的，而甚多创见。他在该书序即《狱中与诸甥侄书》中说："文患其事尽于形，情急于藻，义牵其旨，韵移其意。"要避免情志辞藻牵累，"故当以意为主，以文传意"。这很像是王弼"忘言"的主张。

该文论史说："班氏最有高名，既任情无例，不可甲乙辩。后赞于理近，无所得；唯志可推耳。（吾）博赡不可及之，整理未必愧也。"这是责班固为情牵累，又无例证；其赞近于理但无所得（范晔书于序、论之外还有例，例佚）。"吾杂传论，皆有精义深旨……至于《循吏》以下及六夷诸序、论，笔势纵放，实天下奇作，其中合者往往不减《过秦》篇。尝共比方班氏所作，非但不愧之而已。""笔势纵放"是司马迁文章；范晔自诩甚高，意在成一家之言，如司马迁故事。

范晔在《后汉书·班固传》中说："（班）固以为汉绍尧运以建帝业，至于六世，史臣乃追述功德，私作本纪，编于百王之后，厕于秦、项之列。"这里"史臣"指司马迁，全文是班固短司马迁之语。下面是范晔评论："迁文直而核，固文赡而事详。"又，"彪、固讥迁，以为是非颇谬于圣人。然其论议常排死节、否正直，而不叙杀身成仁为美，则轻仁义，贱守节愈矣"。班彪讥司马迁的原话是"论术学则崇黄老而薄五经，序货殖则轻仁义而羞贫穷，道游侠则贱守节而贵俗功"（《后汉书·班彪传》）。班固讥司马迁的话略同。"然其论议"指班固的论议，范晔认为班固的论议更加（"愈矣"）轻仁义、贱守节。根据是《汉书·游侠传》中说剧孟、郭解"自与（自认）杀身成名"，而实际是"罪不容诛也"。

范晔自己的看法见《后汉书·独行传》的"序"："蹈义陵险，死生等节，虽事非通圆，良其风轨有足怀者。"足见他重正直，讲气节，犹如司马迁。此外，范晔在《儒林列传》中说儒生"迂滞"，在《文苑列传》中说文人"淫费"；而于《逸民列传》中颇有颂扬，于《宦官列传》中说某些宦官"亦有其理"。这都是他所谓"天下奇作"之笔，超越正宗儒家，反映他历史观的一个侧面。

在正统问题上，范晔在《献帝纪》中记曹丕称帝，奉献帝为山阳公，论曰："天厌汉德久矣，山阳其何诛（责）焉？"承认事实，不讲五德终始。但在《光武帝纪》写刘秀即位时录"赤伏符"及谶记全文，说"始正火德，色尚赤"；在论中罗列八项祥瑞、符谶，结语"其王者受命，信有符乎？"又在《章帝纪》的论中说："在位十三年，郡国所上符瑞，合于图书（河图洛书）者数百千所，呜呼懋哉！"

其实，范晔是不相信符瑞图谶的。李通是讲符谶助光武成大业的大人物，范晔在《李通传》的论中说："夫天道性命，圣人难言之，况乃亿测微隐，狙狂无妄之福。"在《方术列传》的"序"中说："汉自武帝颇好方术……及光武尤信谶言，士之赴趣时宜者皆驰骋穿凿争谈之也。""故圣人不语怪神，罕言性命。或开末而抑其端，或曲解以章其义，所谓民可使由之，不可使知之。"就是说，图谶是一种愚民政策。上述《光武帝纪》中详言符瑞，都是当时正式宣布的，史家必录。《章帝纪》的"论"，则是为了写章帝"宽厚"得民望。"章帝素知人厌明帝苛切，事从宽厚"，下举除惨狱、赐妊者谷、尽孝、封亲、平徭、简赋等事。然后讲郡国上符瑞，是亦当时政治上大事，史官必记也。

范晔在《西域传》中阐述了其反对佛教的论点。佛教于汉明帝时传入中国，流行民间，并入宫廷。但是与神仙方术混同，史家亦不辨。袁宏《后汉纪》讲佛"项中佩日月光，变化无方，无所不入"。范晔在《楚王英传》中说刘英"诵黄老之微言，尚浮屠之仁祠"；又《襄楷传》记襄楷上疏："又闻宫中立黄老浮图之祠"；皆混同佛老。

到魏晋南北朝，佛教已流行颇广，并有道安、慧远、僧肇、道生等大师，撰述经义，建立佛学。史学界亦有刘宋人沈约（休文，441～513）、齐梁人萧子显（景阳，489～537）笃信佛教。沈约在他的《宋书·蛮夷传》中述佛教在中国之传播，评曰"经诰充积，训义深远，别为一家之学"。萧子显在所著《齐书·高逸传》中将佛与儒、法、墨、阴阳等比论，谓佛法较胜，"史臣服膺释氏，深信冥缘，谓斯道之贵也"。又该书设《释老志》，后人亦有仿设者。唯沈、萧之书流传不广，不入正史。正史《晋书》（唐人著）态度不同。《晋书》颇重魏晋玄学，已见前引。对佛家则与道士方士同入《艺术列传》，其序曰："亦威众以立权，所谓神道设教，率由于此。"此语甚切。并只立天竺僧佛图澄、鸠摩罗什二传，主要记他们参与石勒、苻坚的政治斗争，能预言战事胜负，以及神怪异行。结语称"什既兆星象，澄乃驱鬼神"。除略记鸠摩罗什著作及门徒八百外，无一语言及佛法，而于道安、慧远、僧肇等理论家均无传，仅于他文偶尔提及名字。此非唐人不知佛，盖有意为之。

中国佛教之成佛学，实自隋唐始。佛教开始形成不同宗派，出现不同经典。天台宗最早，继有玄奘去印度取经归来创法相宗，武则天提倡华严宗，中唐新兴禅宗。禅宗是纯粹中国佛学，并无印度根源。禅宗盛行后，其他宗派逐渐衰微，以至消失。

玄学是理性主义，重推理，是非历史的。佛教则讲历史，讲灵魂不灭，人死要轮回再生，因果报应。今日之富贵乃前生所修功业之果，今世不积善，后世必有恶报。但佛学不是要研究这种历史规律，而是要否定它，研究如何超越轮回报应的人生苦海，进入不变的彼岸世界。这就要把过去和现在，把整个宇宙都看成是虚幻的存在，不去留恋它，使精神达到涅槃（圆寂）境界，享受永恒的快乐。从这一点说，史学家是不感兴趣的。但是，佛学的世界观，实际是个认识论问题，各宗派之不同，实际是他们对真理认识方法不同。法相宗又称唯识论，把它归结为人的最高认识力（阿那耶识）中有不良成分（有漏种子），排除这种不良成分，就会得到真如（真正的认识）。禅宗是用直观和顿悟的方法。认为"一切般若（般若即智）智，皆从自性而生，不从外入"。得到悟，要无念、无相、无住。无念不是不念，而是"于诸境（外界）上心不染"；无相即"于（处于）相而离相"；无住即"念念相续，无有断绝"〔均见《坛经》，即禅宗实际创立人慧能或惠能（638～713）的语录〕。这种认识论，体现了主体与客体的完全一致，禅语称"主看主"（而不是主看宾），或者形象地说"一片月生海，几家人上楼"（月是宾，人是主）。这种认识论，不限于人世众相，也体现自然界的真如，即天人合一。用禅语形象地说，即"青青翠竹尽是法身，郁郁黄花无非般若"（《景德传灯录》卷六）。主体与客体统一和天人合一的观点，正是中国历史观不同于西方历史观的两个关键问题。不过在佛学，这两个问题合起来则导致泛神论，而在儒学（宋明理学）则没有泛神论。

禅学直接影响宋明理学，但对唐代史学则影响很小。唐代史学大兴，是因唐太宗于公元629年开设史馆，由宰相监修国史，而这时禅学尚未盛行。又所修均前代史，即《晋书》《梁书》《陈书》《北齐书》《周书》《隋书》，和李延寿独撰的于659年完成的《南史》《北史》。这样，二十四史中有八部是唐初撰修的，都不涉及禅宗。其中以《晋书》《隋书》最为完整。

《晋书》是由房玄龄（579～648）、褚遂良（596～658）监修，令狐德棻（583～666）等前后21位史家撰写。全书体例则继承范晔《后汉书》。

书中对天命论、正统观已不重视，并甚少忌讳。如《宣帝纪》叙司马懿"内忌而外宽，猜忌多权变"；《景帝纪》说司马师"潜谋废立"；《文帝纪》赞司马昭"反虽讨贼，终为弑君"；《武帝纪》颂司马炎之功业，而责他"居治而忘危"，"不知处广以思狭"。《晋书》讲天人感应事不多，然循例作《五行志》。志序先说董仲舒治《公羊》、刘向治《穀梁》、刘歆治《左传》，而所述阴阳祸福"相乖"。继说班固兼采多家"以传春秋"。"综而为言，凡有三术。其一曰，君治以道，臣辅克忠，万物咸遂其性，则和气应，休征效，国以安。二曰，君违其道，小人在位，众庶失常，则乖气应，咎征效，国以亡。三曰，人君大臣见灾异，退而自省，责躬修德，共御补过，则祸消而福至。此其大略也。"《五行志》是李淳风（602～670）所撰，这完全是一种新的五行观念了。

《隋书》是由魏徵（579～648）监修并序赞，颜师古（581～645）、孔颖达（574～648）等撰，为史馆最后一部国史，656年完成。隋史仅38年，其重要在所附十志。原来馆修梁、陈、齐、周、隋书均无志，另由长孙无忌（599～659）监修，颜师古、李淳风、李延寿等撰"五代史志"，后附刊于《隋书》。史志摆脱以帝王为经的史书体系，为后来通志开路。而其十志的安排体现了一种历史观。前五志即天文、律历、五行、礼、乐，属于天人关系；后五志即百官、刑法、地理、食货、经籍，属社会变迁。这是合理的。又与过去史书比，删除了封禅、郊祀、符瑞、释老等志。还有，《隋书》的《经籍志》首创经、史、子、集四部分类法，书目收集完整，素负盛名。

然而，唐代最重要的史学贡献乃是中唐人刘知幾的《史通》和杜佑的《通典》。刘知幾（子元，661～721）的《史通》是一部史学评论著作，其评论主要是从历史编纂学着眼的，但也可略见其历史观梗概。他在《自叙》中说："常欲自班、马以降，迄于姚、李、令狐、颜、孔诸书，莫不因其旧义，普加厘革。""厘革"即指出其错误、饰讳、虚增等事。如在《疑古》篇指出《尚书》可疑者十条，在《惑经》篇说孔子删定《春秋》《诗》《书》时有不少"饰智矜愚，爱憎由己"之处。评议古人，不避圣讳，很有司马迁论史揭出《论六家之要指》的风度。

刘知幾自称他评史不惜"言班马之失"。查《史通·自叙》有"史公著书,是非多谬";《忤时》篇有"《史记》则退处士而进奸雄"之语。而人所共知,此乃班彪对司马迁的评论,刘知幾未注明而已。另一方面,他在《申左》篇说《左传》有三长,《公羊传》《穀梁传》有五短。又设《汉书五行志错误》和《五行志杂驳》,用古文献驳斥灾祥应报说之不实和自相矛盾。虽非专对班固而言,其意则显见。关于正统问题,刘知幾未正面评论。但在《疑古》篇他认为尧禅位于舜是不可信的,应是舜夺取了尧位;又怀疑禹传启说法,认为是益、启争夺帝位,启杀益得位。在《载文》篇批评魏晋禅让的诏诰、九锡等文献都是虚拟的,不反映历史实况。可见,他认为帝位都是争夺而来,无所谓正统。

刘知幾最为后人称道的是他的治史三长说,即史家必须具备史才、史学、史识。史学指史料和历史知识,史才指文学修养,史识最重要,实际就是历史观,不过刘知幾的话只有"好是正直"四个字(《旧唐书·刘知幾传》)。在《史通》中他说,古今"世异则事异,事异则治异",史家不必"以先王之道持今世之人"(《模拟》)。又"远古之书与近古之史,非唯繁约不类,固亦向背皆殊",此乃"古今不同,势使然也"(《烦省》)。

杜佑(君卿,735～812)的《通典》是记唐天宝以前历代的典章制度,把历代史书的志书都容纳在内。值得注意的是,他提出"经邦济世"的原则。他在《自序》中说:"夫理道之先在乎行教化,教化之本在乎足衣食。《易》称聚众人曰财;《洪范》八政,一曰食,二曰货;管子曰仓廪实知礼节,衣食足知荣辱。"这都是儒家教导,但经杜佑整理变成一种历史观。所以,《通典》设九典,以《食货典》居首位,以下依次是选举、职官、礼、乐、兵、刑、州郡、边防各典;并去除了旧志中的天文、律历、五行、释老等那些不能"经邦济世"的志书,体现一种经济史、政治史、军事史体系。同时,把旧史属于地理志的人口问题移入食货典,并设"历代盛衰户口"专项,又在食货典设"轻重"专项。这都是很有见地的。

在唐代晚期,又出现了韩愈、李翱的"原道"和"复性"的历史观和柳宗元、刘禹锡的唯物主义历史观。他们都是影响到宋代理学。留待第三章再去探讨。

第三节　古代西方的历史观

对西方的历史观，我把重点放在 18、19 世纪理性主义运动中的历史哲学以及近代的和当代的历史观上。对古代西方，仅为中西比较，极其简略地回顾一下希腊早期的自然哲学，略述柏拉图和亚里士多德的历史观，并一笔带过中世纪的神学历史观。

希腊早期（前 7 世纪～前 5 世纪）的哲学是自然哲学，人类社会是自然秩序的一部分。它主要有两种思潮：占优势的一种是以"哲学之父"泰勒斯（前 624～前 547）为首的爱奥尼亚学派。他们常被称为"物理学家"。他们多半是泛神论和物活论者，认为大自然是有生命的、活动的。他们注意探讨自然界的本原，如泰勒斯认为是水，有人认为是气、火或者别的东西，并研究这些元素的运动，形成原始的宇宙构成论。另一种是南部的毕达哥拉斯（前 580～前 500）学派。他们注意研究宇宙万物间的关系、秩序和一致性，认为这一切都源于"数"。数的有序组合构成和谐的宇宙，也组成社会秩序。数主宰一切运动，也主宰人文，如"4"表示争议，"8"表示爱情。

不同的思想，在前 5 世纪初导致一场关于运动和变化的争论。一方面，以赫拉克利特（前 535～前 475）为代表，认为一切事物都是对立的统一，因而是不停止地运动着。"人不能两次走进同一条河"，因河水在不断更新。变易是有规则的，因为一切事物都有它的逻各斯（Logos，理性，规律）。由此也规定着人与人的关系。例如"战争是万有之父"，因为如果没有斗争，社会就要消亡。又如"每隔一万八千年世界就会从头开始"，这就成为最早的历史循环论。另一方面，由色诺芬尼（前 570～前 480）创始的埃利亚学派则认为，凡是真实的存在都是永恒的、不变的。真实的存在是指事物的本质，是一（一般）而不是多（个别）；一般（如善、美）是不生不灭的。我们经验上感觉的那个纷奇多样、有兴有衰的世界，是个别的事物，是虚假的现象，不是真实的存在。这是两种截然不同的历史观。这场争论的结果，是出现了各种原子论或种子论，他们试图调和这两种运动和变化的观点。以比较晚出的德谟克利特（前 460～前 370）的原子论为例，他认为，永恒不变的事物的本质确是真实的存在，但运动不息的原子也是真实的存在。原子的回旋运动构成水、气、土各种要素，要素的运动和转化构成宇宙和人类社会。而最精致的原子构成宇宙灵魂和人类灵魂。灵魂是永恒不变的，相当于逻各斯，其目的在于使宇宙和谐和人生幸福。

从上面简短的介绍中可以看出，希腊早期的自然哲学与中国先秦诸子百家的哲学，在人与自然的关系和人与人的关系上差异并不大。但在认识论方面，中西差异是较大的。中国先秦哲学家一般都把思维和存在看成是一致的，至少人能认知天命。而在西方，早在泰勒斯就明确提出主体和客体是对立的，人不能完全认识客体。埃利亚学派在这方面走得更远。他们认为真正的认识即知识，是对真实存在的认识，也就是对事物本质或一般的认识。真实的存在是永恒不变的，真正的知识或真理也是永恒不变的；如数学原理，它不仅适用于此时此地，也在别的地方永远有效。反之，那种对个别事物的认识，对经验的总结，只是一种"见解"，只在个别的经验范围和时间内有效，因而不是真正的知识。这种认识论实际是反历史的，或历史怀疑论，在西方曾反复出现过。

然而，正在这时，即前5世纪，出现了西方古代最负盛名的历史学家希罗多德（前480～?）和修昔底德（前471～前400）。他们的著作中虽然有不少神祇，但已完全摆脱荷马的传说或赫西俄德的《神谱》的风格，而是真正的历史了，所以，希罗多德被称为"历史之父"。不过，希罗多德的书虽命名为《历史》，也提到古埃及和两河流域国家一些情况，但主要是记载前492～前449年希腊和波斯的一场战争。修昔底德则是记述他自己参加过的前431～前404年的伯罗奔尼撒战争。就是说，它们是一种回忆式的记述，类似纪事本末，并且是最近或当代的事情，没有"通古今之变"或探讨历史发展规律的要求。他们都注意到引用文献的真实性，希罗多德注意分析希腊人抵抗波斯入侵的原因，修昔底德严肃地对待将领之间的关系。因此，虽然他们所写的不是希腊哲学家所追求的那种永恒的知识，但像描写更加瞬息万变的希腊悲剧那样，受到希腊人的欢迎，并成为不朽之作。

前5世纪晚期和前4世纪，出现苏格拉底（前469～前399）、柏拉图（前427～前347）和亚里士多德（前384～前322）的哲学。欧洲文化史常把苏格拉底比作孔子，这颇不恰当。苏格拉底也主要是讲伦理学，但和孔子不同，现有材料中很难找到他历史观方面的观点，因此略去，只讲柏拉图和亚里士多德。

在认识论上，柏拉图继承埃利亚学派的论点，即真正的知识必须是揭示事物一般的、关于事物永恒不变的本质的认识。这种知识不能从经验世界中求得，因为经验世界是变动的现象，不是真实的存在。但柏拉图提出，人天生有一种渴爱求知的欲望，他叫作厄各斯（Eros，原希腊爱神）。这实际是对真、善、美的爱慕。经验世界不是真的，任何具体的东西都不是完全美或善的。但是，人们可以用真善美的厄各斯去考察感官的世界，这会激发人们回忆起他们先验中固有的理性，从而得到理性的认识。通过感官的、经验的事物，求得真正的永恒的知识。这种认识论，就不再是反历史的了。

柏拉图创造了"理念"说。理念是一种精神实体，他是万物的始原，也是万物的模型。最高的理念是善，善的观念即逻各斯，是一切理念的目的。造物主以理念为模型，塑造了一个以善的观念为指导的宇宙，即现实的感官世界。这样，就必须有什么东西作为塑造的质料。柏拉图对此没有说明。但在《蒂迈欧篇》，他提到土、气、水、火四种元素。看来，这个感官世界应当是由物质构成的，因而，柏拉图的宇宙观应当是精神与物质二元论。然而，理念并不直接指导这个世界，而是通过灵魂。柏拉图为星体、万物和人类安排了一系列的灵魂或神祇，构成一个灵魂世界。灵魂世界是一切法则、数学关系、秩序、和谐的源泉，从而形成一个井井有条的、以善为终极目的的世界。在这个世界中，人与自然的关系显然是一致的，因为它们是按同一目的被塑造的。

在人与人的关系方面，柏拉图的观点是容易理解的。他举出人类灵魂有三个部分：理性、意志（冲动）、欲望。这相当于中国所说的人性。理性最重要，理性进入肉体，人才成为人。但非理性的意志使人勇敢，生气勃勃；意志应接受理性的领导。欲望则是比较低级的，更需要由理性节制。这三种因素彼此和谐，各司其职，一个人就是正直的。

由此产生柏拉图的国家观。他在《理想国》中把国家看成一个教育机构，实行德育，培育人的四德，即聪明、勇敢、克己、正直；当然是指自由公民，不包括奴隶。理想国是个小城邦，并由哲学家掌握王权。

亚里士多德集希腊主要学派之大成，使希腊哲学发展到高峰。亚里士多德的认识论，也是认为真正的知识是对事物一般或本质的认识，是永恒的，他称之为"形式"。形式相当于柏拉图的理念，但和柏拉图的理念不同，它不是独立的存在于具体事务之外，而是存在于事物之中；也就是说，一般存在于个别之中，因而，可以从经验世界认识事物本质。这实际是承认思维与存在的同一性，也解除了认识论中的反历史倾向。

人们可以用归纳的方法，从感觉世界中认识一类事物的性质，即由个别得到一般。但这样得到的知识只是一种盖然性，需要经过理性的证明，才具有必然性。为此，亚里士多德创造了演绎的逻辑学，即由一般确定个别的方法。这种逻辑学通常采用三段论式，即由（1）大前提和（2）小前提推演出（3）结论。大小前提都正确，结论必然正确。而大小前提的正确性需要又一个三段论式来证明。这样，一直推到最后的命题是不证自明的东西，如数学公理，或合乎逻辑规律的公式。这样，全部论证就无懈可击了。演绎逻辑学是亚里士多德的一大贡献，后来科学的发展都要利用这种认识方法。

亚里士多德认为，宇宙间任何事物都是由形式和物质结合而成的。形式是事物的动力和目的，物质是实现这一目的的实体。例如橡树种子长成橡树，即橡树种子这种具有潜在橡树形式的物质，在橡树形式的推动下，实现了这种形式的目的。无数这样的实现，就是宇宙的形成。但是，这就必须有一个"第一推动者"，它是不带任何物质的纯形式或纯理性，它就是上帝，它也是世界的"第一原因"。世界第一原因，是世界一切秩序、美、生命和幸福的本原，也就是世界的最终目的或至善。

但是，世界上往往还有不够完善乃至恶的东西。亚里士多德把这种情况归之于物质本身有缺陷，或者说物质在实现形式的目的时有一种抵抗，未能实现形式的目的。这就使得同一类型中的个体参差不齐，以致发生对立和斗争。因此，在他的物理学中，他反对机械的原子论观点，认为变化不仅是量的变化和位置的变化。他把运动定义为"可能性的实现"，强调自然界也有活的运动（生成和衰亡）和性质的运动（一物转化为另一物）；并完全用思辨的方法得出没有无限的空间和宇宙是有限的结论。这在当时是了不起的。而在生物学上，他则是用灵魂学说来解释。有不同等级的灵魂，人有最高级的灵魂，即能够作理性思维的灵魂。

不过，人类的灵魂不都是理性的，也有非理性的部分，即感情和欲望。为实现做人的目的，灵魂的各部分必须保持正当的关系，特别是对于感情和欲望，要保持唯理的态度。所谓唯理的态度，最好是居于两个极端之间，即中庸的态度。例如，勇敢是蛮横和怯懦的中庸，豪爽是奢侈和贪吝的中庸。中庸不是到处都一样，而是在不同情况下，由个人选定的。亚里士多德说："德性是一种倾向或习惯，包括审慎的目的或选择。道德在于中庸之道，这取决于我们自己，由理性来确定，或者像一个审慎的人会予以确定的那样。"又说："一个有德性的人往往为他的朋友和国家的利益而采取行动，必要时，乃至牺牲自己的性命。他宁愿捐弃世人所争夺的金钱、荣誉和一切财物，只求自己高尚……他宁愿高贵地生活一年，而不愿平淡地生活多年。"① 看来，亚里士多德颇喜欢侠义的性格，有如司马迁。亚里士多德说诗歌要比历史学更真实，而柏拉图则说诗歌没有什么价值。

亚里士多德强调人是社会的动物，社会生活是人类存在的目的，而国家则是达到这一目的的整体组织。整体总是先于部分，有整体才有部分，所以，在性质上，国家先于和高于家庭、村社和个人。这是一种理性历史观。因为国家是社会形式的目的，具体历史不过是实现这一目的的过程而已。亚里士多德认为，国家给平等的人以平等的权利，给不平等的人以不平等的权利。根据个人能力、财产、社会地位（阶级和等级）之不同，区别对待，这就可以调和人与人的关系，达到"正直"（公平）。

在前3世纪以后的希腊化时期，有伊壁鸠鲁学派和斯多葛学派哲学，它们主要讨论伦理学问题。到公元1~4世纪的罗马帝国时期，除新柏拉图主义外，就没有什么新的哲学了。

希腊的艺术和文学在前5世纪以后即见衰微，史学也在修昔底德以后后继无人。但是，到希腊化的后期，出现了波里比乌斯（约前270~前205）的《通史》。《通史》实际是叙述希腊化的过程，不过150年；但是，地域扩大了，由希罗多德、修昔底德的希腊城邦史扩大为当时称为"世界"（实指亚历山大统治的欧洲和部分亚、非地区）的历史。这点非常重要。因为学者们所称"希腊化"（Hellenism）是指野蛮人（波斯人、叙利亚人、巴比伦人、埃及人）都说希腊语，服膺希腊文化和风俗习惯了。当初希罗多德写希波战争史时也论及波斯人，但是把他们当作敌人看待，波斯只是个地理

---

① 亚里士多德：《伦理学》，转引自梯利《西方哲学史》增补修订版，商务印书馆，1995，第95页。

概念。现在整个大流士帝国都希腊化了，在波里比乌斯头脑中就产生一个人类大统一思想，产生世界历史的概念。这有点像公羊学家解释《春秋》"三世"：先是"内其国而外诸夏"，继而是"内诸夏而外夷狄"，到孔子时就"天下远近大小若一"，世界大统一了（何休《公羊传解诂》）。波里比乌斯说他是第一个把"历史学"设想为具有普遍价值思想形式的人，其价值就在于培养出具有世界统一观点的政治家。

波里比乌斯的历史学思想是伟大的，但希腊化实际是一种武力征服，遇到很多抵抗和挫折。波里比乌斯书中实际所写的则是宣扬征服世界的使命，即目的论史学；记述亚历山大的将军们的英雄事迹，即英雄史观；以及战争悲剧。对于战争胜负和事业成败，则是命运决定论。

到罗马帝国时代，李维（约前 59 年～公元 17 年）的多卷本《罗马史》，可说是第一部真正的通史。李维在序中强调罗马民族的道德传统，有浓厚的怀古情绪，把道德作为罗马历史发展的目的。他确实花大力气发掘早期罗马的史料，但毕竟神话传说多于事实，它自己也说是作为寓言，保存下来。再者，全书表现的似乎罗马自古就是个英雄城市，逐步实现和扩大其荣誉，因而没有什么"通古今之变"的讨论。这显然是受希腊哲学影响，以永恒的知识（这里是道德和英雄）为主题的历史观。

略晚的塔西佗（约公元 50 年～120）著述不少，而以四卷本《编年史》著称。编年史体例后来在西方颇为盛行，不过塔西佗的著作仍是以故事为主，"系年"处理。全书基调也是宣扬罗马征服欧洲与中亚，对军事荣誉有崇拜心情。塔西佗以刻画人物见长。人物活动构成历史，是治史之一途。但他对人物的描述以个人性格为主，有忽视环境与条件之嫌。且有夸张，好人很好，坏人很坏；把历史写成善与恶的冲突，有违历史真实。

现在再回顾一下。总的来看，希腊的自然观，比中国儒家的自然观，神义要多一些。但在人与自然界的关系上，差异并不大。双方都认为，自然界是个有序的、和谐的整体，人世也应当是这样；人与自然界有同一性。这种观点中西是一致的。不过，希腊的世界观有强烈的目的论，这对史学思想影响很大，希腊和罗马史家的著作都是目的论的，是乐观主义的。中国儒家思想也有目的论，但受自然、无为思想的影响，在史家的著作中，目的论轻微，或者没有。在宇宙起源方面，中国是生成论，西方主要是构成论，但在希腊时代，还是有机论占优势；这点在古代史学上影响不大。另外，西方哲学有物理学的传统，以至后人在编辑亚里士多德的著述时，把哲学原理部分放在物理学后面，称"物理学后"（metaphysics），今译"形而上学"。在中国没有物理学的传统，是个缺陷。

在人与人的关系上，双方都是以伦理学为基础，重视德育、教化，维护等级制度，要求社会和谐、合作，没有多大差异；在道德观上，亚里士多德的看法与儒家尤为接近。在国家观上，因中西体制不同，反映在历史上差别较大；其实，双方都是贵族政治，不过希腊有议会传统，罗马法制较强而已。历史观上，对社会制度变迁的看法，中国远走在前面。西方史学家把发展看成是直线的，中国则有"损益"（改革）和"革命"（向对立面转化）的概念，有个"通古今之变"的伟大思想，这是了不起的。西方历史上有个"英雄时代"，主要指希腊罗马城邦，是英雄史观；中国则是圣贤史观，言必称三代，或周公、孔子。这与古代历史有关，希腊罗马都有多次远征，有许多英雄事迹；但主要还是历史观不同，战国和楚汉时期也有不少著名战役，中国史家并不去歌颂。柏拉图和亚里士多德都把"勇敢"作为大德，中国则只讲仁和义。

在思维与存在的关系上，在认识论上，中西差异较大，前已言及。不过，在古代，这种差异还没有完全展示出来，在西方二元论仅见端倪，怀疑论和自我史观还不明显。在认识方法上，希腊早有逻各斯传统，亚里士多德发展成为比较完整的推理的逻辑学，对科学和史学的发展都做出贡献。中国的辩证法思维非常先进，而逻辑思维很糟糕，墨经绝唱后，几乎无人问津，这是个缺陷。

到漫长的中世纪，基督教会统治欧洲，创造了神学历史观，代替了希腊历史观，连同希腊罗马的历史著作，几乎被人忘记。这种神学历史观认为，人类历史只是无时间性的永恒天国的一个暂时的阶段，其目的在于上帝施恩，以拯救陷于"原罪"和其他罪恶的人类，经过审判，重返天国。因而，历史学的任务就是根据启示录研究上帝的意旨，安排历史事件，说明圣恩的伟大。这种历史著作多是普世性的，多采用编年体，分基督降生前和降生后两大部分，并常有预言未来的部分，即所谓"末世学"。主要仍是讲故事，但已不是乐观主义的，而很严肃。正如中世纪一个格言所说："世界历史就是世界法庭。"对这种神学历史观，就此一言略过。

第三章

理性化时期的中西历史观

第一节　西方理性化时期的历史观

一　理性主义的兴起

15、16 世纪，欧洲经历了文艺复兴、宗教改革和近代科学奠立的三项伟大的变革，人们的思想摆脱了神学束缚，回到人文主义。此后西方的历史学就都是以人为本位的史学了。

17 世纪，理性主义大师纷纷出现，欧洲进入理性化时期。这些思想家们都认为真理或真正的知识不是来自神的启示或权威谕旨，而是来自理性思维，即用自然的内在的原因来解释自然和社会，以至解释信仰和宗教本身。他们认为理性思维必须合乎逻辑，因而都重视方法论，希望找出普遍的永恒的规律。他们都尊重科学，有些本人就是科学家。但在理性的根源上，出现两种见解：一派认为一切理性知识都来源于经验，被称为经验主义者，如英国的 F. 培根（1561～1628）、T. 霍布士（1588～1679）、D. 休谟（1711～1776）等；另一派不否定经验知识，但认为理性的根本原则是天赋的、先验的，被称为唯理主义者，如法国的 R. 笛卡尔（1596～1650）、荷兰的斯宾诺莎（1632～1677）、德国的 G. 莱布尼兹（1646～1716）等。无论是经验主义者或唯理主义者，他们对 18 世纪的启蒙运动和欧洲社会的现代化都做出贡献，他们的理论对西方的历史观都产生重要的影响。

培根认为人有三种智力，即记忆、想象和理性，因而他把知识分为三个领域，即历史、诗、哲学。历史学是由记忆主宰的，历史学的任务就是追忆和记录过去。这就否定了中世纪历史学作为根据神的启示以预测未来的历史观。同时，培根是经验主义者，十分重视历史知识，历史知识是想象和理性思维的材料和根据。

培根的自然观是机械唯物论，认为自然现象没有目的，而人类的行为是有目的的。人们研究自然是为了认识它的运动规律，以便征服自然。培根的名言"知识就是力量"，就是指征服自然的力量。这个观点提出后，影响至为深远。这以后西方的全部自然科学，差不多都是朝着征服自然的方向发展的，影响到社会科学，尤其是经济学；然而，也产生负面影响，以致造成资源浪费，生态失衡，出现不能持续发展的危机，直到 20 世纪后期才觉悟和反思。在历史观上，则使人们抛弃了人与自然界统一的观点，先是把自然界从人类历史中分离出去，继而出现人与自然界的完全对立，演变为主客体的对立，为自我历史观开辟道路。

在认识论上，培根的哲学中思维与存在是统一的，但在《新工具》（1620）一书中，他反对亚里士多德的演绎逻辑，而竭力提倡归纳法及其分析的方法。他的归纳法不是简单的集合经验，而是要像蜜蜂那样广泛采集，并且要消化加工，成为理性知识。这对当时兴起的实验科学十分有益，但也首先出现工具主义倾向，后来工具理性竟成为西方主流。但就历史学来说，归纳法乃是实证主义的主要方法，其功绩是无可争议的。至于分析的方法，是将整体划分为一个个的部分，逐一进行研究，对科学的发展甚有绩效。对历史学来说，这种分析方法有一定的效果，但也有片面性，一直是史学界有争议的问题。

培根的继承者霍布士是一位更彻底的机械唯物论者。他完全否定神学，也否定了当时哲学界公认的、培根也不免的灵魂存在说。在方法论上，他承认归纳法，但更推崇演绎法；他采用分析方法，又同样重视综合法。然而，对历史观影响最大的乃是他的政治哲学。如果说，培根对历史观影响最大的是在人与自然的关系方面，霍布士的影响则是在人与人的关系方面。霍布士认为，支配个人行为的根本力量是"自我保护"，这是人的"天赋权利"。每个人都追求自己的天赋权利，这就出现"一切人反对一切人"的战争，造成"人对人像狼一样"的世界。这里没有正确或错误，也无所谓正义和非正义。为了制止这种战争，"自然法则"，也就是道德理性，要求人们订立契约，把个人的天赋权利转交给国家，使国家或君主（他以为君主制是最好的政治体制）有至高无上的权力，使全体人民得到统一。他的学说形成18世纪启蒙运动中的契约论，也成为19世纪某些历史哲学家所说的历史的目的。

休谟是18世纪的人物。他曾参与启蒙运动，与J-J. 卢梭有交往，他本人也是史学家，著有《英国史》。他认为一切知识都是来自对事物的现象的经验观察，至于哲学家们争论的客观的物质实体和精神实体，是不可知的，亦毋需去追究。休谟认为，知识中有一类命题，如三角形的三个角等于两个直角这类命题，是可以完全用思维来证明的。此外，所有命题都是由经验得来的感觉，经过因果关系的推理，得出观念来认可的。而所谓因果关系，也完全是经验的。人们在生活中常见某一现象发生后，另一现象跟着发生，遂把前者作为原因，后者作为结果。所以，因果关系是在人们的头脑中形成的，是由于事物现象的重复出现，由于习惯或习俗形成的。我们并不知道有什么力量使原因与结果相继出现，也不能像数学原理那样予以证明。因而，因果关系不是必然的，不能由某种因推出必有某种果。但这种关系在生活上是需要的，在求知上是有用的（还应当说在历史研究上是常用的）。例如你完全有理由怀疑明天太阳会不会升起，但经过千百次怀疑，还是会得到比较肯定的知识，可以应用。

休谟还用这种观点对历史作了论证。他在《人性论》第一卷（该卷是论知性）中说："我们相信恺撒是3月15日被杀害于元老院的；而我们相信是因为这一事实是根据历史学家全体一致的证词而确立的……这一连串的论证或因果关系，最初是建立在这些被看到的或被记忆的符号或文字之上的。"又说："对古代史的任何一点，我们都没有任何把握，除非是经过千百次的论证过程。有关事实的知识得以达到第一个历史学家手中之前，它必要经过百口相传；在它被付之于写作之后，每一种新本子就是一种新东西。"① 这些话是对笛卡尔的历史怀疑论而发的。经验得来的历史事物，不

---

① 该书1734年原版。转引自柯林伍德《历史的观念》，商务印书馆，1997，第121、122页。

能绝对肯定，但经过一连串或千百次因果关系的论证，还是可用的。论证中"每一新本子就是一种新东西"一语，尤为可取。

休谟还是一位经济学家。实际上他首先提出"经济人"的概念，成为西方近代经济理论的基石。他从人性论的研究中，认为自私和贪欲是人的本性，因而人要劳动，"世界上每一样东西都要靠劳动来购买，人们的欲望则是劳动的唯一动机"。① 当时美洲发现金矿，大量贵金属流入欧洲，休谟研究贵金属增加与物价上涨的因果关系，得出他的货币数量说；并以此为根据，反对重商主义，提出贸易差额平衡说，提倡自由贸易。这对当时亚当·斯密的理论产生重要影响。

以上是英国经验学派的论点。下面再略谈大陆唯理主义者对历史观的影响。

笛卡尔是伟大的哲学家，也是物理学家和数学家。他曾提出宇宙的动量守恒定律，创建解析几何学。这些无疑都是经验得来的知识，但都是经过他所说的先验的理性原则（如三角形的三个角等于两个直角这类的公理或定义）验证了的，所以是普遍的真理。他还用同样方法论证了医学、道德以至神学的真理性。凭着这些认识，人可以"成为支配自然界的主人翁"，"使我们毫不费力地享受地球上的各种矿产、各种便利，最主要的是保护健康"。但是，对于历史学，笛卡尔采取了怀疑的态度。他在《方法论》（1637）一书的第一部分中说："对于古代的事情过分好奇，每每会对现代的事情茫然无知……就连最忠实的史书，如果不歪曲、不夸张史实以求助听，至少总要略去细枝末节，因而不能尽如原貌。如果以此为榜样亦步亦趋，每每会同传奇里的侠客一样陷入浮夸，想出来的计划每每会无法实现。"② 这段议论是说读史书容易发思古之幽情，说史书不真实，读之无助于实用。这是因为这段话是接着前面论述读书而来的，并且当时史书大多是讲英雄故事。实际上，他不是讲史书，而是怀疑历史，怀疑一切过去的事情，因为过去的事情是不能用先验的理性原则验证的。

笛卡尔的箴言是"我思，故我在"。这是个认识论命题，其本意是肯定

---

① 《休谟经济论文选》，陈玮译，商务印书馆，1997，第 10 页。
② 笛卡尔：《谈谈方法》，商务印书馆，2000，第 7 页（该书通译《方法论》——作者注）。

认识主体的存在。"思"是因为有怀疑。"正是根据我想怀疑其他事物（客体）的真实性这一点，可以十分明显、十分确定地推出我是（我在）"。[1]就是说，单单有我还不能确立认识的主体的地位，必须要"我思"（我怀疑）才能确立认识主体的存在。因而笛卡尔的方法被称为普遍怀疑法。不过，这个命题的目的还是要从怀疑中求得真知。笛卡尔说他并不是（像希腊有些人那样的）怀疑论者，不是为怀疑而怀疑，"我的整个打算只是使自己得到确信的根据，把沙子和浮土挖掉，为的是找出磐石和硬土"。[2]那么，历史学能不能把对过去事情的认识扫除浮土、找出磐石呢？用笛卡尔的方法显然是不可能的，因为历史学没有像数学公理或定义那样的普遍适用的历史规律来验证过去的事情。这正是前引笛卡尔论读史书那段话的本意，也是后来美国逻辑实证主义历史学没有成功的原因。总之，企图用一种普遍规律来验证历史事实或推导历史未来，都是危险的。

笛卡尔是自然和上帝、物质实体和精神实体都存在的二元论者。唯理主义的继承者斯宾诺莎则是把上帝合并于自然，也就是使自然或物质实体赋有精神的一元论者。这个一元的实体是宇宙万物的因，它主宰万物，但它是没有目的的，也不发号施令，它是无为而无不为的，有点像先秦道家的天。在人与自然的关系上，与培根的观点相反，斯宾诺莎认为人的理性是按照自然的规律行事，因此人与自然是一致的；而人对自然的必然性的认识，就是人获得了自由。在人与人的关系上，斯宾诺莎则有点像霍布士，认为每个人都要行使自我保护的自然权利，甚至动用武力，以谋取最大利益。但是，人是有理性的，理性要求通过国家组织，限制个人的天赋权利，达到人与人的目的的统一。

莱布尼兹是一位哲学家，也是物理学家和数学家。他和牛顿分别创造了微积分学，他以力或能量守恒定律发展了笛卡尔的动量守恒定律，并在技术上有发明创造。而莱布尼兹哲学上的最大贡献当属他的有机自然观。

原来，在宇宙起源上，古代中国主要是生成论，古代西方主要是构成论。生成论主张变化是产生、消亡或转化；宇宙是自然生成的，因而是和谐

---

[1]　笛卡尔：《谈谈方法》，第27页。
[2]　笛卡尔：《谈谈方法》，第23页。

一致的。构成论是把整体分解为不可再分的要素，变化是要素的结合或分离，宇宙是按"预定的和谐"结合而成的。17 世纪理性主义运动中，笛卡尔提出构成自然实体的一些规律和动量守恒定律，I. 牛顿（1642～1727）于 1666 年提出万有引力定律，于 1687 年阐述了他的力学三定律。从此，笛卡尔–牛顿的机械论的自然观统治欧洲达三个世纪之久。莱布尼兹与牛顿是同时代人，他也是从力学入手，认为一个实体必须是活的，表现为力的，才是实在的；力在量上是守恒的，众力和谐共存，乃有空间。为此，他提出单子论（Monadology）。单子是力的单体，它不是物质的，而是精神的，有知觉和欲望。不同级别的单子（其知觉有模糊与清晰程度之不同）分别组成无机界、有机界和人，最高级别亦最完善的单子即上帝。每个单子都由于内在的力而处于演化过程中，犹如胚胎之成长；因而，每个单子都"携带着过去"并"孕育着未来"。这样，由无数不同级别单子形成的宇宙，必然是个有机的宇宙。

值得注意的是，莱布尼兹的有机宇宙观思想主要来自中国。原来在 12 世纪，由于宋代理学家的努力，中国古代的宇宙生成论已发展成为系统的有机论的宇宙观。莱布尼兹幼年即学习中国哲学，研究孔子和《易》，又通过当时耶稣会来华教士了解中国的天文理论，1697 年他出版《中国近事》，流行欧洲。李约瑟（1900～1995）在《中国科学技术史》中引证莱布尼兹《单子论》在第 67 节所论：物质的每一部分都可以设想为一个充满植物的花园，而植物的每一茎梗也都是这样一个花园；这正是宋儒"理一分殊"的理论。第 73 节说："没有绝对的生，也没有完全的死，我们所称为生的就是发展和展开，我们所称为死的就是闭合和收缩。"这完全是道家散和聚的理论，易传和庄子"幾""微"的理论。莱布尼兹还在《单子论》中直接提出，近代中国（指 16 世纪）的诠释家对宇宙秩序及其原因的解释应受赞扬。①

在认识论上，莱布尼兹是唯理主义者，认为所有普遍的、必然的真理都是先验的，而来自感觉和经验的判断没有必然性。但是，没有感觉经验，人

① 李文潮编译《莱布尼兹与中国——〈中国近事〉发表 300 周年国际学术讨论会论文集》，科学出版社，2002，第 1 页；李约瑟：《中国科学技术史》第 2 卷"科学思想史"，科学出版社、上海古籍出版社，1990，第 531～532、534～535 页。

们不会意识到这些潜在的先验的原则，是感觉或经验提供机缘，人们才去研究发现科学的必然规律。这就改变了笛卡尔的历史怀疑论。一般说，莱布尼兹是注意经验知识，是承认历史事物的。同时，在逻辑学上，他于同一律、矛盾律之外，提出充足理由律，作为经验领域内真理的标准。也就是说，一切经验事物必须用充足理由律来考察，才能肯定。这在历史学上就是考证学。不过，莱布尼兹注意的是那些自古迄今连续的范畴或概念，而轻视了历史上的革命和创新。

二 启蒙运动

启蒙运动（the Enlightenment）原意是指摆脱中世纪神学统治下人们的蒙昧状态，走向理性的开明境地。这自然应从 16 世纪的宗教改革讲起。但通常是指 18 世纪的思想家和社会活动家将理性主义传播于民众，提出天赋人权和自由、平等、博爱等行动口号，推动英国、法国的政治革命，促进民族国家的形成和欧洲社会现代化的过程。康德的文章《答复这个问题：什么是启蒙运动?》说："启蒙运动就是人类脱离自己所加之于自己的不成熟状态。""要敢于认识！要有勇气运用你自己的理智！这就是启蒙运动的口号。"① 所以，启蒙运动的理性都是工具理性。

孟德斯鸠（1685～1755）是早期最著名的启蒙思想家。他尖锐地批评神权和当时的专制制度，提出行政、立法、司法三权分立的君主立宪体制。他对历史颇有兴趣，曾著《罗马盛衰原因论》（1734）和《法的精神》（1748）。他把一个民族或国家的兴衰主要归结为自然地理条件因素。在《法的精神》中，他认为法是事物的本性间的自然、必然关系，一切存在都有它的法，因而立法必须与社会历史的状况相适应。为此，他以大量篇幅，历史地考察了气候、土壤、地理位置、幅员大小对一个民族生活、道德、法律原则的决定性作用。孔德非常欣赏孟德斯鸠的历史学方法，认为是用自然规律研究社会的典范。孟也被后来的社会学家推为地理学派的先导。

F. M. 伏尔泰（1694～1778）是经验主义者和机械唯物论者。在启蒙运动中他反对一切压迫，为信仰自由、言论自由而斗争，为选举自由、议会自

---

① 康德：《历史理性批判文集》，商务印书馆，1996，第 22 页。

由和第三等级（资产阶级）的政治权利而斗争。他并不热衷于民主，而是推崇中国儒家维护社会等级和谐一致的礼法制度，从而主张开明专制或君主立宪。他认为人是有理性的，因而人有社会性和族类感情，构成合作的社会。同时，人又是自私的，喜欢财富和统治别人，这是人的非社会性，造成社会压迫和国与国之间的战争。好的社会制度是要实现人的社会性与非社会性的统一，即完全的人性。

伏尔泰首创"历史哲学"这一概念，并以之作为他《论世界各国的风俗与立国精神》（1765）一书导言的题目。他认为历史就是人类社会理性与非理性、善与恶斗争的发展过程，并以理性发展为标志，勾画出希腊的伯里克利和亚历山大时代、罗马的恺撒和奥古斯丁时代，以及文艺复兴时期的佛罗伦萨、近代法国的路易十四等四个时代的历史进步过程。但他认为，历史上常常是非理性的时代更长，人们在迷信、压迫和痛苦中饱受煎熬，远比能够安居乐业的时候更多。这是历史的悲剧，但没有使伏尔泰悲观。启蒙思想家都是历史乐观主义者。伏尔泰认为，理性终会使人进入"自然的法则"的社会，自然的法则"就是通天下都认为如此的那种事情"，"就是使我们知道正义的本能"，"就是社会的永恒联系和根本法律"。[①] 当然，这要经过教育，改造风俗习惯，提高民众的集体理性来实现，而不是由少数上层统治者来实现。因而，伏尔泰倡导研究民众的文化史，特别是近代的文化史，以造福于社会。这也是因为，他认为15世纪以前的历史知识往往是不可靠的。

J-J. 卢梭（1712～1778）是中国人最熟悉的法国启蒙思想家。他的《社会契约论》（1762）、《爱弥尔》（1762）等著作较早地传入中国，从严复、梁启超到今天都不断有人评论，以致有《卢梭在中国》一书问世。[②] 卢梭的名言"人生而自由，但到处都在桎梏之中"，可谓一语惊天下。而人们对他的曾被称为浪漫主义的历史观，往往注意不够。他是鉴于启蒙运动不能只寄望于开明的统治者，必须以普及教育启发民众的"公共意志"，从而论历史学也应是民众的历史。不能像一些启蒙学者那样把人类过去看成是完全愚昧，对过去采取厌恶否定的态度。他扩大历史视野，从研究远古的"自

---

① 北京大学哲学系外国哲学史教研室编译《十八世纪法国哲学》，商务印书馆，1963，第85、98页。

② 黄德伟：《卢梭在中国》，香港大学出版社，1997。

然状态"开始。他认为,在自然状态下的民众完全是平等的,进入公民社会,有了私有财产,才出现不平等。但是,从野蛮人到现代人,每个时代的人民在精神上都有他们的理性,每个时代都有自己的价值,正如儿童也有自己天真的理性概念那样。全部历史就是人类理性发展史,人类未来则是要返回人人自由平等的自然状态。

A-R-J. 杜尔阁(1727~1781)是位经济学家,也是坚定的社会进步论者。作为经济学家,他把 F. 魁奈(1694~1774)的重农主义发展到高峰。他把魁奈《经济表》中作为自然赐予的"纯产品"论证为土地所有者对生产者的无偿占有;又在对不生产阶级的分析中论证了利息、利润的本质是资本的合理收入。这都对他的友人亚当·斯密产生影响。

作为社会历史学家,杜尔阁于1750年发表《人类精神持续进步的哲学概述》系列演讲。他认为自然界没有本质上的变革,一切是重复和循环;人类则本质上是创新者,具有理性,不断进步。人类精神的进步经历了三个阶段:(1)神话阶段,用想象来解释宇宙现象;(2)形而上学阶段,用抽象观念来解释一切;(3)科学阶段,要弄清自然规律和事物之间的因果关系。显然,这正是孔德知识三阶段论的前驱。当然,人也有贪欲,以至历史上不少战争和征服。不过贪欲也有积极的一面,"贪欲是在没有理性的时候代替了理性,从而丰富了思想,传播了知识"。[1] 人类历经幸福和灾难,但理性是持续发展的,在未来社会,将会融合成为一个包括整个世界的统一文明。

J-A. 孔多塞(1743~1794)是18世纪最后一位启蒙思想家,法国大革命的狂热支持者。他是个经验主义者,但也接受笛卡尔的唯理主义。和杜尔阁一样,他也是从人类心智上寻找历史进步的动力,是启蒙运动中最乐观的历史学者。他认为,知识增长会使人尊重人们的自然权利,带来人的自由和社会的进步。同时,知识有功利价值,因而也给人带来物质利益,并导致人与人关系的改善。加起来就是人类幸福的增长。但历史不是自发进步,而要靠人的斗争,摆脱愚昧、迷信和浪费人们心智的哲学,战胜自私社会的各种邪恶制度,然后才能取得。

---

[1] 沃尔金:《十八世纪法国社会思想的发展》,商务印书馆,1983,第86页。

在《人类精神进步的历史纲要》（1794）中，孔多塞把社会进步的历史划分为十个时代：（1）渔猎时代，产生语言和家庭；（2）畜牧时代，开始不平等和奴隶制；（3）农耕时代，发明文字；（4）希腊时代，产生哲学和科学；（5）希腊化和罗马时代，法的发展；（6）黑暗的中世纪，没有任何发明；（7）1450年以后和16世纪，发明印刷术，理性发展，社会不会再倒退了；（8）笛卡尔时代，科学摆脱了权力的束缚，可以自由发展了；（9）由于法国大革命，阻碍社会进步的最后障碍被清除了；因而（10）在未来社会，不会有巨大的政治变动或社会变动，历史将平坦前进；并且，最后将消除国家与国家间的分歧，达到全人类平等，也就是人类最后的完善。

三　历史哲学

伏尔泰首先提出"历史哲学"一词，但一般认为第一部历史哲学的著作，当推意大利人 G. B. 维柯（1668～1744）于1725年发表的《关于民族共同性的新科学原理》（简称《新科学》）。以下，略述维柯的历史哲学，德国人 J. G. 赫德尔（1744～1803）、I. 康德（1724～1804）、G. W. 黑格尔（1770～1831）、马克思和恩格斯、O. 斯宾格勒（1850～1936）以及英国人 A. 汤因比（1889～1935）的历史哲学。介绍时注重他们的历史观，即对人与自然界、人与人、思维与存在这三个方面的关系的看法，而不去深究他们的哲学思想。

维柯首先提出"历史是由人类自己创造的"命题，因此人能认识历史。这就否定了笛卡尔的历史怀疑论。维柯把历史看作是人类逐步建立起语言、习俗、法律、政府等体系的过程。这都是人们按照自己的需要创建的，不是按照神的启示，也不是根据先验的理性原则建立的，这就驳斥了先验论历史观。他又认为历史不仅是各民族的个别事情，而且还有它们发展的共同规律，这就把历史学从记载故事带入科学研究领域，故称"民族共同性的新科学"。

维柯认为各民族历史的发展都经历了三个时代：（1）神祇时代：对大自然的畏惧产生多神宗教，发明农耕，权力特征是家长制，文化是神话。（2）英雄时代：强者为了压迫弱者建立了国家，权力特征是武士与贵族的政府，以勇敢和忠心为基础的道德，神话则让位给诗。希腊、罗马、中世纪都是英雄时代。（3）古典时代：凡人登上政治舞台，建立民主共和国或议会君主制，思维代替想象，诗让位给哲学，同时，科学发挥了创造力，工业压倒农业，物质空前繁荣。显然是指宗教改革后的欧洲。

维柯的历史观是进步的，也是循环的。人类生活由森林向茅屋，再下去是村庄和城市，最后是国家和学院。人类由必需而求效用，再下去是舒适和享乐，最后变得奢侈与浪费。各民族性格由粗野而严峻，人们奢侈成风，嗜杀成性，战争不息，若无外来（外族）干预，就会返回到野蛮主义，重新开始三个时代的嬗变。但不是重复过去，因已有思维，这是一种反思，是在反思的基础上由野蛮再进入文明。

历史总是创造新事物，所以循环或周期性不容许我们预测未来，只能更了解过去。如中世纪基督教实际是恢复到野蛮主义，但不同于荷马时代的（异教徒的）野蛮主义，所以研究中世纪可以更好地了解荷马时代。

维柯是人性恶论者。人都受制于"自私欲和自爱的暴力"，追求自己的利益，不顾别人的利益。然而，这要受天意（providence）支配。历史是人类自己创造的这一命题包含着历史发展的原因或动力要从人类历史内部去寻找。维柯的解释是这样的："人处在野兽情况下只希求他自己的福利，娶得妻子、生了儿女之后，就希求自己和他所属的那个家庭的福利；进入了公民生活之后，就希求自己和他所属的那个城市的福利；等到那个城市的统治推广到若干民族，他就希求自己的和民族（或国家政权）的福利。如果若干民族由于战争、合约、联盟和通商而联合在一起，他就希求他自己的和人类的福利。"[1] 可见，他实际是把天意视为共同利益的原则，天意支配人的私欲，推动历史前进。

赫德尔是第一个系统研究历史哲学的，著四卷本《人类历史哲学的观念》（1784～1791）。他以整个第一卷阐述自然界和人类都是进化的有机体。在 C. R. 达尔文（1809～1882）之前有这么丰富的进化论思想是了不起的。当然，他不是靠科学实证，而有点像中国的生成论："那是生成，是内部力量的作用"；"我们可以把人类看成是各种低等有机力量的巨大汇合，这些

---

[1] 维柯：《新科学》，人民文学出版社，1986，第 341 页。

力量必须就在其中发育以便培养出人道。"① 不过，他的自然观不是自然生成，而是目的论的。自然设计的目的就在于创造一种有理性的生命，即人类；人类历史的目的就在于不断发展人性，即道德文明。相对地说，他不重视物质文明，认为今人不见得比古人幸福，犹如成人并不比儿童更觉幸福。

与唯理主义者的普遍的人性观不同，赫德尔认为不同种类的人类，各有其生活理想和幸福观，即不同的人性。正是人性的多样性，造成五彩缤纷的世界。因而，或谓赫德尔首创人类学。他还认为，不同民族社会政治制度的差异不是来自历史经验，而是来自不同民族的心理特点，因而他提出"民族精神"是一国历史发展的核心。这种见解导致他种族偏见的历史观。他承认各民族之间的联系，如希腊人利用了埃及人的文化遗产，埃及人离不开东方人而存在，罗马人依靠欧洲人希腊化和征服世界（指部分亚非地区）。但是只有欧洲人才是历史民族，有真正人类生命的历史，而在中国、印度、美洲土人中只有静止的文明，这种文明只有生活形式的变更，没有成为历史前进的理性的积累的发展。

康德力图调和 17 世纪以来经验主义和唯理主义两派观点，建立了他感性、知性、理性的认识论。他认为，一切认识来源于人们的感觉，而感觉的事物总是在一定的时间和空间之中，否则不成为客观存在，历史事物尤其是这样。而时间、空间概念并不是实在、自在的东西，乃是人们感性固有的或先验的东西，在感觉时加之于客体的。感性认识是零碎的、互无关系的，还不是知识。知识表现为判断。要人们的知性，用因果关系、肯定、否定等范畴对感性认识作逻辑分析，得出判断，才成为知识。而因果关系、肯定、否定等范畴都是人的知性固有的或先验的认识能力，加之于客体，才得出原理、规律等判断的。

康德认为，感性认识只能感觉客体的现象，而不能感觉物质世界或精神世界的本身或本质，即康德所说"物自体"或"自在之物"。同样，知性认识也只能用逻辑方法分析经验的现象，如用因果关系、肯定、否定等范畴去分析物自体，便会陷于"二律背反"的困境。就是说物自体是超出感性、

---

① 赫德尔：《人类历史哲学的观念》，1784，转引自康德《评赫德尔人类历史哲学的观念》，载康德《历史理性批判文集》，第 39 页。

知性认识能力的，是不可知的。但它是客观存在，人们不能用知性去认知它，却可以用理性去思维它，得出一个整体观念。所谓观念都是超经验的，也可以是假说，如日心论、原子论都是假说。所以理性思维就在于综合、统一知性的各种判断，得出一个整体观念，解除二律背反。例如，历史是人类自由意志产生的还是自然的必然决定的，是个长期争论的问题。若用知性的逻辑方法去分析，可得出两种结论：（1）世界上有自由；（2）世界都是必然的，没有自由；即二律背反。但用理性思维，则可以把自由作为一个超验的道德观念：人有"摆脱感性世界而依理性世界法则决定自己意志的能力，即所谓自由"。① 自由意志具有创始力，产生创始活动。这样，人类历史是自然的必然结果，也是自由意志的结果，就是说形成历史的既有经验的原因，也有超验的原因。

总起来看，康德的认识论是不承认思维与存在的同一性的。他自称是先验论者。感性认识中的时空观，知性认识中的逻辑范畴以及理性思维，都是先验的即先于客观存在的东西。康德的认识论中，主体与客体明确对立，他并且凸出主体。客体是混乱杂多的东西，被主体感觉后，给予时空秩序；再由知性分析，转化为逻辑判断；最后由理性把它整体化为观念，才成为完整的知识。主体是认识的决定者，为此，康德十分重视自我。有人评论说："康德全部的认识论是建立在这样一个自我思想上的：统觉的综合的统一性，无非是有自我意识的自我。没有自我意识和有统一作用的自我，不能有知识。"② 这势必影响康德的历史观，即一种自我的历史观，起码对历史事物的认识是这样。

现在再看他对人与自然界关系和人与人关系的论点。

康德在1770年以前是位卓有成效的自然科学家。在《自然通史和天体理论》（1775）一书中，他提出形成天体的星云说，首先给予自然界历史的概念，打破了牛顿关于太阳系自上帝第一次推动后就永恒不变的观点。1770年他转入哲学研究后，在三批判书最后一部《判断力批判》（1790）中着重阐述了自然界目的论，大自然创造的物种以至生物的每个器官都是有目的

---

① 康德：《实践理性批判》，商务印书馆，1961，第135页。
② 梯利：《西方哲学史》增补修订版，第447页。

的。他在《世界公民观点之下的普遍历史观念》（1784）中说："人类的历史大体上可以看作是大自然的一项隐蔽计划的实现。"他没有说计划的内容，但说大自然的目的是要奠定一种"完美的国家宪法"，"就是建立起一个普遍法治的公民社会"。①

问题又回到前面提到的问题上来，是人类天赋的自由意志还是大自然来实行这个隐蔽的计划呢？康德的答复是："一个被创造物的全部自然禀赋都注定了终究是要充分地并且合目的地发展出来的。"② 意思是两者都是不言而喻的。他解释说，就每个人来说，他并不知道大自然的目的是什么，但历史学家可以从人类整体活动的现象中观察出大自然的目的来。例如婚姻，完全是人们自由意志决定的，但从各国婚姻统计中可看出，婚龄以及生育率等是有自然规律的。这里还有个最大问题是，人类历史大部分是争权夺利和战争的历史，似与大自然的目的相距甚远。对此，康德的解释是："大自然使人类的全部禀赋得以发展所采用的手段就是人类在社会中的对抗性，但仅以这种对抗性终将成为人类合法秩序的原因为限。"③ 从对抗中达到完美的法治社会，这是一种辩证的自然规律。

康德有时也用"天意"（providence）一词，但不是指上帝意旨，而是指大自然的目的或规律。康德的历史观不是宿命论的，也不是决定论的。他强调了大自然的最终目标或目的，但大自然并不支配人的行为，而是人的理性行为自然地合乎必然的规律。

在人与人的关系方面，康德的理论比较曲折。他的要求是"制定一部个人与个人之间的合法的公民宪法，也就是说安排一个共同体"。④ 宪法Verfassung 亦可译政治制度，共同体 Gemeinwesen 指国家组织。在这种制度和组织下，每个公民都享受宪法以内的自由，实现普遍法治的公民社会。要达到这个目的，不能靠人的"善良意志"。康德在《实践理性批判》（1788）中把"善良意志"作为人先验的最高道德，它是要无条件、不问后果地执行的。如果为某种目的，例如为谋求幸福而行善，那就不是真的德行。况且

---

① 康德：《世界公民观点之下的普遍历史观念》，《历史理性批判文集》，第 8、15 页。
② 康德：《世界公民观点之下的普遍历史观念》，《历史理性批判文集》，第 3 页。
③ 康德：《世界公民观点之下的普遍历史观念》，《历史理性批判文集》，第 6 页。
④ 康德：《世界公民观点之下的普遍历史观念》，《历史理性批判文集》，第 11 页。

行善不能保证得福，还往往适得其反。但没有幸福，德行就不完善，就不是至善。从道德理性说，至善只能是在"彼岸"。在现实社会，要实现普遍法治的公民社会（这是大自然规定的目标），不能靠人的善良意志，而要靠人类在社会中的对抗性。

康德认为，人类具有社会化的倾向，同时，由于"虚荣心、权利欲或贪婪心的驱使"，又有一种"强大的、要求自己单独化"的非社会性，这就造成社会中的对抗。正是这种对抗，使社会由野蛮进入文明。① 可见，康德是把人性恶作为历史发展动力的。在一篇《人类历史起源臆测》中，他甚至说："大自然的历史是由善开始的，因为是上帝的创作；（人类）自由的历史则是由恶开始的，因为它是人的创作。"② 从恶开始，坏事变好事，建立完善的法治社会。不仅如此，康德的理想不仅是在一国建立完善的法治社会，而且要求国与国之间，通过战争、破坏等惨痛经验，终于建立一个"伟大的各民族的联盟"，实现世界和平，每人都成为"世界公民"。他晚年还著有一部《永久和平论》（1795），把卢梭的"公共权利"作为人类道德范畴，把契约论扩大到全球范围，提出了国际永久和平的条款，以及国际联盟和世界公民权利的界限。这是个伟大的思想。文中谴责了殖民主义者对中国的侵略，还用当时史学语言学方法，不厌其烦地考证了"中国"一词。③

黑格尔在认识论上，第一个提出思维与存在同一性这个命题。他说："哲学的最高目的就在于确认思想与经验的一致，并达到自觉的理性与存在于事物中的理性的和解，亦即达到理性与现实的和解。"④ "只有思维与存在的统一，才是哲学的起点。"⑤ （哲学上的同一，identity 指一致、统一，不是指一个东西）

黑格尔批评康德力图调和经验主义与唯理主义两派的认识论没有成功。因为：第一，康德割裂了本质和现象，认为人只能认识客观世界的现象，不能认识其本质。"殊不知直接的对象世界之所以只能是现象，是由

① 康德：《世界公民观点之下的普遍历史观念》，《历史理性批判文集》，第 6～7 页。
② 康德：《人类历史起源臆测》，《历史理性批判文集》，第 68 页。
③ 康德：《永久和平论》，《历史理性批判文集》，第 116～117 页。
④ 黑格尔：《小逻辑》，商务印书馆，1980，第 43 页。
⑤ 黑格尔：《哲学史演讲录》第 3 卷，商务印书馆，1959，第 295 页。

于它自己的本性有以使然，当我们认识了现象时，我们因而同时即认识了本质，因为本质并不存留在现象之后或现象之外"。①这话完全正确。历史是过去事物的现象，但历史研究也要看到事物的本质。第二，康德认为用知性去理解事物本质时即会陷入二律背反的困境。黑格尔认为这是思维中的矛盾，毫不足怪。"因为什么东西都有矛盾"；"这种内在的矛盾本身，就是促进发展的推动力"。② 所谓发展，照黑格尔的理解就是向它的对立面转化，达成矛盾的调和或和解。理性认识也有这种矛盾，矛盾的和解达成新的认识。

黑格尔思维与存在同一性的命题就是建立在思维与存在两者的对立和在发展中相互转化的基础上的。存在被思维认识了，形成概念以至理论，存在即转化为独立的思维。思维的理想、理论实施了，成为现实，思维即转化为独立的存在。但不是所有的理想、理论都能转化为现实，只有合乎理性的理论才能转化为现实，否则只是空中楼阁。这就是黑格尔著名的命题："凡是合乎理性的东西都是现实的，凡是现实的东西都是合乎理性的。"③ 这也就是前面所引黑格尔的话："自觉的理性与存在于事物中的理性的和解"，也是思维与存在同一性的本意，历史观中的重要之点。

思维与存在的同一性，思维与存在互相转化，作为认识论的普遍原则，可用于任何哲学体系。但是，黑格尔是在他独特的唯心主义哲学体系上论证的，他强调了精神的能动性和创造性，提出一个"绝对精神"（亦称"宇宙精神""世界理性"）作为宇宙和人类历史的本原。绝对精神的发展经历了三个阶段：第一阶段是逻辑阶段，绝对精神在"自在、自为"的逻辑运动中，建立了自己的对立面。第二阶段是自然阶段，绝对精神向自己的对立面转化，"异化"（外在化）为自然界。自然界由低级向高级运动，最后出现人类。于是进入第三阶段，即人类历史发展阶段。人类历史是自由意志的发展史，所以世界又回到精神的发展，不过是在最高的基础上，是世界理性（绝对精神）自我完善的运动。

在这个辩证发展过程中，绝对精神本来是客观存在的实体（因而有人

---

① 黑格尔：《小逻辑》，第 276 页。
② 黑格尔：《哲学史演讲录》第 3 卷，第 30、279 页。
③ 黑格尔：《法哲学原理》，商务印书馆，1961，第 11 页。

称黑格尔哲学是客观唯心主义），但在发展中它又表现为主体，有巨大的能动力，创造自然界和人类。在人类历史中，精神力量即世界理性成为决定的主体。这就给人以自我意识能创造未来的印象。对于社会改革家来说，是个有力的冲动。19 世纪 30 年代德国的青年黑格尔运动就是这样兴起的。

上述黑格尔的理论，他称第一阶段即逻辑阶段为正题，第二阶段即自然阶段为反题，第三阶段的精神阶段是否定之否定，为合题。这种正、反、合的历史辩证观，作为普遍原理，也是可以用于任何哲学体系的。但是，黑格尔是在他独特的唯心主义哲学体系上论证的，这就变成思维或精神转化为存在或物质，存在或物质再转化为思维或精神的过程。恩格斯说黑格尔的辩证法是"头足倒置的"，但"思维过程同自然过程和历史过程是类似的……同样的规律对所有这些过程都是适用的"。① 所以，如果把它颠倒过来，那就意味着思维或精神，在自然界和人类历史发展过程中，显现和完善了自己。而这就是马克思历史哲学的思路了。

再来看黑格尔关于人与自然界和人与人关系的论点。

黑格尔的自然观是一种目的论的自然观。宇宙在由低级形式向高级形式的发展中，实现理性的目的。这种发展不是简单的代替，而是高级形式"扬弃"（aufgehoben）低级形式，同时吸纳后者于自己体系中。这是很高明的思想。但是，黑格尔在《历史哲学》（1837 年被整理出版）中论述宇宙精神外在化为自然界，只表现为世界的多样性，不表现为历史的因果关系。当精神离开"地质有机体"转入"植物有机体"后，地质有机体便不再发展了；当精神创造"动物有机体"后，植物有机体也停止演进。人类出现，理性完成其目的，整个自然界都僵化了。所以，自然界是没有历史的，日出日落、生生死死，都只是循环往复。这比康德退了一大步，并且违反进化的原理，在达尔文进化论出现后，自然受到批判。从人与自然的关系来说，黑格尔没有主张，因为他认为自然界和人类历史是完全不同质的东西，拒绝用自然界来解释历史。人类历史是精神、思维的历史，是自由意志发展史，与自然界无关。这不仅违反历史，而且也违反辩证思维的原理，自应受到

---

① 恩格斯：《自然辩证法》，《马克思恩格斯全集》第 20 卷，人民出版社，1971，第 610 页。

批判。

在人与人的关系方面，黑格尔认为社会关系是世界理性（绝对精神）的表现，表现为道德、习惯、法和国家。精神或理性的本质是自由，实现自由的社会关系就是国家。在《历史哲学》中，他说："国家乃是'自由'的实现，也就是绝对的最后目的的实现"，"在国家里'自由'获得了客观性，并且生活在这种客观性的享受之中"。① 这里的"国家"指当时的普鲁士王国，"绝对"的定义是主观与客观的统一，此处指理性的客观化。世界历史就是自由意识的发展，实现自由或国家也就是历史的目的。

黑格尔认为，世界历史是由东方向西方发展的。在东方国家中，只有君主一人是自由的，其余人皆臣仆，他们还未意识到自由。自由意识开始出现于希腊人、罗马人，但在希腊、罗马还只是少数人是自由的。到日耳曼人那里（指19世纪初的普鲁士），才有了真正的国家，人人都认识了自由，都成为自由人。当然，他指的是以严厉著称的普鲁士法律之下的自由，他认为这就是世界历史发展的最终目的。

自由或国家是怎样发展出来的呢？一方面，那是上帝的意旨，"世界历史便是上帝的实际行政，便是上帝计划的见诸实行"。② 而从社会上看，乃是人类斗争和战争的结果，尤其是暴力征服的结果。黑格尔认为，这是弱者所代表的理性服从于强者所代表的理性，是合理的和正义的。这是世界理性利用人类的"热情"，使人们彼此斗争，促成国家的形成。"热情这个名词，意思是指从私人的利益、特殊的目的，或者简直可以说是利己的企图而产生的人类活动——是人类全神贯注，以求这类目的地实现，人类为了这类目的……可以牺牲……一切"。③ 总之，它推动力甚大，但也会失败，国破人亡。黑格尔说，世界理性，"它驱使热情去为它工作，热情从这种推动里发展了它（理性）的存在，因而热情受到了损失，遭到祸殃——这可以叫做'理性的狡黠'"。④

---

① 黑格尔：《历史哲学》，三联书店，1956，第79页。
② 黑格尔：《历史哲学》，第76页。
③ 黑格尔：《历史哲学》，第62页。
④ 黑格尔：《历史哲学》，第72页。

恩格斯说："在黑格尔那里，恶是历史发展的动力借以表现出来的形式。"① 其实何止黑格尔。中世纪神学历史观把人类的"原罪"作为历史的出发点，如前所述的维柯、康德也都是人性恶论者。西方历史观大都是人性恶论者，中国儒家历史观都是人性善论者。人性恶，强调私、利、欲的功能，构成工具理性。人性善，强调道德理性，所以，宋儒主张"存天理，去人欲"。

黑格尔的世界历史是由东方向西方发展，到日耳曼民族发展到高峰。这从地理上看，历史是多元的，但黑格尔认为，世界文化是一元的。他认为，历史所经历的东方民族、希腊民族、罗马民族，都是代表当时世界理性的"世界历史民族"，它"具有绝对的权力成为世界历史目前发展阶段的担当者，对它的这种权力来说，其他各民族的精神都是无权的。这些民族连同过了它们的时代的那些民族，在世界历史中都已不再算数了"。② 到日耳曼民族的时代，才真正建立起国家即自由，只有日耳曼民族是世界历史民族，如中国民族等已排除在"历史之外"。这就形成了历史中心论或文化中心论。其实，这种中心论思想是来源于基督教教义，世界文明都是由《出埃及记》传播出去的。18 世纪，赫德尔的历史哲学是欧洲中心论。工业革命以后，西欧经济领先世界，西方历史观就变成了西欧中心论。

马克思和恩格斯坚持思维和存在的同一性，坚持主体反映客体的认识论，驳斥休谟和康德的不可知论、二元论。恩格斯说："全部哲学，特别是近代哲学的重大的基本问题，是思维和存在的关系问题。"③ 不过，这里恩格斯所说思维与存在的关系是近代哲学的基本问题，还有它的另一含义，即"凡是断定精神对自然界来说是本原的"都属于唯心主义；"凡是认为自然界是本原的"，都属于唯物主义。他还郑重地说："除此之外，唯心主义和唯物主义这两个用语本来没有任何别的意思……如果给它们加上别的意义，就会造成怎样的混乱。"他举例说，有些思想，如坚信人类大方向总是进步的，这与唯心唯物是"绝对不相干的"；有些思想，如"对理想目的的追

<hr>

① 恩格斯：《路德维希·费尔巴哈和德国古典哲学的终结》，《马克思恩格斯选集》第 4 卷，人民出版社，1972，第 233 页。
② 黑格尔：《法哲学原理》，第 354 页。
③ 恩格斯：《费尔巴哈和德国古典哲学的终结》，《马克思恩格斯选集》第 4 卷，第 219 页。

求"，承认"理想的力量"及"对真理和正义的热情"等，都不能说是唯心主义。① 这非常重要。我还想说，现代科学，诸如核能的利用，生命科学以及社会系统工程和计划经济，都是先有这个思想和理论，然后才有实践的。

辩证法是马克思、恩格斯历史观中最重要的内容，它既是认识的方法，也是历史发展的规律。作为认识方法，马克思说："辩证法在对现存事物的肯定的理解中同时包含对现存事物的否定的理解，即对现存事物的必然灭亡的理解；辩证法对每一种既成的形式都是从不断的运动中，因而也是从它的暂时性方面去理解；辩证法不崇拜任何东西，按其本质来说，它是批判的和革命的。"② 这里对现存事物的理解，完全适用于对历史事物的认识。马克思曾列举中世纪的特权、制度、规则说，它们"都是暂时的和历史性的形式"。③ 另一方面辩证法作为历史发展的一般规律，恩格斯有段很好的概括："历史上依次更替的一切社会制度都只是人类社会由低级向高级的无穷发展进程中的一些暂时阶段。每一个阶段都是必然的，因此，对它所发生的时代和条件说来，都有它存在的理由；但是对它自己内部逐渐发展起来的新的、更高的条件来说，它就变成过时的和没有存在的理由了；它不得不让位于更高的阶段，而这个更高的阶段也同样是要走向衰落和灭亡的。"④

这就发生一个历史必然性或决定论问题。马克思在《〈政治经济学批判〉序言》中说："社会的物质生产力发展到一定阶段，便同它们一直在其中活动的现存生产关系或财产关系（这只是生产关系的法律用语）发生矛盾。于是这些关系便由生产力的发展形式变成生产力的桎梏。那时社会革命的时代就到来了。随着经济基础的变更，全部庞大的上层建筑也或慢或快地发生变革。"⑤ 由此，马克思的唯物史观被称为"经济决定论"的历史观。

---

① 恩格斯：《费尔巴哈和德国古典哲学的终结》，《马克思恩格斯选集》第 4 卷，第 220、227 ~ 228 页。

② 马克思：《资本论》第 1 卷第 2 版跋，人民出版社，1975，第 24 页。

③ 马克思：《致巴·瓦·安年科夫》，《马克思恩格斯选集》第 4 卷，第 322 页。

④ 恩格斯：《费尔巴哈和德国古典哲学的终结》，《马克思恩格斯选集》第 4 卷，第 212 ~ 213 页。

⑤ 马克思：《〈政治经济学批判〉序言》，《马克思恩格斯选集》第 2 卷，人民出版社，1972，第 82 ~ 83 页。

马克思的经济决定论曾受到后来一些历史学家的批评。不过，先应看到恩格斯的说明。1890 年，恩格斯在给约·布洛赫的一封信中说："历史过程中的决定因素归根到底是现实生活的生产和再生产。无论马克思或我都从来没有肯定过比这更多的东西。如果有人在这里加以歪曲，说经济因素是唯一决定性的因素，那末他就是把这个命题变成……荒诞无稽的空话。"接着他指出，人们自己创造着自己的历史，但没有一个共同的意志或计划，历史"总是从许多单个的意志的相互冲突中产生出来的"，这就会有"无数个力的平行四边形"形成"一个总的合力"，产生历史。各个人的意志不同，但"其中的每一个都希望得到他的体质和外部的、终归是经济的情况（或是他个人的，或是一般社会性的）使他向往的东西"，因而历史的发展总是有一定规律的。①

1893 年，恩格斯在给弗·梅林的信中说，马克思和他当年是从经济事实中探索政治、法权等观念，因而有"为了内容而忽略了形式"的过错。内容是指生产力，形式指法权体系、制度和意识形态，它们的演变都影响历史的发展。"因为我们否认在历史上起作用的各种思想领域有独立的历史发展，所以我们也否认它们对历史有任何影响"。② 次年，恩格斯在给符·博尔吉乌斯的信中，除指出经济基础方面如技术装备、地理条件、外部环境都是影响历史发展的因素外，着重指出"政治、法律、哲学、宗教、文学、艺术等的发展是以经济发展为基础的。但是，它们又都互相影响并对经济基础发生影响。并不是只有经济状况才是原因，才是积极的"。这些领域都有它们自己的发展过程。"我们所研究的领域愈是远离经济领域，愈是接近于纯粹抽象的思想领域，我们在它的发展中看到的偶然性就愈多，它的曲线就愈是曲折。如果您划出曲线的中轴线，您就会发觉，研究的时期愈长，研究的范围愈广，这个轴线就愈接近于经济发展的轴线，就愈是跟后者平行而进"。③ 也就是说，历史是通过无数的各种偶然性来实现其必然性，这就是马克思主义历史必然性的论点。

马克思认为，历史除受生产力的制约外，还要受"人和自然以及人与

① 恩格斯：《致约·布洛赫》，《马克思恩格斯选集》第 4 卷，第 477～478 页。
② 恩格斯：《致弗·梅林》，《马克思恩格斯选集》第 4 卷，第 500、502 页。
③ 恩格斯：《致符·博尔吉乌斯》，《马克思恩格斯选集》第 4 卷，第 506～507 页。

人之间在历史上形成的关系"制约。① 现在就来看马克思关于这两种关系的论点。

马克思不承认个体的或抽象的人性，不谈人性善或性恶问题。他指出："人是类存在物"，"个人是社会存在物"，"人的本质只有对社会的人说来才是存在"。② 人的本质是要求自由，但在现实社会（指资本主义社会）中，它是必然的，而自由只能是在"彼岸"。

马克思是用"异化"的理论来探讨这个问题的。这是当时常用的一种理论，黑格尔讲绝对精神的异化，费尔巴哈（1804～1972）讲个体人的异化。马克思在《1844 年经济学哲学手稿》中从劳动的异化来探讨这个问题。工人"劳动的产品，作为一种异己的存在物……同劳动相对立"，以至工人生产愈多，自己所得比例愈少。进而从生产行为看，实际是工人的劳动本身异化了，已不是自己的自由劳动，而是为他人劳动，为谋取工资的必然劳动。再进一步看，则是工人与人的类本质异化了，"异化劳动使人自己的身体，以及在他之外的自然界，他的精神本质，他的人的本质同人相异化"。③

人与自然界的关系本来是统一的。人的劳动要取自于自然界，才能获得产品。人的劳动又改变自然界，如垦殖、畜养、交通等，马克思还特别重视大工业中人与自然界的物质变换。现在，人的劳动异化了，变成不自由的必然劳动，人与自然的关系也异化了，像产品变成异己的存在那样，生产条件即自然界也变成异己的力量，与劳动对立。

马克思提出"人与自然界本质的统一"命题。这是指人与自然界和谐发展，即人的社会劳动完全适合自然条件，这叫作"人实现了自然主义"；同时，经过改造的自然界完全适合人的劳动需要，这叫作"自然界实现了人道主义"。这都是用费尔巴哈的术语，因为《1844 年经济学哲学手稿》是评费尔巴哈的。在《资本论》第三卷中则把这种理想称为"自由王国"，而把现实的异化的必然劳动称为"必然王国"。要实现人与自然界的统一，就必须根本改变异化劳动，变必然劳动为自由劳动，而这就是实行共产主义。

① 马克思、恩格斯：《德意志意识形态》，《马克思恩格斯选集》第 1 卷，人民出版社，1972，第 43 页。
② 马克思：《1844 年经济学哲学手稿》，《马克思恩格斯全集》第 42 卷，第 95、122 页。
③ 马克思：《1844 年经济学哲学手稿》，《马克思恩格斯全集》第 42 卷，第 91、97 页。

所以，马克思说："共产主义是私有财产即人的自我异化的积极的扬弃……因此，它是人向自身、向社会的（即人的）人的复归"；就自然界来说，就是"自然界的真正复活"，也就是"人的实现了的自然主义和自然界的实现了的人道主义"的统一。"这种共产主义，作为完成了的自然主义，等于人道主义，而作为完成了的人道主义，等于自然主义，它是人和自然界之间、人和人之间的矛盾的真正解决……它是历史之谜的解答"。①

再看人与人的关系即社会关系方面。马克思说"社会关系的含义是指许多个人的合作"，② 合作形式随社会发展而嬗变，总是形成一种社会经济形态。"社会经济形态的发展是一种自然历史过程"，③ "大体说来，亚细亚的、古代的、封建的和现代资产阶级的生产方式可以看作是社会经济形态演进的几个时代"。④ 这段话被认为是马克思的社会发展体系，在史学界引起不少争议，故需略做说明。

马克思这话是 1859 年写的，用"大体说来""可以看作"等不太肯定的语气。这时，摩尔根的《古代社会》（1877）尚未问世，马克思对古代中国、印度的知识只有间接材料，所谓"亚细亚"生产方式并无明确概念，而"古代的"（希腊罗马）以后只是欧洲的经验。在此前一年，马克思在该书的草稿中还仅提出三大社会形态，即"以人的依赖关系"为基础的"最初的社会形态"；"以物的依赖性为基础的"当代社会形态；未来的建立在"个人全面发展"和"共同社会生产能力"基础上的社会形态。⑤ 在这以后30 余年即 1890 年，恩格斯在致康·施米特的信中说："我们的历史观首先是进行研究工作的指南，并不是按照黑格尔学派的方式构造体系的方法。必须重新研究全部历史，必须详细研究各种社会形态存在的条件……在这方面，到现在为止只做出很少一点成绩。"他告诫说，不能"只是用历史唯物主义的套语（一切都可能变成套语）来把自己相当贫乏的历史知识

---

① 马克思：《1844 年经济学哲学手稿》，《马克思恩格斯全集》第 42 卷，第 120、122 页。
② 马克思、恩格斯：《德意志意识形态》，《马克思恩格斯选集》第 1 卷，第 34 页。
③ 马克思：《资本论》第 1 卷，人民出版社，1975，第 12 页。
④ 马克思：《〈政治经济学批判〉序言》，《马克思恩格斯选集》第 2 卷，第 83 页。
⑤ 马克思：《政治经济学批判，1857～1858 年草稿》，《马克思恩格斯全集》第 46 卷上，人民出版社，1979，第 104 页。

（经济史还处于襁褓之中呢！）尽速构成体系"。① 恩格斯这话，至今还能适用。

另一个引起史学界争议的问题是阶级斗争是历史发展的动力问题。马克思没有提出这个命题。首先是恩格斯在 1877 年发表的《反杜林论·引论》中论述马克思两个伟大发现：唯物主义历史观和剩余价值论，说前者发现"以往的全部历史，都是阶级斗争的历史"。② 同年，恩格斯在《卡尔·马克思》一文中重复了这个提法："过去的全部历史是阶级斗争的历史。"③ 这话显然有毛病。1882 年恩格斯在《社会主义从空想到科学的发展》一书中就改正为"以往的全部历史，除原始状态外，都是阶级斗争的历史"。④ 这里没有提"动力"问题。

1879 年，马克思和恩格斯在给德国社会民主党领导人的一份通告中说："将近四十年来，我们都非常重视阶级斗争，认为它是历史的直接动力，特别是重视资产阶级和无产阶级之间的阶级斗争，认为它是现代社会变革的巨大杠杆。"⑤ 这是把阶级斗争作为历史的"直接动力"，而重点是指资产阶级社会。1884 年，恩格斯在《家庭、私有制和国家的起源》中论野蛮时代和文明时代时说：剥削阶级"卑劣的贪欲是文明时代从它存在的第一日起直至今日的动力；财富，财富，第三还是财富……这就是文明时代唯一的、具有决定意义的目的"。⑥ 这是泛论历史的动力。1886 年，恩格斯在《费尔巴哈和德国古典哲学的终结》中说，历史是由人们不同的愿望产生的，这些愿望是由激情或思虑决定的，这些激情或思虑各有不同的动机，"这些动机背后隐藏着的又是什么样的动力"亦即"历史原因"是什么呢？他说："在以前的各个时期，对历史的这些动因的探究几乎是不可能的，因为它们和自己的结果的联系是混乱而隐蔽的。"但自从采用大工业以来，至少在英国和法国，"关系已经非常简单化了"，可以认定土地贵族、资产阶级、工人阶级"这三大阶级的斗争和它们的利益冲突是现代

---

① 恩格斯：《致康·施米特》，《马克思恩格斯选集》第 4 卷，第 475 页。
② 恩格斯：《反杜林论》，《马克思恩格斯选集》第 3 卷，第 66 页。
③ 恩格斯：《卡尔·马克思》，《马克思恩格斯选集》第 3 卷，第 40 页。
④ 恩格斯：《社会主义从空想到科学的发展》，《马克思恩格斯选集》第 3 卷，第 423 页。
⑤ 马克思、恩格斯：《给奥·倍倍儿等人的通告信》，《马克思恩格斯选集》第 3 卷，第 374 页。
⑥ 恩格斯：《家庭、私有制和国家的起源》，《马克思恩格斯选集》第 4 卷，第 173 页。

历史的动力"。① 这是恩格斯关于这个问题最完备的论述。1892 年恩格斯在给《社会主义从空想到科学的发展》写英文版导言中说："历史唯物主义……这种观点认为一切重要历史事件的终极原因和伟大动力是社会经济发展、生产方式和交换方式的改变，由此产生的社会之划分为不同的阶级，以及这些阶级彼此之间的斗争。"② 总之，不能简单地说阶级斗争是历史发展的动力。

19 世纪的欧洲，理性主义、科学、法制的发展逐渐显露其负面作用，社会犯罪、阶级矛盾、殖民主义冲突，终于爆发第一次世界大战。自由、进步、世界公民等乐观主义的历史观受到怀疑。反思之余，出现有非理性因素的斯宾格勒、汤因比的历史哲学。

斯宾格勒的《西方的没落》（1918）是一部惊世之作。他批判了此前的线性发展、阶段论和西欧中心主义的历史观，从新的角度提出多元文化的历史观。他认为，历史上有八种高级文化：埃及文化、印度文化、巴比伦文化、中国文化、古典（希腊、罗马）文化、伊斯兰文化、墨西哥文化、西方文化。它们各有其个性和特点，它们是等价的，以至是同时代的。如19～20世纪的西方文化与古典文化、亚历山大与拿破仑、亚里士多德与康德、雅典与巴黎，他们在各自文化中的地位与意义是相同的，完全可看作是同时发生的现象。因而各种文化可做比较形态学的历史研究。

这八种文化都各自经历过前文化时期、文化早期、文化晚期、文明时期四个阶段，犹如春夏秋冬。前文化时期人们精神上是乡野的、直觉的，没有历史。"一切伟大的文化都是市镇文化"，"世界历史是市民的历史"。③ 文化早期有了小市镇，但是受封建领地统治。文化晚期，金钱战胜地产，市民社会代替封建领地，有了世界性大城市，精神上产生理性和自由，于是进入文明阶段。文明阶段，群众即第四等级代替第三等级（资产阶级），他们反对一切等级差别、财产制度和知识体系，精神的创造力消失了，艺术沦为奢侈和享乐，个人主义使世界陷入战争。结果文化的生命终结了，人们重新进

---

① 恩格斯：《费尔巴哈和德国古典哲学的终结》，《马克思恩格斯选集》第 4 卷，第 244～246 页。
② 恩格斯：《社会主义从空想到科学的发展》，《马克思恩格斯选集》第 3 卷，第 389 页。
③ 斯宾格勒：《西方的没落》，商务印书馆，1963，第 199、201 页。

入无历史的时期。现在（20世纪初期），七种文化都已衰亡，西方文化则进入文明阶段，它已开始衰落，正在向恺撒主义过渡，将于2000～2200年完成过渡，随即消亡。"这种结果是不可能避免的，不容修正的"。①

在认识论和方法论上，斯宾格勒是把文化看成是一个综合的有机体，有它生长、成熟、衰老、死亡的周期性命运。因而"历史的世界"不是一个理性世界，不能像研究自然世界那样去分析它客观的因果关系和运动规律。历史不是研究已成的事物，而是研究有生命的、演化着的"方成事物"（things-becoming）。历史没有固定范畴，只有方向。不能用因素分析方法，只能在整体上通过生活现象来体验和领悟它。

斯宾格勒有个独特的"宇宙和小宇宙"论点。有机物如植物，它只是作为宇宙的东西存在，没有选择的自由。人类则除作为宇宙的东西存在外，它还有自由思维和觉醒意识，来创造自己的文化和生活方式，即作为自己的小宇宙的东西而存在。"一切宇宙的东西都有周期性的标志；它有'节拍'（节奏、拍子）。一切小宇宙的东西都有极性；它具有紧张"。"节拍"指生长、成熟、衰老、死亡的周期；"极性"指自我扩张，"觉醒的意志则是紧张和扩张"。② 人类可以自由选择自己的文化和生活方式，但不能逃脱宇宙的周期性规律，这是历史的必然。斯宾格勒的历史观是宿命论的、悲观的。他还引用罗马哲学家辛尼加的话说："愿意的人，命运领着走；不愿意的人，命运拖着走。"③ 斯宾格勒的宇宙和小宇宙论点，也代表他对人与自然界关系的看法。

在人与人的关系方面，斯宾格勒比较突出的是他的多元文化观。他不但强调各种文化的心灵不同，彼此有"一条不可逾越的深渊"，还否定文化间的交流和沟通。他说文化交流只是一种表象，实际是改造。"我们赞美一种外来的思想的各种原则愈热烈，我们实际上对这种外来思想的性质的改变也愈根本"。④ "虽然印度人和中国人在那些日子里都觉得是佛教徒，他们在精

---

① 斯宾格勒：《西方的没落》，第64页。
② 斯宾格勒：《西方的没落》，第85、89页。
③ 斯宾格勒：《西方的没落》，第67页。
④ 斯宾格勒：《西方的没落》，第155页。

神上依旧离得很远……各自走自己的路"。① 他没有举禅宗的例子，那例子倒是很恰当的。

汤因比受斯宾格勒《西方的没落》的启发，撰写了 12 卷本的《历史研究》（1934~1961），卷帙繁浩，人们只读 D. C. 萨末威尔所做的缩写本，缩写本的中译本亦有三大册。

汤因比以社会文明作为历史研究的单元，共研究了古今 21 种文明。其中古代埃及、古代中国等 6 种文明是从原始社会产生的，其余则是这些文明的晚代或子体。如古希腊文明是米诺斯（Minos）文明的晚代，而西方基督教文明是古希腊文明的子体。又以中国元代以后的文明为古代中国文明的子体，不知何据。汤因比认为，这 21 种文明"在哲学意义上"都是价值相等的，并且是同时代的，因而可用比较形态学方法来研究。这就否定了当时流行的西欧中心论。所谓同时代是因为人类历史有 30 余万年，而文明社会最长者不过 6000 年，等于弹指一挥间，故属平行发展。西欧中心论的错误乃是"在近代历史时期，我们自己的西方文明用它的经济制度之网笼罩了全世界，在这样一种以西方为基础的经济统一之后又来了一个以西方为基础的政治统一"。② 这是不对的。不过，汤因比晚年也有一个世界政治统一的设想，《历史研究》尚未论及。

汤因比逐一考察了这 21 种文明，认为它们一般都经历了起源、生长、衰落、解体四个阶段。其中多数文明已解体而死亡，有些则陷于停滞，唯基督教西方文明仍在盛期。但和斯宾格勒不同，他不认为文明是有机体，而更接近于自然的产物，它不服从有机体生长和死亡的规律。汤因比还反对历史循环论和宿命论，认为没有什么历史的必然。他说："我们虽然分析文明的不断的周期性的运动，但是这并不意味着这个过程本身是具有循环性的。""我们并没有面对任何不可避免的必然。死去的那些文明并不是命中注定必死的。"③ 他也不认为当代西方文明必然没落。

在讨论文明的兴衰时。汤因比从古希腊的历史中总结出"成长时期""混乱与苦难时期""大统一国家时期""间歇时期"四个阶段。当社会

---

① 斯宾格勒：《西方的没落》，第 153 页。
② 汤因比：《历史研究》上册，上海人民出版社，1959，第 52 页。
③ 汤因比：《历史研究》中册，上海人民出版社，1959，第 14 页。

陷于混乱与苦难时期，群众离心离德，统治者依靠暴力，以大统一国家强加于文明。大统一政权暂时阻止了文明的解体，但社会随即步入间歇时期。间歇时期是个黑暗时代，一切死气沉沉，但这时有基督教教会的兴起，它像个蛹体，孕育出一种新的文明，即后来的西方文明。汤因比在《我的历史观》中说："当文明兴起而衰落，并在衰落中导致了另一个文明兴起的时候，有一些比它们更高级的事业可能一直前进着。而根据神的意图，从文明衰落所造成的痛苦中所学得的知识可能是进步的最有效的工具。"①

汤因比提出"挑战与应战"学说来解释文明的兴衰，从中亦可看出他对人与自然界和人与人关系的看法。

"挑战与应战"语出《浮士德》开篇：上帝回应了魔鬼靡费斯特的挑战，继续完成创造宇宙的大业。汤因比认为，文明不是起源于安逸乐土，而是产生于艰苦的自然环境，人们筚路蓝缕，辟土创业。文明的成长也不是平易而来，而是为了应付外部敌人和内部纠纷的挑战，人们努力发挥潜力，有所创造。这都是"逆境的美德"。但逆境要"适度和中庸"。挑战太强，超过应战能力，文明可被灭亡；挑战太弱，又不足以刺激起应战力量。应战胜利，又在新的挑战下再次告捷，文明才能生长，挑战与应战是个"重复的不断发生的有节奏的运动"，② 文明才能成长。

文明成长了，外部挑战渐成次要，主要是要处理好内部挑战。历史上成熟文明的衰落，往往是由于领导者丧失创造力，变成纯粹的统治者，实行虐政，引发内部冲突。军事扩张、技术进步都不是文明成长的真正原因。军事扩张往往是文明衰落的象征，文明衰落时也会有技术进步。真正的进步是个社会内部"升华"（sublimate）的过程，它使社会的精力解放出来。这个过程是属于精神的，不是物质的。对于当时物质发达、道德沦丧的西方文明，汤因比说："在我们今天社会面前却是一种道义上的挑战，而不是一种物质上的挑战"；"工业的挑战正从技术的范围转移到道义的范围"。③

---

① 汤因比：《我的历史观》，《现代西方历史哲学译文集》，上海人民出版社，1984，第181页。
② 汤因比：《历史研究》上册，第235页。
③ 汤因比：《历史研究》上册，第260、261页。

应战是创造文明的社会行动。但应战的原动力不是来自社会整体，"社会是一个'行为的场所'，但是一切行为的源泉都是组成这个社会的个人"。而汤因比所指应战的动力不是指普通个人，而是具有超人的某个人、少数人或少数人社会。"所有的社会性的创造行为，都是个别的创造者的工作，或者至多不过是富有创造性的少数人的工作"，① 他常举释迦牟尼、耶稣、穆罕穆德等宗教创始人为例，他们领导创造工作，而群众只是模仿、追随和服从。这些人所以能领导群众，是因为他们有特殊的人格。这种人格又常是经过一个"退隐和复出"得来的。退隐即他们暂时离开社会，灵魂与神交往，领悟宇宙精神的"终极之存在"，得到创造意识。然后他们再出现于社会，就能提供创造性典范，博得群众模仿。在《历史研究》的"西方文明展望"卷（1954），他曾寄望于一种新的宗教，一种能理解"终极之存在"精神的普遍信仰，以挽救西方文明不致没落。

汤因比晚年，又把世界文明的前途寄望于中国。1975 年他与日本池田大作的对话中说："按我的设想，全人类发展到形成单一社会之时，可能就是实现世界统一之日……我所预见的和平统一，一定是以地理和文化主轴为中心，不断结晶扩大起来的。""将来统一世界的大概不是西欧国家，也不是西欧化的国家，而是中国……实际上，中国从纪元前 221 年（按：指秦建国）以后几乎在所有时代，都成为影响半个世界的中心……恐怕可以说正是中国肩负着不止给半个世界而且给整个世界带来政治统一与和平的命运。"②

第二节　宋儒理学和宋代历史观

宋明理学，亦称道学，一般认为是汉以来传统儒学的哲学化，因为它在原来伦理学的基础上建立了自己的本体论（宇宙观）和认识论，形成一个比较完整的哲学体系。李约瑟从宋代科学的大发展和宋儒的有机宇宙观着眼，认为它意味着传统儒学的科学化。我则以为宋明理学是传统儒学的理性

---

① 汤因比：《历史研究》上册，第 267、271 页。
② 《展望二十一世纪——汤因比与池田大作对话录》，国际文化出版公司，1985，第 244、298 页。我未见原书。此系转引，疑系译自 *The Toynbee-Ikada Dialogue*，*Man Himself Must Choose*，Kodansha International Ltd.，1976。

化，它具有唯理主义倾向，连同明末的反传统思潮和以经世致用为号召的启蒙运动，实际是一场不成功的理性主义运动。这场运动肇始于11世纪，比西方的文艺复兴早400年。但未能导致中国近代科学的建立和社会的现代化。到17世纪后期，清人人主中原，实行严厉的文化专制，蓬勃一时的启蒙思潮烟消云散，整个理性主义运动无功而退，儒学又回到汉经学的老路上去了。其所以无功而退，主要是历史条件造成的，但宋明理学本身有严重的缺陷。它基本上都是道德理性，缺乏工具理性，南宋的功利学派和明末的经世致用思潮，也缺乏工具理性，是以不见实效。

正因如此，宋明理学对历史观的影响不是很大。宋代史学发达，著述之多，前所未有，而仍是马、班的历史观居主导地位。大体在天人关系上，由天人相通进而天人合一观；在人与人关系上，更重义理之论；而在认识论和方法论上颇有进步，并提出"会通"和"义通"论点。

一 北宋的历史观

在第二章第二节末我曾提到，唐后期又有一些儒家的新思潮出现，而其影响是在北宋史学中才显现。这些新思潮可以韩愈（退之，768～824）、李翱（习之，772～841）、柳宗元（子厚，773～819）、刘禹锡（梦得，772～842）为代表。

韩愈和柳宗元都是发起古文运动的大师，他们反对六朝以来的骈文，提倡"文以载道"，韩愈有"文起八代之衰"的美誉。这对宋代史学的文风和注重义理，是有影响的。

韩愈作《原道》（《韩昌黎全集》卷一一）说："古之时，人之害多矣。有圣人者立，然后教之以相生养之道。为之君，为之师。"接着说，社会的发展，衣食、宫室、工贾、医药，以至礼、乐、政、刑、兵等国家制度，都是圣人"为之"的。如"古之无圣人，人之类灭久矣"。所谓圣人，他点名是尧、舜、禹、汤、文、武、周公、孔子。"孔子传之孟轲，轲之死不得其传焉"。可见，他指的是周孔的正统儒道。这段话也是一种历史观。初看是圣人史观，如西方之英雄史观。然其实，是重视道即思想的历史观。柯林伍德说"一切历史都是思想史"，不过柯氏重行为的思想动机，韩愈更重效果。《原道》还说，孟轲以后，"荀（况）与扬（雄）也，择焉不精，语焉不详";其实他是不赞成的,"余欲削荀氏之不合者"(《韩昌黎全集》卷一一《读荀》)。至于"黄老于汉,佛于魏晋梁隋",都非正道;至唐,"不入于老,则入于佛"(均见《原道》),就更糟糕了。

韩愈所说是"为之君、为之师"(语出《孟子》"作之君、作之师")的道。《原道》揭橥《大学》的正心、诚意、齐家、治国、平天下的纲领来论证他的道。说为道要正心诚意,即从自身做起,但必须是"将有以为也",目的是治国平天下。不能像佛老那样"欲治其心而外天下国家",只讲个人修养,置天下国家于不顾。这也是后来宋儒讲理学的路子,宋儒也是尊《大学》的。

韩愈又作《原性》,提出人性有上、中、下三品,并提到性与情的关系,但未深论。李翱的《复性书》(《李文公集》卷二,四部丛刊本)则解决了这个问题。这个问题是:儒家有一个人皆可以为圣贤,以至实现天下为公的伟大思想。但世上确有不少恶人恶事,孔子罕言性与命,孟子性善、荀子性恶、扬雄性善恶混的论点都不能给出人皆可以为圣贤的必然性。李翱说:"人之所以为圣人者,性也;人之所以惑其性者,情也。喜、怒、哀、惧、爱、恶、欲七者,皆情之所为也。情既昏,性斯匿矣。"要解除情的惑,恢复天性,人就可以成圣贤。他又说"情由性而生",性"由情以明",不能根本否定情。在《复性书》中篇,他用《中庸》"率性之谓道",以及喜怒哀乐"致中和""诚则明"等论点,加上他"主静"的功夫,达到"至诚"的境界,这就可以尽人之性,尽物之性,赞天地之化育,与天地参了。后来宋理学家也是用《中庸》讲性与命,但予以理性化,提出天地之性与器质之性的区别。

柳宗元在《封建论》(《柳先生集》卷三,四部丛刊本)中提出他的历史观。他说:最初人类都要"假物"(《荀子》语,指获取生活资料),"假物者必争,争而不已,必就其能断曲直者而听命焉……故近者聚而为群,群之分其争必大,而后有兵有德。又有大者,众群之长又就而听命焉,以安其属,于是有诸侯之列。则其争又有大者焉,德又有大者……于是有方伯、连帅之类。则其争又有大者焉,德又有大者……然后天下会于一",指会于天子麾下。这是一种斗争和统一的历史观。柳宗元本有生存斗争的看法,"自有生物,则好斗奇,相残杀"(《柳先生集》卷六《大鉴禅师碑》),虽然他认为这是不好的。不过，还不完全像恩格斯所说的暴力论，因为其争又有大者后都写上"德又有大者"。

柳宗元和刘禹锡对历史观的主要贡献是在人与自然界的关系方面。他们两人都有论天的著作。他们两人的天都是自然义的天，但在宇宙起源和本原上，见解都不成熟，要到宋理学才有比较完整的宇宙观。

柳宗元在《封建论》中说："天地果无初乎？吾不得而知也。"在《天对》（《柳先生集》卷一四）中说："本始之茫，诞者传焉"，诞者意不可信。又在《天说》（《柳先生集》卷一六）中说："彼上而玄者世谓之天，下而黄者世谓之地，浑然而中处者世谓之气。"总之，没有明确宇宙本原是什么，也没有明确宇宙是否始于无。但在《天对》中说万物是由元气化生的，"庞昧革化，惟元气存"；又明确宇宙在空间上是无限的，"无极无方"；明确天道是无为的，"无功无作"。

刘禹锡在《天论》（《刘宾客文集》卷五）中说："天，有形之大者也。"他认为，宇宙间都是有形的物质，"若所谓无形者，非空乎？空者，形之希微者也"；这就否定宇宙生于无或有始论。在宇宙生成上，刘禹锡有个以地为本，先有地后有天的独特见解。《天论》下："天之有三光悬寓，万象之神明者也，然而其本在乎山川五行。浊为清母，重为轻始。两位既仪，还相为庸（用）。"通常人们是用《淮南子·天文训》："气有涯垠，清阳者薄靡而为天，重浊者凝滞而为地。"刘禹锡则说重浊者是母，是始，清阳者是次生的，这显然不是指元气，而是径指天地。又，他不说"两仪既位"，而说"两位既仪"，"两位"不是指阴阳，而是径指天地。

在天人关系上，柳宗元严厉批判天人感应、灾异警世和天命论，见于《时令》《断刑》《非国语》《贞符》多篇。在《贞符》中他说："董仲舒对三代受命之符，诚然非耶？臣曰：非也。何独仲舒尔，自司马相如、刘向、扬雄、班彪、彪子固，皆沿袭嗤嗤……其言类淫巫瞽史……臣为尚书郎时，尝著《贞符》，言唐家正德，受命于生人之意。"（《新唐书》卷一六八《柳宗元传》）他谴责了董仲舒以下好几位天命论的史学家，提出自己"受命于生人"的历史观。受命于生人即受命于生民，因避李世民讳改"民"为"人"。这是对唐得天下而言，而"受命于生民"作为普遍命题，是符合于前面所说柳宗元的斗争和统一的历史观的，有兵和德的"大者"是受命于生民的。

刘禹锡在他的《天论》中提出"天人交相胜"的说法。"天之所能者，生万物也；人之所能者，治万物也"；"天之道在生植，其用在强弱；人之道在法制，其用在是非"。法制好，是非明，人们就说天是不管人事的。法制不好，是非不明，人们就企望于天了。法制大坏，是非易位，人们只能靠天了。"吾固曰：是非存焉，虽在野，人理胜也；是非无焉，虽在邦（在朝），天理胜也。"这是一种实用主义说法，但是根据他万物都是"交相胜、交相用"的哲学来的。刘禹锡把他的《天论》给柳宗元看，柳宗元不以为然，因为柳的观点是：天是天，人世是人世，"其事各不相预"（《答刘禹锡天论书》，《柳先生集》卷三一），有西方机械论的味道。

现在来看北宋史学。宋代是个史学大发展时代。其著述之丰富，体裁之创新与完备，以及长篇巨著，均前世所无，亦明清所不及。就对后世之影响说，则司马光《资治通鉴》可与司马迁《史记》媲美，书成后历代续作、改编、考证之书不绝，致有"通鉴学"。北宋史学，兹以欧阳修、司马光二人为代表。

欧阳修（永叔，1007～1072）为学，"不惑传注"，所作《诗本义》《易童子问》于旧说多有驳正。他不满于薛居正的《五代史》，自作《五代史纪》，即《新五代史》，为唐以后唯一私修史书，皇祐五年（1053）完成。又受命继宋祁修《新唐书》巨著，于1060年完成。其时，程颢、程颐的理学尚未畅行，而欧阳修对同时代人的宇宙观似不感兴趣，故二书中不见理学踪迹，而是尊唐后期的儒家道统，尤其推崇韩愈。

按《旧唐书·韩愈传》称愈"虽于道未弘，亦端士之用心也"。欧阳修的《新唐书》卷一六七则赞韩愈"自视司马迁、扬雄至班固以下不论也"。又将韩愈排佛老比之孟轲拒杨墨，"能拨衰反正，功与（孟）齐而力倍之，所以过（荀）况（扬）雄为不少矣。自愈没，其言大行，学者仰之如泰山北斗云"。《新唐书》卷一七七也称赞李翱，记李斥史官记事不实，应"指事载功"（写具体事）。又卷一六七对柳宗元亦盛赞其才，"南方为进士者走数千里以从宗元游"，并录其《贞符》全文，即我前面所说"受命于生民"的历史观。

关于天命论，《旧五代史》卷七五提出"帝王应运，必有天命"。欧阳修《新五代史》卷三七论后唐之兴亡则曰："呜呼！盛衰之理，虽曰天命，岂非人事哉！"又卷六七论吴越之兴起曰："英豪草窃亦多自托于妖祥，岂其欺惑愚众，有以用之欤？"至于李唐之得天下，欧阳修在《新唐书·高祖本纪》的赞中列举周起于西戎，汉起于亭长事，"由是言之，天命岂易知哉"，"高祖之兴亦何异因时而特起者欤？"可见他是不信天命的。

《新五代史》是欧阳修私修之史，代表他的思想。该书《司天考》曰："天，吾不知也"，"其果与人乎，不与人乎，则所不知者也"。"人事者，天意也……未有人心悦乎下而天意怒于上，未有人理逆于下而天道顺于上者"。这种天人关系的看法颇为进步，可能受柳宗元影响。他甚至说，"孔子作《春秋》而天人备，予述本纪书人而不述天"，"不得不异乎《春秋》也"，是大胆革新。他在《司天考》和《新唐书·天文志》中都只讲历法、测天技术和星宿运行情况，不及人事。

《新唐书》另有《五行志》。其"序"曰："自汉董仲舒、刘向与其子歆之徒，皆以春秋洪范为学而失圣人本意，至其不通也，父子之言自相戾，可胜叹哉！"可见他是完全反对天人感应的。其《五行志》三卷，依洪范五行志次序，只记历年灾异而不书其应何事，即司马迁"记异而说不书"笔法。

《新唐书》将《旧唐书》帝纪削减 2/3，而于列传增 300 余人，儒学（无官职者）、文艺各 70 余人。又重"志"，《食货志》由 2 卷增至 5 卷，唯于刘晏、杨炎之改革着墨不多，而独详儒者陆贽之六论。《地理志》由 4 卷增至 8 卷，并记水利工程和土特产。又创《选举志》，有新意，盖唐代科举，《左传》与《公羊》《穀梁》均入试，开元并置《老子》《庄子》《列子》之学。

司马光（君实，1019～1086）情况与欧阳修不同，他与理学家张载、程颢、程颐都有交往，与邵雍尤善。他自己也研究性命之学，朱熹曾把他与周敦颐和上述诸人合写《六先生像赞》。

司马光有"虚气"说："万物皆祖于虚，生于气。气以成体，体以受性，性以辨名，名以立行，行以俟命。故虚者物之府也，气者生之户也。"又说："人之生本于虚，虚然后形"，形然后有性有情，然后有事有德，有家有国，有功有业，"业终于虚也"（《潜虚》，四部丛刊本）。当时张载、程颢都有虚与气的理论，但司马光所论重在性命和功业缘由，而不及于宇宙本原和天地万物的生成，还不能成为本体论。朱熹在编辑《近思录》时即未收入司马光。

在天人关系上司马光提出"天人二则"："天力之所不及者人也，故有耕耘敛藏；人力之所不及者天也，故有水旱螟蝗。"（《司马文正公传家集》卷七四《迂书》）这似是本诸荀子的天人相分说。司马光推崇荀子，更推崇扬雄。他在《扬子法言》卷四《问神篇》"重添注"中说："天者不为而自成，人者为之然后成，而同其际，使之无间隙，皆圣人神心之所为也。"这又似受刘禹锡"天人交相胜"说影响。

在天命论上，司马光是肯定的。他说："天者，万物之父也……违天之命者，天得而刑之。顺天命者，天得而赏之"。又说："智愚勇怯，贵贱贫富，天之分也……僭天之分，必有天灾。失人之分，必有人殃。"（《迂书》）这就不如欧阳修，欧阳修坚决反对天命论。

欧阳修作《正统论》，详析历代正闰。司马光则反对正统论。他在《资治通鉴》卷六九皇初二年条有一长篇"臣光曰"，纵论史家推论周秦以来历代五德正闰之无稽，并说他作《通鉴》"止欲叙国家之兴衰，著生民之休戚"，"非若《春秋》立褒贬之法"。因而对一些原无君臣关系的小国，"皆以列国之制处之，彼此均敌，无所抑扬"。这是很有见地的。

《资治通鉴》不取天人感应之说。于天文只记日食，不涉五行，《通鉴》写汉高祖赤帝子事，但在全书119条"臣光曰"中没有一条讲符命。妖异只取其有儆戒作用者，而于卷一九六录吕才亭《阴阳杂录》，说《禄命》之不验，《葬书》之无稽。可见，司马光信天命，但仍是"死生有命，富贵在天"（《扬子法言》卷一《学行篇》"重添注"），"守道在己，成功在天"（《迂书》）等意思，都是儒家老话。

在人性问题上，司马光取扬雄的善恶混说，即每人都善恶性兼有，"善至多而恶至少则为圣人，恶至多而善至少则为愚人，善恶相半为中人"。其说的精义在于："必曰圣人无恶，则安用学？必曰愚人无善，则安用教矣？"（《司马文正公传家集》卷六六《性辩》）又说人情本是好善恶恶的，但经不起"物诱之也，物迫之也"，而排除物欲（即"格物"）至难（《司马文正公传家集》卷六五《致知在格物》）。又说"情与道一体也"，以道防情之泛滥，御情"就夫道"是可能的（《司马文正公传家集》卷六六《情辩》）。看来比李翱的《复性书》悲观些，也没有提出人皆可以为尧舜的理想。

这种理论在司马光的史学上，就是重名分的观点。《资治通鉴》卷一开篇有一长篇的"臣光曰"："臣闻天子之职莫大于礼，礼莫大于分，分莫大于名。何为礼，纪纲是也。何谓分，君臣是也。何谓名，公侯卿大夫是也。"《通鉴》是资治的书，要别贵贱，定秩序，安国治民是很自然的。但这篇"臣光曰"除讲正名分外，还大段讲了他的历史观。这就是三代以上是以礼治天下，自"幽厉失德"，诸侯专征，"礼之大体什丧七八矣。然文武之祀犹绵绵相属者，盖以周之子孙尚能守其名分故也"。殆至三国分晋，"请于天子而天子许之"，"三晋之列于诸侯，非三晋之坏礼，乃天子自坏之也。呜呼！"从此，"则天下以智力相雄长"，是历史一大巨变。故《通鉴》叙事始于周威烈王二十三年（前403），即三晋封侯之年，因为从此发生"资治"问题。这种历史观与二程、邵雍等理学家是一致的，基本上都认为三代以后历史是退化的。

《通鉴》自周威烈王迄五代，包括1362年的历史，讲究"通识"，即采用历代可比的"义例"来评论。但在"通变"上不如《史记》。司马光尊扬雄的"因革"说："夫道有因有循，有革有化。因而循之，与道神之。革而化之，与时宜之。"（《扬子法言》卷三《问道篇》"重添注"）这是指典章制度的变革："前人所为，是则因之，否则变之，无常道。"司马迁也讲制度变革，但另外还讲"三王之道若循环"的道的变革，那是相当于否定之否定的变革，这是司马光所没有的。司马光说，自古至今，"天地不易也，日月无变也，万物自若也，性情如故也，道何为而独变哉"（《迂书》）。即使制度变革，司马光也是保守派。毕沅《续资治通鉴》记有这样一件事：熙宁二年（1069）十一月，司马光为神宗读《通鉴》至汉曹参代萧何事，"帝曰：汉常守萧何之法不可变乎？光曰：何独汉也。使三代之君常守禹汤文武之法，虽至今存可也"。

《通鉴》是资治之书，是政治军事史。不重视经济，不重视思想文化，轻视文人。据张熙侯《通鉴学》统计，《通鉴》共用资料书301种，其中

"诸子"仅9种，荀况、扬雄外，仲长统等7人而已，足见其忽视思想。[1]又记班固作《汉书》，而不提司马迁作《史记》。不记屈原，杜甫亦只是间接提及而已。

二 宋儒的宇宙观和认识论

北宋理学家周敦（惇）颐（茂叔，1016～1073）、邵雍（尧夫，1011～1077）、张载（子厚，1020～1077）对宇宙本原和天地万物的生成，都有创见性论点；程颢（明道，1032～1085）、程颐（伊川，1033～1107）论天较少。到南宋，经朱熹（晦庵，1130～1200）综合，成为系统的有机的宇宙观，为宋明理学建立了颇为先进的本体论和认识论。同时，心学派的陆九渊（象山，1139～1192），事功学派的陈亮（同甫，1143～1194）、叶适（水心，1150～1223）在理学上各有所见，而在宇宙观上亦是有机论。

其实，宋代理学或道学主要是讲治世之理和为人之道的，他们研究宇宙只是为了证明他们治世为人的道理是符合天理或天道的。他们之中没有一位是天文学家或物理学家，他们的研究也没有科学方法，而是用诠释学汲取古籍（包括道藏和佛经）的智慧，靠思维推导出来的。我之所以要用相当篇幅来谈它，完全是为了中西思想对比。12世纪宋儒的宇宙观和认识论，与18世纪欧洲理性运动中占主流的笛卡尔－牛顿的机械论宇宙观和认识论相比，大相径庭；而与20世纪后期即当代西方的大爆炸理论和认识论相比，有着惊人相似之处。然而，18世纪西方机械论的宇宙观和认识论曾导致近代科学的大发展，而宋儒的有机的宇宙观和认识论却毫无科学成果。这又是什么原因呢？

宇宙的演化是远古鸿洞之事，不能用经验主义或历史学方法来考察。当今流行的宇宙大爆炸理论是从广义相对论和量子力学推导出来的，不过在重要环节上都经过间接观测和模拟分析的检验。这种理论认为，我们的宇宙起源于137亿年前的一次大爆炸。最初，宇宙极热，物质仅以基本粒子形态存在。随着宇宙膨胀和降温，粒子在量子力的作用下结合成元素，主要是氢以及氦。宇宙继续膨胀和降温，元素在引力作用下凝聚为恒星和星系。往后，

---

[1] 张煦侯：《通鉴学》，安徽教育出版社，1982，第63页。

一些恒星在它的氢燃烧殆尽时坍缩成黑洞而消亡，但也有些会变成超新星，产生第二代恒星。我们的太阳就是一颗第二代或第三代的恒星。它形成于47亿年前，处于银河系的螺旋臂上。再过50亿年或更长，太阳也会坍缩成黑洞，并将地球吸入毁灭。而再过100亿年或更长，整个宇宙都会坍缩成黑洞而灭亡。①

周敦颐的《太极图说》开篇称："自无极而为太极。"朱熹解释说："总天地万物之理便是太极。"（《朱子全书》卷四九）太极即天理或天道，是个精神实体，它产生于无极，即有生于无。周敦颐接着说："无极动而生阳"，"静而生阴"。朱熹解释说："阴阳气也，生此五行之质。"（《朱子语类》卷九四）气已是原始的无形的物质了。周敦颐接着说："阴变阳合，而生水火木金土"，即五行，已是有形的物质要素了。于是"无极之真，二（气）五（行）之精，妙合而凝……万物化生"。朱熹解释说："所谓真者，理也；所谓精者，气也。"（《朱文公集》卷五八《答黄道夫》）无形的气按照理的规则或模式凝聚而成万物。周敦颐没讲宇宙的终结，不过《太极图说》的结语是"原始返终，故知死生之说"。

邵雍是象数论者。他的认识论叫《观物篇》，主张不要以我（主体）观物（客体），而应"以理观物"，或"以物观物"（《皇极经世·观物外篇下》）。而实际上，他是以《易》的卦象当作理或物来观察宇宙的演化的。他观察的结果是：宇宙的年龄为129600年，分为12个"会"，每会10800年。在第一个会中产生了天，"天开于子"；在第二个会中产生了地，"地辟于丑"；在第三个会中产生了人，"人生于寅"。人类社会发展很慢，到第六个会即宇宙已走过一半时间，才达到"圣王之治"，即唐尧之世。

邵雍是历史退化论者。三皇时是"以道化民，尚自然"；五帝时是"以德教民，尚让"；三王时是"以功劝民，尚政"；五霸时是"以力率民，尚争"，一代不如一代。天地也跟着退化，到第十一个会时，将"闭物"，万物都灭绝了。到第十二个会，即宇宙的第129600年，天地就终结了。不过，这个宇宙终结以后，还会有另一个宇宙开始诞生。

---

① 宇宙大爆炸理论产生于20世纪40年代，几乎每经5年都有新的研究补充进来。这里的简述是根据截至2004年6月的报道综合的。

张载是虚气论者。他没有讲宇宙的始终，而着重讲宇宙的结构和运行。他提出"太虚"与"太和"两个基本范畴。张载的太虚是"有无混一"的"气之本体"，即离散了的看不见的气，而天地万物则是凝聚的有形的气。"气不能不聚而为万物，万物不能不散而为太虚也"。"气聚于太虚，如冰之凝释于水"（均见《张载集·正蒙·太和篇》）。喻冰之凝释，有物质不灭意思。

程颢同意张载的观点，他说："物生者，气聚也；物死者，气散也。"（《程氏遗书》卷五）程颐则反对，他说："凡物之散，其气遂尽，无复归本原之理。"（《程氏遗书》卷一五）朱熹同意程颐，没采取张载说。其实，气散（湮灭）应转化为能，当时他们都无能量的概念。

张载提出"两体"说。"一物两体者，气也"，指阴阳二气。"两体者，虚实也，动静也，聚散也，清浊也"，都是气的运动。气动"则聚而有象。有象斯有对，对必反其为。有反必有仇，仇必和而解"。相反的东西不是你消灭我、我消灭你，而是统一为新的东西，包含两者合理的东西。我们这个气象万千、自强不息的世界，就是一个不断和而解的大统一体，这就是"太和"。叶适也有类似思想，"凡天下之可言者皆两也……万物皆然"；中庸之道使两统而为一，"使之有以为异而无以害异"（《叶适集·进卷·中庸》），这就是世界的多样性。朱熹同意张载的两体说，但没有采用太和这一范畴。

以上可以看出，周敦颐的宇宙生成图景与当代大爆炸理论的宇宙模型十分近似。大爆炸模型是基本粒子—物质元素—恒星；周敦颐的图景是阴阳二气—五行—天地。五行等于元素，天地即星辰。唯以阴阳二气比拟基本粒子未免牵强。这是因为微观世界是在有了粒子加速器以后才能观察，古人无法猜测。不过，量子学认为每种粒子都有它的反粒子，除中子外都是有正或负的电荷。那么，古老的阴阳二气说还是有道理的。邵雍的天地始终论符合当代宇宙论，但他把宇宙年龄小算了 1 万倍，可是比古希腊人计算的 18000 年已长了 10 倍。当代理论认为宇宙空间充满了"场"，并且有 90% 的物质是人们无法看到的暗物质。这给张载的太虚论以神奇的支持。同时，原子、元素、星系的模型也给张载的太和论以精神的支持，世界本来就是这样一个多样性的矛盾统一体。然而，宋儒的宇宙观虽有许多有价值的思想，也有重大的缺陷。它没有明确的力的概念，没有能量的概念，更不用说引力的定律、物质与能量转化的定律、能量守恒定律了。没有这些，就缺乏工具性，不能试验实用，就远不如 18 世纪西方机械论宇宙观了。

下面再就几个理论和认识论问题略做讨论。

（1）有生于无

周敦颐"自无极而为太极"是有生于无。无极一词不见于儒家典籍，而见于《老子》、道藏《参同契》、佛典《华严经·法界观》。邵雍说"先天地之始，太极也"（《观物外篇》），等于取消了无极。程颐说"动静无端，阴阳无始"（《伊川易传》），直是否定了无极。陆九渊说《太极图说》乃周敦颐"学未成时所作"，"到作《通书》时不言无极，盖已知其说非矣"（《陆象山全集》卷二《与朱元晦》）。朱熹说太极"动而生阳，亦只是如此说起，阳以上更有在"（《朱子语类》卷九四）；"更有在"就是否定无。所以朱熹在编辑《太极图说》时就把"自无极而为太极"改为"无极而太极"，以至原文不传。所以宋儒中只有周敦颐肯定无极，肯定有生于无。

可是，当代天文物理学肯定了有生于无。这是因为，根据广义相对论，宇宙开始时理论上必有一个点，在这个点上时间与空间的曲率为无穷大，也就是物质密度或能量为无穷大，因而其体积为零，零即无。或者说，在无穷大数值时，不能有任何测算，一切科学定律都失效，因而这个点是时间的开端，这以前只能是无。[①]

（2）理气先后

"天地之间，有理有气"。理指使气以成物，气则是"生物的材料"（《朱子语类》卷九四）。这就发生一个先有理还是先有气的问题。在朱熹的著作中有好几处讨论，最后说"先有是理"，"若在理上看，则虽未有物而已有物之理"（《朱文公集》卷四六《答刘叔文》）。程颢、程颐、陆九渊也是这样的看法。唯陈亮反对，他说"夫道非出于形气之表，而常行于事物之间者也"（《龙川文集·勉强行道大有功》）。叶适也反对，他说"未有于天地之先而言道者"（《习学记言》）。

---

① 史蒂芬·霍金：《时间简史》，湖南科学技术出版社，2002，第 47、103、113 页及他处。

宋儒的理是个笼统概念，没说明它怎样使气生成万物。张载提出个"神"："神者，太虚妙应之目"（《太和篇》）；"唯神为能变化"；"神则主于动，故天下之动皆神为之也"（《易说·系辞上》）。神是太虚的功能，有点力的意思。程颢也说"所以运动变化者，神也"（《程氏遗书》卷一五），他的神是气的运动属性。朱熹把神解释为"伸、散"，把鬼解释为"屈、聚"，都暗含力的意思。朱熹又提出天有个旋转运动（"旋风""下软上坚"），形成诸天（"旋有九"）（《朱子语类》卷一），有如离心力，有点像六百年后康德的星云说。

在近代科学中，把一切运动的规律都归之于力的平衡，力学统治了物理学，所以出现机械论的宇宙观。其后，发现了电磁力，又发现弱核力、强核力，量子力学支配整个微观世界。这也解决了先有理还是先有物的问题。例如，人们是根据万有引力的原理找到冥王星。你也可以说，冥王星是早就存在了。那么，人们是根据量子力学，知道核裂变能产生巨大能量，于是造出原子弹。并且，在人们知道万有引力之前或核裂变的原理以前，这些理早已存在了。自然界所有的理，如果是真理，都是先验的，a priory，即先于人们的经验而存在。因为人出生得很晚，人的科学认识就更晚了。

（3）理一分殊

程子说"百理具在，平铺放着"；但又说"这只是一个道理"。说"有物必有则，一物须有一理"；但又说"天下只是一个理"（《程氏遗书》卷二、卷一八）。万物各有其理，为什么说只有一个理呢？朱熹对此作了几次解释，都没讲清楚。最后他说："伊川（程颢）说得好：理一分殊"，这成为宋儒通用术语。反对派陈亮，他不承认有独立于物外之理，但也主张"分立而推理一"，分立"虽异，而吾心则一，故曰理一而分殊"（《陈亮集》卷一四《西铭论》）。实际是要求有一个统一的认识，作为为人处世的根本，也作为宇宙的根本。

"理一分殊"来自佛典。华严宗认为，世界起源于"一真法宗"，所以，人世真的东西都应该是"一毛孔一切遍法界诸毛孔现"，"一尘中微细国土庄严清静旷然安住"（《华严经·旨归》）。一毛孔、一尘埃中都有"一真"大法。禅宗采用这个观点，说："一性圆通一切性，一法遍含一切法。"（《永嘉证道歌》）朱熹说："释氏云：一月普现一切水，一切水月一月摄。"（《朱子语类》卷一八）即所谓"月印万川"。万川的月都是天上那个月的分殊。

这在西方，笛卡尔和牛顿的机械论把力作为运动的原理，但肯定还必须有个"第一次推动"或最终的理性，即上帝。现代科学也有这种思想，即希望找到一个方程，把作用于宏观和微观的各种力都统一起来。1856 年，J. C. 麦克斯韦统一电场和磁场理论，得出电磁力的方程。1967 年，A. 萨拉姆和 S. 温伯格提出一个统一弱核力和电磁力的理论，并在实验中获得证实。20 世纪 80 年代末，S. 霍金等提出"大统一理论"（GUT），将电磁力、弱核力、强核力统一为一个方程，其推理是在特高能量的某一点上，这三种力的差别将消失。目前粒子还加速不到这个点，因而还不能证实。[①]

（4）天人合一

作为历史观的天人关系，我是把孔、孟、荀子、司马迁的观点都归入"天人相通"论，把董仲舒、刘向、刘歆的观点都归为"天人感应"论，到宋理学才出现真正的"天人合一"论。

宋儒中，程颐还是天人感应论者，并相信五德终始说。他说："董仲舒说天人相与之际，亦略见些模样，只被汉儒推得太过。"（《程氏遗书》卷二二）"太过"指刘向、刘歆。周敦颐、程颢、朱熹、陆九渊都是天人合一论者。

周敦颐《太极图说》中的"阳动、阴静"和"乾道成男，坤道成女"是完全一致的。他在《通书·乐中》说："政善民安则天下之心和……达于天地，天地之气感而大和焉。"大和犹张载的太和，是天人的统一。程颢在《识仁篇》中说，仁之道"与物无对"，做到仁便可"浑然与物同体"，并说张载的《西铭》"备言此体"（《程氏遗书》卷二）。朱熹也赞赏《西铭》，他说天道的运行与人道是一致的，"在天曰元、亨、利、贞，在人曰仁、义、礼、智"（《朱文公集·仁说》）。又说万物之理与吾心之理（仁、义、礼、智）"只是一个"，即天理，而认识论"格物致知"就是"合内外之理"（《朱子语类》卷一五）。陆九渊是心学派，倡"心即理"，当然是天人合一论者，又在思维方法上倡"立其大者"，近似张载的"大心"论。

张载的《西铭》提出人在物质上与天同体，在精神上与天同性，我将在下一小节详谈。但天人合一，即人要得天道，须"穷理尽性"。穷理尽性

---

① 史蒂芬·霍金：《时间简史》，第 70～71、181 页。

有两条途径:"自诚明"和"自明诚"(语出《中庸》)。"自诚明者,先尽性以至于穷理也"。这是圣人的途径,圣人是生而知之者,尽自己的天性便知天理。"自明诚者,先穷理以至于尽性也"。穷理即学习,"谓先从学问理,以推达于天性也"(均见《张载集·语录下》)。这是儒者的途径,是学而知之者。"儒者则因明致诚,因诚致明,故天人合一"(《易说·系辞上》)。可见,天人合一是个理性认识过程。

不仅如此。人要穷理,须"尽天下之物",这单靠"见闻之知"是不行的。"盈天地之间皆物也,如只据己之闻见,所接几何?安能尽天下之物?"于是,张载提出"大心"说,即扩大思维,从德性原则来穷理。"见闻之知乃物交而知",是来自外,即对客体的感觉;"德性所知,不萌于见闻",而是来自内,即心中固有的理性。"大其心则能体天下之物","不以见闻梏其心,其视天下无一物非我。孟子谓尽心则知性知天以此",这就可以"合内外"而"知天命"(均见《张载集·正蒙篇·大心》)。可见,天人合一的命题,是天道与人道的同一,也是打破主观与客观界限,认识世界与认识自身的同一。

前已言及,西方自古希腊以来,主流思想就是强调主体与客体的对立。培根提出人类征服自然的号召以后,人与自然界的对立加剧。在认识论上,康德的理性思维,虽能克服知性的二律背反,得出自然界的整体观念,但仍是建立在主体与客体对立的基础上。人与自然界对立,也就是人自我异化于大自然。这在学术方面,就是科学研究与人文学研究分离,科学背离道德原则,成为纯粹工具理性。这就不能不引起人们的反思。

英国数学家、哲学家 A. 怀特海(1861~1947)于1919~1922年出版《关于自然知识的探索》等三部著作,提出了一个以"事件"推移过程为中心的有机宇宙观;又在1925年出版的《科学与现代世界》中论证了自然规律与社会规律的一致性。科学史家 G. 萨顿(1884~1956)在《一个人文主义者的信念》(1920)中提出应研究科学的生命和艺术;在《科学史和新人文主义》中主张把科学和人文科学结合起来,高呼"不能让科学作为一种与我们的文化无关的工具来发展。科学必须理性化!"[①] 1957 年,P. 弗兰克(1890~1987)出版《科学的哲学》,主张以这种哲学弥补科学与人文学之间"缺失的

---

① 萨顿:《科学史和新人文主义》,华夏出版社,1988,第141页。

环节"，达到人类与自然界和谐发展。爱因斯坦特地为他写了序言。

由于系统论、信息论的发展，20 世纪 70 年代兴起宇宙自组织理论。诺贝尔奖获得者 I. 普律高津（1917～2003）在创建他的耗散结构论时说：这是一种新自然主义，"新自然主义将把西方传统连同它对实验的强调和定量表述，同以自发的自组织世界的观点为中心的中国传统结合起来"。1986 年他的《探索复杂性》一书就在美国和中国同时出版，书中并赞扬中国"整体和谐"的观点。[①] 协同学（synergetics）的创建者 H. 哈肯（1927～）则说："协同学和中国古代思想在整体性观念上有很深的联系"；西方的分析思维和东方的整体性思维都是建立协同学的基础。[②]

（5）道器、本末论

朱熹说："天地之间，有理有气。理也者，形而上之道也，生物之本也。气也者，形而下之器也，生物之具也。是以人物之生，必禀此理，然后有性；必禀此气，然后有形。其性其形，虽不外乎一身，然其道器之间，分际甚明，不可乱也。"（《朱文公集》卷五八《答黄道夫》）又说："自其本而之末，则一理之实而万物分之以为体"（《太极通书解·理性命章注》）；"自太极至万物化生……统是一个大源，由体而达用，从微而至著耳"（《朱子语类》卷九。微亦称幾，犹苗头、动机；著亦称显，指由微、幾成长成形的东西）。

道器、本末、体用、显微均中国传统的认识论术语，它们不同于西方的一般与特殊，而是指出两类范畴的有机关系。可列表如下：

形而上	形而下
理、道	气、形
道	器
本	末
体	用
微、幾	显、著
（主、思维）	**（客、存在）**

① 普律高津：《探索复杂性》，四川教育出版社，1986，译序及序。
② 侯祥祥：《传统与超越——科学与中国传统文化的对话》，江苏人民出版社，2000，第 223 页。

按传统说法，表中左边一行是根本的、整体的东西，右边一行是次生的、个别的事物。认识世界，要认识根本的东西，不能舍本逐末。用现代词汇，显然在左边一行是主，是思维的东西，右边一行是客，是有形的事物，即存在。思维先于存在，是先验论的图解。

朱熹是从传统意义来理解的，"道器之间，分际甚明，不可乱也"。但宋理学家不都是遵循传统。程颐说："至微者理也，至著者象也。体用一源，显微无间。"（《伊川易传·序》）"一源""无间"，都有沟通两者的意思。程子说："形而上为道，形而下为器，须著如此说。器亦道，道亦器。但得道在，不系今与后、己与人。"（《程氏遗书》卷一）形上形下的区别只是"须如此说"，实际上道就是器，器就是道；"己与人"即主体与客体，都是同一的。我怀疑这是程颢的话。程颢还说：道是形上，阴阳是形下，"惟此语截得上下最分明。元来只此是道，要在人默而识之也"（《程氏遗书》卷一一）。意思是不该分上下。

陆九渊是心学派，心学即主客体完全同一。"心即是理"，"此理塞宇宙，所谓道外无事，事外无道"（《陆象山全集》卷一五）。这就没有道与器（事）的区别。又说："知道，则末即是本，枝即是叶。"（《陆象山全集》卷三四）他在给朱熹的信中说："至如直以阴阳为形器而不得为道，此尤不敢闻命"，那简直是"昧于道器之分哉"（《陆象山全集》卷二《与朱元晦》）。说朱熹叫道器之分愚昧了。

陈亮和叶适则从另一方面反对传统的道器之分。陈亮说："夫道，非出于形器之表，而常行于事物之间者也"；非出于形器之表即不是形而上的。又说："夫道岂有他物哉，喜怒哀乐爱恶得其正而已"；正指正气（《陈亮集》卷九《勉强行道大有功》）。叶适说："物之所在，道则在焉"（《习学记言》卷四七）；"无验于事者，其言不合；无考于器者，其道不化"（《叶适集·进卷·总义》）。这是唯物论的说法，道与器不可分，器外无道。

本末的理论始于魏王弼，我在论玄学时已提及，他主张"言不远宗，事不失主"。而否定主客对立的思想实来自禅宗，我在论禅宗时亦提到，禅宗"主看主"论点会导致天人合一。宋理学中主体与客体同一的思潮以心学派最为明确，至明王守仁达于高峰。而朱熹本人仍保留本末观。

在西方，主客统一思想要晚得多。它大约从20世纪初 E. 胡塞尔的现象学开始，主张从现象中还原出事物的本质。继之有 M. 海德格尔的存在主义，人与外界不是主体与客体对立，而是互相参与关系。接着有 H-G. 伽达默尔的诠释学、J. 哈贝马斯的交往理论，主体与客体是互相交往的关系。这些，将于下章西方理性主义的反思中详述。

（6）格物致知

这是个认识的方法论问题，源于对《大学》"致知在格物"一语的解释。程子说："格犹穷也，物犹理也，犹曰穷其理而已也。"（《程氏遗书》卷二五）格物致知就是即物穷理。"若只格一物便通众理，虽颜子亦不敢如此道。须是今日格一件，明日又格一件，积习既多，然后脱然自有贯通处"（《程氏遗书》卷一八）。这是归纳法，是由个别到一般。穷什么理呢？"或读书讲明义理，或论古今人物别其是非，或应事接物而处其当，皆穷理也"（《程氏遗书》卷一八）。

朱熹完全同意程子的即物穷理法。但他认为不限于为人处世，"上而无极太极，下而至于一草一木一昆虫之微，亦各有理"（《朱子语类》卷一五）。既然涉及自然物理，那就不能只凭读书，而需有试验、实测。而试验法是宋儒从未想到的。又朱熹所论已不限于归纳法，"必使学者即凡天下之物，莫不因其已知之理而益穷之，以求至乎其极"（《大学章句·补格物传》）。这是从已知推出未知，但还不是演绎逻辑，因为它不是由普遍公理和既定的条件推出的；宋儒从未想到过演绎逻辑。

事实上，朱熹从未研究过自然物理，也未见他用推理法之例。他只是要求得出"全体大用"之理，即天理。"一旦豁然贯通焉，则众物之表里精粗无不到，而吾心之全体大用无不明矣"（《大学章句·补格物传》）。

叶适也主张即物穷理。他说"知之至者，皆物格之验也"，知识都来自格物，"以物用而不以己用"，这样达到"吾与物俱至"（《叶适集·进卷·大学》）。

陆九渊指责朱熹那种即物穷理的方法是"支离"。他的方法是"先立其大者"，"心之体甚大，若能尽我之心，便与天同。为学只是理会此"（《陆象山全集》卷三五《语录》下）。陆的理论另有意味，下一小节再详谈。

宋儒的这些认识方法，在 18 世纪欧洲理性运动中都有，而西方的科学实验方法和演绎逻辑学，则直到明清，中国学者都望尘莫及。

（7）李约瑟难题

李约瑟高度评价宋儒的有机论宇宙观，认为它符合爱因斯坦以后的科学思维。他说："也许，最现代化的欧洲的自然科学理论的基础，应该归功于庄周、周敦颐、朱熹等。"[①] 他也高度评价宋理学的科学性和宋代科学的发展。他说："宋代理学本质上是科学性的，伴随而来的是纯粹科学和应用科学本身的各种活动史无前例的繁荣。"[②] 宋代科学技术的发展领先于世界，李约瑟估计不低于 18 世纪英国工业革命前的水平。那么，为什么近代科学产生于 16 世纪的欧洲，而没有在中国文明中产生呢？

其实，早在 18 世纪，F. M. 伏尔泰、F. 魁奈、D. 休谟就已提出过这个问题。在国内，梁启超以来亦有不少人讨论过。1942 年李约瑟正式提出这个问题后，在重庆和贵阳有过两次科学讨论会。20 世纪 80 年代以后讨论更加频繁，并有专集出版。李约瑟曾广泛征集意见，1989 年还写信征求过我的意见。中外学者对李约瑟难题的解答不下三四十条，最多是集中在自然环境和政治、经济、文化制度方面。李约瑟本人的解答放在《中国科学技术史》第七卷，该卷尚未完成李已去世。不过，在李氏的历次演讲，特别是 1990 年修订发表的《东西方的科学与社会》中已有申述。他罗列阻碍中国产生近代实验科学的自然和社会因素，而集中归结为中国的"官僚封建制度"。他说这种制度原来有利于自然科学知识的增长，尤其是它"无为"的哲学思想，但到后来，就变成抑制商业和资本主义发展的力量，从而也抑制科学技术的发展。[③]

看来，宋以后中国没有产生近代科学或实验科学有多种原因，其中很多因素可归之于制度的障碍。但专就宋明理学来说，又有它本身的缺陷，这就是，它基本上都是道德理性，缺乏工具理性。工具理性或目的理性一词是M. 韦伯提出的。他的定义晦涩难懂。[④] 我以为，它是这样一种理论，即根据一定的原理和设定的条件，推导出达到预期目的的程序或手段，它只重效

---

① 李约瑟：《中国科学技术史》第 2 卷，科学出版社、上海古籍出版社，1990，第 538 页。

② 李约瑟：《中国科学技术史》第 2 卷，第 527 页。

③ 李约瑟：《东西方的科学与社会》，《自然杂志》（上海）第 13 卷第 12 期，1990。

④ 目的理性或工具理性：Zweckrationalitat, instrumental-rationality, M. 韦伯的定义是"目的是合乎理性的，即通过对外界事物的情况和其他人的举止的期待，并利用这种期待作为'条件'或者作为'手段'，以期实现自己合乎理性所争取和考虑，作为成果的目的"。见韦伯《经济与社会》上卷，商务印书馆，1997，第 56 页。

果而不管这样做是否有碍道德规范。例如克隆人，只要求把人克隆出来，不考虑伦理问题。因而人们常把工具理性称为科学理性。B. 罗素甚至把整个美国实用主义都视为工具理性。其实不限于科学，例如以利益最大化为普遍原理的西方经济学，就是典型的工具理性，只求利益最大化，不管社会影响。苏联的计划经济是更典型的工具理性，它有很高的效率，而弊端不少。

但不是说工具理性是不好的。在社会现代化过程中，科学与民主都需要工具理性才能实现。就科学发展来说，笛卡尔－牛顿的机械论宇宙观更适于构建工具理性，近代力学、化学、电磁学等都是在机械论世界观指导下建立的。或认为，哲学的正常发展应当是由机械论再进入有机论，李约瑟也有过这种想法。[①]

逻辑是工具理性中非常重要的方法论，正是逻辑思维导出工具理性一词。亚里士多德的演绎逻辑即被编入他著作的《工具篇》，培根的以归纳法为主的逻辑著作题名为《新工具》。我说过，中国儒学辩证思维十分高明，逻辑思维则很糟糕；墨经绝唱后，几无人问津。宋儒采用了归纳法，而无演绎法。对于科学发展来说，推理、演绎法（亦称形式逻辑）更为重要，因为演绎法才能确定自然规律及其条件，并推导出新的概念。

在中国没能产生近代科学的问题上，早如 F. 魁奈、梁启超、任鸿隽（中国科学社社长），近如 J. 费正清，都提出过儒家缺乏逻辑思维问题。1953 年爱因斯坦有一封给 J. E. 斯威策的信中说："西方科学的发展是以两个伟大的成就为基础的，那就是：希腊哲学家发明形式逻辑体系（在欧几里得几何学中），以及通过系统的实验发现有可能找出因果关系（在文艺复兴时期）。在我看来，中国贤哲没有走上这两步。那是用不着惊奇的。"[②]

杨振宁非常重视逻辑问题，有多次论述。他于 1999 年在香港中文大学发表题为"中国文化与科学"的演讲。他很称赞宋代理学。他说："传统中国文化求'理'，近代科学要求'自然规律'。但传统文化求理的方法，只有归纳法；而近代科学求规律的方法，则是推演法再加上归纳法。"他又说：传统中国文化的归纳法只是用思考，使观念精简化、抽象化、符号化，

---

① 李约瑟：《中国科学技术史》第 2 卷，第 537 页。
② 《爱因斯坦文集》第 1 卷，许良英、范岱年编译，商务印书馆，1976，第 574 页。

如《太极图说》；而缺乏实验。"传统中国文化的中心思想，是以思考来归纳天人之一切为理。这个传统里，缺乏了推演，缺少了实验。"①

三　宋儒的人际理学

上小节讲宋儒的宇宙观和认识论，只是为了与西方对比。其实，宋儒理学主要讲人与人的关系，即所谓性命之学，影响历史观的也主要是在这方面。

周敦颐说："圣人定之以中正仁义而主静，立人极焉。"（《太极图说》）圣人怎样立人极呢？他提出个"诚"字，以后宋儒也都讲诚。"诚，五常之本，百行（指一切道德行为）之源也"。诚是"无妄"，即不虚伪；诚要"无为"，即没有目的或要求；所以是"纯粹至善者也"（《通书·诚上、诚下》）。但这是指圣人，通常人则有善有恶。这是因为"诚无为，几善恶"（《通书·诚几德》）。几是动之微，犹动机，动机中就有人欲。所以"诚无为则善而已，动而有为，则有善有恶"（《朱子语类》卷九四）。这就提出宋儒讨论最多的天理与人欲问题。不过，周敦颐在这个问题上是很低调的。他只说"圣可学乎？曰可"；怎样学呢？"无欲也。无欲则静虚动直"（《通书·圣学》）。

在人性论上，周敦颐说："性者，刚柔善恶，中而已矣。"（《通书·师》）"刚善刚恶，柔亦如之（指柔善柔恶），中焉止矣"（《通书·理性命》）。无欲最好，但一般人最重要的是持中。

张载在人性论上有创造。他提出人有"天地之性"和"气质之性"。天地之性是天生的，是善的。气质之性是因生人时禀气有宽（正）偏，因而有善恶。这是因为气质之性有"攻取"的特点，"攻取，气之欲。口腹于饮食，鼻舌于臭味，皆攻取之性也"。但"善反之，则天地之性存焉"（《张载集·正蒙·诚明篇》）。反的方法是学习，"苟志于学，则可以胜其气与习，此所以偏不害于明也"（《张载集·语录下》）。程颢同意张载的说法，并有申论。

按这种说法，则孟子性善说是指天地之性，荀子性恶说是指气质之性，

①　杨振宁：《中国文化与科学》，《参考消息》2000 年 3 月 5～8 日。

扬雄性善恶混说、韩愈性三品说是混同了两者，而李翱的《复性书》实指恢复天地之性。长期争论的人性问题至此解决了，所以，朱熹说："故张程之说立，则诸子之说泯矣。"（《朱文公集·答蔡季通》）

原来，儒家讲"寡欲""无欲"者不乏其人，但都没有把人欲和天理对立起来，张载是第一个把两者对立起来讲的。他说："今之人灭天理而穷人欲"，"徇物丧心，人化物而灭天理"（《张载集·正蒙·神化篇》）。不过，这只是用《乐记》的话。《礼记·乐记》说人性静，感于物而动，乃生欲，如不节制，就会"人化物"，"人化物也者，灭天理而穷人欲者也"。张载并未提出"存天理，灭人欲"口号，那是程颐提的，反之，张载说："饮食男女皆性也，是乌可灭？"（《张载集·正蒙·乾承篇》）

张载还有一篇备受宋儒推崇的论人生哲学的短文《西铭》（《张载集·正蒙·乾承篇》）。《西铭》说：人在天地之间是渺小的，但人是天地所生，"故天地之塞，吾其体；天地之帅，吾其性。民吾同胞，物吾与也"。塞指气，即物质，帅指精神。物质上人与天地同体，精神上人与天地同性，所以人类都是同胞，万物皆我朋友。《西铭》还提出"富贵福泽，特厚吾之生也；贫贱忧戚，庸玉女（汝）于成也"的人生态度；"存，吾顺事；殁，吾宁也"的生死观。这都是他所提倡的"大其心"，开敞胸怀，放眼世界，不去考虑任何得失的纯净思维。尤其"民胞物与"思想，比过去"天下为公"的"大同"思想更伟大；至于康德的"世界公民"思想就更不能比拟了。

程颢也有一篇短文《识仁篇》（《程氏遗书》卷二）说："仁者浑然与物同体，义礼知信皆仁也。识得此理，以诚、敬存之而已，不须防检，不须穷索。"诚是不虚伪，敬是"主一"，即心不分散。只要诚敬地存仁于心，毋需防检或向外求索，因为"存得便合有得，盖良知、良能元不丧失"。因此"反身而诚，乃为大乐。若反身未诚，则犹是二物有对，以己合彼终未有之，又安得乐？""二物"即己与彼没有合一。程颢还在《答横渠先生（张载）定性书》（《程氏文集》卷二）中发挥了这个论点："所谓定（性）者，动亦定，静亦定，无将迎，无内外。"无将迎即对外来事物不去迎接它，语出《庄子》。重点是无内外。他说：为定性，人们常设法排除外来事物的诱惑，为此而"自私用智"，结果是外诱"见灭于东而生于西"，不成功。所以，"与其非外而适内，不若内外之两忘也"，"故君子之学莫若廓然而大公，物来而顺应"。

内外两忘就是无内外，也就是"以己合彼"，就是取消主体与客体的对立。宇宙本无主客之分，仁者的心也像宇宙那样"廓然而大公"，就可"浑然与物同体"，"万物皆备于我"。从道德属性说，认识到天地本性都是仁，就会打消主观世界与客观世界的差异。这等于为张载"民胞物与"的伟大思想作了注释。

程颐的人生观与张载、程颢不同。张载、程颢是敞开胸怀，物来顺应；程颐则比较拘谨，主张"安于义命"。他说："至诚安于义命而自乐，则无咎"（《伊川易传》卷四《未济》）；"君子当困穷之时……知命之当然也……行吾义而已"（《伊川易传》卷四《象》）。这是因为程颐有个命题："性即是理。"理"在天为命，在义为理，在人为形"（《程氏遗书》卷一八）。因而一方面，天命是不可违的；另一方面，人可"穷理尽性以至于命"。"理也，性也，命也，三者未尝有异，穷理则尽性，尽性则知天命矣"（《程氏遗书》卷二一下）。在这个框架下，人只能规规矩矩，安于义命。

"性即是理"，性当然是善的。但程颐同意张载气质之性的说法："性无不善，而有不善者，才也"；"才禀于气，气有清浊，禀其清者为贤，禀其浊者为愚"（《程氏遗书》卷一八）。由气质之性推出人欲问题。程颐说："人心私欲，故危殆；道心天理，故精微。灭私欲，则天理明矣"（《程氏遗书》卷二四）。从而有了"存天理，灭人欲"的口号。这里人心、道心是用《尚书·大禹谟》"人心惟危，道心惟微，惟精惟一，与之厥中"，对此历来有不同的解释。后来朱熹也是用《大禹谟》解释"存天理，灭人欲"，遂成定论。

君臣、父子、夫妇所谓"三纲"，倡自董仲舒，使其成为理学教义，也始于程颐。他说："上下之分，尊卑之义，理之当也"；"父止于慈，子止于孝，君止于仁，臣止于敬，万物庶事莫不各有其所，得其所则安，失其所则悖"（《伊川易传》卷四《艮》）。甚至说，"蜂蚁知卫其君，豺獭知祭"，都是"自得天理"（《程氏遗书》卷一七）。至于夫妇，"问：或有孤孀贫穷无托者，可再嫁否？（颐）曰：……饿死事极小，失节事极大"（《程氏遗书》卷二二）。这就是清儒戴震所说"以理杀人"。

现在来看朱熹。朱熹盛赞程颐"性即是理"命题，认为是"颠扑不破"

之论，也赞赏程颢"论性不论气不备，论气不论性不明"之说，说它"极有功圣门"。朱熹说："性者，人之所得于天之理也；生者，人之所得于天之气也。"（《孟子集注·告子》）但是，万物也是这样，人与物"同得天之理以为性，同得天之气以为性"，只是人"得形气之正而能全其性，为少异耳"（《孟子集注·离娄》）。这里"少异"的是：人性有仁义礼智（朱熹不谈信）之全。而蜂蚁"有君臣之义"，"只是他义上有一点子明"；虎狼"有父子之亲"，"只是他仁上有一点子明"（《朱子语类》卷四）。少异说含有仁人与物同质、反对人与物对立的思想，是可贵的；但没有程颢那种"浑然与物同体"、张载那种"民胞物与"的气概。

朱熹盛赞张载"心统性情"命题，认为是"颠扑不破"之论，并赞赏他天地之性、气质之性的论点，说是"极有功于圣门"。他用比喻说："心如水，性犹水之动，情则水之流。"（《朱子语类》卷五）但又说："夫心者，人之所以主乎身者也，一而不二者也，为主而不为客者也，命物而不命于物者也。"（《朱文公集·观心说》）这就把主观与客观事物完全对立起来了。又天地之性，朱熹改称为"天命之性"，而把气质之性说得教条化了。如"禀得精英之气，便为圣为贤……禀得清明者，便英爽；禀得敦厚者，便温和；秉得清高者，便贵；禀得丰厚者，便富；禀得长久者，便寿；禀得衰颓薄浊者，便为愚、不肖，为贫、为贱、为夭"（《朱子语类》卷四）。

朱熹也是从气质之性多少来论证"私欲"。但更多是从"心者性情之主"来论证。"只是这一个心，知觉从耳目之欲上去，便是人心；知觉从义理上去，便是道心"（《朱子语类》卷七八）。用此来演绎《大禹谟》，便得出"人之一心，天理存则人欲亡，人欲胜则天理灭，未有天理人欲夹杂者"（《朱子语类》卷一三）。天理人欲是水火不相容的，故要辨得"精微"。甚至说："饮食者，天理也；要求美味，人欲也。"（《朱子语类》卷一三）又说，《论语》讲克己复礼，《中庸》讲致中和，《大学》讲明明德，"圣人千言万语，只是教人存天理，灭人欲"（《朱子语类》卷一二）。

在人生修养上，周敦颐、张载主诚，程颢提出"以诚敬存之"，程颐提出"涵养须用敬"。敬是主一，心不分散。朱熹则提出"持敬"。持敬是严格遵守敬的功夫，"敬字功夫乃圣门第一义，彻头彻尾，不可顷刻间断"。

它要"自入规矩",要"严威严恪"。"敬有甚物?只如畏字相似",要"有所畏谨,不敢放纵",以至要"坐如尸,立如齐"(均见《朱子语类》卷一二)。总之,朱子的教导,一切都教规化了。他还写了一个《敬斋箴》,共十条,挂斋壁"以自警之"。其中有"正其衣冠","对越上帝",须防"须臾有间,私欲万端",要知"毫厘有差,三纲既沦"等。

再看心学派。陆九渊讲"心即理"。"塞宇宙一理耳","在天曰阴阳,在地曰柔刚,在人曰仁义"(《陆象山全集》卷一《与赵监》)。可见,理是客观存在,也存于人心。"盖心,一心也;理,一理也。至当归一"(《陆象山全集》卷一《与曾宅之》)。无论在天、在地、在人,都是一个理,这是理学家的共识。"人皆有是心,心皆具是理,心即理也"(《陆象山全集》卷一《与李宰》)。可见,"心即理"命题不是说理是心产生的,如今人所谓主观唯心主义,而是说理与心是同一的。唯有"宇宙便是吾心,吾心便是宇宙"一语,令人误解。查此语不见于陆九渊文集,而见于别人为他作的《年谱》。

"仁义者,人之本心也",但"愚(者)不肖者不及焉,则蔽于物欲而失其本心"(《陆象山全集》卷一《与赵监》)。失掉本心者,不只是愚者、不肖者,还有贤者、智者,因为他们"意见"太多。所谓"意见",是于仁义之外,"别有商量,别有趋向,别有规模,别有形迹,别有行业,别有事功"(《陆象山全集》卷三五《语录下》)。这有点像程颢所说"自私用智",而陆九渊统称为"邪说""邪见"(《陆象山全集》卷三五《语录下》)。所以要少用智,却邪见,扫除心蔽,恢复仁义的本心。

陆九渊著《养心莫善于寡欲》:"欲之多,则心之存者必寡;欲之寡,则心之存者必多……欲去,则心自存矣。"(《陆象山全集》卷三二)他讲去欲是从养心出发,与朱熹之灭欲不同。又说:"主于道则欲消而艺亦可进;主于艺则欲炽而道亡艺。"(《陆象山全集》卷二二《杂说》)主于道即"先立乎其大者",欲消艺亦可进。主于艺即专求才智,那就会变成上述邪说邪见,结果欲炽道亡。

在人生哲学上,陆九渊也与朱熹之墨守教条相反,而是"收拾精神,自作主宰。万物皆备于我,有何缺阙?""我无事时只似一个完全无知无能底人,及事至方出来又却似个无所不知无所不能之人。""仰首攀南斗,翻

身倚北辰。举头天外望，无我这般人。"（均见《陆象山全集》卷三五《语录》下）

四　南宋的历史观

前已言及，宋代是史学大发展时期，但主要在历史编纂学方面，长篇巨著，前世所无，亦明清不及。至于历史观或史学理论，则南宋尚不及北宋。我仅选择郑樵、朱熹两家，兼及吕祖谦和陈亮。

郑樵（渔仲，1104~1162）传世有《尔雅注》《夹漈遗稿》，而主要是《通志》200 卷。《通志》与刘知幾《史通》、杜佑《通典》之纯史论不同，乃一纪传体之通史，有帝纪 18 卷，列传 125 卷，而最著名于后世者为其《通志》"二十略"51 卷。略即志，是郑樵所创"会通"之专业史，除旧有志例外，郑樵新创氏族、都邑、昆虫草木等略并文化方面六书、七音、校雠、图谱、金石等略。

《通志·总序》说："百川异趣，必会于海，然后九州无浸淫之患；万国殊途，必通诸夏，然后八荒无壅滞之忧。会通之道大矣哉！"这里是指横向的会通。但他也注意纵向即历史的会通。他举《春秋》《史记》为师。孔子"总《诗》《书》《礼》《乐》而会于一手，然后能同天下之文；贯二帝三王而通为一家，然后能极古今之变"。司马迁"会《诗》《书》《左传》《国语》《世本》《战国策》《楚汉春秋》之言；通黄帝、尧、舜以至秦汉之世，勒成一书"。

《通志·总序》又说："《春秋》之后，惟《史记》擅制作之规模。不幸班固非其人，遂失会通之旨，司马氏之门户自此衰矣。班固者，浮华之士也，全无学术，专事剽窃……其断汉为书，致周秦不相因，古今成间隔。""相因"是郑樵讲会通之一途："孔子曰：'殷因于夏礼，所损益可知也；周因于殷礼，所损益可知也。'此言相因也。自班固以断代为文，无复相因之义。虽有仲尼之圣，亦莫知其损益，会通之道自此失矣。"

郑樵的会通，有从整体上看历史，究其演变之义，这是很高明的历史观。但从上文看，他的整体观主要是把各种历史文献"会于一手"，而所谓通，主要是反对断代史体裁，强调历代相因，而不是通古今之变。在他的杰作"二十略"中，他提出"类例"之法，即将所有历史文献分门别类，按专题汇编成专业史。他说："书之不明者，为类例之不分也"；"类例既分，学术自明，以其先后本末具在"（《校雠略·编次必谨类例论》）。又说："绳绳秩秩，各归其宗，使千百年湮源断绪之典灿然在目。"（《氏族略》）这实是整理历史资料的归纳法。

郑樵斥责董仲舒、刘向、刘歆的五行灾祥之说，说这是"一种妖学，务以欺天"。他又反对史家寓褒贬于文字的传统，说这是"一种妄学，务以欺人"（《灾祥略》）。

他说"万物之理不离五行"，即承认自然界有五行之理，也承认"天地之间，灾祥万种"。但以自然界的灾祥"一一质之以为福祸之应"，则"其愚甚矣"，等于是"欺天"。他作《灾祥略》则"专以记实迹，削去五行相应之说，所以绝其妖"。但最后说："惟有和气致祥、乖气致异者，可以为通论。"（《灾祥略》）

郑樵反对褒贬，则含义颇广。他说《春秋》文字简约，一字褒贬之说是"三传（《公羊》《穀梁》《左氏》）唱之于前，诸儒从之于后，尽推己意以诬圣人之意，此谓之欺人之学"。"臣（樵）旧作春秋传，专以王道，削去三家褒贬之说，所以杜其妄"（《灾祥略》）。"诸儒从之于后"，如"曹魏指吴蜀为寇，北朝指东晋为僭"，"齐史称梁军为义军……隋书称唐兵为义兵"，"晋史党晋而不有魏……齐史党齐而不有宋"等，均属滥用褒贬。"似此之类，历史有之，伤风败俗，莫大于此"。此类事，"史册（应）以详文该事，善恶已彰，无待美刺"（均见《通志·总序》）。

郑樵以 30 年写《通志》，约 1160 年成书。这时张载、二程的理学已臻成熟，而郑樵对之并不热情。反之，他批评当时"学者皆操穷理尽性之说，而以虚无为宗，至于实学，则置而不问"（《昆虫草木略》）。又说："义理虽深，如空谷寻声，靡所底止"，"此皆语言之末，而非实学也"（《图谱略》）。可见，郑樵是不喜欢宋儒理学的，历史更应该是实学，具体如他的"二十略"。所谓"虚无为宗""语言之末"，不知是否包括周敦颐、邵雍的宇宙观，在他的《天文略》中，则仅记星象、历法，不讲宇宙生成论。

郑樵治史，重实学，并有实证主义观点。他认为认识事物不能只靠文献，若天文、地理、昆虫草木，读书只知"此星名""此地名""此昆虫草木名"，而不知究属何物（《夹漈遗稿》卷二）。他曾以五六年时间习天文、地理、昆虫草木，能纠正《尔雅》的错误。他说："万物之理，若非的识其情状，求之经传，展转生讹。"又说："大抵儒生家多不识田野之物，农圃人又不识《诗》《书》之旨，二者无由参合，遂使鸟兽草木之学不传。"（均见《昆虫草木略》）他的《昆虫草木略》确属新猷。

朱熹作为历史学家，他的《资治通鉴纲目》59卷，是与他的学生赵师渊合撰，朱死后19年，由他的学生李方子编辑刊行。朱熹在其"序"中说，该书是就司马光《资治通鉴》等四种著作"别为义例，增损檃栝（剪裁）"而成，目的是"岁（岁星）周于上而天道明矣，统正于下而人道定矣，大纲既举而监戒昭矣，众目毕张而几微著矣"。李方子在刊印该书的"后序"中说，司马光原著"于《春秋》惩劝之法""有未尽用者"，故有《资治通鉴纲目》之作。《纲目》"义正而法严，辞核（赅）而旨深。陶镕历代之偏驳，会归一理之纯粹，振麟经之坠绪"。"陶镕"是用模子铸造，"一理"指天理，"麟经"即《春秋》。把历代偏驳之事都重新铸造一番，使之符合天理，重振《春秋》之旨。

或谓《资治通鉴纲目》不是写史，而是写经；其实，这正是朱熹的历史观。他主张"读书须以经为本，而后读史"（《朱子语类》卷一二二）。其意：经是本，史是末，必须以经的义理来治史。他责备"伯恭（吕祖谦）于史分外子细，于经却不甚理会"。有人说伯恭是继承浙东学派的史学，朱曰："史什么学！只是见得浅。"（《朱子语类》卷一二二）除以经治史外，没有单独的史学。朱又说："陈同甫一生被史坏了……东莱教学者看史，亦被史坏了。"（《朱子语类》卷一二三）

陈同甫即浙东学派的陈亮，曾与朱熹辩论汉唐史，见后。东莱即吕祖谦。吕祖谦（1137～1181）曾协助朱熹编辑《近思录》等，然又取陆九渊心学，拟折中朱陆。晚年与陈亮为挚友，兼取事功之学。他博采众长，在南宋理学家中自成一派，即金华学派。吕祖谦重视实学，著《历代制度详说》，考察学校、赋役、漕运、盐政、钱币、荒政、田制、兵制等制度的演变。他极尊重《左传》《史记》，著《东莱左氏博议》《左氏传说》《左氏传续说》。他说："看史要识得时节不同处，春秋自是春秋时节，秦汉自是秦汉时节。"（《左氏传续说·纲领》）"《左传》须分三节看：五霸未兴之前是一节，五霸迭兴之际是一节，五霸既衰之后是一节。"（《左氏传说》卷二）

节是指大时代的变迁。又说："天下之势，不盛则衰，天下之治，不进则退。强而止于强，必不能保其强；霸而止于霸，必不能保其霸也。"（《东莱左氏博议》卷三）这是大时代下的盛衰之变。又说："看《左氏》须看一代之所以升降，一国之所以盛衰，一君之所以治乱，一人之所以变迁。"（《左氏传说》卷二）这是要考察变的原因。总之，吕祖谦可称是持古今之变的历史观。

朱熹的历史观相反，是建立在不变的经义上。这表现于他对《左传》的评价上。他说："左氏乃一趋利避害之人，要置身于稳地，而不识道理，于大伦处皆错。"他举例说，《左传》开篇即讲"惠公元妃孟子"，这就不伦。又如说"宋宣公可谓知人矣，立穆公，其子飨之，命以义夫"，这更不伦了（《朱子语类》卷一二三）。其实，《左传》作于战国早期，姑不论作者是谁，写春秋事何必"趋利避害"？朱熹批评它，因为《左传》是史，但不是根据《春秋》写的，而有作者自己的历史观。如"高岸为谷，深谷为陵，三代之姓于今为庶"，"社稷无常奉，君臣无常位，自古已然"。这都是通变的历史观，与朱熹的经学教条主义相反。

朱熹长篇批评司马迁，也因司马迁有独立的历史观，与朱熹观点不同。朱熹说："伯恭、子约（吕祖俭）宗太史公之学，以为非汉儒所及。某尝痛与之辩。子由（苏辙）《古史》言，马迁浅陋而不学，疏略而轻信。此二句最中马迁之失。"这里"不学"指不以经为本，"轻信"指相信史实。说司马迁"《诸侯年表》盛言形势之利，有国者不可无，末却云形势虽强，要以仁义为本。他上文本意主张形势，而其末却如此说者，盖他也知仁义是个好底物事，不得不说，且说教好看"。又说："迁之学，也说仁义，也说诈力，也用权谋，也用功利。然其本意，却在权谋功利。"（《朱子语类》卷一二二）朱熹这两段批评似乎都是对的。因为政治史不能不讲形势，而各国的政治都是既讲仁义，又讲诈力、权谋、功利。世界本是这样复杂，史家也只能这样写史。朱熹则主张应用六经把历史重新陶铸一番。他说："圣贤以六经垂训，炳若丹青，无非仁义道德之说。今求义理不于六经，而反取疏略浅陋之子长，亦惑之甚矣。"（《朱子语类》卷一二二）

在诈力、权谋、功利中，朱熹最讨厌功利，因为它代表人欲。这见于他与陈亮的"义理王霸之辩"（下引文均见《陈亮集》卷二〇《答朱元晦秘书》及附录《寄陈同甫书》)。

淳熙十一年（1184）初，陈亮蒙冤入狱，旋获释。朱熹作书慰问陈亮，并劝陈"绌去义利双行、王霸并用之说"。陈亮复信称："本朝伊洛诸公辩析天理人欲，而王霸义利之说于是大明。然谓三代以道治天下，汉唐以智力把持天下，其说固已不能使人心服。而近世诸儒遂谓三代专以天理行，汉唐专以人欲行，其间有与天理暗合者，是以亦能久长。信斯言也。千五百年之间……万物何以阜蕃？而道何以常存乎？故亮以为，汉唐之君本领非不洪大开廓，故能以其国与天地并立，而人物赖以生息。"又说："杂霸者，其道故本于王也。诸儒自处者曰义曰王，汉唐做得成者曰利曰霸……（诸儒）说得虽甚好，（汉唐）做得亦不恶。如此却是义利双行，王霸并用。"

上文中，"伊洛诸公"主要指程颐，"近世诸儒"则指朱熹。朱熹随作书复陈亮说：汉高祖、唐太宗之所为，都是出于私欲，"若高帝则私意分数犹未甚炽……太宗之心则吾恐其无一念不出于人欲也"。汉唐"虽或不无小康"，并"传世久远"，但从未得天理。他讥陈亮是"以成败论是非，但取其获禽之多而不羞其诡遇之不出于正也"。

1185年，陈亮致书朱熹说："启大战而后胜之"，乃嗣禹而有天下；汤放桀而有商；武王伐纣而为周；管叔、蔡叔、武庚之乱，"周公违众议举兵而后胜之"，遂有成周。三代之不平静，与汉唐无异。他提出："夫心之用有不尽而无常泯，法之文有不备而无常废，人之所以与天地并立而为三者，非天地常独运而人为有息也。人不立则天地不能以独运，舍天地则无以为道矣。"汉唐并非心泯法废，并非人为有息。高祖、太宗都大有作为者，他们"终归于禁暴戢乱，爱人利物而不可掩者，其本领宏大开廓故也"。

朱熹复书陈亮，对陈所提"心无常泯，法无常废"一节颇感困惑，因为如果汉唐以及后世都是心常泯、法常废，那还讲什么天道人道呢？因而他把"无常泯"解释为"有时泯"，"无常废"解释为"有时废"。"盖天理人欲之并行，其或断或续，固宜如此。至若论其本然之妙，则惟有天理而无人欲"。至于天地人，他说："天地无心，而人有欲，是以天地之运行无穷，而在人者有时而不相似。盖义理之心顷刻不存，则人道息。人道息则天地之用虽未尝已，而其在我者则固即此而不行矣。"这是绕着弯子说，天地运行而人道不行，即心"有时泯"的情况。朱熹与陈亮的辩论还继续下去，并涉及人物评价，兹略。

《资治通鉴纲目》非常重视正统。朱熹规定周、秦、汉、晋、隋、唐六代为正统，其他王朝（止于五代）均属僭伪、篡逆或无统。不过，他并不取五德终始之说，也不重视祥符。正统主要根据君臣、父子义理论定。他评司马光《资治通鉴》于"魏晋以后以一国之年纪事，而谓其君曰帝，其余皆谓之主"，这都属不当，"今特正之"（《资治通鉴纲目凡例》）。除正名号、严顺逆、明篡弑外，正统论还用于治史的"书法"。如兵事，"凡正统，用兵于臣子之僭叛者曰征、曰讨；于夷狄若非其臣子者曰伐、曰攻、曰击……凡非正统而相攻，先发者不曰寇陷，后应者不曰征讨"（《资治通鉴纲目凡例》）。

第三节　明儒理学和明清历史观

朱熹在世时，朱熹、陆九渊、吕祖谦、陈亮、叶适等各成学派，互有往来，有百家争鸣之概。12世纪末，陆朱相继去世，两门弟子互相水火。入元，朱学北传。皇庆二年（1313）条制，以朱注《四书》及程朱传注之《易》《诗》《书》为科场程式，朱学成为官学。然陆学并未消亡，且有朱陆合流学派出现。至明，科场仍奉朱学为官学。永乐十三年（1415）敕据程朱修《五经大全》《四书大全》《理性大全》。朱学成为统治思想，百余年无发展，变成教条。《明史·儒林传》称："明初诸儒，皆朱子门人之支流余裔，师承有自，矩矱秩然。曹端、胡居仁笃践履、谨绳墨，守先儒之正传，无敢改错。"到15、16世纪之交，陈献章、王守仁的心学兴起，学术界才再度活跃。王守仁的心学以"致良知"为主，有提高人的思维、破除陈规的作用。16世纪遂有泰州学派以及东林党人的反传统思潮，17世纪又兴起黄宗羲、顾炎武、王夫之、颜元的以经世致用为号召的启蒙思潮。17世纪末，清人入主中原，实行严厉的文化专制主义，蓬勃一时的启蒙思潮戛然中止。有清一代，仍奉朱学为官学，而儒家大都回治六经，称汉学，除考据之学甚有成就外，殆少新猷。

一　心学的兴起

王守仁（阳明，1472～1529）宗陆九渊"心即理"之旨，而论点有不同。如前所述，陆九渊"心即理"命题不是说理是心产生的，而是说客观存在于天地万物的理与圣人心中的理是同一的。而王守仁"致良知"命题则有理发自心，"心外无物""心外无理"的内涵。他说："身之主宰便是心，心之所发便是意，意之本体便是知，意之所在便是物。"（《王文成公全书》卷一《传习录上》）这里的知即良知，是意的本体，"有知而后有意"。这里的物指事，即意所成之事，"有是意即有是物"。"意之所用，必有其物。物即事也。如意用于事亲，即事亲为一物；意用于治民，即治民为一物；意用于读书，即读书为一物"（《王文成公全书》卷二《答顾东桥书》）。这就是"心外无物"。凡人良知所做的事都是合乎理性的，而这样做也就是"致良知"。"吾心之良知即所谓天理也。致吾心良知之天理于事事物物，则事事物物皆得其理矣"（《王文成公全书》卷二《答顾东桥书》）。这就是"心外无理"。读书亦是一物。王守仁并提出"心外无学"："六经者非他，吾心之常道也"；"故六经者，吾心之记籍也"（《王文成公全书》卷七《稽山书院尊经阁记》）。这话的现实意义是，六经的真谛在于今人对它的解释。这是西方20世纪"诠释学"才有的见解。

总之，凡是人为的事物，从读书到修身、齐家，到治国、平天下，都适用于王守仁心、知、意、物、理的公式。但王守仁有时把心的作用夸大了，把这个公式用于自然界事物，那就说不通了。其例是：有人问：深山中的花树自开自落，与吾心何干？王答："你未看此花时，此花与汝心同归于寂；你来看此花时，则此花颜色一时明白起来，便知此花不在你心外。"（《王文成公全书》卷三《传习录下》）这等于佛家说世界是虚幻的。其实，王守仁不是这个意思，他说的不是花开花落，而是对花的理的认识问题。又说："我的灵明便是天地鬼神的主宰。天没有我的灵明谁去仰他高？地没有我的灵明谁去俯他深？鬼神没有我的灵明谁去辩他吉凶灾祥。"（《王文成公全书》卷三《传习录下》）天本来没有高，地也没有深，更没有什么吉凶灾祥，这都是人为的，是人的认识问题。

王守仁没有专论认识论，看来他是一种统一体用、统一本末、统一主观与客观且强调了主观的认识论。他说："即体而言，用在体；即用而言，体在用。"（《王文成公全书》卷一《传习录上》）又说："先儒以明德为本，新民为末，两物而内外相对也。"相对即是一物："夫木之干谓之本，木之稍谓之末。惟其一物也，是以谓之本末。"（《王文成公全书》卷二六）

其实，王守仁所讲的都是人为的事物，是社会理性，没讲自然界。他也反对朱熹"即物穷理"之说，而把"格物"定义为"正其不正"，"为善去恶"，把"致知"定义为"致吾心之良知于事事物物"，目的在使人的认识达于"与天地万物为一体之仁"的境界。这见于他的传世之作《大学问》（载《王文成公全书》卷二六）。

《大学》是大人之学，其纲目是明德，亲民，止于至善。《大学问》开篇："大人者，以天地万物为一体者也。其视天下犹一家，中国犹一人焉。若夫间形骸而分尔我者，小人矣。"分尔我即分主体与客体，那是小人。但就人心的明德说，小人也有。如见孺子入井而必有恻隐之心，"是其仁与孺子而为一体也"。见鸟兽之哀鸣而必有不忍之心，"是其仁与鸟兽而为一体也"。见草木摧折而必有悯恤之心，"是其仁与草木而为一体也"。这种一体之仁，"虽小人之心，亦必有之。是乃根于天命之性，而自然灵昭不昧者也，是故谓之明德"。关于亲民（朱熹改为新民），王守仁说："亲吾之父以及人之父，以及天下人之父"，于是吾之仁"与天下人之父而为一体矣"。不仅父子，"君臣也，夫妇也，朋友也，以至于山川、鬼神、鸟兽、草木也，莫不实有以亲之以达吾一体之仁"。关于至善，"至善者，明德亲民之极则也"，"至善之发见……莫不自有天然之中"，若是"少有拟议增损于其间，则是私意小智，而非至善之谓矣"。该文所述"与天地万物一体之仁"，心胸开阔，气象宏伟，不下于张载《西铭》、程颢《识仁篇》。

王守仁晚年把他的学说体系归纳为"四句教"："无善无恶是心之体，有善有恶是意之动；知善知恶是良知，为善去恶是格物。"（《王文成公全书》卷三四《年谱三》）其中最重要的是后两句，即"致良知"。致良知是王守仁的发明，是王学独有的方法论，是继他早期的"知行合一"论提出的。致良知的含义，除前述"致吾心良知之天理于事事物物"外，主要内容是去私欲。平常人的行为因为意是有所求的，总不免被私欲蒙蔽，致良知就是去私欲，恢复本性的良知。

王守仁说："人心是天渊，心之本体无所不该。原是一个天，只为私欲障碍，则天之本体失了……原是一个渊，只为私欲窒塞，则渊之本体失了。如今念念致良知，将此障碍窒塞一齐去尽，则本体已复，便是天渊了。"（《王文成公全书》卷三《传习录下》）又说："性无不善，故知无不良，……但不能不昏蔽于物欲。故学以去其昏蔽。然良知之本体初不能加损于毫末也。"（《王文成公全书》卷二《答陆原静书》）这里说"学以去其昏蔽"，其实不能靠学。因良知不是知识，而是能辨别善恶的德性，即张载的"德性之知"，它"不由见闻而有"（《王文成公全书》卷二《答欧阳崇一书》）。良知不能求之于外，而是反身自省得来，有类禅宗的顿悟。王守仁说了许多致良知的话，而都要"诚意"。总之，不是繁文缛节，而是"简易功夫"。也因此，王学门徒众多，传播迅速。《明史·儒林传》说："嘉（靖）隆（庆）而后，笃信程朱，不迁异说（指王学）者，无复几人矣。"

王守仁论学："道，天下之公道也；学，天下之公学也，非朱子可得而私也，非孔子可得而私也。"（《王文成公全书》卷二《答罗整庵少宰书》）又说："夫君子之论学，要在得之于心。众皆以为是，苟求之于心而未会焉，未敢以为是也。"（《王文成公全书》卷二一《答徐诚之书》）又在与罗钦顺论学书中说："学贵得之于心，求之于心而非也，虽其言之出于孔子，不敢以为是也。"（《王文成公全书》卷二）正是这种独立思考，破除教条主义的精神，导引着16世纪的反传统思潮。

王守仁的心学，提高了思维的地位，起到鼓舞人心、自求解放的作用。他说："各人尽着自己力量精神，只在此心纯天理上用功，即人人自有，个个圆成。便能大以成大，小以成小，不假外慕，无不具足。此便是实实落落明善诚身的事。"（《王文成公全书》卷一《传习录上》）这就导引着17世纪的启蒙思潮。东林党人顾宪成说："当士人桎梏于训诂辞章间，骤而闻良知之说，一时心目俱醒，恍若拨云雾而见白日，岂不大快。"（《小心斋札记》卷三）

二　16世纪的反传统思潮

王艮（心斋，1483～1541），曾受业于王守仁八年，讲学于泰州安丰场，创泰州学派。

王艮完全接受王守仁的致良知说，而更强调自由发挥天性。他说："天性之体本是活泼，鸢飞鱼跃便是此体"，"良知之体，与鸢飞鱼跃同一活泼泼地……要之，自然天则，不着人力安排"。又说："天理者，天然自存之理也，才欲安排如何，便是人欲。"这是说，人的良知要凭其固有的天理自然行事，不要条条框框加以安排限制，"无为其所不为，无欲其所不欲"（均见《王心斋先生遗集》卷一《语录》）。晚年王艮作《大成歌》，更畅怀自由："我将大成学印证，随言随语随时跻……随大随小随我学，随时随处随人师。掌握乾坤大主宰，包罗天地真良知。"（《王心斋先生遗集》卷二）

王艮讲学有两个特点：一是"百姓日用之学"，一是《明哲保身论》。

王艮出身灶丁，曾贩货齐鲁，门徒中有不少劳动人民，他讲学往往"以日用见在指点良知"。他认为"百姓日用即道"，"愚夫愚妇，与知能行便是道"。并且，圣人之道也不外百姓日用，"百姓日用条理处，即是圣人之条理处。圣人知，便不失；百姓不知，便会失"（均见《王心斋先生遗集》卷一《语录》）。这是本于《易·系辞上》："一阴一阳之谓道……仁者见之谓之仁，知者见之谓之知，百姓日用而不知。"原来王守仁也讲过这一节，但认为"惟圣人能致其良知，而愚夫愚妇不能致"（《王文成公全书》卷二《答顾东桥书》）。王艮破除圣愚之别，他说"孔夫子亦人也，我亦人也"（徐樾《王艮别传》，《王心斋先生全集》卷五），圣人的作用不外是"以先知觉后知……此孔子学不厌而教不倦，合内外之道也"（《王心斋先生遗集》卷四《答徐子直》）。这显见王艮在教育上的平等思想，也力图破除儒士对学问的垄断。

《明哲保身论》据王艮《年谱》说："时同志在宦途，或以谏死，或遭逐远方，先生以为身且不保，何能为天地万物主？因瑶湖（王臣）北上，作此赠之。"（《王心斋先生遗集》卷二）这大约是实情。但《明哲保身论》（《王心斋先生遗集》卷二）另有其含义："知保身者，则必爱身如宝。能爱身则不敢不爱人，能爱人则人必爱我，人爱我则吾身保矣。""知保身而不知爱人，必至于适己自便。利己害人，人将报我，则吾身不能保矣。""故君子之学，以己度人……必至于内不失己，外不失人，成己成物而后已。"这里是把仁解为爱（"仁者爱人"），从人际关系上论保身，而这种人际关系是我主动去爱人。

他又把身与道联系起来。"身与道原是一体……尊身不尊道，不得谓之尊身；尊道不尊身，不得谓之尊道……故曰：天下有道，以道殉身；天下无道，以身殉道。"(《王心斋先生遗集》卷三《答问补遗》) 这里，把尊身提到与尊道同等地位，尊身尊道成为明哲保身的内涵。

他又说："身与天下国家一物也，惟一物而有本末。"一物才有本末是王守仁语，见前。这里王艮是以吾身为本，天下国家为末。"故 (《大学》) 曰：自天子以至庶人，壹是皆以修身为本。修身，立本也。立本，安身也"(《王心斋先生遗集》卷三《答问补遗》)。立本安身，是明哲保身的又一含义。

总之，王艮的明哲保身与传统儒家仁的观念不同，有鲜明的个人主义色彩。

王艮有一个宏伟的社会理想："夫仁者，以天地万物为一体。一物不得其所，即己之不获其所也，务使获所而后已。是故人人君子，比屋可封，天地位而万物育，此予之志也。"(《王心斋先生遗集》卷三《勉仁方》) 他又作《王道论》，以周公之治为标准："人人君子，刑措不用"；要"务本而节用"；尤其要普及教育。如果"愚夫愚妇皆知所以为学，而不至于人人君子、比屋可封，未之有也"(《王心斋先生遗集》卷四)。

《明史·王艮传》："王 (守仁) 氏弟子遍天下，率都爵位有气势。艮以布衣抗其间，声名反出诸弟子上。然艮本狂士，往往驾师说上之，持论益高远。"王艮确有些狂行，接近下层群众，有平等思想和个人主义色彩，正统儒家视为"异端"。黄宗羲在《明儒学案》卷三二设《泰州学案》，称："泰州 (王艮) 之后，其人多能赤手以抟龙蛇。传至颜山农、何心隐一派，遂复非名教之所能羁络矣……诸公掀翻天地，前不见有古人，后不见有来者。释氏一棒一喝，当机横行，放下拄杖，便如愚人一般。诸公赤身担当，无有放下时节。""棒喝"是禅宗祖师重触机对初学者考验其悟性的仪式。缘黄宗羲认为泰州学派将王守仁学说误导入禅，实不尽然也。

颜钧 (山农) 是王艮大弟子徐樾的弟子。其人"诡怪猖狂"，"读经书不能句读……而好意见为奇衺之谈"，"以布衣讲学，雄视一世而遭诬陷"，下南京狱，"笞五十，不哀祈，亦不转侧"，人称"大侠"。罪至死，其弟子罗汝芳为江宁守，供养颜钧于狱中，又鬻产救之，得减戍。

罗汝芳嘉靖进士,任太湖知县时,"召诸生论学,公事多决于讲座"。又"创开元会,罪囚亦令听讲"。又发《柬合省同志》,拟将江西各地书院在永丰(何心隐故乡)组成"通省合并一会"。时"张居正方恶讲学,汝芳被劾罢"(并颜钧事均引自《明史·儒林传》,以及李贽《焚书》卷二《为黄安二上人三首》、王世贞《弇州史料后集》卷三五《嘉隆江湖大侠》)。

何心隐(1517~1579),原名梁汝元,与罗汝芳同为颜钧弟子。嘉靖三十八年(1559)上书反对加税,在江西永丰被捕下狱,经友人营救,随罗汝芳等讲学京师。1561年因与乩者密谋除奸相严嵩,遭嵩党仇视,改名何心隐,踉跄南下,流亡各省讲学。明廷以"大盗"缉心隐,万历七年(1579)在祈门被捕,解武昌,遭杀害。解武昌途中上当道书20余封,"千言万语,滚滚立就,略无一字乞怜,如诉如戏"(李贽《续焚书》卷一《与焦漪园太守》)。

何心隐也是以仁义为人际规范,而自有解释:"仁无有不亲也,惟亲亲之为大,非徒父子之亲也,亦惟亲其所可亲,以至凡有血气之莫不亲";"义无有不尊也,惟尊贤之为大,非惟君臣之尊贤已也,亦惟尊其所可尊,以至凡有血气之莫不尊"(《爨桐集》卷二《仁义篇》)。解仁义为亲亲、尊贤,本于《中庸》,但《中庸》接着说"亲亲之杀,尊贤之等,礼所生也",亲亲、尊贤是有限度(杀)和等级的。何心隐破除了限度、等级,"以至凡有血气之莫不亲、莫不尊,莫非体物也"(《爨桐集》卷二《仁义篇》)。

传统儒家有五伦说,朱熹最重君臣,何心隐则独重朋友。他认为:"天地交曰泰(大),交尽于友也。"唯朋友之交最广大,可比拟天地之交。"昆弟非不交也,交而比也,未可以比拟天地之交也"。夫妇是"交而匹",父子是"交而昵",君臣是"交而陵而援",都是"小乎其交者也",不能比拟天地之交(均见《爨桐集》卷二《论师友》)。原来儒家的朋友之伦也是有范围的,何心隐则把它扩大到所有人,变成一种普遍的人性。这种见地,如果想到20世纪后期西方存在主义的"交往理性"说,则可见何心隐思想的启蒙性。

这种"交尽于友"的理论,具体化为何心隐到处奔走成立"会"的活动。他遗有几篇邀请人入会的信,而没留下会的组织材料。大体上会首先是一种讲学组织，继而成为社会团体，议论国事，并有"聚财"的迹象。而在《爨桐集》中有《语会篇》《论中篇》，反映了他的理想和社会历史观。

《语会篇》："夫会，则取象于家也"，是按家族形式组织起来的。何心隐确实在自己家乡组织"聚和堂"，但那是个儿童教育组织，集族中儿童共食宿、共学习，还不是真正的会。又说，社会人士入会后，"乃君子以显以藏乎士农工商其身其家于会也"，于是，会就由"其身其家"的组织变成"天下国之身之家"的组织，变成社会组织了。会的成员，在"见龙在田"（乾卦初九，最低位）的时候，是师友关系，譬如是"仲尼"领导。在"飞龙在天"（九五，最高位）的时候，就是君臣关系了，譬如"尧舜"来领导。这种理想的会，似乎就是社会。

《论中篇》：社会的领导原则是"群"和"均"。"君者，均也；君者，群也。臣民莫非君之群也。"又说："君其心于父子，可以群父子，而父子可以均也……至于可以群夫妇而夫妇均，可以群昆弟而昆弟均，可以群朋友而朋友均者，莫非均其心于道也，中也。"这里君指领导；均指均平、平等；群指团结，团聚；中指公正。领导者责任在使所有组织都能团结成员，所有成员都能均平、公正。

联系前述亲亲、尊贤、朋友看，何心隐的中心思想显然是平等主义。

何心隐提出"欲"的问题，说欲是性，"性而味，性而色，性而生，性而安逸，性也"，"寡欲，以尽性也"（《爨桐集》卷二《寡欲篇》）。这显然是对朱子"存天理，灭人欲"的批判。又提出领导者"与百姓同欲"，即"育欲"。"昔公刘虽欲货，然欲与百姓同欲，以笃前烈，以育欲也。大王欲色，亦与百姓同欲，以育欲也。"又说："欲货色，欲也；欲聚和，欲也。"（《爨桐集》卷三《聚和老老文》）欲聚和指共同生活、共同满足欲望，这也是育欲。

李贽（卓吾，1527～1602），王艮之子王襞的弟子，是当时最激烈的反传统学者。所著《藏书》《续藏书》《焚书》《续焚书》多离经叛道之言，明清均为禁书，但民间流传不息。明廷以"敢倡乱道，惑世诬民"将李贽逮捕下狱，具体罪名是"以秦始皇为千古一帝，以孔子之是非不足为据"（明《神宗实录》卷三六九）。万历三十年（1602）在狱中自杀。

"以秦始皇为千古一帝"一语，须作解释。李贽称赞秦始皇主要是他废封建、置郡县，并在《柳宗元传》中说柳的"封建论卓且绝矣"（《藏书》卷三九）。而在《秦始皇纪》（《藏书》卷二）中对秦始皇行事颇多微词，并以秦亡为快事。原来李贽的历史观是："一治一乱若循环"，而这又表现为社会的"质"与"文"的循环。质指质朴，文指奢繁。"当秦之时，其文极矣，故天下遂大乱而兴汉"。汉高神圣，"尧以后一人也"；文帝质约，"文王羑里以后一人也"；连同武帝"皆千古大圣"（《藏书》卷一《世纪总论》）。照李贽看，历史上能称"圣主"者仅三人，能称"贤主"者亦不多，有许多君主他根本不予作纪（《藏书》卷一《总目后记》）。但又说："我太祖皇帝（朱元璋）盖千万古之一帝也"（《续藏书》卷一《小引》），显然是违心话，实际上明代十余帝王李贽均不予作纪。

"孔子之是非不足为据"一语亦须作解释。李贽认为尧禅舜是"为民生计也"。"孔子之疏食，颜之陋巷，非尧心欤？自颜氏殁，微言绝，圣学亡，则儒不传矣……况继此而为汉儒之附会，宋儒之穿凿乎？又况继此而以宋儒为标的，穿凿为指归乎？人益鄙而风益下矣！无怪其流弊至于今日：阳为道学，阴为富贵，被儒服雅，行若狗彘然"（《续焚书》卷二《三教归儒说》）。这是李贽的儒学史观。他认为孔子之学绝于颜回，汉儒尤其宋儒给搞坏了，至于今儒以宋儒为标的，就更不像话，都"被儒服雅，行若狗彘"。

这就出现是非问题。"前三代，吾无论矣，后三代，汉唐宋是也。中间千百余年，而能无是非者，岂其人无是非哉？咸以孔子之是非为是非，故未尝有是非耳……夫是非之争也，如岁时然，昼夜更迭，不相一也。昨日是而今日非矣，今日非而后日又是矣。虽使孔子复生于今，又不知作如何是非也。"（《藏书》卷一《世纪列传总目前论》）

但李贽确实轻视孔子著作："夫六经、语、孟，非其史官过为褒崇之词，则其臣子极为赞美之语。又不然，则其迂阔门徒，懵懂弟子，记忆师说，有头无尾，得后遗前，随其所见，笔之于书。后学不察，便以为出自圣人之口也……纵出自圣人，要亦有为而发……岂可遽以为万世之至论乎？"（《焚书》卷三《童心说》）这里，他又尝推崇荀子而抑孟子："荀与孟同时，其才俱美……不晓当时何以独抑荀而扬孟轲也。"（《藏书》卷三二《荀卿传》）又说："彼谓轲之死不得其传者（按：指韩愈），真大谬也。惟此言出，而后来宋人直以濂、洛、关、闽（按：指周敦颐、二程、张载、朱熹）接孟氏之传。"（《藏书》卷三二《德业儒臣前论》）又在《孟轲传》结尾说："嗟夫！世无孔子，则古今天下无真是非；世无司马，则谁为继孔子者？"司马指司马迁。

李贽说："天下无一人不生知，无一物不生知。"（《焚书》卷一《答周西岩》）生知指生而知之者。又说："人无不载道，（犹）水无不在地也。"（《藏书》卷三二《德业儒臣前论》）所以人人可以成佛。这是儒家早有的大同思想，也是一种平等观。而突出的是李贽提出男女平等观，与宋儒对立。他有篇《答以女人学道为短见书》："谓见有男女可乎？谓见有长短则可，谓男子之见尽长，女人之见尽短，又岂可乎？"（《焚书》卷二）他在《初谭集》中表扬多位历史上杰出女子，"男子不如也"。又多处同情寡妇再嫁，反对女子祸国论，"若使夏不妹喜，吴不西施，亦必立而败亡也"（《初谭集》卷三《贤夫》）。

李贽作《论政篇》，说传统所谓贤人政治，是要人民跟着自己走贤人之路，这就要"为一切有无之法整齐之……于是有教条之繁，有刑法之施，而民日以多事矣"。他主张"至人之治"，则不是"本诸（己）身"，而是"因乎人"。"因乎人者恒顺于民"，所以要"因其政不易其俗，顺其性不拂其能"。人性"非只一种而已"，为政要"因性以牖民"（《焚书》卷三）。牖是开户的意思，这里隐然有自由主义思想。他又作《四勿说》，批评当时所谓礼实是非礼："人所同者谓礼，我所独者谓己。学者多执一己定见，而不能大同于俗，是以入于非礼也。"（《焚书》卷三）

李贽主张功利。他批评董仲舒"正其谊不谋其利，明其道不计其功"论，他说："夫欲正义，是利之也；若不谋利，不正可矣。吾道苟明，则吾之功毕矣；若不计功，道又何见？"（《藏书》卷三二《德业儒臣后论》）。批得不算好。他褒扬功利学派，将叶适列入"经世名臣"，评曰："此儒者乃无半点头巾气，胜李纲、范纯仁远矣。"（《藏书》卷一四）列陈亮于"彊主名臣"，评曰：亮"与文公（朱熹）游，文公不知也……堂堂朱夫子，反以章句绳亮，粗豪目亮，悲夫"（《藏书》卷一六）。这指陈亮与朱熹的义利王霸之辩，前已详言。李贽在《朱熹传》中也叙此事，对朱的论点连批"胡说"（《藏书》卷四五）。

在义利论上，李贽进一步提出"私"的论点。他说："夫私者人之心也。人必有私而后其心乃见，若无私则无心矣。如服田者，私有秋之获而后治田必力。居家者，私仓积之获而后治家必力。为学者，私进取之获而后举业之治必力。"（《藏书》卷三二《德业儒臣后论》）这里的论证也不算好。

李贽也肯定"欲"是人的天性，只是没有何心隐那样进行分析。他说："如好货，如好色，如勤学，如进取，如多积金宝，如多买田宅为子孙谋，博录风水为儿孙福荫，凡世间一切生产等事，皆其所共好而共习，共知而共言者，真迩言也。"（《焚书》卷一《答邓明府》）"迩言"，常言或家常话，他认为迩言最能反映人的"本来面目"。

李贽重商，这点很突出。他为历史上大商人作传，同情商人：商人"挟数万之赀，经风涛之险，受辱于关吏，忍诟于市易，辛勤万状"（《焚书》卷二《又与焦若侯》）。更突出的是他对"市易"的看法，甚至说"天下尽市道之交也"，乃至孔子与他的学生之间也是交易关系。他说："孔子有圣人之货"，"七十子所欲之物，唯孔子有之，他人无有也；孔子所可欲之物，唯七十子欲之，他人不欲也。"（《续焚书》卷二《论交难》）《韩非子》也有类似的话，前已言及。但韩非是把互市用于君臣关系，目的在讲君主如何保持权与术，没有经济意义。李贽则把互市作为商品关系，学问也是一种私有财产，孔子与七十子之间是商品交换，目的在满足双方的所欲。这是 16 世纪的新思维，战国时还不能有。

东林党人。万历三十二年（1604），顾宪成（泾阳，1550～1612）、高攀龙（景逸，1562～1626）与钱一本、顾允成等在无锡重建东林书院，顿成讲学盛地。黄宗羲《明儒学案》卷五八《东林》学案记学者共 17 人。他们讲忠义，评骘时政，劲斥阉党，声援市民抗矿监、税使的斗争，黄宗羲赞曰："一堂师友，冷风热血，洗涤乾坤。"他们不避斧钺，气节凛然，一时四方响应者皆称东林党人。清人陈鼎作《东林列传》，入传者达 180 余人，包括吏部尚书赵南星（梦白，1550～1629）等在朝者多人。天启五年（1625）魏忠贤令毁东林书院，并颁"东林党人榜"，治罪 309 人，生者削籍、禁锢，死者追夺。

顾宪成按师承是王守仁的三传弟子，唯后主治朱熹之学。高攀龙则宗朱学。《东林书院志》卷一六、卷一七所载建院公启等文均以朱学为正统。然而，东林讲朱学，并不尊《四书大全》《五经大全》等官书教条，与官方举业之学异趣。他们对王学主要是批判"王学末流之空虚"（指流入禅），也批判朱学末流之"章句"（指教条化）。对王守仁，集中批评他"四句教"中"无善无恶是心之体"一语。盖东林学者都是道、性善论者。顾宪成说："夫古圣人教人，为善去恶而已。为善为其固有，去恶去其本无。本体如是，功夫如是。"王守仁"既曰无善无恶，而又曰为善去恶，学者执其上一语，不得不忽其下一语也"（《明儒学案》卷五八《顾宪成传》）。这就发生本体与工夫问题。东林学者最重工夫，而王学最重内悟。高攀龙说："不患本体不明，只患工夫不密。"（《明儒学案》卷五八《高攀龙传》）钱一本说："工夫为主……人无有不才，才无有不善，但尽其才始能见得本体，不可以石火电光便作家当也。"（《明儒学案》卷五九《钱一本传》）石火电光都是虚，才即工夫乃是实。

东林学者重实学，提出"讲习""有用"两个论点。讲是讲理论，习即工夫。顾宪成说："讲以讲乎习之事，习以习乎讲之理"，讲习结合以群："群一乡之善士讲习，即一乡之善者皆收而为吾之善，而精神充满乎一乡矣。群一国之善士讲习，即一国之善士皆收而为吾之善，而精神充满乎一国矣。"（《东林书院志》卷三《丽泽衍》）这也是学必有用。高攀龙说："学问不是空谈而贵实行"，"心为体则身为用，身为体则心为用，无用便是落空学问"，"东林朋友俱是砥砥者，不知玄"（《东林书院志》卷六《东林论学语》下）。这是一种全新的教育思想，对立于学以致仕的举业，也有异于传统的书院。东林学子"风声雨声读书声，声声入耳；家事国事天下事，事事关心"，真有点像近代"五四"时期的北京大学。

东林学风反映了社会对知识价值观的转变。原来中国的所谓知识，只是个进仕的阶梯，并无社会价值，一旦科场失败，则十年寒窗等于白废，顶多做个教书先生混饭而已。东林时代，书院的"清议"以及士绅的"乡议"，都成为统治阶级最头痛的东西，也为社会尊重。知识有了社会价值，争取讲学自由，成为一种社会斗争。知识价值化，是社会发展的一个新的因素。

晚明，中国工商业有较快发展，出现工场手工业，即所谓资本主义萌芽。十大商帮中，徽、晋、陕、粤、闽帮均形成于 16 世纪，其余在 17 世纪前叶。东林党人中普遍有"惠商"思想，并出现"工商皆本"论。

东林党人李应昇上书巡抚朱燮同，要求减税惠商，"曲体商人之意"，"为商为国"（《落落斋遗集》卷四）；又以东南最大的钞关浒墅关科索过严，要求改变政策，"爱商恤民，上不妨工而下利于途"（《落落斋遗集》卷五《答刘念劬》）。商人赵焕被税使孙隆处死，又捕其子，顾宪成特《柬浒墅关使者》以营救之（《泾皋藏稿》卷四）。党人李守俊掌九江关时，放关免税，民感其德，为立生祠，后李卒于湖广任上，棺木过九江，"父老相率携鸡酒泣奠曰：放关一事，目中不可复睹矣"（陈鼎《东林列传》卷一九《李守俊传》）。天津巡抚李懋明议恢复关税，高攀龙闻之"顿足而叹"，上《罢商税揭》曰："商税之失人心倍蓰于加派，加派之害以岁计，商税之害以日计。商税非困商也，困民也。"（《高子遗书》卷七）高攀龙、李应昇均1626年"七君子"冤狱中人，高于逮捕前投湖自沉。

"工商皆本"论不仅反映商业的发展，而且反对传统的"崇本抑末"思想，要求士农工商四民平等的新思维。原来王守仁即有"四民异业而同道"语，而所讲是"修治具养"之道（《王文成公全书》卷二五《节安方公墓表》），未见社会平等观。何心隐："商贾大于农工"，农工"不得不主于商贾"（《爨桐集》卷三《答作主》），其说只比较经济力，且未涉及士。朱国桢说："农商为国根本，民之命脉也"（《涌幢小品》卷九），提出"国本"，也未涉及最高地位的士。冯应京说："士农工商，各执一业，又如九流百工，皆治生之事也。"（《月令广义·授时》）这里是四民并论的，但是从治生出发，不涉及本末。冯应京反对矿监最力，并因而入狱，但冯非东林党人。赵南星是东林党人掌中枢者，他说："士农工商，生人之本业……岂必仕进而后称贤乎。"（《赵忠毅公文集》卷四《寿仰西雷翁七十序》）这里明确提出四民平等，并说称贤不必仕进。不过，一般认为"工商皆本"论定于黄宗羲。黄先说："古圣王崇本抑末之道"，原是指制造和贩卖佛、巫、倡、优用品及奇技淫巧之物者，应予抑禁。然后说："世儒不察，以工商为末，妄议抑之。夫工固圣王之所欲来，商又使其愿出于途者，盖皆本也。"（《明夷待访录·财计三》）

三　17世纪的启蒙思潮

所谓启蒙思潮，指在传统社会向现代社会的转变过程中，提出传统所无而为后世所有的观点。前小节所论平等、博爱、私、欲、交易、工商皆本等观点均属之。17世纪，启蒙学者辈出，兹选择方以智、黄宗羲、顾炎武、王夫之、唐甄、颜元、李塨、王源八人，略述其启蒙观点，而不做全面介绍。

方以智（密之，1611～1671），父东林党人，曾入狱。东林败，方以智与友人主盟复社，参与抗清斗争，以不齿于南明阮大铖奸党，削发为僧，讲学著述以终。

方以智的启蒙贡献，首先是在认识论上的"质测""通几"说。他以"盈天地间皆物也"，把自然界、人间事物乃至性、命均视为物，而学问即在考究物理。考究物理有质测、通几二途。"物有其故，实考究之，大而元会（宇宙），小而草木蚕蠕，类其性情，征其好恶，推其常变，是曰质测"（《物理小识·自序》）。这是用分类、归纳法考察事物的规律性发展（常变），有类今之科学分析，但他尚未提及实验方法。"推而至于不可知，转以可知者摄之。以费知隐，重玄一实，是物物神神之深几也。寂感之蕴，深究其所自来，是曰通几。"（《物理小识·自序》）这是推理认识。由现象（费）推知内涵（隐），由种种虚像（重玄）推论出实质（一实），目的在找出事物生成的根源（几，所自来）。总之，是由已有的认识推论出不能直接认识（不可知）的原理、原则。但他还没有演绎逻辑。"万历年间，远西学入，详于质测而绌于通几"（《物理小识·自序》）。当时耶稣会教士传入的西学也没有逻辑学。

"合外内，贯一多而神明"（《物理小识·自序》）。外多指质测，内一指通几；两者结合，认识就到家了。"质测即藏通几者也"（《物理小识·自序》），一般原则是藏在个别质测之中。但"通几护质测之穷"（《愚者智禅师语录》卷三）。人不能事事物物都去质测，但可由通几原则推论出来。因"此中之秩序条理本自现成，特因几务而显耳。格物之则即天之则、心之则"（《愚者智禅师语录》卷三）。方以智是唯理论者。

方以智的贡献还在于他对运动的认识。他用火来解释运动："天恒动，人生亦恒动，皆火为之也……天非此火不能生物，人非此火不能自生"；"天与火同，火传不知其尽。"（《物理小识》卷一。最后一句用《庄子·养生主》"火传也不知其尽也"。）又说："满空皆火，物物之生机皆火也。"

（《药地炮庄·养生主篇评》）可见，火是指一种功能，十分接近于得出力或能量的概念。但方以智是气一元论者，囿于五行说，他仅指出金、木、水、土都是有形物质，唯"火无体而因物为体"，是一种无形体的东西，但他没能得出力或能的概念。这是机械唯物论害了他。

方以智的另一贡献是语言考据学。他讲学术史："圣人通神明，类万物，藏之于《易》，呼吸图策，端几至精。"（《通雅·音义杂论》）圣人指孔子，图策指河图，洛书，方常用图策代表治世之道。孔子的质测、通几都至精，其见解在《易经》中。"汉儒解经，类多臆说。宋儒惟守宰理"，"宰理则矩守而已"（《通雅·音义杂论》）。宋儒主要指程朱。故于今为学，必须考证经文的音义，以通古今。"上下古今数千年，文字屡变，音亦屡变，学者相沿，不考研所称，音义传讹而已"（《通雅·序》）。音义即语言学。"古人名物，本系方言"；"方言者，自然之气也"；"智考古今之声，大概五变"（《通雅·凡例》）。

方以智是清人考据学之祖。《四库全书提要》于《通雅》说他"开国朝顾（炎武）阎（若璩）朱（彝尊）考据之风"。而方以智的考据学实是语言考据学。语言考据学是现代史学的重要工具。西方现代史学之父 L. 兰克创立的历史主义学派即首重语言考据学。中国仿之于 1927 年创历史语言研究所，至今仍在。20 世纪西方史学界两度兴起的诠释学派，以至后现代主义史家 M. 福柯，都十分重视语言考据学。方以智的语言考据学并不甚功，唯论启蒙则早于西方一百多年。

方以智晚年居吉安青原山，与魏禧、彭士里等"易堂九子"交往甚密。魏、彭都曾参加抗清起义，失败后隐居讲学。他们以为明儒远胜宋儒，尤尊王守仁、罗念庵、顾宪成等。然批评王学末流空疏，力倡实学。魏禧主张教学应"恢宏其志气，砥砺其实用"，"使之任一职则必称，为一事则必成"（《魏叔子文集》外篇卷六）。彭士里主张"核名实，黜浮伪，专事功，省议论，毕力于有用之学"；又倡"识时务"，"所谓时务者，谓昨日之事不可施之今日，今日之事不可待之明日……随谊变通，当机恰合"（《耻躬堂文钞》卷一、卷一〇）。这是学风的启蒙。

黄宗羲（梨洲，1610～1695），父东林名士，冤死狱中，宗羲锥杀阉党余孽。结复社，遭阮大铖捕害，适清兵至，得免。募义军"世忠营"抗清。

明亡，仍奔走复国，追郑成功走台湾，乃于顺治十八年（1661）返乡著述。

黄宗羲是气一元论者。"理不可见，见之于气；性不可见，见之于心"（心为气所生，《孟子师说》卷二《浩然章》）。但认为"气既能主宰而灵"；"志即气之精明者也"；"知者气之灵者也"（《孟子师说》卷二《浩然章》）；未免过分唯物了。唯倡"同体"论，天地"复戴之间，一气所运，皆同体也"（《孟子师说》卷一《庄暴章》）。体犹本质。这是个宏伟思想。在世界观上万物同体，有类《西铭》，而在社会阶层上提出"名异而实同"（《明夷待访录·原臣》），则属平等观。

在认识论上，黄宗羲宗王守仁良知说："道者吾之所固有，本是现在具足，不假修为。"（《孟子师说》卷四《君子深造章》）"穷理者，尽其心也，心即理也，故知性知天随之矣。"（《孟子师说》卷七《尽心章》）

黄宗羲是哲学家，也是史学家。他的《明儒学案》和创制的《宋元学案》是名垂千古的学术史著作，《明夷待访录》则是以史论社会国家。黄宗羲属浙东学派。章学诚在《文史通义·浙东学术》中说："浙东之学，言性命必究于史"；"史学所以经世"。如前已言及，这点正是朱熹所讥"史什么学"。黄宗羲不仅继承浙东学派的史学传统，还赋予启蒙作用，即将史用于经世致用之学。他说："拘执经术，不适于用。欲免迂儒，必兼读史。"（《易学象数论·序》）下面将举他实用之例。

在《明夷待访录》（下引语均据此书，仅注篇名）中，黄宗羲猛烈抨击当时的君主专制："古者以天下为主，君为客……今也以君为主，天下为客"；今之君"屠毒天下之肝脑，离散天下之子女，以博我一人之产业"；"为天下之大害者，君而已矣"（《原君》）。但他并不反对君主制度，而是要求君主与仕人共治，并提出"有治法而后有治人"。他说："天下之大，非一人所能治，而分之以群工。故我之出而仕也，为天下，非为君也"；"出而仕于君也……以天下为事，则君之师友也"（《原臣》）。关于法，他认为秦汉以前是"无法之法"，秦废封建，宋除方镇，又去卿相，古今之"所谓法者，一家之法而非天下之法也"（《置相》）。或以为这是黄宗羲的民主思想，我看非是。民主学者不必反对君主制，但要求人权或民权。黄并无人权概念，他的法也不是民权法或宪法，而是封建、郡县等行政法。实际是憧憬三代之治，有浓厚的天下为公思想而已。但有一点，即他力求突出士、仕或知识分子的作用，要求参与国事，与君为师友关系。又说国家大事应由学校讨论："天子亦遂不敢自为是非，而公其是非于学校。"(《学校》)继东林、复社争取讲学自由而来的学校议政，是一个启蒙因素，视后来的五四运动可知。

黄宗羲把私与利提到人本性的地位，并从历史上论证："有生之初，人各自私也，人各自利也"，"岂古人有所异哉？好逸恶劳，亦犹夫人之情也"；"向使无君，人各自私也，人各自利也"。然后说："不以一己之利为利，而使天下受其利；不以一己之害为害，而使天下释其害。"(《原君》)这种思想，几乎已超越了资本主义。但黄宗羲这里不是讲思想，不是讲义利之辩，而是在《原君》中讲为君之道，讲他的经世致用之学。至于怎样兴天下之利、除天下之害，他也有一些主张。

除了工商皆本论前已言及之外，最重要的就是当时人们所最关心的田制问题。黄宗羲考察了董仲舒以来的各家均田、限田、抑制兼并等主张，认为都有弊病，而提出了他独特的恢复井田制的方案。其独特之处在于，井田制原是以土地国有为基础的，而他从自私自利的人性论出发，主张土地私有，并且"不夺富民之田"。他以当时屯田的经验，估算了全国公私田亩数和户口数，提出每户授田50亩，尚有余田17万亩，听任"富民之所占"，因而"井田之可复也"(《田制二》)。这实际上是一个自上而下的和平土改方案，与井田无关。由于他估算错误，要"不夺富民之田"，每户分田50亩根本不可能。不过作为一种土改的启蒙思想，包括不动富农政策，还是有意义的。

黄宗羲还提出改革田赋的方案。他也是考察了历史上田赋制度的演变，而把两税制、一条鞭法等前人的改革都否定了，"利于一时者少，而害于后世者多"(《田制三》)，得出自古至今农民负担不断加重的"积累"说。因而主张恢复三代的什一税："今欲定税，须反(返)积累以前而为之制。授田于民，以什一为则；未授之田(指富民原有之田)，以二十一为则。"(《田制三》)同时，按土地肥瘠，制定五级大小不同的"亩"，按亩纳税，这就可以符合三代之制，"以下下(亩)为则，下下者不困，则天下之势相安"(《田制一》)。这又是一种奇特的想法，这种想法技术上行不通，理论上也没有什么道理。

黄宗羲又提出改革币制的方案。当时发生银荒，农民苦于无银纳税，不少学者提出废银用钱或用钞的主张，黄宗羲亦然。不同的是，他颇为费心地考察了中国用金银和发钞的历史。唯由于缺乏货币理论，这种历史考察无助于证明他的货币改革方案。他的改革和当时名流的废银方案一样，都是反时代潮流的。

顾炎武（亭林，1613～1682），亦复社中人，曾起义兵抗清。明亡后，曾两度蒙冤狱，屡拒清廷征召，遨游大半个中国，考察山川形势和风土人情。著述丰硕，声誉高尚，冠于时贤。

顾炎武为学，反对宋明理学，讲求经世致用。他评时人"言心言性，舍多学而识，以求一贯之方；置四海困穷不言，而终日讲危微精一之说"（《亭林文集》卷三《与友人论学书》）。一贯之方指王守仁，危微精一之说指程朱。顾炎武自己制定的两大箴言则是"行己有耻"，"博学于文"（均出《论语》）。前者指其屡拒征召，不肯列钱谦益门下，不应明史馆之聘等直节行为。"博学于文"则主要指去空言，讲实用："自一身以至于天下国家，皆学之事也"；"非好古多用，则为空虚之学"（《亭林文集》卷三《与友人论学书》）。博学成为顾氏著述最大特色。《四库全书提要》于其《日知录》称："炎武学有本原，博赡而能通贯，每一事必详其始末，参以佐证，而后笔之于书。故引据浩繁，而牴牾者少。"

顾炎武说："有亡国，有亡天下。"亡国是"易姓改号"；亡天下指丧失仁义，"人将相食"。"保国者，其君其臣，肉食者谋之。保天下者，匹夫之贱，与有责焉耳矣"（《日知录》卷一三《正始》）。这就是"天下兴亡，匹夫有责"。他晚年著《日知录》已不在于恢复明王朝，而在于救天下，在于设计一个理想的新社会，以待后之王者。这正是他启蒙思想之所在。不过，他的理想社会，也是以三代为蓝本的。他说他的《日知录》"意在拨乱涤污，法古用夏，启多闻于来学，待一治于后王"（《亭林文集》卷六《与杨雪臣书》）。

"法古用夏"，犹如"文艺复兴"，是改革家常用的说法。但在治学上，顾氏则是反对宋理学，真的返回汉经学。他说："理学之名自宋人始有之，古之所谓理学，经学也"（《亭林文集》卷三《与施愚山书》）；又说："愚不揣……凡文不关于六经之指，当世之务者，一切不为。"（《亭林文集》卷四《与人书三》）这与清代正统学者钱谦益全无两样，钱云："汉儒谓之讲经，而今世谓之讲道"；"学者治经，必以汉人为宗"（《初学集》卷二八、卷七九）。清代学坛由理学退回汉经学，顾氏不能辞其咎。

但是，在考据学上，顾炎武启蒙之功，又当在黄宗羲之上。他也是从语言考古入手的，而精于黄氏。他说："读九经自考文始，考文自知音始，以至诸子百家之书，亦莫不然。"（《亭林文集》卷四《答李子德书》）他以30年功夫，五易其稿，成"音学五书"，被称为乾嘉之学的祖师。

顾炎武不以史学家称，但有一大贡献，即他论史特重风俗："观哀、平之可以变而为东京，五代之可以变而为宋，则知天下无不可变之风俗。"（《日知录》卷一三《宋世风俗》）他所谓风俗，包括乡土习俗，特别是民间经济生活体制，有类今所称"非正式制度"。故《日知录》所记各地风俗，成为今社会史研究之重要资料。又因风俗不离正义感，他十分重视"清议"。他盛赞"古之哲主，立闾师，设学校，存清议于州里"；"两汉以来，犹循此制"；"降及魏晋，而九品中正之设"，但"遗志未亡"，"凡被纠弹付清议者即废弃终身，同之禁锢"。结论曰："天下风俗最坏之地，清议尚存，犹足以维持一二，至于清议亡而干戈至矣。"（《日知录》卷一三《清议》）所论或许过分，唯其尊重知识分子意见，如前所说，仍有启蒙意义。

顾炎武的史学，尚有两事弥足称道：一是他在《左传杜解补正·自序》中说："若经文大义，左氏不能尽得，而公（羊）、穀（梁）得之，公、穀不能尽得，而啖、赵及宋儒得之，则别记之于书。"这是"博学于文"的实践。唐人啖助的《春秋解》，宋人多讥为"诡辩"，而顾氏则称他"卓越三家，多有独得"（《日知录》卷二《熙丰伪尚书》）。二是他对史书的评价。他曾说："著书不如抄书，凡今人之学必不及古人也。"（《亭林文集》卷二《抄书自序》）此语人多非之。其实此语是顾氏记他先人之教，是有专指的，即"班孟坚之改《史记》必不如《史记》也"，"朱子之改《通鉴》必不如《通鉴》也"。又说"世人多习《纲目》，余所不取"。这都是正确的。文中还有一句"故得明人之书百卷，不若得宋人书一卷也"。这话也不错，明人史书不少，真是没能抵得上《资治通鉴》的。

顾炎武在论"私"上，大大前进了一步。他不是把自私看作人的本性，而是看作社会发展的产物。他当然不会有原始共产主义的概念，而是从天下为公的传说中，推论出人们是从"先公而后私"进入"先私而后公"的。"自天下为家，各亲其亲，各子其子，而人之有私，固情之所不能免矣"（《日知录》卷三《言私其豵》）。而更重要的是，他从自私提出"自为"的论点："天下之人各怀其家，各私其子，其常情也。为天子、为百姓之心，必不如其自为……圣人者因而用之，用天下之私以成一人（指君）之公，而天下治。"（《亭林文集》卷一《郡县论五》）用私有制来鼓励个人自为的积极性，较之用利来刺激，更具有自由主义的普遍意义。但是，顾炎武不是把它用在经济领域，而是用在政治制度上，也会出毛病。

顾氏竭力反对当时中央集权的君主专政制度，而主张地方分权。他说："人君之于天下，不能以独治也；独治之而刑繁矣，众治之而刑措矣。"（《日知录》卷六《爱百姓故刑罚中》）众治就是"自公卿大夫，以至百里之宰，一命之官，莫不分天子之权以各治其事"（《日知录》卷九《守令》）。而他重点是在基层，即县一级，使百里之宰能私有而自为。"夫使县令得私百里之地，则县之人民皆其子姓，县之土地皆其田畴……为子姓则必爱之而勿伤，为田畴则必治之而勿弃……自令言之，私也；自天子言之，所求乎治天下者，如是焉止矣"（《亭林文集》卷一《郡县论五》）。这等于恢复千百个诸侯王国，是历史的倒退。或者说这里蕴育着地方自治的思想。地方自治是民主政治的概念，需要受宪法和选举法的约束，顾氏显然没有这些思想。

顾炎武的经世之学中谈论最多的是田赋钱粮问题，目的在减轻农民负担；也提到发展纺织业和通商，以至开放盐专卖。用意良善，但启蒙的东西不多。他竭力反对赋税纳银，主张废银用钱，则是违反时代潮流的。

王夫之（船山，1619~1692），青年时与好友结行社、匡社，亦曾举兵抗清。又投南明政权，几遭奸党杀害。33岁隐居衡阳石船山，著述终身。

王夫之是明清之际杰出的哲学家。他批判陆王心学的空虚，也批判程朱"理在事先"之论，而尊崇张载的气一元论："气原是有理底。尽天下之间，无不是气，即无不是理也。"（《读四书大全说·孟子三》）又提出："气聚散变化，而其本体不为之损益"（《张子正蒙注·太和篇》），即气不灭或守恒说。而在论天人关系时，他更多用器与道来说明："天下惟器而已矣，道者器之道……无其器则无其道。"（《周易外传·系辞上传》）这是因为气与理是一般概念，它们无始终，无损益，不宜说明人世问题。而器与道是有始

471

有终，有成有毁的："未有弓矢而无射道，未有车马而无御道"，"尧舜（有本作唐虞）无吊伐之道，汉唐无今日之道"（《周易外传·系辞上传》）。他又进一步说，人与物是相互依存的；"一眠一食而皆与物俱，一动一言而必依物起"，故人不能绝物或拒物。"物之不可绝也，以己有物；物之不容绝也，以物有己"（《尚书引义》卷一《尧典》）。他批评庄子"拒物而自立其区宇"；更批评王安石"谓天变不足畏，人言不足恤"（《尚书引义》卷五《无逸》）。这就从唯物的观点，把天人关系说到家了。

这里就发生天理与人欲问题，王夫之的看法与朱熹迥异。他说："天理充周，原不与人欲对垒。"反之，"礼虽纯为天理之节文，而必寓于人欲以见（自注：饮食，货；男女，色）……故终不离人而别有天，终不离欲而别有理也"（《读四书大全说》卷八）。在自然界，天理寓于气的运动；在人世，天理寓于人的行为。饮食男女等基本欲望都能满足，也就是天理的实现。"于此声色、臭味、廓然见万物之公欲，而即为万物之公理"（《读四书大全说》卷八）。这真是个伟大的启蒙思想。

程朱、张载都有主静的思想，王夫之则是完全主动的。宇宙以至太虚都是动的，没有"废然（绝对）之静"，"静即含动"（《思问录》内篇、外篇）。因此，世界总是变化而日新："今日之日月，非昨日之明也。今岁之寒暑，非用昔日之气也……是知其（世界）富有者，惟其日新。"（《周易外传·系辞下传》）这是个很现代化的思想。

而更可贵的是王夫之把这个思想用于人性，提出"日生而日成"的人性论。人性是天赋即天命于人的。天不仅在人"初生之顷"赋命于人，而是"日命于人，而人日受命于天，故曰性者，生也，日生而日成之也"。人"形日以养，气日以滋，理日以成"，也就是人性"未成可成，已成可革"。"故君子之养性也"，"非听其自然"，而要"新故相推，日生不滞"（均见《尚书引义》卷三《太甲二》）。

这种日新思想，也贯彻于王夫之的历史观。宋明儒家多崇古，言必称三代。王夫之则是进化论者。他认为唐虞以前，"狉狉獉獉，人之异于禽兽者无几也"；三代之世，"国小而君多"，"暴君横取，无异今川广之土司"；春秋时代，经"孔子重训"，"其愈也多矣"（《读通鉴论》卷二〇）。他盛赞秦之废封建，行郡县，"一代之治，各因其时"，不能"泥古"（《读通鉴论》卷二一）；"汉以后之天下，以汉以后之法治之"（《读通鉴论》卷五）；"汉唐无今日之道，则今日无他年之道"（《周易外传》卷五）。总之，不能"立一成之侀，而终古不易"（《读通鉴论》卷末《叙论四》）。

董仲舒把历史的发展归之于天命，朱熹总结为天理（三纲五常），王夫之则提出"势"与"理"的历史观。势是历史发展的必然趋势，理是这种必然趋势的道理，犹规律。"在势之必然处见理"，"势既然而不得不然，则即此为理矣"（《读四书大全说》卷九）。如"郡县制则垂二千年而弗能改矣，合古今上下皆安之，势之所趋，岂非理而能然哉"（《读通鉴论》卷一）。他又说："势字精微，理字广大，合而名之曰天。"（《读四书大全说》卷九）历史是一个天大的力量，人不能违反。"秦以私天下之心而罢侯置守，而天假其私以行天下之公"（《读通鉴论》卷一）。秦始皇置郡县原是想私天下，历史却让他公天下。又如"武帝之始，闻善马而远求耳，骞以此逢其欲，亦未念及牂柯之可辟在内地也"（《读通鉴论》卷三）。武帝派张骞去求良马，历史却把云贵并入中国版图。

王夫之的经世致用之学，首先是他的土地私有论，即"恒畴论"："天地之间，有土而人生其上，因资以养焉。其有力者治其地。"（《噩梦》）上古之世，地广人稀，"唯力是营"，"田无定主"。三代之时，王者替人民"划井分疆"，是为了征役，并不是授田。"孟子言井田之略，皆谓取民之制，非授民也"（《噩梦》）。秦汉以后，"民自有其经界，而无烦上之区分"（《宋论》卷二）。就是说，人民已有了"恒畴"，不需要国家干预了。王夫之极力反对限田、均田，甚至不赞成抑兼并，因为这些都要侵害土地私有制，都是"欲夺人之田与人"（《读通鉴论》卷一九）。他还说："有其力者治其地，故改姓受命而民自有其恒畴，不待王者之授之。"（《噩梦》）改姓受命当然指新兴的清王朝，而这时的"有其力者"已不专指劳动力，而包括财力、智力。

因而王夫之有"崇富论"。他说，只要赋税公平合理，"而田自均矣"，但"贫富之代谢不常"（《宋论》卷一二）。"千户之邑，极其瘠薄，亦莫不有素封巨族冠其乡焉"（《黄书·大正》）。这并没什么不好，因"国无富人，民不足以殖"（《读通鉴论》卷二）。"舒富民，而后国可得而息也"（《黄书·大正》）。并且，富民常是"擅之于智力"者，"智者日富，而拙

者日瘠”（《读通鉴论》卷五），是合理的。他甚至说：“大贾富民者，民之司命也。”（《黄书·大正》）

王夫之的赋役论，则可说是反历史的。他主张税户而不税田：“取民之制，必当因版籍以定户口，即户口以制钱粮”（《噩梦》）；“役其人，不私其土”（《读通鉴论》卷二〇）。照他看来，当初鲁宣公“初税亩”就错了。他赞赏唐初的租庸调制，因庸（力役）、调（土宜）都是“一定于户口而不移，而勿问田之有无”（《读通鉴论》卷二〇）。他不赞成两税法和一条鞭法，因为加重了有田者的负担（他没赶上摊丁入地）。当然他也知道要恢复租庸调制是不可能的，因而提出“轻自耕之赋，而佃耕者倍之”。所谓“自耕者，有力不得过三百亩，审其子姓丁夫之数，以为自耕之实，过是者皆佃耕之科”（《读通鉴论》卷二〇）。

在商贾问题上，王夫之基本上也是反历史的。他赞赏汉高祖禁商人“衣锦、乘马”，也赞赏桑弘羊“官山府海以利天下”，主张盐茶专卖。当时物价下跌，发生“粟贱伤农”问题，他主张提高米价，而具体措施是废银、废钞，用铜钱，这也是反历史的。

唐甄（圃亭，1630～1704），当过10个月的县令即被革职，流寓江南经商，失败；为牙人，亦失败。开馆课徒，潦倒终生。著《潜书》，宗王守仁良知说，而评议国事。

唐甄说：“自秦以来，凡为帝王者皆贼也。”（《潜书·室语》下引语皆据该书，仅注篇名）；主要指聚敛刑狱等事。他要求“位在天下之上者，必处天下之下”，“匹夫匹妇皆不敢陵……闾里父兄皆可访治”（《抑尊》）。遇有刑事，“有司议之，人主不敢私”（《权实》）。隐然平等主义。又倡男女平等；“父母，一也”，“男女，一也”（《备孝》），严厉批判女祸说。

唐甄的基本思想是“富民论”。他说：“立国之道无他，惟在于富……夫富在编户，不在府库……国家五十年以来，为政者无一人以富民为事。”（《存言》）这是最大的憾事。若“能以是（富民）为政，三年必效，五年必治，十年必富”（《考功》）。

怎样富民呢？唐甄有篇议论：“陇右牧羊，河北育豕，淮南饲鹜，湖滨缫丝，吴乡之民编蓑织席，皆至微之业也。然日息岁转，不可胜算。此皆操一金之资可致百金之利者也。里有千金之家，嫁女娶妇，死丧生庆，疾病医祷，燕饮赏馈，鱼肉果蔬椒桂之物，与之市者众矣。缗钱锱银，市贩贷之；石麦斛米，佃农贷之；匹布尺帛，邻里党戚贷之；所赖之者众矣。此藉一室之富可为百室养者也。海内之财，无土不产，无人不生，岁月不计而自足，贫富不谋而相资。是故圣人无生财之术，因其自然之利而无以扰之，而财不可胜用矣。"（《富民》）

这篇议论有点像司马迁的《货殖列传》，但实不同。第一段讲生产，所举牧羊、育猪、养鸭、缫丝、编织，并非一般农民副业，而是"操一金之资可致百金之利"的专业户，即小商品生产者。唐甄在别处还讲过雇工十数人、百余人的专业户，实为资本主义萌芽。第二段讲买卖，第三段讲借贷，都是"一室之富可为百室养"，都是指市场经济。这样，"岁月不计而自足，贫富不谋而相资"，即市场会自然调节。为国者只要"因其自然之利而无以扰之"，即实行不干预的自由市场政策，三年就可见效，十年就可大富。

唐甄是个市场经济论者，因而他对当时的银荒十分恼火，和黄宗羲、顾炎武、王夫之一样，提出废银用钱的货币主张。不同的是，黄、顾、王主要是从赋税上立论，因为困难在于农民有粮食而无银纳赋。唐甄则是从市场上立论，他说："当今之世，无人不穷，非穷于财，穷于银也。于是枫桥之市，粟麦壅积；南濠之市，百货不行；良贾失业，不得旋归。万金之家，不五七年而为窭人者，予既数见之矣。"（《更币》）他还有段议论："清兴五十余年矣。四海之内，日益穷困，农空、工空、市空、仕空。谷贱而艰于食，布帛贱而艰于衣，舟转市集而货折赀（即货贱），居官者去官而无以为家，是四空也。"（《存言》）这里，除仕空实因被革职去官外，农工商的空都是由于物贱，即价格下跌、市场不景气而造成的。这就把当时的经济困难说到点子上了。价格下跌就是通货紧缩，即所谓银荒，通货为什么紧缩，唐甄还没弄清楚，所以提出废银的反历史建议。

《潜书》完成于康熙四十一年，即1702年。此时与顺治初（按1650年计）比，江南米价下跌近70%，棉价下跌70%强，布价下跌约40%，今之研究者称为"康熙萧条"或"17世纪市场危机"。我也为此作过研究。[①] 我

---

① 吴承明：《18世纪与19世纪上叶的中国市场》，载《吴承明集》，中国社会科学出版社，2002。

估计，当时我国产银年均不过 20 万两，市场流通主要靠进口白银。顺治初进口银年均 77 万两，清廷于 1656 年起禁海、靖边，银进口剧减。但不像当时人靳辅、慕天颜等所说那么严重，迄 1702 年，康熙朝进口银年均仍有 46 万两。当时通货紧缩的一个重要原因是康熙帝的财政节约政策。康熙自诩"明朝费用甚奢，兴作亦广，一日之费，可抵今一年之用"。① 1706 年谕："前光禄寺一年用银百万两，今只用十万；工部一年用银二百万两，今只用二三十万。必如此，然后可谓之节省也。"② 节省的银存入户部银库，退出流通。大库存银，从无到有，据云康熙时积达 2400 万两，为过去各王朝所未曾有。③ 待雍正即位，解除南洋贸易禁令，银进口年达 90 万两。同时将耗羡归地方使用，又大量发放养廉银。于是银荒解除，物价回升。

颜元（习斋，1635 ~ 1704），北方学人，曾躬耕，行医，不为官，少交游。开馆授徒百余人，世称颜李学派（李指李塨）。

颜元曾深研宋明理学，57 岁南游中州，幡然改悟，以理学尽虚空，经学不切用，倡实学。主张"实文、实行、实体、实用，卒为天下造实绩"（《存学篇》卷一《上陆桴亭书》）。梁启超论顾、黄、王、颜四子曰：颜元"明目张胆排程朱陆王，而亦菲薄传注考证之学，故所谓宋学、汉学者，两皆吐弃，在诸儒中尤为挺拔，而其学卒不显于清世"。④ 先师钱穆称颜元之学"以习行代训诂诵说"，"以事物代心性义理"，其学"带有革命之气度"，然颜元"种种持论，更似颇有近阳明者"。⑤ 原来康熙凤好程朱，亲刊《朱子全书》《性理精义》，并升朱熹由庑廊配享大成殿，朱学成为官学。南方学者不敢抗议，遂相率入考据六经之途。颜元非之，如其实学"乡三事"经用考据家所称伪书，而批判理学则以批程朱为主。他说："必破一分程朱，始入一分孔孟"（《颜习斋先生年谱》卷下）；"程朱之道不熄，孔子之道不著"（《习斋记余·未坠集序》）。与顾、黄、王不同，颜李已不属明朝遗老，其学亦能独树一帜，惜未能下传。

---

① 《清朝文献通考》卷三九《国用考》。
② 王庆云：《石渠余记》卷三《纪会计》。
③ 韦庆远、叶显恩：《清代全史》第 5 卷，辽宁人民出版社，1991，第 400 页。时无黄册记录，或称 800 万两，是沿明代老库 800 万两不准动用旧制。
④ 梁启超：《清代学术概论》，上海古籍出版社，1998，第 20 页。
⑤ 钱穆：《中国近三百年学术史》上册，商务印书馆，1997，第 204、219 页。

颜元反对朱熹"理在事先"和王守仁"心外无理"之说，而主张"理气融为一片"，没有"无理之气"，也没有"无气之理"（《存性篇》卷一）。他反对朱熹"天命之性"为善、"气质之性"为恶的说法，认为性就是气质之性，"非气质无以为性，非气质无以见性"（《存性篇》卷一）。"性字从生、心，正指人生以后而言"（《存性篇》卷一），没有先天的、天理的性。这就从根本上否定了"存天理，去人欲"之说。他认为性本来是善的，而恶是由于外物的"引蔽"和"习染"，都是后天的。"祸始于引蔽，成于习染"（《存性篇》卷二）。努力改正，即可返于善。

因而，在治学上，颜元力排读书、章句、静坐、居静、反省诸途，而主张"习行"。习行即习事而身体力行之。他说宋儒"只教人明理"，"孔子则教人习事"（《存学篇》卷二），"吾辈只向习行上做工夫，不可向语言文字上着力"（《颜习斋先生言行录》卷下《王次亭第十二》）。习行不可静，必主动。"吾尝言，一身动则一身强，一家动则一家强，一国动则一国强，天下动则天下强"（《颜习斋先生言行录》卷下《学强第十三》）。因解"格物"曰："格物之'格'，王门训'正'，朱门训'至'，汉儒训"来"（指郑玄），似皆未稳……元谓当如史书'手格猛兽'之格……乃犯手捶打搓弄之义。"（《习斋记余·阅张氏王学质疑评》）即求知要亲自动手反复习行。

颜元的实学是重功利的。他说："利者义之和也"，并针对董仲舒的话说，"予常矫其偏，改云：正其谊以谋其利，明其道而计其功"（《四书正误》卷一）。有人问孔子"谋道不谋食"何解？颜元答曰："宋儒正从此误，后人遂不谋生……孔门六艺，进可以禄，退可食力……故耕者尤有馁，学也必无讥。"（《颜习斋先生言行录》卷上《教及门》）他一度主持的漳南书院，即教授六艺。唯"射"无传，"御"非实用，主要授礼、乐、书、数四艺。唯仅四个月，漳水泛滥毁书院。

颜元说："如天不废予，将以七字富天下：垦荒、均田、兴水利；以六字强天下：人皆兵，官皆将；以九字安天下：举人材，正大经，兴礼乐。"（《颜习斋先生年谱》卷下）其中"人皆兵"指寓兵于农，颜十分重视武备，以重文轻武是朱熹的流毒，习兵是六艺之一。"正大经"指恢复分封诸侯的封建制，当然是行不通。"兴礼乐"也是复古主义，他讲得最多，并力求习行。

均田论是颜元的得意之作。他目的是恢复井田制，并作井田经界图，宽乡每夫授田54亩，狭乡每夫27亩。但恢复井田制实际难行，因而"可井则井，不可则均"（《存治篇·井田》）。均田，"今世夺富与贫殊为艰难"，因而他设计了一个"佃户分种"之法。此法是在李塨的《拟太平策》卷二中转述的，不知是否掺有李塨的见解。其法是：设一富家有田1000亩，令其自耕100亩，余分佃九家，各100亩。秋收后，佃农以40亩收成交地主，以10亩收成代地主纳赋，自收50亩。30年后，所佃田均归佃户。这1000亩就是10户各有100亩了，均田完成。30年为一世，对地主说"享地利终其身亦可已矣"。这实际是一个自上而下的有偿土改方案，其偿金相当于地主原有田15%的收成，连付30年。这对于后世用土地债券的土改法，是一个启蒙。

颜元是当时诸儒中最坚决主张废银的，他甚至要求废除一切货币，并以为只要赋税都纳实物，十年后即可废除货币。这完全是反历史的。

李塨（恕谷，1659～1733），颜元的大弟子，交游广，声名昭著，发扬光大了颜学。唯与毛奇龄、阎若璩等往来，颇热衷于考据学，有违颜元治学之道。又对颜元重礼乐的复古主义有意见："吾人行习六艺，必考古准今。礼残乐缺，当考古而准于今者也。射、御、书有其仿佛，宜准今而稽之古者也。数本于古，而可参以近日西洋诸法者也。"（《李恕谷年谱》卷三）在认识论上，李塨解"格物"曰："不曰学而曰格，何也？学有浅有深，皆可谓学。格者，于所学之物，由浅入深，无所不到之谓也"；"盖问、思、辨皆学中事也"（《大学辨业》卷二）。这较之颜元的"捶打搓弄"似多了一层理性的认识。

在政治上，颜元主张恢复封建制，李塨则不以为然。他历数封建制"使天下百姓数百年皆一姓"，其"不公孰甚"；而秦置郡县则是"假其私以行其大公"（《存治篇》书后）。这点与王夫之相同。

在实学上，颜元提出"六府"（水、火、金、木、土、谷）、"三事"（正德、利用、厚生）之目。李塨则对此做了详细解释。按李的解释，六府有30多个细目，实际包括水利、海防、火器、冶炼、城池、农业、屯田、盐政、货币等具有现代性的学科。"三事"则一反《大禹谟》原义，解释成："正德，正此金木水火土之德也；利用，利此金木水火土之用也；厚生，厚此金木水火土之生也"（《瘳忘篇》）；变成了性能、方法、发展三义。当然，这相当于颜李的一个教学规划，实际未曾实行。

在均田问题上，李塨完全同意颜元的方案，并提出有田者不可雇佣长工。他在评王源"毋募人代耕"的主张时说："不使募人代耕，则兼贪者虽欲多得田，无所用之，意甚善也。但耘耕之时，三五日为强以者不论，惟不得有常工为之治田耳。"（《平书订》卷七）"三五日"指短工。短工已于万历十六年（1588）条例获人身自由，即在法律上按"凡人"对待；而长工（常工）尚属"雇工人"，要到乾隆五十三年（1788）条例始获解放。

然而，在17世纪商品经济有较大发展的时候，李塨却抱有返回自然经济的思想，实在令人诧异。他向往的生活方式是"教民勤于树艺畜宇，饮食取于宫中焉，布帛取于宫中焉"，人们婚丧往来"尽可以粟帛货物相易"，银钱是"备而不用"的。"如是，不惟民业日饶，而民风亦近于古矣"（《瘳忘篇》）。他也知道这是做不到的，于是提出抑商的主张：以资本100~300贯者为下商，400~600贯为中商，700~1000贯者为大商，"过千金者千贯，加税一之三；过万金者没其余"；"贵布粟，贱淫技，重农民，抑商贾，以隆教养。先王之良法远虑，不可不考行也"（《平书订》卷一一）。

不过，李塨却重视工（手工业），甚至主张设工部，列六卿之位（《平书订》卷三）。

王源（崑绳，1648~1716），中举后不求仕进，习兵法及经世之策，53岁时拜颜元为师，尊颜李之学，又有自己的创见。

王源自称以"经济文章立门户"（《居业堂文集》卷八《与方灵皋书》），其经济文集《平书》由李塨审编以《平书订》问世。所论重商一事最有特色。他在《分民》篇中分民为士、农、军、商、工五民。五民说始于唐元稹，军居末。王源提军为第三位，又置商于工前，曰农商。他说："嗟夫，重本抑末之论固然，然本宜重，末亦不可轻。假令天下有农而无商，尚可以为国乎？"（《平书订》卷一一）又说："故吾欲于建官之法……置大司均以备六卿。货财者，与食并重者也，乌可置之六卿之外乎。"（《平书订》卷一一）大司均即司商务之首辅，与大司农同位六卿，是农商并重之意。

为推动商业的发展，王源精心设计了一套商税方案。原来商税主要是榷关税，属货物流通税，陋弊滋深，商旅不堪其苦。王源主张，除盐、茶、烟、酒仍征货物税外，尽废榷关，代之以坐商税和行商税。坐商发给印票，即营业执照，"注其本若干，但计其一分之息而取其一"（《平书订》卷一一）。行商亦发给印票，"惟本十贯即纳百钱。任所之，验其票于彼县……鬻已，乃计息而纳其什之一"（《平书订》卷一一）。计息之法是售价减除成本，"凡票税路费俱作本除之"。"仅足本者免其税"，"预计其不足本者则官如其本买之，使商无所亏其本者，便商也"（《平书订》卷一一）。

废除榷关，统一国内市场，是一个现代化的意思。"息"即利润。坐商按利润征税，但其利润是按资本 1/10 计算，故实系按资本征 1%。税的大宗在行商。行商，其按资本征的 1% 票税已计入交易成本，所以是按交易的纯利润征 1%，犹今日之所得税。所得税是个十分现代化的概念，最早是英国于 1798 年开征的，王源的设想早 100 年，是个了不起的启蒙思想。坐商是按月计税，年底总缴。行商是按每次贩运交易征税，其计价法符合今 CIF 制。当然，那时没有保险，而王源的设计有官方保证行商不亏本，堪称惠商。

为防止商人低报资本以逃税，王源设计把坐商分为九等，九等商人在服装、乘马、蓄奴等方面均有规定，申报资本愈高者，待遇愈优。又纳税满 2400 贯者授以登仕郎九品冠带，再满 2400 贯者又增一品，至五品止。

在土地问题上，王源向往井田制，设计了一个"疆田"法：每疆 600 亩，中 100 亩为公田，十家各授 50 亩。为能授田，国家必须掌握大量田地。他估计，通过清官地、垦荒、收闲田、"没贼产"等法可掌握全国可耕地十之二三。此外，主要用献田、买田二法收回田亩。为此，"今立之法：有田者必自耕，毋募人以代耕。自耕者为农，无得更为士、为商、为工。士，士矣；商，商矣；工，工矣；不为农。不为农则无田。士商工且无田，况官乎？官无大小皆不可以有田，惟农为有田耳。天下之不为农而有田者，愿献于官则报以爵禄，愿卖于官则酬以资，愿卖于农者听，但农之外无得买。而农之自业一夫勿得过百亩"（《平书订》卷七）。

这个方案显然是不现实的。在当时政权下，大地主尤其官僚地主不会为一些虚衔而献田，国家收买或农民收买都无此资力。从农业发展看，王源的方案既限制人民择业自由，又阻碍社会资金投入农业。就解决土地问题说，王源的两项基本原则，即"惟农为有田"和"有田者必自耕"，有点"耕者有其田"的思想。但其具体方案，无论对于后世的和平土地改革或强制性土改，都无借鉴之处。不过，王源另有一项关于城市土地的主张，则是合理的："野外不令有私地，而城中则不能尽公。不如听人私相买卖、建造，收其房租为便。"（《平书订》卷一〇原注）房租指房产税。

王源还提出一个货币改革计划：由国家铸大小两种钱（铜币），"小钱一贯直（值）银一两，其铸也约费银七钱，是以七钱为一两也。大钱一贯直银二两，其铸也约费银一两二钱，是以六钱为一两也"（《平书订》卷一〇《财用》）。这是名目货币，须严禁私铸。田赋均征实物，民间交易可以物易物，亦可用钱，但不得用银、钞。唯盐商请领官盐须纳银，国家向铜矿主购铜亦付银。

这个计划，将银钱并用改为单一货币，是个进步。但计划是以银为本位还是以铜为本位，不明。钱以银计值，所谓七钱为一两，但市场交易用钱，商人必以钱计值，看来是由贵金属退回到铜了。又盐商以银买盐，其银何来？国家以银购铜，其银何去？王源总的概念还是自然经济，是反历史的。

四　明清的历史观

17世纪的启蒙思想，蓬勃一时，进入康熙中期，便告终结。儒学转入以阎若璩（百诗）、毛奇龄（西河）为首的以考据六经为主的汉学上去，一些向往未来世界的新思潮烟消云散。这是因为，原来热衷于改革时政的启蒙大师大都有抗清背景，顺治末即开始的文字狱愈演愈烈，庄廷鑨补修明史案株连200余人，至康熙二年（1663）死难70余口。1711年戴名世《南山集》案，戴被杀，并涉及著名大儒方苞入狱。吕留良（晚村）是与黄宗羲交往的启蒙学者，自成学派，死40余年后，1729年因涉曾静案，吕被开棺戮尸，其子孙门人俱遭死刑或流徙。儒者无不胆战。又康熙二十五年（1686）令查禁学社，民间讲学之风全戢。同时颁布《学宫圣谕》16条，有"黜异端以崇正学"，"讲法律以警顽愚"之戒。所谓"正学"即康熙帝着意倡导的朱熹之学，前已言及。而当时民间学者几乎都是反对朱学的，专事考据经典的毛奇龄，闻谕朱熹升大成殿配祀后，也急将其旧著《四书改错》毁版以避祸。

民间学者为避祸转入汉学，这就形成了"在朝理学"与"在野经学"对立的局面。然而，康熙的文化政策十分高明，他于1679年谕开明史馆，招聘民间学者入馆。原明遗民以气节不应召，但多间接参与，如黄宗羲之子黄百家与弟子万斯同、顾炎武挚友潘次耕均入馆。1710年修《康熙字典》，网罗音韵学家。晚年谕纂《图书集成》，吸纳更多学者，1725年告成。这样，在野汉学也变成了在朝汉学了。

清代的考据学原以考证六经为主，渐而及于史学，专门史学著作，有王鸣盛（西庄）《十七史商榷》、钱大昕（辛楣）《廿二史考异》、赵翼（瓯北）《廿二史札记》等。考据学是中国史学的一项瑰宝，我将于下篇方法论的实证主义一章再论。而清代汉学即经学，于历史观方面无何建树，因不论，而径谈史学。

我前论宋代历史观，曾举欧阳修、司马光、郑樵、朱熹为代表，至于元明清，却甚难选择。元人不重史，脱脱总裁的宋、辽、金史，都仓促敷衍成书。《宋史》卷帙浩繁，亦最芜杂粗糙。唯民间学者马端临著《文献通考》，不少创见，堪称杜佑、郑樵之后一大史学理论力作。明代官修《元史》，殊为疏漏，而民间史家辈出。据《明史·艺文志》载明人所撰史部有1316种，30051卷；然乏精本，乾隆时采入《四库全书》者不过十之一二。若王世贞（弇州）、杨慎（升庵）名家，更受"放诞"之讥。故明代史家我无选述。

有清一代（鸦片战争前），史学不振。梁启超曰："前清为一切学术复兴之时代，独于史界之著作，最为寂寥……舍官书及谀墓文外，殆无余物可以相饷。"[1] 陈寅恪亦以清代"史学不振"，"远逮宋人"。[2] 唯官修《明史》，以有明清之际著名学者的支持，能摆脱陈规，叙事较详而公允，列传部分尤佳，实为官修史书中最为可读者。唯其长于撰叙，在历史观方面并无新构。然乾隆时章学诚的《文史通义》，自称"实有不得已"而作，是一部独树一帜的历史理论著作，亦中国儒家历史观发展臻于高峰之作。下面即就马端临、章学诚两家略作介绍。

马端临（贵与，1254～1323）的《文献通考》是继唐杜佑《通典》而

---

① 梁启超：《中国历史研究法》，上海古籍出版社，1998，第26页。
② 陈寅恪：《金明馆丛稿二编》，三联书店，2001，第270页。

作的历代典章制度的考证。全书 24 考，远较《通典》完备。杜佑首重经济制度，以《食货考》为卷首，但仍以绝大篇幅讲礼制。马端临大大增加经济部分，削减礼制、官制部分，颇有见地。又杜佑偏重制度本身，有类政书；马书则详细考制度变迁，成为史书，并有创新见解。

《文献通考》采用了郑樵《通志》的"会通"主张。会通有从整体上观察历史演变之义，是一种很高明的历史观。但郑樵是用"类例"法，即分类归纳有关文献，做出统一解释，虽也提到历代"相因"之迹，但未能通古今之变。马端临对此有所发展。他说：秦汉以至唐宋，许多制度"虽其终不能以尽同，而其初亦不能以遽异……其变通张弛之故，非融会错综，原始要终而推寻之，固未易言也"（《文献通考·自序》。下引文皆据此书，仅注篇名）。这里含有一种制度变迁的历史观，"原始要终"是考察演变原委。如田赋制度，"随田之在民者税之，而不复问其多寡，始于商鞅。随民之有田者税之，而不复视其丁中，始于杨炎。三代井田之良法坏于鞅，唐租庸调之良法坏于炎。二人之事，君子所羞称，而后之为国者莫不一尊其法，一或变之，则反至于烦扰无稽，而国与民俱受其病，则以古今异宜故也"（《自序》）。又说："以田定赋，以家之厚薄为科敛之轻重，虽非盛世事，而救时之良策，不容不然。"（《田赋考》）又如改征役为雇役，"虽不能使官吏之不贪，然民既出雇募之费，则其身与官无预，而贪毒无所施。此其相与防闲之术虽去古义远甚，然救时之良策，亦不容不如此"（《职役考》）。"古今异宜"的解释不够具体，然见其重视时代性；至于"不容不然"等语，显然是应付儒家的尊古传统。马端临是主张改革的。

历史上最大的变革是秦之废封建、置郡县。在这个问题上马端临有自己的理论。他说："封建、郡县皆所以分土治人，未容遽曰此公而彼私也。然必有公天下之心，然后能行封建，否则莫如郡县。"（《封建考六》）他认为尧舜以前是公天下，禹开始私天下，周开始封诸侯，都已无公天下之心了。故禹一传而有有扈氏之征，再传而有羲和氏之征，周数传即"末大不掉"，终成战国之乱。"故封建之敝始于夏而成于周"。然禹、汤、文、武都是圣王，何以有此敝？盖"世之不古久矣。圣人不能违时，不容以上古之法治之也"（《封建考六》）。不过，"古之诸侯虽曰受封于天子，然亦由其行义德化足以孚信于一方……未尝视封内为己物"，就是说还不是完全私天下。

殆"秦既灭六国，举宇内而郡县之，尺土一民皆视为己有"，"以天下奉一人矣"（《自序》）。这就是百分之百私天下了，就只能行郡县制了，相沿至今，不可能再封建了。"盖时不唐虞，君不尧舜，终不可复行封建。谓郡县之法出于秦而必欲易之者，则书生不识变之论也"（《封建考六》）。还有一节，"三代以上，田产非庶人所得私也。秦废井田，而始捐田产以予百姓矣"，即有了土地私有制。"然沿袭既久，反古实难，欲复封建……是强夺民之田亩以召怨讟"（《自序》）。

对于天人感应说，杜佑是反对的，《通典》根本不列《五行志》。郑樵更激烈批判，在《通志·灾祥略》中斥之为欺天之妖学。马端临则提出"物异"说："窃尝以为物之反常者，异也……今取历代《五行志》所书，并旁搜……（资料），随其朋类，附入各门，不曰妖，不曰祥，而名之曰物异。"他作《物异考》，分列水异、火异、木异、人异、马异并岁凶、地震、甘露、麒麟等近百目，对感应之事亦均记入。按语云："古今言灾异者始于（刘向）《五行传》，而历代史氏所述灾异因之。然必曰某事召某灾，证合某应……则其说太牵强而拘泥。老泉（苏洵）之论足以正其牵强之失，夹漈（郑樵）之论足以破其拘泥之见。然郑论一归之妖妄，而以为本无其事应，则矫枉而至于过正矣，是谓之天变不足畏也。"可见马端临还是多少承认天人感应的。

郑樵还批判史家对《公羊》《穀梁》《左氏》三传一字褒贬之说是欺人的妄学，并非孔子本意。马端临则考证三传所记经文有异同，且公、穀记孔子生日，左氏记孔子卒日，皆不合制（《春秋》只记国君世子生日，而孔子卒日在获麟以后）。三子所记春秋经文既不可信，"后世诸儒复据其见于三子之书者互有所左右而发明之，而以为得圣人笔削（意褒贬）之意于千载之上，吾未之能信也"（《经籍考九》）。

章学诚（实斋，1738～1801）的《文史通义》是一部极有创见性的史学理论文集。公元1772年动笔，陆续成篇，1796年初刻，后又有续作。他论史至于道义，今人以历史哲学称之。

章学诚首倡史德："史德者何？谓著者之心术也……盖欲为良史者，当慎辨于天人之际，尽其天而不益以人也。尽其天而不益以人，虽未能至，苟允知之，亦足以称著述者之心术矣。而文史之儒竞言才、学、识而不知辨心术以议史德，乌乎可哉。"（《文史通义·史德》。下引文均据该书，仅注篇名）这里"天"指历史的本然，"人"指对历史的认识，"辨天人之际"指主观认识与客观实际的关系。"尽其天而不益以人"，即追究历史实际而不掺入主观见解，这是做不到的（"虽未能至"），但知道这个道理（"苟允知之"），便可端正心术，就有史德了。这比过去"董狐笔"之说前进了一大步。因为他承认写历史总要有自己的历史观（实际上章氏很强调这一点，见后"独断"说）；但比起西方存在主义的"前有""成见"说和今人与古人"对话"说，还差一步。

章学诚接着说："史之义出于天，而史之文不能不藉人力以成之。人有阴阳之患，而史文即忤于大道之公……至于害意而违道。"（《史德》）"人有阴阳之患"是说史家有顾虑，害怕"违时"而随大流。这样写出的历史就会"害意而违道"。义和道，正是章氏论史的核心问题。

他说："史所贵者义也，而所具者事也，所凭者文也。孟子曰：'其事则齐桓、晋文，其文则史。义则夫子（孔丘）自谓窃取之矣。'"（《史德》。所引见《孟子·离娄下》）这里，事指历史事实，文指历史文献，义（亦称意）则指历史观，即历史的意义或发展道路，有类似西方历史哲学中所称历史的价值或目的。在西方，大皆认为历史的目的是自由，历史表述的是人类怎样获取自由。在儒家，则认为历史进程是应乎天道，历史的义即通于道。"夫事即后世考据家之所尚也，文即后世词章家之所重也。然夫子所取不在彼而在此，则史家著述之道，岂可不求义意所归乎"（《申郑》）。"后世"实指当时，即乾隆时代。治史主要不在于考证经籍，也不在于文字褒贬，而在于求得史义或史意。

章又说："义者精神也"（《方志立三书议》），"非识无以断其义"（《史德》），要有远见卓识，才能体会出史义。"郑樵有史识而未有史学，曾巩（宋史家）具史学而不具史法，刘知幾得史法而不得史意，此予《文史通义》所为作也"（《志隅自序》）。

一事有一事之义，上下古今之史义就是道。章学诚对道的看法和当时流行的看法是不同的，《文史通义》就是为批判当时流行的看法而作，特设《原道篇》。当时的乾嘉学派或汉学家认为道是圣人所作，备于六经，考证注疏六经，便可明道。章氏则认为道是自然而然，出于人伦日用，随历史发展而发展，故探求史义才可明道："道之大原出于天……天地生人，斯有道矣……故道者非圣人智力之所为，皆其事势自然，渐行渐著，不得已而出之，故曰天也。""道出于事物"，"彼舍天下事物、人伦日用，而守六籍（六经）以言道，则故不可与言夫道矣"（《原道》）。

章学诚有个著名论断："六经皆史也……皆先王之政典也。"（《易教上》）六经皆史，所以先王之"道备于六经，（史）义蕴之匿于前（指三代）者，章句训诂足以发明之。事变之出于后者，六经不能言"（《原道下》）。例如秦废封建，汉唐制度的变革，六经都不能言。研究历史，要重时代。《文史通义》是制度史。章氏在《史释》篇说："《传》曰：'礼，时为大。'……盖言贵时王之制度也。"时王指历代君主。"书吏所存之掌故，实国家之制度所存，亦即尧舜以来因革损益之实迹也。故……君子苟有志于学，则必求当代典章，以切于人伦日用；必求官司掌故，而通于经术精微。则学为实事，而文非空言，所谓有体必有用也"。这也是批判考证六经的空言无用。"三王不袭礼，五帝不沿乐。不知礼时为大而动言好古，必非真知古制者也……譬如考西陵之蚕桑，讲神农之树艺，以为可御饥寒而不须衣食也"（《史释》）。

章学诚自称属浙东学派。他说浙西之学源于朱熹，浙东之学宗陆九渊。前辈大师，"顾氏（炎武）宗朱，而黄氏（宗羲）宗陆"。至乾隆时，则浙西为戴震（东原），浙东为章学诚。"学者不可无宗主，而必不可有门户"，"故浙东、浙西，道并行而不悖也。"但他指出："浙东贵专家，浙西尚博雅"；"浙东之学，言性命必究于史，此其所以卓也。"（《浙东学术》）实际上他是批评当时浙西之学的继承者即考证六经的汉学家的。

他说："学博者长于考索……而骛于博者终身敝精劳神以徇之，不思博之何所取也……言义理者似能思矣，而不知义理虚悬而无薄，则义理亦无当于道矣。此皆知其然而不知其所以然也。"（《原学下》）这里，骛博者指汉学，言义理者指科场宋学。"汉学宋学之交讧，训诂辞章之互诋，德性学问之纷争，是皆知其然而不知其所以然也"（《天喻》）。要知其当然又知其所以然，必须通历史学。"学术当然，皆下学之器也，中有所以然者，皆上达之道也。器拘于迹而不能相通，惟道无所不通。是故君子即器以明道，将以立乎其大也"（外篇三《与朱沧楣中翰论学书》）。历史学是研究具体事物演变的过程，即"器"之"迹"的"所当然"，属于下学。而《文史通义》，要求通史之义，即要求"即器以明道"，这就是下学上达，就知道事物演进的"所以然"了。

在治学上，章学诚是贵专的。"道欲通方，而业须专一"；"学必求其心得，业必贵于专精"。（《博约下》）又说："趋向专，故成功易；毁誉淡，故自得深。"（《与朱沧楣中翰论学书》）这是鉴于当时考古汉学烦琐博杂的风气，要求学者淡视时人毁誉，自成一家之言。他谴责"今之学子……惟逐风气所趋，而循当世所尚"（外篇三《答沈佩章论学书》），说"学问文章，须成家数"（外篇三《与林秀才》），而欲成一家，须有"独断"之功。

"独断之学"见于郑樵《通志·校雠略》。章学诚很赞赏郑樵，作《申郑》篇，说郑"盖欲匡正史迁，益以博雅，贬损班固，讥其因袭；而独取三千年来遗文故册，运以别识心裁，盖承通史家风而自为经纬，成一家言者也"。又在《答客问》中说："所以通古今之变而成一家之言者，必有详人之所略，异人之所同，重人之所轻，而忽人之所谨。绳墨之所不可得而拘，类例之所不可得而泥。而后微茫秒忽之际，有所独断于一心。"（《答客问上》）可见他所谓独断是不为绳墨所拘，不顾时风所尚，而见之于微茫秒忽之际，亦即专门之学。"高明者多独断之学，沉潜者尚考索之功"（《答客问中》）。唐以后，"开馆设监，集众修书"，只能"用其义例，守其绳墨"，所以"唐后史学绝，而著作无专家"（《答客问上》）。

但专家之学"必有所近，必有所偏"，因而还必须有"通识"。通识不是"舍其性之所近，徒泛骛以求通"，那将"终无所得"。而是"即性之所近，而用力之能勉者，因以推微而知著，会偏而得全，斯古人所以求通之方也"（外篇三《通说为邱君题南乐官舍》）。"知其（己）所偏之中，亦有不得而废者焉……知己所擅之长，亦有不足以该（赅）者焉。不得而废者，严于去伪，而慎于治偏……不足以该者，阙所不知，而善推能者，无有其人，则自明所短，而悬以待之"（《说林》）。

《文史通义》有《释通》篇："通者所以通天下之不通也……夫通史人文，上下千年，然而义例所通，则隔代不嫌合撰。"古今制度原是变迁的，但究其义理，则是相通的，隔代可以合撰。章氏在这里批评了两种错误的通法：一是"训诂流而为经解"，这会流为"庸师讲章"，"失其本旨"。一是"载笔汇而有通史",这会变成"兔园之摘比","亡其大原"。兔园摘比指唐太宗之子恽令僚佐作《兔园策》,是一部浅陋的问答体史书。章氏又作《横通》:"取其心之所识,虽有高下、偏全、大小、广狭之不同,而皆可以达于大道,故曰通也。"大道指史义。但也有些"识"是"四冲八达,不可达于大道"的,这些事情只能将其审查汇集起来,叫作"横通"。但可以"用其所通之横以佐君子之纵也,君子亦不没其所资之横也"。例如考据、类纂之作,君子可用以找出观点,但要谨慎。"君子不可以不知流别,而横通不可以强附清流。"

第四章

理性主义的反思和
历史观的转变

　　西方社会，在理性主义运动中进入工业化和现代化。经济巨大发展，科学不断进步，现代化的弊端也日益暴露。集中表现在：人际关系淡漠，伦理道德败坏；社会冲突加剧，犯罪增加；自然资源破坏，生态失衡，空气污染，环境恶化；战火不熄，20世纪上半叶发生两次世界大战，人们陷于核恐惧。这就不能不引起人们深刻的反思，影响世界观和历史观的转变。我在第三章论宋儒的宇宙观时已顺便讲了西方宇宙观和关于人与自然界关系的认识的转变，本章就专讲西方历史观和关于人与人关系的认识的转变。至于中国方面，鸦片战争后引进西方理性主义，在轰轰烈烈的第二次启蒙运动影响下，出现以进化论为主导的史学革命，20世纪30年代以后马克思主义历史观日占优势，以考证见长的传统史学亦转型而有新的发展。这些在我国史学界均耳熟能详。故本章就不论中国，专讲西方了。

第一节　西方对现代化的反思

　　第二次世界大战结束后，引起了人们对现代化的反思。首先关注的是18世纪启蒙运动以来的理性、社会秩序和人类自由问题。当时的主流派大师 S. P. 亨廷顿发表《变化社会中的政治秩序》（1968），肯定现代化全球化的九大功绩，但极度忧虑于"现代化带来不稳定"。他说："首要问题不是自由，而是创建一个合法的政治秩序。很显然，人类可以无自由而有秩序，但不能无秩序而有自由。必须有权威，然后才能对它加以限制。"[1] 相反，诺贝尔奖获得者 F. A. 哈耶克认为，权威、理性计划、统一思想等都是《通往奴役之路》（1946），[2] 他在《自由秩序原理》中说，自由有赖于"自生自发的秩序"，"虽说自由不是一种自然状态，而是一种文明产物，但它亦非源出于设计"。[3] 与此同时，坚持文化价值多元论、坚持各种文化"不可通约"的新自由主义者 I. 柏林爵士，发表《自由主义的两个概念》（1968），认为启蒙运动以来迄现代化社会的自由主义是一种"理性的自由"，它要求人们都追求一个共同的理性目标，以完成集权的政治。而真正的自由主义，应当是在没有高压政治的条件下，放弃基础理性要求的、多元文化的自由（他称为消极的自由）。J. 格雷发挥了这种新自由主义的理论，著《后自由主义》。[4]

早在 1954 年，被称为后马克思主义者的 G. 卢卡奇就发表《理性主义的毁灭》，指出 1848 年以后西方资产阶级走向反动，以现代科学形式出现的理性（指工具理性）培植着反理性，相对主义又导致反理性主义，西方的文化已变成非理性的、自我毁灭的文化了。[5] 继 1949 年在巴黎召开的第一次世界和平大会后，各种和平组织、人权组织、自由主义联盟、绿党运动、女性权利运动风起云涌。到 20 世纪七八十年代兴起后现代主义思潮，全面批判启蒙运动以来的理性主义，不过批判重点实际是工具理性，而在价值理性上，则有"返回东方"的口号。

然而，反思现代化的话题中最为惊动人心的还是资源破坏、环境恶化等社会经济方面。1972 年，罗马俱乐部发表梅多斯等人的《增长的极限》报告，预言如果当前浪费型的工业化发展趋势不予改变，一百年内人类都将因资源匮乏而绝灭。1987 年联合国开发计划署发表《我们共同的未来》，提出严重的"可持续发展"问题。1990 年联合国提出"人类发展指数"（HDI），

---

① S. P. 亨廷顿：《变化社会中的政治秩序》，华夏出版社，1988，第 8 页。

② F. A. 哈耶克：《通往奴役之路》，中国社会科学出版社，1997。

③ F. A. 哈耶克：《自由秩序原理》，三联书店，1977，第 61 页。

④ 甘阳：《柏林与后自由主义》，《读书》1998 年第 4 期。

⑤ I. 迪瓦恩主编《20 世纪思想家辞典》，上海人民出版社，1996，第 364 页。

除经济之外，生命、健康、教育、知识都在计算之列。1991 年联合国环境规划署、世界自然保护同盟、世界野生动物基金会等发出"拯救地球"的号召，提出一百多条行动方案。1992 年联合国召开里约热内卢环境与发展会议，通过《21 世纪议程》，要求各国制定相应战略。各种环境保护组织、生物保护组织非常活跃。人们提出"生态伦理学"（Ecoethics）、"生态文化"、"绿色经济"以至"绿色基督教"等概念。

《圣经·创世记》说："神就照着自己的形象造人"，对他们说"要生养众多，遍满地面，治理这地，也要管理海里的鱼、空中的鸟和地上各样行动的活物。"上帝给人以统治万物的权力，成为生态危机的根源。神学家杰里米·里夫金著《新兴的秩序：匮乏时代的上帝》，重新诠释："上帝对人类的第一个训谕就是要人们作他所创造的一切的管理人和保护人。"① 被称为"绿色基督教"。

激进经济学家 R. L. 海尔布伦纳在《质问人类前景》（1945）一书中提出"人类还有未来吗"的担忧。M. 考德威尔在《东南亚国家联盟化》（1974）一文中则担心资源匮乏会使发达国家对持有稀缺资源的第三世界发动"先发制人"的战争。激进派 L. 阿什比著《第二次看毁灭》（1976），相信这种罗马人的解决方式——诉诸战争恐怕是不可避免的。②

主流派经济学家也日益关注伦理道德问题了。芝加哥学派 G. S. 贝克尔的消费学说、诺贝尔奖获得者 J. M. 布坎南的公共选择理论，都力图把利益最大化的工具理性涵盖到伦理、习俗、社会公共利益方面。A. 森著《伦理学与经济学》（1984），获 1998 年诺贝尔奖。③ 德国 P. 科斯洛夫斯基出版《伦理经济学》（1988），要求以伦理学协调人们的经济行为，特别是市场公平，并以为这应当是后现代社会的经济学。④

---

① 转引自倪慧芳、李韬《生态伦理的文化渊源》，《思想战线》（云南大学学报）2001 年第 6 期。

② R. L. Heilbroner, An Inquiry into the Human Prospect, Calder and Boyars, 1945. M. Caldwell, ASEANisation: *Journal of Contemporary Asia*, Vol. 4, No. 1, 1974. L. Ashby, A Second Look at Doom, Encounter, March 1976. 均见布鲁斯·麦克法莱恩《激进经济学》，商务印书馆，1993，第 89～90 页。

③ 阿马蒂亚·森：《伦理学与经济学》，商务印书馆，2000。

④ P. 科斯洛夫斯基：《伦理经济学》，中国社会科学出版社，1997。

20 世纪 60 年代，诺贝尔奖获得者 T. W. 舒尔茨发表了一系列论 "人力资本" 的论文，指出决定人类前途的不是土地和自然资源，而是人类本身的价值。他要求努力培养人的素质，加强健康和知识、教育的投资。[①] 20 世纪 70 年代，E. F. 舒马赫发表《小的是美好的》一书，批判那种福特式的、只讲效率不讲道德的大规模生产制度，指出其错误在于 "人对自然的态度"，人属于自然，却把人作为征服自然的外在力量。[②] 20 世纪 80 年代，F. 佩鲁出版《新发展观》，要求人与自然和谐发展，并重视伦理道德的决定性作用。[③]

这些著述，不少已广为流行，脍炙人口。而要进一步考察西方历史观的反思，还要从哲学思想，尤其是思维与存在的关系方面作些探讨。

第二节　西方历史观的转变

西方哲学思想的转变，大体上始于德国哲学家 E. 胡塞尔（1859～1938）的现象学（Phenomenology）。他是深感于当时的理性主义、特别是科学发展的经验主义，使人类文明误入歧途，而致力于现象学研究的（他并于 1936 年发表《欧洲科学的危机》）。经验主义只重实在的事实，而忽视人类固有的 "潜在的理性"。他说他的现象学是 "关于纯粹可能性的科学"，[④]目的使人类潜在的理性理解到自己的可能性，充分发展，以达到真正的理性世界。由于他的现象学中含有许多新思维，对于后来的思想界尤其是存在主义的兴起，有重大影响，成为理性主义的一个转折点。

胡塞尔认为，事物的现象是其本质的显现，本质或世界本体是可以认识的。认识本质或世界本体，不能用实证主义方法，也不能用归纳或推理的逻辑求得，而要用现象还原的方法。这就是人们用直观认识事物的现象，且把它 "悬置"（epochè）起来，或 "把存在放进括号"（中止判断）；然后用 "有意向性的思维" 进行思考和分析，求得本质的认识。这种还原的认识，

---

① T. W. 舒尔茨：《论人力资本投资》（论文 14 篇），北京经济学院出版社，1990。

② E. F. 舒马赫：《小的是美好的》，商务印书馆，1986。

③ F. 佩鲁：《新发展观》，华夏出版社，1983。

④ E. 胡塞尔：《观念——纯粹现象学的一般性导论》（以下简称《观念》），前言，中译文见张再林《中西哲学比较论》，西北大学出版社，1997。

实际是一种有意向性的"可能性"，是"纯粹一般性的观念"。他的二卷本巨著《观念》（*Ideen*，1913、1928），即他的现象学，目的就是探索这种观念的可能性的内涵。因而他的现象学是一种先验的现象学。

胡塞尔十分重视直观或直觉。直观是一切认识的起源。而所谓现象还原，乃是由现象的直觉还原为本质的直觉。"本质的直觉"是胡塞尔创建的一种认识论。每个个别的直觉（经验的直觉）都可能转化为本质的直觉，但还有其他来源："Eidos，即纯粹本质，可以直觉地以经验的材料即知觉、记忆等材料来表示，但是它也可以同样容易地从纯粹想象的材料来表示。因此，为了以其原初的形式掌握某本质自身，我们可以从相应的各种经验的直觉着手，但我们也可以同样令人满意地从各种非经验的直觉着手。"① 对于"非经验的直觉"，胡塞尔还有更多的论述，为后来的思想家开拓了思路。同时，由于直观或直觉意味着主体与客体在同一层次上出现，这就动摇了西方认识论主客对立的模式，为后来"主体间关系"的理论开辟了道路。

胡塞尔十分重视有意向性的思维，正是这种思维使现象还原出本质。他这里所说的意向性，不是对个别事物的意图，而是"包括了整个现象学的问题"的，"表达了意识的根本属性"的意向性。② 它实际是学者们整个知识和修养的积累，不过胡塞尔把它视为天赋的潜在的理性，有类于宋儒所说的诚意或王守仁所称的良知。这种有意向性的思维，可以使人们的意识"激活"所思的对象，使对象"现实化"；同时也使人们的意识"转向"对象，使意识"对象化"。意识与对象交互行为、交互评价。这就消除了主观或客观、唯心或唯物的单向认识论，成为一种新的认识论。胡塞尔下面这段话颇有助于对历史的认识："在这儿一种转向……当然是一种认识和一种注意。但是在评价行为中我们被转向价值，在享受行为中我们被转向被享受者，在爱的行为中我们被转向被爱者……像这样地被评价、被享受、被爱、被希望的意向对象，即作为被从事者的被从事者，毋宁说首先通过一种有区别性的思想的对象化转向而成为一种被认识的对象的。"③ 历史就是这种被认识的东西。

被称为后马克思主义者、匈牙利哲学家 G. 卢卡奇（1885～1970）的

---

① E. 胡塞尔：《观念》，中译文见张再林《中西哲学比较论》，第73、77 页。
② E. 胡塞尔：《观念》，中译文见张再林《中西哲学比较论》，第27 页。
③ E. 胡塞尔：《观念》，中译文见张再林《中西哲学比较论》，第30 页。

《历史与阶级意识——关于马克思主义辩证法的研究》于1923年出版后，曾在学术界引起了很大的震动和争议。该书如其副标题所示是"关于马克思主义辩证法的研究"，但也较多地论及历史观问题。下面所引，是卢氏在1967年新版序言中重新肯定了的观点。

卢卡奇反对当时马克思主义者"经济决定论"的历史观。他认为历史上主体与客体的对立源于马克思早期的人的物化（异化）理论，而这种对立并不限于经济生活。卢氏认为，历史是人们社会实践的客观过程，但历史又是主体，因为它是人们自己创造的。研究历史，就是研究"历史中主体与客体的辩证关系"，目的是"在自己身上找到同一的主体—客体，行为的主体"，① 以便积极行动起来，改造世界，消除主体与客体的对立，进入没有物化的自由世界。可见，卢卡奇的历史观是目的论的，而他认为能够找到同一的主客体的人物就是当代的无产阶级。

卢卡奇强调历史的整体观。他的整体观，不是部分或各种观念的总和，而是把部分或个别观念作为整体的环节来考察，有如马克思把生产、分配、交换、消费都作为资本主义经济运行的环节来考察，因为"这些环节彼此处于一种动态的辩证关系"中。要认识历史的个别事实，必须把它们"放到总体之中"，因为"正是历史过程的整体才是真正的历史现实。""事实隶属于总体，并在总体中才能变为'现实的'。"② 不从整体上，而只是个别地就事论事，所得到的就往往是假象。

卢卡奇认为，历史是"生成"（werden）的，即"在性质上是新的东西不断形成"，以代替旧的东西。他批评18世纪以来的理性主义，由于强调理论的普遍性和永恒性，把历史的概念（如自由、平等等）"定义为不可改变的"。这种"理性的独断主义"造成认识的僵化："只有历史的生成（观）才真正消除事物和事物概念的……独立性及因此而造成的僵硬性"，才能把事物"放到具体的总的历史过程本身之中去，只有这样，认识才成为可能。"总之，"生成表现为存在的真理，过程表现为事物的真理。这就

---

① G. 卢卡奇：《历史与阶级意识——关于马克思主义辩证法的研究》，商务印书馆，1995，第50、228页。

② G. 卢卡奇：《历史与阶级意识——关于马克思主义辩证法的研究》，第61、232、272页。

意味着，历史发展的倾向构成比经验事实更高的现实"。①

卢卡奇认为，辩证法是人类社会发展的法则，不能用于对自然界的认识。辩证法的决定因素，即主体和客体的相互作用，不适用于自然界。但是，他提出："自然是一个社会的范畴。这就是说，在社会发展的一定阶段上，什么被看作是自然，这种自然同人的关系是怎样的，而且人对自然的阐明又是以何种形式进行的……这一切始终都是受社会制约的。"② 不过，这种自然观并没有什么新的内容。他相信在人类历史中，"自然界限在退缩"（马克思语，也是当时经验主义者的共识）。在前资本主义社会中，自然界对社会有决定性影响，在文明达到顶点的资本主义社会，"自然界服从于社会化范畴的功能"。

然而，有一点是突出的。即卢卡奇认为，马克思的历史唯物主义只适用于资本主义社会，而不适用于前资本主义社会。自然界限的退缩就是一例，暴力论是又一例。在前资本主义社会，经济力量并不是那么重要，而暴力是十分重要的，还有宗教、伦理、艺术的力量都很重要。这也就是他在《历史与阶级意识——关于马克思主义辩证法的研究》开篇中所说的，"正统马克思主义并不意味着无批判地接受马克思研究的结果"，"马克思主义问题中的正统仅仅是指方法"，③ 即辩证法。

始于20世纪初、兴盛于两次世界大战之间的存在主义思潮，是对工具理性造成的文明危机的全面反思。德国的 M. 海德格尔（1859~1976）是存在主义的创始人。他的《存在与时间》（1927）是一部当时最富革新思想的著作，影响深远。海德格尔长期做胡塞尔的助手，但另有新见。胡塞尔的现象学是先验的现象学，海德格尔则自称是"诠释学的现象学"。他考证古希腊文"现象"一词来源于动词"phainesthai"，意"显现自身"。因而，他把本来的存在作为"隐藏不露"或沦入"遮蔽"的东西，而现象世界则是这些东西的"敞开"或"就其自身显示自身者"。④ 这就消除了西方哲学本体与现象二元的传统，而有类于宋儒的"体用一源、显微无间"理论。

《存在与时间》的基本命题是"人的本质是在世界中的存在"，亦即海

---

① G. 卢卡奇：《历史与阶级意识——关于马克思主义辩证法的研究》，第 222~223、268 页。
② G. 卢卡奇：《历史与阶级意识——关于马克思主义辩证法的研究》，第 318~319 页。
③ G. 卢卡奇：《历史与阶级意识——关于马克思主义辩证法的研究》，第 47~48 页。
④ M. 海德格尔：《存在与时间》，三联书店，2000，第 33、34、42 页。

德格尔所称"此在"（dasein），即在一定时空的存在。因此，海氏不同意"存在主义"之说，宁愿称他的理论为"存在论"。人在世界中的此在总是与他人"共同此在"。这里"他人"不是"我之外的全体余数"，而是包括我在内的"我们"。我与他人是"在之中"的交往关系。"由于这种有共同性的在世之故，世界向来已经总是我和他人共同分有的世界。"① 这是个有类于"世界大同"的伟大思想。

然而不然。海德格尔认为，人是被"抛弃"在众存在之中，这就有迷失自我的"沉沦"，因而有"罪责感"，并且面临着不可避免的死亡，即此在的时间性。而人的良知呼唤着自由，要求在有限时间中取得自我的超越。"超越"（transcend）是西方哲学一个关键范畴，在中世纪主要指信仰上帝，在理性主义运动中常指先验性，而海氏则创造了"操心"或"烦"（Sorge），作为此在、共同此在的整体性结构。为了自我超越，人们必须处处操心或烦，包括生活上的操劳或繁忙（Besorge）和人际之间的操守或烦神（Fürsorge）。"人的一切行为举止……是充满操心的"，操心"意指一种向来已作为根基的存在建构"。② 有存在就有操心或烦。

操心或烦，相当于胡塞尔的意向性。但胡塞尔的意向性是指理性认识，海德格尔的操心或烦则不只是认识，还有伦理道德属性，特别是共同此在，实是共同操心。他人不是首先作为客体出现，"而是以他们操劳于周围世界"出现的。因而，"自我认知"不是出于先验理性，而是因为要筹划面对死亡的操劳。"我们已经表明了，最切近的交往方式并非一味地进行觉知的认识，而是操作着的、使用者的操劳——操劳有它自己的认识。"③ 这种认识论颇有王守仁的"知行合一"味道。

海德格尔用存在论解释历史，要略如下。

人受良知呼唤，普遍地以操心谋求超越，操心成为此在的建构。操心的实践，使此在展开，伸展自己。"这种伸展开来的自身伸展所特有的行运（行程），我们称之为此在的演历（Geschehen）"，④ 这种演历构成历史。

---

① M. 海德格尔：《存在与时间》，第 137～138 页。
② M. 海德格尔：《存在与时间》，第 230 页。
③ M. 海德格尔：《存在与时间》，第 143、144、79 页。
④ M. 海德格尔：《存在与时间》，第 425 页。

每个人的此在都有时间性，一死便成过去。但"在存在论的严格意义上，不再生存的此在不是过去了，而是曾在此"或"曾在的此在"。① 这些曾在的此在连接起来，就建构成演历，也就是历史。

人的此在都是共同此在，人的本质是在世界中的存在，因而，"此在的历史性本质上就是世界的历史性"。至于自然界，它是"作为村园、居住区和垦殖区，作为战场和祭场而有历史"。②

人要自我超越，需要有一种先行的决心或果断，进行筹划。这种决心使人"承受遗业"，并"决心就从这一遗业中开展着本真生存活动的当下实际的种种可能性"。传承遗业中的可能性是一种"原始演历"。"我们用命运来标识此在在本真决心中的原始演历"。而在与他人共同此在中，这种"演历就是一种共同演历，并且被规定为天命。我们用天命标识共同体的演历、民族的演历"。而在全世界的共处中，免不了斗争，所以各共同体、各民族"在传达中、在斗争中，天命的力量才解放出来"。③ 这里命运、天命有点宿命论味道。但海德格尔是不相信上帝的。有人认为，海氏在天人关系上是采取传统二元论"居中"的态度。④ 又海氏晚年发表《论人道主义的信》（1946），强调人类与自然界应共存共荣，因而，有人认为他晚年已有十分类似宋儒天人合一的思想。⑤

以上是说历史的本质。海德格尔在他的现象诠释学中还谈到历史的解释即历史学问题。我这里顺便回顾一下西方的诠释学。

诠释学或解释学（hermeneutics）最早是希腊人对荷马著作的解释，后来主要用于考证《圣经》的词源和文意。19世纪德国哲学家 W. 狄尔泰（1833~1911）把它发展为一门学科，用于理解历史，诠释学就不仅是考据方法，而且成为一种历史观了。

狄尔泰认为，自然科学是研究客观的、无个性单元构成的物理世界，它只能作为现象被人们观察和认识，从中抽象出一般性概念和运动规律，而无所谓价值判断。人文科学则面对的是精神世界，它是由个别的精神活动构

---

① M. 海德格尔：《存在与时间》，第431页。
② M. 海德格尔：《存在与时间》，第439页。
③ M. 海德格尔：《存在与时间》，第433、434~435页。
④ 张祥龙：《海德格尔思想与中国天道》，三联书店，1996，第199页。
⑤ 宋祖良：《拯救地球和人类未来——海德格尔的后期思想》，中国社会科学出版社，1993，第13、232页。

成，甚少或没有一般性、规律性，但对它的选择和判断离不开价值标准。历史学研究的是过去的精神活动，对此我们不能感知，也不能观察，但它是生命的活动，我们可以借助于历史文献和遗存，用自己内在的体验（Erlebins）来理解它。

狄尔泰提出"历史理性"原理，即人们通过移情（empathy）进入历史上他人的心境，体验和再现他人精神活动的实质，这就可以得到文本（text，历史文献）的原意。这种移情之所以有效，是因为历史是人创造的，是历史上他人生命本质的客观化，与我们的生命有同构性，并与我们同处在这个"客观精神"领域里。他说："在客观精神的领域里，每一种生命表现都表达了一种共同的东西。每个字，每个句子……以及每一历史行为之所以可以被理解"，是因为被理解者和理解者"是在共同的领域中体验、思想、行动"。① 可见，狄尔泰的诠释学，已有解释者以自己的体验再现历史之意，但他的"历史理性"显然是一种康德式的先验理性，也因此受到批评。十几年后出现的海德格尔的诠释学则是建立在存在论之上，完全改观了。

海德格尔认为，人们要解释任何现象，都是先在整体上有所领会，即有一种先行具有（Vorhabe）、先行视见（Vorsicht）、先行把握（Vorgriff）的领会。解释是奠基于这些领会之上的。这些先有、先见、先把握是人们为了筹划自我超越而领会到存在，但还没有领会到存在的"意义"。经过从存在各个环节上予以解释，这些先有、先见、先把握"构成了筹划的何所向。意义就是这个筹划的何所向，从筹划的何所向方面出发，某某东西作为某某东西得到领会"。②

在历史学中，这种解释就是对经典文献（本文）的诠释。海德格尔说：在历史学中"最先的'有典可稽'的东西，原不过是解释者的不言而喻、无可争议的先入之见"，经过与文本诠释、论证、得出结论。这就成为一种"解释循环"。实证主义者、历史主义史学家都希望排除先入之见（胡塞尔、狄尔泰也是这样），保持客观、中立。然而，这是不可能的。因为此在有它本身"先行"的结构，而这些先行的东西是"原始认识的积极的可能性"。

① 《狄尔泰全集》第7卷，德文，1927，第146页；转引自李超然《理解生命——狄尔泰哲学引论》，中央编译出版社，1994，第177页。
② M. 海德格尔：《存在与时间》，第177页。

诠释或解释，"它的任务始终是从事情本身出来清理"这些先有、先见、先把握的东西，"从而保障课题的科学性。因为就领会的生存论意义说，领会就是此在本身的能在，所以，历史学认识的存在论前提在原则上超越于最精密的科学的严格性观念。数学并不比历史学更严格"。[①]（按：这显然是指历史的意义，即"曾在的此在"的"何所向"而言。）

诠释离不开对历史语言的考释。海德格尔在语言学理论上也有新的贡献。这里也略作回顾。原来历史主义历史学（兰克学派）十分重视语言考证，他们认为，语言是理性的表达，是现实经验的图像，是经验的逻辑结构。因而他们着重分析词所指称的事物，句子所指称的事件，语言所指称的历史经验。20 世纪初，奥地利哲学家 L. J. 维特根斯坦(1859～1951) 创日常语言学派，否定了传统的图像说和逻辑论。他认为，语言并不是那么理智，而是像走路、饮食、游戏那样，是人们日常生活的活动。词、句并没有固定的经验的对应事物，语言的意义，要从在"语言游戏"中扮演的角色中去理解，从它在日常活动中所发挥的作用或功能上去理解。逻辑分析，无助于理解语言的真意，更无助于历史研究。

海德格尔显然同意维特根斯坦的看法，并特别重视话语或言谈（Rede）。他说："话语是此在的展开。"话语或言谈总是有言者和听者，"言与听皆奠基于领会……唯有所领会者能聆听"。在《存在与时间》中还专设有《闲言》一节（第 35 节）。闲言或闲谈是日常此在的对话，是一种"公共讲法"，一种"平均领会"。"一切真实的领会、解释和传达，一切重新揭示和重新据有"，都可在闲言中得到。[②] 这有点像中国的"迩言"。宋刘炎撰《迩言》12 卷，皆历史事物的常言。清钱大昭撰《迩言》6 卷，则以常言考订历史。

维特根斯坦的《哲学研究》出版于 1953 年，海德格尔的《存在与时间》早在 1927 年问世。但维特根斯坦在 1922 年即有"语境说"发表，所以很难说谁影响谁。他们两人的语言学对后来的叙述主义史学和后现代主义史学都发生重大影响。

---

① M. 海德格尔：《存在与时间》，第 176、179 页。
② M. 海德格尔：《存在与时间》，第 188、189、197 页。

K. T. 雅斯贝尔斯（德国瑞士籍，1883～1969）的存在论和海德格尔一样，也是强调此在（dasein）。但他提出"包容"说：人们由于不同传统，有不同的认识和信仰，但都是处在一个包容的存在（Encompassing Being）之中。这是因为，凡人相处，必有交往，交流信息、知识，交换产品。而信念的交往，必有争斗。就争斗是怀有爱心（而非恶意）而言，它就是真理。丰富的多样性的真理，就是包容的存在。这有类于儒家的大同。雅斯贝尔斯在他的名著《历史的起源与目标》（1949）中说："大同是中国精神文化能发展达到的最高点，能削弱它的力量和造成它衰落的是彻底的科学。"① 最后一句是指 19 世纪西方对中国的入侵。

《历史的起源与目标》一书，全部是雅斯贝尔斯对西方文化危机的反思。

雅氏认为，人类历史起源于潜在的天赋人性的觉醒，即人开始认识到自己作为整体（即包容）的存在。人类由无知到有知，即历史由无到有。这就是他在书中反复称赞的"轴心期"，即公元前一千年的这个时期。这时期有孔子、老子、庄子、墨子诸圣贤，有释迦牟尼、佛陀诸哲人和顺世论，② 有伊利亚、伊赛亚、③ 荷马、柏拉图、亚里士多德诸先哲。觉醒的是少数人，但他们形成了中国、印度、希腊罗马三大文明。三大文明又把其他民族即整个世界拖进了历史。

轴心期之后是"间歇期"。这时期西方以其发达的科学统治了世界，但接着就出现文化危机。黑格尔已觉察危机的来临，"在黑格尔眼里，欧洲世界已显露其落日之照：智慧女神猫头鹰只在黄昏才展翅翱翔"。"在克尔恺郭尔和尼采那里，危机感在思想认识上达到顶点。"第一次世界大战后，不仅欧洲，世界所有文化都显露落日之感。人们不是恐怖地谈论世界末日，就是怀疑或冷僻地悲观，如斯宾格勒的《西方的没落》。第二次世界大战，雅斯贝尔斯经历了纳粹的迫害，又增加核恐怖之忧（曾著《原子弹与人类的未来》，1958）。他说："在我们的时代，危机意识决定了历史意识。一百多

---

① K. T. 雅斯贝尔斯：《历史的起源与目标》，华夏出版社，1989，第 158 页。
② 佛陀即菩提、菩萨。顺世论是印度以地、水、火、风四大元素为基础的哲学，它反对种姓制度，主张人生而平等。
③ 伊利亚、伊赛亚均为《圣经·旧约》中记载的先知。

年来，危机意识一直在滋长着。"①

但是，雅斯贝尔斯并不悲观。他认为，历史发展是有目标的，这目标就是自由和统一。人们向往自由，但是在"限制境遇"（包括失败和死亡）挑战下运用其自由，是充满艰辛和风险的自由。他说，在历史的反思中要看到非历史的因素："历史中的非历史因素包括简单的物质基础和千篇一律的周期性发生的、有规律的因果关系。"② 这是指科学。科学不是历史，而是历史的"材料"，它有利于物质生活，便利交通和交往，但也造成世界危机。科学统一世界的"间歇期"之后，可能再有一个"轴心期"，使历史更接近于统一的目标。

雅斯贝尔斯认为，历史有开端，也必有终结，历史是"统一了全体与个别才成为历史"，因而历史的终结就是"完成了存在的统一"，亦即历史的统一。但这只是个方向，是"离我们如此遥远"，可望而不可即。历史是运动，是变迁。从变迁来看，则一个"开端既是开端，也是终结"。③ 这大体是指轴心期和间歇期的交替而言。

雅斯贝尔斯说："如果历史是存在的表现形式，那么真理就始终在历史中存在。""运动越激烈，真理显示的深度可能就越伟大"；"精神发展史上最伟大的现象是终结和开端一齐发生变迁，它们是处在新旧之间的真理。"④ 这也叫作"过渡期"或"跨时代时期"。当前的文化危机，就是这样一个时期。伟大的精神理论，呼之欲出。

20 世纪六七十年代是西方诠释学或解释学最盛的时候，这时也是后现代主义勃兴之时，许多诠释学者都多少有后现代学派非理性、解构主义、相对论和多元论的色彩。

德国 H-G. 伽达默尔（1900～1980）是海德格尔的弟子。在诠释学上，它发展了海氏"先入之见"的论点，提出"前理解"或"成见"（Voruteit）说。他考证 Voruteit 原指法庭终审判决之前的预审判决，并无贬义，18 世纪启蒙运动中强调真理的永恒性，不能改变，成见才变成偏见。伽达默尔认

---

① K. T. 雅斯贝尔斯：《历史的起源与目标》，华夏出版社，1989，第 266 页。
② K. T. 雅斯贝尔斯：《历史的起源与目标》，第 267 页。
③ K. T. 雅斯贝尔斯：《历史的起源与目标》，第 269、283 页。
④ K. T. 雅斯贝尔斯：《历史的起源与目标》，第 280、281 页。

为，前理解或成见是"理解的前提"，它构成理解者的视界或视域（horizon），即观察历史的立足点、视角、视野。解释的对象即文本（text），则是前人对同一历史的看法或视域。解释者的视域和文本的视域都是各自的历史条件决定的，都是历史性的，其差别在于时间，反映时代思潮不同。两者都是开放的，可修改的。两者交流、融合，即可扩大解释者的视域，使之包含文本，产生新的理解。这就是"解释的圆环"或循环（hermeneutic circle）。显然其循环是以解释者的成见为起点的，有类于宋儒心学之"六经注我"。

原来狄尔泰的诠释学也有解释的循环，而那是文本的词、句与全文对校，即部分与整体的交融，但已有理解可变的含义。狄尔泰还因此认为理解总是相对的，永远不能完整无缺。海德格尔的解释的循环，如前所说，已是解释者的见解与文本的交融了。但海氏的循环仍是西方传统认识论的主体与客体模式，不过他已承认交融达成共识，即主客体间有同一性。

伽达默尔诠释学的循环论则有了革命性变化。他把解释理解为解释者的视域与文本的视域的交融，这两种视域都不是本体论上的存在，而是有限的历史的生成物，因而解释者与文本都是主体。这接近于东方哲学。伽氏在他的名著《真理与方法》（1960）中说："理解并不是主体诸多行为方式中的一种，而是此在自身的存在方式。"[1] 他还一再强调，解释文本并不是像传统诠释学那样要了解文本作者的意图，而是解释文本本身。任何文本都是"敞开"世界上"遮蔽"的存在（海德格尔语）。伽氏说："文本本身总是一再表明自身不是通向展望存在之敞开的道路上的最后海岬。"[2] 文本像解释者自己的成见一样，是开放的，敞开的道路是无限的，从历史文本中可以理解"人类的整个世界经验"。[3] 因而，"理解从来不是对于某种被给予的对象的主观行为，而是对于对象的效果史——对象的影响历史的行为。也就是说，理解属于被理解之物的存在"。[4]

这样，在伽达默尔的诠释学中，消除了主体与客体的对立，也实现了思

---

① 伽达默尔：《真理与方法》，辽宁人民出版社，1987，第37页。
② 伽达默尔：《摧毁与解构》，中译文见《哲学译丛》1991年第5期。
③ 伽达默尔：《真理与方法》，第49页。
④ 伽达默尔：《真理与方法》序。

维与存在的同一。这种同一不是黑格尔式的，而是从理解者与文本之间的交往或对话得到的。"理解总是一种对话"。这是现在与过去的对话，今人与古人的对话。这种对话是平等的，苏格拉底式的，不受权威、先知的约束。这种对话是开放的，没有终结的。"每次对话都有一种内在的无限性，而没有终结"。伽达默尔要求"在我们特有的思想中继续进行会话"，并扩大会话的范围，"理当广泛地寻求它的会话伙伴"。[①] 有点像我们所说的"百家争鸣"。

对话总是通过语言，有问有答，因而也要遵守维特根斯坦的"语言游戏"规则。这种规则其实就是没有主人、没有目的、没有终结。伽达默尔认为，对话游戏的目的就是游戏的本身，其规则就是永远重复："重复做的活动显然是对游戏的本质来说是如此重要，以至于谁或什么东西从事着这种活动则是无关紧要的。"[②] 这意味着，我们所做的解释不过是前人解释的再解释，而后人所作又是我们解释的再解释，历史就是要这样没完没了地再解释。

这也就是《真理与方法》的真理观。真理是开放的、多元的，没有绝对的真理。正如爱因斯坦所说："事物的这种真理必须一次一次地为强有力的性格的人物重新加以刻勒，而且总是使之适应于雕像家为之工作的那个时代的需要。如果这种真理不总是不断地重新创造出来，它就会完全被我们遗忘掉。"[③]

保尔·利科尔（1913~1990）是法国存在主义者。他在《历史与真理》（1955）中列举了三种真理：科学真理、道德真理、存在真理。当今是科学真理伸张的世界。但科学真理不能用于评判历史，它只检验原因与结果，而不问动机（自然界运动没有动机）。而在历史中，动机自始至终贯穿于人类行为，这是要用道德的真理来评价的。利科尔提出的"存在的真理"是一种对人类历史的认识，即承认历史的复杂性、不确定性、结构的不完整性等，承认历史不能为理性完全澄清，不能以理性的发展来评价历史。

关于诠释学，利科尔和伽达默尔一样，认为理解是解释者存在的方式：

---

① 伽达默尔：《摧毁与解构》，中译文见《哲学译丛》1991 年第 5 期。

② 伽达默尔：《真理与方法》，第 149 页。

③ 许良英等编译《爱因斯坦文集》，商务印书馆，1976，第 84 页。

"首先，他已经在这个世界中，然后是理解、解释和表达。"① 不过，他更尊重理解对象即文本的存在，他认为解释者的词汇主要来自文本，否则不能表达。他说："在这方面，说自我是由文本的'质料'构成的或许更正确一些。"② 因而他认为伽达默尔强调了解释者自我的成见，不免有主观主义之嫌。利科尔也是消除主体与客体的对立，他认为诠释的文句既不属于文本的作者，也不属于解释者，而是二者之间的"隔距"（distanciation）的产物。因而他不同意海德格尔和伽达默尔的圆环或循环（circle），而提出一个诠释学的弧（hermeneutic arc），这个弧表示隔距，是解释的自由活动区，意味着任何解释都不是固定不变的。

利科尔还提出一个叙述主义历史学的主张。原来西方的史学和中国史学一样，都是叙述式的。19 世纪末提出科学历史观，分析方法用于史学，逐渐占优势。慕尔顿·怀特写了一本《分析的时代》（1955），主要指 20 世纪的哲学界，其实历史学界也一样，尤其在经济史方面。20 世纪 50 年代兴盛的法国年鉴派，摒弃事件史，注重结构分析，也放弃了传统的叙述语言。同时，在美国兴起的 K. R. 波普尔的逻辑实证主义史学，以逻辑推出结论，不给解释者任何表达自己看法的机会。20 世纪 60 年代兴起的以 R. 福格尔为首的计量史学（cliometrics），以模型或方程式解答历史问题，史学家更无描绘、叙述余地。历史学完全脱离文学、艺术，一副无情无义的冷酷面孔，令人反感和反思。维特根斯坦的日常语言学首先在理论上冲破藩篱，继之者踵至。到 20 世纪 70 年代，被称为叙述主义历史学复兴年代，有美国的海登·怀特和利科尔两大家出现。

海登·怀特发表《元历史：十九世纪欧洲的历史想象》（1973），目的在于找到"一种以叙述的散文话语形式的词语结构"，作为叙述历史的"结构和过程的模型"，通过它来"解释它们的本来面目"。③ 他认为，历史学并不是"表述"历史上的事件、人物、力（活动），而是把这些要素"重建"成一种词语结构，以赋予它们新的含义，即历史的意义。词语结构包括词、

---

① 保尔·利科尔：《历史与真理》，西北大学出版社，1965，第 266 页。
② 保尔·利科尔：《解释学与人文科学》，河北人民出版社，1987，第 147 页。
③ Hayden White, *Metahistory*: *The historical imagination in nineteenth Century Europe*, The Johns Hopkins University Press, 1973, p. 4.

句、语法、语义方面的安排，也包括文学、修辞学方面的安排，因为历史学家只会发现，文学家才能创作。这有点像章学诚的《文史通义》："其事则齐桓晋文，其文则史，其义则夫子窃取之矣。"夫子指《春秋》，《春秋》是叙事史，褒贬乃三传附会。

利科尔将多篇著作汇集为三卷本《时间与叙述》（1984～1988）。他是从时间性上来阐明叙述的功能的。任何事件都是在一定的时间发生的，这是它的"在时性"。但任何事件都有来龙去脉，与前后的事件相关联，叙述阐明这种情节上的关联，就是它的"历史性"。任何事件都不是孤立的，而是与其他事件形成一种结构，叙述这种结构性的状况，就是它的整体意义，即"深层暂存性"（deep temporality）。深层暂存性是叙述完成了"未来、过去和现在的多元的统一"，而这也就是"存在的结构"，是历史学叙述的最终要求。[①] 这有点像郑樵、章学诚的"会通"观，而从结构上理解横向的会通，又远胜于郑樵的"类例"。

继海德格尔、伽达默尔之后，德国社会学家 J. 哈贝马斯（1929～ ）提出"交往理性"学说，于 1981 年发表巨著《交往行动理论》，顿使西方学术界耳目一新，引起了热烈反应。哈贝马斯的交往理性，是指人们在无外界压力的语境下，通过宣称和对话，互相沟通、理解，达成合理的共识，以实现和谐社会行动或行为。他认为，这种交往理性是人的本性的东西，是人们日常生活中所固有的，它曾对人类社会进化做出贡献。但是，18 世纪以来，受工具理性支配的现代资本主义体系治了人们的生活世界，交往理性被压抑埋没了。因此，哈氏大声疾呼，要求重建合理的交往行动，以克服当前的社会危机，继续完成启蒙运动以来未完成的现代化事业。

在认识论上，哈贝马斯的交往理性，不是笛卡尔式的"我思"产生的，也不是康德式的主体对客体的"认知"，而是从人们相互沟通、理解一致中得来的。这就从根本上消除了西方自希腊以来传统的主客二元哲学，破除了康德、黑格尔以来以我为主的世界观，建立了一种类似东方哲学的主体间思维方式。哈氏还强调，要求达成有效的一致性理解，参与各方面的语

---

① Paul Ricoeur, *Time and Narrative*, The Chicago University Press, 1984 - 1988, pp. 169, 178.

言宣称（claim）必须是真实的、正当的、诚实的，如果用欺骗他人的宣称，即使达成一致，也是假一致，非理性的一致。这就有类于儒家中庸之道所强调的"诚"。

哈贝马斯说，在交往中人们的宣称将涉及客观世界（物理世界）、社会世界、主观世界（思维）三个方面的问题。又说他的交往理性包括三个层面："第一，认识主体与事件和事实世界的关系；第二，在一个行为关系的社会世界中，处于互动中的实践主体和其他主体的关系；第三，一个成熟而痛苦的主体（费尔巴哈意义上的）与其自身的内在本质、自身的主体性、他者的主体性的关系。"[1] 这几乎与我在讨论历史观时所提的人与自然的关系、人与人的关系、思维与存在的关系（都来自马克思）相仿佛。

在历史观上，哈贝马斯是社会进化论者。他所谓社会进化，指文化的再生产，即知识的累进和社会的整合，其结果也就是个人自由的扩展。然而，在历史上，社会进化并不是那么顺利，尤其是近三百年来，出现逆转和危机。对此，哈贝马斯把它归咎于工具理性的猖狂和交往理性的被压抑。他说他正是要建立"一种合理性在历史中变形的理论"。[2]

原来，胡塞尔首先提出当代"危机"和"生活世界"（Lebenswelt）的观念，并要求"向生活的素朴性返归"。[3] 海德格尔从本体论（存在论）上把相互交往和操心作为人类"共同此在"的根据。伽达默尔从认识论上以"对话""视域交融"阐明他的诠释学。哈贝马斯则把他的社会进化理论称之为"历史唯物主义的重建"。[4] 他认为，对于社会进化，马克思"是以生产力的发展阶段来进行判断，以社会关系形式的成熟来进行判断"。这是正确的，"成熟"即哈氏所称社会整合。但他认为，"历史唯物主义并不需要预设一个贯穿整个进化过程的种类主体"，我们也可以"根据一种社会结构

---

① 哈贝马斯：《现代性的地平线：哈贝马斯访谈录》，上海人民出版社，1997，第57页。
② 哈贝马斯：《现代性的地平线：哈贝马斯访谈录》，第45页。
③ 胡塞尔：《欧洲科学危机和超验现象学》，上海译文出版社，1988，第70页。
④ 哈贝马斯的社会进化论述见他的《交往与社会进化》，重庆出版社，1989。此书是取自哈贝马斯《重建历史唯物主义》（*Zur Rekonstruktion des historischen Materialismus*，1976）一书的一部分，这部分有英译本 *Communication and the Evolution of Society*，1991。我为统一中译文，未用重庆版译文，而用威廉姆·奥斯维特《哈贝马斯》一书的中译文。

是否被另一种更为合理的社会结构所取代来识别社会进化"。① 在经济基础与上层建筑问题上，哈氏比较重视上层建筑；在分析资本主义形成中，则广泛利用马克思早期的物化或异化理论。

哈贝马斯认为，人类最早的社会是一种"平等式的部落社会"。这种社会的整合体制或系统（system）是亲族，亲族系统是建立在生活世界的婚姻（家庭）关系上的。婚姻即交换妇女是人类基本的交往关系，货物交换也依附于婚姻关系进行。但货物交换日益发展，加以社会分工，社会的整合体制出现世袭的家族长系统，形成"等级的部落社会"。家族长代表权威，但家族长仍是由生活世界产生的。

历史发展，出现了政治权力。政治权力不是来自生活世界，而是来自军事征服，建立在司法惩罚之上的。政治权力独立化，即国家。国家的出现，标志着社会进入"政治分层的阶级社会"，也标志着社会系统与生活世界脱节了。但是，封建国家仍然要利用生活世界的交往行动（家庭、伦理道德规范、宗教、文化）来进行管理，甚至受其制约，如宗教。继之，货物交换变成商品在市场上的交易，交易由金钱作中介。金钱或资本势力膨胀，成了主宰社会的机制，出现"经济结构的阶级社会"，即现代资本主义社会。在资本主义社会，权力系统和金钱系统，通过惩罚和报酬来整合整个社会，取代了私人之间的沟通和共识，生活世界大大地萎缩了。

哈贝马斯十分注意早期资本主义到晚期（20世纪）资本主义的演化。在早期资本主义，国家根据宪法产生，经济由市场调节，市场由私人自由贸易组成，国家与市场相对独立，保持基本平衡。金钱系统与私人之间是工资与劳动的交换，权力系统与私人之间是管理与纳税的交换；这些交换被假定是等价的，换言之，系统与生活世界保持着形式的平衡。到资本主义晚期，垄断资本兴起，或者实行国家资本主义，市场调节失灵，阶级矛盾激化，上述两种平衡都被打破。哈氏总结晚期资本主义有三大特征，即国家干预、福利国家、大众民主。为维持社会秩序，国家干预深入经济领域、文化领域和

---

① 《交往与社会进化》（英文本），第140、142页，中译文见威廉姆·奥斯维特《哈贝马斯》，黑龙江人民出版社，1999，第64~65页。

私人日常生活。文化成为"精英性的专家文化，从日常生活的交往活动中分离出来"，① 文化人变成公司雇员或政府职员。社会的两极分化导致福利国家的出现，救济事业普遍化，并由社会团体转入国家手中。"朝向民主福利国家的发展，事实上是被理解为根植于社会阶级结构的权力关系的法律形式的制度化"。② 所谓法律形式的制度化即政府所有干预行为都要求合法化，法律条例如毛。不同于早期以保护民权为主的宪法政治，资本主义晚期，人们的私人生活和公共生活都日益陷入法律调节网络，没有自行沟通、协商的余地，这就是所谓大众民主。

国家干预、福利国家、大众民主造成生活世界的物化或异化。哈贝马斯认为，权力系统导致的异化比当年马克思所看到的经济系统导致的劳动的物化更为严重。因为劳动的物化只涉及无产阶级，而权力则使整个生活世界"破碎"，使交往理性失去作用："异化现象和集体同一性破坏的现象出现。我曾把这种现象归为生活世界的殖民化，把其特点叫作日常生活中交往实践的物化。"③ 所谓生活世界的殖民化，即权力和金钱力量侵入生活世界，交往活动物化了。

然而，尽管如此，哈贝马斯并不否定启蒙运动以来西方的现代化事业。1980年他发表"现代性——一个未完成的理想"演讲，1985年又出版《关于现代性的哲学对话》（以下简称《对话》）。他在《对话》中说："最初的启蒙运动的过程不过是转化为理性的自我保存的驱动力的结果，因为理性只有在它表现为目的理性，更确切地说，只有在它表现为工具理性的时候，它才有这种支配人类本能的权利。"④ 工具理性在发展科学和生产力中是有效的，不过，它被绝对化了。在《交往行动过程》中哈氏说："物化问题不是从自我保存中被绝对化了的目的理性中所产生的，它不是由野蛮的工具理性所产生的，它是从对一个制度进行维持的无约束的功能性中所产生的，这种

---

① Jürgen Habermas, *The Theory of Communicative Action*, Vol. Ⅱ, Heinemann, p. 370. 中译文见威廉姆·奥斯维特《哈贝马斯》，第107页。

② 威廉姆·奥斯维特：《哈贝马斯》，第110页。

③ 威廉姆·奥斯维特：《哈贝马斯》，第115页。

④ Jürgen Habermas, *The Philosophical Discourse of Modernity*, Cambridge, 1985, p. 111. 中译文见威廉姆·奥斯维特《哈贝马斯》，第140页。

功能性的理性……使生活中的理性变为无用，这样才产生了物化问题。"①
这里功能性的理性实指社会学中的功能主义学派，以美国 T. 帕森斯为代表，
强调社会整合作用，强调均衡、稳定。

哈氏《交往行动理论》第二卷的标题就是"对功能主义理性的批判"。
他认为生活世界的物化现象是可以解除的，现代性应继续发展。1992 年他
出版《事实证明与有效性》，提出从立法上改造议会的方案，使立法程序
"返回到讨论和协议的无主体的循环中"，使民主意识"在法律的中介中有
效地反对社会整合中的其他机制：金钱和权力等等"。② 另一方面，他严肃
地批判否定 18 世纪以来的理性运动、否定现代性的后现代主义者，称后现
代主义者为"新保守派""青年保守派"。

法国米歇尔·福柯（1926～1984）是后现代主义最著名的代表人之一，
也是位历史学家。由于他独特的论点和文风，他的论述在理性主义反思中极
其引人注目，在西方和中国引起了热烈讨论，不过近年来已趋沉寂。

福柯提出"人死亡了""人类历史终结了"等耸人听闻的命题。其实，
他不过是要消解西方传统的以人为主体的世界观和康德、黑格尔以来的
"自我"的历史哲学。福柯在疯狂史、医疗史、监狱史、性意识史中那些繁
复的论证，实际只是说：那种具有天赋的普遍人性、合乎理性和逻辑的人，
是 19 世纪被理性知识构建出来的，在当前的现代文明危机中，这种抽象的
人就要消亡了。那种作为理性逐步伸张、自由不断进展的历史，或者有意
义、有目的、有自然因果系列的历史学，"它的出生地就是 19 世纪的欧
洲"，一个无个性的混杂、腐败、戏剧化的时代，"19 世纪顺理成章地就是
历史学的世纪"，③ 而现在这种历史学应当终结，让位给"实际的"或"新
的"历史学了。

福柯认为，实际的或新的历史学"不以任何恒定性为基础"，也"不遵
循（任何）目的"。④ 因而，他竭力否定任何天赋的、永恒的人性。他甚至

① 威廉姆·奥斯维特：《哈贝马斯》，第 89 页。
② Jürgen Habermas, *Faktizität und Geltung*, Frankfurt, 1992, pp. 170, 363. 中译文见威廉·奥斯维特《哈贝马斯》，第 162、166 页。
③ 杜小真选编《福柯集》，上海远东出版社，1988，第 161 页。
④ 杜小真选编《福柯集》，第 157 页。

否定肉体和性欲是人的本质（犹如否定"食色性也"）。他认为人的生活、服饰、仪容、作息方式都是社会环境（归结为权力）逐步建构出来的，是历史的产物。他的四卷本《性意识史》（1976～1984）巨著不厌其烦地考察了 17～19 世纪资本主义现代化过程中，语言、文化、科学、教会、法律（都归结为当时社会的权力）怎样压抑自由的性欲，又不断地制造性意识，正是这些性意识产生现代人形形色色的反常的性行为。

为了否定人是历史的主体，福柯竭力否定人道主义。这是针对当时流行的、特别是法国让－保罗·萨特（1905～1980）的存在主义而言的。萨特提出"存在先于本质"的原则。原来西方的理性主义大师，直到康德，以及前面提到的雅斯贝尔斯，都相信上帝创造人，因而是先有人的本质，上帝依此创造人类。存在主义者，德国的海德格尔和曾师从于海德格尔的萨特，都不相信上帝创造人之说，因而是先有人的存在，然后有人的本质。这样，顺理成章地人性、人道主义都是历史的产物。但是，萨特是严格的人类中心论者。他把有意识的人类作为"自为"的存在，而非意识、惯性的外部世界是"自在"的存在，人的意向性行为可以使外部世界"非事实化"，以至可理解为"虚无"。人类的主体作用如此巨大，萨特于 1946 年发表一篇"存在主义是一种人道主义"的演讲，意人道主义的行为可支配整个世界的存在。但是，个人的自由行动同时就产生对他人的责任，需得到他人的承认，而这就产生困难和苦恼。因而人道主义必须是"在塑造自己的形象的同时，我也塑造了全人类的形象"，[①] 这显然是很不容易的。

萨特的自为、责任，相当于海德格尔的此在、操心。不过，海德格尔不是那样坚持人类的主体地位，并在晚年《论人道主义的信》中思想有所转变，反对把人道主义等同于主体性的形而上学，强调人与外部世界应当和谐发展，前已述及。萨特晚年也有所转变，他提出"非异化的伦理学"，把人道主义归结为"你总要多少看出别人对你已经有了什么理解"。[②] 隐然以相互理解代替他早年的相互承认自由，向哈贝马斯的交往理性靠拢了。

福柯则明确主张个体性，反对集体的人道主义，认为现代人道主义是

---

① Jean-Paul Sartre, "L'existentialisme est un humanisme," 1946, 收入 M. 怀特《分析的时代》，商务印书馆，1981，引语见第 123 页。
② I. 迪瓦恩等编《20 世纪思想家辞典》，上海人民出版社，1996，第 627 页。

17 世纪末统治者为了掩饰暴力镇压而创造的，19 世纪完成体系。他说：
"我反对人道主义，因为它是隐藏反动思想的屏幕。"[①] 又在解释 F. 尼采的
"历史感性"时说："总之，要以一种完全摆脱了形而上学和人道主义化记
忆模式的方式来使用历史。"这里记忆模式指康德式的理性"认知"。这样
使用历史，是"对认知主体的牺牲"，"在它牺牲认识主体的时候，求真之
知摆脱了一切限制，一切真理意向"。[②]

后现代主义者是反对理性以至真理的，但情况不同，有人是有条件的反
对，有人是反对工具理性，不反对道德理性。至于福柯，似乎他只是反对先
验的、永恒不变的理性。"一切必须历史化"，理性是历史的产物，今天是
真理的东西，日后会变成谬误。他举医学著作为例，1770～1780 年的医学，
到 1820～1830 年发生巨大的改变，由无理性"进入了理性和体验"。这不
是什么人的创造，而是历史的"栅栏"，筛选出合理的东西。[③] 但是，福柯
认为，所有的理性，尤其在人文科学和社会科学方面，都是与政治权力分不
开的。政治权力，不仅是国家机器，还存在于家庭、学校、教会、学术界；
不仅表现为禁令，不准说什么，还表现为倡导，要说什么。他在解释尼采的
谱系学时说："一部分人对另一部分人的统治，这就是价值分歧的开始；一
个阶级对另一个阶级的统治，这就是自由观念的萌生；人们对生存必需的东
西的攫取……这就是逻辑的创造。"[④] 总之，理性的概念都是来自权力。真
理"是人们据以区分真假并赋予真实以特殊权力效能的全部规则"，但"真
理不在权力之外"，"因为真理本身就是权力"。[⑤]

福柯对历史学的最大贡献是他提出一个难以令人接受的历史观，这就
是：实际的历史是断裂的、不连续的。他早期的《词与物——人文科学考
古学》（1966）、《知识考古学》（1969），后期的"谱系学"著作，都旨在
论证历史是非连续性的，至少 16 世纪以来欧洲的历史是这样。

福柯认为，不同时代的知识主要表现于话语，而不在文本，因为任何文

---

① 转引自 M. 布洛克曼《结构主义》，商务印书馆，1986，第 89 页。
② 杜小真选编《福柯集》，第 162、164、165 页。
③ 杜小真选编《福柯集》，第 224 页。
④ 杜小真选编《福柯集》，第 154 页。
⑤ 杜小真选编《福柯集》，第 445、446、447 页。

献都是后人加工制造的，也因此他拒绝诠释学方法。话语中最有代表性的是陈述中的词，而非命题式句子，因为命题都是什么人根据公理构建的。词是表物的基本单位，而物（choses）就是事，历史上的事物。在文艺复兴时代，两者都需要考究。因而所有的知识都带有几分不确定性。在18世纪启蒙运动中，词成了一种代表事物的符号，失去本身意义，所有的知识都变成了"命名性的"。"从19世纪起，语言向自身折叠起来，它就获得了自己的厚度（density）"，恢复了本身的独立性，"它变成了知识的对象"。① 其结果就出现了"文学"，显然是指当代舞文弄墨的文学。

福柯主要是研究思想史、科学史、文化史的，他提出"知识型"（episteme）概念，约指一门知识的整体模式。他又以16、17世纪为欧洲的文艺复兴时代，17世纪末和18世纪初为古典时代，19世纪以后为近现代。他考察了语言、医学、货币、动植物分类学等学科知识型的演变，指出：在一个时代，各种知识型有同一性，而在各时代之间，知识型是不连续的，最大的断裂发生于文艺复兴时代和古典时代之交，尤其是古典时代与近现代之交。例如，19世纪的医学并非继承古典时代的医学，而是在病源、病理以至同一病的处方上，都与前一时代不同了。因而他主张，历史研究不是求同，而是寻找各历史时代之间的差异，有人就把福柯的理论称为"差异的历史哲学"。

从理论上讲，后现代主义者一般认为世界本来是差异的、多元的、不连续的。那种统一的、有中心的、连续的世界观，先是由神学、后来是由启蒙运动以来的理性主义构建的。不过就历史学说，还有传统的原因。中国的史学，从《春秋》三传起就是连续的，注意编年。西方不是这样。早期西方的史学都是一件一件的故事，互不相连。J. H. 鲁滨孙（1863～1936）的名著《新史学》（1912）说，直到文艺复兴时代，史学中时间错乱的现象还习以为常，因果链和历史连续性的概念是19世纪才建立起来的。所以，福柯认为历史是19世纪产生的。

福柯历史不连续的理论，很难为中国人接受。但是，细看他的论点，主要是强调历史的"创新"和"转换"。他说知识的进步不"服从于增长的原

---

① 杜小真选编《福柯集》，第107页。

则"，即不是知识的积累，而是"知识在它的功能、结构、内部关系方面发生全新的变化"。① 他不认为历史总是线性的发展，而要求史学家发现"某一过程的界限，某条曲线的转折点"。② 他说他的《知识考古学》所要研究的"不再是（知识）基础遭到破坏问题，而是导致基础的创造和更新的问题"；"本书旨在展示历史和知识领域中某个正在本领域中完成的转换原则和结果。"③

从这些积极性命题看，福柯所讲的乃是历史上带有基础性的变。这有点像司马迁所说的"道"变。司马迁的道变也是基础性的转换，即由忠而敬，由敬而文；他是讲三代，要三百年、五百年一变。福柯的转换在近世，只要一二百年。福柯说他的历史认识论"会把它的最初阶段上溯到马克思"。④ 有人问他的考古学在方法论上是否参照了马克思，福柯答"是的。绝对如此"。⑤ 马克思说过："历史的动力以及宗教、哲学和任何其他理论的动力是革命，而不是批判。"⑥ 福柯也讲过，有多少种权力关系就"有多少种革命"，"人们完全能够设想另一些革命，这些革命基本上不破坏国家赖以运转的权力关系"。⑦ 看来，他所讲的知识型的断裂、非连续就是文化大革命。

---

① 杜小真选编《福柯集》，第 229 页。
② 杜小真选编《福柯集》，第 136 页。
③ 杜小真选编《福柯集》，第 132、142 页。
④ 杜小真选编《福柯集》，第 139 页。
⑤ 杜小真选编《福柯集》，第 513 页。
⑥ 马克思：《德意志意识形态》，《马克思恩格斯选集》第 1 卷，第 43 页。
⑦ 杜小真选编《福柯集》，第 439 页。

下 篇
方法论

第五章

方法论和历史实证主义

第一节　经济史的研究方法

20 世纪五六十年代，我国曾有一场关于经济史研究的对象和方法的论争。论争十分热烈，但当时占主流的思想过于狭隘，后来的学者大多自行其是，形成不同流派。这很好，要百家争鸣，才有进步。学术乃天下公器，方法论更应是开放的。我主张"史无定法"，若统一视野，必成桎梏。因此，本篇方法论，全属个人拙见，若承取舍，唯一愿望是不要妨碍读者自己的见解，是幸。

我以为，经济史是研究历史上各时期的经济是怎样运行的，以及它运行的机制和绩效。依此定义，我们研究的视野就不能限于经济本身，因为自然环境、国家、社会和文化都制约着经济的运行，而经济运行的绩效也在自然环境、国家、社会和文化上表现出来。

我们常说经济史是经济学和历史学交叉的学科。但实际上还没有这样一门学科，目前研究经济史者可说有两大派：一派偏重历史学方法，注重文献诠释和史料考证；一派偏重经济学方法，注重经济理论和数量分析。其实两派并行大有好处，可互补互促、共臻繁盛。但也不妨有自己的看法。我是学经济出身的，研究经济史最初是注重经济理论分析，并专攻过计量学。但后来转变，认为经济史首先还是史，是历史学的一个分支，深感自己史学修养不足。正如 J. 熊彼特所说："如果一个人不掌握历史事实，不具备适当的历史感或历史经验，他就不可能理解任何时代（包括当前）的经济现象。"①

我认为，历史研究（不是写历史）是研究我们还不认识或认识不清楚的历史事物，如果已认识清楚就不要去研究了。历史有无限多的事物，任何时候都有尚待认识的东西。历史认识又是相对的，随着知识的增长和时代思想的演进，已认识清楚的东西又会变得不清楚了，需要再认识。历史研究就是没完没了的再认识。

认识是思维与存在的统一，方法是思维的工具。经济史所用方法可分三大类或三个层次。一是世界观意义的方法，它是从整体上指导我们研究的思维工具。二是认识论意义的方法，它是解释、推理、求证的思维工具，其中又分逻辑思维与非逻辑思维两种。三是专业和技术研究方法，有很多种，我选叙经济学方法、社会学方法、计量学方法、区域和比较研究法五种。这五种方法分别在以后各章介绍，这里只讲世界观意义的方法和认识论意义的方法。

一　世界观意义的方法

世界是个无限多样性的整体，而我们要认识的都是有限的个别。需要认识的个别，对我们已有的认识即知识来说是新的。我们要认识它，不是像录像那样把它原样录入我们的知识夹，这等于没有认识，而是要理解它的原委，它在整体中的位置和关系，它的功能和作用。知识的增长不是机械化积累，而是整体认识的深化或更新，有如发现一个岛屿，等于重绘全幅地图。这样对个别的认识，就必须先有一种整体的、观念上的理论作思维工具，它为我们的研究提出观点、视野、思路或取向（approach），以至假说（hypothesis）。现代科学的发展多半是先有假说，然后通过实验或模拟试验来证实或修正它。人文科学也是这样。人类学创始人 B. K. 马林诺夫斯基在考察西太平洋美拉尼西亚岛的土人文化时说："田野工作完全依赖理论的激励"，因为田野工作不是写游记，而是"我在描述他们、创造他们"。② 这

---

① 吴承明：《谈谈经济史研究方法问题》，《中国经济史研究》2005 年第 1 期。引语见熊彼特《经济分析史》第 1 卷，商务印书馆，1991，第 29 页。

② B. K. 马林诺夫斯基：《西太平洋的航海者》，华夏出版社，2002，第 6～7 页。

种人类知识中没有过的新知识，首先是在观念上，然后在田野间，被创造出来的。

对历史事物的认识，不能靠实验，也不能靠田野作业，这就更需要有先有的理论作思维指导工具。这种先有的理论就是熊彼特所说的"历史感""历史经验"，就是我们上篇所说的历史观或历史哲学。历史观是一种世界观，一种哲学，在研究具体历史时它就会变成方法，世界观意义的方法。我在上篇"什么是历史观"一节中曾引恩格斯的话："马克思的整个世界观不是教义，而是方法"；又引列宁的话："历史唯物主义是……唯一科学地说明历史的方法。"不过，方法是开放的，最好不受"唯一"限制。例如，黑格尔的历史哲学是唯心主义的，但马克思吸取了他的辩证法方法。又如汤因比的《历史研究》殊多讹误，但他的文化多元论和等价比较研究方法，还是很有价值。司马迁的"究天人之际，通古今之变"的历史观，作为指导思维的方法，至今仍很适用。班固源流周赡的叙事方法，也不宜放弃。事实上，每个治史的学者都有自己的历史观，又都是汲取前人之长，不过未能系统化，常不自觉而已。按不同对象和史料条件，采用不同的思维方法，这也是"史无定法"。

二　认识论意义的方法——逻辑思维

逻辑思维有归纳法、演绎法、证伪法。此外，还略谈经济学的逻辑思维和科学方法问题。

（一）归纳法

归纳法是由个别、特殊推论出公共、一般，其法创自 F. 培根。培根在《新工具》（1620）中说，观察事物要独立于理智，不受理论的干扰。这在当时主要是排除神学理论的干扰，有积极意义。后来有人要求归纳者要保持理论的中立性，则是不可能的，也是不合理的。观察是有目的的活动，不仅如前所述的整体观察，在个别事物的观察上也要靠理论来决定思路和取向。爱因斯坦说："是理论决定我们能够观察到的东西，只有理论，即只有关于自然规律的知识，才能使我们从感觉印象推论出基本现象。"[1] 基本现象指

---

① 许良英、范岱年编译《爱因斯坦文集》第 1 卷，商务印书馆，1977，第 211 页。

本质或一般。

培根十分重视一般或公理。他在《新工具》中说，归纳法"从感性与特殊事务中把较低级的公理引申出来，然后不断地逐渐上升，最后才达到最普遍的公理"。① 层层归纳，能否得出"最普遍的公理"是可疑的。在自然科学，一些最普遍的理论并不是靠归纳出来的。在历史学上，受培根的影响，梁启超（任公，1873～1929）在1902年发表的《新史学》中说："历史者，叙述人群进化之现象而求得其公理之例者也。"后来，他在1921年的《中国历史研究法》中就取消了"公理"之说，而在1926年修订该书时，自称受笛卡尔启示，干脆抛弃了归纳法，他认为对历史整体性的认识"十有九要从直觉中得来"。②

梁启超所说指历史观，恐怕确是主要靠直觉。但就历史实证主义说，因为是从分散的、个别的史料入手，主要是采用归纳法。原来A.孔德所创的实证主义社会学，就主要是采用归纳法。但归纳法用于历史有它本身的缺点。早在18世纪初，D.休谟就指出，归纳法是建立在未来与过去相似的假设上，然而，"自然的途径会发生变化，过去不能成为将来的继续有的规则"。③ 我们应当注意这一点，历史学家不是预言家，"述往事，思来者"只是提供借鉴。休谟的批评还否定了归纳法可求得因果关系。不过，19世纪初J.S穆勒创造了归纳五法，作了些补救。但穆勒的五法只能检查单因子的因果关系，对于多因一果、一因多果的情况无能为力。④

归纳逻辑的最大缺点是它所有的命题都是单称命题，积累同样命题愈多，愈属可信，但终非全面。20世纪初逻辑实证主义兴起，提出用概率来测定，这很好，但概率论难用于历史事物。不过有的可限定范围，如所论限于五个典型商埠，如若五埠都发生银贵钱贱现象，则变成全称命题。

在经济史上，还有一个统一方法论问题。经济学从李嘉图起，就倾向用演绎法，边际主义出现后全用演绎法。1883年奥地利学派与德国历史学派

① 北京大学哲学系编《十六～十八世纪西欧各国哲学》，三联书店，1958，第10页。
② 梁启超：《中国历史研究法》，上海古籍出版社，2000，导读第8页，第1、138页。
③ 大卫·休谟：《人类理解研究》，商务印书馆，1957，第13页。
④ 穆勒五法是求同法、求异法、求同差异共用法、共变法、剩余法。检查某一因子在各式中出现的频率，确定因果关系。他是用矩阵原理，实际用途不大。

的"方法论之争"，实即演绎法与归纳法之争。这问题长期没有解决。我的看法是，经济史首先为史，应用历史学方法论证，包括伦理方面的论证。但在做经济分析时，应用经济学方法论证，包括计量学方法。对于一个问题，例如，道光年间银贵钱贱问题，也可兼用不同方法论证。多角度观察，即使出现多元判断也有好处，史无定法。

（二）演绎法

演绎法是由一般公理、定律推论出个别、特殊，结构严密。公元前的欧几里得几何学体系，就是从14条公理、定律演绎出来的。其定律如"一个点等距离的轨迹就是圆"既无懈可击，演绎出的整个体系也天衣无缝。但这也只限于数学，其他科学还是用归纳法从观察和试验中得出定律、公理。到19世纪晚期，定律、公理已成系统，演绎法才成为主要的逻辑思维工具，并在社会科学、首先是经济学使用。演绎法不仅能确认已知的存在，还能推论出未知事物的性质，如从元素周期律中推论出某些未知元素，以后陆续在实验中发现。这实际是演绎法最大的功效。

历史发展不是线性的，一治一乱，分久必合。历史是"一次如此"的事情，原则上没有重复的。历史又是人类无计划创造的，很难说有什么公理。人们可以把自由、人道主义、进步论作为社会发展的长期趋势，但在论证某具体问题上，自由、人道、进步不能做演绎法的大前提，并且事实上反自由、大屠杀、反动复辟之事屡见。社会形态的变迁也难作准则，无奴隶制者有之，无封建制者有之，超越"卡夫丁峡谷"者亦有之。历史学家对于历史发展规律可以有自己的理解，但那是一种历史观，只能用于指导整体思维，而不能用于演绎法以求证或推理，更不宜用于推测未来。历史学可用演绎法中的"假言判断"法，其例是如果A是真，则B是真。但需慎重，因历史是已完成的事，不能随便假言。不过，历史中尽有关于自然环境、人口、经济增长、社会结构、群众心理等事物，那些事物的变迁多有规律可循，可以用演绎法来论证。

1942年美国逻辑实证主义者C. G. 亨普尔（1905～1997）发表《普遍规律在历史中的作用》，1948年他又与P. 奥本海默共同发表《解释逻辑的研究》。后继者踵起，形成一个用演绎逻辑解释历史的学派。亨普尔解释历史的模式是：（1）一组序列事件 C_1，C_2……C_n 发生的初始条件或边界条件的陈述；（2）一组有关这类事件的普遍规律。有此两组陈述，便可对相关事件 E 的发生做出准确解释。这种解释带有预测性质。亨普尔说："历史解释的目的也在于表明，事件（发生）不是机遇问题，而是可以根据某些先行的或同时的条件加以预料的。"① 这里先行条件 C 相当于原因（cause），而 E 相当于结果（effect）。而其所以如此，是"以一般规律为前提"。

然而，在历史学中并没有什么公认的一般规律。亨普尔说："'规律'一词意味着它所提出的陈述实际上已能得到有关事实充分地证实了。"② 又说历史学家常用"因此""所以""显然是"等词，就表明他们心目中的普遍规律已为人所尽知，不言而喻。亨氏的追随者中还有人提出"正常状态"应如何作为普遍规律。这都引起正统史学家的反对。亨普尔学派实际上没有什么史学成果，仅在个别问题上做些尝试而已。

（三）证伪法

1934 年奥裔英人 K. R. 波普尔（1902～1994）发表《科学发展的逻辑》，提出证伪逻辑，1945 年发表《历史主义的贫困》，在西方引起轰动，也引起争议。

波普尔证伪逻辑的要点是：（1）科学理论不是来自经验的归纳，而是因为已有理论不符合新的经验，产生了问题，需要新的理论来解决。（2）任何理论都是一种猜测或假设，需要经验来验证。不能用归纳法验证，因为理论、原理、定律是全称命题，包含无限个对象，而经验都是个别的。有限不能证明无限，归纳多少个正面经验都不能证明其理论是真，反之，用演绎法，只要推出一个反面结论，就可证明该理论是伪。没有证实的逻辑，只有证伪的逻辑。（3）问题—猜想—反驳（证伪）—新问题，循环探索，科学知识就是这样增长的。③

波普尔的历史学观点有：（1）不可能有总体论意义的历史学，历史学研究的都是个别的、一次性的事物。历史学"不能预告人类历史的未来行

---

① C. G. 亨普尔：《普遍规律在历史中的作用》，《史学理论》1987 年第 3 期。
② C. G. 亨普尔：《普遍规律在历史中的作用》，《史学理论》1987 年第 3 期。
③ 卡尔·波普尔：《猜想与反驳：科学知识的增长》，《世界科学译刊》1980 年第 1 期。

程"。① （2）历史没有客观规律。历史发展会有一定趋向，但趋向不是规律。历史进步论"是一种朝着更幸福和更美好状态前进的趋势"，不是规律。② （3）历史上相继出现的事件可能有因果关系，历史学的任务就是"解开因果线索和描述这些线索之交织在一起的'偶然'方式"。揭开因果线索用演绎法，所描述的初始条件是因，而所用的普遍规律往往因太普遍而被略去了。如说 G. 布鲁诺被烧死在火刑架上，其普遍规律是"人被火烧必死"，略去了。③

波普尔的证伪论是一大发明，任何理论都需要证伪。正如恩格斯所说："今天被认为是合乎真理的认识都有它隐蔽着的、以后会显露出来的错误的方面。"④ 但纠正错误不一定全部否定它。牛顿力学在有效利用二百年后，被发现其时间空间的假设是错误的，但改正后，牛顿力学仍在有效的范围内适用。波普尔的历史观点也有可取之处，解开因果线索确是历史学的重要任务，因果性确实与偶然性并存。但他否认总体论不能令人信服。F. 布罗代尔的总体论方法，据我看是当今最好的经济史研究方法。

波普尔理论最大的缺陷是他不该完全否定归纳法。历史实证主义离不开归纳法，历史证伪也需要用归纳法。早在 19 世纪 70 年代，恩格斯就有一篇短文说归纳法"很不中用"，归纳的结果"每天都被新的发现所推翻"，但不能否定它。"归纳和演绎……不应当牺牲一个而把另一个捧到天上去，应当把每一个都用到该用的地方，而要做到这一点，就只有注意它们的相互联系，它们的相互补充"。⑤

波普尔否定归纳法，还否定文献资料。他认为文献资料是人们的文化产品，既不反映客观物质世界，也不属于人的精神世界，而是"第三世界"的东西。"因此，资料不是理论的基础，也不是理论的保证；它们并不比我

---

① 卡尔·波普尔：《历史主义贫困论》，中国社会科学出版社，1998，第 2、72 页。
② 卡尔·波普尔：《历史主义的贫困》，第 94、101、104 页。引语是历史进步论者 J. S. 穆勒的话。
③ 卡尔·波普尔：《历史主义贫困论》，第 126～127、129 页。
④ 恩格斯：《路·费尔巴哈和德国古典哲学的终结》，《马克思恩格斯选集》第 4 卷，第 240 页。
⑤ 恩格斯：《自然辩证法》，《马克思恩格斯选集》第 3 卷，第 548 页。

们任何理论或'偏见'更可靠，如有区别，倒是更不可靠一些"。① 这恐怕是任何历史学家都不能接受的。

波普尔的证伪论是对一般性的理论、定理去证伪。但他在提倡"零碎工程"（如某项制度之修订）时也说"要自觉地去寻求错误"。② 如果指具体事物的证伪，那在历史学中早就应用了。中国考据学中就有辨伪一项，并有问、答、辨伪之术，成绩斐然。阎若璩的《尚书古文疏证》考证古文尚书有 25 篇是伪书，全用归纳法，有根有据。康有为的《新学伪经考》谓东汉经书全是刘歆投新莽后伪造，是用演绎法，人多不尽信。

（四）经济学方法论

前已提到 1883 年奥地利学派和德国历史学派的方法论论争实际是演绎法与归纳法之争。这以后新古典主义经济学成为主流。新古典学派奠基人英国的 A. 马歇尔（1842～1924）曾在牛津大学讲授经济史，他鉴于边际主义者讲纯个人主义经济学之不当，主张应用社会历史资料，因而他的《经济学原理》采取演绎法和归纳法相结合的方法。马歇尔说："归纳法借助于分析和演绎，汇集有关各类材料，整理它们，并从中推出一般原理或规律。然后演绎法一时又起主要的作用，它把这些原理彼此联系起来，从中暂时求出新的更广泛的原理和规律。然后再由归纳法主要分担搜集、选择和整理这些材料的工作，以便检验和'证实'这个新规律。"③ 这种方法论是十分恰当的。

19 世纪末 20 世纪初，美国兴起制度学派经济学，代表人物有 F. 凡勃伦（1857～1929）、J. R. 康芒斯（1862～1945）等，都是归纳主义者。他们强调制度和法律、文化等非市场因素的历史分析，被称为德国历史学派的变种。

1929 年世界经济危机后，西方经济学发生凯恩斯革命。英国 J. M. 凯恩斯（1883～1946）的宏观经济学和有效需求都是根据现行统计资料，无须历史归纳法；他的消费倾向、投资收益预期、流动偏好等更完全用演绎

---

① 卡尔·波普尔：《没有认识主体的认识论》，《世界科学译刊》1980 年第 2 期。关于三个世界的理论，见波普尔《世界一、二、三》，《自然科学哲学问题丛刊》1980 年第 1 期。
② 卡尔·波普尔：《历史主义贫困论》，第 78 页。
③ A. 马歇尔：《经济学原理》下卷，商务印书馆，1964，第 424 页。

法。但他的父亲、剑桥大学的 J. N. 凯恩斯（1852～1949）是经济学家也是逻辑学教授，所著《政治经济学范围和方法》① 详论了 1883 年以来的方法论之争，指出归纳法与演绎法必须结合并用。人们认为这场论战总算结束了。

凯恩斯以后，有两大学派。美国的 P. A. 萨缪尔森（1915～2009）代表主流派，强调数理分析，基本上用演绎法。英国的 J. V. 罗宾逊夫人（1903～1983）在解释凯恩斯理论时提出要考虑历史和社会制度变迁，因而兼用演绎和归纳两法。同时，新自由主义代表人物奥裔 F. A. 哈耶克（1899～1992）仍坚持个人主义分析方法，用先验演绎法。

20 世纪下半叶是逻辑实证主义和证伪主义最盛的时候，其显赫声势，震动所有社会科学。而这时的西方经济学进入了数学分析时代，满纸都是数理模型和方程，根本不注意逻辑分析，所受证实证伪影响都不大。但讨论经济学方法论的著作迭起，在美国形成一个热潮。1980 年 M. 布劳克出版《经济学方法论》巨著，纵论古今，但是力主经济学家贯彻证伪主义，大胆预言，并努力反驳它。② 1981 年 B. 卡德威尔发表《超越实证主义：20 世纪的经济学方法论》，也是洋洋万言，而最后提出"多元化"方法论主张，颇为中肯。③ 1983 年，A. S. 阿什内著《经济学为什么还不是一门科学》，详论经济学研究的操作规程，结论是，按照逻辑实证主义标准，经济学还不是一门科学。④

（五）科学哲学

原来，逻辑实证主义和证伪主义都是以"科学哲学"的旗号出现的。前者说，只有按"普遍规律"和"初始条件"推演出来的理论或陈述，才是科学的。后者说，只有经得起证伪法检验的理论或陈述，才是科学的；不

① John N. Keynes, *The Scope and Method of Political Economics*, Macmilan Press Ltd. 该书出版于 1891 年，而于 1904 年修订的第 3 版广为流行。
② Marc Blaug, *The Methodology of Economics, or How Economics Explain*, 1980. 中译本见《经济学方法论》，北京大学出版社，1990，第 4 页。
③ B. Caldwell, *Beyond Positivism: Economics Methodology in the Twentieth Century*, London, 1982. 中译本见《经济学方法论》，第 330 页后记。
④ A. S. Eichner, *Why Economics is Not Yet a Science*, 1983. 中译本见《经济学为什么还不是一门科学》，北京大学出版社，1990，第 10 页及第 4 章。

能证伪的如神学、美学，不是科学。

然而，20 世纪 60 年代，又有新的"科学哲学"出现。美国 T. S. 库恩（1922～1996）发表《科学革命的结构》（1962），认为科学的发展是新旧范式（paradigm）的更替。新旧范式，如哥白尼的日心说和牛顿力学原理，有质的不同，它们的更替是革命。"革命是世界观的转变"，新旧范式之间是"不可通约的"，没有逻辑的关系。① 库恩认为：科学的发展依靠两种思维，一种是直觉、灵感、悟等"发散式"思维，一种是按照逻辑程序的"敛聚式"思维。依两者之间"张力"的平衡，确定采取的范式。逻辑的证实或证伪，影响思维的范式，但同一条件下个人可有不同的选择。② 库恩是从科学史上总结出他的科学哲学的，追随者颇多，被称为"历史学派"。

英籍匈牙利人 I. 拉卡托斯（1922～1974）也是历史主义者。他的《科学研究纲领方法论》于 1978 年发表。其纲领犹库恩的范式。一个研究纲领有它的核心，如哥白尼的日心论、牛顿的力学三定律和万有引力，那是不能改变的。但纲领还有它辅助假设，称"保护带"，可以被证伪而修改，所以证伪逻辑并不能使整个纲领变伪。所有科学理论或纲领都是开放的，有向上或后退的变动，一种理论退化，让位给另一理论，就是科学的进步。③ 可见，拉卡托斯已有理论和方法多元论的思想，与库恩不同。

还有另一位历史主义的科学哲学家费耶阿本德。奥裔美国人 P. K. 费耶阿本德（1924～1994）已是后现代主义代表人之一，他的《反对方法》（1975）一书要打倒"科学沙文主义"，提出"认识论的无政府主义"，要求"无理性"的方法论，"什么都行"（anything goes）等，④ 骇人听闻，学术

---

① T. S. Kuhn, *The Structure of Scientific Revolutions*, Chicago, 1962. 中译本见《科学革命的结构》，上海科技出版社，1980，第 64、70 页。

② T. S. Kuhn, *Logic of Discovery or Psychology of Research*? 1970. 中译本见《必要的张力》，福建人民出版社，1981，第 325 页。

③ I. Lakatos, *The Methodology of Scientific Research Programmes*, Cambridge, 1978. 中译本见《科学研究纲领方法论》（摘要），《世界科学译刊》1980 年第 9 期。

④ P. K. Feyerabend, *Against Method: Outline of an Anarchistic Theory of Knowledge*, London, 1975, pp. 28, 180. 中译本见王治河《扑朔迷离的游戏——后现代哲学思潮研究》，社会科学文献出版社，1998，第 233、235 页。

界为之震惊。其实，他的论点是十分明确的。费耶阿本德认为，科学发展并非完全靠理性思维，许多发明来自直觉，而神话、宗教、占星术、炼金术都对科学发展做出过贡献。科学与非科学的界限完全是人为的，在历史上是互相变易的。现实世界的多样性和丰富性是任何理论所不能概括的，在科学史上，没有理论和事实完全一致的情况。因而，逻辑实证主义行不通，逻辑证伪主义根据单一事实与理论不一致而否定理论，更不可取。人们对世界的认识是多元的、复杂的，认为逻辑是唯一模式的方法论，那只有禁锢人们思维，有害科学的发展。

费耶阿本德提倡多元主义方法论，理性的非理性的、逻辑的非逻辑的思维方法都可取用。人们要认识大自然，"就必须使用一切思想、一切方法，而不能仅仅使用其中的一部分"。① 多元论"不仅对于方法论是重要的，而且也是人道主义的本质部分"。② 因为它破除思想被逻辑奴役的状态，恢复人的尊严。

三 认识论意义的方法——非逻辑思维

认识论中的非逻辑思维，有辩证思维、形象思维、直观思维三种方式。

辩证思维是中华民族特别擅长的思维方式。自老庄、易传以来，融入儒家，直到宋明理学，辩证思维成为中国世界观和人生哲学中的精华，上篇历史观中已多处言及。但辩证思维缺乏工具性，一般不作方法论看待。黑格尔的辩证法虽有"正反合"，"否定之否定"公式，亦非操作规程。对辩证思维前文论述已多，这里不再讨论。

形象思维主要用于文学、艺术领域，具有强烈的启发、创作功能，一般也不作为方法论讨论。然也见于史学，司马迁遨游半个中国，探"禹穴"，"观仲尼庙堂"，访楚汉战场，吊屈原自沉的汨罗江，走蒙恬长城，都是形象思维。这属史家的修养方面，章学诚所谓"其文则史"，是"史实"与"史才"结合的产物。在科学方面，尤其是经济学，常用图式法，有数理图、物理图、示意图，也是利用形象思维，作为方法论是有

---

① 王治河：《扑朔迷离的游戏——后现代哲学思潮研究》，第252页。
② 王治河：《扑朔迷离的游戏——后现代哲学思潮研究》，第239页。

效益的。

直观思维是一种理性思维，在科学和人文科学中都很重要，一般属于认识论的方法论内容。其中又有悟和直觉两种形式。

悟或顿悟的认识，在宇宙观和哲学中非常重要，在东方哲学中，对世界的认识差不多都是从悟或顿悟开始的。悟的认识过程，至今还没有满意的解释。马克斯·韦伯的"隐退说"显然不能解释悟的来源。德国新康德主义者把悟（Verstehen）与科学思维对立，认为悟是人们内在地理解的第一人称的知识，科学是通过人们测算和试验得到的第三人称知识。第一人称的知识是人亲自参与的事物，故可由内省、神入而悟出。这种解释也没有说明悟的能力的根源。朱熹把悟归之于"今日格一物，明日格一物"，"一旦豁然贯通"。而事实上悟的认识并没有这番功夫。倒是王守仁的"致良知"说比较接近，"念念致良知"就是悟。王守仁《咏良知》："无声无臭独知时，此是乾坤万有基。抛却自家无尽藏，沿门持钵效贫儿。"后两句是禅宗《传灯录》语，即禅宗之顿悟法。又《示诸生》："尔身各各自天真，不用求人更问人。但致良知成德业，漫从故纸费精神。"（均见《王文成公全书》卷二○）二诗道出悟的根源和方式。

直觉是一种综合性或整体性的理性思维。笛卡尔认为直觉提供的东西是理性证明的基础和出发点，经"我思故我在"，成为"明晰确定"的知识，便是真理。唯理主义者都尊重直觉，康德的先验论也是直觉。胡塞尔的现象学十分强调直觉，前已言及。海德格尔的操心，自称来自良知，此良知即直觉。波普尔认为，科学理论既非来自公理的演绎，亦非来自经验的归纳，而是科学家的直觉，对问题提出猜测（假设），再用逻辑证伪。现代科学，如分子论、量子论、电磁场理论、宇宙大爆炸理论，都是先有直觉的猜测性假设，再设法逐步证实的。

现代科学把直觉解释为一种跳跃性的理性思维。一种新的理论，需要在不同领域和众多环节上逐步推理和试验，有的环节目前还无法测量或实验。有充足的基本知识和丰富经验的科学家，跃过诸多细微的环节，径自做出判断，这就是直觉。就好像有经验的军事指挥官，在参谋部提供繁琐的敌我军事资料以前，就能提出作战的策略。爱因斯坦非常重视直觉，并提出一个直觉思维的模型：在已有认识的基础上，导出 S、S′、S″⋯⋯几个命题，再凭自己的经验，综合判断整个理论的合理性。[1] 爱因斯坦说"我相信直觉和灵感"。他说：理论上我们可以从普遍的基本定律推导出一个"世界体系"来；但是，"要通向这些定律，并没有逻辑的道路，只有通过那种以对经验共鸣的理解为依据的直觉，才能得到这些定律"。[2]

第二节　中国的实证主义史学

实证主义是研究历史的基本方法，不可须臾或离。需说明，这里所说的完全是作为考据和论证方法的实证主义，不是 A. 孔德（1798～1857）的实证主义哲学。孔德的实证主义和史学家对他的批判，将于下节详述。孔德说他的"实证"（positive）一词有五个含义：真实、有用、不犹疑、精确和"否定之反义"。作为考证方法，我只取他第一个含义，即真实。但我完全拥护他的第五个含义，即"对每一种见解都更公正、更能宽容"，"坚持从历史角度去衡量不同见解的各自影响、持续的条件以及衰落的缘因，绝不能作任何绝对的否定"。[3] 换句话说，实证主义者应当肯定自己的解释而不否定前人。

我国史学，自司马迁以来就是实证主义的，至清乾嘉出现精湛的考据学。考据学主要是考证史料。史料是认识历史的根据。绝对尊重史料，言必有证，论从史出，这是我国史学的优良传统。傅斯年（孟真，1896～1980）在北京大学讲《史学方法导论》："史学便是史料学。"他又在《历史语言研究所工作之旨趣》（1928）中说："近代之历史学只是史料学"，"一份材料出一分货，十分材料出十分货，没有材料便不出货"。[4] 此论曾遭非议。但傅氏先有一言："史学不是著史。"著史是创作，还须有历史观、论点和评价。蔡元培（子民，1868～1940）为历史语言研究所《明清史料》作序中也说："史学本是史料学。"

---

[1]　爱因斯坦：《爱因斯坦文集》第 1 卷，商务印书馆，1976，第 309 页。

[2]　爱因斯坦：《爱因斯坦文集》第 1 卷，第 102 页。

[3]　A. 孔德：《论实证精神》，商务印书馆，1996，第 30 页。

[4]　二文均载《傅斯年全集》台北版第 2 卷。此处系转引自王戎笙《论傅斯年》，《中国史研究》1994 年第 4 期。

史料并非史实。史实如何，我们并不知道。我们不能像自然科学家那样用事实去验证史料，只能用史料来考证史料。所有史料（文献、文物、口碑）都是人为的，都不免失真、失误、夸大、隐讳以至伪造。因而所有的考证都是相对的真实，需要发掘新的史料、发明新的方法，没完没了地再考证。乾嘉以来，中国的历史实证主义就经历了这一过程。

（一）乾嘉考据学

乾嘉学派的大功是在认识论上摆脱宋明以来讲心性义理的形而上学，而以朴实的态度追求历史文献的本意，故称朴学。他们采用训诂、校勘、辨伪、类推、辑佚诸法。他们的训诂、校勘、类推都是以归纳法为主，每字每事必广集例证，"类而辑之，比而察之"（崔述《考信录》），得出较真实的解释。胡适（适之，1891～1962）在《清代学者的治学方法》一文中说："他们所以能举例作证，正因为他们观察了一些个体的例证之后，脑中已有了一种假设的通则，然后用通则所包涵的例来证同类的例"，这等于从通则"演绎出来。故他们的方法是归纳和演绎同时并用的方法"（《胡适文存》卷二）。一般来说，"举例证"方法是危险的。正如列宁所说："社会生活现象极其复杂，随时都可以找到任何数量的例子或个别材料来证实任何一个观点。"[1] 不过清人的训诂、校勘是在某字某事的狭小范围内收集尽量多的例证，故比较可靠。清人考据也力戒"孤证"。

关于辨伪，以赵翼（瓯北，1727～1814）的《赵氏孤（儿）之妄》（《陔余丛考》卷五）为例。搜孤救孤故事见于《史记·赵世家》。赵翼考《左传》《国语》《史记·晋世家》皆记有赵氏灭族及立赵武承嗣事，而未提屠岸贾其人。又灭族及立嗣均在景公十七年（前583），无匿孤之时间。最后"以理断之"其事乃伪。这即清儒之"理断"法。这里的理是：晋景公政治清明，屠岸贾非正卿，不能专杀戮。

不过，嘉道时清儒兴今文，有批判古文之风。前称康有为《新学伪经考》是演绎法，以此。再如崔述（东壁，1740～1816）以"汉人说经不确"而考证《周礼》《仪礼》《尔雅》《礼记》《孝经》皆伪书（《考信录提要》

---

[1] 列宁：《帝国主义是资本主义的最高阶段》，《列宁选集》第2卷，人民出版社，1972，第733页。

卷上）。古文经以及刘歆、王肃，确多伪书，然清儒考据，不可尽信。

此外，辑佚是一大功夫。原来秦灭以后，历代均辑纂亡书，厥功甚伟。而乾嘉之辑佚常是有目的地查寻某人某事散落之零星记载，称钩沉，如大海捞针，实为难得。

乾嘉考据，原用于考经，后来才渐及考史。其中有一类是史料的整理补正，著称者如梁玉绳的《古今人表考》、万斯同的《历代史表》，均甚实用。而真正考史之巨著有钱大昕（辛楣，1728～1804）的《二十二史考异》、王鸣盛（西庄，1722～1797）的《十七史商榷》。他们原都治经，考史也用考经方法，但有一个优势。王鸣盛在他书的序中说："治经断不敢驳经，而史则虽子长、孟坚，苟有所失，无妨箴而砭之。"钱、王所做，偏重训诂、校勘，以抛开褒贬之说，解释疑文晦义，分析义理纠纷，最为见长。余则于古今地名、官职称、历法变迁，考证整理甚详。稍后，赵翼之《二十二史札记》则摆脱了考经旧规，分目作专题考证，而用归纳比较方法。如一事之分别见于纪传表志者，汇而考之；又一事之见于各史者，汇集考之，尤其是《史记》与《汉书》，《后汉书》与《三国志》，唐初八书与南北史，新旧唐书等，"参互斟校，其有抵牾处自见"（赵书自序）。这种专题考证法相沿至今。

乾嘉考据学亦有缺点。他们考证的根据限于文献，故重训诂。原来西晋出土的汲冢竹书和南齐、北宋发掘的简牍，原件已佚，只见著述。而金石学家之有实物可据者，亦多玩其艺术价值，鲜作社会历史考证。又其考据多属个别事物，人称饾饤，鲜联系全局。或为考据而考据，繁琐猎奇，不重功效。

（二）实证主义的发展

进入20世纪，尤其五四运动以后，中国实证主义史学进入辉煌的发展时代。其发展之由有二：一是新史料之大量涌现，一是新的考证方法迭起。

1889年开始发现河南安阳小屯村之殷墟甲骨文，罗振玉（雪堂，1866～1940）首作收集整理，王国维（静安，1877～1927）作《殷卜辞所见先公先王考》及《续考》，厘定《殷本纪》，并及《殷周制度》。中央研究院董作宾率团于1928～1937年发掘15次，得甲骨24830片。郭沫若

（1892～1978）并用以研究古代社会，确立殷周奴隶制。

1900 年始见甘肃敦煌石窟藏卷，为近代最大的史料发现。其中绝大部分是手写佛经，有世界孤本；亦有公文、书信及民间契约，为研究社会经济之第一手资料。惜精品多为外国人劫运出国。亦是罗振玉与王国维合编《敦煌石室遗书》。继起专家甚多，形成国际性的敦煌学。

1908 年英人斯坦因于敦煌附近收得出土汉简近千片，又于罗布淖尔得晋简，新疆于阗得汉简，罗振玉、王国维作《流沙坠简考释》。1930 年中外学者组团在酒泉发掘，1944 年中央研究院组团在敦煌西北发掘，出土简牍多种，成为历史研究的重要材料。

傅斯年主持中央研究院历史语言研究所，于 1929 年收购险被外国人劫取之清内阁大库档案八千余麻袋，由徐中舒等主持，陆续出版《明清史料》30 册。此外，考古学发展，尤其 1921 年出土之仰韶文化遗存，1930 年发现"北京人"化石，证实了中国的史前史。以上即新史料涌现之大概也。

新的考证方法首先是西方史学方法传入中国。此时西方占主流地位者为德国的 L. 兰克史学。兰克学派提倡用语言学考证历史，傅斯年自柏林大学归国后创历史语言研究所，盖仿此。兰克史学方法集中见于 1889 年 E. 伯伦汉所著的《史学方法论》，认为历史学兼科学与艺术两重性，历史研究分为史料学、考证学、综合观察、词章叙述四大部分。考证重在求真与辨伪，并发现其因果链，主要用归纳法。而综合观察在于判断"吾人可认识事实间之关系，以及其与演化上之整个及一般间之关系"，免致忽视"极有价值之史料"，或"误采不良之史料"。[①] 此正乾嘉考据学之所缺也。1897 年法人朗格诺瓦与瑟诺博司合著《史学原论》，认为"历史之为学，非观察之科学，而推理之科学也"。[②] 但极其重视史料考证，有外考证，类中国之版本鉴定；而重点是内考证，即史料真实性之鉴定。他们强调分析法：一是"分析史料内容所含，是为积极的命意释文鉴定"，即从内容细节中找出史料作者之本意。一为"分析史料当制成时之状况，是为消极鉴定"，即该史料所

---

①　E. Bernheim, *Lehrbuch der Historischen Method*, 1889. 中译本见伯伦汉《史学方法论》，商务印书馆，1937，第 523 页。

②　Ch. Langlois et Ch. Seignobos, *Introduction Aux Études Historiques*, 1897. 中译本见朗格诺瓦与瑟诺博司《史学原论》，商务印书馆，1926，第 281 页。

受各种条件之影响。分析愈细，愈能科学判断，不过，历史都是"单独特件"之事，史学非"纯粹科学"。① 二书均为当时通用之方法论，流行甚广。伯伦汉、朗格诺瓦与瑟诺博司之书中文版发行较迟，但梁启超、傅斯年、陈寅恪等均曾留学欧洲，于二书必有所闻。梁启超1902年之《中国历史研究法》其体系几与伯伦汉书相同，而其论史料一节几与朗—瑟之语一致。

新的考证方法主要还是中国史学家创造的。王国维创"二重证据法"，即以出土文物与文献材料对证。盖王氏之考史，于甲骨、金文、敦煌文书、汉晋简无所不精，并得力于西学。陈寅恪（1890～1969）在《王静安先生遗书序》中说，王氏"学术内容及治学方法，殆可举三目以概括之者。一曰取地下之实物与纸上之遗文互相释证……二曰取异族之故书与吾国之旧籍互相补正……三曰取外来之观念与固有之材料互相参证……吾国他日文史考据之学，范围纵广，途径纵多，恐亦无以远出三类之外"。②

这三者也是陈寅恪的考证方法。陈寅恪除主要外国语文外，并掌握希腊、拉丁、梵文、波斯文、突厥文等十六七种。其运用史料之广，最使人服膺，道藏、佛经、小说、笔记、野乘以及外国文献，信手拈来，应用自如。胡适说："寅恪治史学，当然是近日最渊博、最有识见、最能用材料的人。"③ 而其以"诗文证史"，尤为人倾倒。盖其考证，不限于归纳法，而重推论，求得当时政治、社会、风俗、学术界之状况（唯少谈经济）。如蜀相韦庄（端己）《秦妇吟》一诗秘不示人。王国维考证，以其有"内库烧为锦绣灰，天街踏尽公卿骨"语，恐遭时议。陈寅恪则除详考当时秦妇逃亡路线外，并辗转查知蜀建国之君即当时抗击黄巢之将领王建，故韦庄讳莫如深，希免杀身之祸也。陈寅恪精于考证，但更重分析与综合，以求通识。他称赞陈垣的《西域人华化考》说："分析与综合二者俱极其功力。庶几宋贤著述之规模。"④ 又说今人考证"不知以纵贯之眼光"，"而断断致辩于其横切方面，此亦缺乏史学之通识所致"。⑤

① 朗格诺瓦、瑟诺博司：《史学原论》，第101～102页。
② 陈寅恪：《金明馆丛稿二编》，三联书店，2001，第247～248页。
③ 胡适：《胡适日记》，中华书局，1985，1937年2月22日记。
④ 陈寅恪：《金明馆丛稿二编》，第270页。
⑤ 陈寅恪：《金明馆丛稿二编》，第280页。

陈垣（1880～1971）研究目录学、年代学、史讳学、校勘学。考证佛教及基督教之传入中国，收集道教碑文1300余通，著述"古教五考"。陈垣校勘之学尤精，著《校勘学释例》，提出校勘四法，即本校、他校、对校、理校；理校即清人理断法，本诸演绎。

胡适在《清代学者的治学方法》（《胡适文存》卷二）中总结清人考据方法，提出"大胆假设，小心求证"，实在为考据学提出一个基本原则。他说，治史不能墨守古训，"假设不大胆，不能有所发明"。假设是"站在充分理由上的"，但即使理由"很充分"，也还是假设，必须小心求证后，才能"升上去变成一个真理"。不过，真理云云，似不必咬定。因为日后有了新的证据，还可能修改结论。胡适在1946年又说："有几分证据说几分话，有五分证据只可说五分的话，有十分证据才可说十分的话。"① 这似乎更恰当些。

1923年顾颉刚（1893～1980）发表《与钱玄同先生论古史书》（《古史辨》第一册中编）提出"层累地造成的中国古史"观点："时代愈后，传说的古史期愈长"；"时代愈后，传说中的中心人物愈放愈大"；"我们既不能知道东周时的东周史，也至少能知道战国时的东周史，我们既不能知道夏商时的夏商史，也至少能知道东周时的夏商史。"这就开展了一场空前热烈的古史辨，钱玄同、胡适赞同顾颉刚对殷商以前古史的全面辨伪工作，亦有王国维、柳诒徵等提出反驳。《古史辨》积文七大册，虽无最后结论，但确是对中国古史的一次大清理，发掘很多罕见文献资料。顾颉刚的层累地造成古史说，看来是合乎实际的。

20世纪30年代以后，马克思主义史学兴起，史料学、考据学被用于证实马克思主义的历史观。著作纷呈，可以郭沫若的《中国古代社会研究》（1930）、《青铜时代》（1945），吕振羽的《史前期中国社会研究》（1934）、《殷周时代的中国社会》（1936），侯外庐的《中国古代社会史》（1947）为代表。侯外庐（1903～1987）于其书自序中说他研究中国古代社会有三个步骤：第一是花费精力研究理论，得出答案；第二是谨守考据辨伪方法，订

---

① 胡适：《文史的引子》，刊于1946年10月16日天津《大公报》，转引自白寿彝《中国史学史论文集》，中华书局，1999，第310页。

正史料；第三是将史料与社会发展规律统一成文。此即当时所称"理论学派"的治史原则，而王国维、胡适等旧的实证主义者被称为"史料学派"。

新中国建立后，"史料学派"一度受到批判，"文化大革命"时期考证成为"反动"，然有志之士"坐冷板凳"埋头于史料工作者，从未乏人。至20世纪80年代史学之风大变，甚至有"回到乾嘉"之说。实际是，中国实证主义史学步入一个全新的大发展时期。新史料、新方法、新观点涌现，新的著述如林，实为中国实证主义史学亘古未有的盛事。这种情况，本书读者皆已目睹，故从略。

第三节　西方的实证主义史学

前节说明，讲中国的实证主义史学，完全是就其考证方法而言，与孔德的实证哲学无关。在欧洲，L. 兰克与孔德是同时代人而稍长。兰克史学早就采用实证方法，本来与孔德的实证哲学无关。唯孔德的实证哲学在19世纪三四十年代陆续发表后，震动了西方世界。1859年达尔文的进化论问世，H. 斯宾塞以"社会有机体"理论发扬孔德学说，对西方史学影响很大。他们力求历史学成为科学，用自然科学的实证方法研究历史，注重史料考据，尤其是考证历史细节，成为风气。

A. 孔德（1798～1857）的实证哲学，常自称实证精神，是一种对自然科学和人文科学同样适用的认识论。他提出，人类的思维或认识是从神学阶段，经过形而上学阶段，发展为今天的实证阶段。实证精神是人们智慧成熟的科学研究方法，它首先要求确定事物的真相，然后是"规律探求，即研究被观察对象之间存在的恒定关系"，而不像神学或形而上学那样去"探求其最早来源和终极目的"，因为那是"无法认识的"。[1] 规律是为了解释现实，但它也应该适应于过去和预测未来，"真正的实证精神主要在于为了预测而观察"，"研究现状以便推断未来"。[2] 孔德认为当时人们是处于社会和思想的"危机"之中，他的实证主义乃是

---

[1] A. 孔德：《论实证精神》，商务印书馆，1996，第10页。
[2] A. 孔德：《论实证精神》，第12页。

为了建设人类美好的未来，这也是"实证"（positive）（自信正确）一词的本义。

孔德认为，人们的认识不是绝对的，会随着社会的进步而改变。但他要求"我们观念的和谐协调"。人是社会的人，各种知识需要有逻辑上的一致性，"认识一致是人类任何真正结合所必需的基础"，而实证精神"是造成认识广泛一致的实在的唯一源泉"。① 他承认，现在的归纳和演绎逻辑还不能为一切现象提供一个统一的普遍规律。在自然科学方面，"我们应该只寻求从总体上考虑的实证方法的统一，而不是企求真正科学上的统一"。但在人文科学方面，因为所考察的是"人与人或毋宁说与人类"的关系，"这样的知识倒反而明显自发地趋向于科学上与逻辑上的全面系统化。"他曾设想建立"一门单一的科学"，即社会的科学或社会学，它统一领导政治、经济、历史等学术的研究。这样，"我们的实证知识才有可能构成真正的体系，从而显示出令人十分满意的性质"。②

孔德盛赞笛卡尔、培根以来欧洲科学的大发展，但也指出发展中的"大危机"，主要是"把道德理论与社会理论置于本义的科学运动之外，从此这些理论在神学—形而上学精神的徒然控制下"，处于不合理状态。因此他提出用实证主义来改造精神、社会的研究，而把这种改造诉诸人们固有的"良知"。"真正的哲学精神主要是将单纯的良知，系统地延伸到一切真正可及的思辨中去"，他的实证主义，就是要"在哲学精髓与普遍良知之间建立起至今尚未充分存在的和谐一致"。③

在社会方面，孔德强调"秩序"与"进步"。"秩序向来是进步的基本条件，而反过来，进步则成为秩序的必然目标。"但当前世界是处于无所适从的状态。神学要求秩序，却否定进步。形而上学强调"单纯革命功能"（指启蒙运动），而不能保持社会稳定。这就要求实证主义。"实证精神总是把目前状态视为先前整个演变的必然结果"，即前面所说"实证"一词的第五个含义：从历史上看问题，"高度重视对过去的合理评价"，"摆脱纯粹的批判倾向"。这样，"实证精神坚持使社会科学与其他全部基础科学协调起

---

① A. 孔德：《论实证精神》，第 16、19 页。
② A. 孔德：《论实证精神》，第 17、18 页。
③ A. 孔德：《论实证精神》，第 32、35 页。

来，而不是使社会科学落进空洞无用的孤立状态中"。①

可见，孔德的实证精神与中国的儒学、特别是与晚清改良派主张十分接近。孔德在中国很有声望，蔡元培在北平创办孔德学院，教授基础科学、哲学和美学。

不过在西方史学界，孔德的实证主义发表后立即受到批评。首先是德国的狄尔泰。狄尔泰认为历史学是研究过去的有个性的事物，他们没有普遍规律，不能用实证主义方法去研究，而应用"移情"方法，深入古人思想内部去考察。狄尔泰的论点，我在本书第四章第二节讲海德格尔的诠释学时已回顾过，这里从略。到19世纪末20世纪初，批判实证主义的哲学家、史学家日多，主要有德国的文德尔班、李凯尔特，意大利的克罗齐，20世纪30年代有英国的柯林伍德，五六十年代有美国的贝克尔、卡尔等。他们批判孔德实证哲学，而更重要的是提出自己的认识论，形成汤因比以后新的历史哲学，被称为批判的或分析的历史哲学。

W. 文德尔班（1848～1915）和 H. 李凯尔特（1863～1936）都是19世纪晚期兴起的新康德主义（弗莱堡学派）的创建者。他们排除康德"物自体"的概念，而把哲学专注于现象的认识论方面。他们严格区分自然与历史，但要求历史学不仅是艺术，而要成为科学。自然科学是考察常驻不变的东西，要求寻找其普遍规律；历史学是考察"一次如此"的东西，没有普遍规律。但历史学表现为价值判断，而自然界是没有价值的。孔德的实证主义要求探求规律，并不问价值如何，因而不能用于历史研究。

文德尔班的《历史和自然科学》（1894），同意狄尔泰区分自然与历史的观点，但不同意他区分的方法。文德尔班认为，自然科学是运用特殊到一般的抽象概念和归纳方法，旨在发现规律，是一种"规范的（normative）科学"。历史学是用记叙方法，摹写事物个别的属性，是一种"表意的（ideographisch）科学"。表意的叙述怎样成为科学呢？这就在于历史学的价值判断。对历史事物的价值判断主要是伦理上的，是否道德以及善恶，但文德尔班把它扩大为一个时代的文化，所以历史学是属于"文化科学"。

李凯尔特大大发展了文德尔班的观点。他在1896年发表的《自然科学

---

① A. 孔德：《论实证精神》，第40、41页。

概念构成的界限》一书中说，所谓科学就是用概念来思维，自然科学关心的是事物的一般性，即"普遍概念"。而"历史上的东西，从最广泛的意义说，就是那种仅仅出现一次的、件件都是个别的、属于经验范围的实际事物，它既带有直观性，又带有个别性，因而是自然科学构成概念的界限"。①

然而，历史研究不能仅靠直观，它也用抽象概念来思维，才能成为科学。李凯尔特认为历史学的概念不是从事物中直接抽象，而是经过"有意志的人，把这种历史事物同某种价值联系起来，于是就其独特性而言，这种历史事物同时已成了统一的现实事物"。进一步说，这种现实事物，"它由于在纯理论上与某种一般价值发生联系，自相组合成一个对每个人来说都是独特性的、统一的多样性……这种多样性又分为本质性的和非本质性的成分，于是，历史就可以科学地表述它了"。② 这里，李凯尔特是利用价值、现实性、本质等这些一般性的东西作为手段，转弯思考，得出历史"个体性"的概念，来论证历史学是科学的。

这些一般性的思考，李凯尔特在 1899 年出版的《文化科学与自然科学》中作了进一步发挥。书中，他提出"现实的连续性和异质性"原理。现实中，一切占有一定空间的东西也都是在一定时间之内，它们都在历史上是连续的；另一方面，每个现实的东西都有它自己的特征，彼此都是异质的。科学概念不能同时包括两者，只能形成同质的连续性或异质的间断性。如数学，只注意量，便是同质的连续性。而历史，则是把现实的异质性描述成异质的间断性。

李凯尔特认为自然科学是把事物的一般性作为本质的东西，而将个别的、特殊的东西作为非本质的东西舍弃掉。历史科学是把个别的、一次性的事件作为本质，而将历史重复性的事件作为非本质的舍弃掉。

历史是文化科学，只有具有文化意义的事件才是研究的对象。判定意义的标准是价值。文化价值不是个人意义的，而是社会意义的，是社会公认为有益于人们的，因而是有普遍性的。"文化价值这种普遍性使历史概念的形

---

① H. 李凯尔特：《历史上的个体》（该文是李凯尔特《自然科学概念构成的界限》一书的一章），中译文见张文杰等编《现代西方历史哲学译文集》，上海译文出版社，1984，第 6 页。

② H. 李凯尔特：《历史上的个体》，中译文见《现代西方历史哲学译文集》，第 36～37 页。

成排除了个人的主观随意性，因而是历史概念形成的'客观性'的依据"。①

B. 克罗齐（1866～1952）是意大利哲学家，新黑格尔主义者。新黑格尔主义者力图摆脱黑格尔的精神—物质转化论，认为精神或"直接经验"就是整个世界，除精神外，没有历史，也没有哲学。

1893 年，27 岁的克罗齐发表《纳入艺术普遍概念之下的历史学》，认为历史学属于艺术，而非科学，因而不能用研究科学的实证方法去研究。他认为艺术是一种个体的直观认识，没有普遍规律，历史学之不同于一般艺术作品只在于它要求真实。不过，克罗齐在 1919 年修订这篇论文和他在《历史学的理论和实际》（1915，修订 1923）一书中，改变了看法。他认为历史学也是借助于概念，并做出判断的，判断总是普遍的东西，但任何普遍性必须体现在个别之中。如"拿破仑是欧洲的征服者"是个历史学的判断。其中拿破仑是个别，"征服者"就是个普遍概念。他说："历史就是思想……是关于具体的普遍思想"，"没有一件事实，不管多么微小，能不被认为（被表现为或被形容为）普遍的。历史是在其最简单的形式上——在其最具体的形式上——用判断，即个别与普遍的不可分割的综合来表述的"。② 而这也是哲学的表述方式。所以他说："精神的自我意识就是哲学，哲学就是它的历史，或者说，历史就是它的哲学。"③ 这话的实际意思是：对精神活动的系统的认识就是哲学，而这种活动即认识的形成过程就是历史。

这里，克罗齐并不否定实证主义对历史研究的作用。他说："幸亏有了实证主义，历史著作才变得不那么幼稚，著作中的事实才变得较丰实。"④ 不过，实证主义是假定历史的意义本来就存在的，只要发现和证实它。克罗齐则认为，历史的意义即哲学，是经过人们思考，经过概念和判断才得到的。所谓"哲学"，必是"永恒的现在的思想"，历史判断成为哲学，亦只有"历史被提升为关于永恒的现在的知识"才行。⑤ 这就进入克罗齐著名的命题："一切历史都是当代史。"

---

① H. 李凯尔特：《文化科学与自然科学》，商务印书馆，1986，第 74 页。
② B. 克罗齐：《历史学的理论和实际》，商务印书馆，1952，第 42 页。
③ B. 克罗齐：《历史学的理论和实际》，第 249 页。
④ B. 克罗齐：《历史学的理论和实际》，第 244 页。
⑤ B. 克罗齐：《历史学的理论和实际》，第 43 页。

克罗齐写过一篇《历史和编年史理论》（1917），他说编年史是单纯的记述，可以考证事实，但非真正的历史。真正的历史不是记述，而是经过认真思考的判断。人们认真思考过去的事情，都是由于现实生活的需要。古希腊人已入墓近千年，到文艺复兴时代忽被当作历史研究起来，是因为欧洲人经中世纪的神学统治，精神上产生新的要求，对古希腊发生兴趣。"只有现实生活中的兴趣才能使人研究过去的事实"，研究过去的事实"不是针对一种过去的兴趣，而是针对一种现在的兴趣"，按现在的需求去理解它。这就给过去一种当代性。这种当代性"是一切历史的内在特征"。①

克罗齐写过一篇《作为自由的故事的历史》（1938），说历史是思想，是哲学，是直观的抽象和概念的判断。单纯的抽象、分类、找出规律，它有用，但还不是严格意义的知识；同样的事实，有历史的判断才是知识。"一切真正的知识都是历史知识"。历史的判断是在生活中，制约于行动。他说："历史的判断标志着（人们）在行动中站一站，或看一看，其作用是要打破任何妨碍人们看清环境的障碍。"② 这也是"以史为鉴"的意思。

R. G. 柯林伍德（1885～1943）于45岁后由哲学转入历史学研究，是一位最博学的历史学理论家。他的《历史的观念》（1946）巨著，回溯了自古希腊罗马以来到20世纪30年代所有的历史学理论，然后提出自己独特的见解。

柯林伍德的基本观点是："历史的过程不是单纯事件的过程而是（人们）行动的过程"，人们的行动是由思想支配的，"历史学家所要寻求的正是这些思想过程。一切历史都是思想史。"③

一切历史都是思想史。这不仅是指个人思想，如恺撒远征不列颠时的想法，也指"一个时代的集体心灵"，如一个民族的时代思潮。再有，柯氏认为历史上的过去并未死亡，而是以某种方式融入其后继者之中。就思想说尤其是这样。所以，历史研究就是历史学家"在自己的知识结构中""重演过

---

① B. 克罗齐：《历史学的理论和实际》，第2、4页。
② B. 克罗齐所著的《作为自由的故事的历史》，原名《作为思考与作为行动的历史学》（1938），英译本（1941）改为今名。中译本见 M. 怀特《分析的时代》，商务印书馆，1987，第42页。
③ R. G. 柯林伍德：《历史的观念》，商务印书馆，1997，第302～303页。

去的思想"，即过去的经验在"历史学家的心灵里复活"。柯氏说："历史的知识是关于心灵在过去曾经做过什么事的知识，同时它也是在重做这件事；过去的永存性就活动在现在之中。"因此，"心灵，它的自我认识就是历史"。① 柯氏的"心灵"（mind）完全是黑格尔的"精神"（Geist）一词的含义，包括"思想"。柯林伍德在哲学上是反对新实在论的新黑格尔主义者。

柯氏注意历史思想的研究，以及过去思想溶入现代思想的提示，都很有启发性。但他过于绝对化了。例如，他的时代人们已熟悉了自然界的演进，他也提到怀特海的自然史观，但他仍然认为"不可能有自然界的历史"，因为自然界没有思想。依此，诸如气候变迁、生态恶化等，也都排除历史研究。其实，最大的人为事件，如人口史，就没什么思想可言。"除了思想之外，任何事物都不可能有历史"，接着，他认为传记、日记、回忆录"也不是历史"，② 因为它们是感情的产物。

在方法论上，柯林伍德认为"有必要对于可以称之为实证主义的历史概念……进行不断的斗争"。首先，他认为实证主义的先确定事实再探求规律的方法不适用于历史学，因为历史学虽是科学，却是没有规律的。其次，柯氏认为一切文献和档案资料都是"权威"的"证词"，而"依赖权威们的证词"所做的历史不过是"剪刀加糨糊"的历史（实指兰克史学）。再则，他认为按照"三段论式"所得的历史结论，以及由归纳法所得到的"由已知到未知"，是一种"逻辑强制"的证明，即使不是强制人们去接受它，也是允许人们去接受它。总之是不可取的。③

在方法论上，柯林伍德提出他自己的观点：历史学家，作为一个"自律"（即"自我授权"）的科学家，应当是根据先验的（a priori）想象，推论和构造出历史来。为此，他对想象、推论和构造（重演）都做了专节论述。这样构造出来的历史只受三点约束：一，它"必须在空间和时间中定位"；二，"一切历史都必须与它自己相一致"；三，最重要的，必须有足够的证据。而更重要的是，"任何成就都不是最终的。可以用来解决任何给定问题的证据，都是随着历史方法的每一个变化和历史学家们的能力的每一种

① R. G. 柯林伍德：《历史的观念》，第 303、307、318、418 页。
② R. G. 柯林伍德：《历史的观念》，第 415、418 页。
③ R. G. 柯林伍德：《历史的观念》，第 319、353～354、357 页。

变动而在改变着的"。"所以每个新的一代都必须以其自己的方式重写历史"。[①]

柯林伍德特别重视历史的证据，并设专节来论述。由于他认为历史的过去并没有死亡，而是融入于现在之中，所以，"在原则上，任何这种活动（指复活历史）的目的都是要把全部此时此地可知觉的东西用来作为全部过去的证据"。原则上是以现在世界作为历史的证据。但他也知道，"在实践上，这个目的是永远不可能达到的"。[②] 在实践上，他讲证据时，实际就是考据学，"一切历史学在某种程度上都是考据的"。柯氏在他的书中到处都讲"批判的历史学"，此处"批判"即"考据"的意思。例如，柯氏有很长一段话讲"批判的历史学家"如何对古代史资料进行证伪、改错、调换位置等，这实际上就是几年前顾颉刚在《古史辨》中下的功夫。又如柯氏讲"书面资料"要与"非书面资料（有字的陶瓷片等）"互相参证，这实际上就是十几年前王国维的"二重证据法"。[③] 博学的柯林伍德恐怕尚且知此。

20世纪五六十年代，在美国兴起历史相对主义之风，当然也是针对历史实证主义而来。其实，在克罗齐的著作中早就有了相对主义思想，而五六十年代的兴起，则是经历了二次世界大战痛定思痛的反思：历史并不是那么尽如人意的。相对主义思潮可以 C. L. 贝克尔（1873～1945）和 E. H. 卡尔（1892～1982）为代表。

贝克尔在1926年就宣读了一篇《什么是历史事实？》的论文，不过到1955年才正式发表。在这篇论文中，贝克尔认为，客观的历史事实已经是一去不复返了。现在所有的只是"它们的暗淡的反映和模糊的印象或观念"，因而，"历史事实存在于人们的头脑中，不然并不存在于任何地方"。[④]

但贝克尔并不是虚无主义者，他是一位积极的历史进步论者。他在《人人都是他自己的历史学家》（1935）一篇演讲中说："我们承认有两种历

---

① R. G. 柯林伍德：《历史的观念》，第330、343、345页。
② R. G. 柯林伍德：《历史的观念》，第345页。
③ R. G. 柯林伍德：《历史的观念》，第202、341～342、382页；关于"批判"一词的含义见第462～463页译后记。
④ 卡尔·贝克尔：《什么是历史事实？》，《现代西方历史哲学译文集》，上海译文出版社，1984，第230、231页。

史。一种是一度发生的实实在在的一系列事件，另一种是我们所有肯定的并且保持在记忆中的意识上的一系列事件。"第一种是不变的，但"第二种是相对的，老是跟着知识的增加或精炼而变化的。这两系列事件或多或少是相应的。我们的目的便是求这两种相应尽量确切"。他没有讲求这两种相应尽量确切的方法。他接着说，我们"不得不把历史和历史知识等同起来。为了一切实用的宗旨，对我们和对目前一时来说，历史便是我们所知道的历史"。① 贝克尔还叮咛说："从历史来看，作为一种变异过程，我们对人和人的世界的了解，显然只能是暂时的。因为从定义上来说，它是一种仍在进行而尚未完成的东西。"② 这也是历史认识总是相对的含义。

E. H. 卡尔于1961年发表《历史是什么?》，严厉批判前一时期流行的客观主义历史学。这种客观主义历史学认为要"如实地说明历史"，做到"不是我在说话，而是历史在借我的口说话"。③ 卡尔说："相信历史事实的硬核客观地独立于历史学家的解释之外，这是一种可笑的谬论"；"事实本身要说话，只有当历史学家要它们说，它们才能说。"④

然而，卡尔并不否定历史事实，而且是尊重客观事实的。他说："历史学家和历史事实是相互需要的。没有事实的历史学家是无根之木，是没有用处的；没有历史学家的事实则是一潭死水，毫无意义。"又说："历史学家有双重责任：一方面发现少数有意义的事实，使它们变成历史事实；另一方面把许多不重要小事实当作非历史事实而抛弃。"⑤ 这话是很确切的。

值得注意的是卡尔是用主体与客体的统一的"解释"来看历史学家的任务，来处理历史与事实的关系问题的。他说："历史就意味着解释"；"作为历史事实身份的关键，就在于解释这个问题上。解释这一因素渗入每一件历史事实之中。"⑥ 这就使他的方法论接近于第四章所述海德格尔和伽达默

① 卡尔·贝克尔：《人人都是他自己的历史学家》，《现代西方历史学流派文选》，第259~260页。
② 卡尔·贝克尔：《人人都是他自己的历史学家》，《现代西方历史学流派文选》，第277页。
③ 兰克学派的历史学要求"如实地说明历史"，但还不是完全客观主义的，客观主义历史学当以追求"终极的"历史学的 J. E. 阿克顿爵士为代表。参见 G. 巴勒克拉夫《当代史学主要趋势》，上海译文出版社，1987，第9~10、12页。
④ 爱德华·卡尔：《历史是什么?》，商务印书馆，1981，第1、6页。
⑤ 爱德华·卡尔：《历史是什么?》，第9页。
⑥ 爱德华·卡尔：《历史是什么?》，第7、18页。

尔的诠释学理论，而具有对西方理性主义反思的性质。卡尔说："历史是人类过去的经验'有意义的'叙述。""历史就是历史学家跟它的事实之间连续不断的相互作用的过程，是现在与过去之间的永无止境的问答交谈。"①

自狄尔泰以来，严格区分自然界与历史一直是西方批判实证主义者的一个重点，其结果是把自然界置于历史学之外，因而也把自然科学的研究方法置于历史学之外。在这一点上，卡尔也有独到的见解。卡尔分析了历史与科学各有不同的特点，但他认为，历史学家也要用概括、概念的方法，对特殊中的一般如"战争""革命"进行研究。他还认为，历史与科学都是研究人与自然、人与人之间的相互关系，解答人类生存中的各种问题。因而，"历史学家与自然科学在寻找解释这一根本问题上是团结一致的"。② 这包含两层意思：一是在方法论上，两者并非南辕北辙；二是历史学家应当与自然科学家合作，共同回答问题。从中可以看出，在卡尔的历史观中，已含有"究天人之际"的思想。

在自狄尔泰至贝克尔、卡尔一系列的反对下，兼以西方历史学由叙述式向分析式转换，实证主义逐渐淡化了。但从上述介绍中可以看出，各家批判者主要是反对孔德的认识论，他们并不否定历史事实，也不否定对历史文献的解释和考证。柯林伍德严厉批判"权威"的"证词"，而他是指古代史学家的著作，非指史料，反之，他是很重视对史料的考据的。在风行对历史作理性分析以至数理分析的著作中，也要注意考证他们所用事例或数据的正确性。因此，20世纪以来，西方历史学并未离弃作为考证方法的实证主义，只是在应用上不像中国史学家那样认真和有效而已。另一方面，各家批判者都提出了一些有益的见解，实际上是丰富了实证主义的方法论。如狄尔泰的"移情"论，克罗齐的"一切历史都是当代史"，柯林伍德的注意思想和思想渗入当代，以及相对论、对话论，历史要一代一代再认识、再创造的观点，都是很实用的。我是用"史无定法"来看待这些见解的。

---

① 爱德华·卡尔：《历史是什么?》，第28页。
② 爱德华·卡尔：《历史是什么?》，第92页。

第六章

经济学理论与经济史研究

第一节　在经济史研究中一切经济学
理论都应视为方法论

经济学成为系统的科学，始于 17 世纪欧洲的古典政治经济学，本篇所论亦自此始。[①] 但不是说，在此以前的经济思想与经济史无关。本书亦多次论及司马迁和董仲舒、班固的经济思想，义利论、本末论，特别是 16、17 世纪经世致用学派的经济思想。不过，那时经济学还不是一个独立学科，这些经济思想是放在历史中去考察，不发生经济学作为方法论问题。

经济史是研究过去的、我们还不认识或认识不清楚的经济实践（如果已认识清楚就不要去研究了），因而它只能以经过考证、你认为可信的史料为根据，其余一切理论、原则都应视为方法——思维方法或分析方法。经济学理论是从历史的和现实的经济实践中抽象出来的原理和原则，但不能从这种抽象中还原出具体的实践，就像不能从"义利论"还原出一个君子国一样。马克思、恩格斯指出，历史实践的抽象还不同于意识形态（哲学）的抽象，"这些抽象本身离开了现实的历史就没有任何价值"，"它们绝不提供

[①]　古典政治经济学一般认为始于英国的 W. 配第（1623～1687）和法国的布阿吉尔贝尔（1646～1714）。不过，1615 年有法国 A. de. 蒙克莱田《献给国王和王后的政治经济学》。

可以适用于各个历史时代的药方和公式","它们只能对整理历史资料提供某些方便，指出历史资料的各个层次间的连贯性"。① 这里"方便"可理解为方法。

J. M. 凯恩斯说："经济学与其说是一种科学，不如说是一种方法，一种思维工具，一种构想技术。"②

J. A. 熊彼特极有远见地把他那部空前浩繁而又缜密的经济学说史定名为《经济分析史》，因为任何伟大的经济学说，在历史的长河中都会变成分析经济的一种方法。他指出："经济学的内容，实质上是历史长河中一个独特的过程。如果一个人不掌握历史事实，不具备适当的历史感或所谓历史经验，他就不可能指望理解任何时代（包括当前）的经济现象。"③ 这是很精辟的论断，经济学本是一门历史科学，也因此，任何经济学理论都有它的"历史相对性"。熊彼特在解释这个问题时说，除了经济学家对于他们那个时代的"兴趣和态度"有所不同外，重要的是"我们使用的材料不能超过我们占有的材料，因此在进一步发现的前面，我们原有的成果一部或全部也许站不住脚"。④

有人曾把马克思的价值规律作为一项永恒起作用的市场规律，其实不然。在简单的交易中，人们可凭经验得到劳动等价交换的概念，如"里谚：君有一尺绢，我有五尺布，相与值贸之，粗者不贫，细者不富"。⑤ 但到交易复杂化后，这种劳动价值调节生产和资源配置的作用就失效了。恩格斯说："马克思的价值规律，从开始出现把产品转化为商品的那种交换时起，直到公元 15 世纪止这个时期内，在经济上是普遍适用的"，直到 15 世纪止，它起着"支配作用"。⑥ 16 世纪以后，西欧进入资本主义，市场竞争加剧，人们已无法凭经验取得劳动等价交换的概念，于是，马克思提出商品价值

---

① 马克思、恩格斯：《德意志意识形态》，《马克思恩格斯选集》第 1 卷，第 31 页。
② 外国经济学说研究会编《现代外国经济学论文选》第 8 辑，商务印书馆，1984，第 4 页。该译文过简，兹按凯恩斯原文改译。
③ J. A. 熊彼特：《经济分析史》第 1 卷，商务印书馆，1991，第 29 页。
④ J. A. 熊彼特：《经济分析史》第 1 卷，第 30 页及注。
⑤ 同治《余干县志》卷三《市镇》。
⑥ 恩格斯：《〈资本论〉第三卷增补》"价值规律和利润率"，见马克思《资本论》第 3 卷，人民出版社，1975，第 1019 页。

"转化为生产价格"的理论，就是说市场上商品价格的形成不再以劳动价值为基础，而是以成本价格加上平均利润的"生产价格"为基础；在市场上调节生产和资源配置的，不再是原来的劳动价值规律，而是生产价格的规律了。马克思说，所谓生产价格，"实际上这就是亚当·斯密所说的'自然价格'，李嘉图所说的'生产价格'、'生产费用'……"[1] 也就是古典经济学所称"看不见的手"。

生产价格理论作为市场机制，适用了 200 多年，市场进一步复杂化了。在市场上不仅是商品交易，还有期货、期权交易，信息和专利权、知识产权交易，以至风险交易。每种交易都要有价格，没有交易的也有影子价格，这些价格多半不能用生产成本来分析。于是，经济学家必须有新的市场机制的理论，其中比较实用的就是新古典经济学的均衡价值理论。均衡价值理论运用了近一百年，市场又发生新的变化，于是，在 20 世纪末又有合理预期和博弈理论出现。显然，这些经济学理论，无论它曾经具有多大权威，都没有永恒性，在经济史学家看来，只能是分析某一时代市场机制的方法。

一项伟大的经济学说，在它产生的环境和条件变动后往往就会消沉，但它所创的经济分析方法却能长存。下面举两个例子。

西方经济学历史上有两次"革命"，即边际主义革命和凯恩斯主义革命。19 世纪 70 年代的边际主义革命，由于其奠基人采取效用价值学说，与古典的和马克思的劳动价值学说完全抵触，受到批判，但也因此产生生动活泼的构想，如 J. B. 克拉克的边际生产力论，V. 帕雷托的"最佳状态"等。但是，在后来的边际主义理论中，效用价值说已逐渐淡化，在洛桑学派中乃至成为影子，新兴的新古典经济学仍通用成本价值说。然而，边际分析作为一种方法，却广泛流传，至今不息。原来，边际分析作为方法只是微分数学在经济学上的应用，李嘉图的地租理论乃至马克思对剩余价值增量的分析实际已有"边际"的概念。在古典经济学完全竞争的假设下，边际收入与平均收入是一致的。到了不完全竞争、垄断经济中，边际值就显现其优越性了。边际成本分析、边际收益分析连同机会成本分析，对生产者决策有明显的现实性。因而，边际分析法不仅是在西方被广泛采用，在我国乃至苏联的

---

① 马克思：《资本论》第 3 卷，第 219、221 页。

计划经济中也被普遍采用。

20 世纪 30 年代的凯恩斯主义革命，是在 1929 年世界经济危机的条件下产生的。它一出现就煊赫一时，美国和西方许多国家奉为国策，中国经济学界也深受其影响。但不过 20 年，凯恩斯学说即为新古典综合派和新剑桥学派所代替，到今天，更有新的理论出现。但是，作为方法，凯恩斯创立的宏观经济分析，其国民收入、总需求、总供给、储蓄和投资、国家干预经济的政策等，则不仅为后凯恩斯主义者所继承，也为几乎所有经济学家所采用。更有因此而兴起的经济增长理论，连同落后国家的发展经济学理论，也和上述宏观经济分析一样，成为经济史研究的重要课题。

第二节　经济学理论与中国经济史研究

经济学从古典政治经济学起就是研究资本主义经济的。中国从来没有正式进入资本主义社会，故经济学理论对研究中国经济史来说，即使作为方法，似也无多教益。恩格斯曾提出创建广义政治经济学，而许多年来，甚少成果。苏联曾集中大批经济学专家，经 17 年反复讨论，于 1954 年出版《政治经济学教科书》，号称第一部"人类社会"发展的广义政治经济学。然而给人的印象是"概念堆积，不切实际"，尤其前资本主义社会部分，仅占很少篇幅，罗列"规律"，不见实证。

恩格斯在提出广义政治经济学课题时就指出："人们在生产和交换时所处的条件，各个国家各不相同，而在每一国家里，各个世代又各不相同。"①据此，中国学者按照实证主义原则，对中国封建社会经济、特别是鸦片战争后的半殖民地半封建经济做出了颇有成效的理论研究，其中王亚南的《中国经济原论》、许涤新的《广义政治经济学》，都对中国经济史的研究提供了有益的思路和指导。

事实上，大约除了原始社会以外，人类历史上各种社会都是多种经济成分并存的，没有纯粹的封建经济，也没有纯粹的资本主义经济。古典政治经济学虽是研究资本主义，但直到 18 世纪，欧洲在农业经济方面还有许多地

---

① 恩格斯：《反杜林论》，《马克思恩格斯选集》第 3 卷，第 186 页。

方与近代中国相仿。如重农学派 F. 魁奈 1754～1759 年发表的《经济表》，即当时法国国民"纯收入"（即地租）的运行分析。当时法国耕地中有 83.3% 是小农经济，其中主要是对分制佃农，部分是分成制佃农，部分是自耕农。魁奈这种用设定数据的模型来分析社会总产品的交换和流通的方法，对研究中国小农经济史很有启发。据陈岱孙研究，魁奈的理论不仅讲简单再生产，也论及扩大（缩小）再生产，并且是从微观开始，然后进入宏观分析的。[①] 今天我们对明清小农经济史的研究中，正是要发掘其变动的资料，改变传统僵化观点。

又如，J. C. L. 西斯蒙第关于小农经济特有的"正确比例"的论点，实际是提出这种经济运行的一般原理。他赞扬法国自耕农和分成制佃农，不无偏见，但他是从实效出发。我们对小农经济的研究也注意到效益问题，但区别自耕农和各种地租制，实证还不足。西斯蒙第对李嘉图地租学说的评论强调了土地垄断和改良土地的报酬。[②] 李嘉图著名的地租学说完全是资本主义地租，对我们经济史研究似无可利用。唯其级差地租和土地报酬递减规律，在封建经济中似亦存在。在这个问题上，W. S. 杰文斯开始采用边际分析方法，引人注意。[③] 杰文斯是用追加劳动为变量进行微分的，后来学者又有改进。今天我们争论中的"过密化"问题即有类似的性质，但在分析方法上还不够细致。

亚当·斯密的农业增长理论是建立在资本主义雇佣劳动的基础上的。但他所用"资本"是以上一年的谷物收获量为基数，如果不取其工资基金说（上一年的谷物收获量用于支付雇工工资部分），这一思路也可适用于中国农业经济。[④] 就是说，某些经济学原理可以加以"改造"，作为分析方法来利用。

---

① 《陈岱孙文集》，北京大学出版社，1984，第 780～784 页。魁奈所用"fermiers"一词（《魁奈经济著作选集》商务印书馆，1983）译为"租地农场主"，不妥，按原意应译为"佃农"，日本人译"小作人"。

② 参见 J. C. L. 西斯蒙第《政治经济学原理》，商务印书馆，1962，第 IX、110～112、123～124、186 页。

③ 参见 W. S. 杰文斯《政治经济学理论》，商务印书馆，1984，第 162～165 页。

④ 参见亚当·斯密《国民财富的性质和原因的研究》上卷，商务印书馆，1972，第 315～316 页。

斯密经济学的最大贡献是提出社会分工、提高劳动生产率是财富增长的主要源泉，而"分工起因于交换能力"，"分工度受市场范围限制"。斯密的这个论点是从历史的考察中得出的。他是从狩猎、游牧时代讲起，最初的社会分工，如弓矢制造者、茅屋建造者，是因为他们有这种"能力"，而不是因为社会有分工的需要。但是，在有了交换以后，情况就不同了，因为"在任何情况下"，交换双方都比不分工有"较多的利益"。① 今天历史学家把斯密的这个理论称为"斯密动力"，认为它适用于机器大工业制度产生以前所有社会经济的发展。这大概是不错的。

今天我们研究中国经济史学者也多半采用斯密动力说，并把 18 世纪晚期西欧的工业革命，作为中西经济发展分道扬镳和中国开始落后的标志。我基本上赞同这种看法，但认为，以市场交易为基础的机器大工业，作为资本主义一种制度，并非自动成为经济发展的"动力"的。这就要注意熊彼特1912 年提出的"创新论"，它实际是斯密"能力"说在新的历史条件下的运用。熊彼特认为，资本主义经济的发展是一个内在因素的创新过程，即由制造新产品、引用新的生产方法、开辟新市场、控制原材料新来源、企业新组织形式所建立起来的一种新的生产函数或新的组合所推动的，而企业家是执行这种新组合的人。② 熊彼特的创新论是指资本主义生产，但对于近代中国新工业史的研究很有用，特别是针对一度流行的"模仿效应"和"冲击—回应模式"论点而言。事实上，凡是稍有成绩的近代中国企业，都不是完全照搬西方模式，而是有所创新的。

西方经济学中，对于研究中国经济史来说，最重要的是由传统经济向现代经济转变的理论，亦即现代化的理论，其中突出的理论问题是需求（市场）与供给（生产）的关系问题。

马克思、恩格斯在《德意志意识形态》的"交往和生产力"一节中，把西欧的这种转变分为三个阶段：第一阶段始于 16 世纪"特殊的商人阶层的形成"，这指摆脱手工行会约束从事长距离贩运的商人，他们造成城市间生产分工，市场扩大，结果是工场手工业兴起。第二阶段始于 17 世

---

① 亚当·斯密：《国民财富的性质和原因的研究》上卷，第 16 页。

② Joseph Schumpeter, *Theorie der Wirtschaftlichen Entwicklung*, 1912. 通用 1934 年哈佛大学经济丛书修订英文版。

纪中叶，商业政治化，诸如英、法的革命，各国争相开拓殖民地，实行保护关税和贸易禁令，以致战争。第三阶段始于 18 世纪晚期，世界市场的巨大需求产生机器大工业，竞争普遍化。马、恩在《共产党宣言》中总结说："以前那种封建的或行会的工业经营方式已经不能满足随着新市场的出现而增加的需求了，工场手工业代替了这种经营方式"；"市场总是在扩大，需求总是在增加，甚至工场手工业也不能再满足需要了，于是，蒸汽和机器引起了工业生产的革命。"[①] 总计从 16 世纪到工业革命，前后约 300 年。

J. R. 希克斯在他的《经济史理论》（1969）中认为世界经济发展的趋势是由习俗经济、命令经济向市场经济的转换，虽然各国悬殊，并有反复。他认为，在西欧，这种转换始于 16 世纪"专业商人"的出现。这种商人要求保护财产权和维护交易合同，而旧的制度无能为力，于是出现城邦制度，城邦和商业竞争导致殖民主义的扩张，出现世界市场。接着，进行了四个方面的"市场渗透"：适应新市场的法律、货币和信贷制度的建立；政府财政、税制和行政管理的改造；农村货币地租的普遍化和农产品的全部商品化；劳动方面自由劳动代替奴役性劳动，劳动力市场形成。而这一切导致了 18 世纪末的工业革命。[②] 这前后也是将近 300 年。

D. C. 诺斯在他的《经济史上的结构和变迁》（1981）中注意到斯密、李嘉图和身在工业革命中的所有经济学家都未提及这场革命。他说，当时的经济学家所以未"觉察"这场革命，是因为西欧的经济变革早就开始了，当时不过进程"加速"而已。诺斯把这个变革追寻到 1450～1650 年，其间贸易"是一种根本动力"。贸易的发展使具有完善财产权规定和自由竞争的"普通法"取代中世纪和王权时代的约束，同时，它使生产组织"从手工业到领料加工再到工厂制"，以至工业革命，前后"经历了三个多世纪"。[③]

恩格斯说："对于某一个时期的经济史的明确观念，决不能与事件本身

---

① 马克思、恩格斯：《共产党宣言》，《马克思恩格斯选集》第 1 卷，第 252 页。

② 参见 J. R. 希克斯《经济史理论》，商务印书馆，1987。

③ D. C. 诺斯：《经济史上的结构和变迁》，商务印书馆，1992，第 142、158～159、164～165 页。

同时得到，而只有在事后，即在搜集和鉴别了材料之后才能得到。"① 从上引马、恩和当代两位经济史学家的事后总结来看，16～18 世纪西欧社会的现代化过程显然是以市场需求为主导的，由商业革命导致工业革命的。揆诸后来北美洲、日本和近期中国现代化的进程，大体也是这样。我自己还将中国的社会变迁回溯到 16、17 世纪，作了分析。② 但在经济学家方面，并不都是这样理解的。

西欧工业革命以后，大约直到 19 世纪前期，西方经济学家大多是生产导向论者。李嘉图和法国学派的奠基人 J. B. 萨伊，都有"商品购买商品说"：一种商品滞销，不是因为它生产过多，而是因为另一些商品生产太少；就整个社会来说，生产越多，销路越广。由此出现萨伊定律，即生产给自己创造需求。这在当时是十分激动人心的。稍晚，德国历史学派的先驱 F. 李斯特批评斯密的学说是"交换经济学"，因而他另创"生产力经济学"，以生产为主导。不过，接连出现的市场危机也确实令人苦恼。同时期，法国的 J. C. L. 西斯蒙第就出来批评"商品购买商品说"，认为生产应服从需求和消费。

19 世纪 70 年代边际主义兴起。边际主义者以物品的效用或稀少性来解释商品的价值，因而主要是从需求上立论，其中如洛桑学派的 M. E. L. 瓦尔拉斯即需求决定论者。

20 世纪初，以 A. 马歇尔为首的新古典主义经济学占了主流地位。马歇尔首创"需求理论"，从此经济学皆从需求讲起。但马歇尔经济学的重点仍是生产，并认为在极短期内是需求决定均衡价格，长时间仍是供给起决定作用。

1929 年西方世界发生空前的经济危机，经济学出现了凯恩斯"革命"。J. M. 凯恩斯彻底批判了萨伊定律，市场的"有效购买力"成为经济学研究的急项。他提出通过金融、财政手段稳定总需求的主张，总需求决定总生产。

---

① 恩格斯：《卡·马克思〈1848 年至 1850 年的法兰西阶级斗争〉一书导言》，《马克思恩格斯全集》第 22 卷，人民出版社，1965，第 591 页。

② 吴承明：《16、17 世纪中国经济的现代化因素与社会思想变迁》，载《中国的现代化：市场与社会》，三联书店，2001，第 30～50 页。

凯恩斯主义主导西方经济学时间不长。20 世纪 60 年代，以 p. A. 萨缪尔森为代表的新古典综合派成为主流。萨氏继承了凯恩斯的有效需求理论，但强调利息率对投资的决定作用，而投资决定国民收入，因而又有供给更为重要的倾向。同时，p. 斯拉法提出"用商品生产商品"说，重新重视生产，故被称为"新李嘉图主义"。

20 世纪 70 年代，美国发生"滞胀"（失业和通货膨胀并存）现象，兴起了以 R. A. 芒德尔、A. B. 拉弗为首的供给学派和以 M. 弗里德曼为首的货币学派。供给学派反对凯恩斯刺激需求的政策，肯定萨伊定律，主张减税以促进生产，保障供给。弗里德曼则重新解释货币数量说，认为短期内货币供给影响生产，长期内则产出全由非货币因素决定，货币量只影响价格。他主张以单一的货币供给量调控市场，等于是宣布一个长期不变的货币增长率以扩大需求。20 世纪 80 年代，美国兴起合理预期学派经济学，对政府货币政策的有效性提出质疑，不过，这个学派实际是货币学派的衍支，也是主张需求主导的。

我罗列了这些关于需求与供给、生产与交换关系的论点，是因为近年来几次中国经济史的研讨会上，学者们把它作为方法论提出，即如何看待历史上中国经济的演变，而有不同意见。马克思无疑是生产决定论者，他说"一定的生产决定一定的消费、分配、交换"，"交换的深度、广度和方式都是由生产的发展和结构决定的。"但他也说，当市场扩大时，"消费的需要决定着生产"。① 恩格斯则是把生产和交换并列为经济发展的主导。他说："生产和交换是两种不同的职能"，"这两种社会职能的每一种都处于多半是特殊的外界作用的影响之下，所以都有多半是它自己的特殊规律。但是另一方面，这两种职能在每一瞬间都互相制约，并且互相影响，以至它们可以叫做经济曲线的横座标和纵座标"。② 我曾按照恩格斯两个"座标"的启示写过一篇《试论交换经济史》，③ 而是倾向于需求主导的。该文是论中国，但缺少实证，所以不是一篇合格的经济史论文。

早期的古典经济学家，都是结合历史实际来提出他们的经济理论的。

---

① 马克思：《〈政治经济学批判〉导言》，《马克思恩格斯选集》第 2 卷，第 102 页。
② 恩格斯：《反杜林论》，《马克思恩格斯选集》第 3 卷，第 186 页。
③ 载吴承明《市场·近代化·经济史论》，云南大学出版社，1996，第 223～241 页。

A. 斯密的《国富论》第三篇就是讲经济史。但自李嘉图起，主流派经济学家强调抽象演绎法，不讲历史实证，从此经济学与经济史分道扬镳。唯 19 世纪中叶兴起的德国历史学派，注意历史实证方法，并提出各种经济发展阶段论。不过，他们的经济发展阶段虽是从古到今，但仍是抽象概念，表现一种历史观，而非经济史。如 B. 希尔德布兰德提出自然经济、货币经济、信用经济三个阶段的理论。其第一阶段是农民民主社会；第二阶段是自由经济，产生阶级矛盾；第三阶段则是他设想以信用代替货币，以克服货币带来的贫富两极分化，消除阶级矛盾。又如，K. 毕歇尔的三阶段论：第一阶段是封闭的经济，包括种族社会和中世纪庄园，是内部生产和消费，毋需交换；第二阶段是城市经济，指中世纪的城邦（包括郊区农业），是生产者与消费者直接交换；第三阶段是"国民经济"，始于中世纪晚期，这时生产者是为市场而生产，商品要经过许多环节才能到达消费者手中。

历史学派解体时期的 W. 桑巴特于 1902 年发表《现代资本主义：自始至今的全欧经济生活历史体系的表述》。他把自古至今欧洲的经济分为三大"经济时代"，每个时代又有三或四种"经济体制"，而这三大时代实际就是现代资本主义的早期、中期、晚期。尽管桑巴特的经济思想在当时颇有影响，但这种历史分期法则是完全脱离经济史实际的。

19 世纪末 20 世纪初，在美国兴起以 T. 凡勃伦为首的制度学派。鉴于市场经济给社会带来的种种灾难，他们强调制度分析或结构分析，以改进当前的资本主义制度。为此，他们采用历史归纳法或历史比较法来研究问题，因而被称为德国历史学派在美国的变种。

1960 年，美国的 W. W. 罗斯托发表《经济成长的阶段——非共产党宣言》，立即引起经济学尤其经济史学界的注意，并于 1962 年即有中译本出版。他将经济的成长分为五个（后增为六个）阶段，而其中心是"起飞（take-off）阶段"。起飞即工业化，罗斯托把英国工业化定在 1783～1802 年，日本在 1878～1900 年，而中国始于 1952 年。为起飞创造条件，有政治、经济、文化诸方面，而最重要的是农业和资源开发状况；各国差异很大，而共同要求是投资率超过国民收入的 10%，以抵消人口增长率。罗斯托的论点颇为新颖，但仍对历史条件注意不够，而以数量分析为主。

事实上，这时候西方经济学全面向数学分析发展，尤其是在美国，经济学家只是忙于建立模型和测试模型，一切问题都由纸上的方程式给出答案，不容有历史的思考。诺贝尔经济学奖获得者 R. M. 索洛写过一篇《经济史与经济学》（1985）。他说：经济学家是按照世界的现状或他们想象的状况来建立模型，而经济史学家要问世界是怎样变成这样和你所想象的状况是否真实。经济学与经济史两相隔离。"经济学没有从经济史那里学到什么，经济史从经济学那里得到的和被经济学损害的一样多"。他批评：当代经济史也像经济学那样"同样讲整合，同样讲回归，同样用时间变量代替思考"，而不是从社会制度、文化习俗和人们心态上给经济学提供更广阔的视野。他说：经济史学家"可以利用经济学家提供的工具"，但不要回敬经济学家"同样一碗粥"。[①]

索洛批评的是针对美国流行的计量史学派，但这批评是很中肯的。的确，经济史有广阔的天地，无尽的资源，它应当成为经济学的源，而不是经济学的流。

第三节　新制度学派经济史学

当代经济史学家 D. C. 诺斯，原属计量史学（cliometrics）派，曾著《1790～1860 年美国经济增长》（1961）、《美国经济史的定量研究》（1963）等。20 世纪 70 年代，自创新的制度经济史学，以与 R. P. 托马斯合著的《西方世界的兴起》（1973）和自著《经济史中的结构与变迁》（1981）而闻名于世。《西方世界的兴起》副标题是"一个新经济史"。原来美国称以 R. 福格尔为首的计量史学为新经济史，至此又有诺斯的新经济史。实则，当代三大新经济史学，以 F. 布罗代尔为首的法国年鉴学派倡行最早，声誉也最隆。

诺斯在《经济史中的结构和变迁》中说："我把按时序解释经济结构及其实绩作为经济史研究的任务。"[②] 这里实绩指总产出和社会收入的分配，而主要指标为人均产值。结构则指制度框架，包括人口、政治经济制度、技

---

① Robert M. Solow, "Economic History and Economics," *Economic History*, Vol. 75, No. 2, May 1985.
② D. C. 诺斯：《经济史中的结构与变迁》，上海三联书店，1991，第 3 页。本书另有中译本《经济史上的结构和变革》，商务印书馆，1992。

术、意识形态。

在《西方世界的兴起》中，诺斯说他的中心论点是："有效率的经济组织是经济增长的关键；一个有效率的经济组织在西欧的发展正是西方兴起的原因所在。"所谓有效率的经济组织就是它"在制度上做出安排和确立所有权以便造成一种刺激，将个人的经济努力变成私人受益率接近社会收益率"。① 因而，诺斯认为过去经济学所说技术革新、储蓄和投资、规模经济、人力资本等，都代表经济增长，而非经济增长的原因。经济增长的原因在于制度变迁，即确立和革新产权结构。私人收益率接近社会收益率，是指节约交易成本，即经济组织的效率。

诺斯对于如何运用经济学理论于经济史研究有段精彩的论述。他说："经济史学家可以使用的'建筑材料'不外乎古典的、新古典的和马克思的理论。"古典经济学将人口和资源（土地）置于长期的紧张状态（按：指马尔萨斯陷阱），不能解释长期的经济增长；但斯密的以交换和分工作为发展动力的理论"对探索19世纪中期前1000年的人类历程是很有用处的"。新古典经济学以储蓄作为经济增长的动力，以市场相对价格调节资源配置，解除了古典经济学的困境。同时，它讲新知识的弹性供给，讲所有边际上的可替代性，这就"接近于"工业革命后"西方经济所经历的前所未有的增长"的实际。但新古典经济学忽略了国家干预和产权、制度因素，也忽略了习俗、意识形态的作用，不能解释长时期的经济变迁。"在详细描述长期变迁的各种现存理论中，马克思的分析框架是最有说服力的，这恰恰是因为它包括了新古典分析框架所遗漏的所有因素：制度、产权、国家和意识形态。马克思强调在有效率的经济组织中产权的重要作用，以及在现有产权制度与新技术的生产潜力之间产生的不适应性。这是一个根本性的贡献。"②

诺斯的经济史理论实际上是由三部分组成的，即产权制度论、国家论、意识形态论，三者中又以产权制度的变迁为经济增长（或负增长）的核心。

其实，诺斯的产权制度理论与马克思的所有制理论是不同的。诺斯所说产权（property right）是指财产权，即所有权（ownership）在法律上的规

---

① D. C. 诺斯、R. P. 托马斯：《西方世界的兴起》，华夏出版社，1999，第5页。
② D. C. 诺斯：《经济史中的结构和变迁》，上海三联书店，1991，第66~68页。

定；而他所称制度（institution）是指人们行为的规则，不是马克思所说的体制（system）。上文"产权制度与新技术"的"不适应"，是指马克思所说的生产力与生产关系的矛盾，在诺斯的经济学中没有这种矛盾。诺斯的经济史，是以新古典经济学为分析框架的。不过，新古典经济学把产权和制度视为已定的、不变的东西，诺斯则认为它们在历史上是经常改变的，这种变迁正是经济发展的源泉。

诺斯是需求主导论者。在《西方世界的兴起》中他提出，人类受自身生产能力和环境的约束，只有通过交换即交易这一基本活动，才能获得多于自身的收益和安全保障。而任何时候，产权都是交易的先决条件，物各有主，才能进行交易。产权有多种形式，产权明确，制度改善，乃使交易扩大，经济发展。特别像确立专利权、知识产权，科学文化才能昌盛。然而，一项产权制度，从设计、协商、立法到监督执行，以至纠纷仲裁或审判，都需要花费成本。所有交易，如取得信息、达成协议、委托代理人以及执行协议中的衡量、检验、运输、保险，都需要成本或费用。大企业可将部分市场交易变为内部调拨，但这要增加内部考核费用。随着分工和专业化发展，交易环节增多，交易费用也增大。新古典经济学忽略了交易费用，是个失误。由于交易费用的存在，社会总产出中个人的收益率总是小于社会受益率。制度革新，如果不能保证个人收益，便行不通。这正是历史上产权制度的变革长期落后于发展的要求，以致经济陷于停滞的时期总是多于经济发展时期的原因。

诺斯的国家理论以启蒙运动以来的契约说为基础，并把历史上君王与臣民、领主与农奴的关系都视为契约关系，双方都是按照收益最大化行事。国家以公共产品，即保护和公正，与个人或集团相交换，获得租（这里保护指国防、治安等服务；公正指司法、仲裁等服务；租指权力的报酬，即税收）。国家为使租最大化，给个人和集团界定产权，制定各种交易规则，以扩大社会产出而增加税收。但如前所述，制定尤其是革新产权制度是需要费用的。国家扩充行政机构，尤其像扩充军备需要更大的费用，以致人民不堪税负。按契约说，选民按照机会成本原则，可以选择另一政权（政党）来代替现有的统治者，或发动革命。因此，统治者总是受到竞争的约束和交易成本的约束，这两种约束都会使国家常保持低效率的产权结构，以致经济衰退。因此，从历史上看，国家是经济增长的机制，也是人为的经济衰退的根源。

诺斯的意识形态理论着眼于利用合理的价值观来推行新的产权制度，利用道德、伦理规范来约束"搭便车"（free rider）行为，即享受制度给予的便利而不付费的行为。他说：意识形态是一种节约机制，人们认识他们所处环境，从而使决策简单易行。道德、伦理观念使人们合理评价收入的分配，从而使社会稳定有序，避免"搭便车"。他说：新古典经济学把经济变化只归之于市场相对价格的变动，这不能解释历史上长期的经济兴衰，"因为不断演变的意识形态观念使得个人和集体对自身地位的公平性产生相互对立的观点，并使他们按照这些观点而行动"。① 这显然是指社会冲突和阶级矛盾。他要求通过教育和其他途径，塑造人们的意识形态，以实现社会稳定。

20 世纪 80 年代，诺斯的经济史理论在中国曾引起了巨大的学习热潮。这是因为当时中国正在进行体制改革，希望从西方产权制度学派的经济学中汲取一些教益，因而在历史学方面也掀起了用诺斯的理论来研究中国经济史的风气。许多青年学者投身于此，并取得不少成果。而在实际研究中，也发现诺斯理论的缺陷，提出改正的见解。

制度属于上层建筑，制度的良窳及其有效性对经济增长（负增长）有重要的作用，但把它作为历史上经济盛衰的唯一原因，则不符合方法论的原则。制度的良窳是对时代环境而言，包括自然环境和社会环境，没有绝对的标准。产权问题尤其如此，没有千古不变的形式。交易成本是新制度学派一大发明，但其作用不宜夸大。历史上经济的发展不是线性的，结构也许更重要。这在方法论上就要求排除单一因果链，也就是说，没有任何一种因素可以解释全部历史的发展。诺斯的《经济史上的结构和变迁》分理论、历史两大篇。在理论篇中，讲得头头是道，而在历史篇中，尤其是古代和中世纪史部分，则往往与理论脱节，甚至抵牾。许多重大变迁，只能归之于战争、政治、黑死病，而非制度。

历史并不是按照某种理论模式演进的。理论是当代人创造的，不能解释全部历史。J. R. 希克斯在《经济史理论》（1969）的开章篇说："许多人

---

① D. C. 诺斯：《经济史中的结构和变迁》，上海三联书店，1991，第 64 页。

说，理论和历史是对立的，情况最好也不能兼而有之，一个历史学家的本行不是以理论的术语来进行思考。"① 作为经济史学家，希克斯说，历史现象"有些可用统计上的一致性来讨论"，有些则不能。又说："当我们注意的是一般现象时，理论（经济理论或其他社会理论）便可能是合适的，反之则往往不合适。"②

在经济史研究中，一切经济理论都应视为方法论。在社会制度史的研究中，我以为应当区别不同性质的变革，采取不同的方法。马克思所说的社会形态或生产方式的变革，是最根本性的变革。虽然不是每个社会都必然经过这四种或五种生产方式，但总有相当的共同性或一般性。其次是体制的变革，也是具有根本性的，在历史上是属于革命行为，如司马迁所说"通古今之变"中的"道"的变革。这在古代社会，各具个性；但在近代，特别是在传统经济向现代化经济转换中，则具有很大的共同性或一般性，以致许多现代经济学理论，都可有选择地作为研究方法。再次是具体的、个别的制度的改革，如刘晏、王安石的变法，那是具有浓厚的民族性和地域性的，研究时必须重视传统和环境条件。但从类型上说，如地租、役政、税制、劳动组织等，也有共同的功能，相应的理论可做比较研究。

制度以外，诺斯的理论作为研究方法，恐怕最令人困惑的是他的国家论和意识形态论。他说国家是经济增长的机制，也是人为的经济衰退的根源，此话不错。但他把 18 世纪欧洲建立民族统一国家时的契约说和国家收益最大化作为千古一致的理论，则不能使人信服。中国早在秦汉就是一个具有民族认同感的统一国家，并且直到今天，国家都在经济上具有突出的以至支配性作用，中国的经验远超过了斯诺的理论。至于意识形态，乃是一个民族历史存在的灵魂，关系至大。诺斯只把它看作辅助官方制度、规范人们行为，防止"搭便车"的工具，未免视野太狭隘了。近年来中国学者的研究，一般认为儒家思想及其演化，在长时期内是经济稳定和发展的积极因素，只是在由传统经济向近代化的转变中，显现其消极作用。在我看来，16、17 世纪之交的启蒙思潮也是不可忽视的。

---

① J. R. 希克斯：《经济史理论》，商务印书馆，1987，第 5 页。
② J. R. 希克斯：《经济史理论》，第 7、8 页。

第七章

社会学理论与经济史研究

第一节 社会学与历史学

社会学与历史学关系密切。历史学原来就有社会史的内容。19世纪中叶，社会学成为一门独立学科，创造出自己的理论和方法，大大有益于历史尤其是经济史的研究。

中国传统的纪传体史学着重政治史和上层人物的活动，甚少社会内容。梁启超曾痛其弊曰"知有个人而不知有群体"，并于《新史学》中倡议"叙述人群进化之现象而求其公理之例"，[①] 这显然是受 A. 孔德、H. 斯宾塞的实证主义社会学的影响。1903年严复首先将斯宾塞的《社会学研究》介绍到中国，译名《群学肄言》。留学英国归来的中国第一位社会学家陶孟和，于1926~1952年领导社会调查所、中央研究院社会科学研究所、社会研究所（实为一个机构递嬗）凡27年。陶孟和十分重视社会经济问题，于1932年创刊《中国社会经济史集刊》。陶希圣于1934年创刊的《食货》半月刊也是经济史与社会史并重的。两刊都聚集了大批专家，对中国社会经济史的研究做出重要贡献。新中国成立后，《中国社会经济史集刊》停刊，而于1952年的教育改革中取消大学的社会学课程，陶孟和领导的社会研究

---

① 梁启超：《中国历史研究法》，上海古籍出版社，2000，第8页。

所也改为经济研究所，社会学成为学术禁区，史学界也不敢研究社会问题了。揆其故大约是当时中国"左倾"思想正盛，倡以阶级斗争为纲；而西方的社会学大多是讲进化论的，主张社会和谐稳定，以利发展。当时占主流思想的结构功能学派，即认为社会各系统的功能都在于维护整体的均衡，而社会研究的目的就在于促进社会的稳定。这样，社会学在中国沉寂了27年，直到1979年中共十一届三中全会提出改革开放政策，才幡然改观。国内也讲安定团结了，后来甚至提出构建和谐社会。大学恢复社会学课程，中国社会科学院再建社会学研究所，各种社会福利和调查研究机构林立。史学界也重新与社会研究结合，著述琳琅满目，并出现以傅衣凌为首的社会经济史学派。

这是说中国。其实在西方，社会学也不是与历史学亲密无间的。孔德是在法国大革命后王朝复辟的动荡时代，在《有关重组社会计划》（1822）中首次提出"社会学"，目的在重建自由的社会，受到进步人士的热烈拥护。但他的社会学理论是在他的《实证哲学教程》第四卷（1838）中，作为研究社会、经济、历史的一门学科提出的。此论发表不久就受到历史哲学家的批判，从德国的狄尔泰、文德尔班、李凯尔特到意大利的克罗齐，到英国的柯林伍德达到高峰。这在本书第五章第三节已作了介绍。另外，历史学家与社会学家治学的风格迥异，也招致隔阂。历史学家讲究史实根据，考证入微。而当时孔德、斯宾塞的社会学还主要是用概念、范畴构建理论，对于家庭、族群、社区等具体活动尚少调查材料，历史学家讥为空谈。占主流地位的兰克史学原主攻政治史、军事史，这时正由编年史进入国家档案的研究，特重外交。他们认为军国大事和外交策略才是历史的严肃内容，而那些社会现象只是琐闻杂记，无足轻重，对于那种"没有人名的历史"（指社会史），不足一顾。而社会学家注意基层组织和群体意识形态，往往不屑于谈政治，更蔑视英雄伟人。斯宾塞说，那些君主的传记对于社会研究没有任何启示。

19世纪末20世纪初，情况有了很大的变化，历史学与社会学密切合作了。这首先是出现了两位学誉并隆的社会学大师，即法国的D. E. 涂尔干（或译杜尔凯姆，1858～1917）和德国的M. 韦伯（1864～1920），而他们也都是历史学家。

涂尔干著《社会分工论》（1893），认为"集体生活并非产生于个人生活，相反，个人生活是从集体生活产生出来的"。① 由于劳动分工和专业化，人类社会由古代同质的（同一劳动）、由集体意识结合起来的乡村组织，演变为异质的（各有专业和图谋）、由国家和法律强制性结合起来的近代社会。这种演变是社会的进步，但也带来"失范"：集体意志消失，道德衰退，工商业危机，劳资冲突，学术界彼此不信任等。社会学研究，就在于稳定社会群体，尤其是职业群体，"使这些群体更加牢靠地留住个人，个人更加依恋群体"。② 在方法论上，涂尔干也是实证主义者，他不像孔德、斯宾塞那样从概念上研究社会，而是主张把社会现象当作客观事物（choses），一件件去探讨它们。这就进入历史学了。在他的名著《社会学研究方法论》（1895）中，把社会现象定义为'独立于个人"而"由外界强制力作用于个人而使人感受的"现象。③ 对于这种社会现象，要分析它的"功能"，更要考察产生这一现象的原因，即因果分析。涂尔干本人就研究过自杀、宗教、教育等社会现象，并用统计方法分析自杀的原因，得出自杀是源于社会因素，而非个人心理失衡的结论。他说"社会现象的原因必须从社会环境中去寻找"，因果分析必须"从社会内部去进行"，那种把原因归之于个人的学说（按：指心理学派、功利学派社会学）的错误在于："用社会的部分去解释与这些部分性质不同的社会整体。"④ 这就是整体论方法。

韦伯是历史学家、经济学家、政治活动家，40 岁以后研究社会学，成为独树一帜的社会学家。孔德、斯宾塞认为，社会是自然的一部分，社会关系是客观存在的，因而要用研究自然的科学方法即实证主义的方法去研究社会。韦伯认为，社会是个体即人有意识的行动（或行为，action，agent）建构出来的，被称为建构主义（constructionism）的社会学。社会学的任务即在于诠释（理解）主体人的行动怎样建构这个社会，故其社会学又被称为诠释的社会学。诠释要理解主体和主体间的意向即动机，又要理解他们行动的成果即客体，而重点是探讨其因果关系。这样，韦伯的社会学，在方法论

---

① 涂尔干：《社会分工论》，三联书店，2000，第 236 页。本书原名《社会劳动分工：超社会组织的研究》（*De la division du travail social: Etude sur l'organization des sociétés supérieures*）。
② 涂尔干：《社会分工论》，第 356 页。
③ 涂尔干：《社会学研究方法论》，华夏出版社，1988，第 12 页。
④ 涂尔干：《社会学研究方法论》，第 96 页。

上几乎与历史学，尤其是狄尔泰的诠释学完全一致，他也和狄尔泰一样，认为理解社会不能用从外部分析的实证主义方法，只能用"移情"的方法从内部来诠释。不过，狄尔泰的诠释学是诠释历史文本，社会学没有什么文本，而是诠释人们的行动。

韦伯是个理性主义者。他的名著《经济与社会》① 就在于解释家庭、村社、田庄和军事政治群体怎样通过理性化过程转变为现代资本主义社会。韦伯首次提出目的理性和价值理性的概念。他对目的理性的定义晦涩难懂，我在第三章第二节作了解释。他对价值理性的定义比较明白，意在说明伦理道德行为应该是不计后果的，例如为获得好名声或善报而行善，就不是理性行为了。② 韦伯的社会学实际是研究目的理性行动的，而那些传统式（习俗）行动、感情式行动以至价值理性行动，乃是对目的理性的偏离。在社会的进步中，最重要的理性活动是货币和市场的出现，因为它们使任何人可以计算功效。中国人最熟悉的是韦伯的《新教理论与资本主义精神》（1905）和《儒教与道教》（1915）。前书以加尔文新教要求教徒勤劳、节俭、拼命赚钱以完成上帝给予的天职，是建构现代社会的资本主义精神。后文则认为中国儒生不敬上帝、不做礼拜、仅孝父母和稻粱谋是发展不出资本主义的。话有点荒唐，而其实际意思是，中国文化迄 1915 年背离了目的理性。

19 世纪末 20 世纪初，西方历史学界也发生了变化，他们不满于单纯的政治、军事、外交史，而专注于社会、经济、劳动和文化。最早是德国的 K. 兰普雷希特，他反对正统史学之专注于"政治和伟人"，要求写包括社会心理的"群体历史"。他的《德国史》（1891～1909）曾引起一场争论。美国的 F. J. 特纳提出历史要"全方位考虑人的活动"，并把区域史和地理环境引入他的历史著作。美国的 J. H. 鲁滨孙著《新史学》（1912）说："一

---

① 《经济与社会》是 M. 韦伯未完成的著作，由他的夫人和追随者编辑，首次发表于 1920～1921 年，后有多种版本，内容各异。中文本由林荣远译，商务印书馆，1997；李强译（改名《经济·社会领域及权力》）三联书店，1998；以及周武彪的提要版，载《西方社会学名著提要》，江西人民出版社，2000。

② 韦伯关于目的理性的定义见第 440 页注 4。他关于价值理性（Wertrationalität, value-rationality）的定义是："价值合乎理性的，即通过有意识地对一个特定的举止的——伦理的、美学的、宗教的或作任何其他阐释的——无条件的固有价值的纯粹信仰，不管是否取得成就。"《经济与社会》上卷，商务印书馆，1997，第 56 页。

切关于人类在世界上出现以来所作的或所想的事业与痕迹，都应该包括在历史范围之内。大到可以描写各民族的兴亡，小到描写一个最平凡的人物的习惯与感情。"他主张用综合方法解释历史，把经济学、社会学、人类学、心理学的观点都吸收进来。经济学家、社会学家、人类学家的思想，"无疑地跑得太快，失去分寸"，但历史学家不能抱残守缺，"心安理得地什么也不去想了"。[①]

经济史学这时已经从历史学中分离出来，进入 20 世纪日益注意社会研究，出现社会经济史的大师。德国的 W. 桑巴特以研究资本主义的发展著名，而晚年更著《国民经济与社会学》（1930）、《社会学》（1936）。英国的 R. H. 托尼是人口与土地问题专家，但其《贪得无厌的社会》（1920）、《宗教与资本主义的兴起》（1926）则进入社会史。美国的 J. W. 汤普逊受鲁滨孙的影响，著《中世纪经济社会史》（1928），寓论于史，经济与社会统一。W. C. 米切尔是货币史专家，但也用韦伯的社会行动理论研究经济制度，创建并主持社会研究所。比利时的 H. 皮朗以《比利时史》著名，然亦著《中世纪的城市》（1925）属社会经济史。当然，最为著称的是法国 1929 年创刊的《经济社会史年鉴》和随之形成的法国年鉴学派，成为经济史与社会学相结合的研究中心，名家辈出，享誉世界，这将于下节专述。

涂尔干于 1917 年、韦伯于 1920 年去世，社会学研究中心由欧洲移到美国。美国人是实用主义者，重现实而轻历史。第一次世界大战后，美国社会学家主要研究人口问题、劳工问题、社会福利问题、妇女儿童问题，这些研究也涉及历史，但属专业史。自 B. K. 马林诺夫斯基倡行田野工作以来，社会学家也日益重视社会调查，并创立了一套科学的调查方法，成为社会学的一个专业（其实这对历史学是非常有益的，特别是多次横断面追踪调查法）。理论方面，韦伯的后继者分化为不同学派，但除德国人 A. 舒茨外大多不重视历史，社会学与历史学再次隔阂。舒茨著《社会世界的现象学》（1932），显系受 E. 胡塞尔影响。涂尔干、韦伯以后，西方社会学中最突出的人物当属美国的 T. 帕森斯（1902~1979），他的社会学理论被称为"结构功能主义"，在两次世界大战之间有称霸学坛之势。

---

① J. H. 鲁滨孙:《新史学》，商务印书馆，1964，第 3、70 页。

功能主义是社会学的传统，始于斯宾塞。如前所说，斯宾塞认为，社会每个组成部分的功能（职能、作用）都在于维护整体的生存和发展，最好是像生物有机体那样，四肢的动作都服从头脑，没有矛盾。但社会的各组成部分总是有矛盾的，意大利的 V. 帕累托看到这点，提出动态均衡理论说，各部门的功能一旦失衡，就会有一种力量使它恢复均衡。英国人类学家 B. K. 马林诺夫斯基研究民族文化各要素的活动，它们相互作用有效地构成文化整体，被称为人类学功能主义的创始人。帕森斯重视文化功能，并采取均衡说。而历史学家则一贯不喜欢功能主义，因为历史上社会平稳的日子没什么可说，他们更重视动乱与战争。

结构主义始于马克思的基础与上层建筑学说，并因此导出历史上相继出现的各种社会形态。社会学家认为，马克思的学说是经济决定论，有违以人为主体的建构主义，故少采用。其实马克思早已指出人因受物质条件物化或异化，才服从于现行不合理的社会结构，而终究是要推翻它，因而是一种批判的结构主义。历史学方面，法国的年鉴学派和后来的 M. 福柯的结构主义都是由批判的结构主义发展而来。到 20 世纪四五十年代，又兴起经济学和文化学的结构主义。经济学的结构主义是把经济部门结构的优化（反映资源配置的合理化）作为经济增长的主要标志，代替了生产力的线性增长，而把经济增长的失败归之于结构危机。文化方面，则有法国人类学家 C. 列维－斯特劳斯创结构分析法，将文化现象分解为若干基本要素，考察其相互转变的过程，以及转变中的中介状态。帕森斯大约也吸取了马克思和列维－斯特劳斯的结构主义思想，用于功能学说，创建了一套独特的社会功能的结构模型。

帕森斯的模型是把社会行动分为 A、G、I、L 四个功能系统：A 是适应（Adaptation）系统，其功能在于从外界获取资源并加以改造，以适应人类生存，实即经济系统。G 是达成目标（Goal attainment）系统，即决策和实现目标的政治系统。I 是整合（Integration）系统，其功能在于保持社会团结一致，如法律、宗教、社团等均属之。L 是潜在因素（Latency），即维护正常状态（pattern maintenance）的系统，亦即家庭、教育、传播思想的文化系统。这种功能结构能维护整个社会行动的均衡，并能适应社会变迁或冲突而恢复均衡。帕森斯的这种模型是建立在逻辑实证主义之上的，而非以经验实证为据，因而是脱离历史的。在他的模型中，行动者或者主体不是具体的人，而是观念的角色，乃至于讲社会结构的历史变迁时，他也是用"扩散性角色""专一性角色"等术语，[1] 而避免用历史的语言。在帕森斯和哈佛社会关系学院（帕氏任院长）诸公的著作中，都很少讲历史，不用历史实证主义。

第二次世界大战之后，西方社会学也和经济学、历史学一样，发生很大的动荡和反思。有人强调社会上个人之间的交往关系，提出"符号互动主义"、"日常生活方法论"等主观社会学。有人继承帕累托传统，倡行"社会交换理论"，把人与人之间的关系看成是计算利益得失的交换行为。而最大的思潮是"社会冲突理论"和"社会批判论"的兴起，两者多少都受马克思主义的影响。原来马克思的历史唯物主义提供了丰富的社会学原理，再如结构主义、社会交往理论、异化论等也都是马克思首倡的。但在19世纪，马克思的社会学思想受到建构主义、功能主义和帕累托功利主义的抵制，第一次世界大战后才逐渐受到重视，第二次世界大战后广为流行起来。"二战"后的社会冲突论是针对帕森斯结构功能主义过于强调均衡、稳定而发起的，先后有美国的 W. 米尔斯、德国的 R. 达伦多夫、美国的 L. 科塞多家。他们强调社会结构的强制性，社会冲突的普遍性，以至认为冲突是社会进化的动力。社会批判论也有多家，德国法兰克福学派的代表人物 M. 霍克海默和 T. 阿多尔诺，以及 H. 马尔库塞，都是赫赫有名的人物。他们继承马克思的批判社会学，当然又都有自己的见解，而不是"原教旨主义"的马克思主义了。

"二战"后西方社会学众说纷纭，到20世纪80年代，逐渐集中为三大理论，成鼎足之势。这就是：以美国 J. C. 亚历山大为首的"新功能主义"，英国 A. 吉登斯的"结构化理论"，德国 J. 哈贝马斯的"交往行动理论"。哈贝马斯的交往（沟通）行动理论，自称是"重建历史唯物主义"，已于第四章第二节详为介绍，这里从略。所谓"新功能主义"是坚持功能主义分析模式的一个力图综合各家学说的松散学派，以美国学者为主，也有德国、英国学者。亚历山大本人是继承帕森斯传统，而对帕森斯之反经验主义、反

---

① T. 帕森斯：《经济与社会》，华夏出版社，1989，第34、35页。

社会变迁（即反历史）、反个人主义（即反主观社会学）有所修正。他容纳了对立派思想，甚至冲突论、批判论。他在分析每个主题时（他以行动、秩序和怎样由个人到社会为主题），往往首列马克思的观点，再列各家观点，取长补短，足见马克思思想在"二战"后的重要地位。而另一位新功能主义者德国的 N. 卢曼，也是从个人互动怎样到社会组织为主题综合各家的理论，但提出他自己的《社会分化》（1982）理论，其精彩之处几乎与哈贝马斯的交往（沟通）理论一致。卢曼与哈贝马斯的书同时出版，难说谁影响谁，其实，他们的交往理论都源于马克思。

吉登斯的"结构化理论"也是调和各派思想的，但亦可称独树一帜。原来，古典社会学家都坚持部分属于整体、社会优先于个人，因而社会结构对个人行动有约束力。功能主义者认为社会结构是由社会各系统的功能形成的，对个人来说是客观存在，研究它约束个人行动，也就是用宏观社会现象来解释微观行动。第二次世界大战后，美国兴起主观社会学，认为社会结构、社会制度是由行动者个人有意识地建构的，如交换理论、符号互动主义、日常生活方法论等社会学派均属之。这种研究是用微观行动来解释社会宏观现象。主观与客观、微观与宏观的对立成为"二战"后社会学界争论的焦点。

吉登斯认为，社会的宏观现象（社会结构、社会制度）与微观现象（个人行动、有意识地建构）两者并不是互相独立存在，它们具有二重性，是互相包容、互相促进的。行动者建构社会，即行动"结构化"；社会结构提供行动者以选择（即所谓约束），于是行动再建构社会，即行动再结构化。这就消解了宏观与微观、主观与客观、行动与结构的对立。然而，吉登斯的独树一帜不在于消解这些对立，而在于他对"结构化"的定义和理解。他认为，人类是在获取和利用物质资源的过程中建构社会，使行动结构化的。也就是说，结构＝资源＋规则。这显然是受马克思基础与上层建筑理论的影响，不过在社会的再生产中，他更注意结构（上层建筑）的作用。吉登斯还认为，行动的结构化总是在一定的时空条件下进行的，行动的模式本质上是历史的。它批判某些社会学家（实指逻辑实证主义者）要求建立"非历史的"（ahistorical）社会定律是荒谬的。

1990 年吉登斯出版《现代性的后果》。他不满意于后现代主义者之否定现代性，而提出了一个应付现代化危机的"乌托邦现实主义"的方案。它实际是号召个人积极参与各种社会运动（劳工运动、言论自由和民主运动、和平运动、生态运动），造成"解放的政治"和"生活的政治"，重建平等自由的社会。他说："社会运动为我们显露了可能的未来的曙光，而且在某些方面它们成了通向未来的车轮。"① 这也就是个人行动再生产的结构化，微观行动再生产宏观社会。吉登斯的这个方案是很低调的，被讥为"中间路线"。我也认为他这个改造社会的方案无足取，但他在论述现代化危机中的历史观却很有意义，特为介绍如下。

吉登斯说，当前全球化的现代化危机表明人类历史的一次"断裂"。人类历史经历过多次断裂，马克思的几种社会形态论就是断裂。他认为，后现代主义者提出的种种理论并不能"超越"历史，只表示启蒙运动以来进化论历史观的终结。吉登斯认为，历史是多元的，没有固定的形式，历史发展没有目的性，没有一个总的发展方向，也没有一个普遍性的发展动力。"历史并不具有由进化论概念所创造的总体性形式"，也不具有"进化论的方向"。② 今天人们对现代性的研究是一种对历史的"反思"。历史需要反思，特别在断裂的时候。"从根本的意义上说，反思性是对所有人类活动特征的界定"，而社会学则是"用最普遍化的方式反思现代社会生活"。③ 在这种反思中，"再没有什么知识仍是'原来'意义上的知识了，在原来的意义上，'知道'就是能确定"，而今天变成了不确定，变成"与认识论中的原教旨主义决裂"，④ 与神意论的历史观决裂，与进化论的历史观决裂。而这就是历史性，历史的本性。"历史性意味着，运用过去的知识，作为与过去决裂的手段，或者，仅仅保留那些在原则上被证明是合理的东西。历史性实际上主要是要引导我们走向未来。未来被看成在本质上是开放的"。⑤ 反思、与过去决裂、发展未来，也就是以史为鉴。吉登斯在政治上是折衷主义，在历史观上则颇为可取。

---

① 安东尼·吉登斯：《现代性的后果》，译林出版社，2000，第 141～142 页。
② 安东尼·吉登斯：《现代性的后果》，第 5、44 页。
③ 安东尼·吉登斯：《现代性的后果》，第 32、36 页。
④ 安东尼·吉登斯：《现代性的后果》，第 35、42 页。
⑤ 安东尼·吉登斯：《现代性的后果》，第 44～45 页。

第二节　法国年鉴学派

法国是社会学的故乡，年鉴学派史学是经济史与社会学结合的典范。孔德的社会学原理已于 1838 年问世，而当时法国流行的还是兰克学派历史主义的史学。兰克的再传弟子 G. 莫诺德（1844～1912）于 1876 年创刊《法国史学杂志》，专刊考证文章，不谈社会理论，发行 30 余年。1893 年，涂尔干的《社会分工论》出版。涂尔干认为，社会活动不能还原为个人行为，反之，个人行为只有放在社会行动中才能得到解释。同时，他提倡比较研究法，认为这是研究社会行动的最好方法。这两者均深深感动新的历史学家。1900 年，亨利·贝尔（1872～1954）创办《历史综合评论》，提倡将各种科学融入历史研究，尤其是社会学、心理学、地理学。爱因斯坦曾为该刊撰稿，而年鉴学派的创始人 L. 费弗尔（1878～1956）、M. 布洛赫（1886～1944）均先后参加该刊工作。1929 年，费弗尔和布洛赫共同创刊《社会经济史年鉴》（*Annales d'histoire économique et sociale*），1942 年扩大篇幅，改名《经济·社会·文化年鉴》（*Annales, économies, sociétés, civilisations*），声誉日隆，迄今仍在发行。Annals 原意历史、编年史，并非指年刊。该刊聚集了大批史学家尤其经济史学家，被称为年鉴学派。年鉴学派第二代代表人物 F. 布罗代尔（1902～1985），以卓越的著作完成了总体史学体系，饮誉世界，成为当代最伟大的史学家之一。

法国年鉴学派已有 70 余年历史，在中国早有介绍，布罗代尔的重要著作《菲利普二世时代的地中海和地中海国家》（1949）、《15 至 18 世纪的物质文明、经济和资本主义》（1981）早已译为中文，近期又有布氏的《资本主义论丛》《资本主义动力》中译本出版。因而我对该学派不再置言，仅就其方法论方面略作评价。

总体论（holism）或总体观察（holistic perspective）是年鉴学派著称的治学方法，通常说有三个含义："总体先于部分""总体大于部分之和""总体即各部分关系总和"。实际上，所谓总体论或整体论就是结构主义，社会不是由同质的人群相加而成，而是由不同质的领域有机结合而成的结构。布罗代尔特别重视自然环境、地理环境和人们心态这个领域，当然要考察经济活动、政治活动、文化活动的领域。每个领域都是在总体关系中活动的，在考察时要先看总体结构，再考察部分与总体的关系，部分与部分的关系，即总体的结构关系。史学家彼得·伯克说，布罗代尔的总体论"不是对历史事实作事无巨细的叙述，而是强调人类的不同探求领域之间的关系"。① 事实上，年鉴学派的这种考察主要不是用叙述的方法，而是用分析的方法，并注重计量分析法。

上节已言及，结构主义始于马克思，年鉴学派总体论的具体内容虽然与马克思的提法不同，但仍是继承马克思理论的。布罗代尔在《历史和社会科学：长时段》一文中说："马克思的天才，马克思的影响经久不衰的秘密，正是他首先从历史长时段出发，制造了真正的社会模式。"② 这里模式指社会形态。布罗代尔的"长时段"即他的"结构史"，是取法马克思的。其实不仅是结构史，年鉴学派的许多观点，都是马克思早已提示的。该学派第三代代表人物 J. 勒高夫写《新史学》说："在许多方法，如带着问题研究历史，跨学科研究，长时段和整体观察等，马克思是新史学大师之一。"③ 带着问题研究历史是费弗尔创刊《年鉴》时期的主张，当时年鉴学派被称为"问题史学"，即提出问题，然后解答。费弗尔说："任何一个历史学家，即使从来没有读过一句马克思著作……也要用马克思的方法来思考和理解事实与例证。"④

最受人注意的布罗代尔的"多元时间"治史方法。费弗尔、布洛赫、布罗代尔都处于多事之秋，他们都参加了第一次和第二次世界大战，布洛赫被纳粹杀害，布氏被监集中营 5 年。他们对连续不断的政变、事变、战争困惑不解，感到不能从事件本身寻找其因果关系，也不能像历史哲学家那样从本体论、人性论上得到解释。费弗尔认为考察历史事件的时间空间背景越大，它的意义就越深刻，方法就是从相关学科中发现相互关系。他曾逐一研究历史地理学、社会学、宗教史，最后著《历史心理学——一个总的看

① 彼得·伯克：《历史学与社会理论·前言》，上海人民出版社，2001，第 2 页。
② 该文作于 1954 年，中译文收入蔡少卿编《再现过去·社会史的理论视野》，浙江人民出版社，1988。
③ 《新史学》中译文收入蔡少卿编《再现过去·社会史的理论视野》。
④ 转引自张广智《克丽奥之路——历史长河中的西方史学》，复旦大学出版社，1989，第264 页。

法》，希望创造一门"社会心态史"，来解释社会变化的缘由。布洛赫首先提出"时代层次"论。他主张研究历史要从现实开始。无论从感觉经验层次说，或从理性认识层次说，从现实出发都是理解历史时代的最佳途径。而任何社会现象都与当时时代的总体社会环境分不开，要充分领略当时的"时代气氛"。布洛赫的《法国农村史》（1931）就是用这种方法著作的典型。该书论述法国古代、中世纪和近代早期的农业生产和庄园制度，但是在论物质生产除犁的使用外都很扼要，而把四分之三的篇幅放在庄园制度方面。因为制度变迁反映时代精神，正是这种时代意识使得 16 世纪英国、德国农村已逐渐形成大地主经营制，而法国仍然是小农经济。这种方法对解释中国小农经济的长期延续是很有教益的。①

布罗代尔的"多元时间"治史方法是在亨利·贝尔的综合法、费弗尔的相关学科法和布洛赫的时代层次法的基础上创造的。他认为，人是生活在瞬息变动的短时段，但他同时也是生活在为期几十年的中时段和为期上百年的历史长时段之中。作为历史学家，就不能只是看到瞬息即变的短时段的事件，而必须认识中时段的社会变迁，长时段的社会结构的变迁。布罗代尔在纳粹集中营完成的《菲利普二世时代的地中海和地中海国家》（1949）是他"多元时间"法的典范。该书分为三个部分：第一部分是人与其环境的叙述，包括自然环境、地理环境，诸如气候、生态、海洋、交通、城市分布等，还包括社会心态，如习俗、宗教、婚姻、生死观等。这些东西变迁极其缓慢，动辄以百年计。后来布氏把这种记述称为"长时段"或"地理时间"的历史，称这种历史为"结构史"（构造史），简称"结构"，它规定着社会经济发展的边界，制约着中时段的历史。第二部分包括经济史、社会史、国家史、文化史等。后来布氏把它们称为"中时段"或"社会时间"的历史，称这种历史为"情态史"（动态史），简称"局势"，它制约着短时段事件的发生。第三部分即传统史学所描绘的政治变动、外交折冲、战争、人物业绩等，都是声势喧嚣但转瞬即逝的事情。后来布氏把它们称为"短时段"或"个体时间"的历史，它们是"事件

---

① 参见马克·布洛赫《法国农村史》，商务印书馆，1991，特别是陈振汉为该书中译本所作的序言。

史"，简称"事件"。多元时间的历史即由结构、局势、事件组成，示意如表7-1。

表7-1 布罗代尔·多元时间

	长时段	中时段	短时段
时 间	地理时间 以世纪计	社会时间 10~50年	个体时间 编年史
历 史	结构史(构造史) 长周期 结 构	情态史(动态史) 中周期 局 势	事件史 短周期 事 件
内 含	自然环境 地理环境 社会心态	经济史 社会史 国家史 文化史	政治变动 人物、外交 立 法 战 争

在这种多元的历史中，布罗代尔十分重视长时段的结构史而轻视短时段的事件史。1979年他发表《历史与社会科学：长时段》一文，认为长时段的结构是历史的基础，它常常规定了人们无法超越的边界，而眼花缭乱的短时段的事件最容易造成误解和最无预见力。1981年他发表三卷本《15至18世纪的物质文明、经济和资本主义》巨著的第一卷。第一卷的标题是"日常生活的结构"，副标题是"可能的限度"。这一卷讲述了15~18世纪欧洲的人口、资源、能源、技术水平，以及群众的衣、食、住、行、信仰、习俗、风尚等。他说，这种看似稳定的结构，规定了人们的活动什么是可能的，什么是不可能的，什么是通过努力可以做到的，什么是无论如何都做不到。这几乎是一种历史决定论。他在该书第三卷中说："我确实认为，资本主义不可能由于'内在的'衰败而自动垮台；为使资本主义垮台，必须有极大的外力冲击和可靠的代替方法。"[①] 此前他曾说过："我的历史观是悲观主义的"，"今日世界90%是过去造成的，人们只在一个极小的范围内活动"。[②] 他还在《法兰西的特性》中说："在长时段历史中，人的自由和责

---

① F. 布罗代尔：《15至18世纪的物质文明、经济和资本主义》第3卷，三联书店，1993，第729页。

② F. 布罗代尔：《15至18世纪的物质文明、经济和资本主义》，第18页。

任具有局限性。人并不是历史的创造者，反倒是历史造就着人，并且为人卸除责任。"① 布罗代尔这种重视长时段的观点曾受到人们非议，认为他忽视了人的能动性。

最后来看布罗代尔关于资本主义的理论。布氏认为，资本主义是个长时段的历史发展过程，它在人类社会初期就"潜在的"存在，"寄生"于奴隶制和封建制社会，11 世纪在南欧形成。这以后，资本主义从 13 世纪到 20 世纪经历了四个长周期（长波）。原来前人已有几种关于资本主义的周期理论。布氏承认 J. 基欣提出的 3~4 年的短周期，认为适用于短时段；N. D. 康德拉捷夫提出的 50~60 年的长周期，认为适用于中时段。布氏提出的，则是长达一百年左右的"结构周期"。例如，通常西方经济史所说的 16 世纪繁荣，即布氏第二个周期的上升期，所说的 17 世纪危机，即这个周期的"结构危机"。布氏所处的年代，正值 1970 年开始的经济萎缩，乃是他所称第四个周期的结构危机。这种结构周期的原因很复杂，尚难解释，但布氏断言，它绝非国家政策和市场运作所能左右的。

布罗代尔认为，在结构周期上升的百年，固然全面繁荣，但长期看，劳动者的实际收入可能是下降的。在结构周期的下降时期，资本利润日削，但物价长期下跌，劳动者可能受益；在危机时期，往往招致小商小贩的活跃；而在经济上升时期，思想却日趋保守，不想改进；危机到来，往往会思想解放，文化蓬勃发展。总之，长时段分析，会发现许多问题，不是那些短视的政治家和经济决策者所能认识的。

布罗代尔同意 I. 沃勒斯坦的看法：资本主义有一个世界中心，它与整个世界的关系是中心—半边缘—边缘关系，是一种剥削和被剥削的关系。布氏强调这个中心长时段看是不断转移的：16 世纪末由南欧热那亚、威尼斯转移到北欧荷兰，18 世纪下半叶由荷兰转移到英国，20 世纪初又转移到美国，每次都是转移到边缘或半边缘。这种转移是由世界经济结构所支配的。

总之，布氏把资本主义放在长时段来考察，因为"为了认识现时，必须研究迄今以来的全部历史"。②

---

① F. 布罗代尔：《法兰西的特性：空间和历史》，商务印书馆，1994，第 44~45 页。

② F. 布罗代尔：《资本主义论丛》，中央编译出版社，1997，第 121 页。

年鉴学派史学声誉甚高，但也受到不少批评。首先是他们的总体史学体系过于庞大，卷帙浩繁，而缺重点和纲领，读者如坠云里雾中，人讥为"万花筒"。这与中国史学"笔削""考异"之法迥异。试看当代西方经济史三大学派，新制度学派和计量学派在中国均反应热烈，不少青年学者趋之若鹜，而年鉴学派传入最早，虽赞誉有加，然无人愿为仿效，其故盖在此。我以为，总体观是一种认识论、一种思想方法。历史问题总是要一桩一桩去研究的，唯研究时要先认识总体，考虑该问题与总体的地位和关系，不孤立去研究。在考证史实时首先要看到大环境，在探索因果关系时尽量避免单线思索，在作价值判断时要顾全大局，留有余地。这就是总体观了。在我国，目前要编纂一部宏观的经济通史，还必须靠集体力量，分工合作，在专题研究的基础上完成。在专题研究中必须有所舍，才能有所取，即使是从统一的（必然是抽象的）总体观出发，每个人所得结论亦未必能完全协调一致。对于这种不一致应予保留，以待下一代史家去修正。

对布罗代尔批判最多的是他过于强调长时段的结构史，忽视短时段的事件史，以致陷入悲观主义。事实上，社会结构是人为的，常因重大事件而改变，即使自然、地理环境也不能限制人类的活动。如北欧低地国家，因防潮而精于堤坝，反成农业重地；无石油矿藏的日本，却能迅速工业化；而是最富裕的土地最常招致生态失衡。我以为，自然结构、社会结构与经济活动的关系，并不是限制与决定的关系，而是互相作用的辩证关系，即我们常说的人与自然和人与人的关系，研究这种关系的历史，要"究天人之际，通古今之变"。这里马克思提出生产方式，诺斯提出制度，布罗代尔提出结构，司马迁提出"道"，而在历史研究上，对这些概念都是要通古今之变。在通古今之变上，年鉴学派的缺点是强调结构的长期性，只承认渐变，不承认突变、革命或历史的断裂环节。事实上，社会结构的巨大变化，或向对立面转化，多半是经过突变、革命完成的。

历史上，事件之发生与演变，并不是完全受结构的限制，受局势、节奏的制约。若异族之入侵，战争之胜负，乃至王朝之更替，常会成划时代的标志，而田制、赋役、人身关系的改制，交通技术的变革，都直接影响经济活动。我认为究竟还是人创造历史，而人的集中行动经常是表现为事件。

著名史学家斯波义信教授的《宋代江南经济史研究》（1988），是我所见最好的一部运用社会学方法来研究中国经济史的巨著。我在应邀为该书中文版所作序言中，将斯波教授的史学方法归纳为三点：第一，在运用年鉴学派的结构主义研究方法时，并不否定以前历史主义者研究宋史的成果，并继续贯彻实证主义原则，每事考证綦详；于理论和计量分析之外，仍保留叙事手法，盖非此不能概括事物之间的复杂关系。第二，在运用布罗代尔的多元时间方法时，很注意短时段的事件史。缘宋代三百年，自然环境变迁不大，而事件频繁，其中如厘定赋额（军需）、变法、引进占城稻、实行经界法等，都影响经济活动甚巨，而与辽金之战和迁都杭州二事，更影响整个局势。第三，他将总体观和多元论相结合，根据宋代江南的实践，结合提出人口和社会流动、文化生态、经济生态、技术要素几个方面，进行史的探索。这就提纲挈领，有物有则，避免叠床架屋，收以简御繁之效。①

---

① 吴承明：《经济理论与方法论的创造性运用——序斯波义信〈宋代江南经济史研究〉中文版》，载《吴承明集》，第 343～344 页。

第八章

计量分析与经济史研究

第一节　统计学、计量经济学、计量史学

经济现象多半可以计量，并常表现为连续的量。在经济史研究中，凡能计量的都应尽可能作计量的分析。定性分析只给人以概念，要结合计量分析才能具体化，有时并可改正定性分析的错误。如过去常以为近代中国商业资本属于"畸形"发展，是洋货入侵的结果。据我们估算，1936 年由全国商业资本作媒介的成交额中，农产品占 45%，手工业品占 26%，工矿业产品占 20%，进口洋货占 9%。[①] 又考察，在洋货大量入侵前已有偌大的商业资本，故不得谓之"畸形"发展。

经济史的计量分析应用统计学方法、计量经济学（econometrics）方法、计量史学（cliometrics）方法。三者功能不同，而主要是统计学方法。

（一）统计学方法

统计是计量分析的基础，计量经济学、计量史学也都要以成系列的统计资料为依据。经济史需要有时间序列的统计，这些统计常是根据个体（家庭、农场、企业）的记载和小范围的调查资料，加工估计而成；直到近代，才有国家布置的表报统计制度和国情普查制度。18 世纪，清政府颁行的各

---

① 许涤新、吴承明主编《中国资本主义发展史》第 3 卷，人民出版社，2003，第 149 页。

州府逐月陈报的粮价单以及雨雪粮价折，是一种很早的表报制度，在世界上亦属先进，但仅限于粮价。1912年开始发表的农工商部统计表，包罗甚广，但错误严重，且申报单位逐年减少，人多弃而不用。我国比较完整的表报统计制度始于1961年，在此以前，经济史研究所需统计，大约除海关统计外，基本上都是经过加工的估计数据。但是，请勿忽视估计，表报调查有其局限性。即使最先进的国家，农业经济统计也还是依靠估算，国民生产总值的统计也有相当部分是估算资料。同时，历史认识有相对性。加工的估计数据，只要选样、加权和推论合理，其质量并不比直接调查为差，且因估算时可照顾全局和环境条件，效果可能更佳。

历史统计主要是研究经济现象演变的趋势和速度，因而更重视相对值或比较值，而不仅仅于其绝对值。这通常是用指数表达。一个变量用指数表达，即使其绝对值不够精确，亦不影响趋势和速度的正确性。长期的指数并可用阶段平均或移动平均法，以概括缺少数据的年份。用曲线图表达与用指数有同等效用，并可从形象上突出历史研究要找出经济发展的转折点和极限的要求。至于速度，一般用年或月平均增长（负增长）率表达。

在经济史研究，尤其通史研究中，有两个统筹指标，即人口和土地，尤其人口，必须时刻注意。这两个指标，遍布全国，贯穿古今，无时无处不在。它们成为人们经济活动的界限，不可逾越。记得先师郑天挺讲课时说过一个笑话：有人据清人笔记将张献忠杀人的记载逐项相加，恰恰杀了4亿人，即当时中国的全部人口。人口量、人口结构、人口行为（出生率、死亡率、婚龄等）、人口流动（移民）都是经济活动的框架。历史研究中，我国农作物产量都是分稻麦产区按播种面积和平均亩产量估出，而棉花（土布）产量则是按地区人口和地区人均消费量估出。市场交易和价格都在点上，其宏观数据都是按分区人口数加权估出。在比较了中外古代史研究资料后，梁方仲结论说，在人口和土地方面，"中国今日保存下来的材料的丰富是世界各国中首屈一指的"。[①] 我们应当充分利用这项珍贵的遗产。

F. 布罗代尔在《菲利普二世时代的地中海和地中海国家》中，把16世纪后期地中海区域的经济"结构"概括为：人口6000万，内城市人口600

---

① 梁方仲：《中国历代户口、田地、田赋统计》，上海人民出版社，1980，第12页。

万，贫困人口占 20%～25%。总产出 12 亿金币，即人均 20 金币，粮食消费占一半，即 6 亿金币。① 这个 "结构" 不是根据整体统计，而是按照典型比例值从人口中推算出来的。他未计土地，因地中海都是商业国，所以他估计了总产值和总消费（从税收和人口数估出）。

19 世纪以后，一国（或一地区）的总体经济大多是用国民生产总值即 GDP 和人均 GDP 来表达了。GDP 包括全部物质和服务的净产值，也包括消费（分配）、投资（储蓄）、产业结构以及出口数值，是最完整的宏观统计，经济的兴衰和结构变迁一览无余。在我国，已有国家统计局按照国际标准（SNA 制）制定的自 1952 年迄今的 GDP 统计（1977 年以前是由旧制改估数），并为现代史研究所通用。1952 年以前，经众多学者的努力，已有 1850 年、1887 年、1914 年、1931～1936 年、1949 年的 GDP 估计。② 唯我国的近代史学者尚不习惯引用。又世界经济组织发展中心首席经济学家 A. 麦迪森所估之东汉（公元 50 年）、宋（960）、元（1280）、明（1400）的 GDP，恐怕难以取用，麦氏也自称他的估计只是 "猜测性的"（guesstimated）。

价格，尤其是相对价格的统计是经济史研究的重要方法，它反映整体经济的兴衰和经济发展周期性，蕴藏着大量经济活动的信息。A. P. 厄谢尔和 W. 阿倍等利用教会庄园的账册，从相对价格的统计中推算出 13～19 世纪欧洲农业生产和消费的两次大衰和大兴，给人以化腐朽为神奇之感。③ 19 世纪以后，商品和服务价格统计以及生产要素价格和货币比价都比较完备，用以探讨中短期经济周期、资源配置、边际收益、劳动者生活状况的研究都卓有成效。在我国，物价统计在 1860 年以后才粗成系列，汇率统计完整，而工资记录严重不足。目前研究还偏重于市场发育和价格结构的形成方面，探讨相对价格变动对中国经济近代化的影响和经济周期的研究刚开始，还有大量工作的空间。

（二）计量经济学方法

计量经济学兴起于 20 世纪 30 年代。最早是投入产出分析，继而有回归

---

① 参见 F. 布罗代尔《菲利普二世时代的地中海和地中海国家》第 2 部第 1 章第 3 节。
② 参见吴承明《中国 GDP 的故事》，《经济学家茶座》2002 年第 4 期。原用国民收入 GNP，第二次世界大战后改用国内生产总值 GDP，用联合国统计委员会制定的国民账户体系 SNA 计算。1993 年该体系又将 GDP 改称国民总收入 NNI，但多数国家（包括中国）仍沿用 GDP 名称未改。
③ 他们研究的结果见 *The Cambridge Economic History of Europe*, Vol. V, ch. II, 1977.

分析、相关分析，以及系统论、控制论、信息论、博弈论等分支学科。计量经济学方法是建立一个或多个数学模型，找出参数或系数来确立各种经济变量的平衡关系，从模型中推导出指定变量的预测值，用以做出判断和决策。模型之可以做出预测，都是以过去的统计数据为根据，反过来看，便可用它来考察历史上经济变动的因果关系。不过，计量经济学方法之用于经济史研究的主要是回归分析和相关分析两种。其他，如投入产出是一种很完善的分析方法，但其模型（平衡表）所需项目过繁，历史统计资料难以满足需要。投入产出法的创始人 W. 里昂惕夫曾用以分析 1919 年、1920 年美国经济活动是因为有详细的国情普查资料，在我国则只能用于当代的研究。但是，如抛开其计量模型，单用投入产出原理来分析一个部门或地区的经济史，我国史家曾有人尝试过，我看是成功的。系统论、控制论方法是 20 世纪 40 年代新兴的科学研究方法，曾风行一时。20 世纪 80 年代初，我国史学界曾有一个用系统论、控制论研究中国封建社会史的热潮，但都因缺乏数据未能建立政治、经济、文化等系统功能的平衡表和矩阵模型，未见成效。与投入产出法不同，系统论、控制论方法是不能单凭原理做出论断的，我对此曾有文评议。[①] 至于信息论、博弈论，兴起更晚，为目前时尚的经济学说，近 10 年来有四次诺贝尔经济学奖授予这两论的学者。唯信息论、博弈论方法是探讨微观经济学中对抗性的竞争与决策，一般不涉及经济史问题。

回归分析模型，通常用线性方程式或几何图形来表达，其基本形式是：

$$Y = a + bx$$

其中，x 是因变量，例如居民可支配的收入；Y 是自变量，例如某项商品的需求，均用货币元表示。收入增长常导致需求增加，故此方程表示一种因果关系。

图 8-1 示 x 和 Y 的交汇点（黑点）可以回归到一条直线上，即回归线。a 和 b 是形成这条线的参数。b 表示 x 对 Y 的作用，称回归系数，亦即图中回归线的斜率。a 表示方程中未包括的因素（这些因素假设不变）对 Y 的作用，即 x = 0 时 Y 的值，a 和 b 两个值是由历史上收入和需求的统计系

---

① 参见吴承明《经济史研究的方法论问题》"系统论方法"，载《市场·近代化·经济史论》，第 77~81 页。

列（即 x 和 Y 的实际值系列）求出的。求出时通用最小平方法，即用一定的公式，使模型中的 x（模拟值）与历史统计中的 x（实际值）两者的差额的平方的历年总和为最小，也就是使模型中的 x 值与其实际值最接近。求得 b 值，a 值也就很容易解出，于是建模完成。

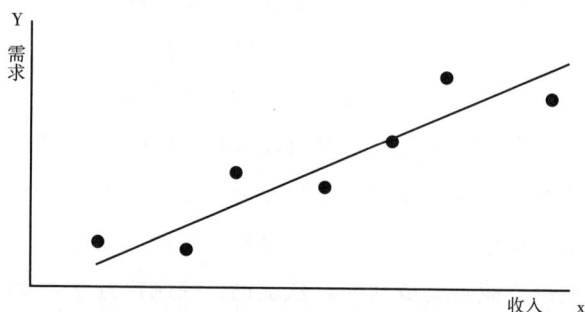

图 8-1　收入与要求变化的回归分析模型

在求算 a、b 值中，同时就能得出因变量 x 与自变量 Y 之间的相关的密切程度，即相关系数 R^2。R^2 的值在正负 1 之间。正负表示方向，如收入与需求为正相关，消费与储蓄为负相关。若 $R^2 = 1$，表示完全相关。若 R^2 过低（接近0），表示 x 不是影响 Y 的主要因素，变量选择不当。接着，要计算 a 和 b 的误差率，通常用方差法。方差是衡量一个系列变量与其平均值离散程度的指标。系列变量与其平均值之差可能是正数，可能是负数，进行平方，使全变成正，再行平均，即为方差。方差的平方根即标准误差。建一个回归模型，先要计出参数，还要给出相关系数和标准误差（参见下节实例）。

上述模型是一元线性模型。所谓一元即只有一个因变量。如其事不只一因，可建多元模型，有两三个因变量；但要求这两三个因变量之间没有线性关系，否则影响参数的准确性。如有再多的因素，回归模型容纳不下，只好略去。再如经济制度或政策规章的变动，无法计量，在回归模型中只好作为外生变量，不予计入。这在预测和决策中是可以的，因预测、决策者对面临的制度政策变动已心中有数。而历史研究则是要把过去的这种变动发掘出来，而回归模型无能为力。又如天灾、战争、动乱等影响经济至巨，在回归模型中只是记上一笔"随机干扰"，用 1 表示有，用 0 表示无。在历史研究中就不能满足，而要具体分析其作用和影响。这些都说明计量经济学方法用于经济史研究有很大的局限性。

回归模型之所谓线性，是指方程中的变量和参数都以一次方出现，各变量之间不互相乘除，回归成一条直线。而实际上经济现象之间关系十分复杂，多数不是线性的。把它们约略地视为线性，不完全是为了计算容易，而是受新古典经济学影响。新古典主义强调市场经济的均衡发展，认为市场能自动导致瓦尔拉斯均衡，因而线性应该是经济发展的常规状态，而把技术和其他因素都看成外生变量。这种理论在第二次世界大战后就受到非议，20世纪50年代兴起的经济增长理论和经济增长因素的分析就不用线性模型了。经济增长的理论和分析也用于经济史研究。

经济增长因素分析也是一种回归分析，是根据历史上的统计系列做出的。R. M. 索洛创余值法，即一个时期经济增长总额中减除资本与劳动两大因素提供的效果后的余额，作为技术改进的作用。他根据1909～1940年美国统计资料，计算这一时期经济的年均增长率为2.9%。其中资本积累的贡献为0.32%，劳动增加的贡献为1.09%，技术进步的贡献为1.49%。E. F. 丹尼森分析，1929～1982年美国国民收入增长率为2.92%，其中资本投入的贡献为0.56%，劳动投入的贡献为1.34%，技术进步的贡献为1.02%；技术进步中，知识增进的贡献为0.66%，资源配置改善的贡献为0.23%，规模经济扩大的贡献为0.26%，其他因素的作用为-0.13%。[①]

这种分析，又称为全要素生产率分析，全要素即将资源和劳动对产出增长的贡献扣除后，计算其他要素对产出增长的贡献。这对于研究经济史颇为有用，我国亦有人试用，但因统计数据不全，尚不够完善。下面我亦举一事例说明之。

全要素生产率分析方法需要较全面的历史统计资料，但仍然不能含纳制度、政策变迁和社会意识形态变迁对经济发展的作用，而这正是当前经济史研究的重点，是计量经济学方法无能为力的。而经济上的量，都是以一定的质为前提的。计量经济学方法只见量变，不见质变，只追求量的连续性，不

---

① 两项计算均据刘树成主编《现代经济辞典》"经济增长因素分析"条，江苏人民出版社，2004。

能反映历史上由量变到质变的过程。计量经济学是以函数关系替代事物间的相互关系，从历史研究来说，就是只见事物的演进过程，看不见整体结构性的变化。总之，计量经济学方法用于经济史研究，其范围是有限的。在这个范围内，我主张要用它来检验已有的定性分析，而不宜用它创立新的论点。事实上，国外用此法也大多称 test（检验），多半是指检验某种假说。定性分析是从众多的社会经济史实和前人研究成果中得来的，考察甚广，要形成假说，还需要一定的理论（历史观）指导和抽象推理。这都不是从几个变量和模型所能得出的。已有的定性分析常有不确切、不肯定或以偏概全的毛病，用计量学方法加以检验，可给予肯定、修正或否定。所以使用计量经济学方法要以已有的历史研究为基础。20 世纪 70 年代计量学方法正盛时，美国经济史学会主席 R. W. 席德在就职演说中说："没有以往史学家所作质的研究，计量史学也会走入歧途。"①

（三）计量史学方法

1960 年有 12 位美国学者集会讨论用数学方法研究历史，成立学会，次年定名为 Cliometrics（计量史学），Clio 为希腊神话中主管史诗的女神，metrics 原意韵律学，今作为计量解。该学派实际上主要是研究经济史，兼及社会、制度。

原来 1958 年即有 J. 迈耶和 A. 康拉德发表《南北战争前南方奴隶制经济学》一文，提出与传统研究迥异的观点。1974 年计量史学的领袖人物 R. 福格尔与人合著《十字架上时代：美国黑人奴隶制经济学》出版，震惊学界。他们不讲奴隶制本身，而是把它作为一种投资方式，用计量学方法来分析，奴隶种植园的收益率高于北方的家庭农业，经济增长率也高于北方，又奴隶的寿命较长，劳动力也较强，剥削并不严重。G. 赖特著《南方棉花种植园政治经济学》，也是计算种植园的经济效益，而置奴隶之自由平等问题于不顾。批判文章也迭起，一时成为热门话题。

福格尔在 1960 年的计量史学会议上即提出关于美国铁路问题的报告，1963 年出版《铁路与美国经济增长》，认为过去人们将铁路的作用夸大了。他把铁路运输的经济效益用"社会储蓄"来表达，即它在国民收入中的贡

---

① 载 *The Journal of Economic History*，Vol. 32，No. 1，March 1972。

献。又用"反事实度量法"（counterfactual measurement），即假定美国不修建铁路，而用马车等其他高效运输工具，结果并不差，与用铁路相比较，国民生产总值相差不过3%。继之有人（G. A. 甘德森）发表《轮船的社会储蓄》，亦用反事实法，计算轮船运输对国民收入的实际贡献。R. P. 托马斯甚至假设如果当初北美不是英国的殖民地，按正常贸易规程行事，情况将会怎样。他编制了一个"负担和收益平衡表"，北美作为殖民地的负担与其因殖民地受到英国的保护（收益）大体平衡。这种反事实度量法一时成为风气，也受到批判。因为历史事物的存在有其社会的、文化的条件和价值，是不能随便否定的。

还有一个美国历史上是否劳动力短缺问题，也成为争论的热点。这关系到机器的使用和移民问题。福格尔的结论是美国并非劳动力短缺国家，但亦非劳动力富裕。这也是与传统经济史论点不同。他们还讨论危机经济问题，大体是与 S. S. 库兹涅茨的增长理论相左。

一般把 1960～1975 年看作是计量史学派的黄金时代。这时期他们主要研究历史上的单一命题，提出独特的论点，引起热烈的争论。他们一般是用模拟模型或理论模型，建模不是从史料出发，计量也不尽依靠历史统计系列，而常是寻求"间接度量"数据。除反事实法之外，还利用排队、中数等比较研究方法。20 世纪 70 年代以后，计量史学进入第二代，研究方向转向人口问题和宏观经济问题，研究方法也与计量经济史学无甚差异。有些学者如 D. C. 诺斯、R. P. 托马斯则另创新制度经济史。进入 21 世纪，计量史学已消失生气，混入一般计量经济学分析之中。

计量史学实际上只曾盛行于美国。在欧洲虽有短暂反应，但不成气候。20 世纪 70 年代在苏联一度颇有发展，而主要是在史学界而非经济学界。在中国则无响应。

第二节 计量分析的一些事例

计量分析因需要有系列的统计资料，故很少用于研究中国古代经济史，下面我仅取分析《春秋》和宋代货币二例。民国经济史，已有一些计量分析，我举回归法和图示法各二例。现代经济史已广泛应用计量分析，读者随时可见，我只选较长期的增长要素分析一例。

（一）事例一

我所见分析最早古代史的一篇是苏联 D. V. 德奥皮克所作的《古代东方编年史〈春秋〉的定量分析尝试》。[①] 该文系用"次数分布法"（frequency distribution），但因变量比较简单，未作矩阵再处理。《春秋》一书记 243.6 年之事，共16257字。作者将其所记字、词、事件、叙（行为、状况），按年份（季、月）和地域（诸侯国）分配作统计，结果是：多国外交盟、会等事逐渐减少，双边交涉增多。战争增多，而与"远交近攻"说不同，战争主要在较远国进行，近攻邻国则是吞并。《春秋》甚少记经济事，但所记自然灾害是减少趋势，不过作者认为这是因政治事件增多，忽视自然因素所致。

（二）事例二

所见最完整的一篇是刘君所作的《卡甘假说与世界历史上第一个纸币全国性通货膨胀》。[②] 宋代是世界上最早发行纸币会子并首见通货膨胀的国家。P. 卡甘是美国哥伦比亚大学教授，他的假说是：在超级通货膨胀中，决定货币量的是人们预期的通胀率，其他经济因素均不重要。刘是假定宋人对通胀率的预期全由政府滥发会子而来，故以实际通胀率作为预期通胀率。因而用下列回归模型（对数模型）：

$$\ln \frac{M_t}{P_t} = a \ln \frac{P_t}{P_t - 1} + r$$

其中，M_t 是在 t 时间的货币量，即会子发行额。P_t 是在 t 时间的物价（实为米价）。a、r 为参数。他收集和估算了 1161～1240 年 8 个时间段（十年平均）的通货量和米价，做成指数，并计算出 7 个时间段的货币供给率和通货膨胀率（见表 8-1）。这两组数字相交于图 8-2 中 7 个点。其中早期的 1171～1180 年、1181～1190 年两个点通胀率极低，因当时交子仅用于首都地区，且孝宗时人口大量南迁，货币量大，交子尚未贬值。故将此两点除外，其余 5 点可回归到一条直线上。

---

① 该译文载《史学理论》1987 年第 4 期。

② Francis T. Liu, "Cagan's Hypothesis and the First Nationwide Inflation of Paper Money in World History," *Journal of Political Economy*, 1983, Vol. 91, No. 6.

表 8 – 1　南宋货币供给量与通胀率的关系（1161～1240）

年　份	货币量指数 M_t	物价指数 P_t	$\ln \dfrac{M_t}{P_t}$	$\ln \dfrac{P_t}{P_t-1}$
1161～1170	100	100		
1171～1180	204	86.7	0.856	– 0.14
1181～1190	224	107.3	0.736	0.21
1191～1200	827	183.9	1.503	0.54
1201～1210	1429	279.8	1.631	0.42
1211～1220	2347	280.2	2.125	0.00
1221～1230	2755	335.5	2.106	0.18
1240	4949	4032.2	0.205	1.66

表 8 – 1 数值按上述方程计算参数，结果如下（括号内为标准误差）：

$$a = -1.199(0.072) \qquad r = 2.186(0.058)$$
$$R^2 = 0.989$$

货币增长率与通胀率的相关系数 R^2 极高，自在意中。而研究重点在 a 值。原来卡甘曾研究了近代欧洲七次超级通货膨胀，其 a 值为月平均 – 8.7 至 – 2.3。而该文计算 10 年平均的 a 值为 – 1.199，合月平均将高达 – 144。作者解释这是因为宋代大部分交易仍然用金属币，会子不是主要货币，它与金属币没有固定汇率，也不能完全自由替代，实为另一种货币，故有此现象。就整个南宋经济说，实际上并没有什么超级通货膨胀（见图 8 – 2）。

（三）事例三

韩国学者韩宰东有一篇《战后中国各种货币的通货膨胀征课》[①] 讲 1946～1949 年国民党政府的货币政策。他认为，超级通货膨胀等于是对国民的一种征课（tax），当时国民党政府采用法币、台币、东北流通券多种货币政策是为便于分地区征课。他提出一个假说：某种货币的通胀征课率反比于该货币的实际需求弹性。需求弹性是指一物的价格变动一个百分比时，人们对该物需求量变动的百分比。就货币来说，与卡甘所说人们的预期通胀率是一个意思。韩宰东也是用卡甘的超级通胀模型，并以实际通胀率代替卡甘

① J. D. Han, "Inflation Tax on the Multiple Currencies in Post-War China," 作者送给我的论文，作于 1989 年，谨致谢忱。

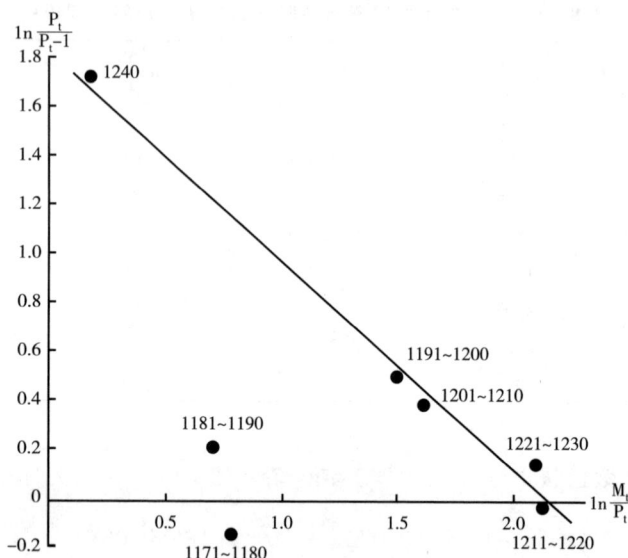

图 8 - 2　南宋货币供给量与通胀率变化的回归分析模型

的预期通胀率，作回归分析，结果如表 8 - 2。表8 - 2显示法币需求弹性最低，其征课率最高；而东北流通券反是。

表 8 - 2　中国各种货币通胀率回归分析（1946 ~ 1949）

货　币　名	月平均增发率	a	r	R^2
法　　　币	65.7%	− 0.83	0.68	0.81
台　　　币	17.8%	− 3.13	0.26	0.91
东北流通券	23.8%	− 5.64	0.26	0.99

（四）事例四

货币以外，用计量经济学研究价格者最多。除下节专讲清代粮价外，兹举美国 L. 勃兰特教授在《华中及华东的商业化与农业发展》[1] 一书中所作1870 ~ 1936 年上海米价和棉价的计量分析。

上海米价受外国进口米价和汇率变动之影响。勃兰特用二元回归模型：

---

[1] Loren Brandt, *Commercialization and Agricultural Development*, *Central and Eastern China*, *1870 - 1937*, Cambridge University Press, 1989, p. 49.

$$\ln P_s = a + a_1 \ln P_m + a_2 \ln R + u$$

其中，P_s 为上海米价（关两），P_m 为越南、缅甸、印度出口米价的平均价（英镑），R 为汇率（英镑/关两）。a_1、a_2 为系数，即上海米价变动中归因于 P_m 和归因于 R 的份额。求解结果如下（括号内为标准差）：

$$a_1 = 1.105(0.054) \qquad a_2 = -0.983(0.045)$$

$$R^2 = 0.928$$

可见，上海米价是受外国米价支配的，而汇率因素居次要地位（银价高则米价低，故 a_2 为负值）。

但棉价情况不同。勃兰特以 P_s 为 1900~1936 年的上海棉价，P_m 为同期美国棉价（代表国际棉价）。测算结果，上海棉价受国际棉价影响，而汇率变动起很大作用。其结果是：

$$a_1 = 0.854(0.093) \qquad a_2 = -1.179(0.137)$$

$$R^2 = 0.718$$

（五）事例五

用几何图形分析，有时更为简单明了。美国 R. W. 许内曼教授在其《龙与铁马：中国铁道经济学，1876~1937》[①] 一书中，用图 8-3 模型研究抗日战争前中国铁路运输的经济效益。

图 8-3 中，AB 为铁路运输的边际成本，OT 为货运量，OP 为传统运输的运价，OP′ 为铁路运输的运价。则铁路运输的经济效益（比传统运输增加的效益）为 $S_{PCP'}$。依图可有下列约等式：

$$S_{PCP'} \approx \frac{1}{2}(OP - OP')OT$$

20 世纪二三十年代，大车、驮运、人力等传统运输运价每吨公里自 0.08 元至 0.5 元不等，平均按 0.1 元计。铁路运输平均每吨公里按 0.02 元计。1933 年国有铁路 6 线的货运量为 28.96 亿吨公里，代入上式，经济效益为 1.16 亿元。同年，外资铁路运量为 64.10 亿吨公里，经济效益为 2.56 亿元。

---

① Ralph W. Huenemann, *The Dragon and the Iron Horse: The Economics of Railroad in China, 1876 - 1937*, Harvard University Press, 1984, pp. 227 - 228.

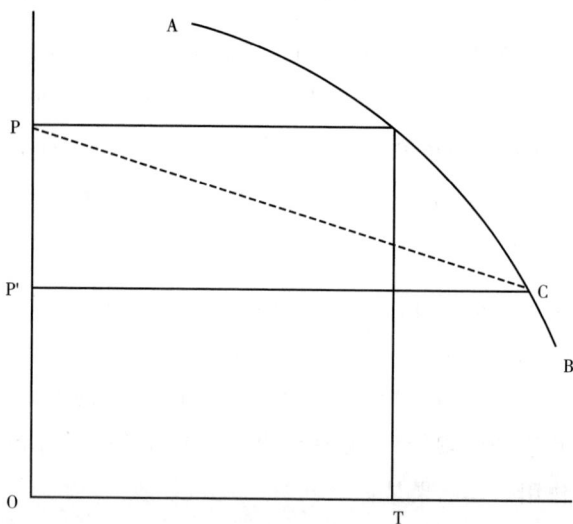

图 8 - 3　抗日战争前中国铁路运输经济效益的回归分析模型

（六）事例六

再举美国 P. H. 林德尔教授在《国际经济学与历史学家》[①] 一文中研究短期内国内国际钢铁价格变动对中国钢铁消费者与生产者的影响一例。林德尔设计的模型如图 8 - 4。其中 S 为国内钢铁（主要是土铁）的供给线，D 为国内钢铁需求线，在短期内均假设不变。AC、FH 是在不同价格下的钢铁进口量，对中国来说其供给是无限的，故作平行线。1900 年国际钢铁价格平均每吨约合中国币 260 元，1925～1929 年平均跌至 200 元。因进口跌价，每年进口量由 AC 增至 FH，即增 18.4 万吨；同时国产钢铁每年销售量由 AB 减至 FG，即减少 6.2 万吨。然后由图示计算，由于国际钢铁跌价：

国内消费者得益为 S_{ACHF}，值 3852 万元。

国内生产者损失为 S_{ABGF}，值 2814 万元。

此例模型设计少历史统计根据，作者亦自称是"半假设的"，所计损益不涉及国际贸易条件（terms of trade），恐亦乏确切意义。

---

① Peter H. Lindert, "International Economics and the Historian," in Thomas G. Rawski ed., *Economics and the Historian*, University of California Press, 1996, pp. 225 - 226.

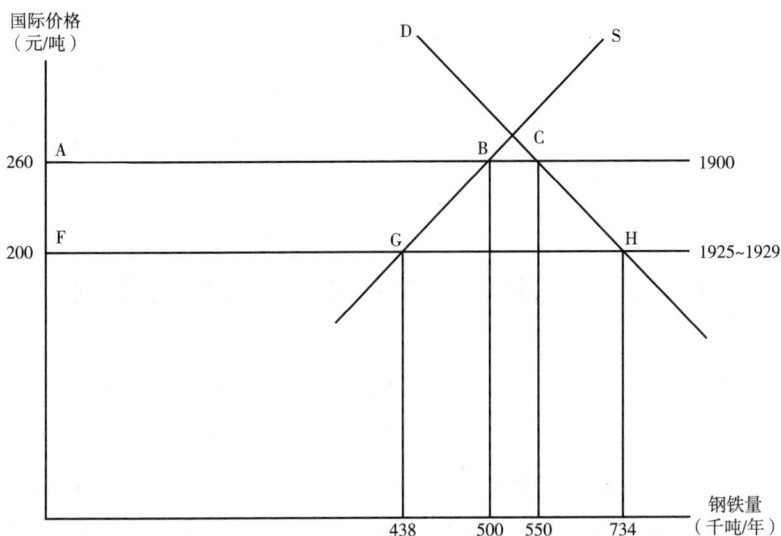

图 8 - 4 国际钢铁价格变动对中国消费与生产的影响回归分析模型（1900 ~ 1929）

（七）事例七

赵凌云等在两篇"中国经济增长格局的历史剖析"① 中分析了新中国经济增长因素的作用，如表 8 - 3。

表 8 - 3 各要素对中国经济增长贡献率的回归分析（1957 ~ 2001）

单位：%

年 份	GDP 增长速度	对经济增长的贡献		
		资本投入	劳动投入	技术改进
1957 ~ 1978	5.7	65.6	26.3	8.1
1979 ~ 2001	9.5	41.3	16.3	42.4

因统计资料不足，该分析没有采用全要素分析法，而是用最简单的道格拉斯生产函数求导后的公式推出三种增长因素的作用。其中技术改进包括装备、组织、管理的改善等，无法细分。资本投入用贺菊煌所作永续盘存法估

---

① 赵凌云：《1957 ~ 1985 年中国经济增长格局的历史剖析》，《中国经济史研究》1992 年第 3 期；赵凌云、向新：《1979 ~ 2001 年中国经济增长格局的历史剖析》，《中国经济史研究》2005 年第 1 期。

计的资本存量。[①] 劳动投入因无劳动质量、强度和劳动时间的统计，只好以劳动者人数代替。资本和劳动的增长弹性（系数），因缺乏相关统计资料，姑且按双方收入为 4∶6 的比例估算；此项比例是 1984 年世界银行来华考察时提出的，[②] 学术界有不同意见。可见，新中国经济统计虽较完整，应用计量经济学方法亦非容易。

第三节　利用粮价研究清代市场整合事例

市场整合（market integration）或称一体化，是指一个区域乃至一国的市场由于贸易网络发展，形成供求比较平衡的情况。它也是市场发育程度的表示，一般用各地价格变动的同步性和一致性来检测。如果各地都是"一个价格"（经运输费用修正），即市场的完全统一。中国在 18 世纪，只有粮价记录比较完整，故利用粮价变动来研究市场整合者颇多，我所见有关于江南、西南、岭南、福建、陕西、直隶、湖南、甘肃市场的论述多种，兹就其所用计量方法，略作介绍。

这些研究多用各督府呈报的域内各州府的逐月粮价单或雨雪粮价折（个别用粮价细册）。此项官方报告之可信性，已不少专门论述。唯应用者大多已注意其不实之处，并兼考私人文书记载。有些省区无私人记载，只好专用官报。

（一）概述

全汉昇是最早研究清代粮价的前辈学者，其论点一直指导着后人的研究。全汉昇和 R. A. 克劳斯在《清中叶的米市场和贸易》一书中考察了 1713～1719 年苏州米价的季节变化，发现其变化幅度竟比 1913～1919 年上海米价的季节变动还小。经反复论证，他们认为苏州李煦奏折所报不实，有些月份甚至是有意不实。但经改算，仍然认为康熙末季苏州米市场的组织和效率颇佳，不亚于 20 世纪初的上海米市场。[③] 他们认为，18

---

① 贺菊煌：《我国资产的估算》，《数量经济技术经济研究》1992 年第 8 期。

② 世界银行 1984 年经济考察团：《中国：长期发展的问题和方案》（附件五），中国财政经济出版社，1987，第 26～27、59 页。

③ Han-sheng Chuan and Richard A. Kraus, *Mid-Ch'ing Rice Market and Trade: An Essay in Price History*, Harvard University Press, 1975, p. 28.

世纪早期江南粮价比较平稳，得力于市场机制较有效、政府仓储平价措施等多种因素，而最重要的是在长距离运销上有合理的价格差。他们的考察，1723～1735 年，以江南米市中心苏州米价为 100，则长江线上，安庆、南昌为 72，汉口为 78，产区长沙为 72，重庆为 51。南运线上，杭州为 109，福州为 114。核以各埠间水运距离，大体相符。①

　　王业键是研究清代粮价的杰出学者。他指出，苏州米价，1684～1788 年百年间官方报告与萧山来氏家谱所载比较，线形增长率只差万分之三，应属可信。而在 1789～1800 年十余年间，官方报告跌价，与来氏记载迥异，因怀疑苏州府的粮价单不实。然而，江苏省其他府州的报单亦不少有跌价趋势。及至 19 世纪，则苏州府报单与郑光祖《一斑录》、柯悟迟《漏网喁鱼集》之常熟记载和海关之上海记载基本相符。② 据此，王业键建立 1638～1935 年江南米价的长期系列。此外，他早期并以 1738～1789 年苏州、杭州、广州、汉阳、淮安（代表华北）米价的变动为依据，发现有可观程度的同步性和联动性。这些城市任何两地的价格相关系数均为正数，多数在 0.6 或以上，尤其苏州与各地相关最为显著，反映它在大范围内米市场的中心地位。③ 后来他又选择了 15 个城市（代表 15 个省）1738～1740 年的米价进行比较研究。其中，长江三角洲米价最高，每石约 1.5 两，安徽、福建、广东次之，每石 1 两或稍多；最低是四川、湖南、广西，不足 1 两。北方食米多从南方运去，米价很高，陕西 1.8 两，直隶、山东 2 两或以上。他又比较了 170 年后即 1909 年这些城市的米价，发现地区间米价的价格差缩小了。在南方，最高价与最低价由 2∶1 降为 1.5∶1；加入北方，由 3∶1 降为 2.3∶1，表示市场整合有了进步。他还观察到，在 17 世纪大部分时间里，中国市场的整合程度要高于欧洲，但到 18 世纪中叶，欧洲市场的一体化程度就超过中国了。④

---

① Han-sheng Chuan and Richard A. Kraus, *Mid-ch'ing Rice Market and Trade, An Essay in Price History*, Harard University Press, pp. 42 – 43.

② Wang Yeh-chien, "Secular Trend of Rice Prices in the Yangtze Delta, 1638 – 1935," in T. W. Rawski and L. M. Li ed., *Chinese History in Economic Perspective*, University of California Press, 1992, p. 49.

③ Wang Yeh-chien, *Food Supply and Grain Prices in the Yangtze Delta in the Eighteen Century*,《第二届中国近代经济史讨论会论文集》，台北：中研院经济研究所，1989。

④ "Secular Trend of Prices in Yangtze Delta, 1638 – 1935," in *Chinese History in Economic Perspective*, University of California Press, pp. 53 – 54.

不过，著名的清史学者也是价格史专家岸本美绪对上述研究方法曾提出质疑。她说，一地粮价的季节变动受该地所处地位的影响，不一定反映周围大市场的一般状况。至于长距离贸易，则犹如"两刃剑"，有稳定粮价作用，亦有相反作用。长江米粮贸易甚繁，却伴随着相邻农村之间流通不畅，这种研究法所考察的只是"点和线"粮价的联动性，能否代表它包括农村的"面"的市场呢?[①]

粮价的季节变化看似简单，而影响变化的因素甚多。陈春声发现乾隆年间广州府米价的季节变动小于 20 世纪 30 年代广州市米价的季节变动，一如上述全汉昇所见苏州与上海之例。但经对各种因素详加分析，尚不能得出 18 世纪广州米市场在保证供应上比 20 世纪更为有效的结论。[②] 岸本美绪自己研究宣统年间江苏太湖厅之晴雨粮价折（现存日本）所报米价与上海《申报》所载米价变动之相关系数高达 0.912，但两地季节差价则颇异其趣，皆因两地所受辛亥革命影响不同。[③] 在北方，因小麦和杂粮收获期交错，季节差价较小。李明珠用回归分析法考察直隶省小麦、小米、高粱的季节差价，也发现一些难解之谜；她认为，可能季节变动的模式在每个地方都有差异。[④]

长距离贸易价格为观察市场同步化最重要的指标，但应用时也常有误导。王国斌认为，粮食长距离贸易在南方作用显著，在北方则运销路线常不互相联系；如在山西，这种运销导致南部高价，不能与北部平衡。[⑤] 方行考察，湖南米谷运销江南，从康熙到嘉庆，几个时期两地米价分别为 30∶100、35∶100、58∶100、70∶100。差价逐步缩小，主要原因不是市场效率改进，而是因为湖南人口增加，粮价上升速度快于江南。[⑥]

"点与线"和面的问题亦有实例。王业键对 18 世纪福建各州府粮价的

① 岸本美绪：《清代中国の物价と经济变动》，（日本）研文出版社，1997，第 32~33 页。
② 陈春声：《市场机制与社会变迁——18 世纪广东米价分析》，中山大学出版社，1992，第 137 页。
③ 岸本美绪：《清代中国の物价と经济变动》，第 516~517 页。
④ Lillan M. Li, "Grain Prices in Zhili Province, 1736 – 1911," in *Chinese History in Economic Perspective*, University of California Press, p. 86.
⑤ R. Bin Wong, The Political Economy of Food Supplies in Qing China, 作于 1983 年，承作者惠赐打印稿，谨谢，未见出版。
⑥ 方行：《清代前期湖南农民卖粮所得释例》，《中国经济史研究》1989 年第 4 期。

相关分析显示，全省并存着三个相对独立的市场"圈"，而非统一市场。[①]
E. P. 威尔金森用 20 世纪最初十年的粮价细册，考察陕西米、麦、粟、豆的
价格变动，发现除西安附近外，全省各地的粮食市场几乎没有什么联系。[②]

在利用粮价研究清代市场整合的论著中，大体有五种方法已被运用：（1）
价格变动因素分析；（2）价格相关分析；（3）价格差相关分析；（4）价格方
差相关分析；（5）价格离散差相关分析。

（二）价格变动因素分析

这种因素分析目的在于分析出粮价长期变动、季节变动、灾荒和动乱等
作用，找出单纯由于粮食贸易（供求）造成粮价变动的数值。一般用下列
回归模型：

$$P = K + aT + b_2 M_2 + b_3 M_3 + \cdots + b_{12} M_{12} + dC$$

其中，P 为某月价格，K 为常数，a 为年份 T 的系数，b 为除 1 月份（基期）
外月份 M 的系数，d 为灾荒 C 的系数。用此模型可找出由于人口和货币量
造成的物价长期变动的影响 a，季节变动的影响 b，灾荒、动乱的影响 d，
其余非贸易因素和政府禁令、平粜作用等依靠文献记载。其实灾乱也是靠记
载，即有灾年 C = 1，无灾年 C = 0。

以李明珠所作 1738 ~ 1910 年直隶的回归分析为例：16 个府州，长期趋势
对小麦、小米、高粱价格的影响分别是平均每年每担增银 0.0059 两、0.0061
两、0.0045 两。季节变动是计算出各月对 1 月价格增减的银数，比较容易。
值得注意的是，灾害作用大于长期趋势的作用。李明珠把波及 50 个以上县的
水患作为涝年，涉及 25 个县以上的干旱作为旱年，173 年中共有 54 个灾年，
它们对小麦、小米、高粱价格的影响是平均每年每担增银 0.06 两、0.06 两、
0.01 两。且灾荒常使大范围以至全省粮价陡涨，造成同步性加强的假象。战
乱、政府干预都难以计量，亦有造成同步性假象的作用。[③]

---

① Yeh-chien Wang, "Food Supply in Eighteen Century Fukien," *Late Imperial China*, Vol. 7, No. 2, December 1986.

② Endymion p. Wilkinson, *Studies in Chinese Price History*, Garland Publisher, New York, 1980. 唯我所见为威氏普林斯顿大学博士论文油印本。

③ "Grain Prices in Zhili Province, 1736 – 1911," in *Chinese History in Economic Perspective*, University of California Press, p. 84 and bellow.

（三）价格相关分析

这是最简单的方法。只要有价格系列，便可得出两地的相关系数。如陈春声用 1750~1769 年广东全省 13 个府州和广西东部 5 个府的米价进行相关分析，并以相关系数在 0.9 以上为强相关，0.8 以上为较强相关，不足 0.8 为弱相关。将各地的相关系数制成矩阵图，可查知每个府州都与两个以上的府州有强或较强相关（海南岛除外），意味着全省米市场的整合。其中，潮州府缺粮，而与福建泉州府米价有近 0.9 的相关系数，反映福建米运销潮州。广西米运销广东，而梧州、柳州等府与广东各府的相关系数均不足 0.8，盖因广西米运粤是在 5~11 月，若用 5~11 月平均价计算，则梧州与广州相关系数升为 0.84。[①] 侯杨方研究 1912~1937 年长江中下游 11 个城市和西贡、仰光、曼谷三市的米市场的相关分析，用月平均价，以排除季节差价的干扰。从他所作 14 个地方相关矩阵图看，上海与杭州、碛石、无锡、南京、九江、汉口、靖港（长沙）的价格相关系数都在 0.9 以上，而与邻近芜湖只有 0.87，这是因为上海人不喜食安徽籼米，芜湖米运上海不多，从海关统计可见。又上海与南昌间只有 0.77，则因江西米不是集中南昌运上海，而是经由九江。又洋米进口，仰光、西贡与上海、杭州、镇江、汉口之价格相关系数均在 0.7 以上，以至 0.9，但曼谷与这些地方的相关系数均为负数，是不可解。[②]

（四）价格差相关分析

这是用相连两年的价格差来做相关分析，亦构成矩阵图，与上法无异。在粮价变动不是很剧烈的场合，使用价格差可基本排除价格长期趋势和货币因素的影响，是此法的最大好处。同时，它会使相关系数降低。以陈春声所作 1750~1769 年岭南（广东和广西东部 18 个府州）年平均米价相关分析和价格差相关系数比较，价格差相关系数都比价格相关系数小，只有少数场合是增大的。[③] 两法比较，我以为价格差相关分析比较合理，但价格相关分析更为人所习用。无论哪种方法，皆需记叙性的说明和解释，不可专凭数字。又都不免偶然性，我曾见一苏州米价分析，相关系数最高者竟是济南。

---

① 陈春声：《市场机制与社会变迁——18 世纪广东米价分析》，第 138~142 页。

② 侯杨方：《长江下游地区米谷长途贸易，1912~1937》，《中国经济史研究》1996 年第 2 期。

③ 陈春声：《清代中叶岭南区域市场的整合》，《中国经济史研究》1993 年第 3 期。

（五）价格方差相关分析

这是 D. 韦尔在 1984 年论文中研究 18～19 世纪法国市场提出的一种方法，李中清在他《国家与中国西南经济》一书稿中曾为介绍，[①] 遂为各家取用。这种方法可以测算一个区域整个市场价格变动的同步程度，即整个区域市场的整合程度。方差是衡量一个系列变量与其平均值差离程度的指标，在第一节讲回归模型时已予介绍。如一个区域中 n 个地方平均价格变动的方差为 V，其 n 个地方各个方差的平均数为 $\overline{V}$，那么 $V/\overline{V}$ 就可表现整个区域价格变动情况。其理论是，如果 n 个地方价格的变动都是 100% 同步的，则两者相等，即 $V/\overline{V}=1$。事实上各地价格变动不会完全同步，$V/\overline{V}$ 总是小于 1。因而设定下列公式，求得方差相关系数 P，它表示整个区域（n 个地方）市场整合的程度，P 越接近 1，整合程度越高。

$$P = \frac{n(V/\overline{V}) - 1}{n - 1}$$

李中清用此法测定 1748～1802 年云南省各地米价方差相关系数为 0.57，贵州省为 0.20，两省合计为 0.39。这个值相当高，因为 D. 韦尔研究 18～19 世纪法国的市场，这个相关值是 0.38。李中清也认为，他的研究结果是"意想不到的高度整合"。不过，他是把贸易、气候、战争都作为促进市场整合的主要因素。[②] 陈春声用上述公式研究 1750～1769 年岭南区域米市场，得出方差相关系数值为 0.63。[③] R. 马立博对 1738～1769 年两广区府州米价的分析，得出方差相关系数值为 0.67。[④] 这些值都高于 18～19 世纪的法国，令人诧异。侯杨方对 1912～1937 年长江中下游 11 个城市的研究，方差相关系数值为 0.53，也不低。

方差相关分析是比较复杂的数学方法，其所用 n 个地方平均价格（V 的

---

① James Lee, State and Economy in Southwest China, 1400 – 1800, Appendix F, 承作者惠赐 1987 年打印稿，谨致谢，该书迄未出版。

② James Lee, State and Economy in Southwest China, 1400 – 1800, Appendix F, p. 182.

③ 陈春声：《市场机制与社会变迁——18 世纪广东米价分析》，第 143 页。

④ 马立博：《清代前期两广的市场整合》，载叶显恩主编《清代区域社会研究》下册，中华书局，1992，第 1040 页。

基数）和 n 个地方各方差的平均数（$\overline{V}$），都过于笼统，把特殊混入一般，n 越大，越失真，我以为不是一个好方法。而且，用此法不作因素分析，更会产生误解。如李中清的分析，像别家一样都是分时间段列表的，从中一眼就可看出 1768～1777 年的十年相关值特高，显然是受 1768～1772 年的战争和灾荒影响。于是他把这五年作为特殊情况去掉，重新计算，则整个时期内，云南的方差相关系数降为 0.4，贵州降为 0.08，两省合计降为 0.19，也就说不上什么整合了。

（六）离散差相关分析

统计学上有许多种离散差，一般是用标准差，即方差的平方根，亦在第一节中已有说明。研究粮价的离散程度用标准差系数，公式如下：

$$标准差系数 = \frac{标准差}{平均值} \times 100$$

用此公式，陈春声测算 1707～1880 年米价的标准差系数，按 20 年分期，由 1707～1720 年的 28.02 降为 1781～1880 年的 7.05。[1] P. C. 濮德培测算 1741～1850 年甘肃省 11 个府小米价格的标准差系数，也按 20 年分期，由 1741～1760 年的 40.4 降为 1821～1850 年的 8.3。[2] 标准差系数下降，即离散程度减小，表示区域市场整合有了进步，但下降如此之速令人目呆，果真如此，到民国时期市场就完全整合了。

陈春声研究，尽管广东省米价的离散程度减小甚速，而各府州之间的差价却是越来越大的，这是因为省内余粮区与缺粮区的经济发展更加不平衡所致。这种现象与全省市场离散程度缩小的概念是矛盾的。濮德培的测算，1741～1760 年甘肃小米价格的标准差系数高达 40.4，显然是受准噶尔战争的影响，甘肃是新疆清军的后勤基地，战争促使全省米价同步上涨。而 19 世纪的系数剧降，则样本很少，濮德培也说"数据稳定得让人怀疑"。[3] 这都说明，计量分析必须有历史事实的解释，单凭数字易致误导。

---

① 陈春声：《市场机制与社会变迁——18 世纪广东米价分析》，第 178 页。

② Peter C. Perdue, "The Qing State and the Gansu Grain Market, 1739 – 1864," in *Chinese History in Economic Perspective*, University of California Press, p. 124.

③ 濮德培：《清政府与甘肃谷物市场》，载叶显恩主编《清代区域社会经济研究》下册，第 1056 页。

（七）定性分析与定量分析

我在第一节尾部曾说，定量分析方法有局限性，应该主要用它来检验已有的定性分析，而不宜仅凭计量的结果创立新的论点。事实上，上述各家也都是先叙述地区贸易背景和形势、影响粮价的事件和因素，再作计量研究。不过，从方法论着眼，我再介绍王国斌、濮德培《18世纪湖南的粮食市场与实物供给》一文。他们首先指出对粮食市场要作两种分析，即定性分析和定量分析，两者互相校正和补充，确定市场的整合性。

定性分析是从地方志、各种历史文献和前人论述中，找出湘、资、沅水系的中长途运粮路线（澧江未见记载），以及10个府内运粮越出县境的短途线路（另3个府无记载），构成一幅米市场结构图。湖南米的流通是以出口外省为主导的。从地理上看，它出口地带5个府与非出口地带8个府的米市场，在交易数量、规模和运作方式上有很大的不同。定量分析，他们采用价格差相关分析法。用此法，各府之间都有相关系数，但系数高的两地不一定有大量贸易，甚至没有贸易。他们测算，1738～1805年，湖南各府间有20对相关系数在0.65以上（他们以此作为整合指标），但考之地理和定性分析，其中有6对是"可疑的"。经将1777年以后的灾荒和政治干预时期除掉，6对中有5对消失，同时又出现4对在0.65以上，这4对既不能经受较长期考验，亦予舍去。最后，保留14对作"真实的"相关，这14对与定性分析中出口地带和非出口地带的分布情况是相符的。此外，相关分析还不能解释文献记载中湘、资、沅上游支流的小量米粮运动，只有假定这些小量贸易不一定产生明显价格关系。他们还用一个府内所报米的高价系列和低价系列的相关分析来测算一个府内部的市场整合，发现除出口地带的4个府外，相关系数都很低，反映府内很少米粮贸易，也许府内基本上是自给自足性粮食经济。[①]

[①] R. Bin Wong and Peter C. Perdue, "Grain Markets and Food Supplies in Eighteenth Century Hunan," in *Chinese History in Economic Perspective*, University of California Press, pp. 128 – 132, 136 – 140, 143 – 144.

第九章

区域研究与比较研究

第一节　区域经济史研究

20 世纪 80 年代，我国出现区域经济史研究的热潮。近年来，各大区、省、重要城市均有自己的经济史著述，而边疆地区和少数民族地区经济史的研究尤为喜人。以中国之大，各地区经济发展很不平衡，区域史的研究实属必经之路。这从方法论来说，首先就有一个经济区域的区划问题。

（一）经济区域的区划

我国早有区域史的传统，即被称为"一方之全史"的地方志，历代著述之丰盛，举世无匹，一向为研究经济史者所重视。"盛世修志"，1983 年中央恢复"中国地方志指导小组"，各省市县均广集人才成立修志的专业机构；经 20 年的努力，已新修省级、市地级、县市级地方志9000余种，是空前的一项文化工程，为区域经济史研究提供了巨大便利。唯地方志是按行政区划编制，历代之食货典志亦然，如何按生态、资源、市场和生活习俗区划以适应经济史之要求，尚无定论。

冀朝鼎的英文本《中国历史上的基本经济区与水利事业的发展》（1936）是最早的一部区域经济史。唯他所称"基本经济区"为 key economic areas 乃关键、核心区之义，指历代王朝据此兴修水利以控制其"附属区域"，建立大统一的帝国。冀氏把基本经济区的迁移和并立视为中国历史上三次大统一和两次大分裂的缘由，并声明其理论以封建社会制度为限。总观冀朝鼎的理论含有经济与政治互动发展的观点，并已含有 W. 克里斯塔勒的"中心地理论"的思想。①

美国的学者 G. W. 施坚雅曾于 1949～1950 年在四川考察中国经济和农村市场，于 1977 年提出将中国划分为九大经济区的体系。施氏的分区是以地文学（physiography）为主，着眼于河流运输和市场联系，并采用克里斯塔勒的中心地学说和等级市场的理论，每个大区都有其中心城市，区内分布二级市场、三级市场和乡镇集市。他的九大区域是：华北区、西北区、长江上游、长江中游、长江下游、东南沿海区、岭南区、云贵区、满洲区。他研究的是晚清情况，以光绪十九年（1893）为统计基期，并视九大区为相对独立（autarky，自给自足）的区域。② 1980 年施坚雅来北京参加中国经济史国际研讨会，提出《市场体系与区域经济学》论文，他的区划遂为中国学者熟识。1993 年他又发表《中国农村的市场和社会结构》，补充他的论点，并叙至 20 世纪 60 年代。③

国外研究中国经济史的学者大多采取施坚雅的分区，而国内学者仅在个别问题上（如岭南市场）采用之，一般仍按习惯区分。原来经济区域的形成有自然的和人文的两类因素，单纯按自然条件区划是不符合历史实际的。我国历史上的行政区虽是着眼于政治和军事，然亦有其经济基础，并用迁都、移民（特别像迁徙富豪和驻军、屯垦）、水利（特别像开沟渠、漕运）以及非均衡的赋役政策等来改造其经济状况。按行政区划研究最大的好处是资料方便，可以利用地方志、档案和民间文书，正史中食货等典志也是按行

---

① Chao-Ting Chi, *Key Economic Areas in Chinese History*：*As revealed in the development of public works for water-control*, London, 1936. 《中国历史上的基本经济区与水利事业的发展》，朱诗鳌译，中国社会科学出版社，1981. 冀朝鼎书完成于 1934 年 4 月，W. 克里斯塔勒的《德国南部的中心地》发表于 1933 年，冀氏书中并未提及克氏理论，当系自创。

② G. William Skinner, "Regional Urbanization in Nineteenth Century China," in G. W. Skinner ed., *The City in Late Imperial China*, Stanford University Press, 1977, pp. 211 – 220. 中译本《城市与地方体系的等级结构》，载《中国封建社会晚期城市研究——施坚雅模式》，吉林教育出版社，1991，第 144～231 页。

③ G. William. Skinner, *Marketing and Social Structure in Rural China*, Association for Asian Studies Inc, 1993. 《中国农村的市场和社会结构》，史建云、徐秀丽译，中国社会科学出版社，1998。

政区划记述的，其人口、土地、田赋等统计颇难按经济区划分级重组。台湾学者自 1973 年起分省编纂《中国现代化的区域研究》，自沿海十省以及内陆，为卓有成效的一大贡献。我以为，从事区域经济史的研究，不必胶于区划的成规，可以从习惯，或大或小，以资料方便而权宜。大如江南、岭南、华北，小如皖南、苏北、巴、蜀，皆已习用。而城市史、乡镇史，属行政区划，自成体系。

（二）区域经济理论

1933 年德国地理学家 W. 克里斯塔勒在《德国南部的中心地》一书中提出"中心地理论"（central place theory）；1944 年 A. 罗希出版《区位经济学》予以发挥和定型。[①] 该理论认为，在一个大约匀质平原地带，经济的发展常会形成以中心地区为核心（core）向边缘地区（periphery）扩散的局面。核心地区常为一大城市之所在，而以辖区内的中小城市为边缘和市场；这些中小城市又常自成核心，而以更小的镇市为边缘和市场，一般形成三级市场体制。各级的核心和边缘的辖区均以正六边形的面积最为适宜，因而高一级的六边形面积恰为次一级六边形面积的三倍，即所谓三三制原则。

中心地理论现已为区域经济研究者所通用，但必须根据所考察地区的实际条件予以修正，不能拘泥坚守三三制原则。中心地理论来自资本主义已发达的经济状况，用于历史研究未必适宜。施坚雅对中国经济区域的划分即过于拘泥克里斯塔勒—罗希模型，且是以 19 世纪后期中国市场体系为准，用于早期历史研究必须有更大的修正。

欧洲工业革命以后，西方经济学中出现多种工业区位的理论，而以 A. 韦伯的《工业区位论》（1909）最为流行。[②] 他提出多种"区位因素"，都是根据经济规律的要求而来，不包括政治、气候、技术问题。在多种经济因素中，又逐一排除了固定资本、利息、地价、机器设备等因素，因为在自由竞争市场体条件下，这些都与工业区位的选择无关。最后，劳工一项亦因假

---

① Walter Christaller, *Die zentralen Orte in Süddeutschland*, Jena, 1933. August Lösch, *Die räumliche Ordnung der Wirtschaft*, Jena, 1944. 中文本见祝卓主编《人口地理学》，中国人民大学出版社，1991，第 519~525 页。

② Alfred Weber, *Uber den Standort der Industrien*, 1906, 英译本 *Theory of the Location of Industries*, 1929。中文本见陈振汉《步履集·韦伯工业化区位理论》，北京大学出版社，2005，第 199~210 页。

定劳动力自由流动而被排除，决定工业区位的就只剩下原料、工厂、消费三项在地区间运输成本最小一条原则。这种区位理论显然不适用于中国经济史研究。在近代中国，如上海之成为工业中心，以及诸如汉阳铁厂之厂址定位问题，都不是根据这三项运输成本而来。

在区域经济史的研究中，尚有一种传播论和区域成长论。① 传播论主要是研究美国开发西部的经验，比较强调移民和文化传播，当然重视铁路交通。区域经济成长论也源于美国，一般认为各区域经济的发展是从不均衡走向均衡。在发展的早期阶段，区域间的差距会加大，极化效应显著；到后期则扩散效应加大，渐趋于平衡。在发展中，由于竞争，也会出现衰落，以致有先进地区变为落后地区的现象。传播论和成长论必须从具体资料出发，美国开发西部的经验可供参考，但更重要的是总结自己的经验。最近半个世纪以来，我国在开发中西部和维护东北工业区问题上，就有过失误，也积累了丰富经验，值得认真研究。

20 世纪晚期，兴起经济人类学，对我们研究少数民族地区以至全部区域经济史都有教益。我特别推重美籍匈牙利学者 K. 波拉尼的实体经济分析法。波拉尼说："实体经济必须理解为在两个层面上的构造：一个是人与其周围环境的相互作用；另一个是（经济）过程的制度化。"② 人与自然的相互作用即生态关系，而经济活动要制度化，才构成实体。所以他的实体分析主要有二，即生态分析和经济制度的分析。同时，经济关系不是孤立地存在，"经济制度是靠非经济动机来运转的"。③ 因此，制度分析必须兼顾非经济因素，特别是社会文化因素。

在历史上，波拉尼提出三种经济制度：互惠（reciprocity）制度、再分配制度、市场交换制度。互惠是物质或劳务的相互赠予，双方是对等的，但不一定等价。再分配指共同体的成员向某个政治或宗教的中心支付物质或劳务，这个中心再按一定规则分配给共同体的成员，像税收、服役、贡赋都是

---

① 参见 H. H. 涅克拉索夫《区位经济学》，东方出版社，1987；E. M. 胡佛《区域经济学导论》，商务印书馆，1990。

② Karl Polanyi, *The Livelihood of Man*, ed., By H. W. Pearson, Academic Press, 1977, p. 31. 转引自陈庆德《经济人类学》，人民出版社，2001，第 86 页。

③ Karl Polanyi, *The Great Transformation*, Holt, Rinehart & Winston, 1944, p. 46. 转引自陈庆德《经济人类学》，第 66 页。

这种性质。市场交换是很晚才出现的。市场交换通行后，互惠，尤其再分配制度并未消失，仍是在一定范围内存在，起着社会整合的作用。因此，不能用市场机制概括一切经济行为。单从个人主义出发的"经济人""利益最大化"的假设，并无普遍性。不仅是少数民族地区，在研究所有地区的经济史时，都应注意历史的社会关系、社会因素。

另外，我还提出，社会学和人类学所常用的田野工作方法或社会调查方法，在研究区域经济史上是完全必要的。事实上，所谓社会变迁横断面调查或历史回溯调查，只能在一个小地区或点上进行。现在问题是要增加基点，扩大代表的面。

（三）经济发展周期或阶段

区域经济史，因为有限定的区域，便于拉长时间，考察长期性变迁。法国年鉴学派最早注意这方面研究，曾被称为"空间史学"。F. 布罗代尔的《菲利普二世时代的地中海和地中海国家》（1949）就是一部区域史的典范。该书分析了人与环境之间以百年计的周期性变动，在经济史部分也上溯到罗马时代。在《15 至 18 世纪的物质文明、经济和资本主义》（1981）一书中，布罗代尔将核心区、半边缘区、边缘区的研究方法推广于整个资本主义世界，并提出他的长周期理论。

经济的兴衰常有反复，会形成长周期运动。这在资本主义发展中已为学术界共识，康德拉捷夫周期因数据证明比较完整已为多数学者所认可。问题是在漫长的前资本主义历史中，是否也存在周期运动。我前文提到 A. P. 厄谢尔、W. 阿倍用教会庄园记账价格研究 14 ~ 18 世纪欧洲各大区农业兴衰的周期运动，给人以化腐朽为神奇之感。但终以他们所用资料比较单一，难以完全信赖。美国学者郝若贝 1967 年就有一篇《中华帝国经济的周期变迁》论文，1982 年发表《中国人口统计与政治社会的变迁，750 ~ 1550》长文。[①] 他根据施坚雅的分区法，考察了华北、西北、长江上中下游、东南、岭南七个大区，每大区又划分为一两个核心区和边缘区，分别研究其周期变动。他的周期是由边缘状态、迅速发展、系统衰落、平衡状态四个阶段组

---

① Robert M. Hartwell, "Demographic, Political, and Social Transformations of China, 750 – 1550," in *Harvard Journal of Asiatic Studies*, Vol. 42, No. 2, December 1982.

成。如华北大区的核心区，在东汉时已处于平衡状态，在隋至宋元丰初则系统衰落了；元丰至南宋宁宗时又迅速发展，宁宗至元初再次衰退；以后进入短期平衡，到明嘉靖后又迅速发展。又各核心区与边缘区的关系大体是：在发展阶段，边缘区的发展速度快于核心区；在衰落阶段，边缘区人口的减少也甚于核心区。郝若贝的研究颇为动人，但他虽也泛叙政治社会情况，而实际上各区域的兴衰主要是靠人口统计，如人口增长率达 -0.02 即属系统衰落，这是很难令人尽信的。

周期运动不仅需要比较完整的数据（如近现代可用 GDP 或社会人文指数）证明，还应有其所以然的内在解释。这属于历史哲学问题，目前还无定论。因此在具体经济史的研究中，可以暂不论周期，而称之为不同趋势的发展阶段。日本学者斯波义信的《宋代江南经济史研究》（1988）堪称这种研究方法的一个典范。①

斯波义信也是采用施坚雅的经济区域划分模型，但根据包括人的活动在内的生态系统重划了"江南"的外围边界，调整了域内核心区和边缘区的结构，也就重定了江南在各大区域中的地位。他在"地域偏差"一节中提出：(1) 依人口移动和定居史形成的区域差异；(2) 依土地利用或水利史形成的区域差异；(3) 依社会精英流动和文化史形成的区域差异；(4) 依宗法、家族、阶级变动形成的区域差异；(5) 依军事、政治、行政建制形成的区域差异。可见，他的区域观已超出了地理概念，而更多是历史概念了。

斯波义信在考察宋代江南经济的发展中，采用"广义社会史学方法"，以政权变动、战争与和议、变法、迁都等重大事件来划分阶段，从土地开发、生态演变、居民移动、商业交通、社会流动等多方面综合考察，并参照户口、田地、田赋统计，将宋代江南经济发展归结为五个时期，并以元代和明初为参照期，共七个时期：(1) 开拓疆土的开国期；(2) 上升开始发动期；(3) 上升期；(4) 实质性成长期；(5) 下降始动期；(6) 下降期（元）；(7) 上升始动期（明初）。也可以说，这 400 年形成一个大周期。

---

① 斯波义信：《宋代江南经济史研究》，方键、何忠礼译，江苏人民出版社，2001，第 6~31、80~101 页，并参见吴承明序。

（四）区域间的研究

区域经济史不仅是研究一个区域的经济，而且也许更重要的是考察本区域与外区域以致外国的历史关系。区域无论大小都不是孤立的，因为即使是封闭系统也要与环境交换能量，并受环境的制约。在资本主义自由市场的制度下，各区域之间基本上是竞争的关系，在前资本主义时代，价值化和市场不充分，各经济区域之间是一种发展和制约的关系。这方面的研究可以李伯重的《发展与制约——明清江南生产力研究》为例。[①] 从明到清，江南的工农业生产是发展的，它的棉布、丝和丝织品行销全国以致欧美，成为全国最富庶的地区。但它的发展也受到外区的很大制约。为发展纺织，广种棉桑，以致江南粮食不能自给，需由湖南、四川等地补进，肥料（豆饼）要从华北、东北输进。尤其是能源和工业原料煤、铁、有色金属和木材，几乎全部依靠外省区以致日本、南洋供给，使得江南只能从事"超轻型"制造。这是把江南置于整个中国乃至置于东亚大环境中来考察，它的发展受外区域的制约，只有外区域经济有了进步，江南在能源、原料和粮食上得到保证，它才能进一步发展。

李伯重的书是研究生产力，所考察的主要是物质方面（也考察了劳动力流通），区域间的研究还应考察资本和信贷的流通、技艺传播、文化交流等方面，这些在江南也是强项。每个区域都有它的强项和弱点，都存在发展和制约问题。区域经济史之所以要作区域间研究，就是要综合考察，作出判断，并从全局出发，提出发扬强项、弥补弱点的意见。

第二节　比较史学和中心论问题

西方比较史学兴于 20 世纪 30 年代，实受法国年鉴学派创建人之一 M. 布洛赫的倡导。原来西方占主流地位的 L. 兰克史学强调历史的个别性，分叙各国历史而不作比较研究。20 世纪初，兰克的历史主义受到批判，但新康德主义流行，从 W. 狄尔泰、B. 克罗奇到 R. G. 柯林伍德，都认为历史是

---

① 参见李伯重《发展与制约——明清江南生产力研究》，特别是第八章和结语，台北：联经出版公司，2002。

"一次如此"的事情，没有或者不必追求共同的发展规律，因而史家也很少作比较研究。M. 布洛赫于 1928 年发表《欧洲社会的历史比较》① 一文，提出比较研究法。布洛赫像所有年鉴学派史家一样，着重社会环境或背景的研究。但是，大背景相同的各个社会常会发展出不尽相同的文化，对这些社会的不同点作细微的比较，把握它们相互之间的影响，才能找出环境与事实"普遍有效"的真实因果关系。他提出分区域的比较研究法和分专题的比较研究法。布洛赫自己写的《法国农村史》（1931）就是把法国分为几个区域进行比较研究；他的二卷本《封建社会》（1939～1940）则是分专题进行比较，其比较限于西欧国家，因为东欧已属于另一个大环境了。布洛赫的比较虽在找出相异之点，但其目的是综合出共同的因果关系；在他 1928 年的论文中称为"分析的综合"，一天综合需要几年的分析功夫。

不过，在这以前，O. 斯宾格勒的《西方的没落》（1918）就采取了比较研究法，后来 A. J. 汤因比的《历史研究》（1954）也是。斯宾格勒比较了历史上 8 种高级文化，它们都有生长、成熟、衰老、死亡的周期。汤因比研究了古今 21 种文明，它们的产生都受"挑战与应战"原则支配，它们的发展都形成了四大阶段和周期运动。这在第三章历史哲学部分已详谈。

1938 年 C. 布林顿发表《解剖革命》② 一书，对英、法、美、俄四国的革命作比较研究。他关注的是各国革命历程的次序，力图确立革命必须经过的阶段和规范，以致有（法国）"热月政变的反动具有普遍性"的论点。

接着，有好几家用比较法研究革命问题和民主问题。1969 年，E. R. 沃尔夫出版《二十世纪的农民战争》，③ 比较研究墨西哥、俄国、中国、越南、阿尔及利亚、古巴的农民战争。沃尔夫也是力图找出各国农民战争的共同点，但不得不承认中国革命的特殊性。

经济方面，比较研究众多，而大多属于经济学范围的，主要是用计量学方法，有的比较 100 多个国家和地区。其堪称兼称史学比较者，唯 W. W.

---

① Marc Bloch, "Toward a Comparative History of European Societies," 原载他参与工作的《历史综合评论》（英文）1928 年第 46 卷第 28/29 期，今用的该文收入 *Enterprise and Secular Change*, ed., by F. C. Lane and J. C. Riemersma, Homewood, 1953, pp. 494–521。

② Crane Brinton, *The Anatomy of Revolution*, New York, 1938.

③ Eric R. Wolf, *Peasant Wars of the Twentieth Century*, New York, 1969.

罗斯托的名著《经济成长的阶段——非共产党宣言》，我前文亦已谈过。罗斯托比较了 11 个国家的经济成长过程，包括中国和印度。他也是寻求各国经济发展的共同性，划分为五个或六个阶段，而最引人注目的是经济"起飞"（take off）阶段，即步入工业化的阶段。他也提到诸如民主革命等问题，但起飞的共同条件主要是投资的净值要占到国民收入 10% 以上。这个条件不是从历史经验中得出，而是从理论推导出来的。在罗斯托的研究中，各国的起飞迟早相差一两个世纪，但要求它们都经历同样几个发展阶段。

从上可见，多年来西方的比较史学，大多是要求寻找各国或地区历史发展的共同性，企图得出普遍的或规律性的概念。他们所研究的又多半是欧洲建立民族国家和实现工业化、成为世界经济中心的历史。这就有意无意地把欧洲实现工业化的道路作为人类共同的发展模式，形成"欧洲中心论"。欧洲中心论实际是把西方传统的"历史中心论"嫁接到欧洲成为世界经济中心这一概念上，认为欧洲领先世界进入工业化是由于欧洲文化的优越性。这里，我们首先要辨明历史中心论和世界经济中心论这两个概念。

我在本书第三章西方历史哲学一目中曾说明，历史中心论是一种文化一元论，认为人类文化或文明是由一个中心传播和主宰的。这种理论源于柏拉图，明定于基督教教义，经 18 世纪唯理学派论证，完成于黑格尔的历史哲学。20 世纪以来，它已受到精明的历史学家的批判。斯宾格勒和汤因比都认为各民族的文化或文明是并行的，并且是等价的，没有一个中心。斯宾格勒承认各民族间有文化交流，但不改变它们的本质。他说"我们赞美一种外来的思想"，而"实际上是对这种外来思想的性质的改变"。[①] 这有一定道理，例如中国吸取佛教思想改变成禅宗，马克思主义也要中国化。汤因比指出当代所称"西方中心"是由于"西方文明用它经济制度之网笼罩了全世界"，于是错误地"又来了一个以西方为基础的政治统一"。[②] 这完全正确。后自由主义者 I. 柏林力主文化多元论，认为各种文明是不可通约的。他说当代的历史发展阶段论把民族间文化的差异归结为历史发展阶段的不同是错

---

① 斯宾格勒：《西方的没落》，第 155 页。
② 汤因比：《历史研究》上册，第 51～52 页。

误的。① 例如，西方已到最高阶段，东方某国还在初始阶段，这实际是一种新的文化一元论。后现代主义者则认为世界本来是差异的、多样的，先进与落后都有其存在的价值。后现代主义思潮未必完全正确，但也说明历史或文化中心论是一种哲学上的虚构，必须予以批判。

世界经济中心论则是另一回事。在海运和贸易发达、各国经济交往频繁以后，经济上最强大的国家或地区形成一个世界经济中心是很自然的事情，是不能否定的。前已提及，F. 布罗代尔把它称为资本主义世界中心，它最早出现在南欧，16 世纪末转移到北欧，18 世纪晚期转移到英国，20 世纪初又转移到美国。这完全符合历史实际。拉美学派的 I. 沃勒斯坦在《现代体系》中用中心—半边缘—边缘的理论解释世界经济中心与其他国家的关系，② 也是有道理的。现在经济全球化，也可能出现多中心。不过，已有的世界经济中心理论是符合过去历史的，而西方一些比较史学学者把它移植到传统的历史中心论上，成为近代史研究中的欧洲中心论，则是完全错误的，应予以批判。

20 世纪 50 年代，在美国出现一种"冲击—回应范式"，③ 大意是说近代中国和远东发生的一切政治、经济的变化，都是西方文明冲击引起的反应，应当按照这个范式去进行研究。这实际是欧洲中心论的一个新的版本，亦应予以批判。

第三节　关于中西比较研究的新思维

中国传统史学在记叙行政体制、田制、赋税等制度时，常有回溯前朝得失之笔，但还不是比较研究。晚清宪政和洋务运动中，介绍外国情况的著作

---

① I. 柏林的论点见于他的《维柯与赫尔德》和《反潮流》论文集。部分中译文见《现代西方历史哲学译文集》，上海译文出版社，1984。参阅甘阳《柏林与后自由主义》，《读书》1998 年第 4 期。

② Immanuel Wallerstein, *The Modern World-System*, New York, Academic Press, 1974 – 1989. 《现代世界体系》第 1 卷，龙来寅等译，高等教育出版社，1998，第 461 ~ 473 页。

③ 冲击—回应范式（impact-response）首见于 Ssu-yu Teng（邓嗣禹）and John K. Fairbank（费正清）的 *China's Response to the West：A Documentary Surveys, 1839 – 1923*, Harvard University Press, 1954。又见于多次再版的 Paul H. Slyde and Burton F. Beers, *The Far East：A History of the Western Impact and the Eastern Response, 1830 – 1965*, Englewood Cliffs, N. J. Prentice Hall, 4th ed, 1966。

中亦常对比论及中国体制，也还不是比较史学。五四运动后，倡导民主与科学，渐有一些中西、中日比较的研究，多属专业课题，而方法上常有欧洲中心论色彩，后期并受冲击—回应范式影响。新中国成立后，关于中国近代史的著作就都是反欧洲中心论的了，但在方法论上少见新猷。因而下面我仅介绍最近时期西方史学界（包括华裔史学家）的中西比较研究，重点不是它们研究的课题本身（有些课题尚难定论），而是他们在研究中提出的历史观和方法论，统名之曰新思维。

1984 年美国哥伦比亚大学的 P. A. 柯文教授出版《在中国发现历史》，①严厉批判了冲击—回应范式和把传统与现代完全对立起来的观点。他探讨了近代中国发生的大事，如太平天国、戊戌变法、同治改良主义运动等，认为这些大的活动虽然受到西方思想影响，但其动机和目标都是国内的。孙中山曾受西方教育，但辛亥革命并不是"现代"战胜"传统"，而是中国本身的政权变革，绅士和民间社团是支持革命的主要力量。洋务运动是受西方经济冲击而来，但限于沿海城市，从广大内地和下层民众看，西方的冲击力是有限的。柯文在多处提出要注意中国内部的能动因素，要以"中国为中心的思路（approach）"找出中国自己的"故事线索"。②在西方史学界中，这是一种新的历史观和方法论。

比较研究，最好有一个客观的评价标准，而这是很难得的。1998 年国际经合组织（OECD）发展中心首席经济学家 A. 麦迪森发表《中国经济的长时期实绩》，③用人均 GDP 作比较标准。据他估算，从汉光武到元初，中国的人均 GDP 增长 33%～37%，而欧洲没有什么增长；从元初到清嘉庆，欧洲的人均 GDP 增长 155%～175%，而中国没有什么增长。然而，这时期的 GDP 估计是很难令人置信的，麦迪森也说是 guesstimate（美国俚语"瞎

---

① Paul A. Cohen, *Discovering History in China*, *American Historical Writing on the Recent Chinese Past*, Columbia University Press, 1984. 《在中国发现历史：中国中心论在美国的兴起》，林同奇译，中华书局，1989。

② 原文是 Chinese centered approach 或 Toward a Chinese-centered History of China, 这并不是"中国中心论"。中译本加上一个副标题"中国中心论在美国的兴起"，易致误导。

③ Angust Maddison, *Chinese Economic Performance in the Long Run*, Development Centre of The Organization for Economic Co-operation and Development, Paris, 1998. 麦迪森是把各国的 GDP 用购买力平价（PPP）方法转化为 1990 年美元进行比较的。

猜"）。当然，麦氏还有其他材料，看来他是高估了宋代经济的发展，而对明清持停滞论。

其实，GDP 并不是很好的客观标准。我以为，比较研究应当有两个方面：一是比较双方的人口、资源、生产和消费的水平，哪方更富裕；一是比较双方的政治和经济制度、文化和社会结构，哪方更先进。物质富裕不一定制度先进，物质文明和精神文明同等重要。

1997 年美国加利福尼亚大学王国斌教授出版《中国的转变——历史变迁与欧洲经验的局限》。[①] 他是从经济变化、国家形成、社会抗争三个方面比较中国和欧洲的历史的，他在历史观和方法论上都有创新。兹仅介绍他在经济方面的研究。

原来西方学者大多是以欧洲的经验为标准，考察中国缺少了什么，或者多了什么阻力，以致没有发生工业革命。这是欧洲中心论的方法。王国斌提出一种新的比较法，即一方面以欧洲的经验来评价中国的历史，另一方面以中国的经验来评价欧洲的历史。这种方法在他的国家形成部分运用得最精彩（这部分是从比较罗马帝国和汉王朝开始）。在经济方面，他详细比较了 16 世纪以来中国和欧洲的农业和手工业之发展，发现双方不仅有差异，亦有共同性，而最根本的共同性是双方经济的发展都是属于斯密型动力，即通过市场实现劳动分工推动经济的缓慢发展。并且，到 18 世纪，中国和欧洲尤其是双方的核心区即长江中下游和英格兰，都已面临但并未达到斯密型增长的理论极限即马尔萨斯危机。而正在这时，欧洲因发现新大陆而扩大了资源的基础，这远胜于中国开发边疆所能扩大的资源基础。同时，欧洲大量开发矿产能源（煤），突破了有机能源（木材）的限制，并导致工业机械化。于是欧洲走向以城市工业或工业资本主义为发展动力型的经济，与中国仍保持斯密型动力的缓慢增长模式分道扬镳。就是说，王国斌是从双方历史经验的特殊性中发现其共同性，共同性不是永恒的，而导致背离共同性的主要因素是欧洲人发现新大陆。欧洲人发现新大陆并不是历史的必然，毋宁说是一种偶然性事件。这就有力地驳斥了欧洲中心论，该论认为欧洲首先实现工业化是

---

① R. Bin Wong, *China Transformed: Historical Change and the Limits of European Experiences*, Cornell University Press, 1997. 《转变的中国——历史变迁与欧洲经验的局限》，李伯重、连玲玲译，江苏人民出版社，1998。

由于它历史文化上的优越性。

王国斌在他的书中还提出了"前瞻性分析"与"回顾性分析"相结合的研究方法。历史分析一般都是回顾性的，即就已发生的事情回溯其发生的条件和原因。这种方法的好处是，人总是根据他所处的时代精神来回溯历史，可给历史以新的解释。但也有毛病，即可能出现目的论或先验论，把后来发生的事情当作历史必然或"应当如此"的事情。有人认为工业革命是欧洲文化特殊性的结果，就是这样来的。前瞻性分析是一种开发型思维，是在某一事件点上，例如 18 世纪中叶，根据当时环境，设想可能发生的各种情况，甚至设想最可能发生的事情。这样，对以后发生的事情（不一定是最可能发生的事情），都能给以历史的解释。历史本来是多样性的，多样之中有共同性的东西。前瞻性分析与回顾性分析相结合，可以避免先验论，符合历史多样性的本来面貌，取得比较客观的判断。

1998 年美国迈阿密大学 A. G. 弗兰克教授出版《重新面向东方：亚洲时代的全球经济》。① 弗兰克是采取整体主义研究方法，从世界经济体系的结构和贸易联系中来考察中国和欧洲的关系。他着重考察了 16～18 世纪的世界史，认为这时期中国是世界经济中心，中国具有巨大的生产力和出口竞争力，以致能够吸收一半世界生产的白银。欧洲正是在亚洲进入周期性衰退之际，利用白银贸易，从 1800 年开始成为世界经济中心的。而今天，世界经济中心又有再现于东方之势。这就完全粉碎了欧洲自古就是世界中心之论。

从世界整体的观点来作比较研究是一种很好的研究方法，前述 F. 布罗代尔和 I. 沃勒斯坦都是采用这种方法。不过，布氏和沃氏所考虑的都是"资本主义世界中心"，沃氏的"世界体系"诞生于欧洲人发现新大陆以后。在这以前中国经济的发展可能是领先于世界，但与西方交往还不多。弗兰克认为，明代朝贡贸易已奠定中国居于世界经济中心地位，未免牵强。弗氏的主要依据是欧洲用得自拉丁美洲的白银购买中国的茶、丝绸、瓷器等，以致

---

① Andre G. Frank, *ReOrient: Global Economy in the Asian Age*, University of California Press, 1998.
《白银资本——重视经济全球化中的东方》，刘北城译，中央编译出版社，2000。

17、18 世纪白银大量流入中国，因而他的书在出中文版时改名《白银资本》。我曾对白银问题作过一些研究。[1] 据我看，弗氏对流入中国的白银估计偏高，中国并未实行重商主义，流入的白银在中国并未能转化为资本，它在西方也不是资本输出。弗氏认为，在 1800 年以前，世界中心一直是在东方，他还屡提丝绸之路，并与人合写《五千年世界体系》。这就混同世界经济中心和历史或文化中心的概念，是不可取的。

2000 年美国加利福尼亚大学 K. 彭慕兰教授出版《大分流：欧洲、中国和世界经济的形成》。[2] 该书认为，1800 年以前是个多元世界经济，19 世纪欧洲工业化充分发展以后，一个在世界经济中占支配地位的欧洲中心论才有了实际意义。在中西比较研究上，彭慕兰采用了王国斌的历史观和比较方法。除一般的考察外，他把核心区，即中国的江南地区和欧洲的英国，作为比较研究的代表。他认为在 18 世纪，无论在人口、生产水平和消费水平方面，或者在制度、资本积累和生产技术方面，双方各有短长，但总的看是旗鼓相当的。既然双方经济都是属于斯密型增长模式，市场成了一个比较指标。他大力考察了双方阻碍市场发育的因素，诸如政府干预、特权贸易、行会垄断、习俗限制等，并特别重视土地买卖和劳动力流动的量和自由度，结论是：江南比英国略有优势。

在比较研究中，彭慕兰十分重视生态问题。据他考察，由于人口增加和土地资源有限，到 18 世纪，英国和江南都面临着大体相等的生态制约，以致有不能持续发展或内卷化（边际生产率接近于零）的危险。于此，他又提出一个比较指标，即看哪一方面更接近于新古典经济学原则。新古典经济学的原则是，最佳经营方式是边际收益等于边际成本。更接近这个原则就意味着更有望于跃过斯密增长极限或避免内卷化。于是他着重比较了 17 世纪欧洲的原始工业化（纺织业为主）地区和江南的农民家庭纺织业，并作了成本和收益估算。他指出，江南小农并不是在边际收益递减下劳动，江南妇女的纺织劳动也并非是零机会成本。结论是：欧洲和江南都远未达到新古

---

[1] 参见吴承明《中国的现代化：市场与社会》，第 230～233、275、287 页。

[2] Kenneth Pomeranz, *The Great Divergence: China, Europe, and the Making of World Economy*, Princeton University Press, 2000.《大分流：欧洲、中国及现代世界经济的发展》，史建云译，江苏人民出版社，2003。

典经济学要求的原则，但江南更接近一些。

那么，为什么英国接着实现了工业化而江南远远落后了呢？彭慕兰将其主要归之于两个原因：一是英国煤矿恰邻工业区，一是美洲殖民地的开发，尤其是后者。英国煤矿不仅有地理优势，且矿区多水，需用蒸汽机排水，使得这一新发明但昂贵的机器得以改进和推广。江南需从华北远地运煤，实际是加深了自身的生态失衡。并且华北矿区干燥，重在竖井通风，故虽然已可从国际购得降了价的蒸汽设备，但仍不急于机器化。美洲殖民地为英国开辟了工业品市场和积累了资本，但这不是主要的，因江南也有广大的外围地区，可担当同样任务。彭慕兰认为，主要是美洲殖民地提供了大量棉、木材、玉米、烟草等土地生产品，使英国节省出2300万英亩土地以供他用。这等于把劳动密集化的生产移到海外，解除了自己的生态"瓶颈"，避开内卷化。江南则无此便利。

上述几部著作，尤其是彭慕兰的《大分流》，曾在国内外引起热烈的讨论，并引发大量著述，或补充其论点，或指出其错误，或批判其结论。我旨在介绍他们有关比较史学的观点和方法，对此不再置议。

第十章

结束语

《经济史：历史观与方法论》至此结束。我打算最后简括一下我个人的看法，但千万不要妨碍读者们自己的见解，这也是本书最终要求。每个人都有自己的历史观和方法论，百家争鸣，学科才有进步；如果只有一种观点，用一个声音讲话，我们的经济史就要寿终正寝了。

历　史

我以为经济史首先是史，是历史学的一个分支。

历史研究（不是写历史）是研究过去的、我们还不认识或者认识不清楚的历史实践，如果已经认识清楚，就不要去研究了。实证主义是治史的基本方法，不可须臾或离。19世纪末以来批判实证主义者累累。这些批判大多是有益的。要承认我们对历史的认识不全面，有相对性和时代局限性，需要再认识。历史研究就是没完没了地再认识。

历史观是一种世界观，即人们对历史上人与自然的关系和人与人的关系的看法。在历史研究中，历史观是当作思维方法来应用的，而不是作为推理的根据。恩格斯说："马克思的整个世界观不是教义，而是方法"；列宁说："历史唯物主义"只是"说明历史的方法"。我赞成"究天人之际，通古今之变"的历史观。作为方法，前句是叫我们考察历代的经济发展是否与自然界的运动相适应，后句是说要有意识地研究中国历史发展的辩证过程。

历史学的首要任务是探求历史的实况，史料考证和文本诠释都十分重要。但历史学不就是史料学。理解历史还需要理论，须借助于抽象思维和理性判断。20世纪中期的史学革命要打倒历史主义，代之以科学的史学。我以为，用科学方法分析历史是完全必要的，打倒历史主义则不必。模式论、逻辑实证主义的方法并不足取，教条主义更应当摒弃。

价值判断是中国史学的优良传统，否则不能以史为鉴。史学应有实证分析和规范分析两种功能。作实证分析时，要把所论事物或行为置于它们产生或运行的具体历史条件下，不可怨天尤人。作规范分析时，则是用今天的价值观，不仅评价其当时得失，还包括它们对后人的潜在效应，揭示其历史局限性。但不可苛求古人，因为我们今天的评价也是有历史局限性的。

经　济

经济史是研究各历史时期的经济是怎样运行的，以及它运行的机制和绩效。这就必然涉及经济学理论。我以为，在经济史研究中，一切经济学理论都应视为方法论；任何伟大的经济学说，在历史的长河中都会变成经济分析的一种方法。没有一个古今中外都通用的经济学。"史无定法"，要根据时空条件、所研究问题的性质和史料的可能，选用适当的经济学理论作为分析方法。

任何经济学理论都要假设若干条件，或因素是不变的，或者可以略去，否则不能抽象出理论来。这种假设是与历史相悖的，因而，应用时必须用历史学的特长来规范时间、地区特点和考察范围，使理论在小环境内起分析方法的作用。"经济人"的假设在发达的市场经济条件下也是不完整的，研究迄今为止的中国经济史基本上不适用。

研究经济史，要尽量应用统计学，能计量者尽可能计量。比较值常更重要于绝对值；估计值因为可包括社会因素，效果不下于统计值；这都是史的特点。计量经济学分析，如回归分析和相关分析，则主要用于检验已有的定性分析，而不宜用它创建新的论点。

经济史用经济学的理论进行分析，但还应多视角地回馈社会制度、文化习俗等历史实况。经济史应当成为经济学的源，而不是经济学的流。

制　度

任何经济都是在一定制度的机制下运行才能持久。制度有惰性，要求稳定不变，所以任何或大或小的制度变迁都是人为的一种革新。在我国漫长的封建社会，诸如田制、租佃、赋役、货币等制度的革新，虽学者要求复古之声不绝，但总的看是不可逆的，反映历史进步。我不是制度决定论者：生产和交换的发展要求人们革新制度，而在一定的生产交换水平下，制度的良窳决定经济的盛衰。

近代经济史是研究传统经济向现代经济转变的过程，也就是新的（现代化的）经济因素产生和发展的过程。这种新的经济因素，不仅要求有一般的制度革新，还要求有体制上的（systematic）变革，以至根本法的（constitutional）变革，才能实现现代化。这种体制的和根本法的变革都是革命。

我认为，在 16、17 世纪，我国经济的发展已孕育出一些现代化因素或萌芽，同时，在赋役、租佃、雇工、货币等制度上也有一定的革新。然而，愈是盛世，朝野都愈趋保守，至 18、19 世纪，终未能引发体制的变革，而帝国主义炮舰到了，全盘皆非。

社　会

经济发展和制度革新，必然引起社会结构和群体行为的变迁。同时，社会结构也制约着经济的运行，而制度的进一步革新又需要社会精英和群体组织的合力。研究经济史必须研究社会。

经济史学者无力研究整个社会，只能着眼于对经济运行和制度变革的有关方面。其中如人口和人口行为、家庭和宗族、分业（士、农、工、商）和等级制度、乡绅和社会精英、消费习俗等；题目已经不少，还都需请社会学专家帮助。今天，我们还不具备独立完成一部整体论的中国社会经济史的条件，但要有整体观：不要孤立地看任何问题，不能就经济谈经济。

经济史研究要考察非经济因素。有两项最大的非经济因素：一是国家，一是文化思想。与西方不同，中国经济自古迄今都是在国家的干预和参与下进行的。对于国家，不能像新制度学派那样用契约论和双方"收益最大化"原则去分析，而应从历代政府经济措施的实效来评价。据我看，历代封建王朝对经济的干预和参与，总的说来功大于过，致使中国经济的发展领先于世界。在近代史上，晚清和民国政府虽也发挥了积极作用，但方向和战略错误，结果是失败的。

文化思想

经济发展、制度改革、社会变迁，在最高层次上都要受文化思想的制衡。我用制衡（conditioned）而不说制约，有两重意思：一是不合民族文化传统的制度变革是行不通的（如人民公社）；二是文化思想又常是社会制度变革的先导，这种先导在历史上称之为"启蒙"。

经济史学者限于精力，不能考察全部文化，只能考察历史上居主导地位的文化思想。这在西方就是基督教文化，在中国就是儒家思想，当然，即使考察儒家思想，也要依靠思想史专家帮助。

文化思想的变迁不是和经济发展如影随形，不能基于经济决定论。在我看来，儒家思想早已融合了法家、道家思想；到宋，又汲取了佛教哲学，并使自己理性化；至明，王阳明的致良知说起了解放思想的作用。随之，出现16世纪的反传统思潮和17世纪的启蒙思潮，一时生气勃勃。但是，入清以后，就在一元化文化专制政策的压抑下，偃旗息鼓，退回到汉经学去了。我以为，两千年来，儒家思想指导中国向繁荣富强发展，是应该肯定的。最后，在传统社会向现代化大转变的过程中，它的先导作用失败，是因为17世纪的启蒙思潮基本上是一种道德理性（价值理性），缺乏工具理性。19世纪后期的第二次启蒙运动情况就不同了，因为汲取了西方的工具理性，遂有戊戌变法、辛亥革命等成果。

译名对照表

阿倍	Wilhelm Abel
阿多尔诺	Theoder W. Adorno
阿克顿	John E. E. D. Acton
阿什内	A. S. Eichner
阿什莱	William James Ashley
爱因斯坦	Albert Einstein
奥本海默	Robert Oppenheimer
伯伦汉	E. Bernheim
伯希和	Paul Pelliot
亨利·贝尔	Henri Berr
贝克尔	Carl L. Becker
毕达哥拉斯	Pythagoras
毕歇尔	Karl R. Bücher
柏拉图	Plato
波拉尼	Karl Polanyi
彼德·伯克	Peter Buck
勃兰特	Loren Brandt
波里比乌斯	Polybius

柏林	Isaiah Berlin
波普尔	Karl Popper
布劳克	Marc Blaug
布林顿	Crane Brinton
布洛赫	Marc Bloch
布罗代尔	Fernand Braudel
布伦塔诺	Ludwig Joseph Brentano
达尔文	Charles Robert Darwin
达伦多夫	Ralf Dahrendorf
丹尼森	Edward F. Denison
德奥皮克	D. V. Deopik
德谟克利特	Democritus
狄尔泰	Wilhelm Dilthey
杜尔阁	A- R- J Turgot
笛卡尔	Rene Descartes
厄谢尔	Abbott Payson Usher
恩格斯	Friedrich Engels
凡勃伦	Thorstein B. Veblen
费尔巴哈	Ludwig A. Feuerbach
费弗尔	Lucien Febvre
费耶阿本德	Paul Karl Feyerabend
费正清	John K. Fairbank
伏尔泰	Francois M. Voltaire
福格尔	Robert William Fogel
福柯	Michel Foucault
弗里德曼	Milton Friedman
弗兰克	Andre G. Frank
甘德森	G. A. Gunderson
哈贝马斯	Jürgen Habermas
哈耶克	Friedrich A. Hayek

柯林伍德	Robin George Collingwood
克罗奇	Benedetto Croce
科塞	Lewis Coser
柯文	Paul A. Cohen
孔德	August Comte
孔多塞	Jean-Antoine Condorcet
库恩	Thomas. S. Kuhn
库兹涅茨	Simon Smith Kuznets
魁奈	Fransois Quesnay
拉弗	Arthur B. Laffer
莱布尼兹	Leibniz
赖特	Gavin Wright
兰普雷希特	Karl Lamprecht
兰克	Leopold von Ranke
朗格诺瓦	Ch. Langlois
勒高夫	Jacques Le Goff
里昂惕夫	Wassily Leontief
李嘉图	David Ricardo
李凯尔特	Heinrich Rickert
李维	Livy
李约瑟	Joseph Needham
李斯特	George Friedrich List
列宁	Vladimir Ilich Lenin
列维-斯特劳斯	Claude Lévi-Strauss
林德尔	Peter H. Lindert
鲁滨孙	James Harvey Robinson
卢曼	Niklas Luhmann
卢卡奇	György Lukács
卢梭	Jean-Jacques Rousseau
罗宾逊	Joan V. Robinson

罗希	August Lösch
罗斯托	Walt W. Rostow
马尔库塞	Herbert Marcuse
马克思	Karl Marx
马林诺夫斯基	Bronislaw Kaspar Malinowski
马歇尔	Alfred Marshall
马立博	Robert Marks
麦迪森	Angus Maddison
麦克斯韦	James C. Maxwell
迈耶	John Meyer
芒德尔	Robert A. Mundell
孟德斯鸠	Montesquieu
穆勒	John Stuart Mill
米尔斯	Charles Wright Mills
米切尔	Wesley Clair Mitchell
莫诺德	Gabriel Monod
诺斯	Douglass C. North
牛顿	Isaac Newton
帕森斯	Talcott Parsons
培根	Francis Bacon
彭慕兰	Kenneth Pomeranz
皮朗	Henri Pirenne
濮德培	Peter C. Perdue
奇波拉	Carlo M. Cipolla
萨缪尔森	Paul Anthony Samuelson
萨伊	Jean-Baptiste Say
桑巴特	Werner Sombart
色诺芬	Xenophon
瑟诺博司	Ch. Seignobos
施坚雅	G. William Skinner

施穆勒	Gustav von Schmoller
舒茨	Alfred Schutz
斯宾格勒	Oswald Spengler
斯宾诺莎	Baruch de Spinoza
斯宾塞	Herbert Spencer
斯拉法	Piero Sraffa
斯坦因	Aurel Stein
亚当·斯密	Adam Smith
苏格拉底	Socrates
索洛	Robert. M. Solow
塔西佗	Tacitus
泰勒斯	Thales
汤普逊	James Wesfall Thompson
汤因比	Arnold Toynbee
特纳	Frederic Jackson Turner
涂尔干	Emile Durkheim
托马斯	Robert P. Thomas
托尼	Richard Henry Tawney
瓦尔拉斯	M. E. L. Walras
M. 韦伯	Max Weber
A. 韦伯	Alfred Weber
韦尔	David Weir
维柯	Giovanni Battista Vico
文德尔班	Wilhelm Windelband
沃尔夫	Eric R. Wolf
沃勒斯坦	Immanuel Wallerstein
席德	Ralph W. Hidy
希尔德布兰德	Bruno Hildebrand
希克斯	John R. Hicks
希罗多德	Herodotus

西斯蒙第	J. C. L. Sismondi
休谟	David Hume
熊彼特	Joseph Alois Schumpeter
修昔底德	Thucydides
许内曼	Ralph W. Huenemann
亚里士多德	Aristotle
亚历山大	Jeffrey C. Alexander
伊壁鸠鲁	Epicurus